日々新しい可能性を求めて研究開発しています。

新開発「N360 RUBBER」「N360 RUBBER CORD」は初めてラバー素材で作り上げたグリップです。

エリートグリップのグリップ製品はすべて日本製です。
原料は最高品質の純国内産天然ゴムを使用、太さや表面のパターンはも
ラバーのしっとり感、コード糸の種類や入れ方まで細かく設計し生産す
可能となりました。金型製作においてもマイクロメートル単位の正確さ
素材選び、素材の配合、練り込み時間、成形時の温度調整、成形圧、成
すべてのバランスが整う事により良い物が生まれます。
これらの技術力は日本国内でしか成し得ない技術です。

物作りと考え方

物作りの想いは、何を作りたいかではなく、プレーヤーが何を求めているか
という視点から、構想、設計、試作、テストを繰り返してまいりました。
良い製品を作るには、金型の精度がより高い物を使用しないと
良い物は出来ません。私達エリートグリップでは時間とアイデア
労力を注ぎ込み、均一でバランスのとれたグリップの
生産管理に至るまで、日本国内の目の届く範囲で、
物作りをした結果、理想的なグリップを
作り上げる事に成功しました。

New Release
N360 RUBBER
Explore New Possibilities With Your Clubs.

New Release
N360 RUBBER CORD
Explore New Possibilities With Your Clubs.

すべてのプレーヤーの願いをかなえたい。

ゴルフクラブを 自由に操りたい。
自分の思い通りの 弾道を打ちたい。
N360 RUBBER はツアープレーヤーの意見を取り入れ
開発しました。ツアープレーヤーにはラバーの質感が
好きな選手も多く、意見を聞き テストを重ねた結果、
今までにない質感のラバーグリップが完成しました。
太さのバリエーションは M56、M58、M60、M62 の
4 パターンで構成され、すべてのプレーヤーの
手に合った太さが見つかるでしょう。

elite grips
www.elitegrips.com
The Passion for Golf Technology
All our dreams can come true - if we have the courage to pursue them.

飛距離を生み出す、次世代のカタチ。

Mを超えた、SIM

テーラーメイドの次なる革新。

その名は「イナーシャ ジェネレーター」。

誰も為し得なかった、深低重心設計と空力設計の融合により

テーラーメイド史上かつてない、ボールスピードと飛距離を実現した。

Mシリーズを凌駕したその一振りは、あなたのゴルフを一新する。

SIM

SHAPE IN MOTION

詳細はWEBサイトへ
taylormadegolf.jp
©2020 Taylor Made Golf Company, Inc.

王冠への戦い、新時代へ。

60th Champion
Katsumasa Miyamoto

第61回 中日クラウンズ

THE CROWNS

2020 4/30[Thu].5/1[Fri].2[Sat].3[Sun]

45-47th Shingo Katayama　51st Ryo Ishikawa　52nd Brendan Jones　58th Yusaku Miyazato　59th Y E Yang

名古屋ゴルフ倶楽部 和合コース

賞金総額 1億2,000万円
トヨタ賞〈優勝副賞、ホールインワン賞〉

優勝賞金 2,400万円
朝日インテック 最多バーディ賞

主催◆CBCテレビ、中日新聞社　主管◆日本ゴルフツアー機構　協賛◆トヨタ自動車　後援◆名古屋ゴルフ倶楽部、中部ゴルフ連盟、日本ゴルフ協会、日本ゴルフトーナメント振興協会、愛知県、岐阜県、三重県、名古屋市　協力◆CBCラジオ

前売り通し券 10,000円(税込)　海外旅行・ゴルフ用品などが当たる抽選券付き
当日券 練習日・プロアマ競技 2,000円(税込)／予選ラウンド 4,000円(税込)／決勝ラウンド 6,000円(税込)

CBCテレビ製作／TBS系列 全国28局ネット放送　5月2日(土)・3日(日)

International Tour
DUNLOP PHOENIX TOURNAMENT
November 19. 20. 21. 22 2020
PHOENIX SEAGAIA RESORT, MIYAZAKI, JAPAN
TOTAL PURSE ¥200,000,000 WINNER'S SHARE ¥40,000,000 http://dpt.gr.jp

メディア効果をデザインする会社。

 Hakuhodo DY
media partners

株式会社 博報堂DYメディアパートナーズ www.hakuhodody-media.co.jp
本社　〒107-6321 東京都港区赤坂5-3-1 赤坂Bizタワー
関西支社 〒530-0005 大阪市北区中之島2-2-7 中之島セントラルタワー
中部支社 〒460-0008 名古屋市中区栄3-3-21 セントライズ栄

CASIO

積み重ねた強さ

軽量かつ堅牢。カーボンベゼル採用。

G-SHOCK
MT-G

Bluetooth®搭載電波ソーラー

○カーボン積層ベゼル ○ブラックIP × メタリックレッド ○レイヤーコンポジットバンド
MTG-B1000XBD-1AJF ¥135,000＋税

g-shock.jp

dentsu

株式会社 電通
105-7001 東京都港区東新橋1-8-1　TEL 03-6216-5111
URL https://www.dentsu.co.jp/

ジャパンゴルフツアー
オフィシャルガイド **2020**

ご　挨　拶

一般社団法人
日本ゴルフツアー機構
会長
青木　功
ISAO AOKI

　日本ゴルフツアー機構の会長に就任して4年間が過ぎ去りました。日本ゴルフツアー機構という組織はまだまだ改善していかなければいけない問題が多々あります。そのひとつひとつを整理整頓していくには時間もかかり、道なかばです。

　今年のスローガンとして【感動・感喜・感謝】という3つの言葉を掲げました。

　会長職に就いて以来、いつも男子ツアーがどうしたら活況できるかと問いかけてきましたが、行き着くところは選手ひとり一人のプロ意識だと思います。トーナメントがなければ選手たちの技術がどれだけ向上しても、それを見せることができません。トーナメントは選手たちの上質のパフォーマンスがあって成立します。

　そしてゴルフファンは、自分たちがとうてい出来ない妙技を見ることで感動を覚えます。その感動の波が広がって、感喜にかわります。ゴルフファンの方々を感動させるシーン。そして心から喜ばれる立ち振舞いとプロ意識。その上で、感謝を忘れない姿勢……。トーナメントはそうやって成立していくものだと思います。

　選手たちはもっと個性と精緻な技量を磨き、憧れをもたれる立場となり、感謝を忘れない心を持つこと。それをやり通せることがプロ意識だと思います。JGTOはそのための環境を整備して、選手たちの声に耳を傾けていく役割をあらためて果たしていきたいと思います。

　おかげさまでAbemaTVツアーもAbemaTVのご協力のお蔭で、全15試合で初日から最終日まで生中継にて全国のゴルフファンへ選手たちの映像を届けることが出来ました。それは選手層を広げる役割にも大いに繋がっています。

　さらに、昨年はPGA Tourが我々 JGTOとともにPGAツアー公式戦ZOZO CHAMPIONSHIPを日本の地ではじめて開催しました。悪天候の中での戦いでしたがゴルフファンの心に深く刻まれました。また、昨年、ラグビーのワールドカップが日本で開催され日本チームが大活躍し、熱狂の渦に包まれました。ゴルフは個人競技ですが、日本男子ツアーのスポンサー、選手、そしてJGTOがONE TEAMとなって力を合わせれば、きっと感動のシーンをいくつも見せることができると思います。

　最後になりますが、この度の新型コロナウィルスの感染拡大により犠牲になられた方々のご冥福をお祈り申し上げるとともに、いま闘病中の方々の一刻も早いご回復もお祈り申し上げます。国内のみならず、世界中に新型コロナウィルスの脅威が蔓延する中で、選手たちは感染予防と体調管理につとめ、限られた行動範囲の中でもトーナメントに向け、調整を工夫しながら昨年以上の活躍をするべく、努力を重ねております。皆様の前で、プレーを披露することができた時には、選手たちに惜しみのない声援を送っていただきますようお願いすると共に、ファンのみなさまのご健勝を心よりお祈り申し上げます。本年度も引き続きご指導、ご支援の程、何卒宜しくお願い申し上げます。

2020年4月吉日

一般社団法人　日本ゴルフツアー機構　役員

2020.3.25

会長
青木　功

会長

青木　功

副会長

新井　直之

石川　遼

専務理事

上田　昌孝

理事

大多　亮

川合　敏久

永田　圭司

五十嵐朋広

池田　勇太

市原　弘大

薗田　峻輔

杉田　亮毅

野村　修也

渡辺　司

佐藤　信人

田島　創志

宇治　重喜

村田　一治

監事

道垣内正人

森　公高

名誉会長

海老沢勝二

特別顧問

尾崎　将司

相談役

中嶋　常幸

丸山　茂樹

顧問

小泉　直

12

2020年度 ジャパンゴルフツアー選手会 理事会

会長
時松　隆光

副会長
池田　勇太

副会長
石川　遼

副会長
小鯛　竜也

理事
深堀圭一郎

理事
宮本　勝昌

理事
小田　孔明

理事
宮里　優作

理事
市原　弘大

理事
竹谷　佳孝

理事
重永亜斗夢

理事
中西　直人

理事
今平　周吾

理事
堀川未来夢

理事
星野　陸也

理事
B・ジョーンズ

理事
S・ハン

監事
佐藤　信人

CONTENTS

ツアーメンバープロフィール

15

2020年度　ジャパンゴルフツアートーナメント開催日程

★ツアートーナメント★

2020.2.20現在

週番号	開催日程	トーナメント名称	トーナメント会場	開催地	賞金総額
3	1.16- 1.19	◆SMBCシンガポールオープン	セントーサGCセラポンC	SINGAPORE	107,110,000円
16	4.16- 4.19	東建ホームメイトカップ	東建多度CC・名古屋	三重	130,000,000円
18	4.30- 5. 3	中日クラウンズ	名古屋GC和合C	愛知	120,000,000円
19	5. 7- 5.10	◆*アジアパシフィック　ダイヤモンドカップゴルフ	総武CC総武C	千葉	150,000,000円
21	5.21- 5.24	関西オープンゴルフ選手権競技	有馬ロイヤルGCロイヤルC	兵庫	70,000,000円
22	5.28- 5.31	~全英への道~ ミズノオープン at ザ・ロイヤルゴルフクラブ	ザ・ロイヤルGC	茨城	100,000,000円
23	6. 4- 6. 7	日本ゴルフツアー選手権 森ビルカップ Shishido Hills	宍戸ヒルズCC西C	茨城	150,000,000円
26	6.25- 6.28	ダンロップ・スリクソン福島オープン	グランディ那須白河GC	福島	50,000,000円
27	7. 2- 7. 5	*日本プロゴルフ選手権大会	日光CC	栃木	150,000,000円
28	7. 8- 7.12	ゴルフパートナー PRO-AM トーナメント	取手国際GC	茨城	50,000,000円
34	8.20- 8.23	長嶋茂雄 INVITATIONAL セガサミーカップ	ザ・ノースカントリー GC	北海道	150,000,000円
35	8.27- 8.30	RIZAP KBCオーガスタゴルフトーナメント	芥屋GC	福岡	100,000,000円
36	9. 3- 9. 6	フジサンケイクラシック	富士桜CC	山梨	110,000,000円
37	9.10- 9.13	Shinhan Donghae Open	KOMA CC	奈良	126,980,000円
38	9.17- 9.20	ANAオープンゴルフトーナメント	札幌GC輪厚C	北海道	110,000,000円
39	9.24- 9.27	◆パナソニックオープンゴルフチャンピオンシップ	城陽CC	京都	150,000,000円
40	10. 1-10. 4	バンテリン東海クラシック	三好CC西C	愛知	110,000,000円
41	10. 8-10.11	ブリヂストンオープンゴルフトーナメント	袖ヶ浦CC袖ヶ浦C	千葉	150,000,000円
42	10.15-10.18	*日本オープンゴルフ選手権競技	紫CCすみれC	千葉	210,000,000円
44	10.29-11. 1	THE TOP	未定		100,000,000円
45	11. 5-11. 8	マイナビABCチャンピオンシップ	ABC GC	兵庫	150,000,000円
46	11.12-11.15	三井住友VISA太平洋マスターズ	太平洋C御殿場C	静岡	200,000,000円
47	11.19-11.22	ダンロップフェニックストーナメント	フェニックスCC	宮崎	200,000,000円
48	11.26-11.29	カシオワールドオープンゴルフトーナメント	Kochi黒潮CC	高知	200,000,000円
49	12. 3-12. 6	ゴルフ日本シリーズJTカップ	東京よみうりCC	東京	130,000,000円

◆：海外ツアーとの共同開催トーナメント（ジャパンゴルフツアー　ツアートーナメント賞金ランキング加算）
＊：JGA、PGA競技（ジャパンゴルフツアー　ツアートーナメント賞金ランキング加算）

★海外４大メジャートーナメント★

週番号	開催日程	トーナメント名称	トーナメント会場	開催地	賞金総額
15	4. 9-4.12	Masters Tournament	Augusta National GC	USA	$11,500,000
20	5.14-5.17	PGA Championship	TPC Harding Park	USA	$11,000,000
25	6.18-6.21	U.S.Open	Winged Foot GC	USA	$12,500,000
29	7.16-7.19	The Open Championship	Royal St. George's GC	ENG	$10,750,000

★Abema TVツアー★

週番号	開催日程	トーナメント名称	トーナメント会場	開催地	賞金総額
14	4. 3- 4. 5	Novil Cup	Jクラシック GC	徳島	15,000,000円
16	4.15- 4.17	i Golf Shaper Challenge in 筑紫ヶ丘	筑紫ヶ丘 GC	福岡	15,000,000円
17	4.22- 4.24	ジャパンクリエイトチャレンジ in 福岡雷山	福岡雷山 GC	福岡	15,000,000円
20	5.13- 5.15	PGM Challenge I	ライオンズ CC	兵庫	15,000,000円
22	5.27- 5.29	太平洋クラブチャレンジトーナメント	太平洋C江南C	埼玉	15,000,000円
24	6.10- 6.12	LANDIC CHALLENGE 8	芥屋 GC	福岡	15,000,000円
25	6.17- 6.19	南秋田カントリークラブみちのくチャレンジトーナメント	南秋田 CC	秋田	15,000,000円
26	6.25- 6.27	大山どりカップ	グリーンパーク大山 GC	鳥取	18,000,000円
36	9. 2- 9. 4	elite grips challenge	ゴールデンバレー GC	兵庫	15,000,000円
37	9. 9- 9.11	ディライトワークスASPチャレンジ	未定	未定	15,000,000円
38	9.16- 9.18	PGM Challenge II	PGM総成 GC	千葉	15,000,000円
40	9.30-10. 2	TIチャレンジ in 東条の森	東条の森CC東条C	兵庫	15,000,000円
41	10. 7-10. 9	石川遼 everyone PROJECT Challenge	ロイヤルメドウ GC	栃木	15,000,000円

★ワールドゴルフチャンピオンシップ他★

週番号	開催日程	トーナメント名称	トーナメント会場	開催地	賞金総額
8	2.21- 2.24	WGC-Mexico Championship	Club de Golf Chapultepec	MEXICO	$10,500,000
9	2.27- 3. 1	New Zealand Open	Millbrook Resort, The Hills GC	New Zealand	$930,000
13	3.25- 3.29	WGC-Dell Technologies Match Play	Austin CC	USA	$10,500,000
27	7. 2- 7. 5	WGC-FedEx St. Jude Invitational	TPC Southwind	USA	$10,500,000
44	10.29-11. 1	WGC-HSBC Champions	Sheshan International GC	CHINA	$10,250,000♯

♯は前年度実績

★その他★

週番号	開催日程	トーナメント名称	トーナメント会場	開催地	賞金総額
31	7.30- 8. 2	Olympic Men's Golf Competition	霞ヶ関 CC	埼玉	
50	12.13	Hitachi 3 Tours Championship	グリッサンド GC	千葉	57,000,000円

2020年度ジャパンゴルフツアー賞金総額
　ツアートーナメント　25試合　総額　3,274,090,000円
　AbemaTVツアー　13試合　総額　198,000,000円

2019-2020年USPGAツアー開催日程

開催日	トーナメント名称	開催コース
19/9.12〜9.15	A Military Tribute at The Greenbrier	The Old White TPC
9.19〜9.22	Sanderson Farms Championship	CC of Jackson
9.26〜9.29	Safeway Open	Silverado Resort and Spa
10.3〜10.6	Shriners Hospitals for Children Open	TPC Summerlin
10.10〜10.13	Houston Open	GC of Houston
10.17〜10.20	THE CJ CUP @ NINE BRIDGES	Nine Bridges, Korea
10.24〜10.27	ZOZO CHAMPIONSHIP	Accordia Golf Narashino CC, Japan
10.31〜11.3	Bermuda Championship	Port Royal GC, Barmuda
10.31〜11.3	World Golf Championships-HSBC Champions	Sheshan International GC, China
11.14〜11.17	Mayakoba Golf Classic	El Camaleon GC, Mexico
11.21〜11.24	The RSM Classic	Sea Island Resort
20/1.2〜1.5	Sentry Tournament of Champions	Plantation Course at Kapalua
1.9〜1.12	Sony Open in Hawaii	Waialae CC
1.16〜1.19	The American Express	Stadium Course
1.23〜1.26	Farmers Insurance Open	Torrey Pines GC（South）
1.30〜2.2	Waste Management Phoenix Open	TPC Scottsdale
2.6〜2.9	AT&T Pebble Beach Pro-Am	Pebble Beach Golf Links
2.13〜2.16	The Genesis Invitational	Riviera CC
2.20〜2.23	Puerto Rico Open	Coco Beach Golf & CC, Puerto Rico
2.20〜2.23	World Golf Championships-Mexico Championship	Club de Golf Chapultepec, Mexico
2.27〜3.1	The Honda Classic	PGA National（Champion）
3.5〜3.8	Arnold Palmer Invitational presented by MasterCard	Bay Hill Club & Lodge
3.12〜3.15	THE PLAYERS Championship	TPC Sawgrass
3.19〜3.22	Valspar Championship	Innisbrook Resort（Copperhead）
3.25〜3.29	World Golf Championships-Dell Technologies Match Play	Austin CC
3.26〜3.29	Corales Puntacana Resort & Club Championship	Corales GC, Dominican Republic
4.2〜4.5	Valero Texas Open	TPC San Antonio -AT&T Oaks Course
4.9〜4.12	Masters Tournament	Augusta National GC
4.16〜4.19	RBC Heritage	Harbour Town Golf Links
4.23〜4.26	Zurich Classic of New Orleans	TPC Louisiana
4.30〜5.3	Wells Fargo Championship	Quail Hollow Club
5.7〜5.10	AT&T Byron Nelson	Trinity Forest Golf Club
5.14〜5.17	PGA Championship	TPC Harding Park
5.21〜5.24	Charles Schwab Challenge	Colonial CC
5.28〜5.31	Rocket Mortgage Classic	Detroit Golf Club
6.4〜6.7	the Memorial Tournament presented by Nationwide	Muirfield Village GC
6.11〜6.14	RBC Canadian Open	St. George's G & CC
6.18〜6.21	U.S. Open Championship	Winged Foot GC
6.25〜6.28	Travelers Championship	TPC River Highlands
7.2〜7.5	Barracuda Championship	Tahoe Mt. Club（Old Greenwood）
7.2〜7.5	World Golf Championships-FedEx St. Jude Invitational	TPC Southwind
7.9〜7.12	John Deere Classic	TPC Deere Run
7.16〜7.19	Barbasol Championship	Keene Trace Golf Club
7.16〜7.19	The Open Championship	Royal St. George's GC, England
7.23〜7.26	3M Open	TPC Twin Cities
7.30〜8.2	Olympic Men's Golf Competition	Kasumigaseki CC, Japan
8.6〜8.9	Wyndham Championship	Sedgefield CC
8.13〜8.16	THE NORTHERN TRUST	TPC Boston
8.20〜8.23	BMW Championship	Olympia Fields CC（North）
8.27〜8.30	TOUR Championship	East Lake GC

2019－2020年ヨーロピアンツアー開催日程

開 催 日	トーナメント名称	開 催 コ ー ス
19/11.28〜12.1	Alfred Dunhill Championship	Leopard Creek CC , South Africa
12. 5〜12. 8	AFRASIA BANK Mauritius Open	Heritage GC, Mauritius
12.19〜12.22	Australian PGA Championship	RACV Royal Pines Resort, Australia
20/1.9〜1.12	South African Open hosted by the City of Johannesburg	Randpark Golf Club, South Africa
1.16〜1.19	Abu Dhabi HSBC Championship presented by EGA	Abu Dhabi GC, United Arab Emirates
1.23〜1.26	Omega Dubai Desert Classic	Emirates GC, United Arab Emirates
1.30〜2. 2	Saudi International powered by SoftBank Investment Advisors	Royal Greens G&CC , Saudi Arabia
2. 6〜2. 9	ISPS Handa Vic Open	13th Beach GC , Australia
2.20〜2.23	World Golf Championships - Mexico Championship	Chapultepec GC, Mexico
2.27〜3. 1	Oman Open	Al Mouj Golf, Oman
3. 5〜3. 8	Commercial Bank Qatar Masters	Education City GC, Qatar
3.12〜3.15	Magical Kenya Open Presented by Absa	Karen CC , Kenya
3.19〜3.22	Hero Indian Open	DLF G&CC , India
3.25〜3.29	World Golf Championships - Dell Technologies Match Play	Austin CC, USA
4. 9〜4.12	Masters Tournament	Augusta National GC, USA
4.16〜4.19	Maybank Championship	Saujana G&CC , Malaysia
4.23〜4.26	Volvo China Open	Genzon GC , China PR
4.30〜5. 3	Estrella Damm N.A. Andalucia Masters hosted by the Sergio Garcia Foundation	Real Club Valderrama, Spain
5. 9〜5.10	GolfSixes Cascais	Oitavos Dunes, Portugal
5.14〜5.17	US PGA Championship	TPC Harding Park, USA
5.21〜5.24	Made in Denmark presented by FREJA	Himmerland Golf & Spa Resort, Denmark
5.28〜5.31	Dubai Duty Free Irish Open	Mount Juliet Estate, Ireland
6. 4〜6. 7	Trophee Hassan II	Royal Golf Dar Es Salam, Morocco
6.11〜6.14	Scandinavian Mixed Hosted by Henrik and Annika	Bro Hof Slott GC, sweden
6.18〜6.21	U.S. Open Championship	Winged Foot GC, USA
6.25〜6.28	BMW International Open	Golfclub München Eichenried , Germany
7. 2〜7. 5	Open de France	TBC, France
7. 2〜7. 5	World Golf Championships - FedEx St. Jude Invitational	TPC Southwind , USA
7. 9〜7.12	Aberdeen Standard Investments Scottish Open	The Renaissance Club , Scotland
7.16〜7.19	THE 149th Open	Royal St. George's GC, England
7.30〜8. 2	Betfred British Masters hosted by Lee Westwood	Close House GC , England
7.30〜8. 2	Olympic Men's Golf Competition	Kasumigaseki CC, Japan
8.20〜8.23	D+D Real Czech Masters	Albatross Golf Resort, Czech Republic
8.27〜8.30	Omega European Masters	Crans-sur-Sierre GC, Switzerland
9. 3〜9. 6	Porsche European Open	Green Eagle Golf Courses, Germany
9.10〜9.13	BMW PGA Championship	Wentworth Golf Club, England
9.17〜9.20	KLM Open	Bernardu Golf, Netherlands
9.25〜9.27	Ryder Cup	Whistling Straits GC, USA
10.1〜10.4	Alfred Dunhill Links Championship	Carnoustie ,Old Course St. Andrews and Kingsbarns, Scotland
10.8〜10.11	Italian Open	TBC , Italy
10.15〜10.18	Mutuactivos Open de España	Club de campo Villa de Madrid , Spain
10.22〜10.25	Portugal Masters	Dom Pedro Victoria Golf Course, Portugal
10.29〜11. 1	World Golf Championships - HSBC Champions	Sheshan International GC, China PR
11. 5〜11. 8	Turkish Airlines Open	TBC , Turkey
11.12〜11.15	Nedbank Golf Challenge Hosted By Gary Player	Gary Player CC, South Africa
11.19〜11.22	DP World Tour Championship, Dubai	Jumeirah Golf Estates, United Arab Emirates

2020年度ジャパンゴルフツアー・トーナメント出場有資格者リスト

▽はツアーメンバー未登録者　ⓐはアマチュア

①ツアートーナメント賞金ランキング第1位者

翌年から5年間

'15　金　　庚泰（～2020）
'16　池田　勇太（～2021）
'17　宮里　優作（～2022）
'18　今平　周吾（～2023）
'19　今平　周吾（～2024）

②日本ゴルフツアー選手権、日本オープンゴルフ選手権、日本プロゴルフ選手権の優勝者

翌年から5年間

【日本ゴルフツアー選手権】	【日本オープンゴルフ選手権】	【日本プロゴルフ選手権】
'15　梁　　津萬（～2020）	'15　小平　　智（～2020）	'15　A・ブランド（～2020）
'16　塚田　陽亮（～2021）	'16　▽松山英樹（～2021）	'16　谷原　秀人（～2021）
'17　S・ノリス（～2022）	'17　池田　勇太（～2022）	'17　宮里　優作（～2012）
'18　市原　弘大（～2023）	'18　稲森　佑貴（～2023）	'18　谷口　　徹（～2023）
'19　堀川未来夢（～2024）	'19　C・キム（～2024）	'19　石川　　遼（～2024）

③ゴルフ日本シリーズの優勝者

翌年から3年間

'17　宮里　優作（～2020）
'18　小平　　智（～2021）
'19　石川　　遼（～2022）

④ツアー各トーナメントの優勝者

その年と翌年から2年間

【2018年ツアートーナメント】（～ 2020）

SMBC SINGAPORE OPEN	▽S・ガルシア	ISPSハンダマッチプレー選手権	T・クロンパ
Leopalace21 Myanmar Open	P・ピーターソン	ANAオープン	―――
東建ホームメイトカップ	重永亜斗夢	アジアパシフィックダイヤモンドカップ	池田　勇太
パナソニックオープン	R・ガンジー	トップ杯東海クラシック	A・キュー
中日クラウンズ	Y・E・ヤン	日本オープン	稲森　佑貴
日本プロゴルフ選手権	谷口　　徹	ブリヂストンオープン	今平　周吾
関西オープン	時松　隆光	マイナビABCチャンピオンシップ	木下　裕太
ミズノオープン	秋吉　翔太	HEIWA・PGM CHAMPIONSHIP	S・ノリス
日本ゴルフツアー選手権	市原　弘大	三井住友VISA太平洋マスターズ	額賀　辰徳
ダンロップ・スリクソン福島	秋吉　翔太	ダンロップフェニックス	市原　弘大
セガサミーカップ	B・ケネディ	カシオワールドオープン	崔　　虎星
RIZAP KBCオーガスタ	出水田大二郎	ゴルフ日本シリーズJTカップ	小平　　智
フジサンケイクラシック	星野　陸也		

【2019年ツアートーナメント】（〜 2021）

SMBC SINGAPORE OPEN	J・ジェーンワタナノンド	Shinhan Donghae Open	J・クルーガー
東建ホームメイトカップ	B・ジョーンズ	パナソニックオープン	武藤　俊憲
中日クラウンズ	宮本　勝昌	トップ杯東海クラシック	S・ノリス
アジアパシフィックダイヤモンドカップ	浅地　洋佑	ブリヂストンオープン	今平　周吾
関西オープン	大槻　智春	日本オープン	C・キム
ミズノオープン	池田　勇太	ZOZO CHAMPIONSHIP	▽T・ウッズ
日本ゴルフツアー選手権	堀川未来夢	マイナビABCチャンピオンシップ	▽黄　重坤
ダンロップ・スリクソン福島	星野　陸也	HEIWA・PGM CHAMPIONSHIP	崔　虎星
日本プロゴルフ選手権	石川　遼	三井住友VISA太平洋マスターズ	ⓐ金谷拓実
セガサミーカップ	石川　遼	ダンロップフェニックス	今平　周吾
RIZAP KBCオーガスタ	比嘉　一貴	カシオワールドオープン	金　庚泰
フジサンケイクラシック	朴　相賢	ゴルフ日本シリーズJTカップ	石川　遼
ANAオープン	浅地　洋佑		

黄重坤は兵役による特例として、2022年に限りツアー各トーナメント優勝者の資格の次位者として
出場資格を付与予定。

【2020年ツアートーナメント】（〜 2022）

SMBC SINGAPORE OPEN	▽M・クーチャー

⑤前年度ツアートーナメント賞金ランキング上位65名までの者
翌年1年間

1	今平　周吾	14	比嘉　一貴	27	M・グリフィン	40	J・パグンサン	53	永野竜太郎
2	S・ノリス	15	S・ビンセント	28	J・クルーガー	41	正岡　竜二	54	佐藤　大平
3	石川　遼	16	B・ジョーンズ	29	A・クウェイル	42	池村　寛世	55	P・ピーターソン
4	C・キム	17	池田　勇太	30	片山　晋呉	43	貞方　章男	56	T・ペク
5	▽黄　重坤	18	B・ケネディ	31	小田　孔明	44	R・ジョン	57	小鯛　竜也
6	堀川未来夢	19	武藤　俊憲	32	岩田　寛	45	小平　智	58	M・ヘンドリー
7	J・ジェーンワタナノンド	20	宮本　勝昌	33	香妻陣一朗	46	A・キュー	59	金　成玹
8	朴　相賢	21	G・チャルングン	34	木下　稜介	47	張　棟圭	60	市原　弘大
9	浅地　洋佑	22	S・ハン	35	▽李　尚熹	48	重永亜斗夢	61	梁　津萬
10	崔　虎星	23	Y・E・ヤン	36	D・ペリー	49	稲森　佑貴	62	塚田　陽亮
11	星野　陸也	24	大槻　智春	37	姜　庚男	50	W・J・リー	63	塩見　好輝
12	金　庚泰	25	藤田　寛之	38	藤本　佳則	51	D・ブランスドン	64	中西　直人
13	時松　隆光	26	秋吉　翔太	39	出水田大二郎	52	H・W・リュー	65	竹谷　佳孝

李尚熹は兵役による特例として、2022年に限りツアートーナメント賞金ランキング上位65名の資格の
次位者として出場資格を付与予定。

⑥1973年ツアー制施行後に25勝した者
翌週から永久

青木　功	資格制定前に達成	51勝	倉本　昌弘	'92.10.25に達成	30勝
尾崎　将司	資格制定前に達成	94勝	尾崎　直道	'97.7. 13に達成	32勝
中嶋　常幸	資格制定前に達成	48勝	片山　晋呉	'08.10.19に達成	31勝

⑦会長が推薦する者
そのツアートーナメント

⑧ツアー各トーナメントの優勝者
翌年から5年間そのツアートーナメント

⑨前年度ツアー各トーナメントの成績上位10位以内の者
そのツアートーナメント

⑩直近のツアートーナメントで成績上位10位以内の者
その年度内に行われる直後のツアートーナメント

⑪前年度AbemaTVツアー（チャレンジトーナメント）賞金ランキング第1位者
翌年1年間

白　　佳和（～2020）

⑫前年度QTランキング第1位者
翌年1年間

趙　　珉珪（～2020）

⑬AbemaTVツアー（チャレンジトーナメント）で年間3勝した者
その年の残りのツアートーナメント

⑭JGTOが指定するAbemaTVツアー（チャレンジトーナメント）優勝者
JGTOが指定するツアートーナメントへの出場に限る

⑮JGTツアーメンバーでUSPGAツアー又はヨーロピアンツアーのツアーメンバー 資格取得者で、①～⑤、⑯、⑰の出場資格を失うこととなった者
翌年1年間

川村　昌弘（～2020）

⑯ワールドカップの日本代表出場者又は日韓対抗戦の日本代表出場者
（キャプテン推薦又はリザーブにより出場した者を除く）出場したその年と翌年から2年間

'18 小平　　智　谷原　秀人（～2020）

⑰ツアートーナメント複数競技優勝者
年間2勝した者にあってはその年と翌年から3年間、年間3勝以上した者にあってはその年と翌年から4年間

【年間2勝】	【年間3勝以上】
'17小平　　智（～2020）	'16池田　勇太　谷原　秀人　金　庚泰（～2020）
'18秋吉　翔太　市原　弘大（～2021）	'17宮里　優作　C・キム　池田　勇太（～2021）
'19浅地　洋佑　今平　周吾（～2022）	'19石川　　遼（～2023）

⑱1973年ツアー制施行後の生涯獲得賞金ランキング上位25位以内の者
適用年度として本人が選択する1年間　◇は資格適用済

1　尾崎　将司	6　藤田　寛之	11　手嶋　多一	16　小田　孔明	21　◇深堀圭一郎
2　片山　晋呉	7　池田　勇太	12　倉本　昌弘	17　金　　庚泰	22　◇D・イシイ
3　中嶋　常幸	8　宮本　勝昌	13　石川　　遼	18　近藤　智弘	23　◇飯合　肇
4　谷口　　徹	9　B・ジョーンズ	14　◇伊澤利光	19　宮里　優作	24　▽丸山茂樹
5　尾崎　直道	10　谷原　秀人	15　青木　　功	20　◇鈴木　亨	25　◇渡辺　司

⑲トーナメント規程第31条に規定する特別保障制度の適用を受けた者

高山　忠洋（復帰後8試合）
D・オー（復帰後16試合）
T・シノット（復帰後20試合）

⑳前年度AbemaTVツアー（チャレンジトーナメント）賞金ランキング上位19名

（上記①～⑥、⑪、⑫、⑮～⑱の出場資格を有する者を除く）
第1回リランキングまでに係る出場資格とする

1 杉本エリック	5 小林伸太郎	9 中島　徹	13 副田　裕斗	17 北川　祐生
2 朴ジュンウォン	6 阿久津未来也	10 P・カーミス	14 今野　大喜	18 小池　一平
3 ハムジョンウ	7 J・デロスサントス	11 岩本　高志	15 S・ストレンジ	19 伊藤　有志
4 杉山　知靖	8 D・ブーマ	12 植竹　勇太	16 大岩　龍一	

㉑前年度QTランキング上位20位までの者

（上記⑫の出場資格を有する者を除く）
第1回リランキングまでに係る出場資格とする

1 朴　銀信	5 I・H・ホ	9 安本　大祐	13 T・チュアヤプラゴン	17 小斉平優和
2 P・ピッタヤラット	6 植竹　勇太	10 関藤　直熙	14 和田章太郎	18 上井　邦裕
3 小西　貴紀	7 坂本　雄介	11 森本　雄	15 文　道輝	19 大岩　龍一
4 J・チョイ	8 P・ミーサワット	12 高柳　直人	16 河野　祐輝	

※⑳と㉑の相互間における出場優先順位は、⑳の上位者、㉑の上位者の順で交互とする。

㉒前年度QTランキング上位者

第1回リランキングまでに係る出場資格とする

2020年度AbemaTVツアー（チャレンジトーナメント）出場有資格者リスト

◎はツアートーナメント有資格者　ⓐはアマチュア

①各トーナメントの優勝者

その年と翌年1年間

Novil Cup	朴ジュンウォン	TIチャレンジ in 東条の森	ハムジョンウ
i Golf Shaper Challenge in 筑紫ヶ丘	D・ブーマ	ディライトワークスASP	ハムジョンウ
ジャパンクリエイト in 福岡雷山	J・デロスサントス	HEIWA・PGM Challenge II	◎T・ペク
HEIWA・PGM Challenge I	◎金　成玹	elite grips challenge	P・カーミス
太平洋クラブチャレンジ	◎白　佳和	トーシンチャレンジIN名神八日市	◎T・ペク
LANDIC CHALLENGE 7	◎S・ビンセント	石川遼 everyone PROJECT	ⓐ杉原大河
南秋田CCみちのくチャレンジ	朴ジュンウォン	JGTO Novil FINAL	◎白　佳和
大山どりカップ	杉本エリック		

②前年度各トーナメントの成績上位5位以内の者

そのチャレンジトーナメント

③各トーナメントの成績上位15位以内の者

その年度内に行われる直後のチャレンジトーナメント

④JGTOが認めた者

（特別保障制度適用者または会長が推薦する者に限る）

⑤前年度賞金ランキング上位19名

（ツアートーナメント出場資格①～⑥、⑪、⑫、⑮～⑱を有する者を除く）

第1回リランキングまでに係る出場資格とする

1	杉本エリック	5	小林伸太郎	9	中島　徹	13	副田　裕斗	17	北川　祐生
2	朴ジュンウォン	6	阿久津未来也	10	P・カーミス	14	今野　大喜	18	小池　一平
3	ハムジョンウ	7	J・デロスサントス	11	岩本　高志	15	S・ストレンジ	19	伊藤　有志
4	杉山　知靖	8	D・ブーマ	12	植竹　勇太	16	大岩　龍一		

⑥前年度QTランキング上位20位までの者

（ツアートーナメント出場資格⑫を有する者を除く）

第1回リランキングまでに係る出場資格とする

1	朴　銀信	5	I・H・ホ	9	安本　大祐	13	T・チュアヤプラコン	17	小斉平優和
2	P・ピッタヤラット	6	植竹　勇太	10	関藤　直熙	14	和田章太郎	18	上井　邦裕
3	小西　貴紀	7	坂本　雄介	11	森本　雄	15	文　道燁	19	大岩　龍一
4	J・チョイ	8	P・ミーサワット	12	高柳　直人	16	河野　祐輝		

※⑤と⑥の相互間における出場優先順位は、⑤の上位者、⑥の上位者の順で交互とする。

⑦前年度QTランキング上位者

2020年度
ツアーメンバー プロフィール

青木　功

Isao AOKI

所属:フリー
生年月日:1942(S17).8.31
身長、体重:180cm／80kg
血液型:B型
出身地:千葉県
出身校:我孫子中学
趣味:釣り
スポーツ歴:野球
ゴルフ歴:14歳～
プロ転向:1964年
デビュー戦:
　'65関東プロ
師弟関係:林　由郎
得意クラブ:サンドウェッジ
'85以降ベストスコア:63
　('91ブリヂストンオープン2R)
プレーオフ:4勝9敗

出場資格：永久

'73以降ツアー51勝、その他5勝

- ('71) 関東プロ
- ('72) 関東プロ
- ('73) コールドベック、中日クラウンズ、ペプシ、札幌とうきゅうオープン、KBCオーガスタ、日本プロ
- ('74) 東西対抗、日英対抗、関東オープン、関東プロ、産報クラシック
- ('75) 中日クラウンズ、関東オープン
- ('76) 東海クラシック
- ('77) 東北クラシック、ジュンクラシック、日米対抗
- ('78) 中日クラウンズ、日本プロマッチプレー、札幌とうきゅうオープン、関東プロ、日米対抗、日本シリーズ
- ('79) 中日クラウンズ、日本プロマッチプレー、関東プロ、日本シリーズ
- ('80) 中日クラウンズ、よみうりオープン、KBCオーガスタ、関東オープン、ジュンクラシック
- ('81) 静岡オープン、日本プロマッチプレー、日本プロ
- ('82) 日本プロマッチプレー
- ('83) 札幌とうきゅうオープン、関東プロ、日本オープン、日本シリーズ
- ('86) 札幌とうきゅうオープン、日本プロ、KBCオーガスタ、関東オープン
- ('87) ダンロップ国際、全日空オープン、日本オープン、日本シリーズ
- ('89) 東海クラシック、カシオワールドオープン
- ('90) 三菱ギャラン
- ('91) ブリヂストンオープン
- ('92) 三菱ギャラン、カシオワールドオープン

インターナショナルツアー4勝

- ('78) ワールドマッチプレー(欧州)
- ('83) ハワイアンオープン(米国)、欧州オープン
- ('89) コカ・コーラクラシック(豪州)

代表歴：ワールドカップ('73、'74)、ダンヒルカップ('85、'99、'00)
　　　　　世界選手権('85、'87、'88)、日米対抗('75～'83)
　　　　　ダイナスティカップ・キャプテン('03、'05)
　　　　　日韓対抗戦キャプテン('10、'11、'12)

　中学卒業後、東京都民ゴルフ場にキャディとして就職。その後、我孫子GCなどで腕を磨き、1964年にプロ入り。71年の『関東プロ』で初優勝を飾った。持ち球をフックからフェードに変えた73年に5勝と大活躍。当時は波の大きいゴルフだったが徐々に粘りのゴルフに転換し、76年には1勝ながら初の賞金王を手にした。

　78年からは4年連続賞金王。同時に海外でも活躍し始めた。78年に英国開催の『ワールドマッチプレー』で優勝し、80年の『全米オープン』ではジャック・ニクラウスと争って2位。同年の『全英オープン』3日目には当時のメジャータイ記録である63をマークした。

　81年には米国ツアーのライセンスを取得。83年の『ハワイアンオープン』で初優勝を果たした。82、83年には米国ツアーでサンドセーブ率1位に輝いている。89年には豪州ツアーの『コカ・コーラクラシック』を制し、日米欧豪の4ツアーで優勝という快挙も達成した。

　92年からは米国シニアツアーに参戦し、通算9勝。97年の『エメラルド・コースト・クラシック』2日目には当時同ツアー新記録の60をマークした。

　04年には日本人男子初の世界ゴルフ殿堂入りを果たし、13年には日本プロゴルフ殿堂入り。15年には旭日小綬章を受章した。

　16年3月にJGTO会長に就任。同年の『中日クラウンズ』で73歳241日の史上最年長出場新記録（73年のツアー制度施行後）をつくり、17年の同大会でその記録を74歳239日に更新した。

シニア9勝

('94)日本シニアオープン、('95)アメリカンエキスプレス・グランドスラム、日本シニアオープン、('96)日本シニアオープン、('97)日本シニアオープン、('00)N.CUPシニアオープン、('02)N.CUPシニアオープン、('07)日本シニアオープン、('08)鬼ノ城シニアオープン

海外シニア9勝

('92)ネーションワイド選手権、('94)バンクワンクラシック、ブリックヤードクロッシング選手権、('95)バンク・オブ・ボストンクラシック、('96)ベルサウス・クラシック、クローガークラシック、('97)エメラルド・コースト・クラシック、('98)ベルサウス・シニアクラシック、('02)インスティネットクラシック

海外グランドシニア3勝

('03)クローガークラシック、グレータヒッコリークラシック、ジョージアパシフィックグランドチャンピオンズチャンピオンシップ

その他

('04)世界ゴルフ殿堂入り
('08)紫綬褒章受章
('13)日本プロゴルフ殿堂入り
('15)旭日小綬章受章

'19のツアー全成績：出場ナシ

'19部門別データ

賞金	ナシ
メルセデス・ベンツ トータルポイント	—
平均ストローク	—
平均パット	—
パーキープ率	—
パーオン率	—
バーディ率	—
イーグル率	—
ドライビングディスタンス	—
フェアウェイキープ率	—
サンドセーブ率	—
トータルドライビング	—
生涯獲得賞金	980,652,048円（15位）

賞金と順位（◎印は賞金ランクによる出場権獲得）

◎'73=	31,595,926円	2位	◎'85=	38,638,332円	6位	'97=0円		'09=0円
◎'74=	20,711,666円	4位	◎'86=	78,341,666円	3位	'98=	958,500円 188位	'10=0円
◎'75=	26,375,833円	4位	◎'87=	47,939,450円	5位	'99=0円		'11=0円
◎'76=	40,985,801円	1位	◎'88=	34,009,853円	13位	'00=	1,236,320円 168位	'12=0円
◎'77=	31,425,073円	2位	※'89=	53,125,400円	4位	'01=	880,000円 175位	'13=0円
◎'78=	62,987,200円	1位	◎'90=	36,648,500円	21位	'02=0円		'14=0円
◎'79=	45,554,211円	1位	◎'91=	74,237,850円	5位	'03=	637,000円 185位	'15=0円
◎'80=	60,532,660円	1位	※'92=	71,009,733円	10位	'04=0円		'16=0円
◎'81=	57,262,941円	1位	'93=	10,818,000円	95位	'05=0円		'17=0円
◎'82=	45,659,150円	2位	'94=	11,331,358円	97位	'06=0円		'18=ナシ
◎'83=	58,508,614円	2位	'95=	2,389,600円	163位	'07=0円		'19=ナシ
◎'84=	36,851,411円	8位	'96=0円			'08=0円		※は規定試合数不足

尾崎直道

Naomichi Joe OZAKI

出場資格：永久

所属：国際スポーツ振興協会
生年月日：1956(S31).5.18
身長、体重：174cm／76kg
血液型：B型
出身地：徳島県
出身校：千葉日大一高
趣味：映画鑑賞、スポーツ観戦
スポーツ歴：野球
ゴルフ歴：15歳〜
プロ転向：1977年
デビュー戦：
　'77ミズノプロ新人
師弟関係：林　由郎、
　尾崎将司、尾崎健夫
得意クラブ：ウェッジ
'85以降ベストスコア：62
　('94日本シリーズ1R)
プレーオフ：5勝3敗

ツアー32勝
('84)静岡オープン、札幌とうきゅうオープン、KBCオーガスタ
('85)日経カップ
('86)ペプシ宇部
('87)関東プロ
('88)札幌とうきゅうオープン、NST新潟オープン、全日空オープン、日本シリーズ
('89)テーラーメイド瀬戸内海オープン
('90)日本プロマッチプレー、ジュンクラシック、日本シリーズ
('91)日経カップ、サントリーオープン、カシオワールドオープン、日本シリーズ
('92)インペリアル、サントリーオープン、ラークカップ
('94)アコムインターナショナル
('96)フィリップモリス
('97)PGAフィランスロピー、ヨネックスオープン広島
('99)つるやオープン、日本プロ、日本オープン
('00)日本オープン
('03)ブリヂストンオープン
('05)つるやオープン、中日クラウンズ

その他4勝
('87)平尾昌晃チャリティ
('89)第一不動産カップ、インペリアル
('10)岐阜オープンクラシック

シニア3勝
('12)スターツシニア、コマツオープン
('14)日本プロゴルフシニア選手権

代表歴：ワールドカップ('85)、ダンヒルカップ('86、'88、'89、'96)
　　　　世界選手権('85、'86、'89、'90)、日米対抗('84〜'87)
　　　　プレジデンツカップ('98)、ザ・ロイヤルトロフィキャプテン('07、'09、'10、'11、'12)

　2人の兄を追うように飛び込んだプロの世界。初勝利は8年目の1984年と遅咲きだったが、同年に3勝を挙げて賞金ランク2位に躍進した。88、89年と長兄・将司に及ばず賞金王を逃したが、91年には残り3試合時点で賞金ランク4位から『カシオワールドオープン』『日本シリーズ』と連勝。逆転で賞金王の座に就いた。
　93年には米国ツアーのシード権を獲得して01年までプレーした。最高成績は2位。その間、国内でも結果を残してきた。97年の『ヨネックスオープン広島』で通算25勝に到達して永久シードを獲得。99年には米国ツアーシード権を守りながら国内では3勝を挙げて2度目の賞金王に輝いた。この年は未勝利だった『日本プロ』と『日本オープン』を制し、村上隆、尾崎将司、青木功、中嶋常幸に続く史上5人目の日本タイトル4冠を達成している。
　05年には48歳で『つるやオープン』『中日クラウンズ』で2週連続優勝を果たす。50歳となった06年には再び米国に渡ってチャンピオンズツアーに参戦。同年の『フォードプレーヤーズ選手権』ではツアータイ記録となる8連続バーディをマークした。プレーオフで敗れた07年の『ボーイングクラシック』など2位は2度あるが、優勝にはあと一歩届かなかった。
　12年には初めて国内シニアツアーに本格参戦。2勝を挙げて賞金王に輝いた。14年には『日本プロシニア』制覇。19年のレギュラーツアーは『中日クラウンズ』のみの出場だったが、3年ぶりの予選通過を果たした。

'19のツアー全成績：1試合（国内1試合）

中日クラウンズ ・・・・・・・・・・・・・・・・・75T

'19部門別データ	
賞金	262,800円 （186位）
メルセデス・ベンツ トータルポイント	―
平均ストローク	75.24 （参考）
平均パット	1.8485 （参考）
パーキープ率	66.67 （参考）
パーオン率	45.83 （参考）
バーディ率	2.50 （参考）
イーグル率	―
ドライビングディスタンス	―
フェアウェイキープ率	46.43 （参考）
サンドセーブ率	40.00 （参考）
トータルドライビング	―
生涯獲得賞金	1,545,609,713円（5位）

賞金と順位（◎印は賞金ランクによる出場権獲得）							
'77=	405,000円	111位	◎'88= 83,782,697円	2位	◎'99=137,641,796円	1位	'10= 5,078,000円 103位
'78=	2,209,000円	67位	◎'89= 79,690,766円	2位	※'00= 45,805,100円	17位	'11= 6,250,200円 97位
'79=	4,873,847円	39位	◎'90= 85,060,727円	4位	※'01= 17,475,250円	59位	'12= 4,001,333円 110位
'80=	6,412,512円	36位	◎'91=119,507,974円	1位	'02= 52,931,571円	16位	'13= 701,280円 201位
◎'81=11,624,218円		22位	◎'92=130,880,179円	2位	'03= 45,996,492円	17位	'14= 1,367,300円 142位
◎'82=22,979,527円		13位	◎'93= 60,073,657円	11位	◎'04= 21,856,416円	52位	'15= 1,140,800円 159位
◎'83=22,550,418円		13位	◎'94= 91,685,057円	4位	◎'05= 54,909,332円	18位	'16= 1,704,300円 166位
◎'84=53,717,214円		2位	※'95= 29,470,550円	43位	'06= 3,547,094円	123位	'17=0円
◎'85=36,390,695円		8位	◎'96= 70,651,005円	6位	'07= 2,040,000円	140位	'18=0円
◎'86=42,304,700円		6位	※'97= 96,994,361円	4位	'08= 1,354,000円	165位	'19= 262,800円 186位
◎'87=35,581,791円		12位	※'98= 53,853,954円	17位	'09= 846,800円	163位	※は規定試合数不足

尾崎将司

Masashi OZAKI

出場資格：永久

'73以降ツアー 94勝、その他18勝

('71)日本プロ、瀬戸内サーキット広島、ゴルフダイジェスト、日米対抗、日本シリーズ

('72)ウイザード、全日本ダブルス、札幌オープン、旭国際、千葉県オープン、
関東オープン、ファーストフライト、グランドモナーク、日本シリーズ

('73)関東プロ、全日空札幌オープン、東北クラシック、太平洋クラブマスターズ、
東海クラシック

('74)東北クラシック、全日空札幌オープン、日本プロ、サントリーオープン、日本オープン、
日本シリーズ

('75)東北クラシック

('76)関東オープン、千葉県オープン、広島オープン、産報クラシック

('77)ペプシウイルソン、関東オープン、東海クラシック、日本シリーズ

('78)ペプシウイルソン、広島オープン

('80)ダンロップ国際、フジサンケイクラシック、日本シリーズ

('82)関東オープン

('83)ジュンクラシック

('84)かながわオープン、広島オープン

('85)かながわオープン

('86)フジサンケイクラシック、日経カップ、マルマン日本海オープン、ジュンクラシック

('87)中日クラウンズ、フジサンケイクラシック、ジュンクラシック

('88)ダンロップオープン、日経カップ、マルマンオープン、日本オープン、
ゴルフダイジェスト、ブリヂストントーナメント

('89)フジサンケイクラシック、日本プロマッチプレー、仙台放送クラシック、
ヨネックスオープン広島、日本プロ、全日空オープン、日本オープン

('90)フジサンケイクラシック、ヨネックスオープン広島、マルマンオープン、
ダイワKBCオーガスタ

('91)日本プロ、ジュンクラシック

('92)ダンロップオープン、中日クラウンズ、PGAフィランスロピー、サンコーグランドサマー、
全日空オープン、日本オープン、VISA太平洋クラブマスターズ

('93)フジサンケイクラシック、日本プロ、ゴルフダイジェスト

('94)ダンロップオープン、ヨネックスオープン広島、全日空オープン、日本オープン、
ダイワインターナショナル、住友VISA太平洋マスターズ、ダンロップフェニックス

('95)中日クラウンズ、ヨネックスオープン広島、全日空オープン、ダンロップフェニックス、
日本シリーズ

('96)中日クラウンズ、日本プロ、三菱ギャラン、JCBクラシック仙台、
久光製薬KBCオーガスタ、ジュンクラシック、ダンロップフェニックス、日本シリーズ

('97)東建コーポレーションカップ、中日クラウンズ、三菱ギャラン、
久光製薬KBCオーガスタ、ブリヂストンオープン

('98)ヨネックスオープン広島、久光製薬KBCオーガスタ、フィリップモリス

所属:I.S.T
生年月日:1947(S22).1.24
身長、体重:181cm／90kg
血液型:B型
出身地:徳島県
出身校:徳島県立海南高校
趣味:刃剣
スポーツ歴:野球('64選抜高
　校野球優勝、プロ野球西
　鉄ライオンズ入団)
ゴルフ歴:21歳〜
プロ転向:1970年
デビュー戦:
　'70関東プロ
得意クラブ:ドライバー、
　サンドウェッジ
'85以降ベストスコア:61
　('91日本プロ4R、'97東建
　コーポレーションカップ3R)
プレーオフ:12勝8敗

1964年春、徳島海南高校のエースとして選抜高校野球大会を制し、翌年、プロ野球・西鉄ライオンズに入団した。実働3年で退団してプロゴルファーに転身。プロデビュー2年目の71年には9月の『日本プロ』で初優勝を飾ったのを皮切りに、わずか3カ月で5勝。ジャンボ時代の幕が上がった。

賞金ランキング制が始まった73年に初代賞金王の座に就く。80年代前半に低迷期があったが、よりレベルアップして復活。94年からの5年連続を含む計12度の賞金王に輝いた。96年の『ダンロップフェニックス』では前人未踏のプロ通算100勝を達成。その数を113（うちツアー 94勝）にまで伸ばした。

8打差逆転が4度もあるなど何度も奇跡的なプレーを演じてきたこともカリスマ性を高めている。02年の『全日空オープン』では55歳という73年ツアー制度施行後の最年長優勝記録を樹立している。

海外でも73年の『マスターズ』で日本選手メジャー初のトップ10となる8位に入るなど活躍。89年の『全米オープン』では最終日のインで一時首位に並んでメジャー制覇の期待を抱かせてくれた（最終結果は6位）。

66歳で迎えた13年、『つるやオープン』初日に62をマーク。ツアー史上初のエージシュートを成し遂げ、17年『HONMA TOURWORLD CUP』2日目の70で2度目の快挙を達成した。プロデビュー 50年目となった19年は7試合に出場。近年は原英莉花さんら女子選手の育成でも注目を集めている。

('99)東建コーポレーションカップ、ヨネックスオープン広島
('00)サン・クロレラクラシック
('02)全日空オープン

インターナショナルツアー1勝
('72)ニュージーランドPGA

その他
('10)世界ゴルフ殿堂入り

代表歴：ワールドカップ('74、'88)
世界選手権('86、'87、'89)
日米対抗('71〜'73、'75、'77〜'81)
プレジデンツカップ('96)

'19のツアー全成績：7試合(国内7試合)
東建ホームメイトカップ …………棄権
中日クラウンズ …………………予落
日本ゴルフツアー選手権森ビルカップShishido Hills …棄権
ANAオープン …………………予落
ブリヂストンオープン ……………棄権
マイナビABCチャンピオンシップ …棄権
ダンロップフェニックス …………棄権

'19部門別データ	
賞金	0円
メルセデス・ベンツ トータルポイント	—
平均ストローク	79.76（参考）
平均パット	1.9310（参考）
パーキープ率	55.56（参考）
パーオン率	32.22（参考）
バーディ率	1.00（参考）
イーグル率	—
ドライビングディスタンス	238.17（参考）
フェアウェイキープ率	42.86（参考）
サンドセーブ率	15.38（参考）
トータルドライビング	—
生涯獲得賞金	2,688,836,653円(1位)

賞金と順位(◎印は賞金ランクによる出場権獲得)							
◎'73= 43,814,000円	1位	◎'85= 33,389,931円	9位	◎'97=170,847,633円	1位	'09= 2,712,361円	114位
◎'74= 41,846,908円	1位	◎'86= 80,356,632円	2位	◎'98=179,627,400円	1位	'10= 1,639,200円	122位
◎'75= 27,658,148円	2位	◎'87= 76,981,199円	2位	◎'99= 83,517,969円	6位	'11= 1,116,000円	150位
◎'76= 24,608,872円	3位	◎'88=125,162,540円	1位	◎'00= 88,940,087円	7位	'12=0円	
◎'77= 35,932,608円	1位	◎'89=108,715,733円	1位	◎'01= 64,570,178円	11位	'13= 308,400円	232位
◎'78= 29,017,286円	2位	◎'90=129,060,500円	1位	◎'02= 67,821,342円	11位	'14=0円	
◎'79= 20,134,693円	8位	◎'91= 90,060,539円	4位	◎'03= 50,460,916円	15位	'15=0円	
◎'80= 35,415,876円	3位	◎'92=186,816,466円	1位	◎'04= 19,833,670円	55位	'16=0円	
◎'81= 9,722,902円	28位	◎'93=144,597,000円	2位	'05= 10,225,504円	82位	'17=0円	
◎'82= 16,699,314円	16位	◎'94=215,468,000円	1位	'06= 5,064,333円	111位	'18=0円	
◎'83= 31,129,261円	6位	◎'95=192,319,800円	1位	'07= 2,808,725円	127位	'19=0円	
◎'84= 19,541,606円	19位	◎'96=209,646,746円	1位	'08= 2,246,375円	138位		

片山晋呉

Shingo KATAYAMA

所属:イーグルポイントGC
生年月日:1973(S48).1.31
身長、体重:171cm／70kg
血液型:B型
出身地:茨城県
出身校:日本大学
趣味:スキー、釣り、読書
スポーツ歴:スキー
ゴルフ歴:2歳〜
プロ転向:1995年
ツアーデビュー戦:
　'95カシオワールドオープン
得意クラブ:サンドウェッジ
ベストスコア:62
　('02ゴルフ日本シリーズJT
　カップ1R、'06中日クラウン
　ズ3R、'06ABCチャンピオ
　ンシップ4R、'10ブリヂスト
　ンオープン3R、'12つるや
　オープン1R)
プレーオフ:5勝3敗
アマ時代の主な優勝歴:
　('92)日本アマ・マッチプレー、
　('93)日本オープンローアマ、
　　　水戸グリーンオープン、
　('94)日本学生、関東アマ

出場資格：永久

ツアー31勝
('98)サンコーグランドサマー
('99)JCBクラシック仙台
('00)キリンオープン、マンシングウェアオープンKSBカップ、ダンロップフェニックス、
　　ゴルフ日本シリーズJTカップ、ファンケルオープンin沖縄
('01)東建コーポレーションカップ、キリンオープン、サントリーオープン
('02)サントリーオープン、ゴルフ日本シリーズJTカップ
('03)日本プロ、ABCチャンピオンシップ
('04)中日クラウンズ、ウッドワンオープン広島
('05)日本オープン、ABCチャンピオンシップ
('06)中日クラウンズ、フジサンケイクラシック、ABCチャンピオンシップ
('07)UBS日本ゴルフツアー選手権宍戸ヒルズ、ブリヂストンオープン
('08)日本プロ、日本オープン、三井住友VISA太平洋マスターズ
('13)コカ・コーラ東海クラシック
('14)カシオワールドオープン
('15)三井住友VISA太平洋マスターズ
('16)マイナビABCチャンピオンシップ
('17)ISPSハンダマッチプレー選手権

AbemaTVツアー(チャレンジ)2勝
('93)水戸グリーンオープン(アマチュア時代)、('95)後楽園カップ第5回

その他1勝
('16)北陸オープン

代表歴:ダイナスティカップ('05)、日韓対抗戦('10、'11)、オリンピック('16)

　茨城・水城高校から日本大学に進み、3年時の1993年には『日本オープン』3位、グローイング競技（現AbemaTVツアー）の『水戸グリーンオープン』優勝など、将来の活躍を予感させる活躍を見せていた。

　プロ転向後は米国でミニツアーに参戦するなどし、初シード獲得は3年目の97年。翌年春に胸部椎間板ヘルニアの手術を受けて復帰が危ぶまれていたが、6月にツアーに戻ると8月の『サンコーグランドサマー』で初優勝を飾った。00年には最大で約6504万円差をつけられていたが最後の4戦で3勝をマークして大逆転での初の賞金王に輝く。04年からは3年連続賞金王。07年の『日本ゴルフツアー選手権』で日本タイトル4冠も達成した。08年の『日本オープン』でツアー25勝

となり史上7人目の永久シード選手に。同年は青木功に並ぶ歴代2位、通算5度目の賞金王にも輝いた。

　ゴルフ界きっての理論派であり、早くからショートウッドを採用するなど合理的なクラブ選びや高い技術でパワー不足を補って海外でも活躍。01年『全米プロ』では2日目に首位に並ぶなどして4位に入り、09年の『マスターズ』でも4位に食い込んでいる。

　09年から4年間は未勝利だったが13年から再び勝ち星を積み重ね、15年には尾崎将司に次ぐ史上2人目の生涯獲得賞金20億円突破を達成。16年はリオ五輪出場に史上6人目の通算30勝と次々に新たな歴史を刻んでいった。18、19年は未勝利だったが磨かれた技は健在。尾崎直道に並ぶ歴代4位の32勝目を目指す。

'19のツアー全成績：20試合（国内20試合）

東建ホームメイトカップ …………29T	日本オープン …………………………43T
中日クラウンズ ……………………5T	マイナビABCチャンピオンシップ …13T
アジアパシフィックダイヤモンドカップ …22T	HEIWA・PGM CHAMPIONSHIP …35T
関西オープン ………………………36T	三井住友VISA太平洋マスターズ …5T
～全英への道～ミズノオープンatザ・ロイヤルゴルフクラブ …予落	ダンロップフェニックス……………26T
日本ゴルフツアー選手権森ビルカップShishido Hills …14T	カシオワールドオープン …………32T
日本プロゴルフ選手権 …………38T	
長嶋茂雄INVITATIONALセガサミーカップ …予落	
RIZAP KBCオーガスタ ………予落	
フジサンケイクラシック …………28T	
ANAオープン ……………………失格	
パナソニックオープン ……………10T	
トップ杯東海クラシック …………63T	
ブリヂストンオープン ……………21T	

'19部門別データ

賞金	30,536,757円	（30位）
メルセデス・ベンツ トータルポイント	325	（20位）
平均ストローク	70.98	（15位）
平均パット	1.7928	（47位）
パーキープ率	84.86	（16位）
パーオン率	65.30	（37位）
バーディ率	3.38	（56位）
イーグル率	11.50	（31位）
ドライビングディスタンス	285.46	（62位）
フェアウェイキープ率	53.33	（53位）
サンドセーブ率	57.45	（8位）
トータルドライビング	115	（72位）
生涯獲得賞金	2,219,787,405円	（2位）

賞金と順位（◎印は賞金ランクによる出場権獲得）

'95=0円		◎'02=129,258,019円	3位	◎'09=113,678,535円	4位	◎'16= 63,219,233円	9位
'96=0円		◎'03=117,192,413円	4位	◎'10= 49,191,763円	16位	◎'17= 81,289,975円	8位
◎'97= 21,910,072円	55位	◎'04=119,512,374円	1位	◎'11= 63,637,028円	13位	◎'18= 22,669,138円	46位
◎'98= 44,807,900円	22位	◎'05=134,075,280円	1位	◎'12= 53,921,858円	18位	◎'19= 30,536,757円	30位
◎'99= 76,114,008円	8位	◎'06=178,402,190円	1位	◎'13=112,557,810円	3位		
◎'00=177,116,489円	1位	◎'07=141,053,934円	2位	◎'14= 85,535,243円	6位		
◎'01=133,434,850円	2位	◎'08=180,094,895円	1位	◎'15= 90,577,641円	5位		

倉本昌弘

Masahiro KURAMOTO

出場資格：永久

所属:フリー
生年月日:1955(S30).9.9
身長、体重:164cm／66kg
血液型:AB型
出身地:広島県
出身校:日本大学
趣味:スキー、読書
スポーツ歴:スキー
ゴルフ歴:10歳〜
プロ転向:1981年
デビュー戦:
　'81和歌山オープン
得意クラブ:サンドウェッジ
'85以降ベストスコア:59
　('03アコムインターナショナル1R)
プレーオフ:6勝4敗
アマ時代の主な優勝歴:
　('75、'77、'80)日本アマ
　('74、'75、'76、'77)日本学生
　('76、'78)関東アマ
　('74)関東学生
　('74、'75)朝日杯全日本学生
　('80)中四国オープン

ツアー30勝
('80)中四国オープン(アマチュア時代)
('81)日本国土計画サマーズ、中国オープン、全日空札幌オープン、東海クラシック
('82)日本プロ、中国オープン
('83)中国オープン、東海クラシック
('84)中四国オープン、ブリヂストントーナメント
('85)ジュンクラシック、ブリヂストントーナメント
('86)全日空オープン、東海クラシック
('87)マルマンオープン、中四国オープン
('88)仙台放送クラシック、よみうりサッポロビールオープン、関西プロ、KBCオーガスタ、
　　　中四国オープン
('90)テーラーメイド瀬戸内海オープン
('91)アコムインターナショナル
('92)日本プロ、ブリヂストンオープン、大京オープン
('94)JCBクラシック仙台
('95)サントリーオープン
('03)アコムインターナショナル

その他4勝
('81)和歌山オープン、兵庫県オープン
('83)ハウス食品巨泉招待
('85)KSB瀬戸内海オープン

シニア8勝
('07)ビックライザックシニアオープン仙台
('10)日本シニアオープン、HANDA CUP シニアマスターズ(欧州シニアツアーとの共催)
('14)日本シニアオープン、いわさき白露シニア
('15)広島シニア選手権
('16)いわさき白露シニア
('19)スターツシニア

海外シニア1勝
('12)バン・ランスコット・シニアオープン(欧州)

代表歴:ダンヒルカップ('85、'92)、世界選手権('88、'90)
　　　　日米対抗('82、'83、'86、'87)、ザ・ロイヤルトロフィキャプテン('06)

　中学3年で広島GCのクラブチャンピオンとなり、日本大学時代は空前絶後の『日本学生』4連覇など多くのタイトルを手にした。アマチュア時代の1980年、『中四国オープン』で優勝を飾り、翌年プロテストに合格。初戦となった7月の『和歌山オープン』(賞金ランク対象外)でいきなり優勝すると、ツアー競技でもアッという間に4勝を挙げて賞金ランク2位に入った。

　プロ2年目の82年には『全英オープン』で日本選手歴代最高の4位に入り、翌週の『日本プロ』では初出場初優勝の快挙を達成。レギュラーツアーでは賞金王こそ獲得できなかったが常に上位で活躍した。

　92年の『ブリヂストンオープン』でツアー25勝目(プロ入り後)に到達して永久シード入り。同年、米

国ツアーのQスクールをトップで通過して93年は米国中心でプレー。結果は残せずに1年で撤退したが、運営方法など多くのことを学び、ツアー改革に尽力。その後のJGTO設立にもつながっている。00年には心臓弁膜症の手術を受けて選手生命が危ぶまれたが翌年復帰。03年の『アコムインターナショナル』初日にはツアー初の59をマークして通算30勝目を挙げた。

　シニア入り後も存在感を示している。12年は欧州シニアツアーで海外初優勝。14年には日本プロゴルフ協会会長に就任し、選手としては2勝を挙げて4年ぶり2度目の賞金王に輝いた。19年は『スターツシニア』で谷口徹をプレーオフで下し、シニア通算8勝目をマーク。64歳にして賞金ランク3位に入った。

'19のツアー全成績：1試合（国内1試合）			

日本プロゴルフ選手権 …………予落

'19部門別データ	
賞金	0円
メルセデス・ベンツ トータルポイント	—
平均ストローク	74.60（参考）
平均パット	1.9000（参考）
パーキープ率	75.00（参考）
パーオン率	55.56（参考）
バーディ率	3.00（参考）
イーグル率	—
ドライビングディスタンス	272.25（参考）
フェアウェイキープ率	60.71（参考）
サンドセーブ率	—
トータルドライビング	—
生涯獲得賞金	1,019,915,189円（12位）

賞金と順位（◎印は賞金ランクによる出場権獲得）							
◎'81= 32,345,130円	2位	◎'91= 53,755,585円	15位	◎'01= 17,132,444円	60位	'11= 3,166,571円	112位
◎'82= 37,151,927円	6位	◎'92=116,361,950円	4位	'02= 5,034,328円	109位	'12= 4,186,166円	109位
◎'83= 49,247,776円	3位	※'93= 41,725,036円	25位	'03= 35,868,656円	29位	'13= 1,723,000円	147位
◎'84= 41,252,311円	6位	◎'94= 62,655,316円	12位	'04= 8,305,900円	92位	'14=ナシ	
◎'85= 58,767,582円	2位	◎'95= 88,227,209円	4位	'05= 7,472,916円	92位	'15=ナシ	
◎'86= 53,812,650円	4位	◎'96= 37,115,572円	26位	'06= 654,342円	188位	'16=ナシ	
◎'87= 49,171,300円	4位	'97= 7,806,960円	102位	'07= 8,196,666円	91位	'17=ナシ	
◎'88= 63,329,816円	4位	'98= 17,648,510円	72位	'08=0円		'18=ナシ	
◎'89= 25,059,860円	27位	◎'99= 20,005,409円	53位	'09= 4,270,102円	103位	'19=0円	
◎'90= 58,206,633円	11位	'00= 2,064,666円	153位	'10= 8,192,900円	83位	※は規定試合数不足	

中嶋常幸

Tommy NAKAJIMA

出場資格：永久

所属：静ヒルズCC
生年月日：1954(S29).10.20
身長、体重：180cm／88kg
血液型：O型
出身地：群馬県
出身校：樹徳高校
趣味：読書、釣り、スキー、写真
スポーツ歴：スキー、水泳
ゴルフ歴：10歳〜
プロ転向：1975年
ツアーデビュー戦：
　'76ペプシウイルソン
師弟関係：父
得意クラブ：すべて
'85以降ベストスコア：63
　('93中日クラウンズ1R、
　'93ゴルフダイジェスト4R、
　'95三菱ギャラン3R、
　'96ペプシ宇部興産3R、
　'01東建コーポレーションカップ
　2R、'04JCBクラシック仙台
　3R)
プレーオフ：7勝6敗
アマ時代の主な優勝歴：
　('72)全日本パブリック選手権
　('73)日本アマ

ツアー48勝

('76)ゴルフダイジェスト
('77)日本プロ
('80)三菱ギャラン
('82)ダンロップ国際、フジサンケイクラシック、長野県オープン、東西対抗、
　　日本シリーズ
('83)静岡オープン、日本プロマッチプレー、三菱ギャラン、日本プロ、東西対抗、
　　サントリーオープン、全日空札幌オープン、日米ゴルフ
('84)日本プロ、関東オープン
('85)よみうりサッポロビールオープン、関東プロ、全日空札幌オープン、日本オープン、
　　太平洋クラブマスターズ、ダンロップフェニックス
('86)日本プロマッチプレー、三菱ギャラン、美津濃オープン、関東プロ、日本オープン、
　　ゴルフダイジェスト
('87)東海クラシック
('90)関東プロ、全日空オープン、日本オープン
('91)よみうりサッポロビールオープン、日本オープン
('92)ペプシ宇部興産、NST新潟オープン、日本プロマッチプレー
('93)全日空オープン、ゴルフ日本シリーズ日立カップ
('94)ダイドー静岡オープン、つるやオープン、ペプシ宇部興産
('95)フジサンケイクラシック
('02)ダイヤモンドカップ、三井住友VISA太平洋マスターズ
('06)三井住友VISA太平洋マスターズ

その他11勝

('76)ヤングライオンズ、美津濃プロ新人
('77)ヤングライオンズ、日本国土計画サマーズ
('81)ハウス巨泉招待
('83)名球会ゴールデンスター
('86)世界選手権、名球会ゴールデンスター
('87)名球会ゴールデンスター
('89)名球会ゴールデンスター
('92)名球会チャリティ

　父・巌氏の英才教育で腕を磨き、1973年の『日本アマ』を当時最年少記録となる18歳で優勝。75年にプロ入りすると翌年早くも初勝利を挙げ、77年には『日本プロ』を22歳の"戦後最年少"で制した。

　82年には4年連続キングの青木功を抑えて初の賞金王に輝いた。83年には年間最多勝記録の8勝をマーク。同年の『日米ゴルフ』ではジョニー・ミラーとの9打差を逆転して優勝している。85年には多くの海外選手を向こうに回して『太平洋クラブマスターズ』と『ダンロップフェニックス』に連勝。史上初の年間1億円を達成した。

　海外での活躍も目覚ましかった。86年の『全英オープン』では1打差2位で最終日を迎えグレッグ・ノーマンと最終組でプレー。77と崩れて8位に終わったが日本のファンをわかせた。88年『全米プロ』ではメジャー最高位となる3位。メジャー4大会すべてでトップ10に入った初めての日本選手でもある。

　賞金王に輝くこと計4回。90年代後半から不振に陥るが、02年の『ダイヤモンドカップ』で7年ぶりの復活優勝。04年からはシニアツアーでも実力を発揮して『日本シニアオープン』と『日本プロシニア』を制し、レギュラーツアーと合わせて史上初の日本タイトル6冠を達成した。

　近年は素晴らしい実績を讃えた表彰が続く。17年にスポーツ功労者文部科学大臣顕彰を受け、19年1月には日本プロゴルフ殿堂入り（18年度）を果たした。

シニア5勝
('05)日本シニアオープン
('06)日本プロゴルフシニア選手権、日本シニアオープン
('08)日本シニアオープン
('13)スターツシニア

その他
('17)スポーツ功労者文部科学大臣顕彰
('18)日本プロゴルフ殿堂入り
代表歴：ワールドカップ('96)
　　　　ダンヒルカップ('86)
　　　　世界選手権('85〜'88)
　　　　日米対抗('77〜'80、'82〜'86)
　　　　ダイナスティカップ('03)

'19のツアー全成績：3試合(国内3試合)

関西オープン……………………予落
ダンロップ・スリクソン福島オープン …予落
ダンロップフェニックス …………予落

'19部門別データ

賞金	0円
メルセデス・ベンツ トータルポイント	—
平均ストローク	76.77 （参考）
平均パット	1.8367 （参考）
パーキープ率	65.74 （参考）
パーオン率	45.37 （参考）
バーディ率	2.00 （参考）
イーグル率	—
ドライビングディスタンス	246.00 （参考）
フェアウェイキープ率	48.81 （参考）
サンドセーブ率	36.36 （参考）
トータルドライビング	—
生涯獲得賞金	1,664,953,541円 (3位)

賞金と順位(◎印は賞金ランクによる出場権獲得)

◎'76= 10,678,928円	17位	◇'88= 26,771,355円	20位	'00= 4,683,546円	116位	'12= 5,620,666円	99位
◎'77= 24,440,839円	5位	◎'89= 46,807,186円	9位	◎'01= 68,378,345円	9位	'13= 4,785,280円	105位
◎'78= 20,439,005円	8位	◎'90= 96,979,100円	2位	◎'02= 89,788,484円	6位	'14= 1,446,311円	138位
◎'79= 14,166,735円	14位	◎'91=111,639,213円	3位	◎'03= 17,064,886円	61位	'15= 1,968,775円	137位
◎'80= 17,069,408円	10位	◎'92=108,674,116円	5位	◎'04= 19,043,000円	59位	'16= 345,000円	239位
◎'81= 29,600,960円	3位	◎'93=130,842,771円	3位	'05= 7,218,533円	94位	'17=0円	
◎'82= 68,220,640円	1位	◎'94=115,771,280円	3位	※'06= 46,881,260円	25位	'18=0円	
◎'83= 85,514,183円	1位	◎'95= 66,872,554円	11位	'07= 8,595,166円	88位	'19=0円	
◎'84= 40,145,992円	7位	◎'96= 45,939,531円	18位	◎'08= 18,710,000円	58位		
◎'85=101,609,333円	1位	◎'97= 29,983,700円	43位	※'09= 13,192,285円	68位		
◎'86= 90,202,066円	1位	◎'98= 26,650,404円	48位	'10= 1,281,000円	130位	◇は特別保障制度適用	
◎'87= 34,366,716円	13位	'99= 9,585,561円	81位	'11= 2,979,428円	116位	※は規定試合数不足	

秋吉翔太

Shota AKIYOSHI

ツアー2勝
('18)〜全英への道〜ミズノオープンatザ・ロイヤル ゴルフクラブ、
ダンロップ・スリクソン福島オープン

AbemaTVツアー(チャレンジ)3勝
('14)ISPS・CHARITYチャレンジトーナメント、('15)seven dreamers challenge in Yonehara GC、石川遼 everyone PROJECT Challenge

所属:ホームテック
生年月日:1990(H2).7.22
身長、体重:175cm／85kg
血液型:O型
出身地:熊本県
出身校:樟南高校
ゴルフ歴:10歳〜
プロ転向:2009年
ツアーデビュー戦:
　'11日本オープンゴルフ選手権
得意クラブ:ドライバー
ベストスコア:63
　('18中日クラウンズ2R、
　'19ダンロップ・スリクソン
　福島オープン3R)
アマ時代の主な優勝歴:
　('08)国体・少年男子個人

'19のツアー全成績:24試合(国内24試合)

SMBCシンガポールオープン	棄権
東建ホームメイトカップ	予落
中日クラウンズ	11T
アジアパシフィックダイヤモンドカップ	22T
関西オープン	予落
〜全英への道〜ミズノオープンatザ・ロイヤル ゴルフクラブ	58T
日本ゴルフツアー選手権森ビルカップShishido Hills	29T
ダンロップ・スリクソン福島オープン	2
日本プロゴルフ選手権	43T
長嶋茂雄INVITATIONALセガサミーカップ	15T
RIZAP KBCオーガスタ	予落
フジサンケイクラシック	32T
ANAオープン	50T
Shinhan Donghae Open	予落
パナソニックオープン	26T
トップ杯東海クラシック	2T
ブリヂストンオープン	6T
日本オープン	予落
マイナビABCチャンピオンシップ	13T
HEIWA・PGM CHAMPIONSHIP	25T
三井住友VISA太平洋マスターズ	5T
ダンロップフェニックス	34T
カシオワールドオープン	予落
ゴルフ日本シリーズJTカップ	26

熊本市出身。野球をしていたが家族がゴルフをしていた影響でクラブを握り、高校は鹿児島県の樟南に進学。2008年の『国体少年男子個人』では松山英樹らを抑えて優勝している。

石川遼の活躍に刺激を受け、高校を卒業するとプロの世界に飛び込んだ。ツアー初戦、11年の『日本オープン』では初日2位発進して話題に。15年はチャレンジで賞金ランク2位となっている。シードをつかんだのが17年。予選会から出場の『日本オープン』で4位に入るなどして賞金ランク43位に食い込んだ。

翌18年にブレークする。ツアー史上初めて8000ヤードを超えた『ミズノオープン』で6位から逆転して初優勝。さらには『ダンロップ・スリクソン福島オープン』では5位から逆転勝利。年間2勝は市原弘大と並ぶ最多勝となった。19年も優勝のチャンスはあったがモノにできず。『東海クラシック』では最終ホールの2打目を池に入れて1打及ばなかった。

'19部門別データ

賞金	39,398,756円	(26位)
メルセデス・ベンツ トータルポイント	392	(32位)
平均ストローク	71.26	(23位)
平均パット	1.7912	(45位)
パーキープ率	82.47	(56位)
パーオン率	64.43	(50位)
バーディ率	3.82	(16位)
イーグル率	19.25	(62位)
ドライビングディスタンス	289.55	(41位)
フェアウェイキープ率	57.91	(24位)
サンドセーブ率	43.10	(75位)
トータルドライビング	65	(12位)
生涯獲得賞金	142,522,899円	(232位)

賞金と順位(◎印は賞金ランク、△印はチャレンジランクによる出場権獲得)

'11=	2,360,000円	119位	◎'17=	26,704,356円	43位
'12=	920,000円	154位	◎'18=	61,522,806円	14位
'13=	342,000円	225位	◎'19=	39,398,756円	26位
△'14=	3,146,357円	114位			
△'15=	2,899,224円	122位			
'16=	5,229,400円	106位			

浅地洋佑
Yosuke ASAJI

ツアー2勝
('19)アジアパシフィックダイヤモンドカップゴルフ、ANAオープン

AbemaTVツアー（チャレンジ）2勝
('12)ISPS・CHARITYチャレンジ、('15)ミュゼプラチナムチャレンジ

所属:フリー
生年月日:1993(H5).5.24
身長、体重:169cm/68kg
血液型:A型
出身地:東京都
出身校:杉並学院高校
趣味:料理
スポーツ歴:野球、サッカー
ゴルフ歴:6歳〜
プロ転向:2011年
ツアーデビュー戦:
　'12東建ホームメイトカップ
得意クラブ:サンドウェッジ
ベストスコア:64
　('17日本オープン1R)
プレーオフ:1勝0敗
アマ時代の主な戦歴:
　('08)日本ジュニア優勝、
　('11)関東アマ優勝、
　　　日本アマ3位

'19のツアー全成績:25試合(国内24試合、海外1試合)

SMBCシンガポールオープン	56T
東建ホームメイトカップ	予落
中日クラウンズ	48T
アジアパシフィックダイヤモンドカップ	優勝
関西オープン	予落
〜全英への道〜ミズノオープンatザ・ロイヤルゴルフクラブ	56T
日本ゴルフツアー選手権森ビルカップShishido Hills	29T
ダンロップ・スリクソン福島オープン	12T
日本プロゴルフ選手権	予落
☆全英オープン	67T
長嶋茂雄INVITATIONALセガサミーカップ	62
RIZAP KBCオーガスタ	13T
フジサンケイクラシック	予落
ANAオープン	優勝
Shinhan Donghae Open	18T
パナソニックオープン	44T
トップ杯東海クラシック	予落
ブリヂストンオープン	21T
日本オープン	予落
ZOZO CHAMPIONSHIP	63T
HEIWA・PGM CHAMPIONSHIP	予落
三井住友VISA太平洋マスターズ	32T
ダンロップフェニックス	34T
カシオワールドオープン	14T
ゴルフ日本シリーズJTカップ	24T

☆は賞金ランキングに加算する海外競技

'19部門別データ

メルセデス・ベンツ トータルポイント 37位(399)
サンドセーブ率 6位(57.60)
平均ストローク 55位(71.71)
FWキープ率 16位(59.67)
平均パット 19位(1.7674)
ドライビングディスタンス 74位(280.04)
パーキープ率 66位(81.98)
イーグル率 64位(19.50)
パーオン率 67位(62.54)
バーディ率 32位(3.58)

トータルドライビング=90(36位)
獲　得　賞　金＝69,797,845円(9位)
生涯獲得賞金=137,705,747円(238位)

タイガー・ウッズをテレビで見たことがゴルフを始めるきっかけ。杉並学院高校2年時の2010年には『ダイヤモンドカップ』で2日目を終えて2位につけて話題となった。

11年にプロ宣言し、12年はチャレンジで初勝利。19歳14日は当時の最年少優勝記録で、ツアーでも初シードをつかんだ。だが、翌年シードを落とすと低迷が続いた。17年に5年ぶりのシード復帰。18年は『関西オープン』で自己最高の4位を記録

するなど上昇気配を示す。8月には結婚もして賞金ランクは自己最高となった。

この流れが19年につながった。『ダイヤモンドカップ』は初めて首位の最終日へ。重圧の中、最終ホールでバンカーからパーセーブ。1打のリードを守り切って初勝利をつかんだ。『ANAオープン』では5打差を追いつきツアー史上最多5人でのプレーオフを制して2勝目も手にする。トップ10はこの2試合だけ。勝負強さも光った1年だった。

賞金と順位(◎印は賞金ランク、△印はチャレンジランクによる出場権獲得)

◎'12=	15,253,865円	67位	◎'18= 18,794,166円	56位
'13=	10,081,553円	77位	◎'19= 69,797,845円	9位
'14=	936.100円	165位		
△'15=	5,191,133円	101位		
'16=	6,752,277円	97位		
◎'17=	10,898,808円	77位		

池田勇太

Yuta IKEDA

所属：フリー
生年月日：1985(S60).12.22
身長、体重：176cm／76kg
血液型：O型
出身地：千葉県
出身校：東北福祉大学
趣味：映画鑑賞、ドライブ
ゴルフ歴：6歳〜
プロ転向：2007年
ツアーデビュー戦：
　'08東建ホームメイトカップ
得意クラブ：サンドウェッジ
ベストスコア：61
　('16ダンロップフェニックス4R)
プレーオフ：4勝2敗
アマ時代の主な優勝歴：
　('03)世界ジュニア、
　('03、'07)日本オープンローアマ、
　('05、'06)日本学生、
　('06)世界大学ゴルフ選手権

賞金ランキング17位

ツアー21勝
('09)日本プロ、VanaH杯KBCオーガスタ、キヤノンオープン、ブリヂストンオープン、('10)TOSHIN GOLF TOURNAMENT IN Lake Wood、ANAオープン、ブリヂストンオープン、ダンロップフェニックス、('11)サン・クロレラクラシック、('12)キヤノンオープン('13)マイナビABCチャンピオンシップ、('14)日本オープン、('15)RIZAP KBCオーガスタ('16)パナソニックオープン、HONMA TOURWORLD CUP AT TROPHIA GOLF、カシオワールドオープン、('17)RIZAP KBCオーガスタ、ANAオープン、日本オープン、('18)アジアパシフィックダイヤモンドカップ、('19)〜全英への道〜ミズノオープンatザ・ロイヤルゴルフクラブ

AbemaTVツアー(チャレンジ)1勝
('08)エバーライフカップチャレンジ

代表歴：ザ・ロイヤルトロフィ('11)、日韓対抗戦('10、'11、'12)、ワールドカップ('11)
オリンピック('16)

'19のツアー全成績：22試合(国内21試合、海外1試合)

SMBCシンガポールオープン	……47T	パナソニックオープン	……37T
東建ホームメイトカップ	……8T	トップ杯東海クラシック	……41T
アジアパシフィックダイヤモンドカップ	…予落	ブリヂストンオープン	……63T
関西オープン	……予落	日本オープン	……35T
〜全英への道〜ミズノオープンatザ・ロイヤルゴルフクラブ	…優勝	マイナビABCチャンピオンシップ	……予落
日本ゴルフツアー選手権森ビルカップShishido Hills	…16T	HEIWA・PGM CHAMPIONSHIP	…12T
ダンロップ・スリクソン福島オープン	…29T	三井住友VISA太平洋マスターズ	……9
日本プロゴルフ選手権	……32T	ダンロップフェニックス	……8T
☆全英オープン	……予落	カシオワールドオープン	…32T
長嶋茂雄INVITATIONALセガサミーカップ	…5	ゴルフ日本シリーズJTカップ	………27T
RIZAP KBCオーガスタ	……30T	☆は賞金ランキングに加算する海外競技	
ANAオープン	……19T		

'19部門別データ

賞金	53,870,134円	(17位)
メルセデス・ベンツ トータルポイント	248	(11位)
平均ストローク	71.00	(16位)
平均パット	1.7441	(7位)
パーキープ率	83.03	(43位)
パーオン率	63.81	(56位)
バーディ率	4.15	(8位)
イーグル率	10.57	(23位)
ドライビングディスタンス	292.34	(33位)
フェアウェイキープ率	55.89	(36位)
サンドセーブ率	53.00	(26位)
トータルドライビング	69	(13位)
生涯獲得賞金	1,207,748,995円	(7位)

千葉学芸高校3年時に『世界ジュニア』などで優勝。東北福祉大学でも数々のタイトルを獲得して2007年にプロ転向した。翌08年にデビューするとすぐにシードを獲得。09、10年には4勝で年間最多勝を記録した。09年に『日本プロ』、14年には『日本オープン』で優勝。両大会を20代で制するのは74年尾崎将司以来6人目の快挙だった。

13年からは3年間選手会長を務める。16年は3勝を挙げ、史上4人目の年間獲得賞金2億円を達成して初の賞金王に輝いた。同年はリオデジャネイロ五輪にも出場している。

17年には当時史上最年少の31歳で生涯獲得賞金10億円を突破。18年の『アジアパシフィックダイヤモンドカップ』では史上11人目の通算20勝に到達した。

19年の『ミズノオープン』ではC・キムとの競り合いを制して21勝目。09年からの連続年優勝を「11」に伸ばして青木功、片山晋呉に並ぶ歴代2位にまで浮上した。

賞金と順位(◎印は賞金ランクによる出場権獲得)

◎'08=	20,824,400円	52位	◎'14= 77,552,862円	7位
◎'09=	158,556,695円	5位	◎'15= 99,380,317円	3位
◎'10=	145,043,030円	4位	◎'16=207,901,567円	1位
◎'11=	71,703,534円	11位	◎'17=126,240,438円	4位
◎'12=	88,948,069円	4位	◎'18= 79,671,825円	5位
◎'13=	78,056,124円	9位	◎'19= 53,870,134円	17位

池村寛世

Tomoyo IKEMURA

賞金ランキング42位

ツアー未勝利

AbemaTVツアー（チャレンジ）3勝
('15)LANDIC CHALLENGE 2015 ASSOCIA MANSION GOLF TOURNAMENT、elite grips challenge、('16)南秋田カントリークラブみちのくチャレンジ

その他1勝
('19)北陸オープン

所属:ディライトワークス
生年月日:1995(H7).8.30
身長、体重:166cm／72kg
血液型:O型
出身地:鹿児島県
出身校:志布志中学校
趣味:音楽鑑賞
スポーツ歴:サッカー、水泳
ゴルフ歴:10歳〜
プロ転向:2013年
ツアーデビュー戦:
　'14ダンロップ・スリクソン
　福島オープン
得意クラブ:ドライバー
ベストスコア:64
　('17HONMA TOURWORLD CUP
　3R)
アマ時代の主な優勝歴:
　('11)国民体育大会個人

'19のツアー全成績:23試合(国内23試合)

SMBCシンガポールオープン	予落
東建ホームメイトカップ	予落
中日クラウンズ	39T
アジアパシフィックダイヤモンドカップ	8T
関西オープン	21T
〜全英への道〜ミズノオープンatザ・ロイヤルゴルフクラブ	45T
日本ゴルフツアー選手権森ビルカップShishido Hills	10T
ダンロップ・スリクソン福島オープン	棄権
日本プロゴルフ選手権	38T
長嶋茂雄INVITATIONALセガサミーカップ	26T
RIZAP KBCオーガスタ	22T
フジサンケイクラシック	24T
ANAオープン	9T
Shinhan Donghae Open	予落
パナソニックオープン	64T
トップ杯東海クラシック	23T
ブリヂストンオープン	予落
日本オープン	予落
マイナビABCチャンピオンシップ	51T
HEIWA・PGM CHAMPIONSHIP	32T
三井住友VISA太平洋マスターズ	24T
ダンロップフェニックス	49T
カシオワールドオープン	予落

　鹿児島県の尚志館高校1年時の2011年に『国体少年男子個人』で優勝。翌年、オーストラリアに留学して半年ほど腕を磨いた。留学中にプロになりたい気持ちが高まり、帰国すると高校を中退。まずはアジアンツアーのQTに挑戦し、プロ転向した。

　日本では14年にツアーデビュー。15年は『RIZAP KBCオーガスタ』で初の最終日最終組を経験し、チャレンジでは2勝を挙げて賞金ランク3位に入った。16年の『日本ゴルフツアー選手権』では首位発進を経験。17年の『HONMA TOUR-WORLD CUP』で自身初のトップ10となる3位に入り、初シードを手にした。

　18年は『レオパレス21ミャンマーオープン』で最終日に追い上げて自己最高の2位フィニッシュするなどして賞金ランクは大幅アップ。19年は賞金ランクこそわずかに下げたが平均ストロークなどは上昇。ドライビングディスタンスは自身2度目の300ヤード超えで5位に入った。

'19部門別データ

賞金	20,895,766円	(42位)
メルセデス・ベンツ トータルポイント	395	(35位)
平均ストローク	71.44	(30位)
平均パット	1.7982	(55位)
パーキープ率	83.26	(38位)
パーオン率	64.62	(46位)
バーディ率	3.47	(44位)
イーグル率	12.67	(37位)
ドライビングディスタンス	303.52	(5位)
フェアウェイキープ率	52.08	(69位)
サンドセーブ率	43.69	(71位)
トータルドライビング	74	(19位)
生涯獲得賞金	66,449,853円	(347位)

賞金と順位(◎印は賞金ランク、△印はチャレンジランクによる出場権獲得)

'14=0円
△'15= 7,052,400円 88位
'16= 1,758,092円 165位
◎'17= 11,841,432円 74位
◎'18= 24,902,163円 39位
◎'19= 20,895,766円 42位

石川　遼
Ryo ISHIKAWA

賞金ランキング3位

所属:CASIO
生年月日:1991(H3).9.17
身長、体重:175cm／70kg
血液型:O型
出身地:埼玉県
出身校:杉並学院高校
趣味:音楽鑑賞
スポーツ歴:水泳、サッカー、
　　陸上
ゴルフ歴:6歳～
プロ転向:2008年
ツアーデビュー戦:
　'08東建ホームメイトカップ
得意クラブ:サンドウェッジ
ベストスコア:58
　('10中日クラウンズ4R)
プレーオフ:4勝3敗
アマ時代の主な優勝歴:
　('07)マンシングウェアオー
　プンKSBカップ、日本ジュ
　ニア15歳～17歳の部

ツアー17勝
('07)マンシングウェアオープンKSBカップ(アマチュア時代)、('08)マイナビABCチャンピオンシップ、('09)～全英への道～ミズノオープンよみうりクラシック、サン・クロレラクラシック、フジサンケイクラシック、コカ・コーラ東海クラシック、('10)中日クラウンズ、フジサンケイクラシック、三井住友VISA太平洋マスターズ、('12)三井住友VISA太平洋マスターズ、('14)長嶋茂雄INVITATIONALセガサミーカップ、('15)ANAオープン、ゴルフ日本シリーズJTカップ、('16)RIZAP KBCオーガスタ、('19)日本プロ、長嶋茂雄INVITATIONALセガサミーカップ、ゴルフ日本シリーズJTカップ

その他2勝
('08)関西オープン、('18)岐阜オープンクラシック

代表歴:ザ・ロイヤルトロフィ('09、'10、'11、'12、'13)、プレジデンツカップ('09、'11)、日韓対抗戦('10、'11、'12)、ワールドカップ('13、'16)

'19のツアー全成績:19試合(国内19試合)

SMBCシンガポールオープン	47T	ZOZO CHAMPIONSHIP	51T
中日クラウンズ	棄権	HEIWA・PGM CHAMPIONSHIP	予落
日本ゴルフツアー選手権森ビルカップShishido Hills	20T	三井住友VISA太平洋マスターズ	予落
ダンロップ・スリクソン福島オープン	29T	ダンロップフェニックス	34T
日本プロゴルフ選手権	優勝	カシオワールドオープン	10T
長嶋茂雄INVITATIONALセガサミーカップ	優勝	ゴルフ日本シリーズJTカップ	優勝
RIZAP KBCオーガスタ	13T		
フジサンケイクラシック	5		
ANAオープン	6T		
パナソニックオープン	3		
トップ杯東海クラシック	47T		
ブリヂストンオープン	26T		
日本オープン	12T		

　2007年に『マンシングウェアオープンKSBカップ』を15歳で制して時の人に。翌年プロ転向すると17歳にして1億円を稼ぎ、09年には18歳の史上最年少賞金王に。10年の『中日クラウンズ』最終日には世界主要ツアー新記録となる58をマークした。13年からは米国ツアーを主戦場に。2度の2位を記録したが未勝利。16年は腰の故障で半年近く戦線離脱し、17年秋から再び国内を主戦場にした。
　18年は選手会長に選ばれ、プレー以外でも精力的にツアーの発展に尽力。そして19年、序盤は腰痛に苦しんだが『日本プロ』では劇的なイーグルでプレーオフを制して3年ぶりの優勝を果たす。『セガサミーカップ』では4打差の快勝で自身初の2試合連続V。さらには最終戦の『日本シリーズ』ではプレーオフでB・ケネディを下してシーズン3勝目を飾った。この優勝で14人目の生涯獲得賞金10億円突破を達成。28歳での大台到達は最年少記録となった。

'19部門別データ

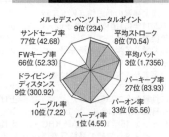

メルセデス・ベンツ トータルポイント
9位(234)
サンドセーブ率 77位(42.68)
平均ストローク 8位(70.54)
FWキープ率 66位(52.33)
平均パット 3位(1.7356)
ドライビングディスタンス 9位(300.92)
パーキープ率 27位(83.93)
イーグル率 10位(7.22)
バーオン率 33位(65.56)
バーディ率 1位(4.55)

トータルドライビング=75(22位)
獲得賞金= 132,812,990円(3位)
生涯獲得賞金=1,012,354,906円(13位)

賞金と順位(◎印は賞金ランクによる出場権獲得)

◎'08=106,318,166円	5位	◎'14= 52,856,504円	19位
◎'09=183,524,051円	1位	◎'15= 87,788,433円	6位
◎'10=151,461,479円	3位	◎'16= 44,371,593円	19位
◎'11= 98,282,603円	3位	◎'17= 14,148,888円	68位
◎'12= 78,178,145円	7位	◎'18= 47,692,054円	22位
◎'13= 14,920,000円	65位	◎'19=132,812,990円	3位

出水田大二郎

Daijiro IZUMIDA

ツアー1勝
('18) RIZAP KBCオーガスタ

AbemaTVツアー（チャレンジ）1勝
('12) きみさらずGL・GMAチャレンジ

所属:TOSS
生年月日:1993(H5).2.5
身長、体重:183cm／90kg
血液型:AB型
出身地:鹿児島県
出身校:樟南高校
趣味:音楽鑑賞、読書
ゴルフ歴:9歳〜
プロ転向:2011年
ツアーデビュー戦:
　'12中日クラウンズ
得意クラブ:ショートアイアン
ベストスコア:63
　('18アジアパシフィックダイ
　ヤモンドカップ1R)
アマ時代の主な戦歴:
　('07〜'10)九州ジュニア優勝

'19のツアー全成績:22試合(国内22試合)

SMBCシンガポールオープン	予落
東建ホームメイトカップ	18T
中日クラウンズ	15T
アジアパシフィックダイヤモンドカップ	33T
関西オープン	36T
〜全英への道〜ミズノオープンatザ・ロイヤル ゴルフクラブ	予落
日本ゴルフツアー選手権森ビルカップShishido Hills	41
ダンロップ・スリクソン福島オープン	43T
日本プロゴルフ選手権	予落
長嶋茂雄INVITATIONALセガサミーカップ	36T
RIZAP KBCオーガスタ	棄権
ANAオープン	34T
Shinhan Donghae Open	棄権
パナソニックオープン	59T
トップ杯東海クラシック	50T
ブリヂストンオープン	26T
日本オープン	予落
マイナビABCチャンピオンシップ	17T
HEIWA・PGM CHAMPIONSHIP	54T
三井住友VISA太平洋マスターズ	18T
ダンロップフェニックス	3T
カシオワールドオープン	32T

　子供のころ、横峯さくらプロの父親・良郎氏主宰の「めだかクラブ」でゴルフを始めた。樟南高校時代は1年時の2008年から『九州ジュニア（15〜17歳の部）』で3連覇を達成。高校卒業直後にプロ宣言した。

　ルーキーイヤーの12年4月、19歳にしてチャレンジ初優勝を果たした。ただ以降は低迷し、同年の賞金ランクは18位。その後、QTではファイナルには進むものの上位には入れず、チャレンジでも好成績を残せない年が続いた。

　16年にチャレンジ賞金ランク7位でツアーへの挑戦権を得ると、17年は『日本プロ』で自身初のトップ10となる10位に。初シードを獲得した。18年は初の最終日最終組となった『RIZAP KBCオーガスタ』で首位タイから逃げ切り初優勝を飾った。19年は韓国の『ハナバンク招待』で2位。国内では『東建ホームメイトカップ』で最終日最終組を回るなどしたが2勝目には届かなかった。

'19部門別データ

賞金	23,274,912円	(39位)
メルセデス・ベンツ トータルポイント	380	(29位)
平均ストローク	71.59	(45位)
平均パット	1.8041	(64位)
パーキープ率	83.41	(36位)
パーオン率	69.05	(9位)
バーディ率	3.40	(52位)
イーグル率	14.00	(44位)
ドライビングディスタンス	297.95	(17位)
フェアウェイキープ率	52.86	(58位)
サンドセーブ率	46.30	(55位)
トータルドライビング	75	(22位)
生涯獲得賞金	72,542,737円	(333位)

賞金と順位(◎印は賞金ランク、△印はチャレンジランクによる出場権獲得)

'12=0円	◎'19= 23,274,912円	39位
'14= 113,500円 249位		
'15=0円		
△'16=0円		
◎'17= 14,386,479円 66位		
◎'18= 34,767,846円 28位		

市原弘大

Kodai ICHIHARA

ツアー2勝
('18)日本ゴルフツアー選手権森ビルカップShishido Hills、ダンロップフェニックス

AbemaTVツアー(チャレンジ)1勝
('03)カニトップ杯・チャレンジ

所属:フリー
生年月日:1982(S57).5.29
身長、体重:171cm／78kg
血液型:A型
出身地:東京都
出身校:埼玉平成高校
趣味:読書、映画鑑賞、
　ドライブ
スポーツ歴:水泳
ゴルフ歴:3歳～
プロ転向:2001年
ツアーデビュー戦:
　'01キリンオープン
師弟関係:父、千葉晃
ベストスコア:63
　('10ANAオープン4R、
　'18ダンロップフェニックス4R)
アマ時代の主な優勝歴:
　('97)日本ジュニア、
　全国高校ゴルフ選手権中学
　の部春季・夏季、
　('00)日本ジュニア

'19のツアー全成績:23試合(国内22試合、海外1試合)

SMBCシンガポールオープン	予落
東建ホームメイトカップ	予落
アジアパシフィックダイヤモンドカップ	予落
関西オープン	36T
～全英への道～ミズノオープンatザ・ロイヤルゴルフクラブ	予落
日本ゴルフツアー選手権森ビルカップShishido Hills	16T
☆全米オープン	予落
ダンロップ・スリクソン福島オープン	29T
日本プロゴルフ選手権	予落
長嶋茂雄INVITATIONALセガサミーカップ	36T
RIZAP KBCオーガスタ	予落
フジサンケイクラシック	10T
ANAオープン	予落
Shinhan Donghae Open	予落
パナソニックオープン	70T
トップ杯東海クラシック	56T
ブリヂストンオープン	34T
日本オープン	18T
マイナビABCチャンピオンシップ	予落
HEIWA・PGM CHAMPIONSHIP	予落
三井住友VISA太平洋マスターズ	56
ダンロップフェニックス	13T
カシオワールドオープン	32T

☆は賞金ランキングに加算する海外競技

埼玉平成高校時代に『日本ジュニア』を制し、高校卒業後すぐにプロ転向。まずはアジアンツアーに参戦したが、パターイップスにかかり撤退。2003年にチャレンジで1勝するが、05年には腰部のヘルニアで1年近くクラブを握れない時期があった。

その後、アジアンツアーでもプレーしながら経験を重ね、10年に初シード獲得。12年に陥落するが14年に返り咲いている。16年には2度目の出場となった『全英オープン』で初の予選通過を果たすが、17年に3年間守ってきた賞金シードを失った。

しかし18年に最高の形で巻き返す。まず5打差5位で迎えた『日本ゴルフツアー選手権』最終日に66をマークしての逆転でツアー初優勝。プロ18年目の悲願達成だった。11月には大会連覇中のB・ケプカも参戦していた『ダンロップフェニックス』で5打差8位から63でまたもや逆転勝ち。大輪の花を咲かせた。19年は最高10位と苦戦。今年は再び輝きたい。

'19部門別データ

賞金	13,102,632円	(60位)
メルセデス・ベンツ トータルポイント	517	(66位)
平均ストローク	72.10	(72位)
平均パット	1.7929	(48位)
パーキープ率	81.60	(73位)
パーオン率	61.20	(80位)
バーディ率	3.23	(71位)
イーグル率	21.33	(68位)
ドライビングディスタンス	285.74	(60位)
フェアウェイキープ率	56.28	(33位)
サンドセーブ率	55.21	(12位)
トータルドライビング	93	(41位)
生涯獲得賞金	233,841,598円	(144位)

賞金と順位(◎印は賞金ランク、△印はチャレンジランクによる出場権獲得)

'01=	761,250円	181位	◎'10=	18,566,998円	58位	◎'16=	34,644,807円	33位
'02=	1,416,000円	159位	◎'11=	18,064,751円	60位	'17=	8,066,892円	88位
'04=	799,700円	185位	'12=	13,598,732円	72位	◎'18=	82,245,918円	4位
'07=0円			'13=	2,224,000円	132位	◎'19=	13,102,632円	60位
'08=0円			◎'14=	17,105,442円	57位			
△'09=ナシ			◎'15=	23,244,476円	48位			

稲森佑貴
Yuki INAMORI

ツアー1勝
('18)日本オープン

AbemaTVツアー(チャレンジ)1勝
('14)seven dreamers challenge in Yonehara GC

その他1勝
('11)日本プロゴルフ新人選手権

所属:フリー
生年月日:1994(H6).10.2
身長、体重:169cm／68kg
血液型:A型
出身地:鹿児島県
出身校:鹿児島城西高校
趣味:音楽鑑賞、読書
ゴルフ歴:6歳〜
プロ転向:2011年
ツアーデビュー戦:
　'12日本プロゴルフ選手権
師弟関係:稲森兼隆(父)
得意クラブ:ドライバー
ベストスコア:64
　('14ダンロップフェニックス1R、
　'16中日クラウンズ1R、'17
　東建ホームメイトカップ3R、
　'17HONMA TOURWORLD CUP
　3R)
アマ時代の主な戦歴:
　('10)日本アマベスト32、
　南日本選手権優勝

'19のツアー全成績:24試合(国内23試合、海外1試合)

SMBCシンガポールオープン	予落
東建ホームメイトカップ	予落
中日クラウンズ	48T
アジアパシフィックダイヤモンドカップ	33T
関西オープン	29T
〜全英への道〜ミズノオープンatザ・ロイヤルゴルフクラブ	14T
日本ゴルフツアー選手権森ビルカップShishido Hills	29T
ダンロップ・スリクソン福島オープン	7T
日本プロゴルフ選手権	55T
☆全英オープン	72T
長嶋茂雄INVITATIONALセガサミーカップ	46T
RIZAP KBCオーガスタ	30T
フジサンケイクラシック	55T
ANAオープン	52T
Shinhan Donghae Open	32T
パナソニックオープン	予落
トップ杯東海クラシック	予落
ブリヂストンオープン	41T
日本オープン	29T
マイナビABCチャンピオンシップ	35T
HEIWA・PGM CHAMPIONSHIP	46T
三井住友VISA太平洋マスターズ	18T
ダンロップフェニックス	44T
カシオワールドオープン	予落

☆は賞金ランキングに加算する海外競技

'19部門別データ

賞金	17,356,426円	(49位)
メルセデス・ベンツ トータルポイント	521	(68位)
平均ストローク	71.66	(53位)
平均パット	1.8198	(86位)
パーキープ率	84.62	(20位)
パーオン率	68.38	(13位)
バーディ率	3.06	(84位)
イーグル率	—	
ドライビングディスタンス	269.87	(95位)
フェアウェイキープ率	69.39	(1位)
サンドセーブ率	43.16	(74位)
トータルドライビング	96	(46位)
生涯獲得賞金	242,222,757円	(139位)

　自宅は鹿児島市内の練習場。父親でゴルフの師でもある兼隆さんは『日本シニアオープン』出場歴があるほどの腕前で、自然にクラブを握れる環境で育った。中学時代から16歳にはプロテストに挑戦する決意を固め、高校2年時の2011年に受験。見事一発で合格した。

　13年の『VanaH杯KBCオーガスタ』ではツアー3戦目ながら初日首位発進して話題に。14年は出場わずか7試合でシードを獲得した。以降、賞金ランクは年々上昇。そして18年、初優勝を『日本オープン』のビッグタイトルで飾った。3日目に3打差の首位に立つと、最終日は1度もフェアウェイを外すことなく68にまとめて逃げ切った。賞金ランクは3位に躍進。フェアウェイキープ率73.69%は歴代最高記録だった。

　19年は『全英オープン』で初メジャーを経験。4日間を戦い抜いた。フェアウェイキープ率は5年連続で1位。ドライバーの正確性は健在だ。

賞金と順位(◎印は賞金ランクによる出場権獲得)

'12=0円	◎'18= 85,301,742円	3位
'13= 1,407,250円 155位	◎'19= 17,356,426円	49位
◎'14= 11,734,857円 75位		
◎'15= 37,256,211円 29位		
◎'16= 39,956,809円 26位		
◎'17= 49,209,462円 20位		

今平周吾

Shugo IMAHIRA

ツアー 4勝
('17)関西オープン、('18)ブリヂストンオープン、('19)ブリヂストンオープン、ダンロップフェニックス

AbemaTVツアー（チャレンジ）2勝
('14) HEIWA・PGM Challenge I、JGTO Novil FINAL

所属:フリー
生年月日:1992(H4).10.2
身長、体重:165cm／65kg
血液型:AB型　出身地:埼玉県
出身校:創学舎高校
趣味:音楽鑑賞
ゴルフ歴:9歳〜
プロ転向:2011年
ツアーデビュー戦:
　'13つるやオープン
得意クラブ:サンドウェッジ
ベストスコア:64
　('17中日クラウンズ1R、
　'17HONMA TOURWORLD CUP
　3R、'18ダンロップ・スリクソ
　ン福島オープン4R、'19ブリ
　ヂストンオープン1R、'19マ
　イナビABC選手権3R、'19
　HEIWA・PGM選手権2R)
プレーオフ:0勝1敗
アマ時代の主な戦歴:
　('06、'07)関東ジュニア優勝、
　('08)日本ジュニア優勝、
　('09)全米ジュニア選手権
　ベスト8

'19のツアー全成績:29試合(国内25試合、海外4試合)

SMBCシンガポールオープン	棄権
☆マスターズ	予落
東建ホームメイトカップ	18T
中日クラウンズ	2
アジアパシフィックダイヤモンドカップ	21
☆全米プロ	予落
関西オープン	7T
～全英への道～ミズノオープンatザ・ロイヤル ゴルフクラブ	9T
日本ゴルフツアー選手権森ビルカップShishido Hills	2
☆全米オープン	予落
ダンロップ・スリクソン福島オープン	5T
日本プロゴルフ選手権	7T
☆全英オープン	予落
長嶋茂雄INVITATIONALセガサミーカップ	19T
RIZAP KBCオーガスタ	13T
フジサンケイクラシック	6T
ANAオープン	9T
Shinhan Donghae Open	6
パナソニックオープン	2
トップ杯東海クラシック	7T
ブリヂストンオープン	優勝
日本オープン	12T
ZOZO CHAMPIONSHIP	59T
マイナビABCチャンピオンシップ	2
HEIWA・PGM CHAMPIONSHIP	2
三井住友VISA太平洋マスターズ	36T
ダンロップフェニックス	優勝
カシオワールドオープン	39T
ゴルフ日本シリーズJTカップ	3

☆は賞金ランキングに加算する海外競技

　賞金王として臨んだ2019年は初戦こそ棄権したが以降は全試合で予選を通過。『ブリヂストンオープン』『ダンロップフェニックス』での優勝を含む16試合でトップ10入りという抜群の安定感で平成、令和と時代をまたいで頂点に立った。2年連続賞金王は史上5人目の偉業。平均ストロークなど多くの部門別データが前年より良化しており、より成長していたことが分かる。
　埼玉栄高校1年時の08年『日本ジュニア』で松山英樹らを抑えて優勝し、翌09年に高校を中退して渡米。IMGゴルフアカデミーで2年間腕を磨いた。米国滞在中には『全米ジュニア』でベスト8に入っている。
　帰国後、11年にプロ転向し、チャレンジ賞金王の資格で出場権をつかんだ15年に初シードを獲得。以降の上昇度は目覚しく17年の『関西オープン』で初優勝を飾ると、18年は1勝ながら賞金王に上り詰めた。19年末時点で世界ランクは31位。東京五輪出場が現実味を帯びてきた。

'19部門別データ

メルセデス・ベンツ トータルポイント
1位(142)

サンドセーブ率 15位(54.40)
平均ストローク 1位(69.73)
FWキープ率 46位(54.22)
平均パット 6位(1.7424)
ドライビングディスタンス 28位(292.93)
パーキープ率 1位(88.16)
イーグル率 39位(13.14)
バーオン率 2位(72.04)
バーディ率 4位(4.22)

トータルドライビング=74(19位)
獲得賞金=168,049,312円(1位)
生涯獲得賞金=521,670,942円(64位)

賞金と順位(◎印は賞金ランク、△印はチャレンジランクによる出場権獲得)

'13=	1,832,992円	141位	◎'19=168,049,312円	1位
△'14=	4,325,000円	106位		
◎'15=	45,257,908円	24位		
◎'16=	61,603,069円	10位		
◎'17=	101,483,329円	6位		
◎'18=	139,119,332円	1位		

岩田　寛

Hiroshi IWATA

賞金ランキング32位

ツアー 2勝
('14)フジサンケイクラシック、('15)長嶋茂雄INVITATIONALセガサミーカップ

その他1勝
('04)日本プロゴルフ新人選手権

所属：フリー
生年月日：1981（S56）.1.31
身長、体重：177cm／74kg
血液型：O型
出身地：宮城県
出身校：東北福祉大学
スポーツ歴：野球
ゴルフ歴：14歳〜
プロ転向：2004年
ツアーデビュー戦：
　'04JCBクラシック仙台
師弟関係：岩田光男（父）
得意クラブ：すべて
ベストスコア：62
　（'15タイランドオープン2R）
プレーオフ：0勝2敗

'19のツアー全成績：21試合（国内21試合）

SMBCシンガポールオープン	予落
東建ホームメイトカップ	34T
中日クラウンズ	18T
アジアパシフィックダイヤモンドカップ	予落
関西オープン	予落
〜全英への道〜ミズノオープンatザ・ロイヤル ゴルフクラブ	24T
日本ゴルフツアー選手権森ビルカップ Shishido Hills	51T
ダンロップ・スリクソン福島オープン	3T
日本プロゴルフ選手権	43T
RIZAP KBCオーガスタ	18T
フジサンケイクラシック	2T
ANAオープン	38T
Shinhan Donghae Open	45T
パナソニックオープン	棄権
トップ杯東海クラシック	27T
ブリヂストンオープン	予落
日本オープン	35T
マイナビABCチャンピオンシップ	4T
HEIWA・PGM CHAMPIONSHIP	25T
三井住友VISA太平洋マスターズ	棄権
ダンロップフェニックス	65

　東北福祉大学時代にビッグタイトルはなかったが、プロ入り後は徐々に力をつけて2006年に初シードを獲得。ただ初優勝までは時間を要した。2位を3回、3位を5回経験した後、14年の『フジサンケイクラシック』でついに栄冠をつかんだ。同年11月の『WGC−HSBCチャンピオンズ』で1打差3位に。米国ツアー進出のきっかけとなった。15年の『全米プロ』では2日目にメジャータイ記録（当時）の63を叩き出す。秋には米国で"入れ替え戦"に参加して米国ツアー出場権を獲得した。16年は『AT＆Tペブルビーチナショナルプロアマ』で最終日最終組を回って4位に入ったがシード獲得には至らず。17年から日本に軸足を戻して戦っていた。

　18年は秋口まで賞金ランク91位と苦戦していたが、『アジアパシフィックダイヤモンドカップ』3位で急浮上してシード復帰。19年は2試合で2日目を終えて首位に立っていたが4年ぶりの3勝目には届かなかった。

'19部門別データ

賞金	28,457,981円	（32位）
メルセデス・ベンツ トータルポイント	339	（24位）
平均ストローク	71.15	（22位）
平均パット	1.7537	（ 9位）
パーキープ率	83.17	（39位）
パーオン率	62.27	（70位）
バーディ率	3.79	（17位）
イーグル率	13.40	（41位）
ドライビングディスタンス	296.94	（19位）
フェアウェイキープ率	50.64	（80位）
サンドセーブ率	48.44	（42位）
トータルドライビング	99	（53位）
生涯獲得賞金	504,367,216円	（67位）

賞金と順位（◎印は賞金ランクによる出場権獲得）

'04=	223,666円	257位	◎'10=	28,939,299円	30位	'16=	4,794,857円	109位
'05=	2,780,800円	126位	◎'11=	20,598,566円	50位	◎'17=	27,114,280円	42位
◎'06=	17,530,649円	62位	◎'12=	18,323,527円	59位	◎'18=	50,847,216円	21位
◎'07=	43,912,967円	16位	◎'13=	22,946,899円	43位	◎'19=	28,457,981円	32位
◎'08=	54,245,000円	21位	◎'14=	97,794,191円	4位			
◎'09=	25,627,985円	39位	◎'15=	60,229,333円	14位			

大槻智春

Tomoharu OTSUKI

ツアー1勝
('19)関西オープン

AbemaTVツアー(チャレンジ)1勝
('17)ザ・ロイヤルゴルフクラブチャレンジ

所属:真清創設
生年月日:1990(H2).1.26
身長、体重:172cm／94kg
血液型:A型
出身地:茨城県
出身校:鹿島学園高校
趣味:スポーツ観戦
ゴルフ歴:7歳〜
プロ転向:2010年
ツアーデビュー戦:
　'11サン・クロレラクラシック
師弟関係:父
得意クラブ:サンドウェッジ
ベストスコア:64
　('19長嶋茂雄セガサミー
　カップ3R、ブリヂストンオー
　プン2R)
プレーオフ:1勝0敗
アマ時代の主な成績:
　('09)日本アマベスト32
　('10)日本アマベスト8

'19のツアー全成績:23試合(国内23試合)

SMBCシンガポールオープン	予落
東建ホームメイトカップ	29T
中日クラウンズ	20T
アジアパシフィックダイヤモンドカップ	49T
関西オープン	優勝
〜全英への道〜ミズノオープンatザ・ロイヤルゴルフクラブ	45T
日本ゴルフツアー選手権森ビルカップShishido Hills	予落
ダンロップ・スリクソン福島オープン	7T
日本プロゴルフ選手権	43T
長嶋茂雄INVITATIONALセガサミーカップ	10T
ANAオープン	予落
Shinhan Donghae Open	32T
パナソニックオープン	50T
トップ杯東海クラシック	7T
ブリヂストンオープン	2T
日本オープン	40T
ZOZO CHAMPIONSHIP	46T
マイナビABCチャンピオンシップ	51T
HEIWA・PGM CHAMPIONSHIP	67T
三井住友VISA太平洋マスターズ	45T
ダンロップフェニックス	26T
カシオワールドオープン	23T
ゴルフ日本シリーズJTカップ	22T

シングルハンディキャップの父親にゴルフの手ほどきを受け、鹿島学園高校時代の2007年に『関東ジュニア』で優勝。日本大学2年時の10年には『日本アマ』でベスト8の成績を残す。同年、プロ転向のために中退。11月にプロ宣言した。

だが、11年と翌12年に計3試合プレーしただけで、以降はツアーの舞台すら踏めない年が続いた。16年末、QTで自己最高の50位に入って流れが変わった。チャレンジにフル参戦した17年、地元・茨城県開催の『ザ・ロイヤルゴルフクラブチャレンジ』で初優勝。以降も好成績を残して賞金ランク1位に輝いた。

初めてツアーにフル参戦した18年は『日本プロ』6位などで初シードをつかみ取った。19年はアジアンツアーにもQT6位の資格で数試合参戦。そして『関西オープン』では3打差4位から65をマークしてプレーオフに持ち込み、星野陸也との戦いを4ホール目のバーディで決着をつけて初優勝を飾った。

'19部門別データ

賞金	40,072,989円	(24位)
メルセデス・ベンツ トータルポイント	360	(26位)
平均ストローク	71.43	(28位)
平均パット	1.7985	(56位)
パーキープ率	83.33	(37位)
パーオン率	64.63	(45位)
バーディ率	3.51	(39位)
イーグル率	20.50	(66位)
ドライビングディスタンス	291.30	(37位)
フェアウェイキープ率	59.44	(18位)
サンドセーブ率	51.16	(34位)
トータルドライビング	55	(5位)
生涯獲得賞金	65,976,421円	(348位)

賞金と順位(◎印は賞金ランク、△印はチャレンジランクによる出場権獲得)

年	賞金	順位
'11	=0円	
'12	= 294,800円	202位
△'17	957,857円	195位
◎'18	=24,650,775円	40位
◎'19	=40,072,989円	24位

小田孔明

Koumei ODA

賞金ランキング31位

ツアー8勝
('08)カシオワールドオープン、('09)東建ホームメイトカップ、カシオワールドオープン、('10)東建ホームメイトカップ、('11)ダイヤモンドカップゴルフ、('13)ANAオープン、('14)関西オープン、ブリヂストンオープン

その他2勝
('08)兵庫県オープン、('13)北陸オープン

代表歴：ザ・ロイヤルトロフィ('10)、日韓対抗戦('10、'11)

所属:プレナス
生年月日:1978(S53).6.7
身長、体重:176cm／85kg
血液型:A型
出身地:福岡県
出身校:東京学館浦安高校
趣味:釣り
ゴルフ歴:7歳〜
プロ転向:2000年
ツアーデビュー戦:'03マンシングウェアオープンKSBカップ
師弟関係:金城和弘、小田憲翁
得意クラブ:アイアン
ベストスコア:61
　('15ANAオープン3R)
プレーオフ:2勝1敗

'19のツアー全成績:22試合(国内22試合)

SMBCシンガポールオープン	予落
東建ホームメイトカップ	3
中日クラウンズ	43T
アジアパシフィックダイヤモンドカップ	31T
関西オープン	7T
〜全英への道〜ミズノオープンatザ・ロイヤルゴルフクラブ	予落
日本ゴルフツアー選手権森ビルカップShishido Hills	8T
日本プロゴルフ選手権	予落
長嶋茂雄INVITATIONALセガサミーカップ	予落
RIZAP KBCオーガスタ	42T
フジサンケイクラシック	予落
ANAオープン	予落
Shinhan Donghae Open	予落
パナソニックオープン	予落
トップ杯東海クラシック	19T
ブリヂストンオープン	21T
日本オープン	61
マイナビABCチャンピオンシップ	32T
HEIWA・PGM CHAMPIONSHIP	予落
三井住友VISA太平洋マスターズ	32T
ダンロップフェニックス	26T
カシオワールドオープン	10T

名前の由来は三国志の諸葛孔明。ゴルフの師でもある父・憲翁さんが名付けた。プロ転向後はしばらく目立った活躍はなかったが、2007年の初シード獲得を機に一気にトッププロの地位を固めた。翌08年には『カシオワールドオープン』で初優勝。同年は平均パット1位に輝いた。09年は自身初の1億円突破を果たし、海外メジャーにも初参戦。11年はトップ10がシーズン最多の12試合を数えた。

13年に2度目の1億円超え。

そして14年秋、『ブリヂストンオープン』で賞金王を争っていた藤田寛之を1打抑えて優勝。賞金ランク1位を奪回すると、そのまま押し切って念願の賞金王に輝いた。

ただ翌15年から優勝がない。19年は過去2勝と相性のいい『東建ホームメイトカップ』最終日を首位タイで迎えたが勝ち切れなかった。それでも賞金ランクは前年より上昇。今季はあと4200万円余りに迫った生涯獲得賞金10億円突破を果たしたい。

'19部門別データ

賞金	28,464,750円	(31位)
メルセデス・ベンツ トータルポイント	471	(55位)
平均ストローク	71.58	(44位)
平均パット	1.7575	(11位)
パーキープ率	81.09	(77位)
パーオン率	61.28	(79位)
バーディ率	3.60	(28位)
イーグル率	11.17	(26位)
ドライビングディスタンス	284.70	(64位)
フェアウェイキープ率	50.75	(79位)
サンドセーブ率	45.19	(63位)
トータルドライビング	143	(89位)
生涯獲得賞金	957,703,688円	(16位)

賞金と順位(◎印は賞金ランクによる出場権獲得)

'03= 8,703,800円	84位	◎'09=118,774,176円	3位
'04= 7,690,202円	95位	◎'10= 65,125,901円	12位
'05= 1,343,200円	149位	◎'11= 92,046,659円	6位
'06= 12,648,994円	81位	◎'12= 72,340,492円	11位
◎'07= 60,509,893円	9位	◎'13=112,506,906円	4位
◎'08= 66,853,285円	13位	◎'14=137,318,693円	1位
◎'15= 63,701,077円	10位
◎'16= 43,654,025円	22位
◎'17= 42,589,504円	25位
◎'18= 23,432,121円	44位
◎'19= 28,464,750円	31位

D・オー（オー デービッド）

David OH

ツアー1勝
('14)三井住友VISA太平洋マスターズ

'19のツアー全成績：2試合（国内2試合）	
東建ホームメイトカップ	8T
中日クラウンズ	73T

所属:フリー
生年月日:1981(S56).3.28
身長、体重:179cm／78kg
血液型:O型
出身地:アメリカ
出身校:南カリフォルニア大学
趣味:映画鑑賞、車、読書
ゴルフ歴:7歳〜
プロ転向:2004年
ツアーデビュー戦:
　'04ビュイック招待(米国
　PGAツアー)
日本でのツアーデビュー戦:
　'12つるやオープン
得意クラブ:ドライバー、
　7番アイアン
ベストスコア:63
　('12とおとうみ浜松オープン
　4R、'19東建ホームメイトカッ
　プ1R)
アマ時代の主な戦歴:
　('03)全米アマベスト4、
　ロングビーチ・オープン優勝
　(プロ競技)

　米国のロサンゼルス生まれ。2003年の『全米アマ』ではビル・ハースらを破ってベスト4に進出した。プロ転向後は米国ツアー出場権をつかめず、ワンアジアツアーなどでプレー。やがて同じ韓国系米国人であるハン・リーの紹介でQTを受け、12年から日本ツアーに参戦している。
　1年目はシード獲得には至らなかったが、再びQTから出場権をつかんだ13年は『つるやオープン』で松山英樹と優勝を争って2位。序盤で初シードを濃厚にした。翌14年、バッバ・ワトソンも参戦していた『三井住友VISA太平洋マスターズ』でハン・リーとの争いを制して初優勝をつかみ取った。
　16年は賞金ランク89位で迎えた『カシオワールドオープン』で4位となりシードを死守。18年までシードを維持し、19年の『東建ホームメイトカップ』では初日から3日目まで首位と存在感を示していた。だが、その後右ひざを故障してツアーを離脱。特別保障制度が適用された。

'19部門別データ		
賞金	3,676,600円	（107位）
メルセデス・ベンツ トータルポイント	—	
平均ストローク	71.94	（参考）
平均パット	1.8111	（参考）
パーキープ率	80.56	（参考）
パーオン率	63.19	（参考）
バーディ率	3.50	（参考）
イーグル率	8.00	（参考）
ドライビングディスタンス	288.00	（参考）
フェアウェイキープ率	47.32	（参考）
サンドセーブ率	53.85	（参考）
トータルドライビング	—	
生涯獲得賞金	177,786,630円	（192位）

賞金と順位（◎印は賞金ランクよる出場権獲得）			
'12= 6,628,323円	94位	◎'18= 17,768,539円	58位
◎'13= 34,048,570円	31位	◇'19= 3,676,600円	107位
◎'14= 53,076,501円	18位		
◎'15= 19,515,031円	55位		
◎'16= 13,807,800円	71位		
◎'17= 29,265,266円	39位		

◇は特別保障制度適用

金谷拓実（※アマチュア）

Takumi KANAYA

所属:東北福祉大学
生年月日:1998(H10).5.23
身長、体重:170cm／62kg
血液型:O型
出身地:広島県
ゴルフ歴:5歳～
得意クラブ:パター
ツアーでのベストスコア:63
　（'19三井住友VISA太平洋
　　マスターズ3R）
アマ時代の主な成績:
　（'15）日本アマ優勝
　（'15、'17、'18）日本オープン
　　ローアマ
　（'16）全国高校選手権優勝
　（'18）アジア・パシフィック
　　アマ優勝
　（'19）マスターズトーナメント出場
　　全英オープン出場、
　　三井住友VISA太平洋マス
　　ターズ優勝、
　　オーストラリアンオープン3位

ツアー1勝
（'19）三井住友VISA太平洋マスターズ（アマチュア）

'19のツアー全成績:5試合(国内3試合、海外2試合)	
マスターズ	58T
中日クラウンズ	14
全英オープン	予落
日本オープン	40T
三井住友VISA太平洋マスターズ	優勝

　広島県呉市出身。5歳でゴルフを始める。小学生時代から数々の大会で優勝し、広島国際学院高校2年生時の2015年に大ブレークする。まずは7月の『日本アマ』、第100回の記念大会で17歳51日の最年少優勝を成し遂げ、10月には『日本オープン』で11位に入ってローアマを獲得。こちらも最年少記録となった。

　東北福祉大学に進んだ17年には『日本オープン』で池田勇太と激しく優勝を争い、1打差2位に。18年には『アジア・パシフィックアマ』を制し、翌19年の『マスターズ』に日本人アマとしては松山英樹に次ぐ2人目の参戦。見事、予選を突破した。19年8月にはアマ世界ランク1位に立つ。これも松山以来日本人選手2人目の快挙だった。11月の『三井住友VISA太平洋マスターズ』では最終ホールの劇的イーグルで史上4人目（73年以降）のアマ優勝を果たす。12月には世界の強豪が参加した『オーストラリアンオープン』で堂々3位に入ってみせた。

'19部門別データ	
賞金	―
メルセデス・ベンツ トータルポイント	―
平均ストローク	69.58 (参考)
平均パット	1.7635 (参考)
パーキープ率	83.80 (参考)
パーオン率	68.52 (参考)
バーディ率	3.58 (参考)
イーグル率	12.00 (参考)
ドライビングディスタンス	284.38 (参考)
フェアウェイキープ率	58.33 (参考)
サンドセーブ率	53.33 (参考)
トータルドライビング	―
生涯獲得賞金	―

賞金と順位

川村昌弘

Masahiro KAWAMURA

ツアー1勝
（'13）アジアパシフィックパナソニックオープン

'19のツアー全成績：5試合（国内5試合）
SMBCシンガポールオープン ………12T
アジアパシフィックダイヤモンドカップ …予落
日本オープン…………………………23T
ダンロップフェニックス ………………44T
カシオワールドオープン ………………7T

所属:antenna（アンテナ）
生年月日:1993（H5）.6.25
身長、体重:172cm／72kg
血液型:A型
出身地:三重県
出身校:福井工業大学附属
　福井高校
趣味:音楽鑑賞、読書
ゴルフ歴:5歳〜
プロ転向:2011年
ツアーデビュー戦:
　'12東建ホームメイトカップ
得意クラブ:アイアン
ベストスコア:63
　（'18ブリヂストンオープン2R）
プレーオフ:0勝1敗
アマ時代の主な戦歴:
　（'08、'10）中部オープンロー
　アマ、（'09）日本アマ3位、
　（'09、'10）中部アマ優勝、
　（'10）全日本パブリック選手
　権優勝、（'11）日本ジュニア
　優勝

父親と練習場に行ったことからゴルフが好きになり、ほぼ独学で腕を上げた。高校時代には『日本ジュニア』などを制したほか『世界アマ』や『アジア大会』など国際舞台も数多く経験。3年時の2011年にQTに挑戦し、19位に入ってプロ宣言した。

翌12年に19歳で賞金シードを獲得。13年の『アジアパシフィックパナソニックオープン』で73年のツアー制度施行後では石川遼、松山英樹に続く日本人選手歴代3位となる20歳96日の年少優勝を飾った。

以降はアジアや欧州を中心に海外にも積極的に参戦。国内でも13年にフェアウェイキープ率、16年にパーオン率で1位に輝くなど存在感を示してきた。

18年は『マイナビABCチャンピオンシップ』でプレーオフ負けを喫するなど2位が3回。2勝目には届かなかった。同年11月には欧州ツアーのQTをクリア。19年は欧亜共催の『インディアンオープン』で2位に入るなどしてシードを手にした。

'19部門別データ	
賞金	9,837,285円 （77位）
メルセデス・ベンツ トータルポイント	―
平均ストローク	70.99 （参考）
平均パット	1.8168 （参考）
パーキープ率	83.01 （参考）
パーオン率	66.34 （参考）
バーディ率	3.41 （参考）
イーグル率	17.00 （参考）
ドライビングディスタンス	275.89 （参考）
フェアウェイキープ率	48.74 （参考）
サンドセーブ率	54.05 （参考）
トータルドライビング	―
生涯獲得賞金	237,146,105円 （142位）

賞金と順位（◎印は賞金ランクによる出場権獲得）				
◎'12=	34,220,932円	32位	◎'18= 58,362,896円	15位
◎'13=	66,566,788円	11位	'19= 9,837,285円	77位
	'14= 10,488,900円	80位		
◎'15=	24,898,699円	42位		
◎'16=	19,719,551円	56位		
◎'17=	13,051,054円	71位		

姜　庚男（カン　キョンナム）

Kyung-Nam KANG

賞金ランキング37位

ツアー未勝利

代表歴：日韓対抗戦（'10、'11、'12）

'19のツアー全成績：18試合（国内18試合）

SMBCシンガポールオープン	予落
東建ホームメイトカップ	予落
アジアパシフィックダイヤモンドカップ	27T
～全英への道～ミズノオープンatザ・ロイヤルゴルフクラブ	58T
日本ゴルフツアー選手権森ビルカップShishido Hills	予落
長嶋茂雄INVITATIONALセガサミーカップ	予落
RIZAP KBCオーガスタ	予落
フジサンケイクラシック	予落
ANAオープン	棄権
Shinhan Donghae Open	予落
パナソニックオープン	50T
トップ杯東海クラシック	19T
日本オープン	12T
マイナビABCチャンピオンシップ	7T
HEIWA・PGM CHAMPIONSHIP	17T
三井住友VISA太平洋マスターズ	18T
ダンロップフェニックス	13T
カシオワールドオープン	7T

所属：南海建設
生年月日：1983（S58）.2.28
身長、体重：177cm／70kg
血液型：AB型
出身地：韓国
ゴルフ歴：12歳～
プロ転向：2003年
日本でのツアーデビュー戦：
　'10ダンロップフェニックス
得意クラブ：パター
ベストスコア：65
　（'17SMBCシンガポール
　オープン1R、'17中日クラウ
　ンズ4R、'17日本プロ4R）

　アマチュア時代に全国規模の大会をいくつか制し、2003年にプロ入り。06年には韓国賞金王に輝いている。13年から兵役に入り、15年に退役。これを機に海外を志し、日本ツアーのQTに挑戦。15位に入って16年から日本を主戦場とした。

　16年は2度のホールインワンを記録した。シーズン序盤は背筋痛での棄権が続くなど力を出せなかったが、夏場から復調。賞金ランク57位に入って初シードを獲得した。17年は7月に韓国で通算10勝目を挙げる。日本では『中日クラウンズ』最終日4番でホールインワン。早くも通算3個目となった。同年は『日本プロ』5位などで賞金ランクは35位に上昇した。

　18年は『カシオワールドオープン』で自己最高位の3位をマーク。パーオン率は70.79%で1位に輝いた。19年前半戦は苦しんだ。9月半ばで賞金ランクは119位。それでも『パナソニックオープン』以降は安定した成績を残してシードを守った。

'19部門別データ

賞金	23,842,999円	（37位）
メルセデス・ベンツ トータルポイント	405	（38位）
平均ストローク	71.45	（32位）
平均パット	1.8170	（80位）
パーキープ率	82.61	（52位）
パーオン率	65.43	（35位）
バーディ率	3.22	（72位）
イーグル率	13.50	（43位）
ドライビングディスタンス	287.20	（51位）
フェアウェイキープ率	56.10	（35位）
サンドセーブ率	58.23	（ 5位）
トータルドライビング	86	（33位）
生涯獲得賞金	106,472,210円	（272位）

賞金と順位（◎印は賞金ランクによる出場権獲得）

'10=	1,440,000円	127位
◎'16=	19,249,671円	57位
◎'17=	31,640,659円	35位
◎'18=	30,298,881円	36位
◎'19=	23,842,999円	37位

R・ガンジー（ガンジー ラヒル）

Rahil GANGJEE

出場資格：'18パナソニックオープン優勝

所属：JOYX
生年月日：1978(S53).10.2
身長、体重：165cm／70kg
血液型：
出身地：インド
出身校：
趣味：水泳、音楽鑑賞
ゴルフ歴：9歳〜
プロ転向：2001年
日本でのツアーデビュー戦：
　2004アジア・ジャパン沖縄
　オープン
得意クラブ：ドライバー
日本でのベストスコア：63
　（'19パナソニックオープン
　2R）
アマ時代の主な戦歴：
　（'00）インドアマ優勝、
　世界アマ代表

ツアー 1勝
('18)パナソニックオープン

インターナショナルツアー 1勝
('04)フォルクスワーゲン・マスターズ（中国・アジア）

'19のツアー全成績：21試合（国内21試合）

SMBCシンガポールオープン	予落
東建ホームメイトカップ	予落
中日クラウンズ	73T
アジアパシフィックダイヤモンドカップ	39T
〜全英への道〜ミズノオープンatザ・ロイヤルゴルフクラブ	32T
日本ゴルフツアー選手権森ビルカップShishido Hills	26T
ダンロップ・スリクソン福島オープン	予落
日本プロゴルフ選手権	予落
長嶋茂雄INVITATIONALセガサミーカップ	52T
RIZAP KBCオーガスタ	予落
フジサンケイクラシック	10T
Shinhan Donghae Open	18T
パナソニックオープン	50T
トップ杯東海クラシック	61T
ブリヂストンオープン	51T
日本オープン	予落
マイナビABCチャンピオンシップ	45T
HEIWA・PGM CHAMPIONSHIP	39T
三井住友VISA太平洋マスターズ	45T
ダンロップフェニックス	棄権
カシオワールドオープン	23T

　インドのカルカッタ生まれ。子供のころは乗馬が好きで競馬の騎手を夢みていた時期もあった。紅茶の貿易を営む父親の勧めでゴルフを始める。近所には後に米国ツアーで優勝を飾るA・アトワルがおり、大きな影響を受けた。

　アマチュア時代は『インドアマ』優勝や『世界アマ』代表など輝かしい実績を残す。プロ転向に際して父親は反対していたがコーチの説得で了承。アジアンツアーに初めてフル参戦した

2004年の『フォルクスワーゲン・マスターズ』で初優勝を飾った。11、12年と米国下部ツアーに参戦。13年からは再びアジアンツアーを主戦場とした。

　長く優勝から遠ざかっていたが18年、日亜共同主管競技の『パナソニックオープン』で14年ぶりの美酒を味わう。首位タイで迎えた最終ホールのバーディでつかんだ勝利だった。以降は日本を主戦場に。19年は『パナソニックオープン』2日目に首位に立ったが連覇は成らなかった。

'19部門別データ

賞金	11,812,666円	(72位)
メルセデス・ベンツ トータルポイント	564	(78位)
平均ストローク	72.44	(85位)
平均パット	1.8133	(77位)
パーキープ率	80.60	(81位)
パーオン率	63.60	(59位)
バーディ率	3.12	(79位)
イーグル率	11.17	(26位)
ドライビングディスタンス	278.99	(78位)
フェアウェイキープ率	59.85	(13位)
サンドセーブ率	44.79	(66位)
トータルドライビング	91	(37位)
生涯獲得賞金	51,467,876円	(395位)

賞金と順位（◎印は賞金ランクによる出場権獲得）

'05=0円		'17= 1,199,270円	179位
'06= 227,000円	242位	◎'18=33,806,958円	31位
'08= 1,101,550円	181位	'19=11,812,666円	72位
'14=0円			
'15=0円			
'16= 3,320,432円	128位		

木下裕太

Yuta KINOSHITA

出場資格：'18マイナビABC選手権優勝

ツアー1勝
（'18）マイナビABCチャンピオンシップ

Abema TVツアー（チャレンジ）1勝
（'09）トーシンチャレンジ

所属：フリー
生年月日：1986（S61）.5.10
身長、体重：172cm／72kg
血液型：O型
出身地：千葉県
出身校：千葉県立泉高校
趣味：漫画、ゲーム
ゴルフ歴：8歳～
プロ転向：2007年
ツアーデビュー戦：
　'08セガサミーカップ
得意クラブ：ドライバー
ベストスコア：66
　（'17ダンロップ・スリクソン
　福島オープン1R、'18ダン
　ロップ・スリクソン福島オー
　プン4R、'18日本オープン
　4R、'18マイナビABC選手
　権1R）
プレーオフ：1勝0敗
アマ時代の主な戦歴：
　（'03）関東ジュニア優勝、
　（'04）全日本パブリック選手
　権優勝、（'06）日本アマベスト8

'19のツアー全成績：22試合（国内22試合）

SMBCシンガポールオープン	予落
東建ホームメイトカップ	68
中日クラウンズ	56T
アジアパシフィックダイヤモンドカップ	予落
関西オープン	予落
～全英への道～ミズノオープンatザ・ロイヤルゴルフクラブ	予落
日本ゴルフツアー選手権森ビルカップShishido Hills	予落
ダンロップ・スリクソン福島オープン	62T
日本プロゴルフ選手権	予落
長嶋茂雄INVITATIONALセガサミーカップ	予落
RIZAP KBCオーガスタ	棄権
フジサンケイクラシック	63
ANAオープン	予落
パナソニックオープン	23T
トップ杯東海クラシック	50T
ブリヂストンオープン	26T
日本オープン	35T
マイナビABCチャンピオンシップ	58
HEIWA・PGM CHAMPIONSHIP	49T
三井住友VISA太平洋マスターズ	61T
ダンロップフェニックス	56T
カシオワールドオープン	44T

千葉県生まれで、実家近くの北谷津ゴルフガーデンで腕を磨いた。泉高校2年時の2003年に『関東ジュニア』で優勝。翌04年には『全日本パブリック選手権』を制している。日本大学進学後の06年、国体に千葉県代表として出場。個人で1位タイの成績を残し、団体優勝に貢献している。同年は『日本アマ』でベスト8に進出。07年にはナショナルチームにも選ばれた。

プロを目指すため大学は3年で中退。プロデビュー2年目の09年にはチャレンジで優勝と好発進したが、以降は思うような成績を残せていなかった。

QT30位で臨んだ18年に転機が訪れる。『マイナビABCチャンピオンシップ』最終日に単独首位に立ち、土壇場で川村昌弘に追いつかれたがプレーオフでイーグル奪取。32歳で初優勝と初シードをつかみ取った。19年前半戦は首やヒジを痛めるなどして低迷。それでも9月下旬からは出場全試合で予選通過して復調気配を示した。

'19部門別データ

賞金	7,012,850円	（87位）
メルセデス・ベンツ トータルポイント	672	（91位）
平均ストローク	73.37	（97位）
平均パット	1.8598	（100位）
パーキープ率	76.32	（99位）
パーオン率	60.51	（87位）
バーディ率	2.95	（90位）
イーグル率	32.50	（82位）
ドライビングディスタンス	287.18	（52位）
フェアウェイキープ率	58.17	（22位）
サンドセーブ率	48.21	（43位）
トータルドライビング	74	（19位）
生涯獲得賞金	72,905,004円	（332位）

賞金と順位（◎印は賞金ランクによるシード権獲得）

'08＝0円		◎'18＝ 55,347,688円　18位
'09＝ 1,247,666円 144位		'19＝ 7,012,850円　87位
'10＝0円		
'11＝0円		
'15＝0円		
'17＝ 9,296,800円 83位		

木下稜介

Ryosuke KINOSHITA

賞金ランキング34位

ツアー未勝利

AbemaTVツアー（チャレンジ）1勝
（'18）ISPS HANDA燃える闘魂!!チャレンジカップ

所属:ハートランド
生年月日:1991(H3).7.16
身長、体重174cm／75kg
血液型:B型
出身地:奈良県
出身校:大阪学院大学
趣味:スポーツ全般
スポーツ歴:野球、水泳
ゴルフ歴:10歳〜
プロ転向:2013年
ツアーデビュー戦:'14東建ホーム
　メイトカップ
得意クラブ:アイアン
ベストスコア:65
　（'18パナソニックオープン
　1R）
アマ時代の主な戦歴:
　（'09）全国高校選手権2位、
　（'13）日本アマベスト16、トッ
　プアマゴルフトーナメント優
　勝、朝日杯日本学生優勝

'19のツアー全成績：22試合（国内22試合）

SMBCシンガポールオープン	予落
東建ホームメイトカップ	予落
中日クラウンズ	31T
アジアパシフィックダイヤモンドカップ	予落
関西オープン	予落
〜全英への道〜ミズノオープンatザ・ロイヤルゴルフクラブ	5T
日本ゴルフツアー選手権ビルカップShishido Hills	10T
ダンロップ・スリクソン福島オープン	7T
日本プロゴルフ選手権	予落
長嶋茂雄INVITATIONALセガサミーカップ	予落
RIZAP KBCオーガスタ	9T
フジサンケイクラシック	40T
ANAオープン	19T
パナソニックオープン	予落
トップ杯東海クラシック	23T
ブリヂストンオープン	6T
日本オープン	49T
マイナビABCチャンピオンシップ	予落
HEIWA・PGM CHAMPIONSHIP	17T
三井住友VISA太平洋マスターズ	48T
ダンロップフェニックス	8T
カシオワールドオープン	49T

奈良県出身で高校は故郷を離れて香川西へ。2009年『全国高校選手権』2位などの成績を残した。大阪学院大学では3年生までは大きなタイトルはなかったが、トレーニングなどで体重を増やして飛距離も増した4年時の13年は『朝日杯日本学生』を制するなど好成績を挙げた。

同年のQTで3位に入り、14年にプロデビュー。自身7試合目の『ダンロップ・スリクソン福島オープン』で2位に食い込んだがシード獲得には至らな

かった。以降、なかなか結果を残せなかったが18年はシーズン前半から堅実な成績を残し、6月にはAbemaTVツアーで初優勝を飾る。さらに『フジサンケイクラシック』では初の最終日最終組を経験。4位に入って初シードを引き寄せた。19年の『ミズノオープン』では初日3番パー5で"令和初"のアルバトロスを達成。2日目以降も粘って5位に入った。トップ10は前年から大幅増の6試合。賞金ランクも大きく上げた。

'19部門別データ

賞金	25,482,410円	(34位)
メルセデス・ベンツ トータルポイント	382	(30位)
平均ストローク	71.36	(25位)
平均パット	1.7960	(51位)
パーキープ率	82.27	(62位)
パーオン率	65.11	(40位)
バーディ率	3.49	(42位)
イーグル率	11.33	(29位)
ドライビングディスタンス	288.51	(47位)
フェアウェイキープ率	57.81	(25位)
サンドセーブ率	45.28	(61位)
トータルドライビング	72	(15位)
生涯獲得賞金	61,341,273円	(364位)

賞金と順位(◎印は賞金ランクによる出場権獲得)

'14=	7,089,641円	90位
'15=	609,500円	193位
'16=	7,488,485円	94位
'17=	1,472,750円	167位
◎'18=	19,198,487円	54位
◎'19=	25,482,410円	34位

金　庚泰（キム　キョンテ）

Kyung-Tae KIM　　　**賞金ランキング12位**

ツアー14勝
（'10）ダイヤモンドカップゴルフ、日本オープン、マイナビABCチャンピオンシップ、（'11）長嶋茂雄INVITATIONALセガサミーカップ、（'12）フジサンケイクラシック、（'15）THE SINGHA CORPORATION THAILAND OPEN、ミュゼプラチナムオープン、フジサンケイクラシック、アジアパシフィック ダイヤモンドカップゴルフ、マイナビABCチャンピオンシップ、（'16）東建ホームメイトカップ、中日クラウンズ、～全英への道～ミズノオープン、（'19）カシオワールドオープン

インターナショナルツアー1勝
（'07）GSカルテックスMaekyungオープン（韓国・アジア）

代表歴：ザ・ロイヤルトロフィ（'11、'12、'13）、日韓対抗戦（'10、'11）、プレジデンツカップ（'11）、ワールドカップ（'16）

所属:新韓銀行
生年月日:1986(S61).9.2
身長、体重:177cm／74kg
血液型:B型
出身地:韓国
出身校:延世大学
趣味:音楽鑑賞、ビリヤード、ゲーム
スポーツ歴:テコンドー
ゴルフ歴:14歳〜
プロ転向:2006年
日本でのツアーデビュー戦:
　'07ダンロップフェニックス
師弟関係:ハン・ヨンヒ
得意クラブ:アイアン
ベストスコア:63
　（'10ダンロップフェニックス4R、'15ミュゼプラチナムオープン3R）
プレーオフ:2勝1敗
アマ時代の主な優勝歴:
　（'05、'06)日本アマ、
　（'06）韓国アマ、アジア大会金メダル（個人、団体）
　2006年韓国ツアー2勝

'19のツアー全成績:19試合(国内19試合)

東建ホームメイトカップ	18T
アジアパシフィックダイヤモンドカップ	33T
～全英への道～ミズノオープンatザ・ロイヤル ゴルフクラブ	5T
日本ゴルフツアー選手権森ビルカップShishido Hills	42T
日本プロゴルフ選手権	予落
長嶋茂雄INVITATIONALセガサミーカップ	予落
RIZAP KBCオーガスタ	予落
フジサンケイクラシック	予落
ANAオープン	予落
Shinhan Donghae Open	予落
トップ杯東海クラシック	予落
ブリヂストンオープン	51T
日本オープン	43T
マイナビABCチャンピオンシップ	42T
HEIWA・PGM CHAMPIONSHIP	17T
三井住友VISA太平洋マスターズ	5T
ダンロップフェニックス	31T
カシオワールドオープン	優勝
ゴルフ日本シリーズJTカップ	4T

'19部門別データ

賞金	64,692,615円	（12位）
メルセデス・ベンツ トータルポイント	430	（44位）
平均ストローク	71.38	（27位）
平均パット	1.8104	（73位）
パーキープ率	83.15	（41位）
パーオン率	65.16	（39位）
バーディ率	3.27	（66位）
イーグル率	14.75	（46位）
ドライビングディスタンス	274.56	（89位）
フェアウェイキープ率	54.73	（45位）
サンドセーブ率	58.33	（ 4位）
トータルドライビング	134	（85位）
生涯獲得賞金	945,455,151円	（17位）

　2度の賞金王に輝いた名手が2019年『カシオワールドオープン』で3年ぶりの復活優勝。故障やイップスに苦しみ、7試合連続予選落ちなど極度の不振を乗り越えてつかんだ栄冠に、かつてその強さから"鬼"と呼ばれた男の目から涙があふれた。
　アマチュア時代は05、06年と『日本アマ』を連覇。06年には『アジア大会』で個人、団体ともに金メダルを獲得し、韓国ツアーではプロを抑えて2勝。同年末にプロ転向すると翌年には

早くも韓国賞金王となった。
　日本ツアーには08年から参戦。10年には『日本オープン』など3勝を挙げたほか出場21試合中12試合で5位以内、しかもオーバーパーで終わった試合がないという驚異的な安定感で韓国人選手初の賞金王の座に就いた。15年には自己最多の5勝を挙げて2度目の賞金王に。16年は序盤で3勝を挙げた後、海外に軸足を移して米国ツアー出場権獲得を目指したが、再び日本を主戦場にしていた。

賞金と順位（◎印は賞金ランクによる出場権獲得）

'07= 2,120,000円 137位	'13= 51,656,204円 20位	◎'19= 64,692,615円 12位	
◎'08= 21,992,250円 49位	'14= 30,814,350円 35位		
◎'09= 77,399,270円 9位	'15=165,981,625円 1位		
◎'10=181,103,799円 1位	'16=113,714,688円 3位		
◎'11= 71,052,728円 12位	'17= 60,537,587円 13位		
◎'12= 76,570,535円 9位	'18= 27,819,500円 37位		

金　成玹（キム　ソンヒョン）

Seong-Hyeon KIM

ツアー未勝利

AbemaTVツアー（チャレンジ）1勝
('19) HEIWA・PGM Challenge I～Road to CHAMPIONSHIP

所属:フリー
生年月日:1998(H10).9.17
身長、体重:180cm／78kg
血液型:A型
出身地:韓国
出身校:韓国体育大学
趣味:音楽鑑賞
スポーツ歴:剣道
ゴルフ歴:12歳～
プロ転向:2017年
日本ツアーデビュー戦:
　'19SMBCシンガポール
　オープン
得意クラブ:パター、
　ショートアイアン
ベストスコア:64
　('19ANAオープン4R)
アマ時代の主な戦歴:
　米国AJGA優勝

'19のツアー全成績：14試合（国内14試合）

SMBCシンガポールオープン	63
東建ホームメイトカップ	予落
中日クラウンズ	48T
関西オープン	66T
～全英への道～ミズノオープンatザ・ロイヤルゴルフクラブ	14T
日本ゴルフツアー選手権森ビルカップShishido Hills	予落
ダンロップ・スリクソン福島オープン	予落
長嶋茂雄INVITATIONALセガサミーカップ	19T
RIZAP KBCオーガスタ	35T
フジサンケイクラシック	19T
ANAオープン	34T
トップ杯東海クラシック	52T
日本オープン	29T
HEIWA・PGM CHAMPIONSHIP	9T

　韓国・釜山出身。プロゴルファーである父親の手ほどきでゴルフを覚えた。アマチュア時代は国家代表選手として2年間活躍し、国体で金メダルを獲得。米国でもジュニアの大会で優勝を飾っている。2016年にはアマチュアとして『アジアパシフィックダイヤモンドカップ』にも出場した。

　17年12月にプロ転向。18年は目立った成績は残せなかったが、「日本ツアーで活躍したい」と臨んだQTで4位に入って出場のチャンスを得た。

　19年はまずAbemaTVツアーで結果を出す。5月の『HEIWA・PGMチャレンジI』では2打差4位で迎えた最終日に64をマークして逆転。プロ初勝利を飾った。ツアーではシード圏外で迎えた自身最終戦の『HEIWA・PGM選手権』で自己最高の9位に食い込み、初シードをつかみ取った。ドライビングディスタンス4位の飛ばし屋。パー5での2オン率でも6位と上位に入った。

'19部門別データ

賞金	13,429,531円	(59位)
メルセデス・ベンツ トータルポイント	415	(39位)
平均ストローク	71.62	(49位)
平均パット	1.8303	(88位)
パーキープ率	82.78	(48位)
パーオン率	66.33	(23位)
バーディ率	3.32	(60位)
イーグル率	10.00	(20位)
ドライビングディスタンス	305.72	(4位)
フェアウェイキープ率	53.88	(51位)
サンドセーブ率	43.55	(72位)
トータルドライビング	55	(5位)
生涯獲得賞金	13,429,531円	(685位)

賞金と順位（◎印は賞金ランク、□はQTランクによる出場権獲得）

□'18＝ナシ
◎'19＝ 13,429,531円　59位

C・キム（キム チャン）

Chan KIM

賞金ランキング4位

ツアー4勝
('17)～全英への道～ミズノオープン、長嶋茂雄INVITATIONALセガサミーカップ、
HEIWA・PGM CHAMPIONSHIP、('19)日本オープン

所属:PING
生年月日:1990(H2). 3.24
身長、体重:188cm／102kg
血液型:B型
出身地:アメリカ
出身校:アリゾナ州立大
趣味:フィッシング、スイミング
ゴルフ歴:12歳～
プロ転向:2010年
日本でのツアーデビュー戦:
　'15東建ホームメイトカップ
得意クラブ:ドライバー、ウェッジ
ベストスコア:62（'19日本ゴル
　フツアー選手権4R）
アマ時代の主な戦歴:
　('07)Hawaii State Ama-
　teur優勝、('08、'09、'10)
　Arizona State Amateur
　優 勝、('08)Pacific coast
　Amateur優勝

'19のツアー全成績:24試合(国内22試合、海外2試合)

SMBCシンガポールオープン ………予落
東建ホームメイトカップ …………予落
中日クラウンズ …………………11T
アジアパシフィックダイヤモンドカップ…予落
関西オープン ……………………予落
～全英への道～ミズノオープンatザ・ロイヤルゴルフクラブ…2
日本ゴルフツアー選手権森ビルカップShishido Hills…3T
☆全米オープン …………………予落
ダンロップ・スリクソン福島オープン…22T
☆全英オープン …………………予落
長嶋茂雄INVITATIONALセガサミーカップ…3T
RIZAP KBCオーガスタ ……………予落
フジサンケイクラシック ……………4
ANAオープン ……………………26T
Shinhan Donghae Open ………2
パナソニックオープン ……………予落
トップ杯東海クラシック …………19T
ブリヂストンオープン ……………26T
日本オープン ……………………優勝
ZOZO CHAMPIONSHIP …………41T
HEIWA・PGM CHAMPIONSHIP…42T
ダンロップフェニックス ……………59T
カシオワールドオープン ……………5T
ゴルフ日本シリーズJTカップ …………14T
☆は賞金ランキングに加算する海外競技

稀代の飛ばし屋が見事に復活した。左手首骨折で2018年はプレーすることすらできなかったが、ツアーに戻った19年は『ミズノオープン』の2位から度々上位に入るようになり、『日本オープン』では8打差17位から67をマークして大逆転優勝。苦難を乗り越えてつかんだ栄冠に涙があふれた。ドライビングディスタンスは自ら持つ歴代最高記録を塗り替える315.83ヤードで2年ぶり3度目の1位。豪打でもファンを魅了した。

韓国生まれで2歳の時にハワイに移住。子供のころは野球やサッカーなどさまざまなスポーツに取り組んでいた。父親らと練習場に行ったことからゴルフが好きになり、07年、ゴルフの腕を磨くために米国本土に移る。10年にプロ転向。北米、アジアなどでプレー後、14年に日本のQTで1位となった。17年には3勝を挙げて一時は賞金王争いをリードしたが、終盤は腰痛に悩まされて賞金ランク3位に終わっている。

'19部門別データ

メルセデス・ベンツ トータルポイント 10位(240)
平均ストローク 6位(70.48)
平均パット 22位(1.7707)
パーキープ率 21位(84.57)
パーオン率 21位(66.67)
バーディ率 11位(4.00)
イーグル率 1位(5.54)
ドライビングディスタンス 1位(315.83)
FWキープ率 78位(51.00)
サンドセーブ率 79位(41.76)

トータルドライビング＝79(27位)
獲得賞金＝105,880,318円(4位)
生涯獲得賞金＝257,573,662円(130位)

賞金と順位(◎印は賞金ランクによる出場権獲得)

'15＝ 　5,275,846円 99位
◎'16＝ 14,090,942円 69位
◎'17＝132,326,556円 3位
◎'19＝105,880,318円 4位

A・キュー（キュー アンジェロ）

Angelo QUE

ツアー1勝
（'18）トップ杯東海クラシック

インターナショナルツアー3勝
（'04）カールズバーグマスターズ（ベトナム・アジア）、（'08）フィリピンオープン（アジア）、
（'10）セランゴールマスターズ（マレーシア・アジア）

代表歴：ダイナスティカップ（'05優勝）、ワールドカップ（'08、'09、'13、'16）

所属:TAKA SPORTS
生年月日:1978(S53).12.3
身長、体重:175cm／90kg
血液型:O型
出身地:フィリピン
出身校:Uno High School
趣味:映画鑑賞
ゴルフ歴:7歳～
プロ転向:2002年
日本でのツアーデビュー戦:
　'04アジア・ジャパン沖縄
　オープン2003
師弟関係:Anthony Lopez
得意クラブ:ドライバー、ウェッジ
ベストスコア:64
　（'05アジア・ジャパン沖縄
　オープン4R、'15ISPSハン
　ダグローバルカップ4R、
　'19RIZAP KBCオーガスタ2R）
プレーオフ:0勝1敗
アマ時代の主な戦歴:
　（'01、'02）フィリピンアマ優勝

'19のツアー全成績:21試合(国内21試合)

SMBCシンガポールオープン	24T
東建ホームメイトカップ	予落
中日クラウンズ	26T
アジアパシフィックダイヤモンドカップ	49T
関西オープン	4T
～全英への道～ミズノオープンatザ・ロイヤルゴルフクラブ	41T
日本ゴルフツアー選手権森ビルカップShishido Hills	予落
ダンロップ・スリクソン福島オープン	予落
日本プロゴルフ選手権	予落
長嶋茂雄INVITATIONALセガサミーカップ	19T
RIZAP KBCオーガスタ	18T
フジサンケイ予落ラシック	15T
ANAオープン	予落
パナソニックオープン	50T
トップ杯東海クラシック	17T
ブリヂストンオープン	予落
日本オープン	予落
マイナビABCチャンピオンシップ	予落
HEIWA・PGM CHAMPIONSHIP	9T
三井住友VISA太平洋マスターズ	36T
カシオワールドオープン	53T

フィリピン・マニラ生まれ。父親の影響で7歳からゴルフを始め、コーチと練習に励んで腕を磨いた。「世界で戦いたい」とプロを目指し、2002年にプロ転向。主にアジアンツアーでプレーして3勝を挙げた。14年はアジアンツアーで未勝利ながら欧州ツアーとの共催競技『香港オープン』の2位、米国ツアーとの共催競技『CIMBクラシック』の8位などで賞金ランクは自己最高の6位となっている。
　母国の先輩フランキー・ミノザの影響で日本ツアーを目指し、15年から本格参戦。同年の『ISPSハンダグローバルカップ』でプレーオフ負け、17年の『日本ゴルフツアー選手権』で3日目まで首位を守りながら敗れるなど勝ち切れなかったが、18年の『東海クラシック』でついに初優勝。競っていたY・E・ヤンスを16、17番のバーディで突き離しての勝利だった。19年は『関西オープン』の4位が最高。最終日に65をマークして10位から追い上げたものだった。

'19部門別データ

賞金	19,878,811円	（46位）
メルセデス・ベンツ トータルポイント	420	（42位）
平均ストローク	71.56	（43位）
平均パット	1.8063	（68位）
パーキープ率	81.62	（71位）
パーオン率	66.01	（26位）
バーディ率	3.59	（29位）
イーグル率	6.80	（ 9位）
ドライビングディスタンス	298.54	（16位）
フェアウェイキープ率	51.27	（75位）
サンドセーブ率	41.23	（83位）
トータルドライビング	91	（37位）
生涯獲得賞金	129,092,875円	（246位）

賞金と順位(◎印は賞金ランクによる出場権獲得)

'04= 227,000円 254位	'11=0円	◎'17= 27,803,035円 40位	
'05= 820,000円 170位	'12= 660,000円 170位	◎'18= 44,068,682円 25位	
'06=0円	'13=0円	◎'19= 19,878,811円 46位	
'08= 1,523,724円 162位	'14= 802,500円 170位		
'09= 862,500円 161位	◎'15= 15,762,075円 62位		
'10=0円	'16= 16,684,548円 63位		

A・クウェイル（クウェイル　アンソニー）

Anthony QUAYLE

賞金ランキング29位

ツアー未勝利

インターナショナルツアー 1勝
('20)クイーンズランドオープン（豪州）

所属:キャロウェイゴルフ
生年月日:1994(H6).8.25
身長、体重193cm／82kg
血液型:A型
出身地:オーストラリア
出 身 校:Hills International
　　　　College
趣味:テニス
ゴルフ歴:7歳〜
プロ転向:2017年
日本ツアーデビュー戦:
　'18レオパレス21ミャンマー
　オープン
得意クラブ:60°ウェッジ
ベストスコア:65
　('18中日クラウンズ1R、
　'19関西オープン4R、カシ
　オワールドオープン2R、3R、
　ゴルフ日本シリーズ4R)

'19のツアー全成績：21試合（国内21試合）

SMBCシンガポールオープン	予落
東建ホームメイトカップ	48T
中日クラウンズ	5T
関西オープン	7T
〜全英への道〜ミズノオープンatザ・ロイヤル ゴルフクラブ	24T
日本ゴルフツアー選手権森ビルカップShishido Hills	64T
ダンロップ・スリクソン福島オープン	予落
日本プロゴルフ選手権	予落
長嶋茂雄INVITATIONALセガサミーカップ	6T
RIZAP KBCオーガスタ	60T
フジサンケイクラシック	予落
ANAオープン	予落
トップ杯東海クラシック	予落
ブリヂストンオープン	予落
日本オープン	棄権
マイナビABCチャンピオンシップ	予落
HEIWA・PGM CHAMPIONSHIP	予落
三井住友VISA太平洋マスターズ	18T
ダンロップフェニックス	20T
カシオワールドオープン	3
ゴルフ日本シリーズJTカップ	14T

オーストラリア北中部に位置するGoveという町で生まれ育った。7歳でゴルフに興味を持ち、自宅の周囲にブリキの缶をカップ代わりにした"ゴルフ場"をつくって毎日のように遊んでいた。14歳で本格的にゴルフを学ぶため、ゴルフプログラムのあるヒルズ・インターナショナル・カレッジに入学。やがてオーストラリアのアマチュアランキング2位になるまでに成長した。2016年には豪州ツアーでプロに交じってプレーオフに進み、2位となっている。

17年にプロ転向。18年から日本を主戦場とし、自身3戦目の『中日クラウンズ』で2位に食い込んだ。これが効いて1年目でシードを獲得。豪州ツアーでは『フィジー・インターナショナル』の2位などで賞金ランク4位に入った。19年は『カシオワールドオープン』で3日目を終えて2打差首位。初優勝のチャンスを迎えたが終盤スコアを落として3位に終わった。193cmはシード選手最長身である。

'19部門別データ

賞金	32,925,863円	(29位)
メルセデス・ベンツ トータルポイント	417	(40位)
平均ストローク	71.82	(60位)
平均パット	1.7540	(10位)
パーキープ率	82.17	(64位)
パーオン率	61.65	(76位)
バーディ率	3.77	(18位)
イーグル率	20.67	(67位)
ドライビングディスタンス	300.22	(13位)
フェアウェイキープ率	41.34	(98位)
サンドセーブ率	55.91	(11位)
トータルドライビング	111	(67位)
生涯獲得賞金	51,415,103円	(398位)

賞金と順位（◎印は賞金ランクによる出場権獲得）

◎'18= 18,489,240円　57位
◎'19= 32,925,863円　29位

J・クルーガー（クルーガー ジェイブ）

Jbe KRUGER

所属:フリー
生年月日:1986(S61).6.23
身長、体重:158cm／61kg
血液型:A型
出身地:南アフリカ
出身校:
趣味:スポーツ全般
ゴルフ歴:3歳〜
プロ転向:2007年
日本でのツアーデビュー戦:
　'11アジアパシフィックパナソニックオープン
得意クラブ:アイアン
ベストスコア:64
　（'11アジアパシフィックパナ
　ソニックオープン1R)

ツアー1勝
('19)Shinhan Donghae Open

インターナショナルツアー 5勝
('09)ザンビアオープン（サンシャイン）、('10)ジンバブエオープン（サンシャイン）、('12)アバンサマスターズ（インド・欧州／アジア）、('14)ゴールデン・ピルスナー・ジンバブエオープン（サンシャイン）、('17)サンカーニバルシティ・チャレンジ（サンシャイン）

'19のツアー全成績:12試合(国内12試合)

SMBCシンガポールオープン	予落
アジアパシフィックダイヤモンドカップ	22T
Shinhan Donghae Open	優勝
パナソニックオープン	5T
トップ杯東海クラシック	12T
ブリヂストンオープン	63T
日本オープン	53T
HEIWA・PGM CHAMPIONSHIP	42T
三井住友VISA太平洋マスターズ	36T
ダンロップフェニックス	49T
カシオワールドオープン	53T
ゴルフ日本シリーズJTカップ	30

　南アフリカのキンバリー出身。父親の手ほどきでゴルフを始める。父親の指導で走り込みに精を出し、小柄ながら強じんな下半身をつくりあげた。

　アマチュア時代に多くのタイトルを手にして2007年にプロ転向。母国のサンシャインツアーでは09年に初勝利を挙げ、通算4勝をマークしている。同ツアーでは10年に賞金ランク4位、13年には5位に入っている。

　欧州ツアーやアジアンツアーでもプレーし、12年には欧州とアジアの共催競技で優勝。日本ツアー初参戦は11年の『アジアパシフィックパナソニックオープン』で初日に64をマークして3打差の首位に立ち、注目を集めた。17年の『SMBCシンガポールオープン』では2位。最終ホールでイーグルもP・マークセンに1打及ばなかった。

　19年は日韓亜3ツアー共催の『Shinhan Donghae Open』で2打差2位から逆転優勝。以降は日本を主戦場としてプレーを続けた。

'19部門別データ

賞金	34,028,792円	(28位)
メルセデス・ベンツ トータルポイント	433	(46位)
平均ストローク	71.51	(39位)
平均パット	1.7600	(12位)
パーキープ率	79.97	(86位)
パーオン率	61.50	(77位)
バーディ率	3.58	(32位)
イーグル率	21.50	(70位)
ドライビングディスタンス	289.05	(43位)
フェアウェイキープ率	57.48	(29位)
サンドセーブ率	48.00	(45位)
トータルドライビング	72	(15位)
生涯獲得賞金	55,253,187円	(383位)

賞金と順位(◎印は賞金ランクによる出場権獲得)

'11= 5,490,000円 102位	'17= 9,985,766円 81位	
'12= 1,050,000円 147位	'18= 954,500円 190位	
'13= 660,000円 202位	◎'19= 34,028,792円 28位	
'14=0円		
'15=ナシ		
'16= 3,084,129円 130位		

T・クロンパ（クロンパ タンヤゴーン）

Thanyakon KHRONGPHA　出場資格：'18ISPSハンダマッチプレー優勝

ツアー1勝
（'18）ISPSハンダマッチプレー選手権

所属：SINGHA
生年月日：1990（H2）.6.3
身長、体重：166cm／65kg
血液型：A型
出身地：タイ
出身校：Satit Khon Khaen
　　　High School
趣味：釣り
スポーツ歴：ムエタイ、サッカー
ゴルフ歴：11歳～
プロ転向：2010年
日本でのツアーデビュー戦：
　'13タイランドオープン
得意クラブ：すべて
ベストスコア：63
　（'13タイランドオープン2R）
アマ時代の主な優勝歴：
　（'07、'09）SEA Games
　（'10）Kariza Classic

'19のツアー全成績：20試合（国内20試合）

SMBCシンガポールオープン	47T
東建ホームメイトカップ	予落
中日クラウンズ	56T
関西オープン	29T
～全英への道～ミズノオープンatザ・ロイヤル ゴルフクラブ	予落
日本ゴルフツアー選手権森ビルカップShishido Hills	予落
ダンロップ・スリクソン福島オープン	17T
日本プロゴルフ選手権	予落
長嶋茂雄INVITATIONALセガサミーカップ	56T
RIZAP KBCオーガスタ	棄権
フジサンケイクラシック	予落
ANAオープン	38T
トップ杯東海クラシック	予落
ブリヂストンオープン	38T
日本オープン	棄権
マイナビABCチャンピオンシップ	棄権
HEIWA・PGM CHAMPIONSHIP	54T
三井住友VISA太平洋マスターズ	65
ダンロップフェニックス	予落
カシオワールドオープン	39T

出身はタイ北東部のコンケーン。11歳の時、父親に誘われてゴルフを始めた。アマチュア時代はナショナルチームに名を連ね、2007、09年の東南アジア競技大会（SEA Games）で金メダルを獲得した。

10年にプロ転向。同年アジアンツアーの下部ツアーで優勝した。日本ツアーに参戦した14年は賞金ランク86位で迎えた『カシオワールドオープン』で3位に入って初シード獲得。15年は濃霧で最終日が中止となった『三井住友VISA太平洋マスターズ』の2位で賞金ランク81位から急上昇と土壇場で好成績を残してきた。

念願の初優勝を飾ったのは参戦5年目の18年だった。『ISPSハンダマッチプレー選手権』で1回戦から6人を破って今平周吾との決勝に進むと、難敵を2＆1で撃破。5200万円の優勝賞金を手にした。19年は腰痛などで棄権が3度と苦戦。それでも平均パット数は3年連続5位以内と得意分野は健在だった。

'19部門別データ

賞金	4,879,108円	（98位）
メルセデス・ベンツ トータルポイント	685	（92位）
平均ストローク	73.16	（95位）
平均パット	1.7399	（5位）
パーキープ率	77.57	（96位）
パーオン率	56.81	（98位）
バーディ率	3.45	（46位）
イーグル率	26.50	（76位）
ドライビングディスタンス	275.68	（87位）
フェアウェイキープ率	45.68	（93位）
サンドセーブ率	39.53	（89位）
トータルドライビング	180	（100位）
生涯獲得賞金	163,080,839円	（209位）

賞金と順位（◎印は賞金ランクによる出場権獲得）

'13=	936,873円	186位	'19=4,879,108円	98位	
◎'14=	16,207,666円	59位			
◎'15=	26,206,500円	39位			
◎'16=	33,350,885円	37位			
◎'17=	15,716,525円	60位			
◎'18=	65,783,282円	11位			

M・グリフィン（グリフィン マシュー）

Matthew GRIFFIN

ツアー未勝利

インターナショナルツアー3勝
（'11）サウスパシフィックオープン（豪州）、（'14）オーツ・ビクトリアオープン（豪州）、
（'16）BMW ISPS HANDAニュージーランドオープン（豪州）

その他：（'16）豪州ツアー賞金王

所属：アクシネット
生年月日：1983(S58).7.26
身長、体重：176cm／76kg
出身地：オーストラリア
出身校：Monash University
ゴルフ歴：2歳～
プロ転向：2008年
日本でのツアーデビュー戦：
　'09アジアパシフィック
　パナソニックオープン
得意クラブ：ドライバー
ベストスコア：62
　（'19中日クラウンズ2R）
アマ時代の主な戦歴：
　（'08）アマチュア世界ラン
　キング3位、ライスプランター
　ズアマチュア優勝、世界
　アマチュアチーム選手権
　オーストラリア代表

'19のツアー全成績：19試合（国内19試合）

SMBCシンガポールオープン	予落
東建ホームメイトカップ	2
中日クラウンズ	3T
アジアパシフィックダイヤモンドカップ	16T
関西オープン	16T
～全英への道～ミズノオープンatザ・ロイヤルゴルフクラブ	予落
日本ゴルフツアー選手権森ビルカップShishido Hills	16T
長嶋茂雄INVITATIONALセガサミーカップ	26T
RIZAP KBCオーガスタ	35T
フジサンケイクラシック	50T
Shinhan Donghae Open	7T
パナソニックオープン	予落
ブリヂストンオープン	21T
日本オープン	29T
HEIWA・PGM CHAMPIONSHIP	予落
三井住友VISA太平洋マスターズ	13T
ダンロップフェニックス	41T
カシオワールドオープン	棄権
ゴルフ日本シリーズJTカップ	19

オーストラリア南東部のビクトリア州出身。父親の影響でゴルフを始めた。大学時代は学業を優先。卒業後、数カ月間は会計の仕事をしていた。やがてゴルフ中心の生活となり、2年ほどオーストラリア代表として活躍。アマチュア世界ランキングで3位になったこともある。

プロ転向は2008年。11年に豪州ツアーで初優勝を飾り、13年にはワンアジアツアー賞金王に。14年は豪州と韓国で1勝ずつをマーク。満を持して15年から日本ツアーに参戦してきた。

来日1年目に初シードを獲得。サンドセーブ率で1位となった。16年には豪州ツアーで『ニュージーランドオープン』を制するなどして賞金王の座に就いた。

日本ではまだ優勝はないが成績は徐々に上昇している。18年の『日本プロ』では3位に入り、19年の『東建ホームメイトカップ』で自己最高の2位を記録。4位から最終日のインで6バーディの30と猛追したが1打及ばなかった。

'19部門別データ

賞金	38,393,733円	(27位)
メルセデス・ベンツ トータルポイント	253	(13位)
平均ストローク	71.08	(19位)
平均パット	1.7639	(15位)
パーキープ率	81.69	(69位)
パーオン率	63.75	(57位)
バーディ率	3.84	(14位)
イーグル率	10.17	(22位)
ドライビングディスタンス	293.63	(25位)
フェアウェイキープ率	57.06	(30位)
サンドセーブ率	58.95	(2位)
トータルドライビング	55	(5位)
生涯獲得賞金	120,243,733円	(251位)

賞金と順位（◎印は賞金ランクによる出場権獲得）

'09=	1,080,000円	148位	◎'18=	33,910,957円	30位
'13=	1,894,643円	139位	◎'19=	38,393,733円	27位
'14=	1,088,220円	155位			
◎'15=	12,787,897円	68位			
◎'16=	11,048,981円	79位			
◎'17=	20,039,302円	52位			

B・ケネディ（ケネディ ブラッド）

Brad KENNEDY

ツアー3勝
（'12）～全英への道～ミズノオープン、（'13）関西オープン、
（'18）長嶋茂雄INVITATIONALセガサミーカップ

インターナショナルツアー5勝
（'10）ウェスタンオーストラリアンオープン（豪州）、（'11）ニュージーランドオープン（豪州）、
（'13）クイーンズランドPGA選手権（豪州）、（'16）ホールデンNZ PGA選手権（豪州）、
（'20）ニュージーランドオープン（豪州／アジア）

所属:アクシネット
生年月日:1974(S49).6.18
身長、体重:180cm／82kg
血液型:B型
出身地:オーストラリア
趣味:釣り
スポーツ歴:フットボール
ゴルフ歴:13歳～
プロ転向:1994年
日本でのツアーデビュー戦:
　（'03）2002アジア・ジャパン
　沖縄オープン
師弟関係:MICHAEL JONES
ベストスコア:64
　（'14HEIWA・PGMチャンピ
　オンシップin霞ヶ浦1R、
　3R、'18長嶋茂雄INVITA-
　TIONALセガサミーカップ
　3R）
プレーオフ：0勝1敗

'19のツアー全成績：19試合（国内19試合）

東建ホームメイトカップ	18T
中日クラウンズ	18T
アジアパシフィックダイヤモンドカップ	27T
関西オープン	36T
～全英への道～ミズノオープンatザ・ロイヤルゴルフクラブ	22T
日本ゴルフツアー選手権森ビルカップ Shishido Hills	12T
日本プロゴルフ選手権	予落
長嶋茂雄INVITATIONALセガサミーカップ	46T
RIZAP KBCオーガスタ	16T
フジサンケイクラシック	棄権
パナソニックオープン	37T
トップ杯東海クラシック	32T
ブリヂストンオープン	6T
日本オープン	5T
HEIWA・PGM CHAMPIONSHIP	5T
三井住友VISA太平洋マスターズ	13T
ダンロップフェニックス	8T
カシオワールドオープン	49T
ゴルフ日本シリーズJTカップ	2

　父親がテニスのコーチだった影響で子供のころはテニスがメインのスポーツだった。13歳の時に初めてゴルフのレッスンを受けて夢中に。父親が自宅につくってくれたアプローチグリーンや近所のゴルフ場で毎日のように練習していた。

　プロ転向後は母国のほか欧州やアジアでもプレー。日本ツアーには2011年から参戦し、翌12年の『ミズノオープン』で初優勝。13年は単独首位で3日目を終えていた『関西オープン』最終日が悪天候で中止に。2勝目を挙げた。18年の『セガサミーカップ』では4打差8位で迎えた最終日に64で回って5年ぶりの3勝目をマーク。19年の『日本シリーズ』では8位から65の猛追でプレーオフに持ち込んだが石川遼に敗れた。

　巧みな小技を武器にした堅実なゴルフが持ち味でリカバリー率は5年連続で5位以内。初シードを獲得した11年以降、一度も賞金ランク30位以内から外れていない。

'19部門別データ

賞金	52,039,313円	（18位）
メルセデス・ベンツ トータルポイント	353	（25位）
平均ストローク	70.63	（11位）
平均パット	1.7834	（39位）
パーキープ率	87.23	（ 4位）
パーオン率	65.92	（28位）
バーディ率	3.30	（61位）
イーグル率	33.50	（85位）
ドライビングディスタンス	273.76	（92位）
フェアウェイキープ率	59.91	（12位）
サンドセーブ率	53.61	（21位）
トータルドライビング	104	（59位）
生涯獲得賞金	428,486,406円	（81位）

賞金と順位（◎印は賞金ランクによる出場権獲得）

'03=	457,500円	197位	◎'15=	49,582,075円	21位
'06=	430,000円	205位	◎'16=	55,524,605円	11位
◎'11=	33,781,510円	29位	◎'17=	47,063,090円	21位
◎'12=	44,330,044円	23位	◎'18=	53,308,681円	20位
◎'13=	52,835,054円	18位	◎'19=	52,039,313円	18位
◎'14=	39,134,534円	29位			

香妻陣一朗

Jinichiro KOZUMA

ツアー未勝利

AbemaTVツアー（チャレンジ）1勝
('16) elite grips challenge

所属：フリー
生年月日：1994(H6).7.7
身長、体重：165cm／71kg
血液型：A型
出身地：鹿児島県
出身校：日章学園高校
趣味：音楽鑑賞
ゴルフ歴：2歳～
プロ転向：2012年
ツアーデビュー戦：
　'13つるやオープン
師弟関係：香妻尚樹
得意クラブ：アプローチ
ベストスコア：60
　（'18ダンロップ・スリクソン
　福島オープン3R）
アマ時代の主な戦歴：
　（'11）全国高校ゴルフ選手
　権2位、（'12）日本アマ3位、
　九州アマ優勝

'19のツアー全成績：22試合（国内22試合）

東建ホームメイトカップ	37T
中日クラウンズ	43T
アジアパシフィックダイヤモンドカップ	8T
関西オープン	36T
～全英への道～ミズノオープンatザ・ロイヤルゴルフクラブ	予落
日本ゴルフツアー選手権森ビルカップShishido Hills	予落
ダンロップ・スリクソン福島オープン	予落
日本プロゴルフ選手権	26T
長嶋茂雄INVITATIONALセガサミーカップ	19T
RIZAP KBCオーガスタ	42T
フジサンケイクラシック	10T
ANAオープン	15T
パナソニックオープン	37T
トップ杯東海クラシック	23T
ブリヂストンオープン	26T
日本オープン	18T
ZOZO CHAMPIONSHIP	57T
マイナビABCチャンピオンシップ	22T
HEIWA・PGM CHAMPIONSHIP	25T
三井住友VISA太平洋マスターズ	28T
ダンロップフェニックス	13T
カシオワールドオープン	23T

　父親の影響で2歳のころにクラブを握り、やがて横峯さくらプロの父親である良郎氏主宰の「めだかクラブ」に入り、姉で現プロの琴乃さんらとともに腕を磨いた。中学2年時に故郷の鹿児島から隣県宮崎の日章学園に移り、高校卒業まで同校に在籍。高校3年時の2012年には『九州アマ』優勝、『日本アマ』3位などの実績を残し、松山英樹とともに『世界アマ』の代表に選ばれている。
　同年11月にプロ宣言。14年には『マイナビABCチャンピオンシップ』で初日首位発進を経験した。16年は9月にチャレンジで初優勝。ツアーでも10月の『マイナビABCチャンピオンシップ』で自身初トップ10となる4位で初シードを確定させた。18年は自身最終戦最終ホールで外した1mのバーディパットが響いて約63万円差でシード落ち。それでもQT8位で臨んだ19年は7月以降出場全試合で予選通過の安定感で復帰。ラウンドあたりの平均パットは1位だった。

'19部門別データ

賞金	26,786,215円	(33位)
メルセデス・ベンツ トータルポイント	304	(19位)
平均ストローク	71.13	(20位)
平均パット	1.7356	(3位)
パーキープ率	84.18	(25位)
パーオン率	61.04	(83位)
バーディ率	3.72	(20位)
イーグル率	6.58	(8位)
ドライビングディスタンス	290.60	(38位)
フェアウェイキープ率	47.09	(89位)
サンドセーブ率	53.73	(18位)
トータルドライビング	127	(81位)
生涯獲得賞金	90,931,420円	(298位)

賞金と順位（◎印は賞金ランクによる出場権獲得）

'13=	1,154,800円	164位	◎'19=	26,786,215円	33位
'14=	5,100,620円	101位			
'15=	3,823,746円	110位			
◎'16=	17,035,322円	62位			
◎'17=	22,919,437円	45位			
'18=	14,111,280円	70位			

小鯛竜也

Tatsuya KODAI

賞金ランキング57位

ツアー1勝
('17)マイナビABCチャンピオンシップ

AbemaTVツアー（チャレンジ）1勝
('16)Novil Cup

所属:フリー
生年月日:1990(H2).2.1
身長、体重:178cm／70kg
血液型:AB型
出身地:大阪府
出身校:クラーク記念国際高校
趣味:ファッション
スポーツ歴:野球
ゴルフ歴:5歳〜
プロ転向:2007年
ツアーデビュー戦:
　'11トーシントーナメントIN
　レイクウッド
師弟関係:谷川　健
得意クラブ:
ベストスコア:64
　('17ダンロップフェニックス
　4R)
アマ時代の主な戦歴:
　('04)日本ジュニア2位

'19のツアー全成績：22試合(国内22試合)

SMBCシンガポールオープン	予落
東建ホームメイトカップ	予落
中日クラウンズ	43T
アジアパシフィックダイヤモンドカップ	予落
関西オープン	予落
〜全英への道〜ミズノオープンatザ・ロイヤルゴルフクラブ	14T
日本ゴルフツアー選手権森ビルカップShishido Hills	予落
ダンロップ・スリクソン福島オープン	予落
日本プロゴルフ選手権	13T
長嶋茂雄INVITATIONALセガサミーカップ	10T
RIZAP KBCオーガスタ	予落
フジサンケイクラシック	40T
ANAオープン	54T
Shinhan Donghae Open	32T
パナソニックオープン	26T
トップ杯東海クラシック	32T
ブリヂストンオープン	41T
マイナビABCチャンピオンシップ	32T
HEIWA・PGM CHAMPIONSHIP	予落
三井住友VISA太平洋マスターズ	予落
ダンロップフェニックス	26T
カシオワールドオープン	予落

'19部門別データ

賞金	13,792,719円	（57位）
メルセデス・ベンツ トータルポイント	478	（56位）
平均ストローク	71.72	（56位）
平均パット	1.7918	（46位）
パーキープ率	83.68	（30位）
パーオン率	62.82	（64位）
バーディ率	3.28	（64位）
イーグル率	16.25	（52位）
ドライビングディスタンス	285.98	（59位）
フェアウェイキープ率	48.23	（87位）
サンドセーブ率	53.64	（20位）
トータルドライビング	146	（91位）
生涯獲得賞金	71,759,678円	（336位）

　高校の体育教師だった父親の影響でゴルフを始め、父親が自宅につくってくれた小さな練習場で腕を磨いた。中学3年時の2004年に『日本ジュニア』で2位に。このころからプロを目指してQTにも挑戦していた。

　07年に17歳でプロ転向。だが、出場権をつかめず、ツアーにデビューしたのは4年後の11年。初めての予選通過はさらに4年後の15年『ミズノオープン』まで待たなければならなかった。QTで自己最高の48位に入って

迎えた16年はチャレンジ開幕戦で初優勝を飾り、賞金ランク4位に。これで17年のツアー出場のチャンスをつかむ。そして単独首位で3日目を終えた『マイナビABCチャンピオンシップ』最終日が台風の影響で中止に。ツアー初優勝をつかみ取った。18、19年は優勝を争うようなプレーはできなかったがシードは維持。19年の『セガサミーカップ』では初日82位と出遅れながら2日目以降巻き返してシーズン最高の10位に入った。

賞金と順位（◎印は賞金ランク、△印はチャレンジランクによる出場権獲得）

'11=0円
'14=0円
'15=　　571,666円 197位
△'16=　1,034,500円 193位
◎'17= 39,580,855円 27位
◎'18= 16,779,938円 62位

◎'19= 13,792,719円 57位

小平　智

Satoshi KODAIRA

ツアー7勝

('13)日本ゴルフツアー選手権Shishido Hills、('14)ダンロップ・スリクソン福島オープン、('15)日本オープン、('16)ブリヂストンオープン、('17)トップ杯東海クラシック、三井住友VISA太平洋マスターズ、('18)ゴルフ日本シリーズJTカップ

AbemaTVツアー（チャレンジ）2勝

('10)鳩山カントリークラブ・GMAチャレンジ（アマチュア時代）、('12)PGA・JGTOチャレンジカップⅡ in 房総

インターナショナルツアー 1勝

('18)RBCヘリテージ（米国）

代表歴：ワールドカップ('18)

所属：Admiral
生年月日：1989(H1).9.11
身長、体重：172cm／70kg
血液型：O型
出身地：東京都
出身校：駒場学園高校
趣味：スポーツ全般
ゴルフ歴：10歳〜
プロ転向：2010年
ツアーデビュー戦：
　'11つるやオープン
師弟関係：父、井上　信
得意クラブ：全部
ベストスコア：62
　('15日本オープン2R、
　'16ブリヂストンオープン3R、
　'19マイナビABC選手権3R)
プレーオフ：1勝1敗
アマ時代の主な戦歴：
('06)日本ジュニア2位、
('08)日本アマ2位、('09)日本
　オープンセカンドアマ、朝日杯
　日本学生優勝、('10)関東
　アマ優勝、鳩山カントリー
　クラブ・GMAチャレンジ優勝

'19のツアー全成績：7試合（国内7試合）

〜全英への道・ミズノオープンatザ・ロイヤルゴルフクラブ	58T
RIZAP KBCオーガスタ	24T
フジサンケイクラシック	19T
日本オープン	23T
ZOZO CHAMPIONSHIP	37T
マイナビABCチャンピオンシップ	3
ゴルフ日本シリーズJTカップ	8T

元レッスンプロの父・健一さんの影響でゴルフを始め、駒場学園高校から日本大学に進むがQT受験のため2年で中退。プロ転向前の2010年にはチャレンジ上2人目のアマチュア優勝を飾っている。

ツアー初優勝は13年の『日本ゴルフツアー選手権』。15年には『日本オープン』を制し、16年の『ブリヂストンオープン』では初日91位からの大逆転優勝。元賞金女王・古閑美保さんと結婚した17年は2勝を挙げて賞金ランク1位で最終戦へ。宮里優作に逆転されて賞金王は逃したが、ポイントランキング賞など部門賞を4個受賞した。

18年はスポット参戦した『RBCヘリテージ』でプレーオフの末、日本人選手5人目の米国ツアー制覇。これを機に同ツアーの本格参戦に踏み切った。19年は米国ツアーでポイントランク185位と苦戦。国内では『マイナビABCチャンピオンシップ』3日目に62を出して3位に入るなど存在感を示した。

'19部門別データ

賞金	19,936,729円 (45位)
メルセデス・ベンツ トータルポイント	―
平均ストローク	71.04 (参考)
平均パット	1.7994 (参考)
パーキープ率	82.34 (参考)
パーオン率	67.26 (参考)
バーディ率	3.79 (参考)
イーグル率	28.00 (参考)
ドライビングディスタンス	291.45 (参考)
フェアウェイキープ率	54.43 (参考)
サンドセーブ率	42.86 (参考)
トータルドライビング	―
生涯獲得賞金	537,230,857円 (61位)

賞金と順位（◎印は賞金ランクによる出場権獲得）

'11=	11,265,150円	78位	◎'17=161,463,405円	2位
'12=	8,182,046円	87位	◎'18= 75,982,987円	6位
◎'13=	62,034,804円	12位	◎'19= 19,936,729円	45位
◎'14=	47,914,628円	21位		
◎'15=	66,776,437円	9位		
◎'16=	83,674,671円	6位		

近藤智弘
Tomohiro KONDO

出場資格：生涯獲得賞金ランク25位以内

ツアー6勝
（'06）日本プロ、ANAオープン、（'07）JCBクラシック、（'08）中日クラウンズ、
（'11）つるやオープン、（'14）HEIWA・PGM CHAMPIONSHIP in 霞ヶ浦

代表歴：ダイナスティカップ（'03、'05）、日韓対抗戦（'04、'11、'12）

所属：ネスレ日本
生年月日：1977（S52）.6.17
身長、体重：167cm／64kg
血液型：B型
出身地：愛知県
出身校：専修大学
趣味：安室奈美恵
スポーツ歴：野球
ゴルフ歴：12歳〜
プロ転向：2000年
ツアーデビュー戦：
　'00つるやオープン
得意クラブ：ドライバー
ベストスコア：62
　（'03中日クラウンズ1R、
　'06ゴルフ日本シリーズJT
　カップ4R、
　'15HONMA TOURWORLD CUP
　2R）
プレーオフ：2勝4敗
アマ時代の主な優勝歴：
　（'94）日本ジュニア選手権、
　（'97、'99）日本アママッチ
　プレー選手権、
　（'98）日本学生、アジア大会
　金メダル（個人、団体）

'19のツアー全成績：22試合（国内22試合）

SMBCシンガポールオープン	予落
東建ホームメイトカップ	予落
中日クラウンズ	予落
アジアパシフィックダイヤモンドカップ	予落
関西オープン	56T
〜全英への道〜ミズノオープンatザ・ロイヤルゴルフクラブ	予落
日本ゴルフツアー選手権森ビルカップShishido Hills	失格
ダンロップ・スリクソン福島オープン	29T
日本プロゴルフ選手権	26T
長嶋茂雄INVITATIONALセガサミーカップ	36T
RIZAP KBCオーガスタ	55T
フジサンケイクラシック	46T
ANAオープン	15T
パナソニックオープン	59T
トップ杯東海クラシック	予落
ブリヂストンオープン	予落
日本オープン	59T
マイナビABCチャンピオンシップ	予落
HEIWA・PGM CHAMPIONSHIP	54T
三井住友VISA太平洋マスターズ	予落
ダンロップフェニックス	59T
カシオワールドオープン	58T

　愛知県で生まれ育ち、高校は東京学館浦安へ。2年時に『日本ジュニア』を制した。専修大学時代にも多くのタイトルを獲得し、2000年にプロ転向。翌01年に早くもシード入りした。その後、好成績は残すが優勝にはなかなか届かない。プレーオフ負け2度を含む6度の2位を経験した後、06年の『日本プロ』でついに初優勝をつかみ取った。
　08年の『中日クラウンズ』で念願の地元優勝。同年夏に足底腱膜炎を発症した影響もあり2年間優勝から遠ざかった。11年の『つるやオープン』で復活優勝を果たし、14年には1勝を含む5位以内8試合の安定感で自身初の1億円突破。最終戦まで賞金王の可能性を残していた。
　40歳を迎えた17年、腰痛の影響もあって16年間守ってきた賞金シードを手放す。登録名を共弘から本名の智弘に戻して臨んだ18年にすぐ復帰するが、19年に再び陥落。今年は生涯獲得賞金25位以内の資格を行使して復活を期する。

'19部門別データ

賞金	7,095,558円	（86位）
メルセデス・ベンツ トータルポイント	604	（87位）
平均ストローク	72.58	（91位）
平均パット	1.8095	（71位）
パーキープ率	81.88	（67位）
パーオン率	62.82	（64位）
バーディ率	2.94	（91位）
イーグル率	21.67	（71位）
ドライビングディスタンス	285.00	（63位）
フェアウェイキープ率	56.73	（32位）
サンドセーブ率	46.53	（54位）
トータルドライビング	95	（44位）
生涯獲得賞金	906,758,254円	（18位）

賞金と順位（◎印は賞金ランクによる出場権獲得）

'00=	4,453,300円	123位	'06=	75,490,851円	10位	'12=	44,009,377円	24位	'18=	15,899,188円	66位
◎'01=	35,312,706円	30位	◎'07=	74,841,936円	5位	◎'13=	53,783,167円	17位	'19=	7,095,558円	86位
◎'02=	51,121,536円	18位	◎'08=	60,044,383円	18位	◎'14=	107,089,056円	3位			
◎'03=	30,628,557円	41位	◎'09=	69,605,178円	14位	◎'15=	39,773,618円	28位			
◎'04=	54,420,941円	13位	◎'10=	24,451,886円	43位	◎'16=	34,850,307円	32位			
◎'05=	38,945,605円	33位	◎'11=	78,374,189円	7位	'17=	6,566,915円	94位			

貞方章男

Akio SADAKATA

所属:アイダ設計
生年月日:1979(S54).4.24
身長、体重:174cm／70kg
血液型:O型
出身地:奈良県
出身校:Brevard Community College
趣味:スポーツ観戦
スポーツ歴:テニス、サッカー、スキー
ゴルフ歴:12歳〜
プロ転向:2001年
日本でのツアーデビュー戦:
　'02住建産業オープン広島
得意クラブ:アイアン
ベストスコア:63
　('19東建ホームメイトカップ1R、
　'19ブリヂストンオープン2R)
アマ時代の主な戦歴:
　('99)フロリダ州ゴルフトーナメント、('00)ニューイヤーズ招待選手権

賞金ランキング43位

ツアー未勝利

AbemaTVツアー(チャレンジ)
('12)紫CCすみれ・GMAチャレンジ

'19のツアー全成績:18試合(国内18試合)

東建ホームメイトカップ	4T
中日クラウンズ	5T
アジアパシフィックダイヤモンドカップ	予落
関西オープン	予落
日本ゴルフツアー選手権森ビルカップShishido Hills	予落
ダンロップ・スリクソン福島オープン	予落
日本プロゴルフ選手権	32T
長嶋茂雄INVITATIONALセガサミーカップ	予落
RIZAP KBCオーガスタ	9T
フジサンケイクラシック	予落
ANAオープン	予落
パナソニックオープン	予落
トップ杯東海クラシック	32T
ブリヂストンオープン	2T
日本オープン	29T
マイナビABCチャンピオンシップ	予落
HEIWA・PGM CHAMPIONSHIP	46T
カシオワールドオープン	予落

14歳で単身渡米し、フロリダ州のゴルフアカデミーに入った。15歳の時、試合で今田竜二と出会ったことから今田のコーチに師事。3人で寝食を共にしていた。アマチュア時代はいくつかのタイトルを取り、オールアメリカンにも選ばれた。QTを経て2003年に米国ツアー参戦。『HPクラシック』初日にハーフ29をマークする見せ場はあったがシードには届かなかった。

08年から日本ツアー参戦。いきなりシードを手にした。12年

の『VanaH杯KBCオーガスタ』では最終日、一時は首位に並んだが1打及ばなかった。

16年にシード落ちし、18年までは低迷。QT15位で臨んだ19年は『東建ホームメイトカップ』で4位と好発進。次戦の『中日クラウンズ』では首位タイで迎えた最終ホールで痛恨のダブルボギー。『ブリヂストンオープン』では1打差2位につけるも台風で決勝ラウンドが中止。初優勝の夢はかなわなかったがシード復帰は果たした。

'19部門別データ

賞金	20,200,499円	(43位)
メルセデス・ベンツ トータルポイント	428	(43位)
平均ストローク	71.48	(34位)
平均パット	1.8116	(74位)
パーキープ率	83.78	(29位)
パーオン率	65.33	(36位)
バーディ率	3.14	(75位)
イーグル率	8.33	(12位)
ドライビングディスタンス	277.11	(80位)
フェアウェイキープ率	61.03	(7位)
サンドセーブ率	41.33	(81位)
トータルドライビング	87	(34位)
生涯獲得賞金	191,949,158円	(179位)

賞金と順位(◎印は賞金ランク、□はQTランクによる出場権獲得)

'02=0円		◎'12= 18,759,000円	58位	□'18=0円	
'04= 246,400円	239位	◎'13= 16,819,650円	59位	◎'19= 20,200,499円	43位
◎'08= 31,851,140円	35位	◎'14= 19,484,657円	54位		
◎'09= 16,921,820円	56位	◎'15= 21,767,685円	53位		
◎'10= 20,106,214円	54位	'16= 9,876,360円	84位		
'11= 11,070,533円	80位	'17= 4,845,200円	106位		

佐藤大平

Taihei SATO

賞金ランキング54位

ツアー未勝利

AbemaTVツアー（チャレンジ）2勝
（'18）LANDIC CHALLENGE6、elite grips challenge

'19のツアー全成績：18試合（国内18試合）

SMBCシンガポールオープン	54T
東建ホームメイトカップ	34T
中日クラウンズ	20T
関西オープン	29T
～全英への道～ミズノオープンatザ・ロイヤル ゴルフクラブ	50T
日本ゴルフツアー選手権森ビルカップShishido Hills	23T
ダンロップ・スリクソン福島オープン	52T
日本プロゴルフ選手権	予落
長嶋茂雄INVITATIONALセガサミーカップ	26T
RIZAP KBCオーガスタ	予落
フジサンケイクラシック	40T
ANAオープン	予落
パナソニックオープン	15T
トップ杯東海クラシック	4T
ブリヂストンオープン	38T
マイナビABCチャンピオンシップ	22T
HEIWA・PGM CHAMPIONSHIP	64T
カシオワールドオープン	予落

所属:クリヤマ
生年月日:1993(H5).7.9
身長、体重:174cm／72kg
血液型:AB型
出身地:兵庫県
出身校:東北福祉大学
趣味:車、ダーツ
スポーツ歴:水泳
ゴルフ歴:8歳～
プロ転向:2015年
ツアーデビュー戦:
　'16関西オープン
得意クラブ:
ベストスコア:65
　（'19SMBCシンガポール
　オープン1R)
アマ時代の主な戦歴:
　（'11）台湾アマ優勝
　（'15）ユニバーシアード大
　会金メダル（団体）

　兵庫県宝塚市の中山五月中学3年時の2008年に『全国中学選手権』で優勝した。高校は故郷を離れて茨城県の水城に進み、10、11年に『関東高校選手権』を連覇。ナショナルチームメンバーに選ばれた。同年9月にはJGAから個人派遣された『台湾アマ』で日本人選手として大会初優勝を飾っている。

　12年に東北福祉大学に進学。『日本アマ』ベスト8などの成績を残したほか数々の国際大会にも出場し、15年の『ユニバーシアード』では日本の金メダルに貢献している。

　15年にプロ転向するもQTで好成績を残せず、17年は中国でプレーした。その経験が生き、18年はAbemaTVツアーで2勝を挙げて賞金王に輝く。19年は国内ツアーを主戦場としながらPGAツアーシリーズ・チャイナでもプレー。3月に優勝を飾っている。国内では『東海クラシック』で自身初のトップ10となる4位に食い込み、初シードをモノにした。

'19部門別データ

賞金	15,696,477円	（54位）
メルセデス・ベンツ トータルポイント	302	（18位）
平均ストローク	71.49	（36位）
平均パット	1.7959	（50位）
パーキープ率	84.43	（23位）
パーオン率	66.76	（20位）
バーディ率	3.57	（34位）
イーグル率	12.20	（34位）
ドライビングディスタンス	284.02	（66位）
フェアウェイキープ率	60.71	（10位）
サンドセーブ率	52.63	（29位）
トータルドライビング	76	（25位）
生涯獲得賞金	16,922,919円	（627位）

賞金と順位（◎印は賞金ランク、△印はチャレンジランクによる出場権獲得）

'16＝0円
△'18＝　1,226,442円　171位
◎'19＝ 15,696,477円　54位

塩見好輝

Koki SHIOMI

ツアー未勝利

所属:国際スポーツ振興協会
生年月日:1990(H2).9.4
身長、体重:172cm／65kg
血液型:A型
出身地:大阪府
出身校:東北福祉大学
趣味:スノーボード
スポーツ歴:水泳、少林寺拳
　法、バスケットボール
ゴルフ歴:11歳〜
プロ転向:2012年
ツアーデビュー戦:
　'13つるやオープン
得意クラブ:ドライバー
ベストスコア:64
　('19ANAオープン4R)

'19のツアー全成績:14試合(国内14試合)

東建ホームメイトカップ	予落
関西オープン	36T
〜全英への道〜ミズノオープンatザ・ロイヤルゴルフクラブ	58T
日本ゴルフツアー選手権森ビルカップShishido Hills	20T
ダンロップ・スリクソン福島オープン	36T
長嶋茂雄INVITATIONALセガサミーカップ	36T
RIZAP KBCオーガスタ	42T
フジサンケイクラシック	58T
ANAオープン	38T
パナソニックオープン	15T
トップ杯東海クラシック	41T
日本オープン	10T
HEIWA・PGM CHAMPIONSHIP	39T
カシオワールドオープン	44T

　小学生時代には少林寺拳法を習い、優勝歴もある。ゴルフは父親の練習についていったことから始め、高校は故郷の大阪を離れて埼玉県へ。3年時には主将としてチームを引っ張り、同校の『全国高校選手権』初優勝に貢献した。東北福祉大学でも主将を務め、4年時の2012年には『信夫杯争奪日本大学対抗戦』『全国大学対抗戦』など5つの団体タイトルを独占した。

　プロデビュー2年目の14年に初シードを手にするが翌15年に

シード落ち。17年『トップ杯東海クラシック』初日に自身初の首位を経験するがシード奪回にはつながらなかった。18年はAbemaTVツアーで賞金ランク19位に入り、19年前半戦の出場権をつかんだ。その19年は初戦の『東建ホームメイトカップ』以外は出場全試合で予選通過。賞金シードに復帰した。ただ、単独首位で最終日を迎えた『日本オープン』で独走態勢から終盤に大きく崩れてしまったのは惜しまれる。

'19部門別データ

賞金	12,642,900円	(63位)
メルセデス・ベンツ トータルポイント	373	(28位)
平均ストローク	71.49	(36位)
平均パット	1.7796	(32位)
パーキープ率	83.44	(33位)
パーオン率	65.83	(29位)
バーディ率	3.64	(24位)
イーグル率	17.67	(58位)
ドライビングディスタンス	288.75	(46位)
フェアウェイキープ率	54.07	(50位)
サンドセーブ率	44.83	(65位)
トータルドライビング	96	(46位)
生涯獲得賞金	49,626,290円	(401位)

賞金と順位(◎印は賞金ランク、△印はチャレンジランクによる出場権獲得)

'13=0円			◎'19=	12,642,900円	63位
◎'14=	13,963,649円	67位			
'15=	4,910,933円	103位			
'16=	9,859,528円	85位			
'17=	6,249,280円	96位			
△'18=	2,000,000円	148位			

重永亜斗夢

Atomu SHIGENAGA

ツアー1勝
('18)東建ホームメイトカップ

'19のツアー全成績:20試合(国内20試合)

東建ホームメイトカップ	37T
中日クラウンズ	11T
アジアパシフィックダイヤモンドカップ	43T
関西オープン	36T
日本ゴルフツアー選手権森ビルカップShishido Hills	29T
ダンロップ・スリクソン福島オープン	36T
日本プロゴルフ選手権	19T
長嶋茂雄INVITATIONALセガサミーカップ	予落
RIZAP KBCオーガスタ	予落
フジサンケイクラシック	予落
ANAオープン	予落
パナソニックオープン	26T
トップ杯東海クラシック	41T
ブリヂストンオープン	63T
日本オープン	12T
マイナビABCチャンピオンシップ	45T
HEIWA・PGM CHAMPIONSHIP	46T
三井住友VISA太平洋マスターズ	41T
ダンロップフェニックス	20T
カシオワールドオープン	14T

所属:ホームテック
生年月日:1988(S63).9.14
身長、体重:172cm／60kg
血液型:O型
出身地:熊本県
出身校:日本大学
趣味:音楽鑑賞
ゴルフ歴:9歳〜
プロ転向:2008年
ツアーデビュー戦:
　'08マンシングウェアオープン
　KSBカップ
師弟関係:父
得意クラブ:サンドウェッジ
ベストスコア:63
　('18東建ホームメイトカップ
　3R)

シングルハンディだった父親と練習場に行ったのがゴルフとの出合い。中学時代に『九州ジュニア』を制し、沖学園高校進学後は『全国高校選手権春季大会』に優勝している。日本大学を1年で中退してプロ転向。だが、直後に左手首を痛めた影響もあり試合に出ることすらままならなかった。

徐々に経験を積み、QT1位で迎えた2014年の『つるやオープン』では単独首位で初めての最終日最終組を経験。75と崩れて11位に終わったが初シード獲得のきっかけとなった。16年は故郷・熊本が大震災に見舞われた週の『東建ホームメイトカップ』で2度目の最終日最終組に挑んだ。結果は4位だったが大きな声援を浴びた。

その2年後、同じ大会で初優勝を飾る。片山晋呉、石川遼との最終組対決を制し、1打差でつかんだ勝利だった。19年はトップ10こそなかったが予選通過率は自己最高の80%を記録。安定感が増した。

'19部門別データ

賞金	18,525,821円	(48位)
メルセデス・ベンツ トータルポイント	432	(45位)
平均ストローク	71.48	(34位)
平均パット	1.8015	(61位)
パーキープ率	84.07	(26位)
パーオン率	66.91	(19位)
バーディ率	3.18	(74位)
イーグル率	17.00	(56位)
ドライビングディスタンス	282.64	(70位)
フェアウェイキープ率	59.79	(14位)
サンドセーブ率	42.48	(78位)
トータルドライビング	84	(30位)
生涯獲得賞金	170,715,123円	(201位)

賞金と順位(◎印は賞金ランクによる出場権獲得)

'08=	273,000円	249位	◎'17=	20,971,166円	49位
'11=0円			◎'18=	55,374,842円	17位
'13=	6,426,787円	96位	◎'19=	18,525,821円	48位
◎'14=	14,993,377円	65位			
◎'15=	23,736,250円	46位			
◎'16=	30,413,880円	40位			

T・シノット（シノット トッド）

Todd SINNOTT

ツアー1勝
（'17）レオパレス21ミャンマーオープン

'19のツアー全成績：出場ナシ

所属：キャロウェイゴルフ
生年月日：1992(H4).2.19
身長、体重：191cm／90kg
血液型：
出身地：オーストラリア
ゴルフ歴：
プロ転向：2015年
日本でのツアーデビュー戦：
　'17SMBCシンガポール
　オープン
得意クラブ：
ベストスコア：64
　（'17レオパレス21ミャンマー
　オープン3R）

オーストラリアのメルボルン生まれ。2015年にプロ転向し、地元の豪州ツアーだけでなくPGAツアーシリーズ・チャイナや欧州、アフリカなどプレーの場を求めて世界各地を回った。

17年1月のアジアンツアーQTファイナルステージで最終日に62を叩き出して首位タイでホールアウト。プレーオフで敗れたが2位で同ツアーの出場権を得ると、翌週からの日亜共同主管競技2試合に参戦。『レオパレス21ミャンマーオープン』では初日70位と大きく出遅れながら2日目以降に猛チャージ。3打差4位で迎えた最終日も6バーディ、ノーボギーの65で回って見事に初優勝と日本ツアー出場権を勝ち取った。

17年は日本で12試合に出場。ドライビングディスタンスは2位に入り、飛ばし屋ぶりをアピールした。19年春先は海外でプレーしていたが椎間板ヘルニアで離脱。日本では1試合もプレーできなかった。今季は特別保障制度が適用される。

'19部門別データ

賞金	ナシ
トータルポイント	—
平均ストローク	—
平均パット	—
パーキープ率	—
パーオン率	—
バーディ率	—
イーグル率	—
ドライビングディスタンス	—
フェアウェイキープ率	—
サンドセーブ率	—
トータルドライビング	—
生涯獲得賞金	21,134,263円（557位）

賞金と順位（◎印は賞金ランクによる出場権獲得）

◎'17＝ 20,497,288円　50位
　'18＝　 636,975円　209位
◇'19＝ナシ

◇は特別保障制度適用

J・ジェーンワタナノンド（ジェーンワタナノンド ジャズ）

Jazz JANEWATTANANOND　　**賞金ランキング7位**

ツアー1勝
（'19）SMBCシンガポールオープン

インターナショナルツアー5勝
（'17）バングラデシュ・オープン（アジア）、（'18）クイーンズカップ（タイ・アジア）、（'19）Kolon
韓国オープン（アジア）、BNIインドネシアンマスターズ（アジア）、タイランドマスターズ（アジア）

その他：'19アジアンツアー賞金王

所属:SPORTS WAVE
生年月日:1995(H7).11.26
身長、体重:174cm／74kg
血液型:A型
出身地:タイ
出身校:global english school
趣味:音楽鑑賞
ゴルフ歴:8歳～
プロ転向:2010年
日本でのツアーデビュー戦:
'11アジアパシフィック
パナソニックオープン
師弟関係:PETE COWEN
得意クラブ:60度ウェッジ
日本でのベストスコア:63
（'19日本プロ3R）

'19のツアー全成績:19試合(国内17試合、海外2試合)

SMBCシンガポールオープン ………優勝
東建ホームメイトカップ …………予落
☆全米プロ …………………………14T
関西オープン ………………………25T
～全英への道～ミズノオープンatザ・ロイヤルゴルフクラブ…5T
日本ゴルフツアー選手権森ビルカップShishido Hills…3T
ダンロップ・スリクソン福島オープン …3T
日本プロゴルフ選手権 ……………26T
☆全英オープン ……………………予落
長嶋茂雄INVITATIONALセガサミーカップ…36T
ANAオープン ………………………57T
Shinhan Donghae Open …………32T
パナソニックオープン………………………4
トップ杯東海クラシック ……………4T
ZOZO CHAMPIONSHIP ……………57T
三井住友VISA太平洋マスターズ …10T
ダンロップフェニックス ……………20T
カシオワールドオープン ……………29T
ゴルフ日本シリーズJTカップ …………20T
☆は賞金ランキングに加算する海外競技

タイのバンコク生まれ。本名はアティウィットだが、ジャズ好きの父親がつけたニックネームをそのまま登録名にした。

子供のころから才能を発揮し、2010年2月に『アジアンツアー・インターナショナル』で14歳71日というアジアンツアー最年少予選通過を記録した。同年11月に早くもプロ転向。翌11年には『アジアパシフィックパナソニックオープン』で日本ツアー初参戦。65位ながら4日間戦い抜き、15歳301日というプロとしてのツアー史上最年少予選通過記録を樹立した。

17年にアジアンツアー初優勝。翌18年に2勝目を挙げると19年は大ブレークする。まず1月に日亜開幕戦の『SMBCシンガポールオープン』で優勝すると、日本ツアーにも参戦。度々上位に顔を出し、最優秀新人賞を獲得した。『全米プロ』では14位と健闘。そしてアジアンツアーでは4勝を挙げて年間100万ドルを突破。見事に賞金王の座を射止めた。

'19部門別データ

メルセデス・ベンツ トータルポイント
5位(191)

サンドセーブ率 47位(47.76)
平均ストローク 5位(70.47)
FWキープ率 9位(60.76)
平均パット 41位(1.7855)
ドライビングディスタンス 45位(289.00)
パーキープ率 3位(87.24)
イーグル率 24位(10.67)
パーオン率 5位(70.49)
バーディ率 12位(3.95)

トータルドライビング=54(3位)
獲得賞金=80,432,742円(7位)
生涯獲得賞金=98,716,707円(285位)

賞金と順位(◎印は賞金ランクによる出場権獲得)

'11=	337,500円	193位	'18=	7,539,921円	90位
'13=	735,000円	197位	◎'19=	80,432,742円	7位
'14=0円				
'15=	5,489,640円	96位		
'16=	1,943,904円	155位		
'17=	2,238,000円	139位		

張　棟圭（ジャン ドンキュ）

Dong-Kyu JANG

ツアー1勝
('14)～全英への道～ミズノオープン

AbemaTVツアー(チャレンジ)1勝
('13)Novil Cup

所属:フリー
生年月日:1988(S63).10.22
身長、体重:180cm／70kg
血液型:B型
出身地:韓国
趣味:音楽
プロ転向:2006年
日本でのツアーデビュー戦:
　'11とおとうみ浜松オープン
得意クラブ:ドライバー
ベストスコア:63
　('14平和PGMゴルフ霞ヶ
　浦4R)

'19のツアー全成績:20試合(国内20試合)

SMBCシンガポールオープン	18T
東建ホームメイトカップ	予落
中日クラウンズ	62T
アジアパシフィックダイヤモンドカップ	6T
～全英への道～ミズノオープンatザ・ロイヤル ゴルフクラブ	34T
日本ゴルフツアー選手権森ビルカップShishido Hills	51T
日本プロゴルフ選手権	38T
長嶋茂雄INVITATIONALセガサミーカップ	予落
RIZAP KBCオーガスタ	22T
フジサンケイクラシック	32T
ANAオープン	予落
Shinhan Donghae Open	予落
トップ杯東海クラシック	27T
ブリヂストンオープン	予落
日本オープン	18T
マイナビABCチャンピオンシップ	13T
HEIWA・PGM CHAMPIONSHIP	17T
三井住友VISA太平洋マスターズ	予落
ダンロップフェニックス	41T
カシオワールドオープン	棄権

父親についていった練習場でコーチに「素質がある」と言われて本格的にゴルフに取り組むようになった。中学時代は3年間、南アフリカに留学。ゴルフと英語を学んだ。

帰国後、18歳でプロ入りし、日本ツアーには2011年から参戦。13年にチャレンジ開幕戦で日韓を通じて初優勝を飾り、賞金ランク5位に。これで前半戦の出場権を得た14年は『ミズノオープン』で3日目を終えて単独首位。初の最終日最終組の重圧に負けず、上がりの連続バーディでツアー初優勝をもぎ取った。さらに『日本プロ』4位、『日本ゴルフツアー選手権』3位と好成績を続け、一時は賞金ランク1位に立っていた。15年は『韓国PGA選手権』で母国初優勝。日本でも賞金シードを守った。

翌16年から兵役に就き、18年に復帰。9月下旬で賞金ランク105位から踏ん張ってシードを得た。19年は『ダンロップフェニックス』で首位発進したが2勝目にはつながらなかった。

'19部門別データ

賞金	19,073,022円	(47位)
メルセデス・ベンツ トータルポイント	558	(76位)
平均ストローク	71.73	(57位)
平均パット	1.8464	(96位)
パーキープ率	83.07	(42位)
パーオン率	64.50	(48位)
バーディ率	2.72	(98位)
イーグル率	21.33	(68位)
ドライビングディスタンス	283.75	(67位)
フェアウェイキープ率	61.21	(6位)
サンドセーブ率	42.86	(76位)
トータルドライビング	73	(18位)
生涯獲得賞金	144,320,823円	(229位)

賞金と順位(◎印は賞金ランク、△印はチャレンジランクによる出場権獲得)

'11=0円		'17=ナシ	
'12= 5,634,150円	98位	◎'18= 21,525,399円	51位
△'13= 11,910,005円	73位	◎'19= 19,073,022円	47位
◎'14= 58,753,618円	13位		
◎'15= 27,424,629円	37位		
'16=ナシ			

B・ジョーンズ（ジョーンズ ブレンダン）

Brendan JONES

賞金ランキング16位

ツアー15勝
('02)フィリップモリスチャンピオンシップ、('03)サン・クロレラクラシック、('04)つるやオープン、～全英への道～ミズノオープン、('06)つるやオープン、('07)つるやオープン、三井住友VISA太平洋マスターズ、ゴルフ日本シリーズJTカップ、('10)アジアパシフィックパナソニックオープン、('11)中日クラウンズ、('12)東建ホームメイトカップ、サン・クロレラクラシック、('13)～全英への道～ミズノオープン、('16)ANAオープン、('19)東建ホームメイトカップ

代表歴：ワールドカップ('08、'11)

所属：キャロウェイゴルフ
生年月日：1975(S50).3.3
身長、体重：185cm／82kg
血液型：A型
出身地：オーストラリア
出身校：MORUYA
趣味：車
スポーツ歴：オージーフットボール
ゴルフ歴：10歳～
プロ転向：1999年
日本でのツアーデビュー戦：
'00キリンオープン
師弟関係：アレックス・マーサ
ベストスコア：61
('07ゴルフ日本シリーズJT
カップ4R)
プレーオフ：3勝2敗
アマ時代の主な優勝歴：
('99)オーストラリアンアマ

'19のツアー全成績：20試合（国内19試合、海外1試合）

東建ホームメイトカップ	優勝
中日クラウンズ	68T
アジアパシフィックダイヤモンドカップ	39T
☆全米プロ	予落
～全英への道～ミズノオープンatザ・ロイヤルゴルフクラブ	予落
日本ゴルフツアー選手権森ビルカップShishido Hills	23T
長嶋茂雄INVITATIONALセガサミーカップ	予落
RIZAP KBCオーガスタ	24T
フジサンケイクラシック	40T
ANAオープン	14
パナソニックオープン	9
トップ杯東海クラシック	予落
ブリヂストンオープン	12T
日本オープン	5T
マイナビABCチャンピオンシップ	7T
HEIWA・PGM CHAMPIONSHIP	予落
三井住友VISA太平洋マスターズ	28T
ダンロップフェニックス	56T
カシオワールドオープン	予落
ゴルフ日本シリーズJTカップ	4T

☆は賞金ランキングに加算する海外競技

2019年国内開幕戦の『東建ホームメイトカップ』で3年ぶりの通算15勝目。大ベテランが改めて存在感を示した。

日本ツアー参戦1年目の01年にツアー史上初の300ヤード超えでドライビングディスタンス1位に。翌02年の『フィリップモリスチャンピオンシップ』で初優勝を飾った。05年には米国ツアーに参戦。2位が1度あったがシードには届かず、再び日本を主戦場にした。07、08年とバーディ率1位。07年の『日本シリーズ』では最終日に61で逆転するなど爆発力は高い。

13年9月に左手首を痛めて手術。翌14年は開幕戦に出場したものの腕にシビレが出て再手術を受けた。しばらく低迷していたが16年の『ANAオープン』で復活優勝。18年には史上13人目、外国人選手では初めてとなる生涯獲得賞金10億円突破も達成している。

今年で日本ツアー参戦20年目。節目の年にどんなプレーをみせてくれるだろうか。

'19部門別データ

賞金	55,290,226円	(16位)
メルセデス・ベンツ トータルポイント	332	(21位)
平均ストローク	71.13	(20位)
平均パット	1.7849	(40位)
パーキープ率	83.16	(40位)
パーオン率	64.55	(47位)
バーディ率	3.54	(36位)
イーグル率	5.73	(2位)
ドライビングディスタンス	292.94	(20位)
フェアウェイキープ率	48.75	(85位)
サンドセーブ率	51.11	(35位)
トータルドライビング	112	(68位)
生涯獲得賞金	1,094,192,410円	(9位)

賞金と順位（◎印は賞金ランクによる出場権獲得）

'00=	740,000円	190位	◎'06=	40,786,839円	29位	◎'11=	55,031,144円	15位
◎'01=	20,950,501円	50位	◎'07=	115,531,323円	3位	◎'12=	92,078,892円	3位
◎'02=	80,771,735円	8位	◎'08=	93,613,324円	7位	※'13=	36,252,699円	29位
◎'03=	79,221,561円	6位	◎'09=	76,167,351円	10位	◎'14=	30,143,617円	37位
◎'04=	58,119,000円	11位	◎'10=	82,359,438円	7位	◎'15=	23,002,533円	49位

◎'16=	43,580,309円	23位
◎'17=	37,568,322円	28位
◎'18=	72,983,596円	8位
◎'19=	55,290,226円	16位

※は規定試合数不足

R・ジョン（ジョン リチャード）

Richard JUNG

ツアー未勝利

所属:フリー
生年月日:1992(H4).10.8
身長、体重:178cm／85kg
血液型:O型
出身地:カナダ
出身校:Northview Heights
　　Secondary School
趣味:映画鑑賞
ゴルフ歴:12歳〜
プロ転向:2012年
ツアーデビュー戦:
　'18Suzhou Open(PGA
　中国ツアー)
日本でのツアーデビュー戦:
　'19SMBCシンガポール
　オープン
得意クラブ:ドライバー
日本でのベストスコア:63
　('19東建ホームメイトカップ
　2R)
アマ時代の主な戦歴:
　('10)全米ジュニアベスト8、
　世界ジュニア3位

'19のツアー全成績:13試合(国内13試合)

SMBCシンガポールオープン	予落
東建ホームメイトカップ	44T
中日クラウンズ	37T
関西オープン	予落
〜全英への道〜ミズノオープンatザ・ロイヤル ゴルフクラブ	41T
ダンロップ・スリクソン福島オープン	5T
長嶋茂雄INVITATIONALセガサミーカップ	36T
RIZAP KBCオーガスタ	66T
フジサンケイクラシック	予落
トップ杯東海クラシック	10T
マイナビABCチャンピオンシップ	4T
HEIWA・PGM CHAMPIONSHIP	7
カシオワールドオープン	44T

　韓国で生まれ、カナダに移住。17歳の時に『カナダジュニア』を制した。2010年の『全米ジュニア』では準々決勝進出。『世界ジュニア』では3位の成績を残している。また、カナダナショナルチームの一員として数々の国際舞台も経験した。

　12年にプロ転向。結果を残せない年が続いたが、PGAツアーシリーズ・チャイナに参戦した18年、『蘇州選手権』でプロ初優勝を果たした。

　同年は日本のQTに挑戦して1位に。19年は日本と中国を行き来しながらプレーした。PGAツアーシリーズ・チャイナでは5月に2勝目をマーク。賞金ランクは6位だった。日本では出場13試合にとどまったが『東海クラシック』から出場3試合連続トップ10。これが効いて初シードを決めた。

　ドライビングディスタンスは309.42ヤードで3位という飛ばし屋。バーディ率も3位に入っており、今季は飛躍が期待される存在だ。

'19部門別データ

賞金	20,132,000円	(44位)
メルセデス・ベンツ トータルポイント	300	(17位)
平均ストローク	71.44	(30位)
平均パット	1.7776	(27位)
パーキープ率	81.23	(76位)
パーオン率	67.28	(16位)
バーディ率	4.29	(3位)
イーグル率	6.43	(6位)
ドライビングディスタンス	309.42	(3位)
フェアウェイキープ率	51.75	(72位)
サンドセーブ率	44.62	(67位)
トータルドライビング	75	(22位)
生涯獲得賞金	20,132,000円	(575位)

賞金と順位(◎印は賞金ランク、□はQTランクによる出場権獲得)

□'18= ナシ
◎'19= 20,132,000円　44位

高山忠洋
Tadahiro TAKAYAMA

出場資格：特別保障制度適用

ツアー5勝
('05)東建ホームメイトカップ、('06)2005アジア・ジャパン沖縄オープン、('10)サン・クロレラ クラシック、('11)東建ホームメイトカップ、カシオワールドオープン

その他2勝
('01)PGA新人プロゴルフトーナメント、('02)サンケイスポーツ近畿オープン

代表歴：日韓対抗戦('11、'12)

所属:スターツ
生年月日:1978(S53).2.12
身長、体重:177cm／83kg
血液型:O型
出身地:和歌山県
出身校:和歌山県立星林高校
趣味:野球
スポーツ歴:野球
ゴルフ歴:18歳〜
プロ転向:1999年
ツアーデビュー戦:
　'00中日クラウンズ
師弟関係:石井裕士
得意クラブ:サンドウェッジ
ベストスコア:62
　('17アジアパシフィック
　ダイヤモンドカップ1R)
プレーオフ:2勝1敗

'19のツアー全成績:出場ナシ

　星林高校時代はプロ野球選手を多数輩出している野球部に所属。卒業後にプロゴルファーを目指して研修生となり、わずか3年後の1999年にQTで72位に入ってプロ転向した。
　2002年に初シードを獲得してから徐々に力をつけ、05年の『東建ホームメイトカップ』でプレーオフの末に初優勝。同年の『全英オープン』で初メジャーも経験し、出場日本選手中最高の23位に入っている。
　2勝目を挙げた後に左手親指腱鞘炎の痛みが激しくなり、08年は一時ツアーから離脱。それでもトレーニングと治療で症状が良化し、10年の『サン・クロレラクラシック』で復活優勝を飾った。11年は2勝を挙げて賞金ランク2位に。同年はイーグル率1位に輝いた。
　12年以降、優勝はないが安定した成績を残し、17年までに16年連続でシードを維持してきた。ただ、目の病気で18年の夏場から休養に入り、特別保障制度が適用されている。

'19部門別データ

賞金	ナシ
トータルポイント	—
平均ストローク	—
平均パット	—
パーキープ率	—
パーオン率	—
バーディ率	—
イーグル率	—
ドライビングディスタンス	—
フェアウェイキープ率	—
サンドセーブ率	—
トータルドライビング	—
生涯獲得賞金	650,041,076円（45位）

賞金と順位(◎印は賞金ランクによる出場権獲得)

'00= 1,607,228円 160位	◎'06= 40,145,566円 31位	'12= 15,501,100円 66位	◇'18= 6,325,296円 102位
'01= 1,213,926円 163位	◎'07= 21,895,259円 44位	'13= 24,962,216円 40位	◇'19=ナシ
◎'02= 19,095,804円 54位	◎'08= 23,624,233円 46位	'14= 42,232,041円 27位	
◎'03= 34,611,694円 33位	◎'09= 29,793,637円 35位	'15= 34,061,558円 32位	
◎'04= 29,132,882円 38位	◎'10= 61,626,320円 14位	'16= 46,976,486円 16位	
◎'05= 64,426,535円 8位	◎'11= 98,718,202円 2位	'17= 54,091,093円 16位	◇は特別保障制度適用

竹谷佳孝

Yoshitaka TAKEYA

賞金ランキング65位

ツアー1勝
('14)日本ゴルフツアー選手権 森ビルカップ Shishido Hills

AbemaTVツアー（チャレンジ）1勝
('13)JGTO Novil FINAL

その他1勝
('06)日本プロゴルフ新人選手権

所属:エー・エム・エス
生年月日:1980(S55).1.27
身長、体重:169cm／66kg
血液型:B型
出身地:山口県
出身校:九州ゴルフ専門学校
趣味:野球、読書
スポーツ歴:野球、陸上
ゴルフ歴:18歳〜
プロ転向:2006年
ツアーデビュー戦
　'07日本プロゴルフ選手権
得意クラブ:パター
ベストスコア:65
　('14東建ホームメイトカップ
　2R,'14日本ゴルフツアー選
　手権2R,'14トーシントーナメ
　ント2R、4R,'14マイナビABC
　チャンピオンシップ2R、
　'15関西オープン4R,'15HONMA
　TOURWORLD CUP2R、
　'15ダンロップフェニックス1R、
　'17ダンロップ・スリクソン福
　島オープン4R,'18東建ホー
　ムメイトカップ3R)

'19のツアー全成績：22試合(国内22試合)

SMBCシンガポールオープン ········予落	HEIWA・PGM CHAMPIONSHIP···32T
東建ホームメイトカップ ················67	三井住友VISA太平洋マスターズ ···50T
中日クラウンズ ·······················31T	ダンロップフェニックス ·················予落
アジアパシフィックダイヤモンドカップ···予落	カシオワールドオープン ··············予落
関西オープン ··························29T	
〜全英への道〜ミズノオープンatザ・ロイヤルゴルフクラブ···45T	
日本ゴルフツアー選手権森ビルカップShishido Hills···予落	
ダンロップ・スリクソン福島オープン···36T	
日本プロゴルフ選手権 ···············26T	
長嶋茂雄INVITATIONALセガサミーカップ···棄権	
RIZAP KBCオーガスタ ···············予落	
フジサンケイクラシック ·················予落	
ANAオープン ·························9T	
Shinhan Donghae Open···········予落	
パナソニックオープン ·················12T	
トップ杯東海クラシック ···············27T	
ブリヂストンオープン ··················予落	
マイナビABCチャンピオンシップ ······27T	

宇部鴻城高校時代は野球部に所属していたが2年時に腰を痛めて断念。父親の誘いでゴルフを始め、高校卒業後は九州ゴルフ専門学校に入学して本格的に取り組んだ。同校を出た後は広島県内のゴルフ場で研修生になり、2006年にプロテスト合格。同年の『日本プロゴルフ新人選手権』で優勝している。

その後は好結果を残せずにいたが、13年にチャレンジ最終戦で優勝。賞金ランク2位に入って14年前半戦の出場権をつかむ

とそのチャンスを生かす。首位タイで最終日を迎えた『日本ゴルフツアー選手権』で68をマークし、李尚熹と並ぶ首位でホールアウト。プレーオフかと思われたが、李が11番ホールで違反行為をしていたことで2打罰を受けて初優勝を手にした。

以降は優勝がなく、17、18年は賞金シード圏外に。初優勝で得た5年シード最終年の19年はラスト2戦が予選落ちで薄氷を踏む思いだったがギリギリで残り、賞金シード復帰を決めた。

'19部門別データ

賞金	12,564,132円	(65位)
メルセデス・ベンツ トータルポイント	538	(71位)
平均ストローク	72.00	(67位)
平均パット	1.7608	(13位)
パーキープ率	82.24	(63位)
パーオン率	62.37	(69位)
バーディ率	3.21	(73位)
イーグル率	22.00	(72位)
ドライビングディスタンス	277.02	(81位)
フェアウェイキープ率	52.11	(68位)
サンドセーブ率	51.56	(32位)
トータルドライビング	149	(92位)
生涯獲得賞金	142,055,335円	(234位)

賞金と順位(◎印は賞金ランク、△印はチャレンジランクによる出場権獲得)

'07=	0円		◎'14=	64,538,290円		10位
'08=	1,583,485円	159位	◎'15=	24,662,451円		43位
'09=	1,602,850円	134位	◎'16=	19,163,200円		58位
'10=	0円		'17=	5,624,752円		98位
'11=	688,500円	178位	'18=	10,139,355円		82位
△'13=	1,488,320円	151位	◎'19=	12,564,132円		65位

谷口 徹

Toru TANIGUCHI

出場資格：'18日本プロ優勝

所属：フリー
生年月日：1968(S43).2.10
身長、体重：169cm／72kg
血液型：O型
出身地：奈良県
出身校：同志社大学
スポーツ歴：テニス、野球
ゴルフ歴：13歳～
プロ転向：1992年
ツアーデビュー戦：
'92全日空オープン
師弟関係：石井哲雄
得意クラブ：パター
ベストスコア：61
　('03東建コーポレーション
　カップ4R、'10ゴルフ日本シ
　リーズJTカップ4R)
プレーオフ：3勝4敗

ツアー20勝
('98)三菱ギャラン、('00)アコムインターナショナル、フィリップモリス、('02)東建コーポレーションカップ、タマノイ酢よみうりオープン、アコムインターナショナル、ジョージア東海クラシック、('04)日本オープン、ブリヂストンオープン、('05)カシオワールドオープン、('06)ザ・ゴルフトーナメントin御前崎、('07)ウッドワンオープン広島、長嶋茂雄INVITATIONALセガサミーカップ、日本オープン、('09)ANAオープン、('10)日本プロ日清カップヌードル杯、('11)ブリヂストンオープン、('12)日本プロ日清カップヌードル杯、ブリヂストンオープン、('18)日本プロ

その他3勝
('98)三井観光カップ札幌オープン、('15、'17)岐阜オープンクラシック

シニア1勝
('19)日本シニアオープン

代表歴：ワールドカップ('08)、ザ・ロイヤルトロフィ('07、'09)、日韓対抗戦('12)

'19のツアー全成績：19試合（国内19試合）

東建ホームメイトカップ …………61T	トップ杯東海クラシック …………予落
中日クラウンズ …………………39T	ブリヂストンオープン …………予落
アジアパシフィックダイヤモンドカップ …予落	日本オープン …………………予落
日本ゴルフツアー選手権森ビルカップShishido Hills …棄権	マイナビABCチャンピオンシップ …予落
ダンロップ・スリクソン福島オープン…52T	HEIWA・PGM CHAMPIONSHIP …予落
日本プロゴルフ選手権 ……………15T	三井住友VISA太平洋マスターズ …66
長嶋茂雄INVITATIONALセガサミーカップ …棄権	ダンロップフェニックス …………予落
RIZAP KBCオーガスタ …………予落	カシオワールドオープン …………予落
フジサンケイクラシック…………66	
ANAオープン …………………予落	
パナソニックオープン …………59T	

'19部門別データ

賞金	4,331,759円（104位）
メルセデス・ベンツ トータルポイント	769（99位）
平均ストローク	73.27（96位）
平均パット	1.7888（44位）
パーキープ率	78.80（94位）
パーオン率	57.03（97位）
バーディ率	2.82（94位）
イーグル率	49.00（91位）
ドライビングディスタンス	269.19（96位）
フェアウェイキープ率	52.35（64位）
サンドセーブ率	37.80（93位）
トータルドライビング	160（95位）
生涯獲得賞金	1,655,033,756円（4位）

　大学時代までは目立った活躍はなくプロ入り後も無名時代が続いたが、1998年の『三菱ギャラン』で初優勝してから頭角を現す。2000年は最終戦で片山晋呉に逆転されたが賞金ランク2位としての最高額を記録。02年には4勝を挙げて賞金王に輝いた。07年には2度目の『日本オープン』制覇など3勝して片山の4年連続賞金王を阻止。44歳で迎えた12年は藤田寛之と最終戦まで賞金王を争って2位。自身8度目の年間1億円突破も

果たしている。
　18年の『日本プロ』では最終ホールのバーディで藤本佳則を捕えてプレーオフで勝利。大会史上最年長の50歳で頂点に立ち、ツアー史上10人目の通算20勝にも到達した。『日本プロ』『日本オープン』は合わせて5勝。これは過去7人しか達成していなかった快挙である。19年は『日本シニアオープン』を制したがツアーでは低迷し、22年間維持してきた賞金シードを失った。もう一度強い姿を見せたい。

賞金と順位（◎印は賞金ランク、△印はチャレンジランクによる出場権獲得）

'92=0円		◎'99= 69,837,799円	11位	◎'06=113,468,445円	4位	◎'13= 28,773,520円	38位
△'93=ナシ		◎'00=175,829,742円	2位	◎'07=171,744,498円	1位	◎'14= 24,262,860円	47位
'94= 7,955,928円	109位	◎'01=111,686,284円	5位	◎'08= 48,231,595円	26位	◎'15= 23,639,788円	47位
'95=0円		◎'02=145,440,341円	1位	◎'09= 54,841,100円	20位	◎'16= 10,921,900円	80位
'96= 17,651,200円	67位	◎'03= 34,483,800円	34位	◎'10=103,020,730円	6位	◎'17= 32,364,700円	32位
◎'97= 20,558,070円	59位	◎'04=101,773,301円	2位	◎'11= 96,888,944円	4位	◎'18= 40,216,992円	26位
◎'98= 49,515,691円	18位	◎'05= 64,907,775円	7位	◎'12=102,686,994円	2位	'19= 4,331,759円	104位

谷原秀人

Hideto TANIHARA

出場資格：'16日本プロ優勝

ツアー14勝
('03)マンダムルシードよみうりオープン、('04)2003アジア・ジャパン沖縄オープン、('06)JCBクラシック仙台、サン・クロレラクラシック、('07)フジサンケイクラシック、サントリーオープン、('08)マンシングウェアオープンKSBカップ、アジアパシフィックパナソニックオープン、('10)VanaH杯KBCオーガスタ、('13)三井住友VISA太平洋マスターズ、('15)HEIWA・PGM CHAMPIONSHIP、('16)長嶋茂雄INVITATIONALセガサミーカップ、日本プロ 日清カップヌードル杯、HEIWA・PGM CHAMPIONSHIP

AbemaTVツアー（チャレンジ）1勝
('02)PRGR CUP関西

その他1勝
('01)PGA新人プロゴルフトーナメント

代表歴：日韓対抗戦('04、'12)、ワールドカップ('06、'07、'13、'18)、ザ・ロイヤルトロフィ('09)

所属：国際スポーツ振興協会
生年月日：1978(S53).11.16
身長、体重：178cm／80kg
血液型：O型
出身地：広島県
出身校：東北福祉大学
スポーツ歴：野球
ゴルフ歴：12歳〜
プロ転向：2001年
ツアーデビュー戦：
　'02東建コーポレーションカップ
得意クラブ：アイアン
ベストスコア：62
　('16ブリヂストンオープン1R)
プレーオフ：2勝2敗
アマ時代の主な優勝歴：
　('97、'98、'99)中国アマ
　('98)アジア大会団体金メダル

'19のツアー全成績：3試合（国内3試合）

〜全英への道〜ミズノオープンatザ・ロイヤル ゴルフクラブ	…予落
日本ゴルフツアー選手権森ビルカップ Shishido Hills	…予落
ダンロップフェニックス	……………20T

瀬戸内高校時代に広島・松永CCのクラブ選手権で2年連続優勝。東北福祉大時代には個人のビッグタイトルはなかったが、プロ入り後に素質が開花した。

2003年の『マンダムルシードよみうりオープン』で尾崎将司を逆転して初優勝。05年には米国ツアーにも参戦した。06年の『全英オープン』では5位と健闘。同年は賞金ランク2位と躍進した。12年から3年連続で平均パット1位のパット巧者。16年は池田勇太と賞金王を争い、

2度目の賞金ランク2位に。トータルポイントとサンドセーブ率では初の1位に輝いた。

17年は世界を舞台に活躍。3月に『WGC－デル・マッチプレー選手権』で4位に入ると、5月に欧州ツアーのフラッグシップ大会『BMW PGA選手権』で3位に。同ツアーのシード権を手にした。18年は欧州ツアーに専念し『KLMオープン』3位などトップ10に5試合入った。だが、19年はシード落ち。今季は日本で復活を期す。

'19部門別データ

賞金	1,600,000円	（128位）
メルセデス・ベンツ トータルポイント	—	
平均ストローク	72.14	（参考）
平均パット	1.8873	（参考）
パーキープ率	75.40	（参考）
パーオン率	57.14	（参考）
バーディ率	3.14	（参考）
イーグル率	7.00	（参考）
ドライビングディスタンス	275.80	（参考）
フェアウェイキープ率	43.88	（参考）
サンドセーブ率	57.14	（参考）
トータルドライビング	—	
生涯獲得賞金	1,080,542,691円	（10位）

賞金と順位（◎印は賞金ランクによる出場権獲得）

'02= 10,029,600円	78位	◎'08=110,414,719円	4位	◎'14= 77,492,097円	8位
◎'03= 47,746,180円	16位	◎'09= 39,623,446円	29位	◎'15= 87,208,490円	7位
◎'04= 70,854,178円	7位	◎'10= 43,886,755円	18位	◎'16=171,902,867円	2位
※'05= 29,653,800円	42位	◎'11= 15,717,489円	65位	◎'17= 18,746,636円	55位
◎'06=119,888,517円	2位	◎'12= 67,020,505円	13位	'18=ナシ	
◎'07= 77,622,976円	4位	◎'13= 91,134,436円	6位	'19= 1,600,000円	128位

※規定試合数不足

崔　虎星（チェ　ホソン）

Ho-Sung CHOI

賞金ランキング10位

ツアー3勝
（'13）Indonesia PGA Championship、（'18）カシオワールドオープン、
（'19）HEIWA・PGM CHAMPIONSHIP

代表歴：日韓対抗戦（'11、'12）

所属：フリー
生年月日：1973（S48）.9.23
身長、体重：172cm／76kg
血液型：A型
出身地：韓国
出身校：浦港水産高校
ゴルフ歴：25歳〜
プロ転向：2001年
日本でのツアーデビュー戦：
　'13タイランドオープン
得意クラブ：ドライバー、パター
ベストスコア：62
　（'19フジサンケイクラシック
　2R）

'19のツアー全成績：22試合（国内22試合）

SMBCシンガポールオープン	12T
東建ホームメイトカップ	53
中日クラウンズ	予落
アジアパシフィックダイヤモンドカップ	8T
関西オープン	棄権
〜全英への道〜ミズノオープンatザ・ロイヤル ゴルフクラブ	予落
日本ゴルフツアー選手権森ビルカップShishido Hills	棄権
長嶋茂雄INVITATIONALセガサミーカップ	予落
RIZAP KBCオーガスタ	棄権
フジサンケイクラシック	2T
ANAオープン	19T
Shinhan Donghae Open	45T
パナソニックオープン	5T
トップ杯東海クラシック	27T
ブリヂストンオープン	63T
日本オープン	53T
マイナビABCチャンピオンシップ	27T
HEIWA・PGM CHAMPIONSHIP	優勝
三井住友VISA太平洋マスターズ	57T
ダンロップフェニックス	予落
カシオワールドオープン	予落
ゴルフ日本シリーズJTカップ	17T

　韓国南東部の港湾都市・浦項で生まれ育った。水産高校卒業後に地元の水産加工工場に就職。20歳の時、マグロの解体作業中に右手親指の一部を切り落とす事故に遭った。その後、ゴルフ場に勤務したことから25歳でクラブを握り、プロを目指して独学で猛練習。翌年には早くもセミプロテストに合格した。2001年には韓国下部ツアーで賞金王に。レギュラーツアーでは08年に初優勝を果たした。

　13年にワンアジア枠で出場した『インドネシアPGA選手権』で優勝。以降、日本が主戦場となった。14年以降は目立った成績は残せていなかったが、18年の『カシオワールドオープン』で5年ぶりの優勝。個性的なスイングとアクションが成績の上昇とともに世界中で注目を集め、米国ツアーからも出場依頼が届くほどになった。19年の『HEIWA・PGM選手権』では今平周吾との争いを制して3勝目。今年47歳になる"トラさん"だが、その存在感に衰えはない。

'19部門別データ

メルセデス・ベンツ トータルポイント
57位（485）
サンドセーブ率 14位（54.81）
平均ストローク 48位（71.61）
FWキープ率 62位（52.46）
平均パット 37位（1.7827）
ドライビングディスタンス 76位（279.89）
パーキープ率 51位（82.67）
イーグル率 41位（13.40）
パーオン率 90位（59.78）
バーディ率 66位（3.27）

トータルドライビング＝138（88位）
獲 得 賞 金＝ 67,083,026円（10位）
生涯獲得賞金＝245,106,898円（138位）

賞金と順位（◎印は賞金ランクよる出場権獲得）

◎'13＝	30,692,108円	34位	◎'19＝	67,083,026円	10位
◎'14＝	12,546,153円	71位			
◎'15＝	23,836,674円	45位			
◎'16＝	26,153,285円	46位			
◎'17＝	15,311,921円	62位			
◎'18＝	69,483,731円	10位			

G・チャルングン（チャルングン ガン）

Gunn CHAROENKUL

賞金ランキング21位

ツアー未勝利

所属:フリー
生年月日:1992(H4).4.10
身長、体重:181cm／83kg
血液型:A型
出身地:タイ
出身校:
　BANGKOK UNIVERSITY
趣味:読書、料理、ゲーム
スポーツ歴:テニス、ムエタイ
ゴルフ歴:8歳〜
プロ転向:2011年
日本ツアーデビュー戦:
　'12パナソニックオープン
ベストスコア:65
　('19日本ゴルフツアー選手
　権2R、RIZAP KBCオー
　ガスタ2R、ブリヂストンオー
　プン1R、カシオワールド
　オープン4R)

'19のツアー全成績:19試合(国内18試合、海外1試合)	
SMBCシンガポールオープン	7T
東建ホームメイトカップ	13T
中日クラウンズ	15T
関西オープン	6
〜全英への道〜ミズノオープンatザ・ロイヤル ゴルフクラブ	3T
日本ゴルフツアー選手権森ビルカップShishido Hills	8T
ダンロップ・スリクソン福島オープン	52T
☆全英オープン	予落
長嶋茂雄INVITATIONALセガサミーカップ	10T
RIZAP KBCオーガスタ	4T
フジサンケイクラシック	6T
ANAオープン	6T
トップ杯東海クラシック	予落
ブリヂストンオープン	12T
日本オープン	46T
マイナビABCチャンピオンシップ	7T
HEIWA・PGM CHAMPIONSHIP	17T
カシオワールドオープン	39T
ゴルフ日本シリーズJTカップ	4T
☆は賞金ランキングに加算する海外競技	

　タイ・バンコク生まれ。5歳の時に父親からプラスチックのクラブをプレゼントされたことがゴルフを始めるきっかけだった。バンコク大学在学中の2011年にプロ転向し、これまでPGAツアーシリーズ・チャイナで2勝をマーク。アジアンツアーでは16年『クイーンズカップ』などの2位が最高成績である。

　17年に日本のQTで6位に入り、18年は本格参戦。『セガサミーカップ』で3位に入るなどしたが賞金ランク77位でシード権獲得には及ばなかった。同年のQTでは3位となり、再度挑んだ19年は成長した姿を見せた。『ミズノオープン』では最終日の追い上げで3位に入って『全英オープン』切符をつかみ、初めてのメジャーも経験した。『日本ゴルフツアー選手権』では初めて最終日最終組でプレーした。トップ10は10試合を数え、平均ストロークは部門2位の70.12。1位の今平周吾は棄権があったため規定により平均ストローク賞を手にした。

'19部門別データ		
賞金	50,273,898円	(21位)
メルセデス・ベンツ トータルポイント	158	(2位)
平均ストローク	70.12	(2位)
平均パット	1.7858	(42位)
パーキープ率	87.23	(4位)
パーオン率	73.63	(1位)
バーディ率	4.19	(5位)
イーグル率	9.57	(16位)
ドライビングディスタンス	296.80	(20位)
フェアウェイキープ率	53.64	(52位)
サンドセーブ率	54.22	(16位)
トータルドライビング	72	(15位)
生涯獲得賞金	65,339,510円	(352位)

賞金と順位(◎印は賞金ランク、□はQTランクによる出場権獲得)		
'12=	1,355,625円	141位
'13=	2,737,500円	124位
'14=0円		
'17=	263,160円	247位
□'18=	10,709,327円	77位
◎'19=	50,273,898円	21位

趙　珉珪（チョ ミンギュ）

Min-Gyu CHO

出場資格：QTランク1位

ツアー2勝
('11)関西オープン、('16)フジサンケイクラシック

代表歴：日韓対抗戦('12)

所属：フリー
生年月日：1988(S63).8.8
身長、体重：170cm／72kg
血液型：A型
出身地：韓国
出身校：Rocto高校
趣味：映画鑑賞、サッカー
スポーツ歴：水泳
ゴルフ歴：11歳～
プロ転向：2007年
日本でのツアーデビュー戦：
　'07東建ホームメイトカップ
師弟関係：Cho IL Rae
得意クラブ：ドライバー
ベストスコア：60
　（'15ミュゼプラチナムオープン
　2R）
プレーオフ：0勝1敗
アマ時代の主な優勝歴：
　フィリピンアマ

'19のツアー全成績：18試合（国内18試合）

東建ホームメイトカップ	予落
中日クラウンズ	31T
関西オープン	予落
～全英への道～ミズノオープンatザ・ロイヤル ゴルフクラブ	予落
日本ゴルフツアー選手権森ビルカップShishido Hills	64T
日本プロゴルフ選手権	7T
長嶋茂雄INVITATIONALセガサミーカップ	予落
RIZAP KBCオーガスタ	50T
フジサンケイクラシック	予落
ANAオープン	47T
Shinhan Donghae Open	54T
トップ杯東海クラシック	32T
ブリヂストンオープン	41T
マイナビABCチャンピオンシップ	17T
HEIWA・PGM CHAMPIONSHIP	予落
三井住友VISA太平洋マスターズ	63
ダンロップフェニックス	62T
カシオワールドオープン	23T

韓国・大邱出身。父親の仕事の関係から7歳でフィリピンに渡り、そこでゴルフを覚えた。『フィリピンアマ』に優勝したのを機にプロ転向を決意。「子供のころからあこがれていた」という日本に18歳でやって来た。

しかし、なかなか結果を残せず、2009年はQTに失敗して参戦することもできなかった。再び出場権をつかんだ10年は『セガサミーカップ』でプレーオフに進出。敗れはしたが初シードを確実にした。

翌11年の『関西オープン』で初めて首位で最終日を迎え、逃げ切りで初優勝を飾る。15年『ミュゼプラチナムオープン』2日目には60をマーク。16年の『フジサンケイクラシック』では1打差首位から逃げ切って2勝目を挙げた。

19年はトップ10が1試合だけで9年間守ってきたシードを手放してしまう。それでもQTでは新記録の35アンダーをマークしてトップ通過。今季の出場権は確保した。

'19部門別データ

賞金	12,024,446円	(70位)
メルセデス・ベンツ トータルポイント	556	(74位)
平均ストローク	72.18	(76位)
平均パット	1.8118	(75位)
パーキープ率	83.43	(34位)
パーオン率	64.42	(51位)
バーディ率	3.00	(87位)
イーグル率	28.50	(79位)
ドライビングディスタンス	273.98	(91位)
フェアウェイキープ率	57.54	(27位)
サンドセーブ率	50.79	(36位)
トータルドライビング	118	(76位)
生涯獲得賞金	245,567,505円	(137位)

賞金と順位（◎印は賞金ランク、□はQTランクによる出場権獲得）

'07=	3,381,057円	120位	
'08=	1,640,600円	155位	
◎'10=	32,841,000円	27位	
◎'11=	37,718,219円	25位	
◎'12=	21,690,558円	51位	
◎'13=	18,655,742円	51位	
◎'14=	28,397,436円	40位	
◎'15=	27,091,442円	38位	
◎'16=	32,563,056円	38位	
◎'17=	10,612,774円	79位	
◎'18=	18,951,175円	55位	
□'19=	12,024,446円	70位	

塚田陽亮

Yosuke TSUKADA

賞金ランキング62位

ツアー1勝
('16)日本ゴルフツアー選手権 森ビルカップ Shishido Hills

その他1勝
('09)日本プロゴルフ新人選手権

所属:ホクト
生年月日:1985(S60).5.24
身長、体重:173cm／80kg
血液型:A型
出身地:長野県
出身校:USA BRADENTON
　　ACADEMY
趣味:音楽鑑賞
スポーツ歴:野球
ゴルフ歴:10歳～
プロ転向:2008年
ツアーデビュー戦:
　'10つるやオープン
師弟関係:南　秀樹
得意クラブ:ドライバー
ベストスコア:63
　('15関西オープン4R)
アマ時代の主な戦歴:
　('06)朝日杯日本学生4位

'19のツアー全成績:23試合(国内23試合)

SMBCシンガポールオープン	予落
東建ホームメイトカップ	37T
中日クラウンズ	43T
アジアパシフィックダイヤモンドカップ	予落
関西オープン	36T
～全英への道～ミズノオープンatザ・ロイヤルゴルフクラブ	予落
日本ゴルフツアー選手権森ビルカップShishido Hills	予落
ダンロップ・スリクソン福島オープン	予落
日本プロゴルフ選手権	失格
長嶋茂雄INVITATIONALセガサミーカップ	46T
RIZAP KBCオーガスタ	予落
フジサンケイクラシック	予落
ANAオープン	62
Shinhan Donghae 12TOpen	12T
パナソニックオープン	37T
トップ杯東海クラシック	27T
ブリヂストンオープン	予落
日本オープン	予落
マイナビABCチャンピオンシップ	27T
HEIWA・PGM CHAMPIONSHIP	予落
三井住友VISA太平洋マスターズ	13T
ダンロップフェニックス	予落
カシオワールドオープン	18T

　長野県生まれ。10歳でゴルフを始め、中学は群馬県のゴルフアカデミーに通うために同県の新島学園に入学。中学3年時には渡米してIMGアカデミーに入った。同所には4年半在籍し、ポーラー・クリーマーらと同じグループで腕を磨いた。帰国後は名古屋商科大学に進み、2006年の『朝日杯日本学生』で4位に入っている。

　08年にプロ転向。アジアでも戦いながら腕を上げ、12年にチャレンジ賞金ランク5位でツ

アーへの道を拓くと、翌13年にシードを獲得した。16年、初優勝を『日本ゴルフツアー選手権』のビッグタイトルで飾る。4打差12位で迎えた最終日に66を叩き出しての逆転劇だった。同年は『全英オープン』で初めてメジャーの舞台も経験している。

　18年は出場試合の約7割で予選落ちと低迷する。19年も上位に食い込めなかったが賞金シードには復帰。ドライビングディスタンスは自身初の300ヤード超えを果たした。

'19部門別データ

賞金	12,817,324円	(62位)
メルセデス・ベンツ トータルポイント	529	(69位)
平均ストローク	71.98	(66位)
平均パット	1.8190	(83位)
パーキープ率	81.67	(70位)
パーオン率	66.58	(22位)
バーディ率	3.42	(50位)
イーグル率	16.75	(55位)
ドライビングディスタンス	300.44	(11位)
フェアウェイキープ率	51.07	(77位)
サンドセーブ率	37.00	(95位)
トータルドライビング	88	(35位)
生涯獲得賞金	145,845,681円	(225位)

賞金と順位(◎印は賞金ランク、△印はチャレンジランクによる出場権獲得)

'10=	2,084,880円	120位	◎'16=	39,816,934円	28位
'11=0円			◎'17=	16,848,572円	58位
△'12=	5,553,333円	100位	'18=	4,557,742円	112位
◎'13=	17,107,142円	58位	◎'19=	12,817,324円	62位
◎'14=	27,590,393円	42位			
◎'15=	19,469,361円	56位			

手嶋多一

Taichi TESHIMA

出場資格：生涯獲得賞金ランク25位以内

所属:ミズノ
生年月日:1968(S43).10.16
身長、体重:172cm／70kg
血液型:A型
出身地:福岡県
出身校:東テネシー州立大学
趣味:ドライブ
ゴルフ歴:7歳～
プロ転向:1993年
ツアーデビュー戦:
　'94ミズノオープン
師弟関係:手嶋 啓(父)
得意クラブ:パター
ベストスコア:61
　('01宇部興産オープン2R)
プレーオフ:2勝4敗

ツアー8勝
('99)ファンケル沖縄オープン、('01)日本オープン、('03)アイフルカップ、
('06)アンダーアーマー KBCオーガスタ、ブリヂストンオープン、
('07)カシオワールドオープン、('14)日本プロ日清カップヌードル杯、
('15)～全英への道～ミズノオープン

AbemaTVツアー(チャレンジ)2勝
('95)サンコー72オープン、後楽園カップ第4回

その他1勝
('19)九州オープン

シニア1勝
('19)金秀シニア沖縄オープン

代表歴：ワールドカップ('97)、ダイナスティカップ('03)、日韓対抗戦キャプテン('04)

'19のツアー全成績：20試合(国内20試合)	
東建ホームメイトカップ ……………予落	トップ杯東海クラシック …………32T
中日クラウンズ …………………68T	ブリヂストンオープン ……………予落
アジアパシフィックダイヤモンドカップ …27T	日本オープン …………………40T
～全英への道～ミズノオープンatザ・ロイヤルゴルフクラブ …予落	マイナビABCチャンピオンシップ ……予落
日本ゴルフツアー選手権森ビルカップShishido Hills …64T	HEIWA・PGM CHAMPIONSHIP…35T
ダンロップ・スリクソン福島オープン…36T	三井住友VISA太平洋マスターズ …41T
日本プロゴルフ選手権 ……………予落	ダンロップフェニックス ……………予落
長嶋茂雄INVITATIONALセガサミーカップ …予落	カシオワールドオープン …………予落
RIZAP KBCオーガスタ ……………予落	
フジサンケイクラシック …………32T	
ANAオープン ………………44T	
パナソニックオープン ……………34T	

　実家が営む練習場で小さなころから腕を磨き、小学校6年で北九州CCのクラブ競技に優勝。田川高校1年時の1984年に打ち立てた15歳355日の『日本オープン』最年少予選通過記録は14年に塗り替えられるまで30年間輝いていた。
　米国留学を経て93年にプロ入り。初優勝はプレーオフでモノにした99年の『ファンケル沖縄オープン』。01年の『日本オープン』では絶妙なパットで2勝目を手にした。04年には選手会長

を務め、07年には欧州ツアーに参戦。同年の『カシオワールドオープン』以来優勝がなかったが、14年の『日本プロ』で小田孔明らとの競り合いを制すると、翌15年は所属先が主催の『ミズノオープン』で初めて優勝。通算8勝目は特別な味となった。
　17年には史上11人目の生涯獲得賞金10億円突破を達成したが、18年に22年間守ってきた賞金シードから陥落。19年も復帰はならず、今年は生涯獲得賞金25位以内の資格での参戦となる。

'19部門別データ		
賞金	7,622,341円	(84位)
メルセデス・ベンツ トータルポイント	695	(93位)
平均ストローク	72.47	(86位)
平均パット	1.8081	(69位)
パーキープ率	80.24	(84位)
パーオン率	58.47	(96位)
バーディ率	2.77	(97位)
イーグル率	30.50	(80位)
ドライビングディスタンス	273.22	(93位)
フェアウェイキープ率	54.94	(44位)
サンドセーブ率	47.83	(46位)
トータルドライビング	137	(87位)
生涯獲得賞金1,030,829,769円		(11位)

賞金と順位(◎印は賞金ランク、△印はチャレンジランクによる出場権獲得)							
'94=0円		◎'01=112,356,544円	4位	◎'08= 61,749,416円	17位	◎'15= 48,850,267円	23位
△'95= 4,456,679円	136位	◎'02= 34,264,987円	29位	◎'09= 32,186,499円	33位	◎'16= 23,376,839円	50位
◎'96= 25,560,848円	47位	◎'03= 93,688,731円	5位	◎'10= 28,358,009円	33位	◎'17= 22,128,596円	47位
◎'97= 36,327,734円	31位	◎'04= 33,995,275円	30位	◎'11= 20,497,539円	52位	'18= 8,880,762円	88位
◎'98= 24,411,715円	50位	◎'05= 54,163,490円	19位	◎'12= 33,665,900円	33位	◎'19= 7,622,341円	84位
◎'99= 81,901,760円	7位	◎'06= 96,488,270円	5位	◎'13= 13,787,693円	70位		
◎'00= 40,968,733円	22位	◎'07= 32,455,350円	27位	◎'14= 58,703,792円	14位		

時松隆光

Ryuko TOKIMATSU

ツアー3勝
('16)ダンロップ・スリクソン福島オープン、('17)ブリヂストンオープン、('18)関西オープン

AbemaTVツアー(チャレンジ)1勝
('16)ジャパンクリエイトチャレンジin福岡雷山

所属:筑紫ヶ丘GC
生年月日:1993(H5).9.7
身長、体重:168cm/75kg
血液型:AB型
出身地:福岡県
出身校:沖学園高校
ゴルフ歴:5歳〜
プロ転向:2012年
ツアーデビュー戦:
　'12キヤノンオープン
師弟関係:篠塚武久
ベストスコア:63
　('16ダンロップ・スリクソン
　福島オープン3R)
プレーオフ:0勝2敗
アマ時代の主な戦歴:
　('11)九州アマ優勝

'19のツアー全成績:24試合(国内24試合)

SMBCシンガポールオープン	予落
東建ホームメイトカップ	13T
中日クラウンズ	26T
アジアパシフィックダイヤモンドカップ	16T
関西オープン	14T
〜全英への道〜ミズノオープンatザ・ロイヤルゴルフクラブ	予落
日本ゴルフツアー選手権森ビルカップShishido Hills	16T
ダンロップ・スリクソン福島オープン	52T
日本プロゴルフ選手権	4T
長嶋茂雄INVITATIONALセガサミーカップ	予落
RIZAP KBCオーガスタ	4T
フジサンケイクラシック	19T
ANAオープン	2T
Shinhan Donghae Open	予落
パナソニックオープン	予落
トップ杯東海クラシック	2T
ブリヂストンオープン	12T
日本オープン	35T
マイナビABCチャンピオンシップ	51T
HEIWA・PGM CHAMPIONSHIP	8
三井住友VISA太平洋マスターズ	10T
ダンロップフェニックス	34T
カシオワールドオープン	18T
ゴルフ日本シリーズJTカップ	8T

　心臓の手術を受けたことから父親が少しでも元気になってもらいたいとクラブを握らせた。子供のころからベースボールグリップひと筋。沖学園高校1年時の2009年に『全国高校選手権九州大会』で優勝。11年には『九州アマ』を制した。

　12年にプロ転向。本名は源蔵だが登録名は隆光とした。15年まではシードには届かなかったが16年に状況が一変する。7月にチャレンジ初優勝を飾ると、これで出場権を得た『ダンロップ・スリクソン福島オープン』でツアー初優勝までつかみ取ったのだ。翌17年は、『ブリヂストンオープン』、18年は『関西オープン』と3年連続で勝利を挙げ、トップブロの地位を築いた。

　19年は優勝こそなかったが、度々上位に顔を出して賞金ランク13位に入った。ただ、『日本プロ』『ANAオープン』『日本シリーズ』と首位で最終日を迎えた試合をモノにできなかったのは惜しまれる。今季は選手会長の重責を担ってプレーする。

'19部門別データ

賞金	57,748,084円	(13位)
メルセデス・ベンツ　トータルポイント	292	(16位)
平均ストローク	70.61	(10位)
平均パット	1.7646	(16位)
パーキープ率	86.79	(6位)
パーオン率	65.99	(27位)
バーディ率	3.70	(21位)
イーグル率	27.33	(78位)
ドライビングディスタンス	280.03	(75位)
フェアウェイキープ率	58.92	(20位)
サンドセーブ率	49.19	(39位)
トータルドライビング	95	(44位)
生涯獲得賞金	234,007,023円	(143位)

賞金と順位(◎印は賞金ランクによる出場権獲得)

'12=0円		
'13= 8,469,357円	84位	
'14= 6,372,053円	95位	
'15= 3,397,500円	112位	
◎'16= 20,980,449円	54位	
◎'17= 67,509,563円	11位	
◎'18= 69,530,017円	9位	
◎'19= 57,748,084円	13位	

中西直人

Naoto NAKANISHI

賞金ランキング64位

ツアー未勝利

所属:国際スポーツ振興協会
生年月日:1988(S63).8.11
身長、体重:177cm／80kg
血液型:B型
出身地:大阪府
出身校:日本大学
趣味:卓球
スポーツ歴:空手、野球
ゴルフ歴:9歳〜
プロ転向:2010年
ツアーデビュー戦:
　'11つるやオープン
ベストスコア:65
　（'16ダンロップ・スリクソン
　福島オープン4R）
師弟関係:山浦記義
得意クラブ:サンドウェッジ
アマ時代の主な戦歴:
　（'05）日刊アマ優勝、
　（'08）日本学生3位、
　（'09）関西アマ優勝

'19のツアー全成績:17試合(国内17試合)

東建ホームメイトカップ	13T
中日クラウンズ	26T
関西オープン	11T
〜全英への道〜ミズノオープンatザ・ロイヤルゴルフクラブ	予落
日本ゴルフツアー選手権森ビルカップ Shishido Hills	37T
ダンロップ・スリクソン福島オープン	12T
日本プロゴルフ選手権	15T
長嶋茂雄INVITATIONALセガサミーカップ	33T
RIZAP KBCオーガスタ	予落
フジサンケイクラシック	50T
ANAオープン	57T
トップ杯東海クラシック	予落
ブリヂストンオープン	予落
日本オープン	予落
マイナビABCチャンピオンシップ	予落
HEIWA・PGM CHAMPIONSHIP	予落
カシオワールドオープン	18T

大阪府岸和田市出身。子供のころはゴルフだけでなく空手に水泳、野球、サッカーとさまざまなスポーツに取り組んでいた。ゴルフを選んだのは空手の大会で万年2位だったのが初めて1位になれた競技だったから。山浦記義プロに教わり、上達していった。高校2年の時に当時大学生の池田勇太も出ていた『日刊アマ』で優勝。日本大学時代には『関西アマ』優勝などの成績を残した。

2010年にプロ転向。翌11年のQTでは3位に入り、12年前半戦はツアーに挑んだが結果を残すことができなかった。18年のQTで最終日に62をマークして17位に急浮上。これで出場機会をつかんだ19年は『関西オープン』で最終日最終組を初体験。堅実に賞金を稼いでいった。夏場以降は低迷して賞金シード圏外に落ちていたが、土壇場の『カシオワールドオープン』18位で逆転の初シード入りを果たした。観客を楽しませる明るいキャラクターで人気も上昇中だ。

'19部門別データ

賞金	12,586,730円	(64位)
メルセデス・ベンツ トータルポイント	398	(36位)
平均ストローク	71.66	(53位)
平均パット	1.7735	(26位)
パーキープ率	82.49	(54位)
パーオン率	64.78	(43位)
バーディ率	3.83	(15位)
イーグル率	17.67	(58位)
ドライビングディスタンス	291.89	(35位)
フェアウェイキープ率	50.27	(81位)
サンドセーブ率	51.39	(33位)
トータルドライビング	116	(75位)
生涯獲得賞金	14,831,613円	(658位)

賞金と順位(◎印は賞金ランク、□はQTランクによる出場権獲得)

'11=0円
'12= 1,653,850円 134位
'13= 265,200円 238位
'15=0円
'16= 325,833円 245位
'17=0円
□'18=0円
◎'19= 12,586,730円 64位

永野竜太郎

Ryutaro NAGANO

賞金ランキング53位

ツアー未勝利

所属:フリー
生年月日:1988(S63).5.6
身長、体重:181cm／85kg
血液型:O型
出身地:熊本県
出身校:水城高校
趣味:音楽鑑賞
ゴルフ歴:10歳〜
プロ転向:2008年
ツアーデビュー戦:
　'09東建ホームメイトカップ
得意クラブ:ロングアイアン
ベストスコア:63
　('17中日クラウンズ3R)
アマ時代の主な戦歴:
　('05)日本アマ2位、('06)全
　国高校ゴルフ選手権優勝、
　全日本パブリック選手権優勝

'19のツアー全成績:20試合(国内20試合)

SMBCシンガポールオープン	予落
東建ホームメイトカップ	37T
中日クラウンズ	予落
アジアパシフィックダイヤモンドカップ	予落
関西オープン	7T
〜全英への道〜ミズノオープンatザ・ロイヤル ゴルフクラブ	9T
日本ゴルフツアー選手権森ビルカップShishido Hills	37T
ダンロップ・スリクソン福島オープン	43T
日本プロゴルフ選手権	43T
長嶋茂雄INVITATIONALセガサミーカップ	10T
RIZAP KBCオーガスタ	予落
フジサンケイクラシック	30T
ANAオープン	予落
トップ杯東海クラシック	32T
ブリヂストンオープン	51T
日本オープン	23T
マイナビABCチャンピオンシップ	45T
HEIWA・PGM CHAMPIONSHIP	35T
三井住友VISA太平洋マスターズ	57T
カシオワールドオープン	39T

子供のころは祖父が経営する牧場につくられた練習場で腕を磨いた。中学1年で熊本空港CCのクラブ選手権に優勝。高校は茨城県の水城に進み、2年時の『日本アマ』では決勝で金庚泰に敗れたがその名を全国に響かせた。東北福祉大学2年時の2008年にQTに挑み、13位に入ってプロ転向。飛距離が魅力の大型新人として期待が高かったが3年間は苦戦続きだった。

12年に初シードを獲得。14年の『ダンロップ・スリクソン福島オープン』では首位タイで最終日を迎えたが惜しくも2位。15年は予選落ちが自身最少の3試合と安定感が増し、賞金ランクは22位に浮上。16年は平均ストロークが初めて71を切り、賞金ランクを18位にまで上げた。17年の『マイナビABCチャンピオンシップ』では1打差2位。初優勝間近と思われていたが、18年は夏場以降低迷が続いてシード落ち。それでもQT9位で臨んだ19年はトップ10に3回入り、シード復帰を果たした。

'19部門別データ

賞金	16,134,380円	(53位)
メルセデス・ベンツ トータルポイント	418	(41位)
平均ストローク	71.55	(41位)
平均パット	1.7728	(25位)
パーキープ率	82.92	(44位)
パーオン率	62.77	(66位)
バーディ率	3.40	(52位)
イーグル率	11.17	(26位)
ドライビングディスタンス	301.60	(6位)
フェアウェイキープ率	43.15	(96位)
サンドセーブ率	45.26	(62位)
トータルドライビング	102	(55位)
生涯獲得賞金	212,262,729円	(162位)

賞金と順位(◎印は賞金ランク、□はQTランクによる出場権獲得)

'09=	7,294,457円	88位	◎'15=	48,904,833円	22位
'10=	3,939,052円	106位	◎'16=	45,927,502円	18位
'11=	2,006,428円	127位	◎'17=	30,338,582円	38位
◎'12=	16,481,404円	62位	□'18=	9,747,394円	84位
◎'13=	15,671,850円	63位	◎'19=	16,134,380円	53位
◎'14=	15,816,847円	62位			

額賀辰徳

Tatsunori NUKAGA

出場資格：'18三井住友VISA太平洋優勝

シード選手

ツアー1勝
（'18）三井住友VISA太平洋マスターズ

AbemaTVツアー（チャレンジ）4勝
（'08）PRGR CUP、（'11）Novil Cup、JGTO Novil FINAL、
（'15）HEIWA・PGM Challenge I

その他1勝
（'07）北海道オープン

所属:フリー
生年月日:1984(S59).3.28
身長、体重:183cm／80kg
血液型:O型
出身地:茨城県
出身校:中央学院大学
スポーツ歴:サッカー
ゴルフ歴:14歳〜
プロ転向:2006年
ツアーデビュー戦:
　'06つるやオープン
得意クラブ:ドライバー
ベストスコア:64
　（'10セガサミーカップ2R、
　'12東建ホームメイトカップ1R、
　'16HONMA TOUR WORLD CUP
　3R）
アマ時代の主な優勝歴:
　（'03）朝日杯全日本学生、
　（'04）文部科学大臣杯全
　日本学生王座、日本オー
　プンローアマ、
　（'04、'05）関東アマ

'19のツアー全成績:22試合（国内22試合）

東建ホームメイトカップ	予落
中日クラウンズ	31T
アジアパシフィックダイヤモンドカップ	予落
関西オープン	予落
〜全英への道〜ミズノオープンatザ・ロイヤルゴルフクラブ	24T
日本ゴルフツアー選手権森ビルカップShishido Hills	予落
ダンロップ・スリクソン福島オープン	予落
日本プロゴルフ選手権	26T
長嶋茂雄INVITATIONALセガサミーカップ	棄権
RIZAP KBCオーガスタ	30T
フジサンケイクラシック	予落
ANAオープン	26T
Shinhan Donghae Open	予落
パナソニックオープン	予落
トップ杯東海クラシック	予落
ブリヂストンオープン	63T
日本オープン	予落
マイナビABCチャンピオンシップ	予落
HEIWA・PGM CHAMPIONSHIP	49T
三井住友VISA太平洋マスターズ	57T
ダンロップフェニックス	44T
カシオワールドオープン	10T

中学まではサッカー少年だったが、14歳で出合ったゴルフに熱中した。中央学院大学時代には数々のタイトルを手にする。卓越した飛距離も相まって期待を背負ってプロ入りしたが、当初は思うように結果を出せなかった。チャレンジ賞金ランク6位の資格を生かして初めてフル参戦した2009年に初シードを獲得するが1年で陥落。11年はチャレンジで2勝して賞金ランク1位になるが、翌年のシード復帰にはつながらなかった。15

年にもシードを奪回するが1年で再びシード落ちと定着することができなかった。
　チャレンジ賞金ランク7位で臨んだ18年も苦戦していたが、推薦で出場した『三井住友VISA太平洋マスターズ』でついに初優勝を飾る。3打差3位からの逆転勝利でプロ13年目にしての悲願達成だった。
　飛距離では常にトップを争ってきた。ドライビングディスタンス1位が5度。これはツアー史上最多である。

'19部門別データ

賞金	10,486,475円	（74位）
メルセデス・ベンツ トータルポイント	518	（67位）
平均ストローク	72.40	（84位）
平均パット	1.8015	（61位）
パーキープ率	78.43	（95位）
パーオン率	60.28	（89位）
バーディ率	3.35	（58位）
イーグル率	8.57	（13位）
ドライビングディスタンス	300.57	（10位）
フェアウェイキープ率	40.69	（99位）
サンドセーブ率	56.25	（9位）
トータルドライビング	109	（64位）
生涯獲得賞金	112,959,312円	（262位）

賞金と順位（◎印は賞金ランク、△印はチャレンジランクによる出場権獲得）

'06=0円	△'11=1,403,000円 140位	'16=9,133,199円 88位
'07= 258,000円 207位	'12=8,882,457円 85位	△'17=1,580,000円 163位
△'08=1,260,000円 170位	'13=1,880,449円 140位	◎'18=38,051,192円 27位
◎'09=17,425,250円 54位	'14= 448,000円 202位	◎'19=10,486,475円 74位
'10=6,367,290円 96位	◎'15=15,784,000円 61位	

S・ノリス（ノリス ショーン）

Shaun NORRIS

ツアー4勝
（'16）レオパレス21ミャンマーオープン、（'17）日本ゴルフツアー選手権森ビルカップShishido Hills、（'18）HEIWA・PGM CHAMPIONSHIP、（'19）トップ杯東海クラシック

インターナショナルツアー3勝
（'08）アフリカオープン（南ア）、（'11）ナッシュアマスターズ（南ア）、（'15）Yeangderトーナメントプレーヤーズ選手権（台湾・アジア）

所属:JOYX
生年月日:1982(S57).5.14
身長、体重:188cm／100kg
血液型:O型
出身地:南アフリカ
出身校:Die Wilgers Hoerskool
趣味:釣り
ゴルフ歴:7歳～
プロ転向:2002年
日本でのツアーデビュー戦:
　'16レオパレス21ミャンマー
　オープン
ベストスコア:61
　（'16レオパレス21ミャンマー
　オープン3R）
プレーオフ:0勝1敗

'19のツアー全成績:24試合（国内22試合、海外2試合）

SMBCシンガポールオープン	………24T	ダンロップフェニックス	…………棄権
東建ホームメイトカップ	…………18T	カシオワールドオープン	……………………2
☆全米プロ	…………………予落	ゴルフ日本シリーズJTカップ	………4T
～全英への道・ミズノオープンatザ・ロイヤル ゴルフクラブ	…24T	☆は賞金ランキングに加算する海外競技	
日本ゴルフツアー選手権森ビルカップShishido Hills	…42T		
ダンロップ・スリクソン福島オープン	…17T		
日本プロゴルフ選手権	………………4T		
☆全英オープン	…………………予落		
長嶋茂雄INVITATIONALセガサミーカップ	…予落		
RIZAP　KBCオーガスタ	…………55T		
フジサンケイクラシック	………………予落		
ANAオープン	……………………2T		
Shinhan Donghae Open	…………9T		
パナソニックオープン	………………10T		
トップ杯東海クラシック	……………優勝		
ブリヂストンオープン	………………26T		
日本オープン	……………………2T		
ZOZO CHAMPIONSHIP	…………51T		
マイナビABCチャンピオンシップ	……25T		
HEIWA・PGM　CHAMPIONSHIP	…3T		
三井住友VISA太平洋マスターズ	……2		

2019年は7月に父親を亡くした。悲しみが癒えない中、10月の『東海クラシック』でシーズン初勝利。涙が止まらなかった。逆転賞金王には優勝しかなかった最終戦では優勝争いに加わり、大いに盛り上げた。2年連続で賞金ランク2位。タイトルは逃したがツアーの顔としての存在感が確実に増した1年だった。

南アフリカのプレトリア生まれ。ゴルフと並行してラグビーやクリケットなどもやっていたが、高校進学時に父親から「ど

れかひとつに集中するように」と言われ、ゴルフを選んだ。

02年にプロ転向し、母国のサンシャインツアーで2勝。15年からはアジアンツアーに参戦し、同年の『トーナメントプレーヤーズ選手権』を制した。

16年に日本とアジアの共同主管競技『レオパレス21ミャンマーオープン』で3日目に61を叩き出すなどして優勝。以降は日本ツアーを主戦場にし、17年には『日本ゴルフツアー選手権』で優勝を飾っている。

'19部門別データ

メルセデス・ベンツ トータルポイント
6位(206)

サンドセーブ率 82位(41.25)
平均ストローク 4位(70.44)
FWキープ率 56位(52.95)
平均パット 1位(1.7324)
ドライビングディスタンス 21位(295.69)
パーキープ率 12位(85.19)
イーグル率 18位(9.75)
パーオン率 10位(68.87)
バーディ率 2位(4.32)

トータルドライビング＝77(26位)
獲 得 賞 金＝145,044,149円(2位)
生涯獲得賞金＝363,649,633円(95位)

賞金と順位（◎印は賞金ランクによる出場権獲得）

◎'16= 29,534,371円　43位
◎'17= 85,128,663円　7位
◎'18=103,942,450円　2位
◎'19=145,044,149円　2位

白　佳和

Yoshikazu HAKU

出場資格：AbemaTVツアーランク1位

ツアー未勝利

AbemaTVツアー（チャレンジ）2勝
（'19）太平洋クラブチャレンジ、JGTO Novil FINAL

'19のツアー全成績：1試合（国内1試合）

日本ゴルフツアー選手権森ビルカップShishido Hills …42T

所属：和光金属工業
生年月日：1979（S54）.11.15
身長、体重：179cm／85kg
血液型：A型
出身地：大阪府
出身校：広島朝鮮学園
趣味：音楽鑑賞、釣り
スポーツ歴：サッカー
ゴルフ歴：14歳〜
プロ転向：2000年
ツアーデビュー戦：
　'01ジョージア東海クラシック
師弟関係：白　憲澤
得意クラブ：アイアン
ベストスコア：64
　（'11つるやオープン2R）

　15歳の時に父親の影響でゴルフを始めた。高校にはゴルフ部がなく、野球部のトレーニングに参加しながら体を鍛えた。
　初シードを獲得したのは2005年。賞金ランク73位で迎えた『カシオワールドオープン』で4位に入ってつかんだものだった。07年まではシードを守ったが08年はフェアウェイキープ率1位になるほどショットは安定していながらパットの不振でシードを失った。
　10年にシード返り咲き。11年の『関西オープン』では自己最高の2位を記録。12年の『中日クラウンズ』では初めて首位で最終日に臨んだが2打及ばずの2位だった。初優勝間近と思われたが、以降は成績が下降。14年にはシードを失う。深刻なパットの不振が要因だった。
　長尺パターを手にしたことで不安が徐々に解消され、19年は5月にAbemaTVツアーで悲願の初優勝。最終戦も制して賞金ランク1位となり、20年はツアーの舞台で戦う機会を得た。

'19部門別データ

賞金	555,000円	（157位）
メルセデス・ベンツ トータルポイント	—	
平均ストローク	71.74	（参考）
平均パット	1.9024	（参考）
パーキープ率	84.72	（参考）
パーオン率	56.94	（参考）
バーディ率	1.75	（参考）
イーグル率	—	
ドライビングディスタンス	—	
フェアウェイキープ率	60.71	（参考）
サンドセーブ率	66.67	（参考）
トータルドライビング	—	
生涯獲得賞金	176,784,966円	（196位）

賞金と順位（◎印は賞金ランク、△印はチャレンジランクによる出場権獲得）

'01=	2,317,333円 139位	◎'07=	13,793,521円 66位	◎'13=	14,573,358円 67位
'02=	408,000円 208位	'08=	6,131,000円 100位	'14=	10,937,058円 79位
'03=	2,501,900円 133位	△'09=	3,006,000円 110位	'15=	4,457,766円 104位
'04=	7,187,108円 99位	◎'10=	24,621,190円 41位	'16=	158,200円 259位
◎'05=	18,427,817円 62位	◎'11=	19,304,726円 55位	'18=0円	
◎'06=	30,401,032円 37位	◎'12=	18,003,957円 60位	△'19=	555,000円 157位

S・ハン（ハン スンス）

Seungsu HAN

ツアー1勝
（'17）カシオワールドオープン

'19のツアー全成績：23試合（国内23試合）

SMBCシンガポールオープン	38T
東建ホームメイトカップ	18T
中日クラウンズ	20T
アジアパシフィックダイヤモンドカップ	予落
関西オープン	4T
～全英への道～ミズノオープンatザ・ロイヤル ゴルフクラブ	32T
日本ゴルフツアー選手権森ビルカップShishido Hills	予落
日本プロゴルフ選手権	予落
長嶋茂雄INVITATIONALセガサミーカップ	19T
RIZAP KBCオーガスタ	予落
フジサンケイクラシック	8T
ANAオープン	2T
Shinhan Donghae Open	39T
パナソニックオープン	26T
ブリヂストンオープン	2T
日本オープン	予落
ZOZO CHAMPIONSHIP	63T
マイナビABCチャンピオンシップ	27T
HEIWA・PGM CHAMPIONSHIP	17T
三井住友VISA太平洋マスターズ	28T
ダンロップフェニックス	5T
カシオワールドオープン	4
ゴルフ日本シリーズJTカップ	27T

所属:SAIGA
生年月日:1986(S61). 9.10
身長、体重:175cm／70kg
血液型:B型
出身地:アメリカ
出身校:ネバダ州立大学
趣味:アウトドア
スポーツ歴:テコンドー
ゴルフ歴:12歳〜
プロ転向:2008年
日本でのツアーデビュー戦:
　'14東建ホームメイトカップ
師弟関係:Don Brown
得意クラブ:ドライバー
ベストスコア:63
　（'19関西オープン2R）
プレーオフ:0勝2敗
アマ時代の主な戦歴:
　('02)AJGAプレーヤーオブ
　ザイヤー、('06)ワールドア
　マチュアランキング4位

　子供のころはスケートのショートトラックの大会で優勝し、テコンドーでは黒帯とスポーツ万能。父親の勧めでゴルフを始め、13歳で渡米して腕を磨いた。2002年にAJGA（米国ジュニアゴルフ協会）の大会で年間5勝。タイガー・ウッズらが保持していた4勝の年間最多勝記録を塗り替えた。

　プロ転向後は米国の下部ツアーやアジアンツアーでプレーした後、14年に日本ツアー参戦。しかし、結果を出せず、一時は

クラブを置いた。再び戦う気持ちを取り戻し、15年のQTを1位通過して16年に日本ツアー再挑戦。賞金シードをつかんだ。

　17年の『カシオワールドオープン』で初優勝。最終日に66を叩き出して4打差を逆転した。同年はパーキープ率、リカバリー率で1位に輝いている。18年は日本では未勝利だったが米国ツアーで4位など海外で活躍。19年は『ANAオープン』でプレーオフ負けなど2勝目にはあと一歩届かなかった。

'19部門別データ

賞金	47,858,105円	(22位)
メルセデス・ベンツ トータルポイント	232	(8位)
平均ストローク	70.95	(13位)
平均パット	1.7790	(29位)
パーキープ率	86.71	(7位)
パーオン率	68.64	(11位)
バーディ率	3.57	(34位)
イーグル率	15.80	(51位)
ドライビングディスタンス	291.42	(36位)
フェアウェイキープ率	54.19	(48位)
サンドセーブ率	58.68	(3位)
トータルドライビング	84	(30位)
生涯獲得賞金	222,155,307円	(155位)

賞金と順位（◎印は賞金ランクによる出場権獲得）

'14=	2,707,585円	119位
◎'16=	24,237,716円	47位
◎'17=	112,798,464円	5位
◎'18=	34,553,437円	29位
◎'19=	47,858,105円	22位

朴　相賢（パク　サンヒョン）

Sang-Hyun PARK　　　　　　　　**賞金ランキング8位**

ツアー 2勝
（'16）ゴルフ日本シリーズJTカップ、（'19）フジサンケイクラシック

インターナショナルツアー 2勝
（'18）GS Caltex Maekyung Open（韓国・アジア）、Shinhan Donghae Open（韓国・アジア）

代表歴：日韓対抗戦（'11、'12）

所属：フリー
生年月日：1983（S58）.4.24
身長、体重：171cm／71kg
血液型：O型
出身地：韓国
趣味：友達とビールを飲むこと
ゴルフ歴：14歳〜
プロ転向：2005年
日本でのツアーデビュー戦：
　'13タイランドオープン
師弟関係：ハン・ヨンヒ
得意クラブ：アイアン
ベストスコア：63
　（'15ミュゼプラチナムオープン
　2R、'16ISPSハンダグローバル
　カップ1R）
プレーオフ：0勝1敗
アマ時代の主な戦歴：
　高校連盟1勝、大学連盟2勝

'19のツアー全成績：20試合（国内19試合、海外1試合）

SMBCシンガポールオープン ……… 棄権	ダンロップフェニックス ……………… 31T
東建ホームメイトカップ ……………… 4T	カシオワールドオープン ……………… 32T
アジアパシフィックダイヤモンドカップ … 16T	ゴルフ日本シリーズJTカップ ………… 29
関西オープン ………………………… 45T	☆は賞金ランキングに加算する海外競技
〜全英への道〜ミズノオープンatザ・ロイヤル ゴルフクラブ … 3T	
日本ゴルフツアー選手権森ビルカップShishido Hills … 26T	
☆全英オープン ……………………… 16T	
長嶋茂雄INVITATIONALセガサミーカップ … 9	
RIZAP KBCオーガスタ …………… 予落	
フジサンケイクラシック ……………… 優勝	
ANAオープン ………………………… 52T	
Shinhan Donghae Open ………… 45T	
パナソニックオープン ………………… 12T	
ブリヂストンオープン ………………… 51T	
ZOZO CHAMPIONSHIP ………… 63T	
マイナビABCチャンピオンシップ……… 7T	
三井住友VISA太平洋マスターズ … 10T	

中学生の時に父親と一緒にゴルフを習い始める。いくつかのタイトルを獲得し、2005年にプロ転向。09年に韓国ツアー初優勝を飾っている。

日本ツアーには14年から参戦。同年に初シードを獲得した。14年『つるやオープン』でのプレーオフ負けなど何度かチャンスを逃していたが、16年の『日本シリーズ』でついに初優勝。1打差2位で迎えた最終ホールのチップインバーディでつかんだ劇的な逆転勝利だった。

18年はアジアンツアーで2勝を挙げて賞金ランク2位に。韓国ツアーではアジアンツアーとの共催競技2勝を含む3勝をマークして賞金王に輝いた。

19年は『ミズノオープン』の3位で出場権をつかんだ『全英オープン』でアジア勢最高となる16位に入る。『フジサンケイクラシック』では最終日に65をマークして4打差3位から逆転勝ち。日本ツアー2勝目を挙げ、賞金ランクは自己最高に並ぶ8位となった。

'19部門別データ

メルセデス・ベンツ トータルポイント
13位（253）

サンドセーブ率 10位（56.19）
平均ストローク 14位（70.97）
FWキープ率 21位（58.79）
平均パット 17位（1.7648）
ドライビングディスタンス 86位（275.74）
パーキープ率 9位（86.27）
イーグル率 29位（11.33）
パーオン率 38位（65.20）
バーディ率 29位（3.59）

トータルドライビング＝107（62位）
獲 得 賞 金＝71,453,921円（8位）
生涯獲得賞金＝273,434,645円（126位）

賞金と順位（◎印は賞金ランクによる出場権獲得）

'13=	1,410,534円	154位	◎'19= 71,453,921円	8位
◎'14=	28,132,644円	41位		
◎'15=	32,065,462円	33位		
◎'16=	77,961,852円	8位		
◎'17=	35,468,068円	29位		
◎'18=	26,942,164円	38位		

J・パグンサン(パグンサン ジュビック)

Juvic PAGUNSAN

ツアー未勝利

インターナショナルツアー1勝
('07)インドネシア・プレジデント招待(アジア)

その他:'11アジアンツアー賞金王

'19のツアー全成績:16試合(国内16試合)

SMBCシンガポールオープン	64T
中日クラウンズ	20T
アジアパシフィックダイヤモンドカップ	予落
関西オープン	29T
～全英への道～ミズノオープンatザ・ロイヤルゴルフクラブ	予落
日本ゴルフツアー選手権森ビルカップShishido Hills	棄権
長嶋茂雄INVITATIONALセガサミーカップ	2
RIZAP KBCオーガスタ	9T
トップ杯東海クラシック	予落
ブリヂストンオープン	12T
日本オープン	予落
マイナビABCチャンピオンシップ	予落
HEIWA・PGM CHAMPIONSHIP	69
三井住友VISA太平洋マスターズ	36T
ダンロップフェニックス	44T
カシオワールドオープン	予落

所属:JOYX
生年月日:1978(S53).5.11
身長、体重:168cm／62kg
血液型:AB型
出身地:フィリピン
出 身 校:Paglaum National High School
趣味:バスケットボール、車、バイク
ゴルフ歴:15歳～
プロ転向:2006年
デビュー戦:'06Razon Cup (フィリピン)
日本でのツアーデビュー戦:'08パナソニックオープン
得意クラブ:パター
日本でのベストスコア:64 ('13セガサミーカップ3R、'14インドネシアPGA選手権2R、'18中日クラウンズ4R、'18RIZAP KBCオーガスタ4R、'19ブリヂストンオープン2R)
アマ時代の主な優勝歴:('05)フィリピンアマ、タイランドアマ、マレーシアアマチュアオープン

プロゴルファーの父親の教えでゴルフを始めた。20代後半まではアマチュアとしてプレーし、母国の『フィリピンアマ』をはじめ、タイやマレーシアのアマチュア選手権など多くのタイトルを獲得。2004年の『フィリピンオープン』ではプロに交じって首位タイで最終日を迎えたが惜しくも2位に終わっている。

06年にプロ転向し、同年はアジアンツアーで賞金ランク7位に入ってルーキー・オブ・ザ・イヤーを受賞している。11年は未勝利ながらアジアンツアー賞金王に輝き、12年から日本ツアーに参戦。『日本オープン』では最終日16番終了時で2打リードしていたが17番のダブルボギーなどで大魚を逃した。

12年からシードを維持しているが、日本初優勝は手にしていない。18年の『東海クラシック』では初めて首位で最終日を迎えたが好機を生かせず4位。19年の『セガサミーカップ』では最終日に追い上げるも石川遼に及ばず通算6回目の2位となった。

'19部門別データ

賞金	23,157,765円	(40位)
メルセデス・ベンツ トータルポイント	497	(60位)
平均ストローク	71.86	(61位)
平均パット	1.7975	(54位)
パーキープ率	81.52	(74位)
パーオン率	59.42	(93位)
バーディ率	3.43	(47位)
イーグル率	9.20	(15位)
ドライビングディスタンス	287.81	(50位)
フェアウェイキープ率	51.71	(73位)
サンドセーブ率	52.38	(30位)
トータルドライビング	123	(78位)
生涯獲得賞金	212,465,218円	(161位)

賞金と順位(◎印は賞金ランクによる出場権獲得)

'08= 1,686,666円 152位	◎'14= 32,191,873円 33位
'09=0円	◎'15= 11,541,375円 72位
'10=0円	◎'16= 20,982,485円 53位
'11= 697,500円 173位	◎'17= 30,491,615円 37位
◎'12= 40,868,107円 27位	◎'18= 21,535,714円 50位
◎'13= 29,312,118円 37位	◎'19= 23,157,765円 40位

比嘉一貴

Kazuki HIGA

ツアー1勝
('19) RIZAP KBCオーガスタ

AbemaTVツアー（チャレンジ）1勝
('18) 南秋田CCみちのくチャレンジ

その他1勝
('18) 九州オープン

所属:フリー
生年月日:1995(H7).4.23
身長、体重:158cm／70kg
血液型:B型
出身地:沖縄県
出身校:東北福祉大学
趣味:ハンドボール
スポーツ歴:
ゴルフ歴:10歳〜
プロ転向:2017年
ツアーデビュー戦:
　'18関西オープン
得意クラブ:全部
ベストスコア:63
　('19RIZAP KBCオーガス
　タ2R)
アマ時代の主な優勝歴:
　('15)ユニバーシアード大会
　（個人・団体）
　('17)ネイバーズトロフィー
　チーム選手権(個人・団体)、
　関東学生、東北アマ

'19のツアー全成績：24試合（国内24試合）

SMBCシンガポールオープン	12T
東建ホームメイトカップ	4T
中日クラウンズ	20T
アジアパシフィックダイヤモンドカップ	予落
関西オープン	50T
〜全英への道〜ミズノオープンatザ・ロイヤルゴルフクラブ	14T
日本ゴルフツアー選手権森ビルカップShishido Hills	予落
ダンロップ・スリクソン福島オープン	22T
日本プロゴルフ選手権	7T
長嶋茂雄INVITATIONALセガサミーカップ	56T
RIZAP KBCオーガスタ	優勝
フジサンケイクラシック	予落
ANAオープン	47T
Shinhan Donghae Open	予落
パナソニックオープン	44T
トップ杯東海クラシック	4T
ブリヂストンオープン	12T
日本オープン	5T
マイナビABCチャンピオンシップ	予落
HEIWA・PGM CHAMPIONSHIP	32T
三井住友VISA太平洋マスターズ	13T
ダンロップフェニックス	13T
カシオワールドオープン	予落
ゴルフ日本シリーズJTカップ	22T

本部高校時代から宮里優作らの父である優さんに師事。『全国高校選手権春季大会』優勝などの成績を収め、ナショナルチームにも選出された。東北福祉大学時代は2016年『日本オープン』ローアマなどのタイトルを獲得。『ユニバーシアード』では15年に団体個人とも金メダル、17年は団体金、個人銀に輝くなど海外でも大いに活躍した。

17年11月にプロ転向したがQTはサードでまさかの失格。戦いの場を求めてアジアンツアーのQTに挑み、18年4月に下部ツアーで勝利を挙げた。6月にはAbemaTVツアーでも初優勝。レギュラーツアーは推薦出場などが頼りだったが、秋に3戦連続でトップ10に入るなどして初シードを獲得した。

19年は3月にアジア下部ツアーで2勝目をマーク。国内では単独首位で初めての最終日最終組となった『RIZAP KBCオーガスタ』で5打差の快勝。26アンダーの大会新記録でツアー初優勝に彩りを添えた。

'19部門別データ

賞金	57,401,190円	(14位)
メルセデス・ベンツ トータルポイント	252	(12位)
平均ストローク	70.89	(12位)
平均パット	1.7790	(29位)
パーキープ率	84.86	(16位)
パーオン率	67.15	(17位)
バーディ率	3.61	(26位)
イーグル率	10.00	(20位)
ドライビングディスタンス	285.48	(61位)
フェアウェイキープ率	55.10	(43位)
サンドセーブ率	52.73	(28位)
トータルドライビング	104	(59位)
生涯獲得賞金	74,269,399円	(328位)

賞金と順位（◎印は賞金ランクによる出場権獲得）

◎'18= 16,868,209円　60位
◎'19= 57,401,190円　14位

S・ビンセント（ビンセント　スコット）

Scott VINCENT

ツアー未勝利

Abema TVツアー（チャレンジ）1勝
（'19）LANDIC CHALLENGE 7

代表歴：ワールドカップ（'18）

所属:JOYX
生年月日:1992(H4).5.20
身長、体重:178cm／68kg
血液型:
出身地:ジンバブエ
出身校:バージニア工科大学
プロ転向:2015年
日本ツアーデビュー戦:
　'17SMBCシンガポール
　オープン
ベストスコア:64
　（'19RIZAP KBCオーガスタ3R）
アマ時代の主な戦歴:
　（'10、'12）世界アマ代表

'19のツアー全成績:20試合（国内20試合）

SMBCシンガポールオープン	24T
東建ホームメイトカップ	予落
アジアパシフィックダイヤモンドカップ	6T
関西オープン	50T
～全英への道～ミズノオープンatザ・ロイヤルゴルフクラブ	12T
日本ゴルフツアー選手権森ビルカップShishido Hills	予落
ダンロップ・スリクソン福島オープン	22T
長嶋茂雄INVITATIONALセガサミーカップ	15T
RIZAP KBCオーガスタ	6T
フジサンケイクラシック	予落
ANAオープン	26T
Shinhan Donghae Open	3
パナソニックオープン	34T
ブリヂストンオープン	34T
日本オープン	4
マイナビABCチャンピオンシップ	17T
HEIWA・PGM CHAMPIONSHIP	5T
ダンロップフェニックス	3T
カシオワールドオープン	23T
ゴルフ日本シリーズJTカップ	17T

　ジンバブエの首都ハラレ出身。父親の影響でゴルフを始め、大学は米国のバージニア工科大学に進んだ。2010、12年には『世界アマ』にジンバブエ代表として出場している。

　15年にプロ転向。アフリカやカナダ、アジアと世界各地でプレーし、18年にはジンバブエ代表として『ISPSハンダワールドカップ』にも出場した。

　日本では17、18年と日亜共同主管競技に度々出場。18年『パナソニックオープン』では4位に入っている。同年のQTで11位に入って19年は日本を主戦場に。まずは6月にAbemaTVツアー『LANDIC CHALLENGE 7』で優勝。これが世界ランク加算競技での自身初勝利となった。レギュラーツアーでは9月の『Shinhan Donghae Open』最終日を2打差首位で迎える。スコアを伸ばせずに3位に終わったが初シードを確実にした。ボールコントロール3位のショットメーカー。今季は初優勝が期待される。

'19部門別データ

賞金	56,823,626円	（15位）
メルセデス・ベンツ トータルポイント	217	（ 7位）
平均ストローク	70.49	（ 7位）
平均パット	1.7779	（28位）
パーキープ率	86.67	（ 8位）
パーオン率	71.35	（ 3位）
バーディ率	3.93	（13位）
イーグル率	11.67	（32位）
ドライビングディスタンス	301.57	（ 7位）
フェアウェイキープ率	53.07	（55位）
サンドセーブ率	44.87	（64位）
トータルドライビング	62	（10位）
生涯獲得賞金	67,336,943円	（341位）

賞金と順位（◎印は賞金ランク、□はQTランクによる出場権獲得）

'17=	1,264,552円	177位
□'18=	9,248,765円	85位
◎'19=	56,823,626円	15位

P・ピーターソン（ピーターソン ポール）

Paul PETERSON

ツアー1勝
（'18）レオパレス21ミャンマーオープン

インターナショナルツアー1勝
（'16）D+D REAL Czech Masters（欧州）

所属:TAKA SPORTS
生年月日:1988（S63）.7.1
身長、体重:180cm／69kg
血液型:
出身地:アメリカ
出身校:オレゴン州立大
趣味:スポーツ
ゴルフ歴:
プロ転向:2012年
日本でのツアーデビュー戦:
　'15アジアパシフィックダイ
　ヤモンドカップ
得意クラブ:
ベストスコア:66
　（'18ミャンマーオープン2R、
　4R）

'19のツアー全成績:14試合（国内14試合）

SMBCシンガポールオープン	………38T
東建ホームメイトカップ	…………18T
アジアパシフィックダイヤモンドカップ	…予落
～全英への道～ミズノオープンatザ・ロイヤルゴルフクラブ	…45T
日本ゴルフツアー選手権森ビルカップShishido Hills	…29T
ANAオープン	…………………26T
Shinhan Donghae Open	…………12T
パナソニックオープン	…………37T
トップ杯東海クラシック	…………12T
ブリヂストンオープン	………………6T
マイナビABCチャンピオンシップ	……51T
HEIWA・PGM CHAMPIONSHIP	…予落
三井住友VISA太平洋マスターズ	…24T
ダンロップフェニックス	………………41T

米国アリゾナ州生まれで、オレゴン州育ち。オレゴン州立大学を経て2012年にプロ転向した。同年はカナダツアーに参戦。14年にはアジアンツアーに活動の場を移し、出場14試合中6試合でトップ10入り。賞金ランクは22位に入った。

15年からは欧州ツアーにも進出。16年の『D+D REAL チェコ・マスターズ』では2日目まで8打差25位だったが3日目64、最終日67で逆転。欧州ツアーで7人目となるレフティ優勝者と

なった。17年の『UBS香港オープン』では1打差で惜しくも2勝目を逃している。

18年には日亜共同主管の『レオパレス21ミャンマーオープン』で最終日に66をマークして2打差3位から逆転優勝。日本ツアー出場権を手にした。ただ、出場したのは序盤のみ。ベースは欧州ツアーに置いたままプレーを続けた。19年は日本に軸足を置きながら欧州やアジアでもプレー。最高位は『ブリヂストンオープン』の6位だった。

'19部門別データ

賞金	14,061,372円	（55位）
メルセデス・ベンツ トータルポイント	505	（63位）
平均ストローク	71.37	（26位）
平均パット	1.8043	（65位）
パーキープ率	84.92	（15位）
パーオン率	63.72	（58位）
バーディ率	3.10	（82位）
イーグル率	—	
ドライビングディスタンス	279.72	（77位）
フェアウェイキープ率	55.83	（37位）
サンドセーブ率	47.44	（50位）
トータルドライビング	114	（70位）
生涯獲得賞金	32,535,940円	（468位）

賞金と順位（◎印は賞金ランクによる出場権獲得）

'15=	1,315,500円	148位
'16=	2,072,818円	153位
※'18=	15,086,250円	68位
◎'19=	14,061,372円	55位

※は規定試合数不足

藤田寛之

Hiroyuki FUJITA

所属:葛城GC
生年月日:1969(S44).6.16
身長、体重:168cm／70kg
血液型:A型
出身地:福岡県
出身校:専修大学
趣味:釣り、アウトドア
スポーツ歴:野球
ゴルフ歴:15歳～
プロ転向:1992年
ツアーデビュー戦:
'93東建コーポレーションカップ
師弟関係:寺下郁夫
得意クラブ:パター
ベストスコア:61
　　('09関西オープン3R、
　　'12ゴルフ日本シリーズJT
　　カップ1R)
プレーオフ:5勝3敗

賞金ランキング25位

ツアー 18勝
('97)サントリーオープン、('01)サン・クロレラクラシック、('03)2002アジア・ジャパン沖縄オープン、('04)東建ホームメイトカップ、('05)マンシングウェアオープンKSBカップ、('08)パインバレー北京オープン、('09)長嶋茂雄INVITATIONALセガサミーカップ、関西オープン、('10)つるやオープン、ゴルフ日本シリーズJTカップ、('11)ゴルフ日本シリーズJTカップ、('12)つるやオープン、ダイヤモンドカップ、ANAオープン、ゴルフ日本シリーズJTカップ、('14)つるやオープン、アールズエバーラスティングKBCオーガスタ、アジアパシフィックダイヤモンドカップ

AbemaTVツアー(チャレンジ)2勝:('97)水戸グリーンオープン、ツインフィールズカップ

その他3勝:('97)富山県オープン、('02)北陸オープン、('09)岐阜オープン

代表歴:ワールドカップ('97、'09)、ダンヒルカップ('98)、ダイナスティカップ('03、'05)、日韓対抗戦('04、'10、'11、'12)、ザ・ロイヤルトロフィ('13)

'19のツアー全成績:23試合(国内23試合)

SMBCシンガポールオープン	予落	パナソニックオープン	5T
東建ホームメイトカップ	58T	トップ杯東海クラシック	52T
中日クラウンズ	5T	ブリヂストンオープン	2T
アジアパシフィックダイヤモンドカップ	39T	日本オープン	12T
関西オープン	25T	マイナビABCチャンピオンシップ	4T
～全英への道～ミズノオープンatザ・ロイヤル ゴルフクラブ	予落	HEIWA・PGM CHAMPIONSHIP	35T
日本ゴルフツアー選手権森ビルカップShishido Hills	予落	三井住友VISA太平洋マスターズ	64
ダンロップ・スリクソン福島オープン	43T	ダンロップフェニックス	13T
日本プロゴルフ選手権	4T	カシオワールドオープン	29T
長嶋茂雄INVITATIONALセガサミーカップ	予落	ゴルフ日本シリーズJTカップ	20T
RIZAP KBCオーガスタ	予落		
フジサンケイクラシック	24T		
ANAオープン	34T		

'19部門別データ

賞金	39,706,175円	(25位)
メルセデス・ベンツ トータルポイント	390	(31位)
平均ストローク	71.34	(24位)
平均パット	1.7818	(36位)
パーキープ率	84.76	(19位)
パーオン率	65.03	(42位)
バーディ率	3.26	(70位)
イーグル率	19.50	(64位)
ドライビングディスタンス	275.26	(88位)
フェアウェイキープ率	55.61	(40位)
サンドセーブ率	57.58	(7位)
トータルドライビング	128	(83位)
生涯獲得賞金	1,522,057,750円	(6位)

　学生時代やプロ入り当初は目立たなかったが、1997年の『サントリーオープン』で尾崎将司を下して初優勝を飾ってからトッププロへの階段を上がっていく。20代は1勝、30代で5勝、そして40代で12勝と年齢を重ねるごとに勝ち星が増えてきた。

　10年には2勝を挙げて最優秀選手賞を獲得。12年には4勝を挙げ43歳にしてついに賞金王の座に就いた。同年の『日本シリーズ』では大会史上初の3連覇を達成。平均ストロークでも初めて1位に立った。13年は右わき腹を疲労骨折した影響で不振だったが翌14年には3勝を挙げて2度目の年間最多勝に。賞金ランクは2位と存在感を示した。

　50歳となった19年は『日本プロ』など2試合で首位発進。5年ぶりの優勝はかなわなかったが、5試合で5位以内に入って賞金ランクは大幅上昇。23年連続で賞金シードを維持した。『パナソニックオープン』では生涯獲得賞金15億円を突破。史上6人目の偉業を果たした。

賞金と順位(◎印は賞金ランクによる出場権獲得)

'93=	3,836,766円	148位	◎'00=	30,769,903円	35位	◎'07=	64,971,982円	8位	◎'14=116,275,130円	2位
'94=	234,000円	292位	◎'01=	63,752,786円	12位	◎'08=	82,420,197円	9位	◎'15=	44,243,648円	31位
'95=	15,393,751円	68位	◎'02=	67,111,285円	12位	◎'09=	91,244,625円	5位	◎'16=	39,712,044円	29位
'96=	11,330,432円	89位	◎'03=	71,472,222円	7位	◎'10=157,932,927円	2位	◎'17=	31,964,746円	34位
◎'97=	43,935,360円	18位	◎'04=	50,468,957円	17位	◎'11=	94,355,200円	5位	◎'18=	22,156,237円	48位
◎'98=	30,871,672円	39位	◎'05=	55,999,210円	16位	◎'12=175,159,972円	1位	◎'19=	39,706,175円	25位
◎'99=	27,320,178円	36位	◎'06=	59,463,650円	14位	◎'13=	39,573,695円	25位		

藤本佳則

Yoshinori FUJIMOTO

賞金ランキング38位

ツアー2勝
('12)日本ゴルフツアー選手権Citibank Cup Shishido Hills、
('13)TOSHIN GOLF TOURNAMENT IN Central

代表歴：ザ・ロイヤルトロフィ('12)、日韓対抗戦('12)

所属：国際スポーツ振興協会
生年月日：1989(H1).10.25
身長、体重：165cm／68kg
血液型：A型
出身地：奈良県
出身校：東北福祉大学
趣味：車
ゴルフ歴：7歳〜
プロ転向：2011年
ツアーデビュー戦：
　'12東建ホームメイトカップ
得意クラブ：ドライバー
ベストスコア：63
　('12VanaH杯KBCオーガスタ1R、
　'13トーシントーナメントINセ
　ントラル1R)
プレーオフ：0勝1敗
アマ時代の主な戦歴：
　('09)日本オープンローアマ

'19のツアー全成績：22試合(国内21試合、海外1試合)

SMBCシンガポールオープン	2T
東建ホームメイトカップ	8T
中日クラウンズ	棄権
アジアパシフィックダイヤモンドカップ	予落
関西オープン	66T
〜全英への道〜ミズノオープンatザ・ロイヤル ゴルフクラブ	41T
ダンロップ・スリクソン福島オープン	予落
日本プロゴルフ選手権	19T
☆全英オープン	予落
長嶋茂雄INVITATIONALセガサミーカップ	19T
RIZAP KBCオーガスタ	55T
フジサンケイクラシック	15T
ANAオープン	予落
パナソニックオープン	66T
トップ杯東海クラシック	47T
ブリヂストンオープン	予落
日本オープン	35T
マイナビABCチャンピオンシップ	予落
HEIWA・PGM CHAMPIONSHIP	棄権
三井住友VISA太平洋マスターズ	50T
ダンロップフェニックス	13T
カシオワールドオープン	予落

☆は賞金ランキングに加算する海外競技

　練習場を経営していた祖父の影響でゴルフを始めた。高校は故郷の奈良から離れて宮城県の東北高校に進み、『全国高校選手権』に優勝。東北福祉大学時代は『日本オープン』でローアマを獲得した。
　2012年にプロデビューし、自身5戦目の『日本ゴルフツアー選手権』で単独首位から逃げ切って初優勝。最優秀新人賞を獲得した。13年は『トーシンゴルフトーナメント』で2勝目を挙げる。14年はパーオン率と

トータルドライビングで1位に。15年はトップ10数が部門2位の11試合を数え、未勝利選手の国内獲得賞金としては歴代最多の約9864万円を記録。賞金ランクは自己最高の4位となった。
　だが、3勝目が遠い。2勝目以降、2位が実に9回。18年の『日本プロ』では最終ホールで谷口徹に追いつかれ、プレーオフで敗退。19年の『SMBCシンガポールオープン』では単独首位で最終日を迎えたが逆転負けを喫してしまった。

'19部門別データ

賞金	23,694,388円	(38位)
メルセデス・ベンツ トータルポイント	503	(62位)
平均ストローク	71.64	(51位)
平均パット	1.7712	(23位)
パーキープ率	82.31	(60位)
パーオン率	63.50	(62位)
バーディ率	3.49	(42位)
イーグル率	32.50	(82位)
ドライビングディスタンス	286.46	(56位)
フェアウェイキープ率	55.30	(41位)
サンドセーブ率	40.59	(86位)
トータルドライビング	97	(50位)
生涯獲得賞金	491,588,819円	(72位)

賞金と順位(◎印は賞金ランクによる出場権獲得)

◎'12=	88,659,122円	5位		
◎'13=	69,598,515円	10位		
◎'14=	61,285,279円	12位		
◎'15=	98,642,449円	4位		
◎'16=	47,059,237円	15位		
◎'17=	46,035,278円	24位		
◎'18=	56,614,551円	16位		
◎'19=	23,694,388円	38位		

D・ブランスドン（ブランスドン デービッド）

David BRANSDON

賞金ランキング51位

ツアー未勝利

インターナショナルツアー 3勝
('10)WA PGA選手権（豪州）、('13)ヘリテイジクラシック（豪州）、
('15)ISUZUクィーンズランドオープン（豪州）

所属:アクシネット
生年月日:1973(S48).10.28
身長、体重:178cm／87kg
出身地:オーストラリア
ゴルフ歴:5歳〜
プロ転向:1995年
日本でのツアーデビュー戦:
　'08パインバレー北京オープン
得意クラブ:アイアン
ベストスコア:65
　('18中日クラウンズ2R)
アマ時代の主な戦歴:
　('93)ビクトリアアマ選手権
　優勝、('94)ニュー・サウス・
　ウェールズアマ選手権優勝

'19のツアー全成績:19試合(国内19試合)

SMBCシンガポールオープン	予落
東建ホームメイトカップ	13T
中日クラウンズ	予落
関西オープン	16T
〜全英への道〜ミズノオープンatザ・ロイヤルゴルフクラブ	予落
日本ゴルフツアー選手権森ビルカップShishido Hills	42T
ダンロップ・スリクソン福島オープン	29T
日本プロゴルフ選手権	7T
長嶋茂雄INVITATIONALセガサミーカップ	46T
RIZAP KBCオーガスタ	42T
フジサンケイクラシック	予落
ANAオープン	26T
トップ杯東海クラシック	予落
ブリヂストンオープン	12T
日本オープン	予落
マイナビABCチャンピオンシップ	13T
HEIWA・PGM CHAMPIONSHIP	予落
三井住友VISA太平洋マスターズ	24T
カシオワールドオープン	58T

アマチュア時代にいくつかのタイトルを獲得し、1995年にプロ転向。母国の豪州ツアーを中心に欧州ツアーやアジアンツアーを転戦していたが、なかなか勝利には恵まれなかった。

初めての優勝は2010年、豪州ツアーの『WA PGA選手権』だった。同年の『VIC PGA選手権』では最終日に60で回って2位になった。13年と15年にも豪州ツアーで勝利。15年には賞金ランク8位に入った。

その間、日本のQTにも度々チャレンジしていたが、好結果を残せなかった。16年のファイナルQTで19位に入って、17年から日本ツアーを主戦場に。自身2戦目の『関西オープン』で4位に入るなどして初シードを獲得した。

18年は『ISPSハンダマッチプレー選手権』での準々決勝に進出が効いてシードを維持。19年もその座を守った。パーオン率が2年連続トップ10のショットメーカー。パー5での2オン率は2位に入った。

'19部門別データ

賞金	16,854,358円	(51位)
メルセデス・ベンツ トータルポイント	336	(23位)
平均ストローク	71.59	(45位)
平均パット	1.8126	(76位)
パーキープ率	84.27	(24位)
パーオン率	70.43	(6位)
バーディ率	3.64	(24位)
イーグル率	14.75	(46位)
ドライビングディスタンス	299.68	(14位)
フェアウェイキープ率	55.22	(42位)
サンドセーブ率	45.59	(59位)
トータルドライビング	56	(8位)
生涯獲得賞金	43,560,339円	(415位)

賞金と順位(◎印は賞金ランクによる出場権獲得)

'08=0円
'13=　　386,010円　216位
'15=0円
◎'17= 10,769,474円　78位
◎'18= 15,550,497円　67位
◎'19= 16,854,358円　51位

A・ブランド（ブランド　アダム）

Adam BLAND

ツアー1勝
（'15）日本プロ日清カップヌードル杯

インターナショナルツアー1勝
（'05）ウェスタンオーストラリアンPGAチャンピオンシップ（豪州）

所属:アクシネット
生年月日:1982(S57).8.26
身長、体重:185cm／95kg
出身地:オーストラリア
出身校:Aberfoyle Park High
　School
趣味:競馬観戦
ゴルフ歴:14歳〜
プロ転向:2005年
日本でのツアーデビュー戦:
　'13〜全英への道〜ミズノ
　オープン
師弟関係:Troy Lane
得意クラブ:ロブウェッジ
ベストスコア:64
　（'15日本プロ日清カップヌー
　ドル杯1R、3R、'17三井住
　友VISA太平洋マスターズ
　4R）
アマ時代の主な戦歴:
　オーストラリア国内で2勝

'19のツアー全成績：11試合（国内11試合）

中日クラウンズ ‥‥‥‥‥‥‥‥‥‥‥予落
アジアパシフィックダイヤモンドカップ ‥53T
日本ゴルフツアー選手権森ビルカップShishido Hills ‥59
日本プロゴルフ選手権 ‥‥‥‥‥‥‥58T
トップ杯東海クラシック ‥‥‥‥‥‥予落
ブリヂストンオープン ‥‥‥‥‥‥‥‥12T
日本オープン ‥‥‥‥‥‥‥‥‥‥‥予落
HEIWA・PGM CHAMPIONSHIP ‥‥予落
三井住友VISA太平洋マスターズ ‥‥41T
ダンロップフェニックス ‥‥‥‥‥‥‥予落
カシオワールドオープン ‥‥‥‥‥‥予落

出身はメルボルンの北西に位置するミルデューラ。子供のころはテニスをしていたが、ゴルフに転向。右利きでゴルフも最初は右打ちだったが半年ほどで左打ちに切り替えた。2005年にプロ転向した後は国外でも積極的にプレー。07年にはカナダツアーで2勝を挙げている。

09年から3年間は米国下部ツアーでプレーし、14年から日本ツアーに参戦。予選落ち2回だけという安定感で初シードを獲得し、パーキープ率とリカバ

リー率は1位に輝いた。翌15年は『日本プロ』で2日目に首位に立つと3日目に64をマークして6打差の独走態勢を築く。最終日は72にとどまったが余裕で逃げ切り。日本初優勝をビッグタイトルで飾った。

16、17年は優勝こそなかったが安定した成績で賞金シードをキープした。18年は欧州ツアーに参戦し、19年は日本と欧州の両方でプレー。日本では『ブリヂストンオープン』の12位が最高だった。

'19部門別データ

賞金	3,780,333円（106位）
メルセデス・ベンツ トータルポイント	―
平均ストローク	72.89（参考）
平均パット	1.8047（参考）
パーキープ率	77.78（参考）
パーオン率	55.00（参考）
バーディ率	2.33（参考）
イーグル率	―
ドライビングディスタンス	271.48（参考）
フェアウェイキープ率	46.43（参考）
サンドセーブ率	44.29（参考）
トータルドライビング	―
生涯獲得賞金	141,242,308円（235位）

賞金と順位（◎印は賞金ランクによる出場権獲得）

'13=	331,650円	229位	'19=	3,780,333円	106位
◎'14=	29,496,007円	38位			
◎'15=	57,010,458円	17位			
◎'16=	23,438,927円	49位			
◎'17=	27,184,933円	41位			
'18=	0円				

M・ヘンドリー（ヘンドリー　マイケル）

Michael HENDRY

ツアー1勝
('15)東建ホームメイトカップ

インターナショナルツアー3勝
('12、'13)ニュージーランドPGA選手権(豪州)、('17)ISPS HANDAニュージーランドオープン(豪州)

代表歴：ワールドカップ('11、'13)

所属：アクシネット
生年月日：1979(S54).10.15
身長、体重：186cm／95kg
血液型：
出身地：ニュージーランド
出身校：Long Bay College
趣味：クリケット、ジェットスキー、
　　釣り、映画鑑賞
スポーツ歴：クリケットニュー
　　ジーランド代表
ゴルフ歴：12歳〜
プロ転向：2005年
日本でのツアーデビュー戦：
　'10アジアパシフィックパナ
　ソニックオープン
師弟関係：クレイグ・ディクソン
得意クラブ：ドライバー、ミドル
　アイアン
ベストスコア：63
　('15ミズノオープン1R)

'19のツアー全成績：18試合（国内18試合）

東建ホームメイトカップ	18T
中日クラウンズ	26T
関西オープン	予落
〜全英への道〜ミズノオープンatザ・ロイヤル ゴルフクラブ	予落
日本ゴルフツアー選手権森ビルカップShishido Hills	51T
ダンロップ・スリクソン福島オープン	22T
日本プロゴルフ選手権	32T
長嶋茂雄INVITATIONALセガサミーカップ	36T
RIZAP KBCオーガスタ	6T
フジサンケイクラシック	32T
ANAオープン	予落
トップ杯東海クラシック	59T
ブリヂストンオープン	12T
マイナビABCチャンピオンシップ	32T
HEIWA・PGM CHAMPIONSHIP	予落
三井住友VISA太平洋マスターズ	24T
ダンロップフェニックス	53T
カシオワールドオープン	予落

子供のころからゴルフと並行してプレーしていたクリケットでは19歳以下のニュージーランド代表に入るほどの腕前だった。その後、肩を故障してクリケットを断念。ゴルフに専念して2005年にプロ転向した。

12年には豪州ツアーで初勝利を挙げて賞金ランク2位に。同年は母国のプレーヤー・オブ・ザ・イヤーを受賞した。日本ツアーには13年から参戦し、シードを獲得。同年は豪州ツアーで2勝目を挙げて賞金ランク3位に入った。来日3年目の15年、『東建ホームメイトカップ』で3打差4位からの逆転で日本初優勝を飾る。16年は未勝利も安定したプレーで賞金ランクは自己最高の12位に入った。

17年には豪州3勝目をマーク。18年の『ミズノオープン』では単独首位で最終日に入り、首位タイで18番ホールを迎えたが痛恨のボギーで2位。3打差2位で最終日を迎えた19年の『RIZAP KBCオーガスタ』はスコアを伸ばし切れず6位に終わった。

'19部門別データ

賞金	13,686,024円	(58位)
メルセデス・ベンツ トータルポイント	392	(32位)
平均ストローク	71.43	(28位)
平均パット	1.7973	(53位)
パーキープ率	85.15	(13位)
パーオン率	70.02	(7位)
バーディ率	3.40	(52位)
イーグル率	19.33	(63位)
ドライビングディスタンス	288.36	(48位)
フェアウェイキープ率	52.60	(60位)
サンドセーブ率	44.44	(68位)
トータルドライビング	108	(63位)
生涯獲得賞金	208,648,230円	(164位)

賞金と順位（◎印は賞金ランクよる出場権獲得）

'10=	2,256,750円	117位	◎'17=	51,138,926円	17位
'11=	795,000円	167位	◎'18=	16,837,671円	61位
◎'13=	12,874,929円	71位	◎'19=	13,686,024円	58位
◎'14=	21,306,402円	51位			
◎'15=	35,697,800円	30位			
◎'16=	54,054,728円	12位			

T・ペク

Tedd BAEK

ツアー未勝利

Abema TVツアー(チャレンジ)2勝
('19) HEIWA・PGM Challenge II～Road to CHAMPIONSHIP、
TOSHIN CHALLENGE IN 名神八日市CC

'19のツアー全成績:10試合(国内10試合)

～全英への道～ミズノオープンatザ・ロイヤルゴルフクラブ	34T
日本ゴルフツアー選手権森ビルカップShishido Hills	51T
ダンロップ・スリクソン福島オープン	予落
日本プロゴルフ選手権	予落
長嶋茂雄INVITATIONALセガサミーカップ	棄権
RIZAP KBCオーガスタ	24T
フジサンケイクラシック	10T
ANAオープン	38T
マイナビABCチャンピオンシップ	7T
HEIWA・PGM CHAMPIONSHIP	9T

所属:キャロウェイゴルフ
生年月日:1991(H3).10.6
身長、体重:186cm／105kg
血液型:B型
出身地:米国
出身校:サンディエゴ州立大
趣味:音楽鑑賞
スポーツ歴:バスケットボール
ゴルフ歴:13歳～
プロ転向:2012年
日本でのツアーデビュー戦:
　'19ミズノオープン
得意クラブ:60°ウェッジ
日本でのベストスコア:67
　('19フジサンケイクラシック
　1R、マイナビABC選手権
　3R、HEIWA・PGM選手
　権1R)

韓国・ソウル生まれ。父親は柔道家で世界規模の大会での優勝歴あり。自身も子供のころは柔道を習い2段を有している。9歳の時、父親が柔道のコーチをするためにニュージーランドに移住。そこでゴルフを覚えた。初めて出た試合で最下位になったことが悔しくて本格的にゴルフに取り組み、翌年、その試合で優勝を果たす。16歳となった2007年には『ニュージーランドオープン』に出場した。その後、米国のサンディエゴ州立大学に留学。フレッシュマン(1年生)のオールアメリカンに選ばれた。11年には『全米アマ』に出場して予選を突破している。

12年にプロ転向。中国や米国下部ツアーなどでプレーし、中国では2勝を挙げた。18年、日本のQTで24位に入る。19年前半は米国下部ツアーでプレーし、5月から日本参戦。AbemaTVツアーで2勝し、レギュラーツアーではシードを獲得。トータルドライビングとリカバリー率で1位に輝いた。

'19部門別データ

賞金	14,039,071円	(56位)
メルセデス・ベンツ トータルポイント	334	(22位)
平均ストローク	71.07	(18位)
平均パット	1.8103	(72位)
パーキープ率	88.05	(2位)
パーオン率	68.52	(12位)
バーディ率	3.30	(61位)
イーグル率	33.00	(84位)
ドライビングディスタンス	292.72	(30位)
フェアウェイキープ率	61.57	(4位)
サンドセーブ率	47.06	(51位)
トータルドライビング	34	(1位)
生涯獲得賞金	14,039,071円	(671位)

賞金と順位(◎印は賞金ランクによる出場権獲得)

◎'19=14,039,071円　56位

D・ペリー

Dylan PERRY

賞金ランキング36位

ツアー未勝利

所属:JOYX
生年月日:1995（H7).3.2
身長、体重:184cm／80kg
血液型:
出身地:オーストラリア
出身校:St. Josephs High School
趣味:水上スキー、テニス
　　卓球、アウトドア
ゴルフ歴:13歳〜
プロ転向:2018年
日本でのツアーデビュー戦:
　'19東建ホームメイトカップ
得意クラブ:アイアン
日本でのベストスコア:65
　（'19三井住友VISA太平洋
　マスターズ'4R）

'19のツアー全成績:15試合（国内15試合）	
東建ホームメイトカップ	8T
中日クラウンズ	48T
〜全英への道〜ミズノオープンatザ・ロイヤルゴルフクラブ	14T
日本ゴルフツアー選手権森ビルカップShishido Hills	予落
ダンロップ・スリクソン福島オープン	52T
長嶋茂雄INVITATIONALセガサミーカップ	予落
RIZAP KBCオーガスタ	予落
フジサンケイクラシック	24T
ANAオープン	26T
トップ杯東海クラシック	32T
ブリヂストンオープン	51T
マイナビABCチャンピオンシップ	42T
HEIWA・PGM CHAMPIONSHIP	3T
三井住友VISA太平洋マスターズ	32T
カシオワールドオープン	18T

　小さいころはバイクレーサーになるのが夢だったが転倒事故で右足を骨折して断念。13歳の時、友人の母親のプレーについていったことがきっかけでゴルフを始めた。アマチュア時代は母国のアマチュアプレーヤー・オブ・ザ・イヤーに輝いたこともある。2017年には『全英アマ』で決勝に進み、残り5ホールで4アップと大きくリード。しかし、ここから追いつかれて延長で敗退。歴史と伝統を誇るタイトルをあと一歩で逃した。

　その後、プロ転向。18年は豪州ツアーで最高3位の成績を残した。同年は日本のQTに参戦。22位に入り、19年は日本で戦うことを選んだ。『ミズノオープン』では初日67で首位タイ発進。ただ2日目以降は苦戦して14位に終わった。賞金ランク66位で迎えた『HEIWA・PGM選手権』では最終日のラスト4ホールで3バーディを奪って3位でフィニッシュ。賞金ランクを一気に上げて初シードをつかみとった。

'19部門別データ		
賞金	23,998,300円	（36位）
メルセデス・ベンツ トータルポイント	365	（27位）
平均ストローク	71.51	（39位）
平均パット	1.7793	（31位）
パーキープ率	84.86	（16位）
パーオン率	64.49	（49位）
バーディ率	3.51	（39位）
イーグル率	6.38	（ 5位）
ドライビングディスタンス	289.81	（39位）
フェアウェイキープ率	52.39	（63位）
サンドセーブ率	40.91	（84位）
トータルドライビング	102	（55位）
生涯獲得賞金	23,998,300円	（530位）

賞金と順位（◎印は賞金ランクによる出場権獲得）

◎'19= 23,998,300円　36位

星野陸也

Rikuya HOSHINO

賞金ランキング11位

ツアー2勝
('18)フジサンケイクラシック、('19)ダンロップ・スリクソン福島オープン

AbemaTVツアー(チャレンジ)1勝
('17)Novil CUP

所属:フリー
生年月日:1996(H8).5.12
身長、体重:186cm／76kg
血液型:O型
出身地:茨城県
出身校:日本大学
趣味:サッカー、卓球、
　　音楽鑑賞
スポーツ歴:水泳、サッカー、卓球
ゴルフ歴:6歳～
プロ転向:2016年
ツアーデビュー戦:
　'16RIZAP KBCオーガスタ
得意クラブ:ドライバー
ベストスコア:62
　('17HONMA TOURWORLD CUP
　2R)
プレーオフ:0勝1敗
アマ時代の主な戦歴:
　('13、'14)関東ジュニア優勝、
　('15)日本学生5位

'19のツアー全成績:24試合(国内24試合)

SMBCシンガポールオープン ……… 予落
東建ホームメイトカップ …………… 13T
中日クラウンズ ……………………… 5T
アジアパシフィックダイヤモンドカップ … 予落
関西オープン ………………………… 2
～全英への道～ミズノオープンatザ・ロイヤルゴルフクラブ … 24T
日本ゴルフツアー選手権森ビルカップShishido Hills … 20T
ダンロップ・スリクソン福島オープン … 優勝
日本プロゴルフ選手権 ……………… 3
長嶋茂雄INVITATIONALセガサミーカップ … 33T
RIZAP KBCオーガスタ ……………… 2
フジサンケイクラシック ……………… 40T
ANAオープン ………………………… 47T
Shinhan Donghae Open ……………… 5
パナソニックオープン ……………… 23T
トップ杯東海クラシック …………… 23T
ブリヂストンオープン ……………… 予落
日本オープン ………………………… 10T
ZOZO CHAMPIONSHIP ………… 51T
マイナビABCチャンピオンシップ …… 17T
HEIWA・PGM CHAMPIONSHIP … 49T
ダンロップフェニックス ……………… 19
カシオワールドオープン ………………… 32T
ゴルフ日本シリーズJTカップ ………… 8T

中学時代にすでに180cmを超えていたという長身を生かしたゴルフで水城高校時代は『関東ジュニア』連覇などの実績を残す。日本大学に進むが、2年時の2016年6月に中退すると8月のQT挑戦を機にプロ宣言した。QT1位で臨んだ17年はチャレンジ開幕戦を制して20歳でプロ初勝利。ツアーでも安定した成績を残してフル参戦1年目で見事シードを獲得した。

18年は『フジサンケイクラシック』で初日から単独首位を守ってツアー初優勝を飾ったほか、トップ10入りが部門2位の9試合を数える安定感も兼ね備え、賞金ランクは7位に大躍進。最優秀新人賞に輝いた。

19年は『関西オープン』でプレーオフ負けを喫したが、『ダンロップ・スリクソン福島オープン』では首位で迎えた最終日が降雨中止。2勝目をつかみ取った。ドライビングディスタンスは自身初の300ヤード超え。パー5の累計スコアが2位と飛ばし屋の本領を発揮した。

'19部門別データ

賞金	66,313,846円	(11位)
メルセデス・ベンツ トータルポイント	160	(3位)
平均ストローク	70.54	(8位)
平均パット	1.7345	(2位)
パーキープ率	85.67	(11位)
パーオン率	65.66	(32位)
バーディ率	4.16	(6位)
イーグル率	5.87	(3位)
ドライビングディスタンス	300.30	(12位)
フェアウェイキープ率	52.61	(59位)
サンドセーブ率	52.89	(27位)
トータルドライビング	71	(14位)
生涯獲得賞金	175,158,802円	(197位)

賞金と順位(◎印は賞金ランクによる出場権獲得)

'16＝ 2,145,000円 151位
◎'17＝ 33,116,035円 31位
◎'18＝ 73,583,921円 7位
◎'19＝ 66,313,846円 11位

堀川未来夢

Mikumu HORIKAWA

賞金ランキング6位

ツアー1勝
('19)日本ゴルフツアー選手権 森ビルカップ Shishido Hills

所属:Wave Energy
生年月日:1992(H4).12.16
身長、体重:176cm／84kg
血液型:O型
出身地:神奈川県
出身校:日本大学
趣味:映画鑑賞、サウナ
スポーツ歴:テニス、水泳
ゴルフ歴:4歳〜
プロ転向:2014年
ツアーデビュー戦:
　'15東建ホームメイトカップ
師弟関係:石川淳一
得意クラブ:アプローチ、パター
ベストスコア:63
　('17パナソニックオープン
　3R、'18ダンロップ・スリクソン
　福島オープン3R)
アマ時代の主な戦歴:
　('12、'13)国民体育大会個
　人優勝、('12、'14)関東ア
　マ優勝、('14)アジアパシ
　フィックアマ2位

'19のツアー全成績:26試合(国内24試合、海外2試合)

SMBCシンガポールオープン	予落
東建ホームメイトカップ	予落
中日クラウンズ	20T
アジアパシフィックダイヤモンドカップ	予落
関西オープン	25T
〜全英への道〜ミズノオープンatザ・ロイヤルゴルフクラブ	22T
日本ゴルフツアー選手権森ビルカップShishido Hills	優勝
☆全米オープン	予落
ダンロップ・スリクソン福島オープン	22T
日本プロゴルフ選手権	19T
☆全英オープン	予落
長嶋茂雄INVITATIONALセガサミーカップ	6T
RIZAP KBCオーガスタ	予落
フジサンケイクラシック	28T
ANAオープン	38T
Shinhan Donghae Open	18T
パナソニックオープン	予落
トップ杯東海クラシック	10T
ブリヂストンオープン	41T
日本オープン	2T
ZOZO CHAMPIONSHIP	72T
HEIWA・PGM CHAMPIONSHIP	予落
三井住友VISA太平洋マスターズ	4
ダンロップフェニックス	26T
カシオワールドオープン	58T
ゴルフ日本シリーズJTカップ	8T

☆は賞金ランキングに加算する海外競技

　2019年は飛躍の年になった。初日から首位を走った『日本ゴルフツアー選手権』では最終日も68にまとめて初優勝。18年の『ダンロップフェニックス』と『日本シリーズ』では首位にいながら最後の最後で崩れていたが、その悪夢も払しょくした。

　父親の影響でクラブを握り、小学生のころから試合に出ていたが、中学時代はゴルフから少し離れてソフトテニス部に所属。市の大会で優勝したこともあった。高校はゴルフ部のある厚木北に入学してゴルフを再開。高校時代は目立った成績はなかったが、日本大学進学後に高いレベルでもまれて力をつけ、数々のタイトルを獲得した。そして大学4年時の14年にQTに挑戦。13位に入った。

　プロデビューの15年に単独首位で最終日を迎えた『ブリヂストンオープン』で2位に入るなどで初シード獲得。1年で陥落するがすぐに奪回した。19年は海外メジャーやWGCも経験。今季は一層の活躍が期待される。

'19部門別データ

メルセデス・ベンツ トータルポイント

サンドセーブ率 25位(53.04)
FWキープ率 8位(60.79)
ドライビングディスタンス 83位(276.29)
イーグル率 14位(8.89)
バーディ率 52位(3.40)
パーオン率 33位(65.56)
パーキープ率 14位(85.07)
平均パット 35位(1.7817)
平均ストローク 17位(71.01)
15位(281)

トータルドライビング＝91(37位)
獲得賞金＝84,790,750円(6位)
生涯獲得賞金＝193,863,073円(176位)

賞金と順位(◎印は賞金ランクによる出場権獲得)

◎'15= 24,995,207円　41位
　'16=　9,476,239円　87位
◎'17= 20,481,606円　51位
◎'18= 54,119,271円　19位
◎'19= 84,790,750円　　6位

正岡竜二

Ryuji MASAOKA

ツアー未勝利

所属:グランデュール
生年月日:1983(S58).5.21
身長、体重:175cm／80kg
血液型:B型
出身地:沖縄県
出身校:東北福祉大学
趣味:車
スポーツ歴:サッカー
ゴルフ歴:10歳〜
プロ転向:2006年
ツアーデビュー戦:
　'06マンダムルシードよみうり
　オープン
師弟関係:牛島博史、正岡豊英
得意クラブ:9番アイアン
ベストスコア:64
　('14トーシントーナメントINセ
　ントラル3R、'17ダンロップ・
　スリクソン福島オープン3R、
　19ANAオープン3R)
アマ時代の主な優勝歴:
　('04)九州アマ

'19のツアー全成績:21試合(国内21試合)	
SMBCシンガポールオープン	予落
東建ホームメイトカップ	29T
中日クラウンズ	75T
関西オープン	予落
〜全英への道〜ミズノオープンatザ・ロイヤル ゴルフクラブ	52T
日本ゴルフツアー選手権森ビルカップShishido Hills	予落
ダンロップ・スリクソン福島オープン	12T
日本プロゴルフ選手権	19T
長嶋茂雄INVITATIONALセガサミーカップ	46T
RIZAP KBCオーガスタ	60T
フジサンケイクラシック	50T
ANAオープン	9T
パナソニックオープン	予落
トップ杯東海クラシック	予落
ブリヂストンオープン	予落
日本オープン	18T
マイナビABCチャンピオンシップ	予落
HEIWA・PGM CHAMPIONSHIP	12T
三井住友VISA太平洋マスターズ	5T
ダンロップフェニックス	予落
カシオワールドオープン	予落

沖縄県宜野湾市生まれ。西原高校時代は『九州ジュニア』を制し、東北福祉大学時代には『九州アマ』で優勝している。

2006年にプロ転向。だが、結果を出せない年が続く。転機は13年。チャレンジ賞金ランク8位に入り、14年前半戦の出場権をつかんだことだった。14年は『フジサンケイクラシック』で自身初のトップ10となる7位に入るなどして初シードを獲得。15年は『ダンロップ・スリクソン福島オープン』初日に初めて首位を経験。16年は『カシオワールドオープン』を迎えた時点で賞金ランク88位だったが、2位で迎えた最終日が雨で中止となり大逆転でシードを死守した。

17年も10月下旬で賞金ランク83位だったがそこから踏ん張った。18年は『ISPSハンダマッチプレー選手権』の5位が効いてシード維持。19年は自己最高の賞金ランク41位で6年連続シード入り。サンドセーブ率は前年の90位からの急上昇で1位、66.00%は歴代最高である。

'19部門別データ		
賞金	21,111,426円	(41位)
メルセデス・ベンツ トータルポイント	547	(73位)
平均ストローク	71.91	(63位)
平均パット	1.8186	(82位)
パーキープ率	82.31	(60位)
パーオン率	61.71	(74位)
バーディ率	3.11	(80位)
イーグル率	16.25	(52位)
ドライビングディスタンス	283.33	(68位)
フェアウェイキープ率	52.32	(67位)
サンドセーブ率	66.00	(1位)
トータルドライビング	135	(86位)
生涯獲得賞金	107,637,059円	(270位)

賞金と順位(◎印は賞金ランク、△印はチャレンジランクによる出場権獲得)					
'06=	940,000円	164位	△'13=ナシ	◎'19= 21,111,426円	41位
'07=	3,931,000円	112位	◎'14= 18,374,182円 56位		
'08=0円			◎'15= 10,004,177円 77位		
'09=0円			◎'16= 22,751,200円 51位		
'11=0円			◎'17= 13,455,196円 70位		
'12=0円			◎'18= 17,069,878円 59位		

宮里優作

Yusaku MIYAZATO

ツアー7勝
('13) ゴルフ日本シリーズJTカップ、('14) 東建ホームメイトカップ、('15) ダンロップフェニックス、('17) 中日クラウンズ、日本プロ日清カップヌードル杯、HONMA TOURWORLD CUP、ゴルフ日本シリーズJTカップ

その他1勝
('13) 九州オープン

所属：フリー
生年月日：1980(S55).6.19
身長、体重：170cm／70kg
血液型：A型
出身地：沖縄県
出身校：東北福祉大学
スポーツ歴：バスケットボール、
　野球、陸上
ゴルフ歴：3歳～
プロ転向：2002年
ツアーデビュー戦：
　'03東建ホームメイトカップ
師弟関係：宮里　優(父)
得意クラブ：パター
ベストスコア：61
　('17HONMA TOURWORLD CUP
　1R)
アマ時代の主な優勝歴：
　('98) 日本ジュニア、
　('00、'01、'02) 日本学生、
　('01) 日本アマ、
　　　　日本オープンローアマ

'19のツアー全成績：4試合(国内4試合)

HEIWA・PGM CHAMPIONSHIP …予落
三井住友VISA太平洋マスターズ …50T
ダンロップフェニックス …………………予落
カシオワールドオープン ……………………32T

　父・優さんの指導で腕を上げ、ジュニア時代から数々のタイトルを獲得してきた。東北福祉大学時代はツアーでも度々優勝争いに加わり、出場4試合連続でトップ10に入ったこともあった。
　プロ生活は1年目からシードを手にするが勝利への道のりは長く、初優勝は33歳、16度目の最終日最終組となった2013年の『日本シリーズ』だった。以降は着実に優勝を重ね、16、17年は選手会長も務めた。17年は『中日クラウンズ』『日本プロ』を連勝し、10月の『HONMA TOURWORLD CUP』では72ホールボギーなしで優勝という快挙をやってのける。賞金ランク2位で迎えた『日本シリーズ』は賞金王となるには優勝しかない状況の中で6打差の圧勝。鮮やかな逆転劇で自身初、そして選手会長としても初めて賞金王の座についた。
　18、19年は欧州ツアーを中心にプレー。19年は22位が最高と苦戦し、今季は再び日本を主戦場とすることになった。

'19部門別データ

賞金	1,693,523円	(123位)
メルセデス・ベンツ トータルポイント	—	
平均ストローク	72.81	(参考)
平均パット	1.8435	(参考)
パーキープ率	81.02	(参考)
パーオン率	68.06	(参考)
バーディ率	3.00	(参考)
イーグル率	—	
ドライビングディスタンス	283.83	(参考)
フェアウェイキープ率	59.52	(参考)
サンドセーブ率	45.00	(参考)
トータルドライビング	—	
生涯獲得賞金	830,585,070円	(19位)

賞金と順位(◎印は賞金ランクによる出場権獲得)

◎'03=	18,970,000円	54位	◎'08=	38,197,866円	33位	◎'13=	78,688,291円	7位
◎'04=	23,904,829円	50位	◎'09=	36,239,021円	31位	◎'14=	64,299,792円	11位
◎'05=	29,511,667円	43位	◎'10=	19,653,816円	55位	◎'15=	103,999,119円	2位
◎'06=	42,624,094円	27位	◎'11=	42,540,169円	21位	◎'16=	44,166,769円	20位
◎'07=	48,310,583円	14位	◎'12=	38,716,099円	30位	◎'17=182,831,982円		1位

◎'18=	16,237,450円	64位
'19=	1,693,523円	123位

宮本勝昌

Katsumasa MIYAMOTO

ツアー12勝
('98)つるやオープン、ゴルフ日本シリーズJTカップ、('01)日本ゴルフツアー選手権
イーヤマカップ、ゴルフ日本シリーズJTカップ、('03)サトウ食品NST新潟オープン、
('07)KBCオーガスタ、('08)東建ホームメイトカップ、('10)日本ゴルフツアー選手権
Citibank Cup Shishido Hills、('14)ANAオープン、ゴルフ日本シリーズJTカップ、
('17)ダンロップ・スリクソン福島オープン、('19)中日クラウンズ

その他4勝
('96)ゼンリン福岡オープン、('98)千葉オープン、('00)北陸オープン、('15)北陸オープン

代表歴：ダンヒルカップ('98)、ダイナスティカップ('03、'05)、日韓対抗戦('04、'10)

所属：ハートンホテル
生年月日：1972(S47).8.28
身長、体重：174cm／76kg
血液型：O型
出身地：静岡県
出身校：日本大学
趣味：ドライブ、ショッピング
スポーツ歴：野球
ゴルフ歴：13歳～
プロ転向：1995年
ツアーデビュー戦：
'96東建コーポレーションカップ
師弟関係：石井明義
得意クラブ：ドライバー
ベストスコア：62
　('11トーシントーナメントINレイクウッド4R)
プレーオフ：2勝3敗
アマ時代の主な優勝歴：
　('91)日本アマ

'19のツアー全成績：23試合（国内23試合）

SMBCシンガポールオープン	予落
東建ホームメイトカップ	44T
中日クラウンズ	優勝
アジアパシフィックダイヤモンドカップ	予落
関西オープン	予落
～全英への道～ミズノオープンatザ・ロイヤル ゴルフクラブ	予落
日本ゴルフツアー選手権森ビルカップShishido Hills	67
ダンロップ・スリクソン福島オープン	予落
日本プロゴルフ選手権	15T
長嶋茂雄INVITATIONALセガサミーカップ	63T
RIZAP KBCオーガスタ	20T
フジサンケイクラシック	19T
ANAオープン	26T
パナソニックオープン	5T
トップ杯東海クラシック	予落
ブリヂストンオープン	34T
日本オープン	予落
マイナビABCチャンピオンシップ	35T
HEIWA・PGM CHAMPIONSHIP	17T
三井住友VISA太平洋マスターズ	41T
ダンロップフェニックス	31T
カシオワールドオープン	5T
ゴルフ日本シリーズJTカップ	24T

日本大学1年時の1991年、4年生の丸山茂樹を下して『日本アマ』を制覇。プロ入り後は同期の片山晋呉や横尾要に先駆けて98年4月の『つるやオープン』で初優勝を飾った。同年の『日本シリーズ』では尾崎将司をプレーオフで下している。

翌99年は米国ツアーに参戦。1年で撤退するが再び日本で活躍し、01年には『日本ゴルフツアー選手権』と『日本シリーズ』の2冠を制している。14年の『日本シリーズ』で通算10勝に到達。16年は史上9人目の生涯獲得賞金10億円突破も果たした。

18年は体調を崩して18年間守っていた賞金シードから陥落と苦しんだ。しかし「令和初のトーナメント」となった19年『中日クラウンズ』では最終ホールのバーディで混戦を制して2年ぶりの通算12勝目。鮮やかに復活した。

06年から11年にかけて151試合連続出場の記録をつくった鉄人。選手会長を計3期務めるなど人望も厚い。

'19部門別データ

部門	数値	順位
賞金	50,403,092円	(20位)
メルセデス・ベンツ トータルポイント	442	(49位)
平均ストローク	71.64	(51位)
平均パット	1.7993	(59位)
パーキープ率	83.56	(31位)
パーオン率	65.70	(31位)
バーディ率	3.67	(22位)
イーグル率	75.00	(94位)
ドライビングディスタンス	286.27	(57位)
フェアウェイキープ率	52.87	(57位)
サンドセーブ率	49.06	(40位)
トータルドライビング	114	(70位)
生涯獲得賞金	1,140,211,825円	(8位)

賞金と順位（◎印は賞金ランク、㉖は後援ランクによる出場権獲得）

㉖'96=	1,852,600円	168位	◎'02=	41,590,894円	24位	◎'08=	61,996,691円	16位
◎'97=	22,396,448円	53位	◎'03=	60,574,671円	11位	◎'09=	42,366,555円	27位
◎'98=	93,580,618円	5位	◎'04=	48,191,300円	19位	◎'10=	74,248,316円	9位
'99=	6,019,000円	102位	◎'05=	39,260,320円	32位	◎'11=	22,168,925円	44位
◎'00=	61,921,383円	12位	◎'06=	58,294,663円	16位	◎'12=	31,394,233円	35位
◎'01=	87,455,177円	8位	◎'07=	65,295,008円	7位	◎'13=	20,862,314円	46位

◎'14=	91,048,150円	5位
◎'15=	42,424,966円	25位
◎'16=	48,093,082円	14位
◎'17=	54,438,564円	15位
'18=	12,334,855円	74位
◎'19=	50,403,092円	20位

武藤俊憲

Toshinori MUTO

ツアー7勝
('06)マンシングウェアオープンKSBカップ、('08)コカ・コーラ東海クラシック、
('09)The Championship by LEXUS、('11)ダンロップフェニックス、('12)関西オープン、
('15)ISPSハンダグローバルカップ、('19)パナソニックオープン

'19のツアー全成績：24試合（国内24試合）

SMBCシンガポールオープン	67
東建ホームメイトカップ	54T
中日クラウンズ	59T
アジアパシフィックダイヤモンドカップ	33T
関西オープン	36T
～全英への道～ミズノオープンatザ・ロイヤル ゴルフクラブ	14T
日本ゴルフツアー選手権森ビルカップShishido Hills	予落
ダンロップ・スリクソン福島オープン	7T
日本プロゴルフ選手権	43T
長嶋茂雄INVITATIONALセガサミーカップ	26T
RIZAP KBCオーガスタ	予落
フジサンケイクラシック	予落
ANAオープン	15T
Shinhan Donghae Open	予落
パナソニックオープン	優勝
トップ杯東海クラシック	予落
ブリヂストンオープン	41T
日本オープン	43T
マイナビABCチャンピオンシップ	17T
HEIWA・PGM CHAMPIONSHIP	54T
三井住友VISA太平洋マスターズ	棄権
ダンロップフェニックス	34T
カシオワールドオープン	7T
ゴルフ日本シリーズJTカップ	14T

所属：フリー
生年月日：1978(S53).3.10
身長、体重：173cm／76kg
血液型：O型
出身地：群馬県
出身校：前橋育英高校
趣味：スキー、温泉
スポーツ歴：サッカー
ゴルフ歴：15歳～
プロ転向：2001年
ツアーデビュー戦：'03マンシング
　ウェアオープンKSBカップ
師弟関係：菅原理夫
得意クラブ：ドライバー
ベストスコア：63
　（'11ダンロップフェニックス3R、
　'12ミズノオープン4R）
プレーオフ：1勝1敗

　母方の実家が練習場だったことから小さいころからクラブを握り、高校でゴルフ部に入って本格的に取り組んだ。

　プロ6年目の2006年『マンシングウェアオープンKSBカップ』で64をマークして7打差逆転の初優勝。その後も09年『レクサス選手権』では64で2打差3位から、11年『ダンロップフェニックス』では63で4打差6位から優勝と爆発的なスコアでの逆転劇が目立つ。

　トータルドライビングは08、09、11年と1位。14年に左足首のじん帯を断裂して約3カ月の休養を余儀なくされた15年『ISPSハンダグローバルカップ』でC・シュワーツェル、J・ダフナーのメジャー覇者らを抑えて優勝。16年にはシーズン2度のアルバトロスをマークするという快挙を達成している。

　19年の『パナソニックオープン』では1打差首位で最終日へ。今平周吾が2位につけていたが64を叩き出して突き離し、4年ぶりの通算7勝目を飾った。

'19部門別データ

賞金	51,204,475円	(19位)
メルセデス・ベンツ トータルポイント	449	(51位)
平均ストローク	71.55	(41位)
平均パット	1.8192	(84位)
パーキープ率	82.49	(54位)
パーオン率	69.06	(8位)
バーディ率	3.51	(39位)
イーグル率	13.17	(40位)
ドライビングディスタンス	286.87	(55位)
フェアウェイキープ率	55.71	(38位)
サンドセーブ率	38.46	(90位)
トータルドライビング	93	(41位)
生涯獲得賞金	694,014,085円	(37位)

賞金と順位（◎印は賞金ランクによる出場権獲得）

'03=	819,300円	175位	◎'08=	78,382,804円	10位	◎'13=	31,471,393円	32位	◎'18=	32,804,339円	33位
'04=	500,000円	206位	◎'09=	55,621,648円	19位	◎'14=	48,180,455円	20位	◎'19=	51,204,475円	19位
'05=	10,387,333円	80位	◎'10=	20,281,530円	52位	◎'15=	56,005,368円	19位			
◎'06=	57,672,877円	17位	◎'11=	77,694,778円	8位	◎'16=	51,292,990円	13位			
◎'07=	20,717,750円	50位	◎'12=	68,680,607円	12位	◎'17=	32,296,438円	33位			

Y・E・ヤン（ヤン ワイイー）

Y E YANG

賞金ランキング23位

所属:NOW ON
生年月日:1972（S47）. 1.15
身長、体重:177cm／88kg
血液型:B型
出身地:韓国
出身校:済州Kwang Kang高校
趣味:釣り
ゴルフ歴:19歳〜
プロ転向:1996年
日本ツアーデビュー戦:
　'00キリンオープン
得意クラブ:5W
ベストスコア:61
　（'05中日クラウンズ1R）
プレーオフ:0勝1敗

ツアー 5勝
（'04）サン・クロレラクラシック、アサヒ緑健よみうりメモリアル、（'05）コカ・コーラ東海クラシック、（'06）サントリーオープン、（'18）中日クラウンズ

インターナショナルツアー 5勝
（'06）HSBCチャンピオンズ（中国・欧州／アジア）、KOLON - HANAバンクコリアオープン（アジア）、（'09）ザ・ホンダクラシック（米国）、全米プロゴルフ選手権、（'10）Volvoチャイナオープン（欧州）

代表歴
日韓対抗戦（'04、'11）、ザ・ロイヤルトロフィ（'07、'12、'13）、ワールドカップ（'09）、プレジデンツカップ（'09、'11）

'19のツアー全成績:23試合（国内22試合、海外1試合）

東建ホームメイトカップ	予落	日本オープン	62T
中日クラウンズ	31T	マイナビABCチャンピオンシップ	39T
アジアパシフィックダイヤモンドカップ	4T	HEIWA・PGM CHAMPIONSHIP	予落
☆全米プロ	予落	三井住友VISA太平洋マスターズ	3
関西オープン	予落	ダンロップフェニックス	34T
〜全英への道〜ミズノオープンatザ・ロイヤル ゴルフクラブ	9T	カシオワールドオープン	予落
日本ゴルフツアー選手権森ビルカップShishido Hills	37T	ゴルフ日本シリーズJTカップ	13
日本プロゴルフ選手権	50T	☆は賞金ランキングに加算する海外競技	
長嶋茂雄INVITATIONALセガサミーカップ	棄権		
RIZAP KBCオーガスタ	予落		
フジサンケイクラシック	30T		
ANAオープン	15T		
Shinhan Donghae Open	61T		
パナソニックオープン	37T		
トップ杯東海クラシック	41T		
ブリヂストンオープン	予落		

'19部門別データ

賞金	42,888,013円	（23位）
メルセデス・ベンツ トータルポイント	514	（64位）
平均ストローク	71.75	（58位）
平均パット	1.8319	（89位）
パーキープ率	82.41	（57位）
パーオン率	63.58	（60位）
バーディ率	3.13	（78位）
イーグル率	12.00	（33位）
ドライビングディスタンス	289.33	（42位）
フェアウェイキープ率	55.68	（39位）
サンドセーブ率	45.83	（58位）
トータルドライビング	81	（28位）
生涯獲得賞金	368,091,655円	（93位）

　韓国・済州島生まれ。19歳の時、練習場で球拾いのアルバイトをしたことでゴルフと出会い、夢中に。兵役を経て1996年にプロとなった。

　日本ツアーでは04年に2勝を挙げて賞金ランク3位に。計4勝した後、07年は欧州でプレーし、08年からは米国ツアーに参戦した。09年3月に米国ツアー初優勝を飾ると、8月の『全米プロ』では2打差2位で最終日に入り同組で回ったタイガー・ウッズを逆転。首位で最終日に入ったメジャーは14戦全勝だったタイガー神話を崩し、アジア人で初めてメジャーを制した。10年には欧州ツアーでも優勝。世界を股にかけて活躍する男が再び日本を目指し、17年のQTで1位に。翌18年は自身2戦目の『中日クラウンズ』でいきなり優勝して12年ぶりの日本ツアー復帰を飾った。

　19年は未勝利だったが、『三井住友VISA太平洋マスターズ』で最終日最終組を回るなど、随所で存在感を示した。

賞金と順位（◎印は賞金ランクによる出場権獲得）

'00=	937,000円	178位	
'02=	4,025,633円	117位	
'03=0円			
◎'04=	99,540,333円	3位	
◎'05=	63,346,608円	10位	
◎'06=	75,710,084円	9位	
'08=	4,174,000円	111位	
'13=	11,550,000円	74位	
'14=	416,040円	206位	
'15=	1,350,000円	147位	
'16=	503,385円	225位	
◎'18=	63,650,559円	13位	
◎'19=	42,888,013円	23位	

梁　津萬(リャン　ウェンチョン)

Wen-Chong LIANG

ツアー2勝
('15)日本ゴルフツアー選手権 森ビルカップShishido Hills、('17)東建ホームメイトカップ

インターナショナルツアー3勝
('07)シンガポール・マスターズ(アジア/欧州)、('08)ヒーロー・ホンダ・インディアン・オープン(アジア)、('13)リゾート・ワールド・マニラマスターズ(アジア)

代表歴：ダンヒルカップ('00)、ダイナスティカップ('03、'05)、ワールドカップ('01、'07、'08、'09、'11、'13)、ザ・ロイヤルトロフィ('09、'10、'11、'12ノンプレーイング副キャプテン、'13)

その他：'07アジアンツアー賞金王

所属:本間ゴルフ
生年月日:1978(S53).8.2
身長、体重:173cm／62kg
出身地:中国
趣味:読書
スポーツ歴:陸上競技
ゴルフ歴:16歳～
プロ転向:1999年
日本でのツアーデビュー戦:'00キリンオープン
得意クラブ:ドライバー、パター
ベストスコア:64
　('06フジサンケイクラシック4R、'08フジサンケイクラシック3R、'08パナソニックオープン1R、'12ANAオープン4R)
プレーオフ:0勝1敗
アマ時代の主な優勝歴:
　('96、'97、'98)中国アマ

'19のツアー全成績:17試合(国内17試合)

SMBCシンガポールオープン	予落
東建ホームメイトカップ	18T
アジアパシフィックダイヤモンドカップ	予落
関西オープン	予落
～全英への道～ミズノオープンatザ・ロイヤルゴルフクラブ	予落
日本ゴルフツアー選手権森ビルカップShishido Hills	予落
日本プロゴルフ選手権	棄権
長嶋茂雄INVITATIONALセガサミーカップ	26T
RIZAP KBCオーガスタ	35T
ANAオープン	6T
Shinhan Donghae Open	予落
パナソニックオープン	予落
ブリヂストンオープン	34T
日本オープン	46T
HEIWA・PGM CHAMPIONSHIP	12T
三井住友VISA太平洋マスターズ	61T
ダンロップフェニックス	49T

中国・広東省出身。1996年から『中国アマ』を3連覇してプロ転向した。日本ツアーには04年から参戦。アジアンツアーとの掛け持ちで12試合の出場ながらシード権を手にした。

07年には欧亜共催競技『シンガポール・マスターズ』に優勝。中国人選手として初めてアジアンツアー賞金王に輝いた。10年はワンアジアツアーで2勝を挙げて賞金王に。同年の『全米プロ』では3日目にコースレコードの64で回り、8位に入った。

12年から日本ツアーでの登録名をW・リャンから漢字に変更。13年はパーオン率1位、14年はトータルポイントとイーグル率で1位に輝いた。

日本初優勝は15年の『日本ゴルフツアー選手権』。それまで2位が5回、3位が7回と惜敗続きだった。17年には『東建ホームメイトカップ』で2勝目をマーク。18年は不本意な成績に終わり、19年も前半は背筋痛の影響で低迷したが夏場以降は復調。シード復帰を果たした。

'19部門別データ

賞金	13,063,230円	(61位)
メルセデス・ベンツ トータルポイント	558	(76位)
平均ストローク	71.90	(62位)
平均パット	1.8212	(87位)
パーキープ率	81.86	(68位)
パーオン率	64.40	(52位)
バーディ率	3.14	(75位)
イーグル率	6.13	(4位)
ドライビングディスタンス	282.70	(69位)
フェアウェイキープ率	52.48	(61位)
サンドセーブ率	41.67	(80位)
トータルドライビング	130	(84位)
生涯獲得賞金	372,016,224円	(91位)

賞金と順位(◎印は賞金ランクによる出場権獲得)

'00=	640,000円	197位	◎'06=	50,663,094円	21位	◎'12=	19,632,814円	56位	'18=	11,597,034円	76位
'01=0円			◎'07=	10,597,300円	75位	◎'13=	19,408,446円	50位	◎'19=	13,063,230円	61位
'02=0円			◎'08=	39,443,000円	31位	◎'14=	33,071,750円	32位			
'03=	198,000円	239位	◎'09=	16,690,300円	57位	※'15=	40,598,600円	27位			
◎'04=	21,309,186円	53位	◎'10=	17,223,250円	63位	'16=	18,028,440円	60位			
◎'05=	24,145,020円	49位	'11=	4,334,053円	106位	'17=	31,372,707円	36位	※は規定試合数不足		

H・W・リュー（リュー　ヒョヌ）

Hyun-Woo RYU

賞金ランキング52位

ツアー2勝
（'12)コカ・コーラ東海クラシック、（'17)フジサンケイクラシック

代表歴：日韓対抗戦（'12)

所属：フリー
生年月日：1981(S56).9.8
身長、体重：174cm／80kg
血液型：O型
出身地：韓国
趣味：野球観戦、ドライブ
スポーツ歴：野球
ゴルフ歴：12歳〜
プロ転向：2002年
日本でのツアーデビュー戦：
　'12東建ホームメイトカップ
得意クラブ：アイアン、パター
ベストスコア：64
　（'12トーシントーナメントIN
　涼仙1R、'16ダンロップフェ
　ニックス1R、'17HONMA
　TOURWORLD CUP 1R)
プレーオフ：2勝0敗

'19のツアー全成績：20試合(国内20試合)

東建ホームメイトカップ	予落
アジアパシフィックダイヤモンドカップ	31T
関西オープン	3
〜全英への道〜ミズノオープンatザ・ロイヤル ゴルフクラブ	予落
日本ゴルフツアー選手権森ビルカップShishido Hills	6T
日本プロゴルフ選手権	32T
長嶋茂雄INVITATIONALセガサミーカップ	予落
RIZAP KBCオーガスタ	16T
フジサンケイクラシック	50T
ANAオープン	予落
Shinhan Donghae Open	予落
パナソニックオープン	44T
トップ杯東海クラシック	予落
ブリヂストンオープン	51T
日本オープン	56T
マイナビABCチャンピオンシップ	予落
HEIWA・PGM CHAMPIONSHIP	予落
三井住友VISA太平洋マスターズ	予落
ダンロップフェニックス	49T
カシオワールドオープン	49T

　2000年に韓国でセミプロの資格を取得してレッスン活動を始める。02年に念願のプロに。しかし兵役などもあり、活躍するまでには時間がかかった。初優勝は09年の『新韓銀行オープン』。K・J・チョイやY・E・ヤンら米国ツアーで活躍する選手らも出場する中での優勝だった。

　12年から日本ツアーに参戦。台風の影響で無観客試合となった『コカ・コーラ東海クラシック』で片山晋呉とのプレーオフの末、初優勝。13年は韓国を中心にプレーしてポイントランク1位に輝く。14年からは日本に軸足を戻し、17年の『フジサンケイクラシック』で5年ぶりの勝利をつかむ。4打差6位からプレーオフに持ち込み、1ホール目で勝負を決めた。翌週の『ISPSハンダマッチプレー選手権』でも勝ち進むが決勝で片山晋呉に敗れた。

　ここ2年は優勝がない。19年の『関西オープン』では1打差2位で最終日を迎えたが3位に終わっている。

'19部門別データ

賞金	16,274,130円	(52位)
メルセデス・ベンツ トータルポイント	570	(79位)
平均ストローク	72.20	(77位)
平均パット	1.8393	(93位)
パーキープ率	82.11	(65位)
パーオン率	63.47	(63位)
バーディ率	2.90	(93位)
イーグル率	14.75	(46位)
ドライビングディスタンス	278.52	(79位)
フェアウェイキープ率	59.49	(17位)
サンドセーブ率	50.54	(37位)
トータルドライビング	96	(46位)
生涯獲得賞金	308,329,758円	(114位)

賞金と順位(◎印は賞金ランクによる出場権獲得)

◎'12=	49,296,011円	21位		
◎'13=	8,161,586円	86位	◎'18= 32,831,380円	32位
◎'14=	35,494,392円	31位	◎'19= 16,274,130円	52位
◎'15=	41,506,218円	26位		
◎'16=	43,942,039円	21位		
◎'17=	80,824,002円	9位		

W・J・リー（リー ウォンジョン）

Won Joon LEE

ツアー未勝利

所属:フリー
生年月日:1985(S60).10.23
身長、体重:190cm／96kg
血液型:A型
出身地:オーストラリア
趣味:車、チューニングカー、
　　バスケットボール
ゴルフ歴:15歳〜
プロ転向:2006年
日本でのツアーデビュー戦:
　'06三井住友VISA太平洋
　マスターズ
ベストスコア:64
　('16HEIWA・PGM選手権
　1R)
アマ時代の主な戦歴:
　('05、'06)日本オープンロー
　アマ

'19のツアー全成績:20試合(国内20試合)

SMBCシンガポールオープン	18T
東建ホームメイトカップ	7
中日クラウンズ	15T
アジアパシフィックダイヤモンドカップ	22T
〜全英への道〜ミズノオープンatザ・ロイヤル ゴルフクラブ	14T
日本ゴルフツアー選手権森ビルカップShishido Hills	48T
日本プロゴルフ選手権	38T
長嶋茂雄INVITATIONALセガサミーカップ	52T
RIZAP KBCオーガスタ	予落
フジサンケイクラシック	50T
ANAオープン	26T
Shinhan Donghae Open	32T
パナソニックオープン	予落
トップ杯東海クラシック	32T
ブリヂストンオープン	41T
マイナビABCチャンピオンシップ	22T
HEIWA・PGM CHAMPIONSHIP	60T
三井住友VISA太平洋マスターズ	予落
ダンロップフェニックス	予落
カシオワールドオープン	53T

　小さいころに家族で韓国からオーストラリアに移住。祖父の影響で本格的にゴルフを始めたのが2000年。恵まれた体格を生かしたスケールの大きなゴルフで頭角を現し、数々のタイトルを獲得。05、06年には『日本オープン』でローアマとなり、規格外の飛距離でも話題になった。

　06年秋にプロ転向し、プロデビュー戦に選んだのは『三井住友VISA太平洋マスターズ』だった。翌07年から米国下部ツアーに参戦。しかし、優勝することも米国ツアーの出場権を得ることもできず、やがて右腕の骨に異状を発症した。年々痛みが激しくなりプレーを断念。13、14年は治療に専念した。

　復活を期して選んだのは日本ツアー。15年に初シードを獲得して以降、5年連続でその座を守っている。

　19年は予選通過率が自己最高の80％と安定感が増した。韓国では62回の歴史を誇る『KPGA選手権』を制覇。うれしいプロ初勝利となった。

'19部門別データ

賞金	17,088,775円	(50位)
メルセデス・ベンツ トータルポイント	436	(48位)
平均ストローク	71.60	(47位)
平均パット	1.7624	(14位)
パーキープ率	82.38	(58位)
パーオン率	62.46	(68位)
バーディ率	3.54	(36位)
イーグル率	17.50	(57位)
ドライビングディスタンス	297.75	(18位)
フェアウェイキープ率	42.11	(97位)
サンドセーブ率	49.02	(41位)
トータルドライビング	115	(72位)
生涯獲得賞金	115,790,052円	(257位)

賞金と順位(◎印は賞金ランクによる出場権獲得)

'06=	3,193,000円	127位
◎'15=	31,105,380円	35位
◎'16=	27,610,993円	45位
◎'17=	12,348,000円	73位
◎'18=	24,443,904円	41位
◎'19=	17,088,775円	50位

阿久津未来也 Mikiya AKUTSU

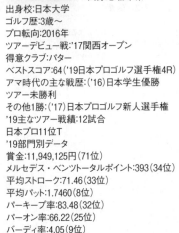

所属:六甲国際GC
生年月日:1995(H7).3.17
身長:180cm　体重:72kg
血液型:A型
出身地:栃木県

出身校:日本大学
ゴルフ歴:3歳〜
プロ転向:2016年
ツアーデビュー戦:'17関西オープン
得意クラブ:パター
ベストスコア:64('19日本プロゴルフ選手権4R)
アマ時代の主な戦歴:('16)日本学生優勝
ツアー未勝利
その他1勝:('17)日本プロゴルフ新人選手権
'19主なツアー戦績:12試合
日本プロ11位T
'19部門別データ
賞金:11,949,125円(71位)
メルセデス・ベンツトータルポイント:393(34位)
平均ストローク:71.46(33位)
平均パット:1.7460(8位)
パーキープ率:83.48(32位)
パーオン率:66.22(25位)
バーディ率:4.05(9位)
イーグル率:

ドライビングディスタンス:274.38(90位)
フェアウェイキープ率:62.60(3位)
サンドセーブ率:29.73(98位)
トータルドライビング:93(41位)

賞金と順位(△はチャレンジランクによる出場権獲得)
　'17=0円
　'18=　6,121,071円103位
△'19=11,949,125円 71位

伊藤有志 Yushi ITO

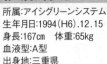

所属:アイシグリーンシステム
生年月日:1994(H6).12.15
身長:167cm　体重:65kg
血液型:A型
出身地:三重県

出身校:東北福祉大学
趣味:ショッピング
スポーツ歴:ソフトボール、空手
ゴルフ歴:10歳〜
プロ転向:2016年
ツアーデビュー戦:'17日本プロ日清カップヌードル杯
師弟関係:浦口裕介、山田貴弘
得意クラブ:アイアン
ベストスコア67('17フジサンケイクラシック4R)
アマ時代の主な戦歴:('14)東北アマ優勝、('16)日本ア
マ7位、日本学生2位
ツアー未勝利
'19の主なツアー戦績:1試合
〜全英への道〜ミズノオープン58位T
'19部門別データ
賞金:228,000円(193位)
メルセデス・ベンツトータルポイント:
平均ストローク:72.81(参考)
平均パット:1.8750(参考)
パーキープ率:72.22(参考)

パーオン率:56.94(参考)
バーディ率:2.25(参考)
イーグル率:4.00(参考)
ドライビングディスタンス:288.38(参考)
フェアウェイキープ率:66.07(参考)
サンドセーブ率:20.00(参考)
トータルドライビング:
賞金と順位(△はチャレンジランクによる出場権獲得)
　'17=　5,415,757円101位
　'18=　1,083,000円182位
△'19=　　228,000円193位

今野大喜

所属:フリー
生年月日:1997(H9).3.29
身長:170cm　体重:80kg
血液型:B型
出身地:岐阜県

出身校:日本大学
趣味:睡眠
スポーツ歴:野球
ゴルフ歴:12歳〜
プロ転向:2018年
ツアーデビュー戦:'19東建ホームメイトカップ
師弟関係:今野康晴、今野勝己
得意クラブ:ドライバー
ベストスコア:69('19東建ホームメイトカップ1R、'19中日クラウンズ1R)
アマ時代の主な戦歴:('17)日本アマ2位T、('18)世界大学選手権優勝、('15・'18)中部オープン優勝
ツアー未勝利
その他2勝:('15・'18)中部オープン(アマチュア時代)
'19の主なツアー戦績:3試合
東建ホームメイトカップ48位T
'19部門別データ
賞金:658,920円(155位)
メルセデス・ベンツトータルポイント:
平均ストローク:72.66(参考)

平均パット:1.7083(参考)
パーキープ率:77.22(参考)
パーオン率:53.33(参考)
バーディ率:3.50(参考)
イーグル率:5.00(参考)
ドライビングディスタンス:299.17(参考)
フェアウェイキープ率:45.65(参考)
サンドセーブ率:47.37(参考)
トータルドライビング:
賞金と順位(△はチャレンジランクによる出場権獲得)
△'19=658,920円155位

岩本高志

所属:K's GOLF LOUNGE
生年月日:1975(S50).1.8
身長:165cm　体重:70kg
血液型:A型
出身地:東京都

出身校:専修大学
趣味:読書
スポーツ歴:野球
ゴルフ歴:13歳〜
プロ転向:1998年
ツアーデビュー戦:'00三菱自動車トーナメント
師弟関係:百瀬千秋
得意クラブ:パター
ベストスコア:63('04フジサンケイクラシック1R、'17中日クラウンズ3R)
アマ時代の主な戦歴:('92)ジャンボ尾崎杯優勝
ツアー未勝利
'19の主なツアー戦績:13試合
日本ゴルフツアー選手権6位T
'19部門別データ
賞金:6,857,700円(88位)
メルセデス・ベンツトータルポイント:532(70位)
平均ストローク:72.16(74位)
平均パット:1.8193(85位)
パーキープ率:84.57(21位)

パーオン率:64.04(54位)
バーディ率:2.92(92位)
イーグル率:36.00(87位)
ドライビングディスタンス:267.5(98位)
フェアウェイキープ率:65.34(2位)
サンドセーブ率:53.70(19位)
トータルドライビング:100(54位)
賞金と順位(◎は賞金ランク、△はチャレンジランク、□はQTランクによる出場権獲得)

'00= 370,000円220位	'10=0円
'01= 4,554,466円117位	'11=0円
'02= 1,513,333円153位	'13=0円
'03= 1,202,200円157位	'14= 268,400円223位
'04= 1,914,000円145位	'15= 638,000円189位
'05=0円	◎'16=15,992,175円 65位
'06=0円	'17= 7,736,299円 90位
'07= 292,500円201位	□'18= 996,000円187位
'08= 286,000円240位	△'19= 6,857,700円 88位
'09=0円	

植竹勇太

所属:セガサミーホールディングス
生年月日:1995(H7).10.16
身長:163cm　体重:63kg
血液型:A型
出身地:北海道
出身校:東北福祉大学
趣味:音楽鑑賞
スポーツ歴:サッカー、スケート、スキー
ゴルフ歴:4歳～
プロ転向:2017年
ツアーデビュー戦:'18長嶋茂雄INVITATIONALセガサ
ミーカップ
得意クラブ:ドライバー
ベストスコア:69('18セガサミーカップ1R)
アマ時代の主な戦歴:('17)国民体育大会個人・団体
優勝
ツアー未勝利
'19の主なツアー戦績:1試合
'19部門別データ
賞金:0円
メルセデス・ベンツトータルポイント:
平均ストローク:72.75(参考)
平均パット:1.8519(参考)
パーキープ率:77.78(参考)
パーオン率:75.00(参考)

バーディ率:3.50(参考)
イーグル率:
ドライビングディスタンス:264(参考)
フェアウェイキープ率:71.43(参考)
サンドセーブ率:0.00(参考)
トータルドライビング:
賞金と順位(□はQTランクによる出場権獲得)
　'18=416,250円223位
□'19=0円

大岩龍一

所属:ディライトワークス
生年月日:1997(H9).12.17.
身長:180cm　体重:87kg
血液型:A型
出身地:千葉県
出身校:日本大学
趣味:サッカー、読書
スポーツ歴:サッカー、水泳
ゴルフ歴:8歳～
プロ転向:2018年
ツアーデビュー戦:'19RIZAP KBCオーガスタ
師弟関係:谷将貴
得意クラブ:アイアン
ベストスコア:71('19RIZAP KBCオーガスタ1R、
'19トップ杯東海クラシック2R)
アマ時代の主な戦歴:('15)日本アマベスト16、
('18)国体個人優勝
ツアー未勝利
'19の主なツアー戦績:3試合
'19部門別データ
賞金:0円
メルセデス・ベンツトータルポイント:
平均ストローク:74.36(参考)
平均パット:1.8947(参考)
パーキープ率:73.15(参考)

パーオン率:52.78(参考)
バーディ率:2.50(参考)
イーグル率:6.00(参考)
ドライビングディスタンス:305.83(参考)
フェアウェイキープ率:58.54(参考)
サンドセーブ率:41.67(参考)
トータルドライビング:
賞金と順位(△はチャレンジランクによる出場権獲得)
△'19=0円

上井邦裕

所属:三好CC
生年月日:1982(S57).10.28
身長:180cm　体重:78kg
出身地:大阪府
出身校:名古屋商科大学
趣味:映画鑑賞、愛犬と遊ぶこと
スポーツ歴:ソフトボール、軟式野球
ゴルフ歴:15歳～
プロ転向:2005年
ツアーデビュー戦:'05中日クラウンズ
得意クラブ:ドライバー
ベストスコア:62('13東建ホームメイトカップ3R)
アマ時代の主な戦歴:('02)中部アマ優勝、('03)日本学生2位、('04)日本アマベスト4、世界アマ日本代表、世界大学選手権日本代表
ツアー未勝利
チャレンジ1勝:('16)FIDRA Classic
その他2勝:('08)中部オープン、('09)兵庫県オープン
'19の主なツアー戦績:20試合
ダイヤモンドカップゴルフ13位T
'19部門別データ
賞金:8,806,450円(78位)
メルセデス・ベンツトータルポイント:469(54位)
平均ストローク:71.92(64位)
平均パット:1.7991(57位)

パーキープ率:81.07(79位)
パーオン率:63.94(55位)
バーディ率:3.54(36位)
イーグル率:14.75(46位)
ドライビングディスタンス:299.27(15位)
フェアウェイキープ率:45.13(95位)
サンドセーブ率:53.57(22位)
トータルドライビング:110(65位)
賞金と順位(◎は賞金ランク、□はQTランクによる出場権獲得)

'05=0円		◎'13=36,405,673円	27位
'06= 4,351,400円	117位	◎'14=12,688,707円	69位
'07= 2,592,460円	130位	'15= 5,366,977円	98位
◎'08=21,744,167円	51位	'16= 2,837,085円	135位
◎'09=24,845,683円	41位	◎'17=19,637,050円	53位
◎'10=36,730,879円	26位	◎'18=20,994,945円	52位
◎'11=30,880,790円	33位	□'19= 8,806,450円	78位
◎'12=52,893,647円	19位		

P・カーミス

所属:Clovelly CC
生年月日:1981(S56).6.10
身長:167cm　体重:68kg
血液型:A型
出身地:ギリシャ
出身校:フィッシュホーク高校
趣味:ランニング、ジムトレーニング
プロ転向:2003年
日本ツアーデビュー戦:'10パナソニックオープン
師弟関係:Quintin Ven Der Berg
得意クラブ:ウェッジ
ベストスコア:65('19中日クラウンズ3R)
ツアー未勝利
AbemaTVツアー(チャレンジ)1勝:('19)elite grips challenge
インターナショナルツアー7勝:('07・'09)Lombard Insurance Classic(南ア)、('10)Handa Singapore Classic(アジア)、('16)Sun Sibaya Challenge(南ア)、('17)Investec Royal Swazi Open(南ア)、Sun City Challenge(南ア)、('18)Vodacom Origins-Selborne(南ア)
代表歴:ワールドカップ('18)
'19の主なツアー戦績:14試合
中日クラウンズ5位T

'19部門別データ
賞金:9,900,285円(76位)
メルセデス・ベンツトータルポイント:463(53位)
平均ストローク:71.78(59位)
平均パット:1.8178(81位)
パーキープ率:83.86(28位)
パーオン率:68.25(14位)
バーディ率:3.38(56位)
イーグル率:42.00(90位)
ドライビングディスタンス:292.48(32位)
フェアウェイキープ率:60.62(11位)
サンドセーブ率:37.93(92位)
トータルドライビング:43(2位)
賞金と順位(△はチャレンジランク、□はQTランクによる出場権獲得)

'10= 890,156円	157位	□'18=ナシ	
'11= 337,500円	193位	△'19=9,900,285円	76位
'12= 300,000円	197位		

Yuki KITAGAWA

北川祐生

所属:取手国際GC
生年月日:1990(H2).12.4
身長:171cm　体重:77kg
血液型:A型
出身地:東京都

出身校:千葉学芸高校
ゴルフ歴:9歳〜
プロ転向:2011年
ツアーデビュー戦:'13ANAオープン
師弟関係:細川和彦、星野英正
得意クラブ:アイアン
ベストスコア:66('17ダンロップ・スリクソン福島オープン
1R)
ツアー未勝利
'19の主なツアー戦績:2試合
日本プロゴルフ選手権19位T
'19部門別データ
賞金:1,658,571円(124位)
メルセデス・ベンツトータルポイント:
平均ストローク:71.11(参考)
平均パット:1.8451(参考)
パーキープ率:88.89(参考)
パーオン率:65.74(参考)
バーディ率:2.50(参考)
イーグル率:6.00(参考)

ドライビングディスタンス:294.83(参考)
フェアウェイキープ率:65.85(参考)
サンドセーブ率:42.86(参考)
トータルドライビング:
賞金と順位(△はチャレンジランクによる出場権獲得)
'13=0円　　　　　　　　'17=0円
'14=　249,700円229位　'18=0円
'15=　246,000円245位　△'19=1,658,571円124位
'16=3,017,300円132位

Ippei KOIKE

小池一平

所属:境川CC
生年月日:1985(S60).7.14
身長:175cm　体重:75kg
血液型:O型
出身地:山梨県

出身校:山梨学院大学
趣味:スポーツ観戦、釣り
スポーツ歴:野球
ゴルフ歴:12歳〜
プロ転向:2008年
ツアーデビュー戦:'09フジサンケイクラシック
得意クラブ:SW
ベストスコア:64('15ミュゼプラチナムオープン1R)
アマ時代の主な戦歴:('07)日本学生準優勝、('08)日本
アマベスト16
ツアー未勝利
'19の主なツアー戦績:3試合
日本プロゴルフ選手権43位T
'19部門別データ
賞金:763,614円(151位)
メルセデス・ベンツトータルポイント:
平均ストローク:72.54(参考)
平均パット:1.8504(参考)
パーキープ率:82.78(参考)
パーオン率:70.56(参考)

バーディ率:2.60(参考)
イーグル率:
ドライビングディスタンス:291.81(参考)
フェアウェイキープ率:62.50(参考)
サンドセーブ率:80.00(参考)
トータルドライビング:
賞金と順位(◎は賞金ランク、△はチャレンジランクによる出場
権獲得)
'09=　275,000円207位　◎'15=18,683,116円 57位
'10=0円　　　　　　　　◎'16=39,879,943円 27位
'11=0円　　　　　　　　'17= 5,003,064円104位
'12=　432,000円180位　'18= 2,127,400円144位
'13= 1,446,750円152位　△'19=　763,614円151位
'14= 5,935,923円 98位

河野祐輝

所属:NTT西日本アセット・プラ
ンニング
生年月日:1988(S63).5.20
身長:171cm　体重:70kg
血液型:A型

出身地:愛媛県
出身校:香川西高校
趣味:映画鑑賞
ゴルフ歴:12歳～
プロ転向:2008年
ツアーデビュー戦:'10ANAオープン
得意クラブ:ドライバー
ベストスコア:65('13パナソニックオープン2R、'13トーシン
トーナメントINセントラル3R)
ツアー未勝利
AbemaTVツアー(チャレンジ)3勝:('12)秋田テレビ・南
秋田CC・JGTOチャレンジI、東急那須リゾートJGTO
チャレンジII、('18)JGTO Novil FINAL
その他1勝:('18)中四国オープン
'19の主なツアー戦績:6試合
東建ホームメイトカップ44位T
'19部門別データ
賞金:481,000円(159位)
メルセデス・ベンツトータルポイント:
平均ストローク:73.17(参考)

平均パット:1.8079(参考)
パーキープ率:75.79(参考)
パーオン率:59.52(参考)
バーディ率:3.14(参考)
イーグル率:
ドライビングディスタンス:277.5(参考)
フェアウェイキープ率:50.00(参考)
サンドセーブ率:39.13(参考)
トータルドライビング:
賞金と順位(◎は賞金ランク、△はチャレンジランク、□はQTラ
ンクによる出場権獲得)
'10＝　　539,000円178位　　　'15＝ 7,525,833円 87位
'11＝　　265,200円211位　　　'16＝　360,000円238位
△'12＝ 2,777,833円121位　　　'17＝0円
◎'13＝30,707,856円 33位　　　△'18＝ 1,580,000円158位
'14＝ 7,196,215円 89位　　　□'19＝　481,000円159位

小斉平優和

所属:太平洋クラブ
生年月日:1998(H10).5.22
身長:180cm　体重:85kg
血液型:O型
出身地:大阪府

出身校:高槻第三中学校
趣味:読書、冒険、カフェ巡り
スポーツ歴:スノーボード、サッカー、バスケットボール
ゴルフ歴:3歳～
プロ転向:2016年
ツアーデビュー戦:'17 ～全英への道～ミズノオープン
師弟関係:波多信彦
得意クラブ:パター
ベストスコア:64('19カシオワールドオープン4R)
アマ時代の主な戦歴:('12)関西ジュニア優勝、('13)日
刊アマ優勝、('15)関西パブリック優勝、('16)日本ジュ
ニア優勝、日本アマ3位、関西アマ優勝
ツアー未勝利
'19の主なツアー戦績:15試合
RIZAP KBCオーガスタ35位T、
マイナビABCチャンピオンシップ35位T
'19部門別データ
賞金:5,384,337円(95位)
メルセデス・ベンツトータルポイント:557(75位)
平均ストローク:72.56(90位)

平均パット:1.8456(95位)
パーキープ率:79.88(88位)
パーオン率:64.32(53位)
バーディ率:3.27(66位)
イーグル率:6.43(6位)
ドライビングディスタンス:295.55(22位)
フェアウェイキープ率:52.08(69位)
サンドセーブ率:44.44(68位)
トータルドライビング:91(37位)
賞金と順位(□はQTランクによる出場権獲得)
'17＝　　730,000円205位
□'18＝1,099,000円181位
□'19＝5,384,337円 95位

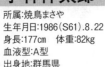

小西貴紀

所属:ジャパンビレッジGC
生年月日:1992(H4).1.16
身長:174cm　体重:81kg
血液型:B型
出身地:兵庫県

ゴルフ歴:9歳～
プロ転向:2013年
ツアーデビュー戦:'13日本プロ日清カップヌードル杯
師弟関係:西川博文
得意クラブ:アイアン
ベストスコア:64('19三井住友VISA太平洋マスターズ
4R)
その他1勝:('12)日本プロゴルフ新人選手権
ツアー未勝利
'19の主なツアー戦績:5試合
三井住友VISA太平洋マスターズ18位T
'19部門別データ
賞金:6,326,000円(93位)
メルセデス・ベンツトータルポイント:
平均ストローク:71.05(参考)
平均パット:1.7571(参考)
パーキープ率:83.02(参考)
パーオン率:65.12(参考)
バーディ率:3.67(参考)
イーグル率:18.00(参考)

ドライビングディスタンス:273.3(参考)
フェアウェイキープ率:52.38(参考)
サンドセーブ率:47.37(参考)
トータルドライビング:
賞金と順位(□はQTランクによる出場権獲得)
'13=0円　　　　　　　'17=0円
'14=1,213,600円149位　'18=　468,000円219位
'15=0円　　　　　　　□'19=6,326,000円 93位

前半戦シード選手

小林伸太郎

所属:焼鳥まさや
生年月日:1986(S61).8.22
身長:177cm　体重:82kg
血液型:A型
出身地:群馬県

出身校:東北福祉大学
趣味:読書、クラブ研究
ゴルフ歴:10歳～
プロ転向:2009年
ツアーデビュー戦:'09つるやオープン
師弟関係:山口修一
得意クラブ:アイアン
ベストスコア:64('15日本プロ日清カップヌードル杯3R)
アマ時代の主な戦歴:('04)日本ジュニア優勝、('07)日
本アマ優勝
ツアー未勝利
その他1勝:('10)日本プロゴルフ新人選手権
'19の主なツアー戦績:2試合
カシオワールドオープン10位T
'19部門別データ
賞金:4,640,000円(102位)
メルセデス・ベンツトータルポイント:
平均ストローク:71.18(参考)
平均パット:1.7273(参考)
パーキープ率:87.04(参考)

パーオン率:71.30(参考)
バーディ率:4.33(参考)
イーグル率:
ドライビングディスタンス:280.33(参考)
フェアウェイキープ率:54.76(参考)
サンドセーブ率:75.00(参考)
トータルドライビング:
賞金と順位(◎は賞金ランク、△はチャレンジランクによる出場
権獲得)
'09=　　291,085円202位　◎'15=15,533,438円 63位
'10=　　440,000円188位　◎'16=33,431,975円 36位
'11=　　688,500円178位　　'17= 5,074,117円103位
'12=　　420,457円183位　　'18= 2,000,000円148位
'14=　　399,600円208位　△'19= 4,640,000円102位

坂本雄介

所属:jioworks
生年月日:1998(H10).5.14
身長:174cm　体重:74kg
血液型:O型
出身地:埼玉県

出身校:埼玉栄高校
趣味:車
スポーツ歴:陸上、サッカー、水泳
ゴルフ歴:4歳〜
プロ転向:2018年
ツアーデビュー戦:'19ブリヂストンオープン
師弟関係:加藤雅啓
得意クラブ:ドライバー
ベストスコア:71('19ブリヂストンオープン2R、'19日本オープン1R)
アマ時代の主な戦歴:('15)日本アマ4位、埼玉県オープン優勝
ツアー未勝利
'19の主なツアー戦績:2試合
日本オープン53位T
'19部門別データ
賞金:1,008,000円(136位)
メルセデス・ベンツトータルポイント:
平均ストローク:73.15(参考)
平均パット:1.6909(参考)
パーキープ率:69.44(参考)
パーオン率:50.93(参考)
バーディ率:3.17(参考)
イーグル率:
ドライビングディスタンス:311(参考)
フェアウェイキープ率:35.71(参考)
サンドセーブ率:20.00(参考)
トータルドライビング:
賞金と順位（□はQTランクによる出場権獲得）
□'19=1,008,000円136位

杉本エリック

所属:加賀電子
生年月日:1993(H5).11.1
身長:170cm　体重:63kg
血液型:A型
出身地:千葉県

出身校:南カリフォルニア大学
趣味:釣り
ゴルフ歴:7歳〜
プロ転向:2016年
デビュー戦:'16Avianca Colombia Open
日本ツアーデビュー戦:'17長嶋茂雄INVITATIONALセガサミーカップ
師弟関係:Bill HARMON、Chris Mayson、Derek UYEDA
ベストスコア:66('17セガサミーカップ1R、'18ダンロップ・スリクソン福島オープン4R)
アマ時代の主な戦歴:('13)Big West Conference優勝、全米パブリックアマベスト4、('14)PAC12チャンピオンシップ4位、('15)NCAA団体戦準優勝
ツアー未勝利
AbemaTVツアー(チャレンジ)1勝:('19)大山どりカップ
'19の主なツアー戦績:3試合
'19部門別データ
賞金:0円
メルセデス・ベンツトータルポイント:
平均ストローク:72.66(参考)
平均パット:1.8267(参考)
パーキープ率:81.48(参考)
パーオン率:69.44(参考)
バーディ率:3.33(参考)
イーグル率:
ドライビングディスタンス:276.71(参考)
フェアウェイキープ率:60.71(参考)
サンドセーブ率:40.00(参考)
トータルドライビング:
賞金と順位（△はチャレンジランクによる出場権獲得）
'17=2,644,285円128位
'18=2,231,012円137位
△'19=0円

Tomoyasu SUGIYAMA　　　　出場資格：AbemaTVツアーランク6位

杉山知靖

所属:レイクウッドコーポレーション
生年月日:1993(H5).4.28
身長:173cm　体重:75kg
血液型:A型
出身地:神奈川県

出身校:中央学院大学
趣味:スポーツ観戦
スポーツ歴:競泳、野球
ゴルフ歴:5歳〜
プロ転向:2015年
ツアーデビュー戦:'16〜全英への道〜ミズノオープン
師弟関係:内田豊
得意クラブ:ユーティリティ2番
ベストスコア:67('17日本オープン1R)
アマ時代の主な戦歴:('13)日本アマ準優勝、('14)神奈
川県アマ優勝、('15)関東学生準優勝
ツアー未勝利
'19の主なツアー戦績:4試合
〜全英への道〜ミズノオープン52位T
'19部門別データ
賞金:251,000円(188位)
メルセデス・ベンツトータルポイント:
平均ストローク:73.33(参考)
平均パット:1.9151(参考)
パーキープ率:76.11(参考)

パーオン率:58.89(参考)
バーディ率:2.40(参考)
イーグル率:
ドライビングディスタンス:291.92(参考)
フェアウェイキープ率:56.43(参考)
サンドセーブ率:14.29(参考)
トータルドライビング:
賞金と順位(△はチャレンジランクによる出場権獲得)
　'16=0円　　　　　　　　　'18=2,337,800円133位
　'17=2,464,800円133位　　△'19=　251,000円188位

Scott STRANGE　　　　出場資格：AbemaTVツアーランク19位

S・ストレンジ

所属:アクシネット
生年月日:1977(S52)4.7
身長:182cm　体重:78kg
血液型:
出身地:オーストラリア

趣味:サイクリング
スポーツ歴:フットボール
ゴルフ歴:13歳〜
プロ転向:2001年
日本ツアーデビュー戦:'06アジア・ジャパン沖縄オープ
ン2005
得意クラブ:アイアン
ベストスコア:64('15ダイヤモンドカップゴルフ1R)
ツアー未勝利
インターナショナルツアー 4勝:('05)ミャンマーオープン
(アジア)、('06)フィリピンオープン(アジア)、('08)ザ・セ
ルチックマナー・ウェールズオープン(欧州)、('09)ボル
ボ・チャイナオープン(欧州)
'19の主なツアー戦績:ナシ
賞金と順位(◎は賞金ランク、△はチャレンジランクによる出場権獲得)
　'06=　3,056,666円130位　◇'17=ナシ
◎'13=19,653,546円 49位　　'18=6,511,100円100位
◎'14=15,757,180円 63位　△'19=ナシ
◎'15=22,087,528円 51位　　◇は特別保障制度適用
◎'16=15,218,135円 67位

関藤直熙

所属:エブリイ
生年月日:1997(H9).10.3
身長:171cm　体重:70kg
血液型:A型
出身地:広島県
出身校:広島国際学院高校
ゴルフ歴:6歳〜
プロ転向:2017年
デビュー戦:'18City Bank American Express Dhaka Open
日本ツアーデビュー戦:'19日本プロゴルフ選手権
得意クラブ:パター
ベストスコア:68('19パナソニックオープン1R・4R、'19ブリヂストンオープン2R)
アマ時代の主な戦歴:('12)日本ジュニア中学の部2位T、('15)高校ゴルフ選手権団体優勝
ツアー未勝利
'19の主なツアー戦績:3試合
パナソニックオープン26位T
'19部門別データ
賞金:1,393,125円(131位)
メルセデス・ベンツトータルポイント:
平均ストローク:71.80(参考)
平均パット:1.6623(参考)
パーキープ率:83.33(参考)

パーオン率:53.47(参考)
バーディ率:4.13(参考)
イーグル率:
ドライビングディスタンス:285.88(参考)
フェアウェイキープ率:57.14(参考)
サンドセーブ率:41.67(参考)
トータルドライビング:
賞金と順位(□はQTランクによる出場権獲得)
□'19=1,393,125円131位

副田裕斗

所属:谷汲CC
生年月日:1994(H6).4.25
身長:180cm　体重:84kg
血液型:A型
出身地:岐阜県
出身校:鹿島学園高校
趣味:ビリヤード、ドライブ
スポーツ歴:バレーボール
ゴルフ歴:1歳〜
プロ転向:2012年
ツアーデビュー戦:'13トーシントーナメントINセントラル
ベストスコア:67('17東建ホームメイトカップ3R、'17セガサミーカップ2R)
アマ時代の主な戦歴:('12)国体少年男子個人優勝
ツアー未勝利
その他1勝:('13)日本プロゴルフ新人選手権
'19の主なツアー戦績:1試合
'19部門別データ
賞金:0円
メルセデス・ベンツトータルポイント:
平均ストローク:75.10(参考)
平均パット:1.9091(参考)
パーキープ率:77.78(参考)
パーオン率:61.11(参考)
バーディ率:2.00(参考)

イーグル率:2.00(参考)
ドライビングディスタンス:309.00(参考)
フェアウェイキープ率:46.43(参考)
サンドセーブ率:33.33(参考)
トータルドライビング:
賞金と順位(△はチャレンジランクによる出場権獲得)
'13=0円　　　　　　　　'17=2,443,521円134位
'14=0円　　　　　　　　'18=0円
'15= 578,000円195位　△'19=0円
'16= 385,333円235位

Naoto TAKAYANAGI　　出場資格：ファイナルQT13位

高柳直人

所属:フリー
生年月日:1988(S63).9.5
身長:175cm　体重:75kg
血液型:A型
出身地:茨城県

出身校:東北福祉大学
趣味:車、釣り
スポーツ歴:サッカー、少林寺拳法
ゴルフ歴:10歳〜
プロ転向:2010年
ツアーデビュー戦:'15長嶋茂雄INVITATIONALセガサ
ミーカップ
師弟関係:父
得意クラブ:ドライバー
ベストスコア:67('19セガサミーカップ3R)
アマ時代の主な戦歴:('09)国体成年男子個人優勝、
('10)日本アマベスト8
ツアー未勝利
AbemaTVツアー(チャレンジ)1勝:('18)i Golf Shaper
Challenge in 筑紫ヶ丘
'19の主なツアー戦績:10試合
セガサミーカップ26位T
'19部門別データ
賞金:2,175,220円(117位)
メルセデス・ベンツトータルポイント:

平均ストローク:72.76(参考)
平均パット:1.8529(参考)
パーキープ率:79.69(参考)
パーオン率:65.13(参考)
バーディ率:3.14(参考)
イーグル率:9.67(参考)
ドライビングディスタンス:289.19(参考)
フェアウェイキープ率:60.45(参考)
サンドセーブ率:39.53(参考)
トータルドライビング:
賞金と順位(△はチャレンジランク、□はQTランクによる出場
権獲得)
'15=0円　　　　　　　　　△'18=　480,000円218位
'16=4,136,500円114位　　□'19=2,175,220円117位
'17=1,566,000円164位

Thitiphun CHUAYPRAKONG(チュアヤプラコン ティティプン)　　出場資格：ファイナルQT14位

T・チュアヤプラコン

所属:SINGHA
生年月日:1992(H4).7.15
身長:166cm　体重:79kg
血液型:B型
出身地:タイ

趣味:ビリヤード、バイク
スポーツ歴:サッカー
ゴルフ歴:7歳〜
プロ転向:2009年
日本ツアーデビュー戦:'13パナソニックオープン
ベストスコア:66('16ダイヤモンドカップゴルフ1R)
ツアー未勝利
インターナショナルツアー1勝:('16)Bashundhara バン
グラデシュオープン(アジア)
'19の主なツアー戦績:ナシ
賞金と順位(□はQTランクによる出場権獲得)
'13=0円　　　　　　　　'17=　824,568円201位
'15=0円　　　　　　　　'18=0円
'16=1,876,875円157位　□'19=ナシ

J・チョイ

所属:タラオCC
生年月日:1983(S58).9.30
身長:179cm　体重:80kg
血液型:O型
出身地:アメリカ

出身校:ニューメキシコ大学
趣味:新しいものを探し、トライする事
ゴルフ歴:11歳〜
プロ転向:2006年
日本ツアーデビュー戦:'10東建ホームメイトカップ
師弟関係:George Pinnell
得意クラブ:ドライバー
ベストスコア:64('10ダンロップフェニックス2R、
'11VanaH杯KBCオーガスタ3R、'12ダイヤモンドカップ
ゴルフ1R、'15ミュゼプラチナムオープン1R)
ツアー1勝:('12)とおとうみ浜松オープン
AbemaTVツアー(チャレンジ)1勝:('18)太平洋クラブ
チャレンジ
'19の主なツアー戦績:12試合
日本ゴルフツアー選手権14位T
'19部門別データ
賞金:6,237,260円(94位)
メルセデス・ベンツトータルポイント:514(64位)
平均ストローク:72.15(73位)
平均パット:1.8034(63位)

パーキープ率:82.88(46位)
パーオン率:62.16(72位)
バーディ率:3.43(47位)
イーグル率:12.33(35位)
ドライビングディスタンス:287.14(53位)
フェアウェイキープ率:57.00(31位)
サンドセーブ率:37.50(94位)
トータルドライビング:84(30位)
賞金と順位(◎は賞金ランク、△はチャレンジランク、□はQTランクによる出場権獲得)

◎'10=44,284,895円 17位	'15= 5,706,528円 94位	
◎'11=33,947,483円 28位	'16=0円	
◎'12=38,490,240円 31位	'17= 686,600円208位	
◎'13=14,784,633円 66位	△'18=0円	
'14= 6,565,705円 94位	□'19= 6,237,260円 94位	

J・デロスサントス

所属:JOYX
生年月日:1995(H7).9.2
身長:177cm　体重:75kg
血液型:
出身地:フィリピン

出身校:カリフォルニア・ポリテクニック州立大学
趣味:ゲーム、運動、絵を描く
スポーツ歴:空手黒帯2段
ゴルフ歴:4歳〜
プロ転向:2017年
デビュー戦:'17California State Open
日本ツアーデビュー戦:'19関西オープン
得意クラブ:ドライバー
ベストスコア:69('20SMBCシンガポールオープン1R)
ツアー未勝利
AbemaTVツアー(チャレンジ)1勝:('19)ジャパンクリエイ
トチャレンジin福岡雷山
'19の主なツアー戦績:3試合
'19部門別データ
賞金:0円
メルセデス・ベンツトータルポイント:
平均ストローク:73.27(参考)
平均パット:1.7846(参考)
パーキープ率:76.85(参考)
パーオン率:60.19(参考)

バーディ率:3.67(参考)
イーグル率:3.00(参考)
ドライビングディスタンス:302.75(参考)
フェアウェイキープ率:46.43(参考)
サンドセーブ率:0.00(参考)
トータルドライビング:
賞金と順位(△はチャレンジランクによる出場権獲得)
△'19=0円

Toru NAKAJIMA　　　　出場資格：AbemaTVツアーランク12位

中島　徹

所属:信濃GC
生年月日:1984(S59).6.11
身長:175cm　体重:81kg
血液型:O型
出身地:山梨県

出身校:早稲田大学
ゴルフ歴:10歳〜
プロ転向:2007年
ツアーデビュー戦:'08長嶋茂雄INVITATIONALセガサ
ミーカップ
ベストスコア:66('17ダイヤモンドカップゴルフ2R、
'17HEIWA・PGMチャンピオンシップ1R)
アマ時代の主な戦歴:('07)全日本パブリックアマ優勝
ツアー未勝利
'19の主なツアー戦績:9試合
関西オープン29位T
'19部門別データ
賞金:2,043,375円(118位)
メルセデス・ベンツトータルポイント:
平均ストローク:72.69(参考)
平均パット:1.8480(参考)
パーキープ率:84.33(参考)
パーオン率:65.28(参考)
バーディ率:2.82(参考)
イーグル率:

ドライビングディスタンス:277.82(参考)
フェアウェイキープ率:56.12(参考)
サンドセーブ率:46.43(参考)
トータルドライビング:
賞金と順位(△はチャレンジランク、□はQTランクによる出場
権獲得)

'08=0円	'17=9,076,842円　84位
'10=0円	□'18=4,822,736円111位
'14=0円	△'19=2,043,375円118位
'15=　323,400円234位	

Jeong-Woo HAM　　　　出場資格：AbemaTVツアーランク5位

ハム　ジョンウ

所属:フリー
生年月日:1994(H6).8.30
身長:175cm　体重:90kg
血液型:B型
出身地:韓国

出身校:成均館大学
趣味:ビリヤード、音楽鑑賞
ゴルフ歴:12歳〜
プロ転向:2016年
日本ツアーデビュー戦:'17東建ホームメイトカップ
ベストスコア:66('17東建ホームメイトカップ2R)
ツアー未勝利
AbemaTVツアー(チャレンジ)2勝:('19)TIチャレンジ in
東条の森、ディライトワークスASPチャレンジ
'19の主なツアー戦績:4試合
Shinhan Donghae Open7位T
'19部門別データ
賞金:4,756,460円(100位)
メルセデス・ベンツトータルポイント:
平均ストローク:71.94(参考)
平均パット:1.7978(参考)
パーキープ率:85.42(参考)
パーオン率:64.24(参考)
バーディ率:3.31(参考)
イーグル率:5.33(参考)

ドライビングディスタンス:287.00(参考)
フェアウェイキープ率:64.29(参考)
サンドセーブ率:60.00(参考)
トータルドライビング:
賞金と順位(△はチャレンジランクによる出場権獲得)
'17=2,798,242円125位
'18=0円
△'19=4,756,460円100位

朴　銀信

所属:フリー
生年月日:1990(H2).4.9
身長:177cm　体重:70kg
血液型:O型
出身地:韓国

趣味:カフェめぐり
スポーツ歴:サッカー
ゴルフ歴:11歳〜
プロ転向:2010年
日本ツアーデビュー戦:'12東建ホームメイトカップ
得意クラブ:パター
ベストスコア:64('13日本ゴルフツアー選手権2R、
'13ブリヂストンオープン2R)
ツアー未勝利
'19の主なツアー戦績:1試合
Shinhan Donghae Open61位T
'19部門別データ
賞金:342,720円(171位)
メルセデス・ベンツトータルポイント:
平均ストローク:72.88(参考)
平均パット:1.8750(参考)
パーキープ率:81.94(参考)
パーオン率:66.67(参考)
バーディ率:2.25(参考)
イーグル率:

ドライビングディスタンス:
フェアウェイキープ率:53.57(参考)
サンドセーブ率:100.00(参考)
トータルドライビング:
賞金と順位(◎は賞金ランク、□はQTランクによる出場権獲得)
◎'12=16,050,597円 64位　　　　'17= 4,016,666円114位
　'13= 9,831,195円 78位　　　□'19=　342,720円171位

朴ジュンウォン

所属:フリー
生年月日:1986(S61).6.30
身長:175cm　体重:69kg
血液型:A型
出身地:韓国

出身校:SKK大学
趣味:野球、読書
ゴルフ歴:13歳〜
プロ転向:2005年
日本ツアーデビュー戦:'08東建ホームメイトカップ
得意クラブ:アイアン
ベストスコア:63('16レオパレス21ミャンマーオープン3R)
プレーオフ:1勝0敗
ツアー 1勝:('16)ISPSハンダグローバルカップ
AbemaTVツアー(チャレンジ)2勝:('19)Novil Cup、
南秋田CCみちのくチャレンジ
'19の主なツアー戦績:1試合
'19部門別データ
賞金:0円
メルセデス・ベンツトータルポイント:
平均ストローク:72.25(参考)
平均パット:1.6500(参考)
パーキープ率:83.33(参考)
パーオン率:55.56(参考)
バーディ率:3.50(参考)

イーグル率:
ドライビングディスタンス:246.00(参考)
フェアウェイキープ率:60.71(参考)
サンドセーブ率:0.00(参考)
トータルドライビング:
賞金と順位(◎は賞金ランク、△はチャレンジランクによる出場権獲得)
　'08= 3,889,877円114位　　◎'17=13,650,237円 69位
　'13=　541,647円209位　　　'18= 7,524,371円 91位
◎'16=41,200,815円 24位　　△'19=0円

Panuphol PITTAYARAT（ピッタヤラット パヌポール）　出場資格：ファイナルQT3位

P・ピッタヤラット

所属:SINGHA
生年月日:1993(H5).2.4
身長:170cm　体重:90kg
血液型:B型
出身地:タイ

趣味:音楽鑑賞、カラオケ
ゴルフ歴:6歳〜
プロ転向:2008年
日本ツアーデビュー戦:'12パナソニックオープン
師弟関係:父
得意クラブ:60 wedge
ベストスコア:65('19ブリヂストンオープン2R)
ツアー未勝利
インターナショナルツアー2勝:('17)インドネシアオープン
(アジア)、('18)タイランドオープン(アジア)
'19の主なツアー戦績:14試合
SMBCシンガポールオープン9位T
'19部門別データ
賞金:6,377,478円(92位)
メルセデス・ベンツトータルポイント:490(58位)
平均ストローク:72.09(71位)
平均パット:1.8009(60位)
パーキープ率:81.43(75位)
パーオン率:67.14(18位)
バーディ率:3.66(23位)

イーグル率:35.00(86位)
ドライビングディスタンス:291.93(34位)
フェアウェイキープ率:57.61(26位)
サンドセーブ率:33.33(97位)
トータルドライビング:60(9位)
賞金と順位(□はQTランクによる出場権獲得)
'12=0円　　　　　　　'16=2,367,892円146位
'13=0円　　　　　　　'17=3,779,526円116位
'14=1,431,000円139位　□'18=1,931,695円150位
'15=1,084,399円162位　□'19=6,377,478円 92位

Danthai BOONMA（ブーマ ダンタイ）　出場資格：AbemaTVツアーランク11位

D・ブーマ

所属:SINGHA
生年月日:1996(H8).1.23
身長:187cm　体重:75kg
血液型:
出身地:タイ

プロ転向:2015年
日本ツアーデビュー戦:'15タイランドオープン
ベストスコア:65('18SMBCシンガポールオープン3R、
ダイヤモンドカップゴルフ1R、'19Shinhan Donghae
Open3R)
ツアー未勝利
AbemaTVツアー(チャレンジ)1勝:('19)i Golf Shaper
Challenge in 筑紫ヶ丘
インターナショナルツアー1勝:('15)The World Classic
Championship(シンガポール・アジア)
'19の主なツアー戦績:10試合
パナソニックオープン18位T
'19部門別データ
賞金:5,130,968円(97位)
メルセデス・ベンツトータルポイント:
平均ストローク:71.96(参考)
平均パット:1.8362(参考)
パーキープ率:84.10(参考)
パーオン率:66.67(参考)
バーディ率:3.03(参考)

イーグル率:7.25(参考)
ドライビングディスタンス:300.64(参考)
フェアウェイキープ率:60.89(参考)
サンドセーブ率:30.30(参考)
トータルドライビング:
賞金と順位(△はチャレンジランクによる出場権獲得)
'15=0円　　　　　　　'18=6,584,625円 98位
'16=1,050,969円192位　△'19=5,130,968円 97位
'17=2,568,480円129位

Ｉ・Ｈ・ホ

所属:BONANZA
生年月日:1987(S62).7.24
身長:180cm　体重:67kg
血液型:A型
出身地:韓国

出身校:高麗大学ナショナルスポーツ
趣味:車
ゴルフ歴:14歳〜
プロ転向:2006年
日本ツアーデビュー戦:'09東建ホームメイトカップ
得意クラブ:ドライバー
ベストスコア:63('14トーシントーナメントINセントラル2R、
'17中日クラウンズ2R)
アマ時代の主な戦歴:('05)songamアマ優勝、韓国
ジュニア優勝、('06)大学対抗優勝
ツアー1勝:('14)TOSHIN GOLF TOURNAMENT
IN Central
AbemaTVツアー(チャレンジ)1勝:('12)JGTO Novil
FINAL
'19の主なツアー戦績:1試合
日本オープン5位T
'19部門別データ
賞金:6,510,000円(91位)
メルセデス・ベンツトータルポイント:
平均ストローク:69.31(参考)

平均パット:1.7111(参考)
パーキープ率:79.17(参考)
パーオン率:62.50(参考)
バーディ率:3.75(参考)
イーグル率:
ドライビングディスタンス:
フェアウェイキープ率:30.36(参考)
サンドセーブ率:57.14(参考)
トータルドライビング:
賞金と順位(◎は賞金ランク、△はチャレンジランク、□はQTランクによる出場権獲得)

'09=	5,665,600円	96位	'15=ナシ
◎'10=13,497,916円		66位	'16=ナシ
'11=	7,667,333円	91位	◎'17=14,887,484円　63位
△'12=	820,000円	163位	'18= 2,900,000円123位
'13=	7,559,352円	90位	□'19= 6,510,000円　91位
◎'14=56,913,416円		15位	

Ｐ・ミーサワット

所属:SINGHA
生年月日:1984(S59).7.21
身長:187cm　体重:80kg
血液型:O型
出身地:タイ

趣味:映画鑑賞、水泳
ゴルフ歴:4歳〜
プロ転向:2004年
日本ツアーデビュー戦:'04アジア・ジャパン沖縄オープ
ン2005
師弟関係:Suthep Meesawat
得意クラブ:アイアン
ベストスコア:65('07セガサミーカップ4R)
アマ時代の主な戦歴:Singha Masters
ツアー未勝利
インターナショナルツアー2勝:('06)SKテレコムオープン
(韓国・アジア)、('14)Yeangder TPC(台湾・アジア)
代表歴:ザ・ロイヤルトロフィ('07)、ワールドカップ('18)
'19の主なツアー戦績:7試合
SMBCシンガポールオープン5位T
'19部門別データ
賞金:7,196,882円(85位)
メルセデス・ベンツトータルポイント:
平均ストローク:71.43(参考)
平均パット:1.8000(参考)

パーキープ率:88.38(参考)
パーオン率:63.13(参考)
バーディ率:2.91(参考)
イーグル率:
ドライビングディスタンス:261.86(参考)
フェアウェイキープ率:52.60(参考)
サンドセーブ率:63.33(参考)
トータルドライビング:
賞金と順位(◎は賞金ランク、□はQTランクによる出場権獲得)

'05=0円			'13=0円
'06=	293,142円	215位	'14= 1,141,509円154位
◎'07=21,847,098円		45位	'15= 3,884,517円107位
'08=	1,753,400円	150位	'17= 2,165,336円141位
'09=	2,221,721円	125位	'18= 2,127,890円143位
'11=	1,155,000円	148位	□'19= 7,196,882円　85位
'12=	967,500円	150位	

Do-Yeob MUN（ムン ドヨブ）　　出場資格：ファイナルQT16位

文　道燁

所属:フリー
生年月日:1991(H3).11.8
身長:175cm　体重:68kg
血液型:A型
出身地:韓国

趣味:映画鑑賞
スポーツ歴:サッカー、水泳
ゴルフ歴:12歳～
プロ転向:2010年
日本ツアーデビュー戦:'19SMBCシンガポールオープン
師弟関係:Alain Wilson
得意クラブ:3W、パター
ベストスコア:65('19SMBCシンガポールオープン2R)
ツアー未勝利
'19の主なツアー戦績:3試合
SMBCシンガポールオープン5位T
'19部門別データ
賞金:5,208,485円
メルセデス・ベンツトータルポイント:
平均ストローク:70.37(参考)
平均パット:1.8308(参考)
パーキープ率:84.44(参考)
パーオン率:73.89(参考)
バーディ率:3.20(参考)
イーグル率:5.00(参考)

ドライビングディスタンス:299.00(参考)
フェアウェイキープ率:67.86(参考)
サンドセーブ率:66.67(参考)
トータルドライビング:
賞金と順位(□はQTランクによる出場権獲得)
□'19=5,208,485円

前半戦シード選手

Yu MORIMOTO　　出場資格：ファイナルQT12位

森本　雄

所属:フリー
生年月日:1990(H2).12.3
身長:170cm　体重:67kg
血液型:AB型
出身地:愛知県

出身校:東北高校
趣味:音楽鑑賞
スポーツ歴:ソフトボール
ゴルフ歴:10歳～
プロ転向:2009年
ツアーデビュー戦:'10つるやオープン
師弟関係:錦見健司
得意クラブ:ドライバー
ベストスコア:67('16レオパレス21ミャンマーオープン2R)
アマ時代の主な戦歴:('07)全国高校ゴルフ選手権優勝、中部オープン2位
ツアー未勝利
AbemaTVツアー(チャレンジ)2勝:('15)グッジョブチャレンジsupported by丸山茂樹ジュニアファンデーション、南秋田カントリークラブチャレンジ
'19の主なツアー戦績:ナシ

賞金と順位(△はチャレンジランク、□はQTランクによる出場権獲得)
'10＝0円	'16＝3,080,671円131位
'11＝0円	'17＝2,916,737円123位
'12＝0円	□'19＝ナシ
△'15＝　385,500円215位	

安本大祐

所属:テラモト
生年月日:1987(S62).1.20
身長:175cm　体重:55kg
血液型:A型
出身地:北海道

出身校:東北福祉大学
趣味:ダーツ
スポーツ歴:体操、野球
ゴルフ歴:10歳〜
プロ転向:2008年
ツアーデビュー戦:'10サン・クロレラクラシック
師弟関係:三上幸一郎
得意クラブ:3W
ベストスコア:67('13ANAオープン4R)
アマ時代の主な戦歴:('07・'08)北海道アマ優勝
ツアー未勝利
'19の主なツアー戦績:7試合
日本オープン29位T
'19部門別データ
賞金:1,640,500円(126位)
メルセデス・ベンツトータルポイント:
平均ストローク:72.17(参考)
平均パット:1.8564(参考)
パーキープ率:77.78(参考)
パーオン率:61.76(参考)

バーディ率:3.12(参考)
イーグル率:8.50(参考)
ドライビングディスタンス:306.69(参考)
フェアウェイキープ率:59.24(参考)
サンドセーブ率:33.33(参考)
トータルドライビング:
賞金と順位(□はQTランクによる出場権獲得)

'10=1,848,500円121位	'15=0円
'11=0円	'16=0円
'12=0円	'17=0円
'13=2,523,235円126位	'18=2,916,000円122位
'14=0円	□'19=1,640,500円126位

和田章太郎

所属:ディライトワークス
生年月日:1996(H8).1.20
身長:173cm　体重:73kg
血液型:B型
出身地:福岡県

出身校:日本経済大学
趣味:ボウリング、映画鑑賞、釣り
スポーツ歴:水泳、陸上、サッカー
ゴルフ歴:9歳〜
プロ転向:2013年
ツアーデビュー戦:'14つるやオープン
得意クラブ:パター
ベストスコア:66('19SMBCシンガポールオープン1R)
アマ時代の主な戦歴:('13)日本ジュニア優勝、国体少年の部個人・団体優勝、九州アマ優勝
ツアー未勝利
AbemaTVツアー(チャレンジ)1勝:('16)LANDIC CHALLENGE 2016 DEUX・RESIA MANSION
その他1勝:('15)九州オープン
'19の主なツアー戦績:15試合
ダンロップ・スリクソン福島オープン29位T
'19部門別データ
賞金:4,655,084円(101位)
メルセデス・ベンツトータルポイント:587(84位)
平均ストローク:72.21(78位)

平均パット:1.8048(66位)
パーキープ率:79.91(87位)
パーオン率:58.87(95位)
バーディ率:3.30(61位)
イーグル率:15.67(50位)
ドライビングディスタンス:289.05(43位)
フェアウェイキープ率:48.78(84位)
サンドセーブ率:53.52(23位)
トータルドライビング:127(81位)
賞金と順位(△はチャレンジランク、□はQTランクによる出場権獲得)

'14=0円	'17=1,232,577円178位
'15=1,099,000円160位	△'18=ナシ
△'16=　520,000円223位	□'19=4,655,084円101位

Hiroki ABE
阿部裕樹

ファイナルQT:95位
所属:フリー
生年月日:1989(H1).2.23
身長:167cm　体重:66kg
血液型:A型

出身地:栃木県
出身校:日本大学
趣味:買い物
ゴルフ歴:8歳〜
プロ転向:2010年
ツアーデビュー戦:'11東建ホームメイトカップ

得意クラブ:ドライバー、パター
ベストスコア:64('14トーシントーナメントINセントラル2R)
アマ時代の主な戦歴:('10)日本アマ優勝、('08・'10)国体優勝
ツアー未勝利
'19の主なツアー戦績:ナシ
賞金と順位
'11=0円
'12=0円
'13=324,000円231位
'14=494,600円198位
'15=268,400円240位

Masahiko ARAI
荒井雅彦

賞金=0円　　　　　　平均S=79.40(参考)

ファイナルQT:103位
所属:サザンヤードCC
生年月日:1971(S46).3.8
身長:172cm　体重:78kg
血液型:A型

出身地:東京都
出身校:八王子工業高校
趣味:釣り
スポーツ歴:野球
ゴルフ歴:18歳〜
プロ転向:1996年

ツアーデビュー戦:'98ジャストシステムKSBオープン
師弟関係:岡部義俊
得意クラブ:パター
ベストスコア:69('07JCBクラシック仙台2R)
ツアー未勝利
'19の主なツアー戦績:1試合
賞金と順位
'98=0円
'00=0円
'01=0円
'02=0円
'04=202,500円262位
'07=334,500円195位
'13=0円
'15=0円
'16=0円
'17=0円
'19=0円

Yutaka ARAKI
新木　豊

賞金176位=328,500円　　　平均S=74.26(参考)

ファイナルQT:63位
所属:フリー
生年月日:1979(S54).9.24
身長:180cm　体重:83kg
血液型:A型

出身地:宮城県
出身校:東北福祉大学
趣味:卓球
ゴルフ歴:17歳〜
プロ転向:2006年
ツアーデビュー戦:'08三菱ダイヤモンドカップゴルフ

得意クラブ:アイアン
ベストスコア:70('19日本プロゴルフ選手権1R)
ツアー未勝利
'19の主なツアー戦績:2試合
日本プロゴルフ選手権67位T
賞金と順位
'08=0円
'11=0円
'19=328,500円176位

Gyu-Min LEE(イ ギュミン)
李　圭ミン

ファイナルQT:104位
所属:
生年月日:2000(H12).8.19
身長:177cm　体重:80kg
血液型:O型

出身地:韓国
趣味:ゲーム
ゴルフ歴:9歳〜
プロ転向:2018年
師弟関係:Jihyun Cheon

得意クラブ:Wedge52°
アマ時代の主な戦歴:('17)バクカス杯優勝
ツアー未勝利
'19の主なツアー戦績:ナシ

Yoo-Ho LEE(イ ユホ)

李　有鎬

ファイナルQT:100位
所属:フリー
生年月日:1994(H6).1.7
身長:183cm　体重:
血液型:A型

出身地:韓国
趣味:映画鑑賞、カラオケ

スポーツ歴:水泳、サッカー、剣道
ゴルフ歴:9歳〜
プロ転向:2011年
師弟関係:チェ　ユンス
得意クラブ:ドライバー
アマ時代の主な戦歴:第17回・18回スウォンCup優勝
ツアー未勝利
'19の主なツアー戦績:ナシ

Hiroaki IIJIMA

飯島宏明

ファイナルQT:44位
所属:シンシア
生年月日:1971(S46).3.17
身長:171cm　体重:72kg
血液型:A型

出身地:千葉県
出身校:千葉県立東総工業高校
スポーツ歴:バドミントン
ゴルフ歴:16歳〜
プロ転向:1995年
ツアーデビュー戦:'96日経カップ中村寅吉メモリアル
師弟関係:町野治
得意クラブ:ドライバー
ベストスコア:63('02アイフルカップ2R)

プレーオフ:0勝1敗
ツアー未勝利
AbemaTVツアー(チャレンジ)3勝:('01)アイフルチャレンジ
カップ・オータム、信和ゴルフクラシック、('08)PRGR CUP
FINAL
'19の主なツアー戦績:ナシ
賞金と順位(△はチャレンジランクによる出場権獲得)

年	賞金・順位	年	賞金・順位
'96=	0円	'07=	420,000円189位
'98=	0円	△'08=	306,600円235位
'99=	0円	'09=	1,400,761円138位
'00=	246,400円249位	'10=	1,019,575円148位
△'01=	0円	'11=	1,626,000円138位
'02=	1,776,050円149位	'13=	0円
'03=	765,000円177位	'16=	0円
'04=	14,944,800円 73位	'17=	951,300円196位
'05=	1,816,000円137位	'18=	0円
'06=	958,800円163位		

Kenshiro IKEGAMI

池上憲士郎

ファイナルQT:27位
所属:フリー
生年月日:1992(H4).4.17
身長:180cm　体重:76kg
血液型:A型

出身地:岡山県
出身校:東北福祉大学
趣味:車、スポーツ全般

賞金=0円　　　平均S=73.12(参考)
ゴルフ歴:5歳〜
プロ転向:
ツアーデビュー戦:'17〜全英への道〜ミズノオープン
得意クラブ:アイアン、パター
ベストスコア:73('19関西オープン2R)
ツアー未勝利
'19の主なツアー戦績:1試合
賞金と順位
'17=0円
'19=0円

Sushi ISHIGAKI

すし石垣

ファイナルQT:28位
所属:フリー
生年月日:1974(S49).2.18
身長:172cm　体重:80kg
血液型:A型

出身地:埼玉県
出身校:埼玉県立蕨高校
趣味:競艇、野球、お手玉
スポーツ歴:野球、相撲
ゴルフ歴:18歳〜
プロ転向:1997年
ツアーデビュー戦:'97大京オープン
師弟関係:浦東大人
得意クラブ:9番アイアン
ベストスコア:62('05ANAオープン4R)

賞金111位=2,897,173円　　平均S81位=72.28
ツアー未勝利
AbemaTVツアー(チャレンジ)2勝:('99)西野カップオープン、
('10)静ヒルズトミーカップ
その他1勝:('06)北陸オープン
'19の主なツアー戦績:11試合
ダンロップ・スリクソン福島オープン22位T
賞金と順位(◎は賞金ランク、△はチャレンジランクによる出場権獲得)

年	賞金・順位	年	賞金・順位
'97=	0円	◇'09=	5,670,333円 95位
'98=	1,938,960円147位	△'10=	8,409,500円 82位
△'99=	ナシ	◎'11=	17,541,896円 63位
'00=	5,595,377円108位	◎'12=	23,387,832円 49位
'02=	360,000円212位	'13=	5,185,857円103位
'03=	0円	'14=	0円
'04=	0円	'15=	0円
'05=	9,625,866円 84位	'17=	482,125円220位
◎'06=	16,364,346円 63位	△'18=	0円
◎'07=	16,147,233円 60位	'19=	2,897,173円111位
◎'08=	31,203,090円 37位	◇は特別保障制度適用	

Tomohiro ISHIZAKA

石坂友宏
ファイナルQT:25位
所属:日本ウェルネススポーツ大学
生年月日:1999(H11).9.21
身長:173cm　体重:75kg
血液型:

出身地:神奈川県
趣味:スポーツ観戦
スポーツ歴:野球
ゴルフ歴:10歳～
プロ転向:2019年

師弟関係:鈴木隆
得意クラブ:アプローチパター
アマ時代の主な戦歴:('18)関東アマ優勝、('19)日本オープンローアマ、日本アマ4位、茨城国体個人・団体優勝
ツアー未勝利
'19の主なツアー戦績:ナシ

Mao ISHIZAKI

石﨑真央
ファイナルQT:70位
所属:フリー
生年月日:1997(H9).11.6
身長:163cm　体重:70kg
血液型:A型

出身地:長崎県
出身校:東北福祉大学
趣味:ボウリング
スポーツ歴:サッカー
ゴルフ歴:9歳～

プロ転向:2019年
師弟関係:吉田真也
得意クラブ:パター
ツアー未勝利
'19の主なツアー戦績:ナシ

Suzuchiyo ISHIDA

石田鈴千代
ファイナルQT:61位
所属:筑波CC
生年月日:1985(S60).3.9
身長:173cm　体重:73kg
血液型:A型

出身地:群馬県
出身校:中央学院大学
趣味:マリンスポーツ
スポーツ歴:バスケットボール
ゴルフ歴:15歳～
プロ転向:2008年

ツアーデビュー戦:'13日本オープン
師弟関係:日暮俊明
得意クラブ:パター
ベストスコア:69('18ダンロップ・スリクソン福島オープン1R)
ツアー未勝利
'19の主なツアー戦績:ナシ
賞金と順位
'13=0円
'15=0円
'16=0円
'18=405,300円225位

Shingo ITO

伊藤慎吾
ファイナルQT:105位
所属:フリー
生年月日:1991(H3).11.28
身長:177cm　体重:85kg
血液型:B型

出身地:三重県
出身校:大阪学院大学
趣味:ドライブ
スポーツ歴:サッカー
ゴルフ歴:6歳～
プロ転向:2013年

賞金=0円　　平均S=74.72(参考)
ツアーデビュー戦:'14 ～全英への道～ミズノオープン
師弟関係:水谷久嗣
得意クラブ:アイアン
ベストスコア:71('14 ～全英への道～ミズノオープン1R)
アマ時代の主な戦歴:('10)日本学生3位、('12)日本アマベスト32
ツアー未勝利
'19の主なツアー戦績:1試合
賞金と順位
'14=0円
'15=0円
'16=0円
'19=0円

Ryoma IWAI　　賞金191位=238,000円　　平均S=72.56（参考）

岩井亮磨

ファイナルQT:45位
所属:ノースショアCC
生年月日:1985(S60).9.26
身長:171cm　体重:70kg
血液型:A型

出身地:福岡県
出身校:東北福祉大学
趣味:スポーツ全般
ゴルフ歴:12歳～
プロ転向:2007年
ツアーデビュー戦:'09日本オープン

得意クラブ:パター
ベストスコア:66('14つるやオープン4R)
アマ時代の主な戦歴:('05)日本オープンセカンドアマ、日本学生3位
ツアー未勝利
'19の主なツアー戦績:1試合
～全英への道～ミズノオープン56位T
賞金と順位

'09=0円		'15=0円	
'10=0円		'16=0円	
'11=3,085,850円114位		'17=0円	
'12=0円		'18=0円	
'13=0円		'19=238,000円191位	
'14=3,925,583円109位			

Arnond VONGVANIJ(ウォンワニ アーノンド)　　賞金113位=2,616,071円　　平均S=72.23（参考）

A・ウォンワニ

ファイナルQT:88位
所属:フリー
生年月日:1988(S63).12.15
身長:165cm　体重:70kg
血液型:O型

出身地:タイ
出身校:フロリダ大学
趣味:車、漫画
ゴルフ歴:10歳～
プロ転向:2012年
デビュー戦:'12ミャンマーオープン(アジア)
師弟関係:Shane Wilding
得意クラブ:パター

ベストスコア:67('18レオパレス21ミャンマーオープン3R、'19ダンロップ・スリクソン福島オープン3R、'19日本プロゴルフ選手権1R)
アマ時代の主な戦歴:NCAA Division 1 First-Team All American, Southeastern Conference Player of the Year
ツアー未勝利
インターナショナルツアー 1勝:('12)King's Cup(タイ・アジア)
'19の主なツアー戦績:7試合
ダンロップ・スリクソン福島オープン17位T
賞金と順位

'13=0円	'18= 444,206円220位
'14= 256,509円226位	'19=2,616,071円113位
'15= 332,447円226位	

Andrew EVANS(エバンス アンドルー)　　賞金=0円　　平均S=73.72（参考）

A・エバンス

ファイナルQT:30位
所属:アクシネット
生年月日:1985(S60).12.18
身長:170cm　体重:78kg
血液型:

出身地:オーストラリア
趣味:Keeping fit
ゴルフ歴:12歳～
プロ転向:2009年

日本ツアーデビュー戦:'18レオパレス21ミャンマーオープン
師弟関係:Gary Barter
得意クラブ:Chipping and Putting
ベストスコア:71('18日本ゴルフツアー選手権1R)
ツアー未勝利
'19の主なツアー戦績:1試合
賞金と順位
'18=0円
'19=0円

Yamato EBINA

蛯名大和

ファイナルQT:67位
所属:フリー
生年月日:1995(H7).6.5
身長:170cm　体重:73kg
血液型:O型

出身地:青森県
出身校:東北福祉大学
ゴルフ歴:3歳～
プロ転向:2017年

ツアーデビュー戦:'18RIZAP KBCオーガスタ
得意クラブ:アイアン全般
ベストスコア:75('18RIZAP KBCオーガスタ1R)
ツアー未勝利
'19の主なツアー戦績:ナシ
賞金と順位
'18=0円

Fumihiro EBINE 海老根文博

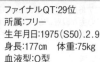

賞金=0円　　　平均S=73.69（参考）

ファイナルQT:29位
所属:フリー
生年月日:1975(S50).2.9
身長:177cm　体重:75kg
血液型:O型

出身地:茨城県
出身校:水城高校
趣味:睡眠、映画
スポーツ歴:バスケットボール
ゴルフ歴:16歳〜
プロ転向:1998年
ツアーデビュー戦:'99サントリーオープン

師弟関係:林由郎、西野義雄
得意クラブ:アイアン
ベストスコア:64('16HONMA TOURWORLD CUP1R)
ツアー未勝利
'19の主なツアー戦績:6試合
賞金と順位(△はチャレンジランクによる出場権獲得)

'99=0円		'10=0円	
'01=0円		'11=2,147,925円125位	
'02= 220,000円239位		'13=0円	
◇'04=3,634,166円123位		'14=1,341,770円144位	
'05= 165,750円247位		'16=4,779,000円110位	
'06= 255,475円223位		'17=4,500,000円108位	
'07=8,284,925円 90位		△'18=0円	
'08=3,688,500円118位		'19=0円	
'09=0円		◇は特別保障制度適用	

Naomi OHTA 太田直己

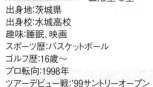

賞金183位=270,000円　　平均S=72.69（参考）

ファイナルQT:57位
所属:フリー
生年月日:1979(S54).4.24
身長:174cm　体重:76kg
血液型:O型

出身地:神奈川県
出身校:日本体育大学
趣味:温泉、読書
スポーツ歴:野球、バスケットボール
ゴルフ歴:10歳〜
プロ転向:2002年
ツアーデビュー戦:'02東建コーポレーションカップ
得意クラブ:パター
ベストスコア:63('14ダンロップ・スリクソン福島オープ

ン3R、'16ISPSハンダグローバルカップ2R)
アマ時代の主な戦歴:('99)日本学生優勝、('00、'01)朝日
杯全日本学生優勝、('00)日本アマ2位、世界アマ日本代表
ツアー未勝利
AbemaTVツアー（チャレンジ）2勝:(07)PRGR CUP、
('12)富士カントリー可児クラブチャレンジカップ
'19の主なツアー戦績:2試合
中日クラウンズ64位T
賞金と順位(△はチャレンジランクによる出場権獲得)

'02= 221,000円238位		'11=0円	
'03= 615,000円186位		△'12=0円	
'04= 230,000円253位		'13= 991,469円178位	
'05=2,899,500円123位		'14=1,812,750円126位	
'06=1,111,771円157位		'15= 459,900円210位	
△'07=1,916,375円143位		'16=8,221,411円 91位	
'08=6,845,054円 96位		'17=0円	
'09=1,133,500円146位		'18=0円	
'10=0円		'19= 270,000円183位	

Keisuke OTAWA 大田和桂介

賞金122位=1,758,500円　　平均S=72.25（参考）

ファイナルQT:58位
所属:麻倉GC
生年月日:1989(H1).2.13
身長:166cm　体重:77kg
血液型:B型

出身地:東京都
出身校:日本大学
趣味:音楽鑑賞、読書
ゴルフ歴:4歳〜
プロ転向:2010年
ツアーデビュー戦:'11長嶋茂雄INVITATIONALセガサ
ミーカップ

師弟関係:木村 元博
得意クラブ:ウッド
ベストスコア:67('14日本プロ日清カップヌードル杯2R)
アマ時代の主な戦歴:('08、'09)日本学生優勝、('08)日本
オープンローアマ、('10)日本アマ3位
ツアー未勝利
'19の主なツアー戦績:2試合
トップ杯東海クラシック19位T
賞金と順位

'11=0円		'16= 592,500円217位	
'12=0円		'17= 233,800円252位	
'13=1,063,475円169位		'18= 840,000円198位	
'14= 417,600円205位		'19=1,758,500円122位	

Tomoyuki OTSUKA

大塚智之

賞金=0円　　　　平均S=72.10（参考）

ファイナルQT:99位
所属:光洋会三芳病院
生年月日:1990(H2).12.25
身長:160cm　体重:58kg
血液型:A型

出身地:埼玉県
出身校:日本大学
ゴルフ歴:10歳～
プロ転向:2013年

ツアーデビュー戦:'13日本オープン
得意クラブ:9I
ベストスコア:67('19日本プロゴルフ選手権2R)
アマ時代の主な戦歴:('06)関東高校ゴルフ選手権優勝、
('09・'10・'11・'12)埼玉ゴルフ選手権優勝、('10)日本ア
マベスト16
ツアー未勝利
'19の主なツアー戦績:1試合
賞金と順位
　'13=0円
　'17=0円
　'19=0円

Koji OKAJIMA

岡島功史

賞金=0円　　　　平均S=76.41（参考）

ファイナルQT:90位
所属:フリー
生年月日:1988(S63).8.8
身長:170cm　体重:70kg
血液型:A型

出身地:愛知県
出身校:愛知産業大学
趣味:ショッピング
スポーツ歴:野球
ゴルフ歴:14歳～

プロ転向:
ツアーデビュー戦:'13コカ・コーラ東海クラシック
師弟関係:加藤かずひろ
得意クラブ:ドライバー
ベストスコア:68('14トーシントーナメントINセントラル2R)
ツアー未勝利
その他1勝:('17)北海道オープン
'19の主なツアー戦績:2試合
賞金と順位
　'13=0円　　　　　　　　　　　'17=0円
　'14=0円　　　　　　　　　　　'19=0円
　'16=0円

Tomohiko OGATA

尾方友彦

ファイナルQT:64位
所属:ミッションバレーGC
生年月日:1989(S63).6.15
身長:180cm　体重:85kg
血液型:A型

出身地:福岡県
出身校:日本大学
趣味:読書、スポーツ観戦、温泉
ゴルフ歴:10歳～
プロ転向:2011年
ツアーデビュー戦:'12ダイヤモンドカップゴルフ

師弟関係:小田孔明
得意クラブ:SW
ベストスコア:69('12三井住友VISA太平洋マスターズ2R)
アマ時代の主な戦歴:('06・'07)国体優勝、
('08)九州オープン優勝、('09)九州アマ優勝、('11)関東学
生優勝
ツアー未勝利
その他1勝:('08)九州オープン(アマチュア)
'19の主なツアー戦績:ナシ
賞金と順位
　'12=　480,000円179位
　'15=0円
　'18=1,395,522円163位

Takashi OGISO

小木曽　喬

賞金105位=3,925,789円　　平均S92位=72.65

ファイナルQT:93位
所属:フリー
生年月日:1997(H9).3.19
身長:178cm　体重:72kg
血液型:B型

出身地:愛知県
出身校:福井工業大学
趣味:スポーツ観戦
スポーツ歴:サッカー
ゴルフ歴:6歳～
プロ転向:2015年

ツアーデビュー戦:'16中日クラウンズ
得意クラブ:サンドウェッジ
ベストスコア:63('19関西オープン4R)
アマ時代の主な戦歴:('13・15)中部アマ優勝、('14)日本
アマ優勝、世界アマ代表
ツアー未勝利
AbemaTVツアー(チャレンジ)1勝:('16)JGTO Novil
FINAL
'19の主なツアー戦績:16試合
関西オープン21位T
賞金と順位(△はチャレンジランクによる出場権獲得)
△'16=　727,200円204位　　　　'18=10,501,614円 80位
　'17=　162,575円259位　　　　'19= 3,925,789円105位

Takaya ONODA

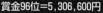

賞金96位＝5,306,600円　　平均S80位＝72.27

小野田享也

ファイナルQT:56位
所属:浜名湖CC
生年月日:1992(H4).3.20
身長:174cm　体重:75kg
血液型:O型

出身地:静岡県
出身校:日本大学
ゴルフ歴:12歳〜
プロ転向:2014年
ツアーデビュー戦:'15トップ杯東海クラシック

師弟関係:父
得意クラブ:パター
ベストスコア:64('19関西オープン4R)
ツアー未勝利
その他1勝:('12)中部オープン(アマチュア)
'19の主なツアー戦績:13試合
関西オープン11位T
賞金と順位(△はチャレンジランクによる出場権獲得)
　'15=0円　　　　　　　　△'18=ナシ
　'17=3,102,950円120位　　'19=5,306,600円　96位

Callan O'REILLY(オライリー カラン)

C・オライリー

ファイナルQT:33位
所属:フリー
生年月日:1990(H2).10.7
身長:　　　体重:
血液型:

出身地:オーストラリア
プロ転向:
ツアー未勝利
'19の主なツアー戦績:ナシ

Daisuke KATAOKA

賞金73位＝11,358,647円　　平均S69位＝72.05

片岡大育

ファイナルQT:49位
所属:日立キャピタル
生年月日:1988(S63).10.17
身長:167㎝　体重:71kg
血液型:O型

出身地:高知県
出身校:香川西高校
趣味:映画鑑賞、車
スポーツ歴:野球
ゴルフ歴:13歳〜
プロ転向:2007年
ツアーデビュー戦:'08マンシングウェアオープンKSBカップ
得意クラブ:パター

ベストスコア:63('17中日クラウンズ3R)
プレーオフ:0勝1敗
アマ時代の主な戦歴:('06)四国アマ優勝、('07)中四国オープン優勝
ツアー 3勝:('15)関西オープン、('16)トップ杯東海クラシック、('17)アジアパシフィックダイヤモンドカップ
その他1勝:('07)中四国オープン(アマチュア)
'19の主なツアー戦績:23試合
カシオワールドオープン14位T
賞金と順位(◎は賞金ランクによる出場権獲得)

'08=	1,646,200円154位	◎'14=20,025,649円53位	
'09=	1,641,200円133位	◎'15=56,492,942円18位	
'10=	924,000円153位	◎'16=86,019,113円　5位	
'11=10,632,412円 82位		◎'17=59,158,027円14位	
'12=	8,807,857円 86位	◎'18=32,466,212円34位	
◎'13=20,791,678円 47位		'19=11,358,647円73位	

Naoyuki KATAOKA

片岡尚之

ファイナルQT:46位
所属:フリー
生年月日:1997(H9).12.28
身長:171㎝　体重:67kg
血液型:B型

出身地:北海道
出身校:東北福祉大学
ゴルフ歴:2歳〜
プロ転向:2019年
師弟関係:山戸靖之

アマ時代の主な戦歴:('14)日本ジュニア15 〜 17歳の部優勝
ツアー未勝利
'19の主なツアー戦績:ナシ

Miguel CARBALLO（カルバリョ ミゲル） | 賞金＝3,707,824円 | 平均S＝70.76（参考）

M・カルバリョ

ファイナルQT:51位
所属:フリー
生年月日:1979（S54）.3.22
身長:176cm　体重:79kg
血液型:O型

出身地:アルゼンチン
趣味:ジム
スポーツ歴:釣り
ゴルフ歴:11歳〜
プロ転向:2002年
デビュー戦:'02Norpatagonico Open（アルゼンチン）

日本ツアーデビュー戦:'19Shinhan Donghae Open
ベストスコア:66（'19パナソニックオープン3R）
ツアー未勝利
インターナショナルツアー1勝:（'19）Bank BRI Indonesia Open（アジア）
'19の主なツアー戦績:2試合
パナソニックオープン12位T
賞金と順位
　'19＝3,707,824円

Koichi KITAMURA | 賞金124位＝1,658,571円 | 平均S＝70.39（参考）

北村晃一

ファイナルQT:41位
所属:ダック技建
生年月日:1985（S60）.1.2
身長:170cm　体重:72kg
血液型:B型

出身地:神奈川県
出身校:中央大学
趣味:マンガ、カラオケ
スポーツ歴:野球
ゴルフ歴:22歳〜
プロ転向:2009年
ツアーデビュー戦:'11中日クラウンズ

師弟関係:増田哲仁、高木克仁、加藤淳
得意クラブ:パター
ベストスコア:65（'17ダンロップ・スリクソン福島オープン4R、'18中日クラウンズ2R）
ツアー未勝利
その他3勝:（'14・'17）九州オープン、（'18）北陸オープン
'19の主なツアー戦績:1試合
日本プロゴルフ選手権19位T
賞金と順位（◎は賞金ランク、△はチャレンジランクによる出場権獲得）
　'11＝　267,600円210位　　　　△'16＝0円
　'12＝　576,000円176位　　　◎'17＝12,462,318円 72位
　'13＝0円　　　　　　　　　　　　'18＝12,971,500円 73位
　'14＝2,369,000円122位　　　　'19＝ 1,658,571円124位
　'15＝0円

Chan-Woo KIM（キム チャンウ）

金　燦祐

ファイナルQT:40位
所属:フリー
生年月日:1999（H11）.11.10
身長:182cm　体重:103kg
血液型:A型

出身地:韓国
出身校:天安高校
趣味:音楽鑑賞
ゴルフ歴:7歳〜

プロ転向:2016年
師弟関係:Mike Bender
得意クラブ:ドライバー
アマ時代の主な戦歴:（'17）新韓東海オープン23位、インドネシアマスターズ25位
ツアー未勝利
'19の主なツアー戦績:ナシ

Bio KIM（キム ビオ） | 賞金＝3,330,000円 | 平均S＝71.18（参考）

金　飛鳥

ファイナルQT:39位
所属:Hoban
生年月日:1990（H2）.8.21
身長:182cm　体重:75kg
血液型:A型

出身地:韓国
出身校:Shin Song 高校
趣味:音楽鑑賞
ゴルフ歴:10歳〜
プロ転向:2008年
日本ツアーデビュー戦:'09東建ホームメイトカップ

得意クラブ:ピッチングウェッジ
ベストスコア:65（'19セガサミーカップ2R）
アマ時代の主な戦歴:（'08）日本アマ優勝、韓国アマ優勝
ツアー未勝利
'19の主なツアー戦績:2試合
セガサミーカップ10位T
賞金と順位
　'09＝2,650,300円115位　　　　'14＝2,675,984円120位
　'10＝　374,400円191位　　　　'15＝1,140,890円157位
　'13＝0円　　　　　　　　　　　　'19＝3,330,000円

Young-Woong KIM(キム ヨンウン)　賞金83位=7,722,600円　　平均S74位=72.16

金　永雄

ファイナルQT:50位
所属:GOLFZON
生年月日:1998(H10).5.22
身長:174cm　体重:78kg
血液型:A型

出身地:韓国
出身校:韓国体育大学
趣味:ビリヤード
スポーツ歴:野球
ゴルフ歴:12歳〜
プロ転向:2016年
日本ツアーデビュー戦:'19東建ホームメイトカップ

師弟関係:Son Si-Woo
得意クラブ:ドライバー
ベストスコア:67('19関西オープン4R、'19パナソニックオープン4R、'19HEIWA・PGMチャンピオンシップ2R)
アマ時代の主な戦歴:('15)ネイバーズトロフィーチーム選手権優勝、APGCジュニア選手権三菱コーポレーションカップ優勝
ツアー未勝利
'19の主なツアー戦績:12試合
〜全英への道〜ミズノオープン5位T
賞金と順位(□はQTランクによる出場権獲得)
□'18=ナシ
　'19=7,722,600円83位

O-Sang KWON(クォン オサン)

権　五相

ファイナルQT:38位
所属:フリー
生年月日:1995(H7).8.30
身長:160cm　体重:62kg
血液型:A型

出身地:韓国
出身校:韓国体育大学
趣味:映画、ドラマ鑑賞
ゴルフ歴:8歳〜
プロ転向:2016年

師弟関係:キムヒョンウ
アマ時代の主な戦歴:韓国国家代表選手
ツアー未勝利
'19の主なツアー戦績:ナシ

Hiroya KUBOTA

久保田皓也

ファイナルQT:77位
所属:フリー
生年月日:1998(H10).1.13
身長:169cm　体重:68kg
血液型:B型

出身地:兵庫県
出身校:東北福祉大学
趣味:フットサル
ゴルフ歴:10歳〜
プロ転向:2019年

師弟関係:坂田信弘
得意クラブ:パター
アマ時代の主な戦歴:('15)関西アマ優勝
ツアー未勝利
'19の主なツアー戦績:ナシ

Noriyuki KUROGI

黒木紀至

ファイナルQT:94位
所属:UMKテレビ宮崎
生年月日:1993(H5).11.18
身長:166cm　体重:64kg
血液型:O型

出身地:宮崎県
出身校:日章学園高校
趣味:スポーツ、映画鑑賞
スポーツ歴:サッカー
ゴルフ歴:3歳〜

プロ転向:2014年
ツアーデビュー戦:'15HONMA TOURWORLD CUP
得意クラブ:ドライバー
ベストスコア:71('15日本オープン2R)
アマ時代の主な戦歴:('11)日本ジュニア8位、('08)国民体育大会6位
ツアー未勝利
その他1勝:('16)日本プロゴルフ新人選手権
賞金と順位
　'15=840,000円172位
　'17=0円

Ren KUROSAKI
黒﨑 蓮

ファイナルQT:84位
所属:フリー
生年月日:1998(H10).10.16
身長:170cm 体重:94kg
血液型:A型

出身地:千葉県
出身校:日出高校
趣味:ゲーム
スポーツ歴:野球

ゴルフ歴:6歳〜
プロ転向:2017年
師弟関係:渡邉優登
得意クラブ:アイアン全部
アマ時代の主な戦歴:('16)フジサンケイジュニア優勝
ツアー未勝利
'19の主なツアー戦績:ナシ

Dodge KEMMER(ケマー ダッジ)　賞金135位=1,031,625円　平均S=73.21(参考)
D・ケマー

ファイナルQT:92位
所属:フリー
生年月日:1987(S62).8.10
身長:182cm 体重:83kg
血液型:

出身地:アメリカ
出身校:スタンフォード大学
趣味:読書、クラシック音楽
プロ転向:2010年
日本ツアーデビュー戦:'16レオパレス21ミャンマーオープン

ベストスコア:68('16レオパレス21ミャンマーオープン1R・3R、'19東建ホームメイトカップ1R、'19中日クラウンズ3R)
得意クラブ:ピッチングウェッジ
ツアー未勝利
AbemaTVツアー(チャレンジ)1勝:('18)HEIWA・PGMチャレンジII
'19の主なツアー戦績:8試合
中日クラウンズ39位T
賞金と順位(△はチャレンジランクによる出場権獲得)
　'16=1,679,361円167位
△'18=0円
　'19=1,031,625円135位

Chien Yao HUNG(コウ ケンギョウ)　賞金=1,584,144円　平均S=72.37(参考)
洪 健堯

ファイナルQT:35位
所属:フリー
生年月日:1992(H4).8.12
身長:180cm 体重:78kg
血液型:A型

出身地:台湾
出身校:台湾大学
趣味:音楽、旅行
ゴルフ歴:12歳〜
プロ転向:2012年
ツアーデビュー戦:'12フジサンケイクラシック

ベストスコア:66('19SMBCシンガポール1R)
アマ時代の主な戦歴:('11)日本オープンローアマ
ツアー未勝利
'19主なツアー戦績:4試合
SMBCシンガポールオープン34位T
賞金と順位
'12=0円　　　　　　　　　'17=3,582,113円117位
'14=0円　　　　　　　　　'18=2,198,037円138位
'15= 795,000円175位　　'19=1,584,144円
'16=4,023,750円120位

Hideto KOBUKURO　賞金=0円　平均S=74.56(参考)
小袋秀人

ファイナルQT:96位
所属:戸塚CC
生年月日:1991(H3).4.19
身長:183cm 体重:80kg
血液型:A型

出身地:神奈川県
出身校:日本大学
趣味:車
スポーツ歴:野球、サッカー、水泳
ゴルフ歴:5歳〜
プロ転向:2012年
ツアーデビュー戦:'13ダイヤモンドカップゴルフ

師弟関係:父
得意クラブ:2アイアン
ベストスコア:66('15東建ホームメイトカップ2R)
アマ時代の主な戦歴:('11)朝日杯日本学生優勝、('12)日本アマ優勝、ネイバーズトロフィーチーム選手権団体優勝
ツアー未勝利
'19の主なツアー戦績:3試合
賞金と順位
'13= 271,200円236位　　'17= 266,400円244位
'14=1,512,000円137位　　'18=0円
'15= 747,280円178位　　'19=0円
'16= 609,142円216位

Keisuke KONDO

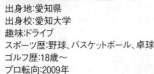

近藤啓介

ファイナルQT:98位
所属:南山CC
生年月日:1979(S54).5.22
身長:180cm　体重:77kg
血液型:AB型

出身地:愛知県
出身校:愛知大学
趣味:ドライブ
スポーツ歴:野球、バスケットボール、卓球
ゴルフ歴:18歳〜
プロ転向:2009年
ツアーデビュー戦:'09中日クラウンズ

賞金166位=373,700円　　平均S=74.07(参考)

得意クラブ:1W
ベストスコア:66('15HONMA TOURWORLD CUP4R)
ツアー未勝利
AbemaTVツアー(チャレンジ)1勝:('18)HEIWA・PGMチャレンジI
その他2勝:('13、'16)中部オープン
'19の主なツアー戦績:9試合
関西オープン69位、〜全英への道〜ミズノオープン69位
賞金と順位(△はチャレンジランクによる出場権獲得)
'09=0円　　　　　　　　　'15=2,482,978円124位
'11=0円　　　　　　　　　'16=1,074,728円191位
'12=0円　　　　　　　　　'17=0円
'13=0円　　　　　　　　　△'18=1,140,000円175位
'14=1,187,250円150位　　'19=　373,700円166位

Phachara KHONGWATMAI(コンワットマイ パチャラ)

P・コンワットマイ

ファイナルQT:74位
所属:キャロウェイゴルフ
生年月日:1999(H11).5.3
身長:180cm　体重:78kg
血液型:O型

出身地:タイ
趣味:Window Shopping
ゴルフ歴:9歳〜
プロ転向:2014年
デビュー戦:('14)President Thailand PGA
日本ツアーデビュー戦:'15タイランドオープン

賞金=1,935,076円　　平均S=71.96(参考)

師弟関係:Pompetch Saraputti
得意クラブ:パター
ベストスコア:66('16ダイヤモンドカップゴルフ1R、'17SMBC
シンガポールオープン1R)
アマ時代の主な戦歴:('14)タイジュニア選手権優勝、
Singhaオープン
ツアー未勝利
'19の主なツアー戦績:4試合
SMBCシンガポールオープン18位T
賞金と順位
'15=　680,238円182位　　'17=8,080,766円　87位
'16=7,040,000円　95位　　'19=1,935,076円

Ajeetesh SANDHU(サンドゥ アジーテシュ)

A・サンドゥ

ファイナルQT:78位
所属:Chandigarn Golf Club
生年月日:1988(S63)10.9
身長:180cm　体重:65kg
血液型:O型

出身地:インド
ゴルフ歴:4歳〜
プロ転向:2008年
日本ツアーデビュー戦:'18SMBCシンガポールオープン
師弟関係:Jesse GREWAL

賞金=690,000円　　平均S=72.26(参考)

得意クラブ:ドライバー、アイアン
ベストスコア:66('19パナソニックオープン2R)
ツアー未勝利
AbemaTVツアー(チャレンジ)1勝:('17)太平洋クラブチャレンジ
インターナショナルツアー1勝:('17)Yeangder TPC(台湾・
アジア)
'19の主なツアー戦績:4試合
パナソニックオープン37位T
賞金と順位
'18=4,890,553円109位
'19=　690,000円

Steven JEFFRESS(ジェフレス スティーブン)

S・ジェフレス

ファイナルQT:65位
所属:アクシネット
生年月日:1975(S50).11.25
身長:181cm　体重:84kg
血液型:O型

出身地:オーストラリア
ゴルフ歴:10歳〜
プロ転向:1999年
日本ツアーデビュー戦:'09東建ホームメイトカップ
得意クラブ:ドライバー、アイアン

ベストスコア:68('09関西オープン2R、'09ANAオープン2R、
'09キヤノンオープン1R、'09レクサス選手権2R、'15タイランド
オープン2R)
ツアー未勝利
インターナショナルツアー 1勝:('14)フィジーインターナショナル(豪)
'19の主なツアー戦績:ナシ
賞金と順位
'09=6,112,672円　93位　　'15=　241,663円246位
'14=　593,142円189位　　'17=0円

I J JANG（ジャン アイジェイ）　賞金120位＝1,905,500円　平均S=73.60（参考）

I. J. ジャン

ファイナルQT:101位
所属:エヌ・エヌ・ドゥ
生年月日:1973(S48).2.14
身長:174cm　体重:72kg
血液型:B型

出身地:韓国
出身校:韓国大学
趣味:映画鑑賞
ゴルフ歴:10歳〜
プロ転向:1998年
日本ツアーデビュー戦:'04アイフルカップ
師弟関係:キムヤンイル
得意クラブ:ドライバー、ウェッジ
ベストスコア:62('11中日クラウンズ3R)

プレーオフ:0勝1敗
アマ時代の主な戦歴:('93)韓国ジュニア優勝、('94)韓国アマ優勝
ツアー3勝:('05)三菱ダイヤモンドカップ、('12・'15)中日クラウンズ
代表歴:日韓対抗戦('04、'12)、ワールドカップ('05)
'19の主なツアー戦績:11試合
ダンロップ・スリクソン福島オープン17位T
賞金と順位(◎は賞金ランクによる出場権獲得)

'04=0円		◎'13=35,960,383円	30位
◎'05=50,138,248円	22位	◎'14=46,388,089円	22位
◎'06=19,966,118円	55位	◎'15=61,387,417円	12位
◎'07=21,940,333円	43位	◎'16=18,008,137円	61位
'08= 8,909,200円	86位	◎'17=18,220,377円	56位
◎'09=22,040,748円	46位	◇'18= 2,159,700円	139位
◎'10=21,264,056円	51位	'19= 1,905,500円	120位
◎'11=23,128,408円	41位	◇は特別保障制度適用	
◎'12=62,493,702円	17位		

Brian JUNG（ジョン ブライアン）

B・ジョン

ファイナルQT:48位
所属:フリー
生年月日:1993(H5).6.21
身長:175cm　体重:80kg
血液型:O型

出身地:カナダ
趣味:野球、映画鑑賞、食べ歩き
ゴルフ歴:10歳〜

プロ転向:2016年
デビュー戦:中国広州オープン
日本ツアーデビュー戦:'17レオパレス21ミャンマーオープン
師弟関係:Steven Giuliano
ベストスコア:68('18フジサンケイクラシック4R)
ツアー未勝利
'19の主なツアー戦績:ナシ
賞金と順位
　'17=　302,634円239位
　'18=5,430,633円107位

Blake SNYDER（スナイダー ブレーク）　賞金141位＝956,250円　平均S=71.14（参考）

B・スナイダー

ファイナルQT:26位
所属:JOYX
生年月日:1992(H4).5.10
身長:180cm　体重:75kg
血液型:B型

出身地:アメリカ
出身校:ワシントン州立大学
趣味:旅行、ハイキング、スノーボード、スイミング
スポーツ歴:野球、サッカー、スノーボード
ゴルフ歴:3歳〜

プロ転向:2014年
デビュー戦:PGA Tour Canada Vancouver Open
日本ツアーデビュー戦:'18ダンロップ・スリクソン福島オープン
得意クラブ:アイアン
ベストスコア:67('19ダンロップ・スリクソン福島オープン3R、'19セガサミーカップ4R)
ツアー未勝利
'19の主なツアー戦績:2試合
ダンロップ・スリクソン福島オープン29位T
賞金と順位
　'18=0円
　　　　　　　　　　　　　'19=　956,250円141位

Shih-Chang CHAN（セン セショウ）　賞金80位＝8,334,390円　平均S79位=72.22

詹 世昌

ファイナルQT:76位
所属:フリー
生年月日:1986(S61).6.7
身長:168cm　体重:67kg
血液型:O型

出身地:台湾
出身校:Taipei Physical Education College
趣味:Racing
スポーツ歴:Bicycle
ゴルフ歴:15歳〜
プロ転向:2008年
ツアーデビュー戦:'11〜全英への道〜ミズノオープン

得意クラブ:アイアン
ベストスコア:62('16ダイヤモンドカップゴルフ4R)
アマ時代の主な戦歴:('04)香港アマチュアオープン優勝、('06)アジア大会銅メダル(チーム戦)
ツアー1勝:('16)アジアパシフィックダイヤモンドカップゴルフ
インターナショナルツアー1勝:('16)キングスカップ(タイ・アジア)
'19の主なツアー戦績:18試合
HEIWA・PGMチャンピオンシップ17位T
賞金と順位(◎は賞金ランクによる出場権獲得)

'11=0円		◎'18=14,748,289円	69位
'15=　824,444円173位		'19= 8,334,390円	80位
※'16=34,099,093円 35位		※規定試合数不足	
'17= 2,986,816円122位			

Masaru TAKAHASHI — 高橋 賢

賞金119位=1,927,416円　平均S=72.60（参考）

ファイナルQT:69位
所属:グランフィールズCC
生年月日:1986(S61).9.11
身長:176cm　体重:80kg
血液型:O型

出身地:神奈川県
出身校:専修大学
趣味:映画鑑賞
スポーツ歴:サッカー
ゴルフ歴:14歳〜

プロ転向:2008年
ツアーデビュー戦:'16パナソニックオープン
師弟関係:大川浩二
得意クラブ:ドライバー
ベストスコア:65('19ダンロップ・スリクソン福島オープン2R)
ツアー未勝利
'19の主なツアー戦績:9試合
ダンロップ・スリクソン福島オープン7位T
賞金と順位(△はチャレンジランクによる出場権獲得)
'16=　690,000円209位　　△'18=7,317,500円 92位
'17=0円　　　　　　　　'19=1,927,416円119位

Yuki TAKEUCHI — 竹内優騎

賞金=0円　平均S=73.10（参考）

ファイナルQT:75位
所属:青山高原CC
生年月日:2002(H14).6.21
身長:178cm　体重:81kg
血液型:B型

出身地:愛知県
出身校:ルネサンス豊田高校
趣味:プロ野球観戦
ゴルフ歴:2歳〜
プロ転向:2018年

ツアーデビュー戦:'19日本プロゴルフ選手権
師弟関係:鈴村照男、竹内高
ベストスコア:72('19日本プロゴルフ選手権1R・2R)
ツアー未勝利
'19の主なツアー戦績:1試合
賞金と順位
'19=0円

Ren TAKEUCHI — 竹内 廉

賞金182位=272,000円　平均S=73.01（参考）

ファイナルQT:24位
所属:フリー
生年月日:1993(H5).7.20
身長:173cm　体重:65kg
血液型:O型

出身地:三重県
出身校:岡山学芸館高校
趣味:車、バイク
スポーツ歴:空手
ゴルフ歴:10歳〜
プロ転向:2013年

ツアーデビュー戦:'17日本プロ日清カップヌードル杯
師弟関係:父
得意クラブ:ドライバー
ベストスコア:68('18ダンロップ・スリクソン福島オープン
2R、'18トップ杯東海クラシック2R)
アマ時代の主な戦歴:('10)全米アマ出場
ツアー未勝利
'19の主なツアー戦績:2試合
〜全英への道〜ミズノオープン50位T
賞金と順位
'17=0円
'18=2,617,873円130位
'19=　272,000円182位

Shunya TAKEYASU — 竹安俊也

賞金79位=8,648,306円　平均S82位=72.30

ファイナルQT:23位
所属:フリー
生年月日:1992(H4).10.12
身長:175cm　体重:77kg
血液型:O型

出身地:兵庫県
出身校:東北福祉大学
趣味:書道、釣り
スポーツ歴:野球
ゴルフ歴:10歳〜
プロ転向:2014年
ツアーデビュー戦:'15東建ホームメイトカップ

師弟関係:父
得意クラブ:アイアン
ベストスコア:65('18日本オープン3R)
アマ時代の主な戦歴:('07)関西ジュニア優勝、('10)全国
高校ゴルフ選手権優勝、('14)国体成年男子個人・団体
優勝
ツアー未勝利
'19の主なツアー戦績:21試合
ダイヤモンドカップゴルフ16位T
賞金と順位(◎は賞金ランクによる出場権獲得)
'15=　1,154,366円155位　　◎'18=21,639,458円 49位
'16=0円　　　　　　　　　'19=　8,648,306円 79位
◎'17=16,860,881円 57位

ファイナルQT

Eric CHUN（チャン エリック）　賞金121位＝1,877,000円　平均S＝72.53（参考）

E・チャン

ファイナルQT:31位
所属:OX1
生年月日:1990(H2).3.8
身長:175cm　体重:68kg
血液型:O型
出身地:韓国
出身校:Northwestern University
趣味:Music、Fashion、Reading、Writing
スポーツ歴:サッカー
ゴルフ歴:7歳〜
プロ転向:2012年

日本ツアーデビュー戦:'12アジアパシフィックパナソニックオープン
師弟関係:Pat Goss
得意クラブ:9I、5I
ベストスコア:66('13つるやオープン3R)
アマ時代の主な戦歴:('09)Big Tenチャンピオンシップ優勝、アジアアマチャンピオンシップ2位、('10)全英オープン出場
ツアー未勝利
'19の主なツアー戦績:10試合
RIZAP KBCオーガスタ30位T
賞金と順位
　'12=1,824,000円132位　　'19=1,877,000円121位
　'13=7,107,214円 93位

Tze-Huang CHOO（チュー ジーワン）　賞金=0円　平均S＝74.71（参考）

T・H・チュー

ファイナルQT:72位
所属:フリー
生年月日:1987(S62).2.14
身長:181cm　体重:104kg
血液型:A型
出身地:シンガポール
出身校:ワシントン州立大学
趣味:テレビドラマ鑑賞
ゴルフ歴:6歳〜
プロ転向:2012年
デビュー戦:'12Mercedes Benz Masters Indonesia

日本ツアーデビュー戦:'13タイランドオープン
得意クラブ:パター
ベストスコア:67('13タイランドオープン2R)
アマ時代の主な戦歴:Putra Cup個人優勝、シンガポールアマチュアオープン優勝、2011・12アジアアマチュアTop10
ツアー未勝利
'19の主なツアー戦績:1試合
賞金と順位
　'13=0円　　　　　　　　'17=　807,024円202位
　'14=0円　　　　　　　　'18=1,447,162円161位
　'15=　122,920円260位　'19=0円
　'16=0円

Byung-Min CHO（チョ ビョンミン）　賞金196位＝185,733円　平均S＝72.23（参考）

趙　炳旻

ファイナルQT:79位
所属:フリー
生年月日:1989(H1).9.4
身長:178cm　体重:80kg
血液型:A型
出身地:韓国
趣味:読書
ゴルフ歴:12歳〜
プロ転向:2009年
日本ツアーデビュー戦:'16関西オープン

得意クラブ:パター
ベストスコア:66('19関西オープン4R)
アマ時代の主な戦歴:('09)韓国代表
ツアー1勝:('16)関西オープン
'19の主なツアー戦績:1試合
関西オープン50位T
賞金と順位(◎は賞金ランクによる出場権獲得)
◎'16=23,898,663円48位　　'18=2,246,949円136位
◎'17=19,424,272円54位　　'19=　185,733円196位

Gabriele DE BARBA（デバルバ ガブリエレ）

G・デバルバ

ファイナルQT:34位
所属:鳴尾GC
生年月日:1995(H7).11.16
身長:180cm　体重:73kg
血液型:A型
出身地:兵庫県
出身校:同志社大学
ゴルフ歴:7歳〜
プロ転向:2018年
ツアーデビュー戦:'18マイナビABCチャンピオンシップ

師弟関係:水巻善典
ベストスコア:76('18マイナビABCチャンピオンシップ2R)
ツアー未勝利
'19の主なツアー戦績:ナシ
賞金と順位
　'18=0円

| Hirotaro NAITO | 賞金176位=328,500円 | 平均S=75.02(参考) |

内藤寛太郎

ファイナルQT:21位
所属:NKグループ
生年月日:1982(S57).5.20
身長:172cm　体重:74kg
血液型:O型

出身地:福島県
出身校:東北福祉大学
趣味:スキー、子育て
スポーツ歴:サッカー
ゴルフ歴:14歳～
プロ転向:2006年
ツアーデビュー戦:'07日本プロゴルフ選手権

得意クラブ:ドライバー
ベストスコア:67('13セガサミーカップ1R)
ツアー未勝利
AbemaTVツアー(チャレンジ)2勝:('08)静ヒルズトミーカップ、('13)elite grips・JGTOチャレンジⅢ
'19の主なツアー戦績:3試合
日本プロゴルフ選手権69位T
賞金と順位(△はチャレンジランクによる出場権獲得)
　'07=0円
△'08=0円
　'09=　721,333円171位
　'10=0円
　'12=　373,200円187位
　'13=3,310,687円116位
'14=1,241,100円147位
'15=0円
'16=0円
'17=　990,000円190位
'18=2,640,566円129位
'19=　328,500円176位

| Sho NAGASAWA(Aomori) | 賞金=0円 | 平均S=76.69(参考) |

永澤　翔

ファイナルQT:82位
所属:ダイワロイヤルゴルフ
生年月日:1994(H6).9.27
身長:180cm　体重:95kg
血液型:A型

出身地:青森県
出身校:東北福祉大学
趣味:ゲーム
ゴルフ歴:5歳～
プロ転向:2016年

ツアーデビュー戦:'18日本オープン
得意クラブ:アイアン
ベストスコア:76('18日本オープン2R)
ツアー未勝利
'19の主なツアー戦績:1試合
賞金と順位
　'18=0円
　'19=0円

| Sho NAGASAWA(Yamanashi) | 賞金=0円 | 平均S=74.40(参考) |

長澤　奨

ファイナルQT:66位
所属:Nグループ
生年月日:1997(H9).8.24
身長:180cm　体重:90kg
血液型:A型

出身地:山梨県
出身校:星槎国際高校
趣味:ジェットスキー
スポーツ歴:柔道
ゴルフ歴:3歳～

プロ転向:2016年
ツアーデビュー戦:'17長嶋茂雄INVITATIONALセガサミーカップ
師弟関係:長澤廣道
ベストスコア:68('17ダンロップ・スリクソン福島オープン1R)
アマ時代の主な戦歴:('14)山梨オープン優勝
ツアー未勝利
'19の主なツアー戦績:1試合
賞金と順位
　'17=　120,000円265位
　'19=0円

| Hiroyuki NAGAMATSU | 賞金191位=238,000円 | 平均S=72.68(参考) |

永松宏之

ファイナルQT:55位
所属:フリー
生年月日:1982(S57).11.13
身長:170cm　体重:88kg
血液型:B型

出身地:大分県
出身校:鶴崎工業高校
スポーツ歴:野球
ゴルフ歴:22歳～
プロ転向:
ツアーデビュー戦:'13日本ゴルフツアー選手権

Shishido Hills
師弟関係:並木弘道、横山明仁
得意クラブ:パター
ベストスコア:68('15ダンロップ・スリクソン福島オープン3R・4R、'17ダンロップ・スリクソン福島オープン2R)
ツアー未勝利
AbemaTVツアー(チャレンジ)1勝:('13)ISPS・CHARITYチャレンジ
'19の主なツアー戦績:2試合
関西オープン45位T
賞金と順位
　'13=0円
　'15=　390,000円214位
'17=　299,300円241位
'19=　238,000円191位

Akihiro NARUTOMI
成冨晃広

賞金=0円　　平均S=76.40（参考）

ファイナルQT:62位
所属:シンセイテクノス
生年月日:1995(H7).2.14
身長:172cm　体重:75kg
血液型:A型

出身地:福岡県
出身校:福岡第一高校
趣味:釣り
スポーツ歴:剣道
ゴルフ歴:14歳〜

プロ転向:2015年
ツアーデビュー戦:'18日本オープン
師弟関係:酒井孝正、佐藤浩司
得意クラブ:SW
ベストスコア:69('18日本オープン1R)
ツアー未勝利
'19の主なツアー戦績:1試合
賞金と順位
　'18=0円
　'19=0円

Taiko NISHIYAMA
西山大広

ファイナルQT:54位
所属:フリー
生年月日:1997(H9).12.11
身長:165cm　体重:75kg
血液型:O型

出身地:香川県
出身校:東北福祉大学
趣味:映画
スポーツ歴:水泳
ゴルフ歴:9歳〜

プロ転向:2019年
得意クラブ:パター
アマ時代の主な戦歴:('15)四国ジュニア優勝、('16)東北
アマ優勝
ツアー未勝利
'19の主なツアー戦績:ナシ

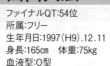

Yohei HAGA
芳賀洋平

賞金193位=228,000円　　平均S=72.81（参考）

ファイナルQT81位
所属:ゴルフレンジらんらん倶楽部
生年月日:1985(S60).5.19
身長:176cm　体重:82kg
血液型:B型

出身地:千葉県
出身校:中央学院大学
趣味:スポーツ観戦
スポーツ歴:野球
ゴルフ歴:10歳〜
プロ転向:2007年
ツアーデビュー戦:'08〜全英への道〜ミズノオープンよ
みうりクラシック
師弟関係:綿引浩也

得意クラブ:アイアン
ベストスコア:68('14〜全英への道〜ミズノオープン4R、'17
〜全英への道〜ミズノオープン1R)
アマ時代の主な戦歴:('04)日本学生3位、JGAナショナル
チームメンバー
ツアー未勝利
その他1勝('08)日本プロゴルフ新人選手権
'19の主なツアー戦績:1試合
〜全英への道〜ミズノオープン58位T

賞金と順位
　'08=0円　　　　　　　　　　'16=0円
　'09=　624,000円176位　　'17=　227,000円255位
　'10=0円　　　　　　　　　　'18=0円
　'14=　250,800円228位　　'19=　228,000円193位
　'15=0円

Shohei HASEGAWA
長谷川祥平

ファイナルQT:36位
所属:フリー
生年月日:1993(H5).7.27
身長:181cm　体重:78kg
血液型:A型

出身地:広島県
出身校:大阪学院大学
趣味:音楽鑑賞
ゴルフ歴:5歳〜
プロ転向:2015年

ツアーデビュー戦:'16東建ホームメイトカップ
得意クラブ:パター
ベストスコア:69('16ISPSハンダグローバルカップ1R)
アマ時代の主な戦歴:('13)アジアパシフィックアマ2位、
('15)日本学生優勝、朝日杯日本学生優勝
ツアー未勝利
'19主なツアー戦績:ナシ
賞金と順位
　'16=0円
　'17=0円

Takahiro HATAJI　賞金67位=12,221,550円　平均S83位=72.36

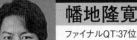
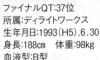

幡地隆寛

ファイナルQT:37位
所属:ディライトワークス
生年月日:1993(H5).6.30
身長:188cm　体重:98kg
血液型:B型
出身地:広島県
出身校:東北福祉大学
趣味:ゲーム、ダーツ
ゴルフ歴:10歳〜
プロ転向:2015年
ツアーデビュー戦:'16東建ホームメイトカップ

得意クラブ:SW
ベストスコア:65('19セガサミーカップ4R)
アマ時代の主な戦歴:('14)日本アマベスト16、('15)関東学生優勝
ツアー未勝利
'19の主なツアー戦績:13試合
セガサミーカップ3位T
賞金と順位(△はチャレンジランクによる出場権獲得)
'16=0円　　　　　　　　　　△'18=0円
'17=0円　　　　　　　　　　'19=12,221,550円67位

Takuyoshi HANDA

半田匠佳

ファイナルQT:102位
所属:草津カントリークラブ
生年月日:1995(H7).8.18
身長:176cm　体重:83kg
血液型:O型
出身地:栃木県
出身校:日本大学
趣味:音楽鑑賞
スポーツ歴:サッカー、水泳
ゴルフ歴:6歳〜

プロ転向:2017年
師弟関係:父
ツアー未勝利
'19の主なツアー戦績:ナシ

Adam BURDETT(バーデット アダム)

A・バーデット

ファイナルQT:52位
所属:フリー
生年月日:1994(H6).10.28
身長:　　　　体重:
血液型:
出身地:オーストラリア
ゴルフ歴:14歳〜
プロ転向:2014年
ツアー未勝利
'19の主なツアー戦績:ナシ

Sung-Joon PARK(パク エスジェイ)　賞金110位=3,151,405円　平均S86位=72.47

S・J・パク

ファイナルQT:47位
所属:フリー
生年月日:1986(S61).6.9
身長:175cm　体重:73kg
血液型:B型
出身地:韓国
出身校:Myung JI University
ゴルフ歴:13歳〜
プロ転向:2004年
日本ツアーデビュー戦:'10つるやオープン
得意クラブ:パター
ベストスコア:64('11セガサミーカップ4R、'13つるやオー

プン3R)
プレーオフ:0勝1敗
ツアー1勝:('13)VanaH杯KBCオーガスタ
AbemaTVツアー(チャレンジ)1勝:('10)JGTO Novil FINAL
代表歴:ワールドカップ('11)
'19の主なツアー戦績:12試合
東建ホームメイトカップ18位T
賞金と順位(◎は賞金ランク、△はチャレンジランク、□はQTランクによる出場権獲得)
△'10= 7,741,485円89位　　　　'14=4,815,279円103位
◎'11=23,434,332円40位　　　　□'18= 580,000円213位
'12=10,729,594円76位　　　　'19=3,151,405円110位
◎'13=93,402,445円 5位

Takuya HIGA

比嘉拓也

賞金172位=340,500円　　平均S=72.39（参考）

ファイナルQT:73位
所属:TOSHIN
生年月日:1987(S62).12.26
身長:180cm　体重:80kg
血液型:A型

出身地:沖縄県
出身校:名古屋商科大学
趣味:車
スポーツ歴:バスケットボール
ゴルフ歴:13歳〜
プロ転向:2011年

ツアーデビュー戦:'11トーシントーナメントINレイクウッド
師弟関係:嘉数森勇
得意クラブ:アイアン
ベストスコア:68('19日本プロゴルフ選手権2R)
アマ時代の主な戦歴:('08)中部アマ優勝
ツアー未勝利
'19の主なツアー戦績:1試合
日本プロゴルフ選手権60位T
賞金と順位

'11=0円	'16=0円
'13=0円	'17=0円
'14=0円	'18=0円
'15=0円	'19=　340,500円172位

Takashi HIRUKAWA

蛭川　隆

ファイナルQT:43位
所属:キミエコーポレーション
生年月日:1996(H8).7.30
身長:171cm　体重:75kg
血液型:O型

出身地:鹿児島県
出身校:尚志館高校
スポーツ歴:サッカー
ゴルフ歴:3歳〜

プロ転向:2015年
ツアーデビュー戦:'17日本プロ日清カップヌードル杯
師弟関係:佐藤直輝
得意クラブ:パター
ベストスコア:71('17RIZAP KBCオーガスタ2R)
アマ時代の主な戦歴:('15)日本アマベスト16、('14)日本
ジュニア3位T
ツアー未勝利
'19の主なツアー戦績:ナシ
賞金と順位
　'17=0円

Jae-Min HWANG（ファン ジェミン）

賞金=822,528円　　平均S=71.13（参考）

黄　載民

ファイナルQT:86位
所属:フリー
生年月日:1986(S61).11.12
身長:175cm　体重:75kg
血液型:

出身地:韓国
趣味:映画鑑賞、カラオケ
スポーツ歴:水泳
ゴルフ歴:14歳〜
プロ転向:2008年

日本ツアーデビュー戦:'19Shinhan Donghae Open
得意クラブ:ショートアイアン、パター
ベストスコア:67('19Shinhan Donghae Open2R)
ツアー未勝利
'19の主なツアー戦績:1試合
Shinhan Donghae Open32位T
賞金と順位
　'19=822,528円

Yasunobu FUKUNAGA

福永安伸

賞金160位=471,000円　　平均S=72.51（参考）

ファイナルQT:22位
所属:UMKテレビ宮崎
生年月日:1984(S59).2.20
身長:164cm　体重:66kg
血液型:AB型

出身地:宮崎県
出身校:宮崎第一高校
趣味:読書、音楽鑑賞
スポーツ歴:柔道
ゴルフ歴:10歳〜
プロ転向:2003年
ツアーデビュー戦:'04日本オープン
得意クラブ:パター

ベストスコア:66('16レオパレス21ミャンマーオープン3R、
'16RIZAP KBCオーガスタ1R)
ツアー未勝利
AbemaTVツアー（チャレンジ）2勝:('14)秋田テレビ・南秋
田CCチャレンジ、('17)ジャパンクリエイトチャレンジin福岡
雷山
'19の主なツアー戦績:2試合
マイナビABCチャンピオンシップ45位T
賞金と順位（△はチャレンジランクによる出場権獲得）

'04=0円	'14=0円
'07=1,234,718円154位	'15=1,207,533円154位
'08=0円	'16=1,289,630円182位
'11=0円	△'17=　400,000円232位
'12=0円	'18=　937,500円191位
'13=0円	'19=　471,000円160位

Shinichi FUJII
藤井伸一

ファイナルQT:71位
所属:フリー
生年月日:1983(S58).7.13
身長:177cm　体重:90kg
血液型:B型

出身地:広島県
出身校:広島経済大学
趣味:農業、トレーニング
スポーツ歴:野球
ゴルフ歴:18歳〜

プロ転向:2011年
ツアーデビュー戦:'13ANAオープン
師弟関係:父、後藤庸之
得意クラブ:ドライバー、パター
ベストスコア:72('18ダンロップ・スリクソン福島オープン1R、'18日本オープン1R)
ツアー未勝利
'19の主なツアー戦績:ナシ
賞金と順位
　'13=0円
　'18=0円

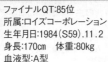

Masatsugu FUJISHIMA　賞金146位=905,000円　平均S=71.27(参考)
藤島征次

ファイナルQT:85位
所属:ロイズコーポレーション
生年月日:1984(S59).11.2
身長:170cm　体重:80kg
血液型:A型

出身地:熊本県
出身校:東北福祉大学
趣味:映画鑑賞
スポーツ歴:サッカー
ゴルフ歴:13歳〜
プロ転向:2006年
ツアーデビュー戦:'07ウッドワンオープン広島
師弟関係:父

得意クラブ:アイアン
ベストスコア:68('09VanaH杯KBCオーガスタ1R、'10東建ホームメイトカップ2R、'10ANAオープン4R、'11VanaH杯KBCオーガスタ2R、'17HONMA TOURWORLD CUP2R、'19セガサミーカップ3R)
ツアー未勝利
その他1勝:('17)中部オープン
'19の主なツアー戦績:1試合
セガサミーカップ33位T
賞金と順位

'07=0円	'12= 255,200円204位	
'08=0円	'16=0円	
'09= 240,900円210位	'17=1,453,500円169位	
'10=8,765,621円 79位	'18=4,843,500円110位	
'11= 726,900円170位	'19= 905,000円146位	

Yuki FURUKAWA
古川雄大

ファイナルQT:59位
所属:フリー
生年月日:1997(H9).10.29
身長:172cm　体重:73kg
血液型:O型

出身地:福島県
出身校:東海大学
趣味:音楽
スポーツ歴:サッカー
ゴルフ歴:11歳〜

プロ転向:2019年
得意クラブ:ドライバー
アマ時代の主な戦歴:('15・'18)九州アマ優勝、('19)日本学生5位T
ツアー未勝利
'19の主なツアー戦績:ナシ

Itthipat BURANATANYARAT(ブラナタンヤラット イティパット)
I・ブラナタンヤラット

ファイナルQT:68位
所属:フリー
生年月日:1993(H5).5.16
身長:　体重:
血液型:

出身地:タイ
プロ転向:2014年
日本ツアーデビュー戦:'15タイランドオープン
ベストスコア:69('17レオパレス21ミャンマーオープン4R)

ツアー未勝利
'19の主なツアー戦績:ナシ
賞金と順位
　'15=0円
　'16=0円
　'17= 579,926円214位

Daiki MATSUMURA
松村大輝

ファイナルQT:89位
所属:新空港グリーンクラブ
生年月日:1995(H7).1.7
身長:180cm　体重:82kg
血液型:O型

出身地:大阪府
出身校:大阪学院大学
趣味:ビリヤード
ゴルフ歴:6歳〜
プロ転向:2016年

ツアーデビュー戦:
得意クラブ:アイアン
ツアー未勝利
'19の主なツアー戦績:ナシ

Shota MATSUMOTO
松本将汰

賞金=0円　　　　平均S=72.81(参考)

ファイナルQT:42位
所属:フリー
生年月日:1995(H7).2.24
身長:171cm　体重:65kg
血液型:AB型

出身地:宮城県
出身校:東北福祉大学
趣味:スノーボード
ゴルフ歴:12歳〜
プロ転向:2016年
ツアーデビュー戦:'18ダンロップ・スリクソン福島オープン

師弟関係:今野忠廣
得意クラブ:パター
ベストスコア:70('19日本プロゴルフ選手権1R)
アマ時代の主な戦歴:('13)日本アマベスト8、('15)東北アマ優勝
ツアー未勝利
'19の主なツアー戦績:3試合
賞金と順位
'18=0円
'19=0円

Riito MIENO
三重野里斗

賞金137位=987,666円　　　　平均S=73.12(参考)

ファイナルQT:60位
所属:キミヱコーポレーション
生年月日:1994(H6).8.28
身長:167cm　体重:74kg
血液型:A型

出身地:大分県
出身校:沖学園高校
趣味:ドライブ
ゴルフ歴:10歳〜
プロ転向:2013年
ツアーデビュー戦:'13ANAオープン

ベストスコア:67('19ダンロップ・スリクソン福島オープン2R)
アマ時代の主な戦歴:('10)九州アマ優勝
ツアー未勝利
'19の主なツアー戦績:7試合
日本ゴルフツアー選手権61位T、セガサミーカップ61位
賞金と順位
'13=258,500円240位　　　'18=0円
'14=0円　　　　　　　　　'19=987,666円137位
'15=0円
'16=0円

Matthew MILLAR(ミラー マシュー)
M・ミラー

賞金=0円　　　　平均S=77.71(参考)

ファイナルQT:32位
所属:フリー
生年月日:1976(S51).9.5
身長:178cm　体重:82kg
血液型:O型

出身地:オーストラリア
出身校:Hawker College
趣味:ラグビー、クリケット
ゴルフ歴:11歳〜
プロ転向:1999年
デビュー戦:'99ヴィクトリアオープン(豪州)

日本ツアーデビュー戦:'13タイランドオープン
師弟関係:Michael Jones
得意クラブ:ウェッジ、パター
ベストスコア:67('13インドネシアPGAチャンピオンシップ1R)
ツアー未勝利
インターナショナルツアー 2勝:('15)New Zealand PGA選手権(豪州)、('18)Rebel Sport Masters(豪州)
'19の主なツアー戦績:1試合
賞金と順位
'13=　161,079円255位　　　'16=　592,500円217位
'15=0円　　　　　　　　　　'19=0円

Shun MURAYAMA
村山　駿

ファイナルQT:53位
所属:六甲国際GC
生年月日:1993(H5).5.5
身長:166cm　体重:78kg
血液型:O型

出身地:広島県
出身校:東北福祉大学
ゴルフ歴:6歳〜
プロ転向:2016年

ツアーデビュー戦:'16日本オープン
得意クラブ:パター
ベストスコア:68('18日本プロゴルフ選手権1R)
アマ時代の主な戦歴:('13)日本学生優勝
'19の主なツアー戦績:ナシ
ツアー未勝利
賞金と順位
　'16=0円
　'18=1,420,000円162位

Kazuhiro Yamashita
山下和宏
賞金127位=1,638,359円　　平均S=73.04(参考)

ファイナルQT:83位
所属:ザ・サイプレスGC
生年月日:1973(S48).11.5
身長:175cm　体重:70kg
血液型:AB型

出身地:大阪府
出身校:府立島上大冠高校
趣味:魚捌き
スポーツ歴:野球
ゴルフ歴:15歳〜
プロ転向:1998年
ツアーデビュー戦:'99つるやオープン
師弟関係:入江勉
得意クラブ:SW

ベストスコア:61('13ゴルフ日本シリーズJTカップ3R)
ツアー未勝利
その他4勝:('05)関西オープン、('07・'14)兵庫県オープン、('09)北陸オープン
'19の主なツアー戦績:11試合
ダイヤモンドカップゴルフ39位T
賞金と順位(◎は賞金ランク、△はチャレンジランクによる出場権獲得)

'99=0円	◎'11=20,585,659円 51位
'00=　286,125円239位	◎'12=46,195,203円 22位
'01=0円	◎'13=54,961,615円 16位
'02=0円	◎'14=36,174,377円 30位
'05=0円	◎'15=31,419,220円 34位
'06=　280,000円220位	◎'16=31,919,125円 39位
△'07=　237,285円212位	◎'17=16,043,963円 59位
◎'08=28,468,958円 42位	'18=　6,921,166円 96位
◎'09=56,563,652円 18位	'19=　1,638,359円127位
◎'10=25,087,653円 39位	

Taisei YAMADA
山田大晟

ファイナルQT:91位
所属:相模原GC
生年月日:1995(H7).5.15
身長:178cm　体重:80kg
血液型:B型

出身地:東京都
出身校:専修大学
趣味:映画
スポーツ歴:水泳

ゴルフ歴:10歳〜
プロ転向:2017年
師弟関係:中川洋平
得意クラブ:アイアン
アマ時代の主な戦歴:('13)国体4位
ツアー未勝利
'19の主なツアー戦績:ナシ

Sung-Ho YUN(ユン スンホ)
尹　晟豪
賞金=0円　　平均S=74.00(参考)

ファイナルQT:80位
所属:フリー
生年月日:1996(H8).3.15
身長:180cm　体重:90kg
血液型:O型

出身地:韓国
出身校:韓国体育大学
趣味:音楽鑑賞
スポーツ歴:スピードスケート
ゴルフ歴:13歳〜
プロ転向:2017年

デビュー戦:'17KPGAチャレンジツアー
日本ツアーデビュー戦:'19Shinhan Donghae Open
師弟関係:パクヨウンミン
得意クラブ:パター
ベストスコア:74('19Shinhan Donghae Open1R・2R)
アマ時代の主な戦歴:韓国国内アマチュア大会16勝、('15・'16)韓国アマ優勝、('16)アイゼンハワートロフィ3位
ツアー未勝利
'19の主なツアー戦績:1試合
賞金と順位
　'19=0円

Akinori YOSHIMURA

吉村明恭

ファイナルQT:97位
所属:我孫子GC
生年月日:1991(H3).3.3
身長:157cm　体重:65kg
血液型:A型

出身地:熊本県
出身校:中央学院大学
ゴルフ歴:10歳～
プロ転向:2012年
ツアーデビュー戦:'16日本プロ日清カップヌードル杯
師弟関係:海老原清治

得意クラブ:アイアン
ベストスコア:74('16日本プロ日清カップヌードル杯2R)
ツアー未勝利
賞金と順位
　'16=0円

Han LEE(リー ハン)　賞金66位=12,346,266円　平均S65位=71.96

H・リー

ファイナルQT:87位
所属:フリー
生年月日:1977(S52).9.2
身長:190cm　体重:91kg
血液型:A型

出身地:アメリカ
出身校:カリフォルニア大学バークレー校
趣味:プレイステーション
ゴルフ歴:9歳～
プロ転向:2000年
日本ツアーデビュー戦:'08東建ホームメイトカップ

得意クラブ:ロブウェッジ
ベストスコア:62('12ゴルフ日本シリーズJTカップ2R)
アマ時代の主な戦歴:('99、'00)カナディアンアマ優勝
ツアー 1勝:('12)マイナビABCチャンピオンシップ
'19の主なツアー戦績:18試合
トップ杯東海クラシック7位T、ANAオープン9位T
賞金と順位(◎は賞金ランク、△はチャレンジランクによる出場権獲得)
◎'08=15,859,066円67位　　◇'15=ナシ
◎'09=37,633,279円30位　　◎'16=15,783,104円66位
◎'10=43,152,532円19位　　　'17=10,136,075円80位
◎'11=19,476,725円54位　　△'18=　757,950円204位
◎'12=66,277,742円14位　　　'19=12,346,266円66位
◎'13=29,648,934円35位　　◇は特別保障制度適用
◎'14=26,428,990円44位

李　韓求　Hangu LEE（イ　ハング）

ファイナルQT:122位　所属:フリー
生年月日:1990(H2).8.29　出身地:韓国
日本ツアーデビュー戦:'19Shinhan Donghae Open
ベストスコア:73　ツアー未勝利
'19の主なツアー戦績:1試合
賞金と順位
　'19＝0円

石原航輝　Koki ISHIHARA

ファイナルQT:165位　所属:フリー
生年月日:1995(H7).9.25　身長:176cm　体重:76kg
出身地:大阪府　出身校:日本大学
ゴルフ歴:8歳〜　プロ転向:2017年
アマ時代の主な戦歴:('10)関西ジュニア優勝　ツアー未勝利

伊藤元気　Motoki ITO

ファイナルQT:179位　所属:愛知CC
生年月日:1981(S56).2.20　身長:180cm　体重:74kg
出身地:愛知県　出身校:愛知学院大学
ゴルフ歴:12歳〜
ツアーデビュー戦:('12)トーシントーナメントIN涼仙
ベストスコア:68　ツアー未勝利
'19の主なツアー戦績:2試合
賞金と順位
　'12＝0円　　　　　　　　'17＝250,600円251位
　'14＝336,000円215位　　'18＝428,000円221位
　'15＝0円　　　　　　　　'19＝0円
　'16＝0円

P・ウィルソン （ウィルソン ピーター） Peter WILSON

ファイナルQT:153位　所属:フリー
生年月日:1977(S52).12.16　身長:175cm　体重:75kg
出身地:オーストラリア　出身校:Boronia High School
ゴルフ歴:14歳〜　プロ転向:2001年
日本ツアーデビュー戦:'13タイランドオープン
ベストスコア:68　ツアー未勝利
AbemaTVツアー(チャレンジ)2勝:('14)プラスワン・福岡雷
山チャレンジ、マダムシンコチャレンジ
インターナショナルツアー1勝('12)WAゴールドフィールズ
PGAチャンピオンシップ(豪州)
賞金と順位(△はチャレンジランクによる出場権獲得)
　'13＝0円
△'14＝0円
　'15＝1,547,500円142位

上平栄道　Masamichi UEHIRA

ファイナルQT:132位　所属:フリー
生年月日:1977(S52).12.27　身長:158cm　体重:62kg
出身地:広島県　出身校:桃山学院大学
ゴルフ歴:14歳〜　プロ転向:2001年
ツアーデビュー戦:'02日本オープン　ベストスコア:63
アマ時代の主な戦歴:('99)関西学生優勝　ツアー未勝利
Abema TVツアー(チャレンジ)5勝:('03)アイフルチャレンジ
カップ・オータム、('06)東京ドームカップ、('08)有田東急
JGTOチャレンジI、サンロイヤルGCカップ、('15)JGTO Novil
FINAL
その他1勝:('14)岐阜オープン
'19の主なツアー戦績:1試合(日本プロ50位T)
賞金と順位(◎は賞金ランク、△はチャレンジランクによる出場
権獲得)
　'02＝　516,000円193位　◎'11＝15,319,522円 68位
△'03＝0円　　　　　　　　◎'12＝63,101,010円 16位
　'04＝　914,633円175位　◎'13＝17,419,976円 56位
　'05＝　681,000円180位　　'14＝ 6,704,760円 92位
　'06＝4,309,700円119位　△'15＝ 3,004,000円119位
　'07＝2,508,000円132位　　'16＝ 2,828,737円138位
△'08＝　842,142円195位　　'17＝ 8,720,500円 83位
　'09＝8,264,456円 85位　　'18＝ 2,152,750円140位
◎'10＝18,060,666円 61位　　'19＝　391,200円164位

内田勝也　Katsuya UCHIDA

ファイナルQT:190位　所属:フリー
生年月日:1974(S49).2.6　身長:175cm　体重:75kg
出身地:埼玉県　出身校:児玉高校　ゴルフ歴:18歳〜
プロ転向:2002年　ツアー未勝利

大城康孝　Yasutaka OSHIRO

ファイナルQT:210位　所属:くまもと中央CC
生年月日:1991(H3).11.18　身長:163cm　体重:67kg
出身地:沖縄県　出身校:山口福祉文化大学
ゴルフ歴:12歳〜
ツアー未勝利

太田祐一　Yuichi OHTA

ファイナルQT:173位　所属:フリー
生年月日:1974(S49).1.6　身長:176cm　体重:76kg
出身地:千葉県　出身校:日本体育大学
ゴルフ歴:10歳〜　プロ転向:1998年
ツアーデビュー戦:'08ANAオープン　ベストスコア:67
アマ時代の主な戦歴:日本アマ15位、関東アマ17位、全日本
パブリック選手権14位　ツアー未勝利
'19の主なツアー戦績:1試合(日本プロ69位T)
賞金と順位
　'08＝0円
　'10＝1,277,250円131位
　'19＝　328,500円176位

大谷俊介 Shunsuke OHTANI

ファイナルQT:137位　所属:iTEM
生年月日:1983(S58).12.5　身長:178cm　体重:80kg
出身校:名古屋商科大学　ゴルフ歴:14歳～
プロ転向:2006年　ツアーデビュー戦:'08パインバレー北京
オープン　ベストスコア:69
アマ時代の主な戦歴:('06)中部学生優勝、朝日杯日本学生
優勝　ツアー未勝利　その他2勝:('16・'18)北海道オープン
賞金と順位
'08=0円　　　　　　　　'16=0円
'11=0円　　　　　　　　'17=0円
'14=0円　　　　　　　　'18=0円
'15=363,000円220位

大堀裕次郎 Yujiro OHORI

ファイナルQT:207位　所属:フリー
生年月日:1991(H3).11.20　身長:182cm　体重:80kg
出身校:兵庫県　出身校:大阪学院大学　ゴルフ歴:10歳～
プロ転向:2013年
ツアーデビュー戦:'14東建ホームメイトカップ
ベストスコア:63　アマ時代の主な戦歴:('13)日本アマ優勝、
関西アマ優勝、関西オープンローアマ　ツアー未勝利
AbemaTVツアー(チャレンジ)1勝:('15)富士ホームサービス
チャレンジカップ
'19の主なツアー戦績:21試合(フジサンケイクラシック32位T)
賞金と順位(◎は賞金ランク、△はチャレンジランクによる出場
権獲得)
'14= 1,646,666円130位　◎'17=35,145,092円 30位
△'15= 403,900円213位　◎'18=24,041,362円 43位
◎'16=29,976,937円 41位　'19= 2,649,375円112位

岡田紘希 Genki OKADA

ファイナルQT:180位　所属:フリー
生年月日:1997(H9).9.22　身長:178cm　体重:70kg
出身地:千葉県　ゴルフ歴:6歳～　プロ転向:2016年
ツアー未勝利

尾崎慶輔 Keisuke OZAKI

ファイナルQT:139位　所属:平川CC
生年月日:1991(H3).1.14　身長:173cm　体重:85kg
出身地:徳島県　出身校:東北福祉大学
ゴルフ歴:15歳～
ツアーデビュー戦:'17日本プロ日清カップヌードル杯
ベストスコア:70　ツアー未勝利
'19の主なツアー戦績:1試合
賞金と順位
'17=0円
'19=0円

嘉数光倫 Terumichi KAKAZU

ファイナルQT:172位　所属:エナジック
生年月日:1989(H1).12.5　身長:168cm　体重:72kg
出身地:沖縄県　出身校:東海大学　ゴルフ歴:9歳～
プロ転向:2012年　ツアーデビュー戦:'13ANAオープン
ベストスコア:65 プレーオフ:0勝1敗
アマ時代の主な戦歴:('10)全国大学対抗戦個人1位T、('11)
日本アマベスト16　ツアー未勝利
AbemaTVツアー(チャレンジ)1勝:('17)HEIWA・PGMチャレ
ンジI
その他1勝:('13)北海道オープン
'19の主なツアー戦績:23試合(ANAオープン2位T)
賞金と順位(◎は賞金ランクによる出場権獲得)
'13= 1,284,375円157位　'17= 909,000円199位
'14=0円　　　　　　　　'18=23,352,000円 45位
'15= 284,700円237位　'19=12,156,930円 68位
'16= 540,000円219位

勝亦悠斗 Yuto KATSUMATA

ファイナルQT:152位　所属:フリー
生年月日:1994(H6).8.13　身長:163cm　体重:69kg
出身地:静岡県　出身校:明治大学　ゴルフ歴:10歳～
プロ転向:2016年　ツアーデビュー戦:'18日本オープン
ベストスコア:73
アマ時代の主な戦歴:('12)全国高校ゴルフ選手権優勝
ツアー未勝利
賞金と順位
'18=0円

勝俣　陵 Ryo KATSUMATA

ファイナルQT:133位　所属:JPアセット証券
生年月日:1995(H7).12.27　身長:174cm　体重:73kg
出身地:埼玉県　出身校:日本大学　ゴルフ歴:14歳～
プロ転向:2017年
アマ時代の主な戦歴:('13)関東高校ゴルフ選手権優勝、
('16)埼玉オープン優勝
ツアー未勝利

亀代順哉 Junya KAMESHIRO

ファイナルQT:167位　所属:フリー
生年月日:1995(H7).2.7　身長:167cm　体重:85kg
出身地:徳島県　出身校:大阪学院大学
ゴルフ歴:10歳～　プロ転向:2016年
ツアーデビュー戦:'17SMBCシンガポールオープン
ベストスコア:67　アマ時代の主な戦歴:('16)日本アマ優勝
ツアー未勝利　'19の主なツアー戦績:2試合
賞金と順位
'17=691,586円206位
'18=268,500円251位
'19=0円

河 尊永 Takanori KAWA

ファイナルQT:148位　所属:フリー
生年月日:1990(H2).4.1　身長:180cm　体重:80kg
出身地:大阪府　出身校:関西学院大学
ゴルフ歴:2歳～　プロ転向:2013年
ツアー未勝利

河井博大 Hiroo KAWAI

ファイナルQT:144位　所属:アップフロントエージェンシー
生年月日:1971(S46).11.13　身長:181cm　体重:76kg
出身地:広島県　出身校:日本大学　ゴルフ歴:14歳～
プロ転向:1996年
ツアーデビュー戦:'97東建コーポレーションカップ
ベストスコア:63
ツアー1勝:('11)日本プロ日清カップヌードル杯
代表歴:日韓対抗戦('11)
'19の主なツアー戦績:1試合
賞金と順位(◎は賞金ランクによる出場権獲得)

'97= 536,400円234位	◎'09=14,580,665円 64位
'98= 411,428円238位	◎'10=24,586,541円 42位
'99= 8,019,595円 92位	◎'11=57,746,680円 14位
◎'00=12,377,277円 72位	'12=12,557,085円 74位
'01= 4,491,999円119位	◎'13=21,492,116円 45位
'02= 2,220,000円139位	◎'14=19,085,828円 55位
'03= 3,078,000円126位	◎'15=10,105,622円 76位
'04=0円	'16= 3,645,216円122位
'05= 1,084,000円157位	'17= 1,122,700円184位
◎'06=19,720,951円 57位	'18=0円
'07=10,231,278円 79位	'19=0円
'08= 494,000円213位	

河瀬賢史 Masafumi KAWASE

ファイナルQT:158位　所属:アマング
生年月日:1979(S54).10.28　身長:167cm　体重:66kg
出身地:静岡県　出身校:日本大学　ゴルフ歴:11歳～
プロ転向:2002年
ツアーデビュー戦:'05マンダムルシードよみうりオープン
ベストスコア:64　ツアー未勝利
賞金と順位(◎は賞金ランクによる出場権獲得)

'05= 350,000円204位	'12=6,088,833円 97位
'08= 9,128,571円 84位	'13=0円
'09= 142,666円213位	'15= 118,400円261位
'10= 289,440円201位	'16=0円
◎'11=15,622,316円 66位	'17= 457,200円227位

川満 歩 Ayumi KAWAMITSU

ファイナルQT:201位　所属:フリー
生年月日:1984(S59).7.16　身長:158cm　体重:64kg
出身地:沖縄県　出身校:日本大学　ゴルフ歴:6歳～
プロ転向:2007年　ツアーデビュー戦:'13日本プロゴルフ選手権
ベストスコア:63
アマ時代の主な戦歴:('05、'06)日本アマベスト32
ツアー未勝利
賞金と順位
'13=0円
'15=118,400円261位
'16=0円

姜 兌泳 (カン テヨン) Tae-Young KANG

ファイナルQT:183位　所属:フリー
生年月日:1998(H10).9.10　身長:183cm　体重:78kg
出身地:韓国　出身校:Sungkyunkwan University
ゴルフ歴:13歳～　プロ転向:2018年
デビュー戦:ISPS Handa New Zealand Open
ツアー未勝利

菊田 奨 Tsutomu KIKUTA

ファイナルQT:203位　所属:フェニックスCC
生年月日:1996(H8).9.5　身長:175cm　体重:75kg
出身地:宮崎県　出身校:大阪学院大学
ゴルフ歴:12歳～　ツアー未勝利

金 兵俊 (キム ビョンジュン) Byung-Jun KIM

ファイナルQT:186位　所属:フリー
生年月日:1982(S57).4.13　身長:182cm　体重:80kg
出身地:韓国　出身校:ビクトリア大学(豪州)
ゴルフ歴:17歳～　プロ転向:2008年
日本ツアーデビュー戦:'13東建ホームメイトカップ
ベストスコア:68　ツアー未勝利
賞金と順位
'13=2,855,600円122位
'15=0円

金 亨成 (キム ヒョンソン) Hyung-Sung KIM

ファイナルQT:126位　所属:福住運輸倉庫
生年月日:1980(S55).5.12　身長:180cm　体重:75kg
出身地:韓国　ゴルフ歴:15歳～　プロ転向:2005年
日本ツアーデビュー戦:'08ダンロップフェニックス
ベストスコア:63　プレーオフ:1勝0敗
ツアー4勝:('12)VanaH杯KBCオーガスタ、('13)日本プロ日
清カップヌードル杯、('14)中日クラウンズ、('15)トップ杯東海
クラシック
代表歴:日韓対抗戦('10)、ワールドカップ('11)、ザ・ロイヤルト
ロフィ('13)
'19の主なツアー戦績:21試合(日本プロ15位T)
賞金と順位(◎は賞金ランクによる出場権獲得)

'08= 3,240,000円121位	◎'14=73,696,675円 9位
◎'09= 36,043,650円 32位	◎'15=59,321,180円 16位
◎'10= 18,101,250円 60位	◎'16=38,323,830円 30位
◎'11= 21,635,673円 45位	◎'17=24,900,856円 44位
◎'12= 76,660,630円 8位	◎'18=44,071,763円 24位
◎'13=125,824,405円 2位	'19= 6,802,250円 90位

櫛山勝弘 Katsuhiro KUSHIYAMA

ファイナルQT:151位　所属:フリー
生年月日:1997(H9).7.24　身長:173cm　体重:70kg
出身地:千葉県　出身校:専修大学　ゴルフ歴:6歳～
アマ時代の主な戦歴:('17)日本学生2位、('19)日本アマ7位
プロ転向:2019年　ツアー未勝利

久保谷健一 Kennichi KUBOYA

ファイナルQT:124位　所属:フリー
生年月日:1972(S47).3.11　身長:174cm　体重:70kg
出身地:神奈川県　出身校:明治大学　ゴルフ歴:10歳～
プロ転向:1995年
ツアーデビュー戦:'96東建コーポレーションカップ
ベストスコア:63　プレーオフ:3勝1敗
アマ時代の主な戦歴:('90)全日本パブリック選手権優勝
ツアー7勝:('97)フジサンケイクラシック、大京オープン、('02)
日本プロゴルフ選手権、マンシングウェアKSBカップ、('11)キ
ヤノンオープン、('12)日本オープン、('17)パナソニックオープン
'19の主なツアー戦績:21試合(HEIWA・PGMチャンピオンシッ
プ42位T)
賞金と順位(◎は賞金ランクによる出場権獲得)

'96=	6,185,191円113位	◎'08=	67,286,498円　12位
◎'97=	50,740,771円　14位	◎'09=	83,370,089円　　7位
'98=	14,301,120円　77位	◎'10=	28,904,208円　31位
'99=	7,698,557円　95位	◎'11=	72,934,339円　10位
◎'00=	39,994,613円　24位	◎'12=	66,100,828円115位
◎'01=	35,646,841円　29位	◎'13=	12,814,083円　72位
◎'02=	83,654,013円　　7位	'14=	7,444,657円　88位
'03=	7,177,857円　95位	'15=	5,570,492円　95位
'04=	9,092,339円　87位	'16=	3,608,850円124位
◎'05=	13,178,849円　73位	◎'17=	46,960,480円　22位
◎'06=	22,601,333円　49位	'18=	11,945,714円　75位
◎'07=	23,957,493円　40位	'19=	2,532,000円114位

S・ケーオカンジャナ (ケーオカンジャナ サドム) Sadom KAEWKANJANA

ファイナルQT:140位　所属:フリー
生年月日:1998(H10).7.6　身長:178cm　体重:72kg
出身地:タイ　ゴルフ歴:3歳～
日本ツアーデビュー戦:'19ダイヤモンドカップゴルフ
ベストスコア:68　ツアー未勝利
インターナショナルツアー1勝:('19)バングラデシュカップ(アジア)
'19の主なツアー戦績:3試合(Shinhan Donghae Open12位T)
賞金と順位
　'19=3,734,824円

堺谷和将 Kazumasa SAKAITANI

ファイナルQT:178位　所属:フリー
生年月日:1970(S45).8.5　身長:185cm　体重:90kg
出身地:埼玉県　出身校:日本大学　ゴルフ歴:12歳～
プロ転向:1996年
ツアーデビュー戦:'97東建コーポレーションカップ
ベストスコア:63　ツアー未勝利
AbemaTVツアー(チャレンジ)1勝:('98)ツインフィールズカップ
その他3勝:('98)茨城オープン、東北オープン、('99)千葉オー
プン
賞金と順位(◎は賞金ランク、㊟は後援ランクによる出場権獲得)

'97=	5,709,420円119位	'05=	0円
㊟'98=	4,046,400円122位	'06=	0円
'99=	6,418,789円100位	'08=	0円
'00=	10,274,075円　81位	'09=	0円
◎'01=	16,525,890円　64位	'10=	0円
◎'02=	12,264,207円　72位	'11=	876,428円162位
'03=	4,147,150円121位		

佐藤太地 Daichi SATO

ファイナルQT:169位　所属:フリー
生年月日:1995(H7).10.2　身長:169cm　体重:74kg
出身地:北海道　出身校:東北福祉大学
ゴルフ歴:10歳～　プロ転向:2018年
ツアーデビュー戦:'18ダンロップ・スリクソン福島オープン
ベストスコア:69　アマ時代の主な戦歴:('15)北海道アマ優
勝、('13)国体3位、('16)日本学生3位T
ツアー未勝利
'19の主なツアー戦績:2試合
賞金と順位
　'18=115,000円268位
　'19=0円

猿田勝大 Katsuhiro SARUTA

ファイナルQT:198位　所属:石岡GC
生年月日:1982(S57).1.7　身長:170cm　体重:70kg
出身地:大阪府　出身校:明治大学　ゴルフ歴:12歳～
プロ転向:2002年
ツアーデビュー戦:'05マンダムルシードよみうりオープン
ベストスコア:70
アマ時代の主な戦歴:日本学生24位タイ　朝日杯13位タイ
ツアー未勝利　'19の主なツアー戦績:1試合
賞金と順位

'05=	0円	'13=	0円
'08=	0円	'15=	0円
'12=	0円	'19=	0円

肖　博文 Bo-Wen XIAO(シャオ ボーウェン)

ファイナルQT:182位　所属:フリー
生年月日:1990(H2).2.1　身長:172cm　体重:71kg
出身地:中国　プロ転向:2012年
日本ツアーデビュー戦:'18SMBCシンガポールオープン
ベストスコア:70　ツアー未勝利
インターナショナルツアー1勝:('17)アジアンゴルフ・チャンピ
オンシップ(中国・アジア)
賞金と順位
　'18=0円

M・L・シン （シン マイカ ローレン）
Micah Lauren SHIN

ファイナルQT:211位　所属:フリー
生年月日:1996(H8).11.27　出身地:アメリカ
プロ転向:2013年
日本ツアーデビュー戦:'18SMBCシンガポールオープン
ベストスコア:66　ツアー未勝利
インターナショナルツアー1勝:('17)リゾートワールド・マニラマ
スターズ(フィリピン・アジア)
'19の主なツアー戦績:4試合(ダイヤモンドカップゴルフ2位T)
賞金と順位
　'18=　　825,553円200位
　'19=16,741,920円

杉浦　斎 Itsuki SUGIURA

ファイナルQT:131位　所属:美登グループ
生年月日:1991(H3).3.26　身長:180cm　体重:90kg
出身地:京都府　出身校:中京大学　ゴルフ歴:10歳～
プロ転向:2013年　ツアーデビュー戦:'18日本プロゴルフ選手権
ベストスコア:72　ツアー未勝利
賞金と順位
　'18=0円

杉下圭史 Yoshifumi SUGISHITA

ファイナルQT:142位　所属:ゴールデンバレーGC
生年月日:1991(H3).1.10　身長:163cm　体重:66kg
出身地:北海道　出身校:中京大学
ゴルフ歴:10歳～　プロ転向:2013年
アマ時代の主な戦歴:('12)日本アマベスト32
ツアー未勝利

杦本晃一 Koichi SUGIMOTO

ファイナルQT:141位　所属:フリー
生年月日:1982(S57).5.18　身長:166cm　体重:70kg
出身地:奈良県　出身校:東北福祉大学
ゴルフ歴:9歳～　プロ転向:2005年
ツアーデビュー戦:'06三菱ダイヤモンドカップゴルフ
ベストスコア:68　アマ時代の主な戦歴:('04)日本アマベスト16
ツアー未勝利
AbemaTVツアー(チャレンジ)3勝:('11・'12)静ヒルズトミーカッ
プ、('15)ひまわりドラゴンCUP
'19の主なツアー戦績:1試合(日本プロ71位)
賞金と順位(△はチャレンジランクによる出場権獲得)
　'06=0円　　　　　　'13=916,650円188位
　'07=0円　　　　　　'14=0円
△'11=328,500円198位　'16=530,100円222位
△'12=886,666円156位　'19=328,500円

杉山佐智雄 Sachio SUGIYAMA

ファイナルQT:189位　所属:フリー
生年月日:1973(S48).9.19　身長:179cm　体重:72kg
出身地:大阪府　出身校:金岡高校　ゴルフ歴:19歳～
プロ転向:2000年　ツアーデビュー戦:'01アイフルカップ
ベストスコア:67　ツアー未勝利
AbemaTVツアー(チャレンジ)1勝:('13)秋田テレビ・南秋田
CC・JGTOチャレンジI
賞金と順位
　'01=　207,000円247位　　'14=　339,000円214位
　'10=0円　　　　　　　　'15=0円
　'11=　162,400円215位　　'17=1,752,500円158位
　'13=　585,000円207位　　'18=0円

鈴木敬太 Keita SUZUKI

ファイナルQT:175位　所属:銀座コバウ
生年月日:1999(H11).12.14　身長:171cm　体重:71kg
出身地:東京都　出身校:埼玉栄高校
ゴルフ歴:6歳～　プロ転向:2018年
ツアーデビュー戦:'19ダンロップ・スリクソン福島オープン
ベストスコア:71　アマ時代の主な戦歴:('14)日本ジュニア優勝
ツアー未勝利　'19の主なツアー戦績:1試合
賞金と順位
　'19=0円

鈴木　豪 Go SUZUKI

ファイナルQT:129位　所属:フリー
生年月日:1985(S60).5.10　身長:170cm　体重:70kg
出身地:東京都　出身校:Saddlebrook Prep School
ゴルフ歴:12歳～
ツアーデビュー戦:'15ダンロップ・スリクソン福島オープン
ベストスコア:69　ツアー未勝利
賞金と順位
　'15=111,000円264位

須藤啓太 Keita SUDO

ファイナルQT:146位　所属:フリー
生年月日:1997(H9).7.14　身長:173cm　体重:65kg
出身地:山梨県　出身校:作新学院高校
ゴルフ歴:7歳～　プロ転向:2019年
ツアー未勝利

D・スメイル ^{（スメイル　デービッド）}
（スメイル　デービッド）
David SMAIL

ファイナルQT:181位　所属:フリー
生年月日:1970(S45).5.20　身長:195cm　体重:80kg
出身地:ニュージーランド　出身校:ワイカト大学
ゴルフ歴:12歳～　プロ転向:1992年
日本でのプロ入会:1996年
日本ツアーデビュー戦:'97東建コーポレーションカップ
ベストスコア:62　プレーオフ:0勝2敗
アマ時代の主な戦歴:('88)ニュージーランドジュニア(23歳以下)優勝
ツアー 5勝:('02)日本オープン、カシオワールドオープン、('04)カシオワールドオープン、('05)アコムインターナショナル、ブリヂストンオープン
インターナショナルツアー 2勝:('01)ニュージーランドオープン(豪州)、キヤノンチャレンジ(豪州)
代表歴:ワールドカップ('01・'03・'04・'08・'09)
賞金と順位(◎は賞金ランクによる出場権獲得)

'97=14,963,020円 74位		◎'08=56,748,194円 20位
◎'98=23,711,800円 52位		◎'09=57,570,209円 17位
◎'99=25,765,618円 40位		◎'10=19,151,530円 56位
◎'00=22,575,010円 52位		◎'11=18,675,736円 57位
◎'01=36,653,683円 27位		◎'12=22,159,537円 50位
◎'02=94,103,576円 5位		◎'13=19,868,468円 48位
◎'03=45,774,114円 18位		◎'14=11,617,566円 76位
◎'04=74,357,866円 6位		'15= 9,725,775円 80位
◎'05=78,870,984円 5位		'16= 5,363,500円105位
◎'06=53,442,964円 20位		'17=0円
◎'07=46,634,668円 15位		

N・スリトン ^{（スリトン　ナティポン）}
（スリトン　ナティポン）
Natipong SRITHONG

ファイナルQT:147位　所属:フリー
生年月日:1993(H5).10.1　身長:168cm　体重:66kg
出身地:タイ　プロ転向:2015年
日本ツアーデビュー戦:'16SMBCシンガポールオープン
ベストスコア:67　ツアー未勝利
インターナショナルツアー 1勝:('15)リゾートワールド・マニラマスターズ(フィリピン・アジア)
'19の主なツアー戦績:4試合
賞金と順位
　'16=1,867,436円159位
　'17=1,346,380円175位
　'18= 636,975円209位
　'19=0円

曾　子軒 ^{（ソウ　シケン）}
（ソウ　シケン）
Tzu-Hsuan TSENG

ファイナルQT:204位　所属:フリー
生年月日:1994(H6).6.7　身長:173cm　体重:75kg
出身地:台湾　出身校:台北市立大学
ゴルフ歴:10歳～　ツアー未勝利

高松瑠偉　Rui TAKAMATSU

ファイナルQT:202位　所属:船橋CC
生年月日:1986(S61).9.22　身長:190cm　体重:93kg
出身地:東京都　出身校:中央学院大学
ゴルフ歴:10歳～　ツアーデビュー戦:'13ANAオープン
ベストスコア:70　ツアー未勝利
賞金と順位
　'13=0円
　'14=0円
　'15=0円

滝　雅志　Masashi TAKI

ファイナルQT:156位　所属:フリー
生年月日:1993(H5).4.29　身長:176cm　体重:78kg
出身地:福島県　出身校:早稲田大学
ゴルフ歴:5歳～　プロ転向:2016年
ツアー未勝利

竹内　大　Dai TAKEUCHI

ファイナルQT:176位　所属:鴻巣CC
生年月日:1996(H8).3.17　身長:171cm　体重:70kg
出身地:埼玉県　出身校:日本大学　ゴルフ歴:12歳～
ツアーデビュー戦:'19日本プロゴルフ選手権
ベストスコア:67
アマ時代の主な戦歴:('16)日本アマ39位、('17)日本学生33位
ツアー未勝利
'19の主なツアー戦績:1試合(日本プロ50位T)
賞金と順位
　'19=391,200円164位

谷　昭範　Akinori TANI

ファイナルQT:184位　所属:フリー
生年月日:1974(S49).10.3　身長:173cm　体重:76kg
出身校:PL学園高校　ゴルフ歴:10歳～
プロ転向:1997年
ツアーデビュー戦:'98ジャストシステムKSBオープン
ベストスコア:64　ツアー未勝利
AbemaTVツアー(チャレンジ)2勝:('05)GDOチャレンジ、東京ドームカップ
'19の主なツアー戦績:ナシ
賞金と順位(◎は賞金ランク、△はチャレンジランクによる出場権獲得)

'98=4,582,748円117位	'08=0円
'99=8,752,728円 88位	'09= 3,132,928円109位
'00=3,588,725円137位	◎'10=11,286,921円 70位
'01=2,194,057円142位	◎'11=17,307,486円 64位
'02= 233,333円232位	'12=10,199,600円 79位
'03=2,067,014円140位	'13= 651,656円203位
'04= 720,000円188位	'15= 220,000円254位
△'05=2,758,000円127位	'17=0円
'06=8,740,540円 93位	'18=0円
'07=0円	

D・チア Danny CHIA（チア　ダニー）

ファイナルQT:136位　所属:フリー
生年月日:1972(S47).11.29　身長:175cm　体重:75kg
出身地:マレーシア　プロ転向:1996年
デビュー戦:('96)マレーシアツアーイベント
日本ツアーデビュー戦:'03アジア・ジャパン沖縄オープン2002
ベストスコア:65
アマ時代の主な戦歴:('93、'94、'95)マレーシアアマ優勝
ツアー未勝利
インターナショナルツアー2勝:('02)台湾オープン(アジア)、
('15)Mercuries・台湾マスターズ(アジア)
代表歴:ワールドカップ('00、'01、'16)
'19の主なツアー戦績:1試合
賞金と順位

'03=0円	'12=0円
'04=0円	'14=　901,668円166位
'05=　420,000円199位	'15=　556,124円199位
'06=293,142円215位	'16=1,368,392円181位
'08=　415,077円222位	'17=0円
'10=0円	'18=　649,500円206位
'11=1,335,000円144位	'19=0円

N・ティポン （ティポン　ニティトン）Nitithorn THIPPONG

ファイナルQT:168位　所属:フリー
生年月日:1996(H8).10.15　出身地:タイ
日本ツアーデビュー戦:'19SMBCシンガポールオープン
ベストスコア:76　ツアー未勝利
'19の主なツアー戦績:1試合
賞金と順位
　'19=0円

友次啓晴 Yoshiharu TOMOTSUGU

ファイナルQT:196位　所属:東広野GC
生年月日:1983(S58).7.23　身長:175cm　体重:85kg
出身地:岡山県　出身校:広陵高校　ゴルフ歴:15歳〜
プロ転向:2004年
ツアーデビュー戦:'09三菱ダイヤモンドカップ
ベストスコア:68　ツアー未勝利
'19の主なツアー戦績:1試合
賞金と順位

'09=0円	'13=1,179,000円163位
'10=0円	'14=0円
'11=0円	'15=0円
'12=0円	'19=0円

内藤裕之 Hiroyuki NAITO

ファイナルQT:166位　所属:フリー
生年月日:1976(S51).6.19　身長:168cm　体重:72kg
出身地:東京都　出身校:札幌学院大学
ゴルフ歴:12歳〜　プロ転向:2000年
ツアーデビュー戦:'01サン・クロレラクラシック　ベストスコア:70
アマ時代の主な戦歴:('94)北海道ジュニア、('95、'96)北海
道学生、('96)北海道アマ　ツアー未勝利
賞金と順位

'01=0円	'08=0円
'02=0円	'09=0円
'03=0円	'10=0円
'04=0円	'12=0円
'05=0円	'16=0円
'06=0円	'17=0円

中井賢人 Kento NAKAI

ファイナルQT:177位　所属:フリー
生年月日:1998(H10).4.27　身長:178cm　体重:81kg
出身地:東京都　出身校:日出高校　ゴルフ歴:10歳〜
プロ転向:2016年　ツアーデビュー戦:'19日本オープン
ベストスコア:73
アマ時代の主な戦歴:('14)日本アマベスト32、IJGTアジア選
手権優勝
ツアー未勝利
'19の主なツアー戦績:1試合(日本オープン56位T)
賞金と順位
　'19=945,000円142位

中込　憲 Ken NAKAGOMI

ファイナルQT:188位　所属:フリー
生年月日:1980(S55).3.31　身長:178cm　体重:72kg
出身地:神奈川県　出身校:横浜商科大学
ゴルフ歴:15歳〜　プロ転向:2002年
ツアーデビュー戦:'10日本オープン
ベストスコア:72　ツアー未勝利
'19の主なツアー戦績:3試合
賞金と順位

'10=0円	'17=0円
'13=0円	'18=0円
'14=0円	'19=0円

中里光之介 Konosuke NAKAZATO

ファイナルQT:125位　所属:東京ベイ舞浜ホテル
生年月日:1992(H4).8.16　身長:179cm　体重:74kg
出身地:東京都　出身校:杉並学院高校
ゴルフ歴:10歳〜　プロ転向:2010年
ツアーデビュー戦:'15ダンロップ・スリクソン福島オープン
ベストスコア:65　ツアー未勝利
AbemaTVツアー（チャレンジ）3勝:('16)ISPSハンダグローバ
ルチャレンジカップ、HEIWA・PGMチャレンジⅡ、('17)石川遼
everyone PROJECTチャレンジ
'19の主なツアー戦績:16試合(フジサンケイクラシック10位T)
賞金と順位(△はチャレンジランク、□はQTランクによる出場
権獲得)

'15=　118,400円261位	□'18=2,802,033円125位
△'16=2,466,800円142位	'19=8,304,375円　81位
△'17=2,076,857円145位	

中道洋平 Yohei NAKAMICHI

ファイナルQT:130位　所属:福岡雷山GC
生年月日:1985(S60).12.12　身長:171cm　体重:67kg
出身地:長崎県　出身校:東北福祉大学
ゴルフ歴:12歳〜　プロ転向:2007年
ツアーデビュー戦:'08三菱ダイヤモンドカップ
ベストスコア:68
アマ時代の主な戦歴:('04)全日本学生王座2位、('07)日本
学生優勝、東北アマ優勝
ツアー未勝利　'19の主なツアー戦績:1試合
賞金と順位

'08=0円	'18=220,000円256位
'09=374,400円192位	'19=0円
'17=0円	

鍋谷太一 Taichi NABETANI

ファイナルQT:138位　所属:フリー
生年月日:1996(H8).6.19　身長:177cm　体重:72kg
出身地:大阪府　出身校:大阪学芸高校
ゴルフ歴:8歳〜　プロ転向:2012年
ツアーデビュー戦:'12日本オープン　ベストスコア:65
アマ時代の主な戦歴:('11)フジサンケイジュニア優勝、ロレックスジュニア優勝、('12)関西ジュニア優勝
ツアー未勝利
'19の主なツアー戦績:7試合(RIZAP KBCオーガスタ24位T)
賞金と順位

'12=0円		'16= 997,250円195位	
'13= 986,666円179位		'17=7,495,959円 92位	
'14= 740,000円173位		'18=3,759,000円115位	
'15=2,079,428円129位		'19=2,405,750円115位	

西原健太 Kenta NISHIHARA

ファイナルQT:187位　所属:伊勢CC
生年月日:1986(S61).1.30　身長:170cm　体重:70kg
出身地:三重県　出身校:三重中京大学
ゴルフ歴:13歳〜
ツアーデビュー戦:'10トーシントーナメントINレイクウッド
ベストスコア:70　ツアー未勝利
賞金と順位
　'10=0円
　'14=0円

西村一輝 Kazuki NISHIMURA

ファイナルQT:191位　所属:岩国センチュリー GC
生年月日:1989(H1).1.31　身長:180cm　体重:102kg
出身地:山口県　出身校:山口光丘高校
ゴルフ歴:15歳〜　プロ転向:2009年
ツアーデビュー戦:'12日本プロ日清カップヌードル杯
ベストスコア:75
アマ時代の主な戦歴:山口県オープンローアマ
ツアー未勝利
賞金と順位
　'12=0円

西村匡史 Masashi NISHIMURA

ファイナルQT:164位　所属:フリー
生年月日:1981(S56).11.17　身長:170cm　体重:70kg
出身地:高知県　出身校:明徳義塾高校
ゴルフ歴:12歳〜　プロ転向:2008年
ツアーデビュー戦:'12日本プロ日清カップヌードル杯
ベストスコア:66　アマ時代の主な戦歴:('99)四国ジュニア優勝
ツアー未勝利
AbemaTVツアー(チャレンジ)1勝:('12)大山GC・JGTOチャレンジⅢ
'19の主なツアー戦績:9試合(ダンロップ・スリクソン福島オープン22位T)
賞金と順位(△はチャレンジランクによる出場権獲得)

△'12=0円		'17=0円	
'13=0円		△'18=219,500円257位	
'14=0円		'19=906,703円145位	
'15=0円			

新田哲大 Akihiro NITTA

ファイナルQT:174位　所属:フリー
生年月日:1990(H2).11.10　身長:172cm　体重:72kg
出身地:岡山県　出身校:日本大学　ゴルフ歴:10歳〜
プロ転向:2012年　ツアーデビュー戦:'17日本オープン
ベストスコア:74　アマ時代の主な戦歴:('11)中国アマ5位、全日本シングルプレーヤーズ選手権4位
ツアー未勝利　'19の主なツアー戦績:1試合
賞金と順位
　'17=0円
　'19=0円

朴　一丸 Il-Hwan PARK(パク イルファン)

ファイナルQT:199位　所属:福住運輸倉庫
生年月日:1992(H4).8.17　身長:184cm　体重:78kg
出身地:韓国　プロ転向:2010年
日本ツアーデビュー戦:'13タイランドオープン
ベストスコア:66
アマ時代の主な戦歴:('10)広州アジアゲーム金メダル
ツアー未勝利
AbemaTVツアー(チャレンジ)1勝:('15)Novil Cup
賞金と順位(△はチャレンジランクによる出場権獲得)
　'13= 608,038円204位
　'14=1,088,220円155位
△'15=2,439,234円125位
　'16=2,155,000円150位

パクベジョン Bae-Jong PARK

ファイナルQT:145位　所属:Hana Financial Group
生年月日:1986(S61).4.15　身長:181cm　体重:75kg
出身地:韓国　ゴルフ歴:11歳〜　プロ転向:2007年
日本ツアーデビュー戦:'15ISPSハンダグローバルカップ
ベストスコア:68　アマ時代の主な戦歴:全国体育会釜山広域市代表
ツアー未勝利
AbemaTVツアー(チャレンジ)1勝:('18)Novil Cup
'19の主なツアー戦績:5試合
賞金と順位(△はチャレンジランクによる出場権獲得)
　'15=0円
△'18=1,507,442円160位
　'19=0円

橋本健太ユージーン Kenta Eugene HASHIMOTO

ファイナルQT:208位　所属:西日本ビルド
生年月日:1995(H7).1.1　身長:180cm　体重:70kg
出身地:山口県　ゴルフ歴:16歳〜
ツアー未勝利

長谷川大晃　Daiki HASEGAWA

ファイナルQT:170位　所属:フリー
生年月日:1997(H9).6.25　身長:170cm　体重:68kg
出身地:北海道　出身校:東北福祉大学
ゴルフ歴:3歳〜　アマ時代の主な戦歴:('19)北海道アマ優勝
ツアー未勝利

平井俊光　Toshimitsu HIRAI

ファイナルQT:161位　所属:エストリックス
生年月日:1981(S56).8.11　身長:180cm　体重:76kg
出身地:和歌山県　出身校:専修大学　ゴルフ歴:15歳〜
プロ転向:2004年
ツアーデビュー戦:'06三井住友VISA太平洋マスターズ
ベストスコア:68　ツアー未勝利
'19の主なツアー戦績:1試合
賞金と順位

'06=0円		'12=0円	
'09=0円		'15=0円	
'10=0円		'19=0円	
'11=0円			

平塚哲二　Tetsuji HIRATSUKA

ファイナルQT:127位　所属:甲賀CC
生年月日:1971(S46).11.6　身長:173cm　体重:80kg
出身地:京都府　出身校:日本体育大学
ゴルフ歴:10歳〜　プロ転向:1994年
ツアーデビュー戦:'98日本オープン　ベストスコア:63
ツアー 6勝:('03)ゴルフ日本シリーズJTカップ、('04)三菱ダイヤモンドカップゴルフ、('06)ウッドワンオープン広島、('07)三菱ダイヤモンドカップゴルフ、('09)中日クラウンズ、('11)アジアパシフィックパナソニックオープン
インターナショナルツアー 3勝:('10)エアバガン・ミャンマーオープン(アジア)、クイーンズカップ(タイ・アジア)、ブラックマウンテンマスターズ(タイ・アジア)
その他5勝:('96、'97、'98)京都・滋賀オープン、('03、'10)北陸オープン
代表歴:日韓対抗戦('04)、ダイナスティカップ('05)、ワールドカップ('06、'07、'11)、ザ・ロイヤルトロフィ('07)
'19の主なツアー戦績:2試合(HEIWA・PGMチャンピオンシップ54位T)
賞金と順位(◎は賞金ランクによる出場権獲得)

'98=	498,000円227位	◎'10=61,733,487円	13位
'99=	5,246,253円108位	◎'11=73,482,234円	9位
◎'00= 20,454,343円 53位		◎'12=28,798,933円	39位
◎'01= 32,275,580円 32位		◎'13=39,242,177円	26位
◎'02= 36,929,311円 28位		◇'14=10,475,770円	81位
◎'03=122,227,033円 2位		'15= 3,158,428円115位	
◎'04= 53,658,599円 14位		◎'16=10,133,947円	82位
◎'05= 48,615,817円 24位		'17= 5,603,182円 99位	
◎'06= 95,734,882円 6位		'18= 826,875円199位	
◎'07= 51,267,532円 12位		'19= 808,083円148位	
◎'08= 19,170,112円 56位		◇は特別保障制度適用	
◎'09= 61,713,808円 15位			

T・ピルカダリス　（ピルカダリス　テリー）　Terry PILKADARIS

ファイナルQT:143位　所属:フリー
生年月日:1973(S48).10.30　出身地:オーストラリア
日本ツアーデビュー戦:'03アジア・ジャパン沖縄オープン2002
ベストスコア:64　ツアー未勝利
インターナショナルツアー 3勝:('04)クラウンプラザオープン(中国・アジア)、Sanya Open(中国・アジア)、('05)ブルネイオープン(アジア)
'19の主なツアー戦績:3試合
賞金と順位

'03=0円		'14= 671,069円180位	
'04=1,590,000円154位		'15=0円	
'05= 820,000円170位		'16=1,135,500円187位	
'06=0円		'17=1,305,350円176位	
'08=0円		'18= 965,000円188位	
'09= 690,000円172位		'19=0円	
'13=2,816,714円123位			

C・ファダンシル　（チンナラト・ファダンシル）　Chinnarat PHADUNGSIL

ファイナルQT:154位　所属:アクシネット
生年月日:1988(S63).11.1　身長:171cm　体重:79kg
出身地:タイ　ゴルフ歴:8歳〜　プロ転向:2005年
デビュー戦:'05HSBC CHAMPIONS
日本ツアーデビュー戦:'06アジア・ジャパン沖縄オープン2005
ベストスコア:63
アマ時代の主な戦歴:('05)世界ジュニア選手権優勝
ツアー未勝利
チャレンジ1勝:('11)東急那須リゾートJGTOチャレンジI
インターナショナルツアー 3勝:('05)ダブルAインターナショナルオープン(タイ・アジア・アマチュア時代)、('06)クラウンプラザオープン(中国・アジア)、('09)クイーンズカップ(タイ・アジア)
賞金と順位

'06=0円		'13=0円	
'08=5,064,992円103位		'14=0円	
'09=0円		'15= 997,500円164位	
'10=0円		'16=4,832,489円108位	
'11=2,212,500円124位		'17= 302,634円239位	
'12=5,551,500円101位			

K・フィーラン　Kevin PHELAN（フィーラン　ケビン）

ファイナルQT:149位　所属:フリー
生年月日:1990(H2).11.8　出身地:アイルランド
ゴルフ歴:7歳〜　プロ転向:2013年　ツアー未勝利

福岡大河　Taiga FUKUOKA

ファイナルQT:157位　所属:CRC白山ヴィレッジGC
生年月日:1995(H7).10.24　身長:170cm　体重:68kg
出身地:宮崎県　出身校:大阪学院大学
ゴルフ歴:10歳〜　ツアーデビュー戦:'19日本オープン
ベストスコア:63　ツアー未勝利
'19の主なツアー戦績:1試合
賞金と順位

'19=0円	

L・ブラウン　Luke BROWN（ブラウン　ルーク）

ファイナルQT:159位　所属:フリー
生年月日:1995(H7).1.3　出身地:ニュージーランド
ツアー未勝利

M・フレーザー　（フレーザー　マーカス）Marcus FRASER

ファイナルQT:160位　所属:フリー
生年月日:1978(S53).7.26　出身地:オーストラリア
日本ツアーデビュー戦:'10パナソニックオープン
ベストスコア:67　ツアー未勝利
インターナショナルツアー3勝:('03)BMWロシアオープン(欧州)、('10)BALLANTINE'Sチャンピオンシップ(韓国・アジア/欧州)、('16)Maybankチャンピオンシップ・マレーシア(アジア/欧州)
代表歴:オリンピック('16)
'19の主なツアー戦績:2試合
賞金と順位
'10=　　749,250円162位　　'18=　346,425円234位
'12= 1,841,250円131位　　'19=0円
'16=12,600,000円 76位

星野英正　Hidemasa HOSHINO

ファイナルQT:197位　所属:フリー
生年月日:1977(S52).9.19　身長:180cm　体重:73kg
出身地:宮城県　出身校:東北福祉大学
ゴルフ歴:13歳〜　プロ転向:2000年
ツアーデビュー戦:'00キリンオープン
ベストスコア:64　プレーオフ:0勝1敗
アマ時代の主な戦歴:('96、'98、'99)日本アマ優勝、('97)日本オープンローアマ、('97、'99)朝日杯全日本学生優勝、('93〜'97、'99)東北アマ優勝、('98)アジア大会団体金メダル
ツアー3勝:('03)中日クラウンズ、('06)コカ・コーラ東海クラシック、('08)UBS日本ゴルフツアー選手権宍戸ヒルズ
その他1勝:('01)関西オープン　代表歴:日韓対抗戦('04)
'19の主なツアー戦績:1試合
賞金と順位(◎は賞金ランクによる出場権獲得)

'00=　2,902,000円141位		'10= 5,679,200円 98位	
'01= 13,529,050円 74位		◎'11=20,408,754円 53位	
◎'02=19,717,506円 52位		'12= 6,103,200円 96位	
◎'03=44,771,042円 21位		◎'13=20,681,423円 41位	
◎'04=40,048,449円 23位		◎'14=23,541,764円 48位	
◎'05=60,153,666円 12位		◎'15=13,959,336円 66位	
◎'06=85,236,370円 8位		'16=12,493,875円 77位	
◎'07=21,817,209円 46位		'17= 6,238,446円 97位	
◎'08=69,122,727円 11位		'18= 3,000,000円121位	
◎'09=26,413,207円 38位		'19=0円	

洪　淳祥　Soon-Sang HONG（ホン　スンサン）

ファイナルQT:150位　所属:VAINER
生年月日:1981(S56).11.8　身長:183cm　体重:79kg
出身地:韓国　ゴルフ歴:15歳〜　プロ転向:2003年
デビュー戦:'03SKテレコムオープン(韓国)
日本ツアーデビュー戦:'13タイランドオープン
ベストスコア:66
アマ時代の主な戦歴:韓国ナショナルチーム
ツアー未勝利
'19の主なツアー戦績:1試合
賞金と順位
'13=0円　　　　　　'15=3,338,514円113位
'14=0円　　　　　　'19=0円

P・マークセン　（マークセン　プラヤド）Prayad MARKSAENG

ファイナルQT:185位　所属:SINGHA
生年月日:1966(S41).1.30　身長:163cm　体重:68kg
出身地:タイ　出身校:KHAO　PHITAK高校
ゴルフ歴:4歳〜　プロ転向:1991年
日本ツアーデビュー戦:'97サントリーオープン
ベストスコア:63　プレーオフ:0勝1敗
アマ時代の主な戦歴:('87)サウスイーストアジアンゲーム(団体)優勝、('88)プトラカップ(団体・個人)優勝
ツアー6勝:('08)三菱ダイヤモンドカップ、〜全英への道〜ミズノオープンよみうりクラシック、ダンロップフェニックス、('13)タイランドオープン、('15)ダンロップ・スリクソン福島オープン、('17)SMBCシンガポールオープン
インターナショナルツアー9勝:('96)ボルボ・チャイナオープン(アジア)、('97)タイ・インターナショナル(アジア)、ヨコハマ・シンガポールPGA(アジア)、('00)カシノ・フィリピンオープン(アジア)、('05)クラウンプラザオープン(中国・アジア)、('07)ボルボマスターズ(タイ・アジア)、('13)クイーンズカップ(タイ・アジア)('14)キングスカップゴルフ・ホアヒン(タイ・アジア)、('15)クイーンズカップ(タイ・アジア)
シニア15勝:('16)マルハンカップ太平洋クラブシニア、コマツオープン、日本シニアオープン、日本プロシニア、('17)すいーだカップシニア、スターツシニア、日本シニアオープン、富士フイルムシニアチャンピオンシップ、('18)富邦仰徳シニア盃、スターツシニア、日本シニアオープン、マルハンカップ太平洋クラブシニア、ファンケルクラシック、('19)ファンケルクラシック、マルハンカップ太平洋クラブシニア
代表歴:ダイナスティカップ('03、'05)、ワールドカップ('94、'07、'08、'09、'13)、ザ・ロイヤルトロフィ('09、'10)
'19の主なツアー戦績:12試合(ダイヤモンドカップゴルフ8位T)
賞金と順位(◎は賞金ランクによる出場権獲得)

'97=　　693,000円220位		◎'09=50,875,051円 23位	
'98=0円		◎'10=10,042,213円 74位	
'99=0円		◎'11=24,751,417円 39位	
'00=　　450,000円211位		◎'12=31,246,832円 36位	
◎'01= 18,777,425円 53位		◎'13=41,015,121円 23位	
◎'02= 33,506,760円 30位		◎'14=54,807,380円 17位	
◎'03= 35,958,795円 28位		◎'15=50,384,742円 20位	
◎'04=24,649,770円 47位		◎'16=14,213,252円 68位	
◎'05= 37,194,449円 35位		◎'17=50,389,244円 18位	
◎'06= 44,298,951円 26位		◎'18=15,954,606円 65位	
◎'07= 56,076,178円 10位		'19=10,287,991円 75位	
◎'08=126,430,825円 3位			

前川太治　Taiji MAEKAWA

ファイナルQT:200位　所属:フリー
生年月日:1977(S52).12.10　身長:182cm　体重:77kg
出身地:大阪府　ゴルフ歴:18歳〜　プロ転向:2004年
ツアーデビュー戦:'07日本プロゴルフ選手権
ベストスコア:68　ツアー未勝利
AbemaTVツアー(チャレンジ)1勝:('18)石川遼everyone PROJECTチャレンジ
'19の主なツアー戦績:5試合
賞金と順位(△はチャレンジランクによる出場権獲得)
'07=0円　　　　　　'15=0円
'11=0円　　　　△'18=310,833円242位
'12=0円　　　　　　'19=0円
'14=0円

前田聖人 Masato MAEDA

ファイナルQT:192位　所属:六甲国際GC
生年月日:1995(H7).10.5　身長:170cm　体重:76kg
出身地:福岡県　出身校:沖学園高校
ゴルフ歴:15歳〜　ツアー未勝利

増田将光 Masamitsu MASUDA

ファイナルQT:195位　所属:双伸ゴルフセンター
生年月日:1993(H5).8.26　身長:170cm　体重:73kg
出身地:千葉県　出身校:流通経済大学付属柏高校
ゴルフ歴:18歳〜　プロ転向:2014年
ツアーデビュー戦:'19ダンロップ・スリクソン福島オープン
ベストスコア:74　ツアー未勝利
'19の主なツアー戦績:1試合
賞金と順位
　'19=0円

松田一将 Kazumasa MATSUDA

ファイナルQT:171位　所属:ザ・ロイヤルGC
生年月日:1994(H6).3.1　身長:172cm　体重:69kg
出身地:大阪府　出身校:大阪学院大学
ゴルフ歴:15歳〜　プロ転向:2016年
ツアーデビュー戦:'18〜全英への道〜ミズノオープン
ベストスコア:74　ツアー未勝利
'19の主なツアー戦績:1試合
賞金と順位
　'18=0円
　'19=0円

松原裕人 Yuto MATSUBARA

ファイナルQT:206位　所属:呉CC
生年月日:1988(S63).3.17　身長:175cm　体重:72kg
出身地:鹿児島県　出身校:九州ゴルフ専門学校
ゴルフ歴:18歳〜　プロ転向:2016年
ツアーデビュー戦:'18長嶋茂雄INVITATIONALセガサミーカップ
ベストスコア:77　ツアー未勝利
賞金と順位
　'18=0円

松村道央 Michio MATSUMURA

ファイナルQT:134位　所属:吉野電化工業
生年月日:1983(S58).7.22　身長:172cm　体重:70kg
出身地:埼玉県　出身校:日本大学　ゴルフ歴:10歳〜
プロ転向:2006年
ツアーデビュー戦:'07長嶋茂雄INVITATIONALセガサミーカップ　ベストスコア:60　プレーオフ:2勝0敗
アマ時代の主な戦歴:('05)日本学生王座決定戦優勝
ツアー5勝:('10)コカ・コーラ東海クラシック、カシオワールドオープン、('13)中日クラウンズ、('14)Indonesia PGA Championship、('15)ブリヂストンオープン
AbemaTVツアー(チャレンジ)2勝:('07)PAR72チャレンジカップ、PRGR CUP FINAL
代表歴:日韓対抗戦('11)
'19の主なツアー戦績:5試合(ダイヤモンドカップゴルフ43位T)
賞金と順位(◎は賞金ランク、△はチャレンジランクによる出場権獲得)

△'07=	8,949,000円 85位	◎'14=43,097,968円	25位
◎'08=	43,529,814円 28位	◎'15=62,546,865円	11位
◎'09=	31,949,428円 34位	◎'16=14,070,951円	70位
◎'10=108,908,063円	5位	◎'17=21,290,968円	48位
◎'11=	47,094,056円 17位	'18= 9,135,300円	87位
◎'12=	24,735,457円 45位	'19= 976,750円	139位
◎'13=	41,310,205円 22位		

三木龍馬 Ryoma MIKI

ファイナルQT:193位　所属:フリー
生年月日:1990(H2).12.3　身長:172cm　体重:66kg
出身校:駒沢大学　ゴルフ歴:13歳〜
プロ転向:2013年　ツアーデビュー戦:'14関西オープン
ベストスコア:69　アマ時代の主な戦歴:('11)日本学生18位
ツアー未勝利
'19の主なツアー戦績:2試合(HEIWA・PGM チャンピオンシップ62位T)
賞金と順位

'14=0円	'18=1,234,875円168位
'15=0円	'19= 692,900円153位
'16=0円	

村上由眞 Yuma MURAKAMI

ファイナルQT:128位　所属:熊本空港CC
生年月日:1998(H10).9.9　身長:169cm　体重:65kg
出身地:熊本県　出身校:熊本国府高校
ゴルフ歴:12歳〜　プロ転向:2018年
アマ時代の主な戦歴:('17)鹿児島オープンベストアマ
ツアー未勝利

山路　幹 Miki YAMAJI

ファイナルQT:123位　所属:フリー
生年月日:1996(H8).10.13　身長:174cm　体重:72kg
出身地:宮城県　出身校:東北福祉大学
ゴルフ歴:10歳〜　ツアー未勝利

吉田隼人　Hayato YOSHIDA

ファイナルQT:162位　所属:イーグルポイントGC
生年月日:1997(H9).2.17　身長:164cm　体重:65kg
出身地:埼玉県　出身校:日本大学
ゴルフ歴:6歳〜　プロ転向:2018年
ツアーデビュー戦:'19ダンロップ・スリクソン福島オープン
ベストスコア:71　ツアー未勝利
'19の主なツアー戦績:2試合
賞金と順位
　'19=0円

吉永智一　Tomokazu YOSHINAGA

ファイナルQT:163位　所属:TKUテレビ熊本
生年月日:1977(S52).10.30　身長:168cm　体重:70kg
出身地:熊本県　出身校:柳川高校　ゴルフ歴:10歳〜
プロ転向:1999年　ツアーデビュー戦:'00日本オープン
ベストスコア:66　ツアー未勝利
'19の主なツアー戦績:1試合
賞金と順位

'00=　492,000円207位	'11=7,938,583円 90位
'01=2,855,583円132位	'12=　800,000円166位
'02=0円	'14=1,270,050円145位
'03=　510,000円193位	'15=0円
'05=0円	'16=　336,000円241位
'06=4,132,633円120位	'17=0円
'07=0円	'18=0円
'09=1,070,000円151位	'19=0円
'10=1,170,000円135位	

K・レプクルテ　（レプクルテ　カシディット）
Kasidit LEPKURTE

ファイナルQT:205位　所属:フリー
生年月日:1991(H3).12.27　身長:170cm　体重:93kg
出身地:タイ　ゴルフ歴:10歳〜　プロ転向:2015年
アマ時代の主な戦歴:('14)アジア大会銅メダル
ツアー未勝利

渡邊賢人　Kento WATANABE

ファイナルQT:194位　所属:フリー
生年月日:1988(S63).2.1　身長:172cm　体重:75kg
出身地:神奈川県　出身校:関東学院大学
ゴルフ歴:15歳〜　プロ転向:2015年
ツアー未勝利

R・ワナスリチャン　（ワナスリチャン　ラタノン）
Rattanon WANNASRICHAN

ファイナルQT:155位　所属:フリー
生年月日:1995(H7).7.11　出身地:タイ　プロ転向:2012年
日本ツアーデビュー戦:'13タイランドオープン
ベストスコア:65
アマ時代の主な戦歴:('11)東南アジアゲーム金メダル(個人・団体)
ツアー未勝利
インターナショナルツアー 1勝:('17)タイランドオープン(アジア)
'19の主なツアー戦績:22試合(HEIWA・PGMチャンピオンシップ12位T)
賞金と順位(◎は賞金ランクによる出場権獲得)

'13=　213,321円249位	◎'18=24,264,475円 42位
'15=1,977,634円133位	'19=　4,827,675円 99位
'17=0円	

ようこそ、休日のヒルズへ

18年連続で「日本ゴルフツアー選手権」を開催する、宍戸ヒルズカントリークラブ。
雄大な自然に囲まれたゴルフリゾートを持つ、静ヒルズカントリークラブ。
さらに都心に居ながら本格ゴルフレッスンを受けられる、ヒルズゴルフアカデミー虎ノ門。
森ビルのリゾートは、六本木ヒルズから直行バスが運行し、
家族全員で楽しめるアクティビティーが揃っています。
平日は「都会のヒルズ」で過ごし週末は「休日のヒルズ」でリラックス、
「ヒルズ」は都心にしかないと思っていませんか?

宍戸ヒルズカントリークラブ　〒309-1725 茨城県笠間市南小泉 1340

SHISHIDO HILLS
Country Club

自然林にセパレートされた伝統ある林間コースの東コースと、
2003年より18年連続で「日本ゴルフツアー選手権」を開催する西コース。

静ヒルズ
カントリークラブ

〒319-2132 茨城県常陸大宮市小場 5766

全ての人が楽しめる・・・。
中嶋常幸プロ設計監修の雄大なリゾートコース。
併設の「静ヒルズホテル」との連携で
様々なレッスンやイベントを実施しています。

SHIZU HILLS
Country Club

中嶋常幸プロ

ヒルズゴルフアカデミー

〒105-0001 東京都港区虎ノ門 3-21-6 愛宕グリーンヒルズアネックス

ゴルフコースと一体の室内スクール！
コースとの連携で上達を実感！
ゴルフ仲間がたくさんできるのも魅力です。

HILLS GOLF
Academy

あなたの目が、
ゲームだけ追えるように。

プロフェッショナルたちの神技のみを
心行くまで堪能していただくための舞台創りをお手伝いしています。

私たちは、ゴルフトーナメントを中心に
さまざまなイベントを、裏方としてがんばっています。
最高の瞬間を、最高の環境で。大宣の願いです。

株式会社 大宣

〒591-8041 大阪府堺市北区東雲東町4-4-10 TEL(072)253-5050 FAX(072)258-3399

Daisen

2015年　日本シニアオープンゴルフ選手権 開催
2019年　日本女子オープンゴルフ選手権 開催

COCOPA RESORT CLUB　Hakusan Village Golf Course

三重県津市白山町川口 6262　TEL 059-262-4141
http://www.cocopa.co.jp

日本ゴルフツアー機構 Information

JGTO公式Instagram
https://www.instagram.com/japangolftour/

JGTO公式Facebook
https://www.facebook.com/japangolftour/

JGTO公式Twitter
https://twitter.com/JGTO_official

JGTO公式You Tube
https://www.youtube.com/user/JGTOInterview

AbemaTV. TOUR

AbemaTVスポーツチャンネル
https://abema.tv/timetable/channels/world-sports

ジャパンゴルフツアー

2019年度ツアートーナメント成績
歴代優勝者

SMBCシンガポールオープン

開催期日	2019年1月17日～20日
競技会場	セントーサGCセラポンC
トータル	7,403Y：パー71（36,35）
賞金総額	107,520,000円
出場人数	156名
天候	晴・雨・晴・晴

1日目　アジアンツアーとの共同主管大会。3年連続出場のS・ガルシアをはじめ、D・ラブⅢ、P・ケーシーが参戦も雷雲接近のため日没サスペンデッド。2日目　第1Rの残りと第2Rが行われたが、荒天のため再びサスペンデッド。第1Rを終えてP・サクサンシンと佐藤大平が6アンダー65で首位。3日目　第2Rを終了して通算8アンダーで首位に立った藤本佳則。続く第3Rでも66とスコアを伸ばし通算13アンダーで首位を堅持。1打差にM・フィッツパトリックとJ・ジェーンワタナノンド。最終日　好調な藤本を上回ったのがJ・ジェーンワタナノンド。この日7バーディ、1ボギーの65で回り逆転。通算18アンダーの266で日本ツアー初優勝。今大会は全英オープンの予選会を兼ね、既に出場権を持っている選手を除いた上位4人のJ・ジェーンワタナノンド、藤本、M・フィッツパトリックとP・ミーサワットが出場権を獲得。

【優勝】ジャズ・ジェーンワタナノンド	266	68・68・65・65	19,353,600円

順位	氏名	トータルスコア	1R	2R	3R	4R	賞金額（円）
2	ポール・ケーシー	268	68	67	68	65	9,300,480
	藤本 佳則	268	67	67	66	68	9,300,480
4	マシュー・フィッツパトリック	270	68	67	66	69	5,376,000
5	プロム・ミーサワット	275	69	69	69	68	3,994,368
	文 道燁	275	71	65	67	72	3,994,368
7	セルヒオ・ガルシア	276	69	68	71	68	2,849,280
	ガン・チャルングン	276	68	71	67	70	2,849,280
9	パヌポール・ピッタヤラット	277	71	70	70	66	2,076,928
	ジャリッド・ラッパ	277	69	69	70	69	2,076,928
	デービス・ラブⅢ	277	69	68	70	70	2,076,928
12	川村 昌弘	278	68	72	70	68	1,533,952
	ベリー・ヘンソン	278	70	70	71	67	1,533,952
	張 二根	278	69	68	71	70	1,533,952
	ドルー・ラブ	278	73	67	73	65	1,533,952
	比嘉 一貴	278	69	71	68	70	1,533,952
	崔 虎星	278	69	69	69	71	1,533,952
18	ジェイク・ヒギンボトム	279	70	70	70	69	1,192,576
	ミゲル・タブエナ	279	67	74	68	70	1,192,576
	ウォンジョン・リー	279	70	69	71	69	1,192,576
	張 棟圭	279	71	66	71	71	1,192,576
	パチャラ・コンワットマイ	279	67	73	68	71	1,192,576
	チャプチャイ・ニラト	279	70	66	76	67	1,192,576
24	ヨハネス・バーマン	280	70	69	69	70	937,574
	スラジット・ヨンチャロエンチャイ	280	69	71	71	69	937,574
	アンジェロ・キュー	280	68	72	69	71	937,574
	ニコラス・ファン	280	68	68	73	71	937,574
	キース・ホーン	280	71	69	69	71	937,574
	S・チッカランガッパ	280	71	66	71	72	937,574
	トラビス・スミス	280	69	69	71	72	937,574
	ビンセント・ショーン	280	69	69	70	72	937,574
	ブーム・サクサンシン	280	65	70	69	76	937,574
34	洪 健堯	281	66	74	70	71	774,144
	リチャード・リー	281	68	71	73	69	774,144
	アービン・チャン	281	68	73	67	73	アマチュア
	アンドリュー・ドット	281	72	66	71	72	774,144
38	ジョンソン・ポー	282	71	70	69	72	649,301
	ティラワット・ケーオシリバンディット	282	72	66	72	72	649,301
	ポール・ピーターソン	282	68	72	71	71	649,301
	ザック・マリー	282	71	69	72	70	649,301
	マルコム・ココシンスキー	282	72	69	71	70	649,301
	スンス・ハン	282	69	68	75	70	649,301
	ジャック・ハリソン	282	71	70	73	68	649,301
	和田章太郎	282	66	70	71	75	649,301
	シファン・キム	282	70	67	70	75	649,301
47	池田 勇太	283	67	73	70	73	537,600
	タンヤゴーン・クロンパ	283	68	70	73	72	537,600
	石川 遼	283	69	66	73	75	537,600
	ブライアド・マークセン	283	70	71	66	76	537,600
51	片岡 大育	284	68	71	72	73	462,336
	アージュン・アトワル	284	67	73	70	74	462,336
	ジャスティン・ハーディング	284	68	71	75	70	462,336
54	パビット・タンカモルプラスート	285	65	71	76	73	413,952
	佐藤 大平	285	65	71	76	73	413,952
56	浅地 洋佑	286	71	68	72	75	387,072
	竹安 俊也	286	70	70	73	73	387,072
	S・H・キム	286	69	71	74	72	387,072
59	詹 世昌	287	66	72	76	73	349,440
	李 首民	287	73	68	73	73	349,440
	ジョビム・カルロス	287	70	70	75	72	349,440
	ダニエル・スベット	287	68	73	74	72	349,440
63	金 成玹	288	73	67	71	77	322,560
64	中里光之介	289	73	67	74	75	306,432
	ジュビック・パグンサン	289	71	70	71	77	306,432
66	小斉平優和	290	69	70	80	71	290,304
67	武藤 俊憲	291	68	72	77	74	279,552
68	松原 大輔	292	71	70	73	78	268,800
69	周 興喆	293	69	72	74	78	258,048
	ジェームズ・レオウ	293	68	73	76	76	アマチュア
71	マイカ・ローレン・シン	295	69	71	74	81	241,920
	ハビ・コロモ	295	71	68	79	77	241,920

141（−1）までの72名が予選通過

氏　名	トータルスコア	1R	2R	氏　名	トータルスコア	1R	2R	氏　名	トータルスコア	1R	2R	氏　名	トータルスコア	1R	2R
リチャード・ジョン	142	70	72	マシュウ・グリフィン	143	74	69	木下　稜介	146	74	72	アルフィー・プラント	150	74	76
杉本エリック	142	72	70	星野　陸也	143	74	69	近藤　智弘	146	73	73	古庄　紀彦	150	76	74
ジェーソン・ノリス	142	72	70	林　文堂	144	74	70	永野竜太郎	146	72	74	ナティポン・スリトン	150	70	80
ダニエル・チョプラ	142	72	70	マーダント・ママット	144	73	71	大槻　智春	147	75	72	ビラジ・マダッパ	150	77	73
嘉数　光倫	142	70	72	@ルーシャス・トー	144	75	69	稲森　佑貴	147	75	72	オースティン・トラスデロウ	150	73	77
スマイリー・カウフマン	142	77	65	ベン・レオン	144	72	72	正岡　竜二	147	79	68	ベン・キャンベル	151	74	77
シーブ・カプール	142	71	71	アジーテシュ・サンドゥ	144	70	74	ラヒル・ガンジー	147	76	71	ミッチェル・スロラチ	152	75	77
ラタノン・ワナスリチャン	142	69	73	ダニー・チア	144	70	74	近藤　啓介	147	75	72	シャリプディン・アリフィン	152	74	78
岩田　寛	142	71	71	ダンタイ・マー	144	73	71	ダニ・マスリン	147	74	73	崔　ミン哲	153	73	80
塚田　陽亮	142	69	73	マーカス・フレーザー	145	73	72	グレゴリー・ニー	147	74	73	木下　裕太	153	79	74
テリー・ピルカダリス	142	70	72	藤田　寛之	145	74	71	出水田大二郎	147	74	73	マシュー・ミラー	154	77	77
ディミトリオス・パパドトス	142	72	70	市原　弘大	145	71	74	ハン・リー	148	76	72	ニティトン・ティポン	156	80	76
アンソニー・クウェイル	142	75	67	時松　隆光	145	74	71	宮本　勝昌	148	72	76	朴　相賢		75	棄
デービッド・ブランスドン	142	71	71	ジェッセ・ヤブ	145	70	75	高柳　直人	148	74	74	クインシー・クエク		69	棄
ジェイブ・クルーガー	142	73	69	コン・デンサム	145	69	76	小鯛　竜也	148	76	72	オム・プラカシュ・チョウハン		76	棄
朴　孝元	143	74	69	池村　寛世	145	70	75	ジーワン・チュー	148	74	74	秋吉　翔太		78	棄
チャン・キム	143	72	71	呂　偉智	145	71	74	パウイン・インカプラディット	148	76	72	今平　周吾			棄
上井　邦裕	143	67	76	矢野　東	146	73	73	シディクール・ラーマン	149	77	72	ジーブ・ミルカ・シン			棄
大堀裕次郎	143	70	73	竹谷　佳孝	146	73	73	小野田享也	149	71	78	@はアマチュア			
堀川未来夢	143	71	72	@ジョシュア・ホー	146	73	73	カリン・ジョシ	149	76	73				
アディルソン・ダシルバ	143	74	69	小田　孔明	146	73	73	姜　庚男	149	71	78				
梁　津萬	143	72	71	ケー・トゥール	146	74	72	梅山　知宏	149	74	75				

【歴代優勝者】

年	優勝者	スコア	2位	差	コース	パー/ヤード
2016	宋　永漢	272—70・63・69・70	J・スピース	1	セントーサGCセラポン	71／7398Y
2017	プラヤド・マークセン	275—71・69・68・67	P・コンワットマイ、J・パグンサン、J・クルーガー、宋 永漢	1	セントーサGCセラポン	71／7398Y
2018	セルヒオ・ガルシア	270—66・70・66・68	小平　智、S・ノリス	5	セントーサGCセラポン	71／7398Y
2019	ジャズ・ジェーンワタナノンド	266—68・68・65・65	P・ケーシー、藤本佳則	2	セントーサGCセラポン	71／7403Y

【過去の18ホール最少ストローク】

63（−8）　宋　　永漢　2016年2R　セントーサGCセラポン　PAR71／7398ヤード

ツアー成績

東建ホームメイトカップ

開催期日　2019年4月18日～21日	賞金総額　130,000,000円
競技会場　東建多度CC・名古屋	出場人数　132名
トータル　7,081Y：パー71（35,36）	天　候　晴・曇・晴・曇

1日目　4連続を含む8バーディを奪い、自己ベストの63をマークした貞方章男とD・オーが首位発進。1打差に松原大輔、2打差に池田勇太、小田孔明、B・ジョーンズ、永野竜太郎、星野陸也。2日目　09年、10年と大会を連覇した小田が強風の中67をマークして通算10アンダーでD・オーと首位を並走。1打差に星野、2打差に貞方、B・ジョーンズ、出水田大二郎、D・ペリーの4人。3日目　小田とD・オーが共に71とスコアをまとめ通算10アンダーで首位を譲らない。1打差に出水田、2打差にB・ジョーンズ、岩田寛、S・Jパクら6人が追う。最終日　小田は3連続を含む5バーディ、2ボギーの68で回ったが、B・ジョーンズが猛チャージ。前半を1イーグル、2バーディで折り返すと、後半も3バーディを奪取。64のベストスコアをマークして、逆転で3年ぶりに日本ツアー15勝目を掴んだ。

【優勝】ブレンダン・ジョーンズ　269　65・69・71・64　26,000,000円

順位	氏　名	トータルスコア	1R	2R	3R	4R	賞金額（円）
2	マシュー・グリフィン	270	70	68	67	65	13,000,000
3	小田 孔明	271	65	67	71	68	8,840,000
4	貞方 章男	272	63	71	72	66	5,373,333
	朴 相賢	272	68	69	68	67	5,373,333
	比嘉 一貴	272	69	67	69	67	5,373,333
7	ウォンジョン・リー	273	68	68	70	67	4,290,000
8	藤本 佳則	274	67	70	72	65	3,413,800
	池田 勇太	274	65	70	73	66	3,413,800
	S・H・キム	274	66	70	71	67	3,413,800
	ディラン・ペリー	274	66	72	68	68	3,413,800
	デービッド・オー	274	63	69	71	71	3,413,800
13	中西 直人	275	66	73	70	66	2,262,000
	ガン・チャルングン	275	69	69	70	67	2,262,000
	星野 陸也	275	65	68	74	68	2,262,000
	時松 隆光	275	70	68	69	68	2,262,000
	デービッド・ブランスドン	275	72	67	68	68	2,262,000
18	竹安 俊也	277	69	70	71	67	1,373,272
	マイケル・ヘンドリー	277	72	68	69	68	1,373,272
	ブラッド・ケネディ	277	68	73	69	67	1,373,272
	ショーン・ノリス	277	72	69	69	67	1,373,272
	ポール・ピーターソン	277	69	69	71	68	1,373,272
	今平 周吾	277	69	71	71	66	1,373,272
	スンス・ハン	277	69	67	71	70	1,373,272
	梁 津萬	277	68	69	70	70	1,373,272
	金 庚泰	277	70	68	68	71	1,373,272
	S・J・パク	277	66	73	66	72	1,373,272
	出水田大二郎	277	67	67	70	73	1,373,272
29	片山 晋呉	278	70	68	71	69	865,800
	松原 大輔	278	64	73	71	70	865,800
	正岡 竜二	278	68	70	74	66	865,800
	富村 真治	278	71	69	72	66	865,800
	大槻 智春	278	67	72	67	72	865,800
34	佐藤 大平	279	71	69	68	71	728,000
	金 永雄	279	68	70	69	72	728,000
	岩田 寛	279	69	69	67	74	728,000
37	塚田 陽亮	280	72	67	71	70	611,000
	すし 石垣	280	67	70	73	70	611,000
	香妻陣一朗	280	66	70	73	71	611,000
	河本 力	280	70	70	71	69	アマチュア
	永野竜太郎	280	65	74	73	68	611,000
	ピーター・カーミス	280	66	69	71	74	611,000
	重永亜斗夢	280	70	71	71	68	611,000
44	リチャード・ジョン	281	74	63	72	72	481,000
	河野 祐輝	281	69	71	70	71	481,000
	宮本 勝昌	281	68	69	71	73	481,000
	高橋 賢	281	71	69	73	68	481,000
48	今野 大喜	282	69	70	71	72	377,520
	高柳 直人	282	70	71	68	73	377,520
	矢野 東	282	70	72	69	71	377,520
	片岡 大育	282	71	67	74	70	377,520
	アンソニー・クウェイル	282	71	69	72	70	377,520
53	崔 虎星	283	69	71	73	70	338,000
54	中里光之介	284	69	72	69	74	319,800
	古田 幸希	284	72	66	73	73	319,800
	武藤 俊憲	284	72	69	71	72	319,800
	幡地 隆寛	284	68	70	75	71	319,800
58	藤田 寛之	285	66	74	71	74	303,333
	小斉平優和	285	68	72	72	73	303,333
	和田章太郎	285	71	70	74	70	303,333
61	谷口 徹	286	69	71	70	76	292,500
	小西 健太	286	67	73	71	75	292,500
	パヌポール・ピッタヤラット	286	68	70	74	74	292,500
	富田 雅哉	286	69	71	73	73	292,500
	小野田享也	286	69	72	74	71	292,500
66	清水 大成	287	70	68	73	76	アマチュア
67	竹谷 佳孝	291	69	71	74	77	284,700
68	木下 裕太	292	69	71	77	75	284,700

141（−1）までの68名が予選通過

氏名	トータルスコア	1R	2R	氏名	トータルスコア	1R	2R	氏名	トータルスコア	1R	2R	氏名	トータルスコア	1R	2R
詹 世昌	142	72	70	岩本 高志	143	70	73	中島 徹	145	73	72	金 成玹	147	70	77
近藤 啓介	142	72	70	アンジェロ・キュー	143	69	74	李 尚熹	145	75	70	手嶋 多一	148	72	76
ダッジ・ケーマー	142	68	74	浅地 洋佑	143	70	73	姜 庚男	145	72	73	@庄司 由	148	72	76
エリック・チャン	142	73	69	チャン・キム	143	73	70	秋吉 翔太	145	73	72	上村 竜太	149	73	76
嘉数 光倫	142	72	70	木下 稜介	143	74	69	上井 邦裕	145	70	75	久保谷健一	150	76	74
市原 弘大	142	67	75	近藤 智弘	143	70	73	Y・E・ヤン	145	69	76	三重野里斗	150	73	77
小鯛 竜也	142	70	72	H・W・リュー	144	71	73	池村 寛世	145	71	74	丸山 大輔	150	73	77
ジャズ・ジェーンワタナノンド	142	70	72	ハン・リー	144	74	70	黄 重坤	146	75	71	ジェイ・チョイ	151	79	72
安本 大祐	142	72	70	西村 匡史	144	75	69	上田 諭尉	146	74	72	ラヒル・ガンジー	154	71	83
原田 凌	142	71	71	パクベジョン	144	73	71	日高 将史	146	71	75	@石川 航	157	76	79
河合 庄司	143	73	70	木下 康平	144	76	68	薗田 峻輔	146	75	71	山田 竜太	159	81	78
スコット・ビンセント	143	71	72	前川 太治	144	71	73	梅山 知宏	146	73	73	@松田正史	163	82	81
趙 珉珪	143	70	73	金 亨成	144	72	72	島野 璃央	146	73	73	尾崎 将司		80	棄
タンヤゴーン・クロンパ	143	72	71	稲森 佑貴	144	68	76	張 棟圭	147	75	72				
大堀裕次郎	143	72	71	小木曽 喬	144	71	73	額賀 辰徳	147	75	72	@はアマチュア			
塩見 好輝	143	72	71	ラタノン・ワナスリチャン	145	70	75	森 雄貴	147	72	75				
海老根文博	143	72	71	堀川未来夢	145	75	70	杉山 知靖	147	71	76				

ツアー成績

【歴代優勝者】

年	優勝者	スコア	2位	差	コース	パー/ヤード
東建コーポレーションカップ						
1993	飯合 肇	276—68・70・69・69	T・ハミルトン	2	祁答院GC	72／7045Y
1994	クレイグ・ウォーレン	208—70・68・70	尾崎将司	1	祁答院GC	72／7072Y
1995	トッド・ハミルトン	281—70・71・68・72	P・シニア	1	祁答院GC	72／7097Y
1996	金子柱憲	275—69・74・67・65	B・ジョーブ	1	祁答院GC	72／7097Y
1997	尾崎将司	269—71・65・61・72	C・フランコ	1	祁答院GC	72／7115Y
1998	飯合 肇	272—70・71・67・64	尾崎将司	1	祁答院GC	72／7115Y
1999	尾崎将司	273—72・65・69・67	谷口 徹	1	祁答院GC	72／7100Y
2000	芹澤信雄	281—68・70・73・70	東聡、桑原克典	1	祁答院GC	72／7135Y
2001	片山晋呉	205—69・63・73	中嶋常幸	2	多度CC名古屋	71／6968Y
2002	谷口 徹	272—73・67・61	宮瀬博文	2	祁答院GC	72／7135Y
東建ホームメイトカップ						
2003	アンドレ・ストルツ	278—65・71・71・71	米山剛、高山忠洋、増田伸洋	1	東建多度CC名古屋	71／7047Y
2004	藤田寛之	281—70・68・74・69	片山晋呉、C・ウィ	2	東建多度CC名古屋	71／7083Y
2005＊	高山忠洋	205—67・72・66	川原 希	0	東建多度CC名古屋	71／7083Y
2006	ウェイン・パースキー	267—64・67・69・67	上田諭尉、B・ジョーンズ	2	東建塩河CC	72／6906Y
2007	上田諭尉	276—66・65・74・71	ドンファン	1	東建多度CC名古屋	71／7083Y
2008	宮本勝昌	276—71・66・73・66	手嶋多一	1	東建多度CC名古屋	71／7062Y
2009＊	小田孔明	274—70・67・68	金 鍾徳	0	東建多度CC名古屋	71／7081Y
2010＊	小田孔明	283—74・70・68・71	広田 悟、丸山大輔	0	東建多度CC名古屋	71／7081Y
2011	高山忠洋	276—68・68・70・70	片山晋呉	2	東建多度CC名古屋	71／7081Y
2012	ブレンダン・ジョーンズ	269—68・69・70・62	小田龍一	2	東建多度CC名古屋	71／7081Y
2013	塚田好宣	275—72・71・63・69	小田孔明、上井邦浩	4	東建多度CC名古屋	71／7081Y
2014	宮里優作	270—71・66・68・65	岩田 寛	2	東建多度CC名古屋	71／7109Y
2015	マイケル・ヘンドリー	269—71・69・69・64	山下和宏	1	東建多度CC名古屋	71／7081Y
2016＊	金 庚泰	271—68・67・67・69	近藤共弘	0	東建多度CC名古屋	71／7081Y
2017	梁 津萬	268—69・65・66・68	藤本佳則	2	東建多度CC名古屋	71／7081Y
2018	重永亜斗夢	272—64・72・63・73	石川 遼	1	東建多度CC名古屋	71／7081Y
2019	ブレンダン・ジョーンズ	269—65・69・71・64	M・グリフィン	1	東建多度CC名古屋	71／7081Y

＊はプレーオフ

【過去の18ホール最少ストローク】

61（－11）	尾崎 将司	1997年3R	祁答院GC	PAR72/7115ヤード
61（－11）	谷口 徹	2002年4R	祁答院GC	PAR72/7135ヤード

中日クラウンズ

開催期日 2019年5月2日～5日	賞金総額 120,000,000円
競技会場 名古屋GC和合C	出場人数 108名
トータル 6,557Y：パー70(35,35)	天候 晴・晴・晴・晴

1日目 宮本勝昌、貞方章男とP・カーミスの3人が4アンダー66で首位スタート。1打差に比嘉一貴、星野陸也、A・クウェイル。2日目 首位に4打差の23位から出たアマチュアの金谷拓実が66をマークして首位に2打差の8位グループに浮上。首位は通算6アンダーで出水田大二郎と8バーディ、ノーボギーの62をマークしたM・グリフィン。3日目 P・カーミスが65をマークして通算9アンダーで首位へ。1打差に宮本、2打差に貞方、黄重坤が続く。最終日 5打差8位から出た昨年の賞金王・今平周吾が66をマークして通算8アンダーでホールアウト。同じ8アンダーで最終18番ホールを迎えた宮本は10メートルにパーオン。「難しいラインだったので2パットでいければ」と打ったパットは最後のひと転がりでカップインのバーディ。通算9アンダーで第60回大会を制し通算12勝目を飾った。

【優勝】宮本 勝昌　271　66・69・67・69　24,000,000円

順位	氏名	トータルスコア	1R	2R	3R	4R	賞金額(円)
2	今平 周吾	272	70	65	71	66	12,000,000
3	グリフィン	273	72	62	71	68	6,960,000
	黄 重坤	273	72	63	68	70	6,960,000
5	星野 陸也	274	67	69	72	66	3,878,000
	片山 晋呉	274	68	71	68	67	3,878,000
	アンソニー・クウェイル	274	67	69	70	68	3,878,000
	藤田 寛之	274	69	71	67	67	3,878,000
	ピーター・カーミス	274	66	70	65	73	3,878,000
	貞方 章男	274	66	70	67	71	3,878,000
11	秋吉 翔太	275	72	67	68	68	2,664,000
	チャン・キム	275	72	66	68	69	2,664,000
	重永亜斗夢	275	69	68	69	71	2,664,000
14	金谷 拓実	276	70	66	71	69	アマチュア
15	ウォンジョン・リー	277	69	70	70	68	2,064,000
	出水田大二郎	277	68	66	73	70	2,064,000
	ガン・チャルングン	277	71	69	66	71	2,064,000
18	岩田 寛	278	71	74	66	66	1,764,000
	ブラッド・ケネディ	278	70	65	69	74	1,764,000
20	ジュビック・パグンサン	279	74	69	70	66	1,368,000
	スンス・ハン	279	71	67	72	69	1,368,000
	佐藤 大平	279	68	72	70	69	1,368,000
	堀川未来夢	279	76	69	65	69	1,368,000
	大槻 智春	279	71	67	71	70	1,368,000
	比嘉 一貴	279	67	69	72	71	1,368,000
26	マイケル・ヘンドリー	280	71	70	72	67	984,000
	中西 直人	280	69	69	74	68	984,000
	小木曽 喬	280	73	72	69	66	984,000
	アンジェロ・キュー	280	71	69	68	72	984,000
	時松 隆光	280	69	69	69	73	984,000
31	Y・E・ヤン	281	70	70	73	68	746,000
	竹谷 佳孝	281	73	70	69	69	746,000
	額賀 辰徳	281	73	70	71	67	746,000
	片岡 大育	281	71	67	71	72	746,000
	趙 珉珪	281	70	68	71	72	746,000
	木下 稜介	281	72	70	67	72	746,000
37	リチャード・ジョン	282	74	67	72	69	636,000
	上井 邦裕	282	74	70	70	68	636,000
39	池村 寛世	283	74	70	70	69	564,000
	谷口 徹	283	69	70	71	73	564,000
	ダッジ・ケマー	283	73	69	68	73	564,000
	和田章太郎	283	71	70	68	74	564,000
43	小田 孔明	284	70	74	70	70	468,000
	杉原 大河	284	71	71	72	70	アマチュア
	小鯛 竜也	284	70	73	72	69	468,000
	塚田 陽亮	284	69	71	75	69	468,000
	香妻陣一朗	284	74	70	72	68	468,000
48	ブラッド・マークセン	285	70	71	72	72	345,600
	金 成玟	285	73	69	70	73	345,600
	小野田享也	285	75	70	67	73	345,600
	ディラン・ペリー	285	68	75	68	74	345,600
	竹安 俊也	285	75	70	70	70	345,600
	稲森 佑貴	285	75	70	70	70	345,600
	金 亨成	285	75	69	72	69	345,600
	浅地 洋佑	285	69	76	73	67	345,600
56	岩本 高志	286	72	68	74	72	292,800
	タンヤゴーン・クロンパ	286	72	69	68	77	292,800
	木下 裕太	286	69	71	75	71	292,800
59	武藤 俊憲	287	73	72	69	73	281,400
	今野 大喜	287	69	74	72	72	281,400
	桂川 有人	287	72	69	74	72	アマチュア
62	張 棟圭	288	68	72	73	75	276,000
	嘉数 光倫	288	72	73	69	74	276,000
64	梅山 知宏	289	71	73	71	74	270,000
	太田 直己	289	74	71	72	72	270,000
	森 雄貴	289	75	69	73	72	270,000
67	高柳 直人	290	71	71	76	72	265,200
68	手嶋 多一	291	72	71	72	76	262,800
	ブレンダン・ジョーンズ	291	71	73	76	71	262,800
70	宮瀬 博文	292	73	73	71	75	262,800
	桑原 克典	292	73	71	73	75	262,800
	芹澤 信雄	292	74	74	74	70	262,800
73	デービッド・オー	293	74	68	75	76	262,800
	ラヒル・ガンジー	293	70	71	79	73	262,800
75	尾崎 直道	298	71	74	75	78	262,800

順位	氏　　名	トータルスコア	1R	2R	3R	4R	賞金額(円)
75	正岡　竜二	298	74	71	77	76	262,800

145(＋5)までの76名が予選通過

氏　　名	トータルスコア	1R	2R	氏　　名	トータルスコア	1R	2R	氏　　名	トータルスコア	1R	2R	氏　　名	トータルスコア	1R	2R
小斉平優和	146	75	71	I・J・ジャン	148	76	72	パクベジョン	150	77	73	@服部　泰	159	78	81
アダム・ブランド	146	72	74	中里光之介	148	76	72	河野　祐輝	151	76	75	ディネッシュ・チャンド	160	77	83
鈴木　亨	146	74	72	近藤　啓介	149	74	75	横尾　要	151	77	74	藤本　佳則		75	棄
山下　和宏	147	78	69	ラタノン・ワナスリチャン	149	72	77	@織田信亮	152	79	73	星野　英正		79	棄
崔　虎星	147	72	75	河合　庄司	149	77	72	@石坂友宏	154	78	76	石川　遼		81	棄
永野竜太郎	147	69	78	@上田敦士	149	78	71	尾崎　将司	156	80	76	@はアマチュア			
デービッド・ブランスドン	147	77	70	大堀裕次郎	150	75	75	松村　道央	158	79	79				
小袋　秀人	148	73	75	久保谷健一	150	76	74	石塚　義将	158	84	74				
近藤　智弘	148	75	73	矢野　東	150	75	75	伊藤　元気	158	79	79				

【歴代優勝者】

年	優勝者	スコア	2位	差	コース	パー／ヤード
1960	中村寅吉	277—70・69・68・70	小野光一	1	名古屋GC和合	70/6535Y
1961＊	石井朝夫	280—71・71・68・70	O・ムーディー	0	名古屋GC和合	
1962	橘田　規	299—78・74・73・74	中村寅吉	1	愛知CC	74/7105Y
1963	細石憲二	290—73・67・77・73	杉原輝雄	2	三好CC	72/7020Y
1964	杉原輝雄	294—77・73・71・73	中村寅吉	1	三好CC	72/7020Y
1965	橘田　規	291—71・74・75・71	杉原輝雄	1	愛知CC	74/7105Y
1966	内田　繁	274—69・65・69・71	橘田　規、小針春芳	1	名古屋GC和合	70/6350Y
1967	謝　永郁	273—71・71・66・65	鈴村　久	1	名古屋GC和合	70/6500Y
1968＊	安田春雄	278—70・65・72・71	鈴村　久	0	名古屋GC和合	70/6530Y
1969＊	ピーター・トムソン	274—68・69・68・69	橘田　規	0	名古屋GC和合	70/6530Y
1970	安田春雄	268—68・65・62・73	鈴村照男	3	名古屋GC和合	70/6530Y
1971	呂　良煥	274—73・66・65・70	P・トムソン	3	名古屋GC和合	70/6530Y
1972	ピーター・トムソン	266—64・69・67・66	T・ケンドール	6	名古屋GC和合	70/6530Y
1973	青木　功	270—66・67・68・69	呂　良煥	1	名古屋GC和合	70/6530Y
1974	村上　隆	272—63・71・68・70	尾崎将司	6	名古屋GC和合	70/6530Y
1975	青木　功	272—68・68・68・68	杉原輝雄	1	名古屋GC和合	70/6530Y
1976	デビッド・グラハム	276—72・68・69・67	宮本康弘	1	名古屋GC和合	70/6097m
1977	グラハム・マーシュ	280—71・73・70・66	森　憲二	4	名古屋GC和合	70/6152m
1978	青木　功	270—63・67・72・68	尾崎将司	5	名古屋GC和合	70/6152m
1979	青木　功	279—67・73・69・70	中村　通、安田春雄	1	名古屋GC和合	70/6162m
1980	青木　功	280—69・68・71・72	G・マーシュ	2	名古屋GC和合	70/5936m
1981	グラハム・マーシュ	277—73・72・65・67	D・A・ワイブリング	2	名古屋GC和合	70/5936m
1982	ゲーリー・ホルバーグ	272—69・67・66・70	内田　繁	3	名古屋GC和合	70/5936m
1983＊	陳　志明	280—71・67・71・71	新井規矩雄、D・イシイ	0	名古屋GC和合	70/5936m
1984＊	スコット・シンプソン	275—68・73・67・67	青木　功	0	名古屋GC和合	70/5936m
1985	海老原清治	276—70・70・66・70	中島常幸	2	名古屋GC和合	70/5936m
1986	デービッド・イシイ	274—68・67・71・68	中島常幸	4	名古屋GC和合	70/5936m
1987	尾崎将司	268—69・67・66・66	倉本昌弘、青木　功、山本善隆、I・ベーカーフィンチ	6	名古屋GC和合	70/6191m
1988	スコット・シンプソン	278—71・69・71・67	D・イシイ、尾崎将司	3	名古屋GC和合	70/6491Y
1989	グレッグ・ノーマン	272—65・68・71・68	鈴木弘一、B・マカリスター	3	名古屋GC和合	70/6473Y
1990＊	須貝　昇	276—68・66・67・75	S・ペイト	0	名古屋GC和合	70/6473Y
1991	セベ・バレステロス	275—67・75・64・69	R・マッカイ	1	名古屋GC和合	70/6473Y
1992	尾崎将司	270—68・69・66・67	P・シニア、B・フランクリン	4	名古屋GC和合	70/6473Y
1993	ピーター・シニア	270—68・67・69・66	尾崎将司、G・ホルバーグ	1	名古屋GC和合	70/6473Y
1994	ロジャー・マッカイ	269—64・67・67・71	尾崎直道	2	名古屋GC和合	70/6473Y
1995	尾崎将司	260—66・64・63・67	芹澤信雄	5	名古屋GC和合	70/6473Y
1996	尾崎将司	268—64・68・69・67	友利勝良	4	名古屋GC和合	70/6473Y
1997	尾崎将司	267—67・67・66・67	B・ワッツ	2	名古屋GC和合	70/6455Y
1998	デービス・ラブⅢ	269—64・71・67・67	木村政信、R・ギブソン、B・ワッツ	8	名古屋GC和合	70/6502Y

ツアー成績

中日クラウンズ

1999	今野康晴	271—73・68・65・65	尾崎直道	1	名古屋GC和合	70／6502Y
2000	田中秀道	272—69・69・67・67	日下部光隆	5	名古屋GC和合	70／6502Y
2001	ダレン・クラーク	267—66・67・67・67	深堀圭一郎、横田真一	4	名古屋GC和合	70／6511Y
2002	ジャスティン・ローズ	266—64・70・63・69	P・マークセン	5	名古屋GC和合	70／6580Y
2003	星野英正	270—69・64・70・67	伊沢利光、Z・モウ、手嶋多一	3	名古屋GC和合	70／6547Y
2004	片山晋呉	264—65・64・63・72	P・シーハン	2	名古屋GC和合	70／6547Y
2005＊	尾崎直道	269—68・67・67・67	S・コンラン	0	名古屋GC和合	70／6547Y
2006	片山晋呉	262—63・67・62・70	川原 希	2	名古屋GC和合	70／6547Y
2007＊	宮瀬博文	278—67・70・70・71	谷口 徹	0	名古屋GC和合	70／6514Y
2008＊	近藤智弘	271—72・68・64・67	藤田寛之	0	名古屋GC和合	70／6514Y
2009	平塚哲二	263—67・66・64・66	久保谷健一	7	名古屋GC和合	70／6531Y
2010	石川 遼	267—68・70・71・58	藤田寛之、P・シーハン	5	名古屋GC和合	70／6545Y
2011＊	ブレンダン・ジョーンズ	271—67・66・68・70	I・J・ジャン	0	名古屋GC和合	70／6545Y
2012	I・J・ジャン	272—71・69・66・66	S・コンラン、白 佳和	2	名古屋GC和合	70／6545Y
2013	松村道央	278—71・71・69・67	松山英樹	1	名古屋GC和合	70／6545Y
2014	金 亨成	269—64・67・70・68	I・J・ジャン	4	名古屋GC和合	70／6545Y
2015	I・J・ジャン	270—66・69・68・67	谷原秀人、山下和宏、近藤共弘	4	名古屋GC和合	70／6545Y
2016＊	金 庚泰	270—69・69・65・67	片岡大育	0	名古屋GC和合	70／6545Y
2017	宮里優作	267—67・65・67・68	谷口 徹、藤本佳則	1	名古屋GC和合	70／6545Y
2018	Y・E・ヤン	268—67・67・67・67	黄重坤、A・クウェイル	4	名古屋GC和合	70／6557Y
2019	宮本勝昌	271—66・69・67・69	今平周吾	1	名古屋GC和合	70／6557Y

＊はプレーオフ。1973年からツアー競技

【過去の18ホール最少ストローク】

58（−12）　石川 遼　2010年4R　名古屋GC和合　PAR70／6545ヤード

アジアパシフィックオープンゴルフチャンピオンシップ　ダイヤモンドカップゴルフ

開催期日	2019年5月9日～12日	賞金総額	150,000,000円
競技会場	総武CC総武C	出場人数	144名
トータル	7,333Y：パー71(35,36)	天　候	曇・晴・晴・曇

1日目 アジアンツアー、日本ゴルフ協会との共同主管競技。D・ブーマが4アンダー67で首位に立つ。1打差にB・ジョーンズ、池村寛世。**2日目** この日のベストスコア67を出したM・L・シンが通算4アンダーで首位。同じく67をマークした香妻陣一朗が初日65位から3打差の6位グループに浮上。**3日目** マンデートーナメントを勝ち抜いた浅地洋佑が68とスコアを伸ばし、通算4アンダーで単独トップへ。1打差2位にM・L・シンとD・イエレミア。4打差以内に14人がひしめく大混戦。**最終日** 5打差15位から出た東北福祉大2年のアマ米澤蓮が68をマークして通算2アンダーでホールアウト。浅地は前半でスコアを1つ落としたが後半はパーを重ね、通算3アンダーで逃げ切りツアー初優勝。史上6人目のマンデー優勝者となり全英オープンの出場権を獲得した。

【優勝】浅地　洋佑　281　69・72・68・72　30,000,000円

順位	氏　　　名	トータルスコア	1R	2R	3R	4R	賞金額(円)	順位	氏　　　名	トータルスコア	1R	2R	3R	4R	賞金額(円)
2	米澤　蓮	282	69	74	71	68	アマチュア	39	ブレンダン・ジョーンズ	294	68	72	77	77	877,500
	マイカ・ローレン・シン	282	71	67	72	72	16,500,000		山下　和宏	294	76	70	72	76	877,500
4	Y・E・ヤン	283	69	71	72	71	9,525,000		藤田　寛之	294	74	70	71	79	877,500
	デニゼ・ルテ・イエレミア	283	76	68	66	73	9,525,000		ラヒル・ガンジー	294	76	69	75	74	877,500
6	張　棟圭	284	72	69	73	70	5,775,000	43	中島　啓太	295	75	71	71	78	アマチュア
	スコット・ビンセント	284	71	73	68	72	5,775,000		ブーム・サクサンシン	295	73	73	71	78	810,000
8	崔　虎星	285	73	72	71	69	3,435,000		洪　健堯	295	74	70	72	79	810,000
	池村　寛世	285	68	72	72	73	3,435,000		松村　道央	295	75	71	72	77	810,000
	ブラッド・マークセン	285	70	72	72	71	3,435,000		重永亜斗夢	295	75	70	74	76	810,000
	呂　偉智	285	71	71	71	72	3,435,000		チャブチャイ・ニラト	295	76	69	70	80	810,000
	香妻陣一朗	285	74	67	71	73	3,435,000	49	アンジェロ・キュー	296	75	71	73	77	742,500
13	シファン・キム	286	72	74	71	69	2,105,000		大堀裕次郎	296	71	74	75	76	742,500
	サドム・ケーオカンジャナ	286	71	74	71	70	2,105,000		大槻　智春	296	74	70	77	75	742,500
	上井　邦裕	286	76	68	71	71	2,105,000		パチャラ・コンウットマイ	296	72	71	77	76	742,500
16	朴　相賢	287	72	73	71	71	1,584,000	53	ビラジ・マダッパ	297	72	71	73	81	697,500
	ジャック・ハリントン	287	72	74	73	68	1,584,000		アダム・ブランド	297	73	72	78	74	697,500
	竹安　俊也	287	75	70	71	71	1,584,000	55T	杉浦　悠太	298	75	71	71	81	アマチュア
	マゲリョ・ラインシ	287	73	71	70	73	1,584,000		林　鈺鑫	298	74	72	73	79	アマチュア
	時松　隆光	287	72	72	69	74	1,584,000	57	ベン・キャンベル	299	73	73	76	77	675,000
21	今平　周吾	288	70	72	77	69	1,350,000	58	ジャリンド・トッド	300	76	70	73	81	660,000
22	片山　晋呉	289	73	69	74	73	1,233,000	59	崔　ミン哲	301	73	71	78	79	637,500
	シディクール・ラーマン	289	74	72	72	71	1,233,000		丸山　大輔	301	73	72	78	78	637,500
	ウォンジョン・リー	289	74	72	72	71	1,233,000								
	ジェイブ・クルーガー	289	72	72	69	76	1,233,000								
	秋吉　翔太	289	73	72	68	76	1,233,000								
27	デービッド・ミクルージ	290	71	72	74	73	アマチュア								
	姜　庚男	290	72	72	72	74	1,110,000								
	ブラッド・ケネディ	290	72	72	71	75	1,110,000								
	手嶋　多一	290	69	74	70	77	1,110,000								
31	小田　孔明	291	73	72	71	75	1,035,000								
	H・W・リュー	291	69	76	73	73	1,035,000								
33	ダンタイ・ブーマ	292	67	73	77	75	952,500								
	武藤　俊憲	292	73	71	72	76	952,500								
	稲森　佑貴	292	73	73	70	76	952,500								
	出水田大二郎	292	77	68	74	73	952,500								
	ヨハネス・バーマン	292	75	71	74	72	952,500								
	金　庚泰	292	73	70	70	79	952,500								

146(+4)までの60名が予選通過

氏　名	トータルスコア	1R	2R	氏　名	トータルスコア	1R	2R	氏　名	トータルスコア	1R	2R	氏　名	トータルスコア	1R	2R
ミゲル・タブエナ	147	70	77	パビット・タンカモルプラスート	148	73	75	川村　昌弘	150	77	73	@ジェームズ・レオウ	154	76	78
ラタノン・ワナスリチャン	147	77	70	ジュビック・パグンサン	148	73	75	小斉平優和	150	77	73	ザック・マリー	154	75	79
カリン・ジョシ	147	73	74	永野竜太郎	148	77	71	池田　勇太	150	73	77	水野眞惟智	154	79	75
藤本　佳則	147	75	72	スラジット・ヨンチャロエンチャイ	148	72	76	ジェーソン・ノリス	150	74	76	梁　津萬	154	76	78
林　文堂	147	74	73	小鯛　竜也	148	73	75	ハビ・コロモ	150	73	77	ポール・ピーターソン	155	77	78
岩田　寛	147	75	72	谷口　徹	148	79	69	キャメロン・ジョン	151	74	77	貞方　章男	155	73	82
プロム・ミーサワット	147	70	77	比嘉　一貴	148	76	72	マーカス・フレーザー	151	74	77	宮里　聖志	156	76	80
チャン・キム	147	71	76	アジーテシュ・サンドゥ	148	76	72	詹　世昌	151	78	73	ニコラス・ファン	157	77	80
ベリー・ヘンリン	147	73	74	市原　弘大	148	76	72	堀川未来夢	151	77	74	横田　真一	157	78	79
金　亨成	147	75	72	宮本　勝昌	148	78	70	竹谷　佳孝	151	75	76	@アナント・シン	160	81	79
黄　重坤	147	77	70	日高　将史	148	73	75	久保谷健一	152	79	73	貴田　和宏	160	81	79
テリー・ピルカダリス	147	72	75	ケートゥール・ブランフォード	148	75	73	木下　裕太	152	74	78	@劉　永華	161	80	81
文　道燁	147	75	72	ジェイク・ヒギンボトム	149	72	77	薗田　峻輔	152	78	74	リチャード・リー		77	棄
@テレンス・グ	147	74	73	深堀圭一郎	149	73	76	ジープ・ミルカ・シン	152	77	75	ナティポン・スリトン		78	棄
ベン・レオン	147	75	72	@カズマ・ボリ	149	76	73	額賀　辰徳	152	77	75	ダニエル・三スベット		78	棄
マルコム・ココシンスキー	147	78	69	ティラワット・ケーオシリバンディット	149	77	72	@ダニエル・ヒラー	152	73	79	S・チッカランガッパ		74	棄
星野　陸也	147	73	74	ヤンネ・カスケ	149	73	76	嘉数　光倫	153	81	72	李　尚熹		82	棄
近藤　智弘	147	77	70	小木曽　喬	149	75	74	裴　龍眩	153	75	78	パヌポール・ピッタヤラット		78	棄
アディルソン・ダシルバ	147	76	71	シープ・カブール	149	77	72	S・H・キム	153	76	77	@はアマチュア			
スンス・ハン	147	73	74	片岡　大育	149	73	76	木下　稜介	153	76	77				
キース・ホーン	147	73	74	矢野　東	149	76	73	塚田　陽亮	153	78	75				
張　二根	148	74	74					トラビス・スマイス	153	75	78				

【歴代優勝者】

年	優勝者	スコア	2位	差	コース	パー/ヤード
アジアパシフィックオープン	パナソニックオープン					
2008	谷原秀人	264—66・68・64・66	矢野　東	1	茨木CC西	70/7040Y
2009	丸山大輔	276—69・66・67・74	池田勇太、W・リャン	4	城陽CC東/西	71/7064Y
2010	ブレンダン・ジョーンズ	207—71・70・66	小田龍一	1	六甲国際GC東	71/7255Y
2011	平塚哲二	276—69・72・68・67	金　度勲、S・K・ホ	3	琵琶湖CC栗東・三上	71/7005Y
2012	小林正則	267—74・64・67・62	小田孔明	1	東広野GC	71/7020Y
2013	川村昌弘	275—69・68・71・67	S・J・パク	1	茨木CC西	71/7328Y
ダンロップ						
1969	河野高明	141—71・70			箕面GC	
1970	安田春雄	137—69・68	石井富士夫、村上　隆	2	箕面GC	72/6680Y
1971	ピーター・トムソン	280—71・69・72・68	安田春雄	1	箕面GC	72/6697Y
1972	グラハム・マーシュ	271—70・64・72・65	B・アルダ	5	箕面GC	72/6697Y
1973	ベン・アルダ	280—71・69・70・70	尾崎将司	4	鶴舞CC西	72/6865Y
1974	グラハム・マーシュ	272—68・67・68・69	尾崎将司、杉原輝雄	3	姉ヶ崎CC	72/6830Y
1975	鈴木規夫	278—68・73・67・70	杉原輝雄、田中文雄、M・アエ	2	能登CC	72/6983Y
1976	横島由一	274—68・71・67・68	青木　功	2	能登CC	72/6382m
三菱ギャラン						
1977	許　勝三	277—68・68・69・72	G・マーシュ、河野高明、杉原輝雄	3	能登CC	72/6382m
1978	中村　通	280—72・68・69・71	鈴木規夫、許　勝三	1	南部富士CC	72/6410m
1979	中村　通	285—74・72・71・68	草柳良夫	1	大洗GC	72/6575m
1980	中島常幸	276—65・71・72・68	G・マーシュ、岩下吉久	4	名神八日市CC	72/6176m
1981*呂　西鈞		289—69・71・76・73	杉原輝雄、中村　通	0	大日向CC	72/6289m
1982*グラハム・マーシュ		271—66・69・69・67	杉原輝雄	0	久米CC	71/6107m
1983	中島常幸	278—65・70・71・72	呂　西鈞	6	南部富士CC	72/6505m
1984	安田春雄	275—68・68・69・70	井上清雄、山本善隆	4	能登CC	72/6382m
1985*ブライアン・ジョーンズ		272—67・70・72・63	湯原信光	0	久米CC	71/6107m
1986	中島常幸	280—73・68・69・70	陳　志明	1	大洗GC	72/6575m
1987	ブライアン・ジョーンズ	283—70・70・71・72	鈴木弘一、芹澤信雄	3	パインレークGC	72/7034Y
1988*ブライアン・ジョーンズ		271—68・68・67・68	尾崎直道	0	大沼レイクGC	72/7000Y
1989	尾崎健夫	284—72・67・74・71	木村政信	2	熊本空港CC	72/7028Y
1990	青木　功	289—70・76・71・72	米山　剛、尾崎将司、杉原輝雄	3	ゴールデンバレーGC	72/7014Y

1991	鈴木弘一	280—73・69・70・68	青木　功、中島常幸	1	能登CC	72／7052Y
1992	青木　功	277—69・66・71・71	藤木三郎、陳　志忠	4	南部富士CC	72／6801Y
1993	陳　志忠	277—71・72・66・68	尾崎健夫、水巻善典、B・ジョーンズ	4	大洗GC	72／6801Y
1994	友利勝良	205—69・66・70	中島常幸	6	北海道早来CC	72／7120Y
1995	ブラント・ジョーブ	266—65・67・65・69	倉本昌弘	6	阿蘇プリンスホテルG	73／6913Y
1996 ＊	尾崎将司	279—72・70・73・64	T・ハミルトン	0	大洗GC	72／7190Y
1997	尾崎将司	278—70・70・70・68	東　聡、中村　通、井戸木鴻樹	2	太平洋C六甲C	72／7012Y
1998	谷口　徹	268—71・65・65・67	細川和彦	1	土佐CC	71／6692Y
三菱自動車						
1999 ＊	米山　剛	268—69・69・66・64	細川和彦	0	レイクグリーンGCレイクC	71／7044Y
2000 ＊	宮瀬博文	276—70・69・68・69	谷口　徹	0	蒲生GC	71／6800Y
ダイヤモンドカップ						
2001 ＊	伊沢利光	277—77・68・64・68	五十嵐雄二、藤田寛之	2	大洗GC	72／7160Y
2002	中嶋常幸	269—67・66・68・68	C・ペーニャ、近藤智弘、宮瀬博文	2	狭山GC	72／7110Y
2003	トッド・ハミルトン	276—67・72・72・65	S・コンラン	3	大洗GC	72／7200Y
三菱ダイヤモンドカップ						
2004	平塚哲二	275—68・70・68・69	星野英正	5	大洗GC	72／7200Y
2005	I・J・ジャン	275—74・69・64・68	川岸良兼、片山晋呉	3	東広野GC	70／7002Y
2006	横尾　要	275—71・70・68・66	川原　希、鈴木　亨	2	狭山GC	71／7118Y
2007	平塚哲二	282—71・73・71・67	広田　悟、宮里聖志	1	大洗GC	71／7156Y
2008	プラヤド・マークセン	274—70・70・66・68	甲斐慎太郎	1	東広野GC	71／7102Y
2009 ＊	兼本貴司	283—76・68・67	B・ジョーンズ	0	大洗GC	72／7190Y
ダイヤモンドカップゴルフ						
2010	金　庚泰	272—65・68・68・71	小田孔明	2	狭山GC	72／7159Y
2011	小田孔明	272—67・65・70・70	武藤俊憲、横尾　要	4	千葉CC梅郷C	72／7108Y
2012	藤田寛之	274—66・65・70・73	K・アフィバーンラト	3	ザ・CC・ジャパン	72／7199Y
2013	松山英樹	279—71・69・68・71	金　亨成、S・J・パク、B・ケネディ、	2	大洗GC	72／7190Y
アジアパシフィックオープン　ダイヤモンドカップゴルフ						
2014	藤田寛之	278—68・71・73・66	K・アフィバーンラト、K・T・クヌートン、S・K・ホ	2	大利根CC西	71／7117Y
2015	金　庚泰	271—67・69・67・68	武藤俊憲、池田勇太	3	大利根CC西	70／7101Y
2016	詹　世昌	270—71・68・69・62	小池一平	2	茨木CC西C	70／7320Y
2017	片岡大育	272—67・69・66・70	高山忠洋、P・サクサンシン	2	カレドニアンGC	71／7100Y
2018	池田勇太	269—69・66・66・68	J・ハーディング	6	武蔵CC笹井	71／7060Y
2019	浅地洋佑	281—69・72・68・72	ⓐ米澤蓮、M・L・シン	1	総武CC総武	71／7333Y

＊はプレーオフ。ⓐはアマチュア。1973年からツアー競技

【過去の18ホール最少ストローク】

60（−11）　藤池　昇龍　1998年1R　土佐CC　PAR71／6692ヤード

関西オープンゴルフ選手権競技

開催期日	2019年5月23日～26日
競技会場	KOMACC
トータル	7,043Y：パー72(36,36)

賞金総額	70,000,000円
出場人数	150名
天候	晴・晴・晴・晴

1日目 全米プロ帰りの今平周吾が6アンダー66をマークして藤田寛之、H・W・リューと並んで首位に立つ。1打差に星野陸也、2打差に異色の両打ちプレーヤー高橋慧ら3人が続く。2日目 前日5打差37位だったS・ハンが自己ベスト63を出して、通算10アンダーで首位H・W・リューに1打差の2位に急浮上。首位と2打差の3位に今平と中西直人。3日目 S・ハンがボギーなしの67を出して通算15

アンダーで首位へ。1打差でH・W・リュー、2打差に中西、3打差に大槻智春。最終日 5打差5位から出た星野陸也が9バーディ、ノーボギーの63をマークすれば、同じ組を回る大槻もボギーなしの7バーディを奪い、共に通算19アンダーでプレーオフ。18番パー4でのプレーオフ4ホール目、大槻が3メートルのバーディパットを沈め決着。プロ10年目で嬉しいツアー初優勝を飾った。

【優勝】大槻 智春 269 73・65・66・65 14,000,000円

（プレーオフ4ホール目、大槻がバーディで優勝）

順位	氏名	トータルスコア	1R	2R	3R	4R	賞金額（円）
2	星野 陸也	269	67	69	70	63	7,000,000
3	H・W・リュー	272	66	67	69	70	4,760,000
4	アンジェロ・キュー	273	70	69	69	65	3,080,000
	スンス・ハン	273	71	63	67	72	3,080,000
6	ガン・チャルングン	274	70	70	66	68	2,520,000
7	小田 孔明	275	72	69	69	65	2,063,250
	アンソニー・クウェイル	275	76	66	66	67	2,063,250
	永野竜太郎	275	70	72	67	66	2,063,250
	今平 周吾	275	66	69	71	69	2,063,250
11	小野田享也	276	70	71	71	64	1,554,000
	嘉数 光倫	276	71	71	66	68	1,554,000
	中西 直人	276	69	66	68	73	1,554,000
14	上井 邦裕	277	70	69	71	67	1,239,000
	時松 隆光	277	71	70	66	70	1,239,000
16	黄 重坤	278	70	70	73	65	1,002,400
	バヌボール・ピッタヤラット	278	74	70	68	66	1,002,400
	デービッド・ブランスドン	278	71	70	69	68	1,002,400
	マシュー・グリフィン	278	72	69	69	68	1,002,400
	松原 大輔	278	68	68	73	69	1,002,400
21	金 永雄	279	71	71	70	67	742,000
	小木曽 喬	279	73	69	74	63	742,000
	梅山 知宏	279	71	70	69	69	742,000
	池村 寛世	279	69	68	70	72	742,000
25	小西 貴紀	280	70	73	69	68	588,000
	堀川未来夢	280	70	71	71	68	588,000
	藤田 寛之	280	66	76	69	69	588,000
	ジャズ・ジェーンワタナノンド	280	70	70	69	71	588,000
29	中島 徹	281	70	73	70	68	447,000
	岩本 高志	281	72	72	68	69	447,000
	竹谷 佳孝	281	72	70	73	66	447,000
	タンヤゴーン・クロンパ	281	72	68	75	66	447,000
	佐藤 大平	281	71	72	69	69	447,000
	稲森 佑貴	281	71	72	68	70	447,000
	ジュビック・パグンサン	281	72	72	67	70	447,000
36	塩見 好輝	283	72	71	71	69	322,000
	塚田 陽亮	283	72	70	72	69	322,000
	市原 弘大	283	75	68	70	70	322,000
	武藤 俊憲	283	72	71	70	70	322,000
	片山 晋呉	283	69	70	75	69	322,000
	出水田大二郎	283	74	70	68	71	322,000
	重永亜斗夢	283	72	72	71	68	322,000
	ブラッド・ケネディ	283	69	74	73	67	322,000
	香妻陣一朗	283	69	75	71	68	322,000
45	朴 相賢	284	70	70	72	72	238,000
	永松 宏之	284	72	71	72	69	238,000
	砂川 公佑	284	71	71	75	67	アマチュア
	高田 聖斗	284	70	74	72	68	238,000
49	片岡 大育	285	71	73	73	68	210,000
50	中島マサオ	286	71	69	74	72	185,733
	比嘉 一貴	286	71	71	70	74	185,733
	ハン・リー	286	73	70	73	70	185,733
	スコット・ビンセント	286	72	70	74	70	185,733
	S・J・パク	286	72	70	73	71	185,733
	趙 炳旻	286	68	75	77	66	185,733
56	近藤 智弘	287	69	71	74	73	166,775
	大谷 元気	287	72	71	72	72	アマチュア
	すし 石垣	287	74	69	75	69	166,775
	中里光之介	287	75	69	74	69	166,775
	西村 匡史	287	72	71	76	68	166,775
61	古田 幸希	288	70	72	74	72	161,000
	真鍋 和馬	288	74	70	71	73	アマチュア
	高橋 賢	288	70	72	74	72	161,000
64	高橋 慧	289	68	74	74	74	158,900
	細野 勇策	289	74	70	74	71	アマチュア
66	藤本 佳則	290	71	71	73	75	156,800
	平田 憲聖	290	75	67	74	74	アマチュア
	金 成玹	290	71	73	72	74	156,800
69	近藤 啓介	291	72	71	77	71	154,700
70	ラタノン・ワナスリチャン	292	69	70	80	73	153,300
	詹 世昌	292	71	73	76	72	153,300
72	大嶋 炎	294	73	70	73	78	アマチュア
	堂本新太朗	294	70	73	77	74	153,300

144（±0）までの73名が予選通過

氏 名	トータルスコア	1R	2R	氏 名	トータルスコア	1R	2R	氏 名	トータルスコア	1R	2R	氏 名	トータルスコア	1R	2R
兼本 貴司	145	72	73	上村 竜太	147	74	73	松本 将汰	148	77	71	@松岡翔太郎	152	74	78
高柳 直人	145	75	70	池上憲士郎	147	74	73	幡地 隆寛	149	69	80	@田 修成	152	76	78
小鯛 竜也	145	72	73	芦沢 宗臣	147	70	77	河野 祐輝	149	73	76	パクベジョン	153	75	78
チャン・キム	145	75	70	額賀 辰徳	147	70	77	趙 珉珪	149	77	72	@田中裕真	153	74	79
@竹山昂成	145	76	69	@石川 航	147	71	76	宮本 勝昌	149	73	76	髙橋 勝成	153	81	72
@岩田大河	145	72	73	正岡 竜二	147	71	76	江尻 壮	149	72	77	I・J・ジャン	153	75	78
梁 津萬	145	73	72	野仲 茂	147	74	73	海老根文博	149	75	74	田中 秀道	154	75	79
@田中裕基	146	73	73	玉城 海伍	147	74	73	前川 太治	149	75	74	@野澤竜次	154	75	79
岩男 健一	146	73	73	リチャード・ジョン	148	76	72	竹安 俊也	149	71	78	@三上陽二郎	155	78	77
和田章太郎	146	71	75	木下 稜介	148	74	74	@松本正樹	150	75	75	@久保田皓也	156	81	75
ジャスティン・デロスサントス	146	74	72	浅地 洋佑	148	75	73	白石 大和	150	78	72	@小寺大佑	156	79	77
中嶋 常幸	146	76	70	ピーター・カーミス	148	71	77	秋吉 翔太	150	76	74	竹村 知也	156	79	77
@吉田泰基	146	70	76	山下 和宏	148	72	76	@杉原大河	150	77	73	矢野 東	157	76	81
@蟬川泰果	146	74	72	リチャード・テイト	148	76	72	大堀裕次郎	151	82	69	山本 幸路	157	82	75
Y・E・ヤン	146	76	70	ダンタイ・マ	148	75	73	日高 将史	151	74	77	@阪 幸樹	161	83	78
@小野貴之	146	71	75	池田 勇太	148	74	74	久保谷健一	151	72	79	崔 虎星		75	棄
金 亨成	146	76	70	マイケル・ヘンドリー	148	69	79	ダッジ・ケマー	152	73	79	河合 庄司			棄
ジェイ・チョイ	147	75	72	@大嶋 宝	148	73	73	木下 裕太	152	74	78	@はアマチュア			
小斉平優和	147	71	76	岩田 寛	148	70	78	S・K・ホ	152	72	80				
貞方 章男	147	74	73	原田 凌	148	72	76	西岡 宏晃	152	76	76				

ツアー成績

	【歴代優勝者】					
年	優勝者	スコア	2位	差	コース	パー／ヤード
1926	福井覚治	154—72・82	中上数一	8	茨木CC	
1927	中上数一	156—77・79	G・ノリス	6	鳴尾GC	
1928	宮本留吉	155—77・78	福井覚治	5	茨木CC	
1929＊	森岡二郎	156—78・78	宮本留吉	0	鳴尾GC	
1930	石角武夫	145—73・72	宮本留吉	1	茨木CC	
1931	宮本留吉	150—73・77	村木章	1	鳴尾GC	
1932	森岡二郎	160—79・81	石井治作	1	広野GC	
1933	戸田藤一郎	152—73・79	宮本留吉	1	茨木CC	
1934	森岡二郎	142—71・71	宮本留吉	5	鳴尾GC	
1935＊	森岡二郎	148—73・75	石井治作	0	鳴尾GC	
1936	上堅岩一	145—75・70	村木章	0	茨木CC	
1937	村木 章	142—67・75	上田悌造	4	鳴尾GC	
1938＊	戸田藤一郎	146—76・70	小谷金孝	0	広野GC	
1939	戸田藤一郎	137—69・68	行田虎夫	7	鳴尾GC	
1940～1948〈第二次世界大戦で中止〉						
1949	戸田藤一郎	144(詳細不明)	不明		宝塚GC	
1950	宮本留吉	145(詳細不明)	不明		鳴尾GC	
1951＊	宮本留吉	151(詳細不明)	寺本金一、石井哲雄	0	宝塚GC	
1952	山田弥助	314—87・71・75・81	石井迪夫	1	広野GC	
1953	石井迪夫	296—69・71・77・79	上田悌造	2	茨木CC	
1954	木本三次	296—74・74・77・71	石井迪夫、石井哲雄	2	鳴尾GC	
1955	石井迪夫	293—76・73・69・75	島村祐正	2	広野GC	
1956	石井哲雄	301—75・78・74・74	藤井武人	5	宝塚GC	
1957	島村祐正	289—74・71・71・73	磯村行雄	6	茨木CC	
1958	橘田 規	284—72・68・70・74	森岡比佐志	1	鳴尾GC	
1959	石井迪夫	289—70・66・74・79	森岡比佐志	1	愛知CC東山	
1960	新井 進	285—70・71・73・71	杉原輝雄	3	奈良国際GC	
1961	石井哲雄	282—71・70・71・70	戸田藤一郎	1	名古屋GC	
1962	橘田 規	284—74・70・71・69	細石憲二	4	西宮CC	
1963	橘田 規	290—70・74・75・71	能田征二	7	広野GC	
1964	杉原輝雄	285—68・73・71・73	森岡比佐志	1	古賀GC	
1965	杉原輝雄	282—67・74・70・71	宮本省三、鈴村久	6	鳴尾GC	
1966	宮本省三	277—67・70・72・68	杉原輝雄	3	茨木CC東	
1967	鈴村照男	277—68・69・67・73	島田幸作	3	四日市CC	

関西オープンゴルフ選手権

年	優勝	スコア	次位	差	会場	
1968	杉原輝雄	275—69・72・65・69	細石憲二	2	下関GC	
1969	内田 繁	280—70・71・67・72	宮本省三	8	広野GC	
1970	島田幸作	280—70・67・71・72	杉原輝雄	9	鳴尾GC	
1971	杉原輝雄	278—69・71・68・70	新井進	2	茨木CC東	
1972	吉川一雄	283—70・70・72・71	杉原輝雄、中村通	1	広野GC	
1973	杉原輝雄	273—69・68・68・68	島田幸作	2	西宮CC	72／6701Y
1974	杉原輝雄	287—70・75・72	島田幸作	4	奈良国際GC	72／7023Y
1975	杉原輝雄	279—69・70・71・69	山本善隆	6	小野GC	72／6970Y
1976	前田新作	273—67・69・70・67	金本章鋏	1	琵琶湖CC	72／6335m
1977	山本善隆	285—74・71・70・70	久保四郎、橘田規、宮本康弘、入江勉	3	日野GC	72／6440m
1978＊	金本章生	284—70・73・70・71	宮本康弘	0	近江CC	72／6380m
1979	宮本康弘	283—70・74・72・67	中村 通	1	六甲国際GC	72／6465m
1980	浦西武光	284—75・71・72・66	島田幸作、中村 通	6	花屋敷GCよかわ	72／6405m
1981	金本章生	278—70・68・71・69	寺本一郎、甲斐俊光	2	名神八日市CC	71／6018m
1982	杉原輝雄	285—72・68・75・70	中村 通	4	六甲国際GC	72／6460m
1983	脇田 進	284—70・72・71・71	杉原輝雄	2	有馬ロイヤルGC	72／6437m
1984	中村 通	281—70・75・67・69	山本善隆	2	日野GC	72／6420m
1985	入江 勉	280—68・71・75・66	井上久雄、山本善隆	3	有馬ロイヤルGC	72／6452m
1986	磯村芳幸	284—69・72・69・74	前田新作、吉川一雄、市川良翁	3	六甲国際GC	72／6504m
1987	木村政信	292—72・71・74・75	中村通	2	旭国際東條CC	72／7198Y
1988	曽根保夫	286—76・70・70・70	前田新作	3	北六甲CC東	72／6974Y
1989	山本善隆	211—67・74・70	中村通、金山和雄、中川敏明	1	花屋敷GCひろの	72／6740Y
1990	杉原輝雄	282—71・67・71・73	大山雄三	1	パインレークGC	72／7034Y
1991	杉原敏一	283—72・70・69・72	杉原輝雄	1	ライオンズCC	72／6974Y
1992	木村政信	272—66・69・68・69	井戸木鴻樹	13	万壽GC	72／6976Y
1993	中瀬 壽	283—73・67・73・70	杉原敏一	3	美奈木GC	72／7057Y
1994	金山和雄	281—70・70・71・70	大條丈人	1	旭国際東條CC	72／7204Y
1995	赤澤全彦	281—73・69・69・70	高崎龍雄	2	オータニにしきCC	72／6956Y
1996	平石武則	277—71・67・72・67	高崎龍雄	10	グランデージGC	72／7079Y
1997	高崎龍雄	280—73・68・71・68	谷口 徹	4	センチュリー吉川GC	72／7038Y
1998	杉本周作	280—72・67・71・70	大井手哲	3	滋賀GC	72／6934Y
1999＊	平石武則	276—69・66・69・72	K・デュルース、谷昭範	0	小野グランドCC	72／6923Y
2000＊	山口 治	209—71・66・72	林 栄作	0	池田CC	71／6841Y
2001	星野英正	206—71・67・68	林 栄作	3	三木GC	72／6934Y
2002	上出裕也	209—68・70・71	木原辰也、北澤数司、葉上萊企、星野英企	2	奈良国際GC	71／6933Y
2003	大井手哲	207—68・69・70	北澤数司、G・マイヤー、井上忠久	3	東広野GC	72／7131Y
2004	井上忠久	204—66・65・73	中川勝弥、廣田恭司	2	琵琶湖CC	72／6912Y
2005	山下和宏	207—68・70・69	上平栄道	4	城陽CC東	72／6818Y
2006	田保龍一	206—64・72・70	林 栄作	3	洲本GC	72／7002Y
2007	山本幸路	206—67・68・71	藤本博誉	1	加古川GC	72／6957Y
2008	石川 遼	276—65・70・72・69	池田勇太	3	滋賀GC	72／7080Y
2009	藤田寛之	264—69・66・61・68	平塚哲二、近藤共弘	2	宝塚GC新	71／6682Y
2010	野仲 茂	269—68・65・68・68	矢野 東	3	田辺CC	70／6810Y
2011	趙 珉珪	270—65・68・68・69	白 佳和	4	小野GC	71／6920Y
2012	武藤俊憲	266—64・65・68・69	金 亨成	1	泉ヶ丘CC	71／6929Y
2013	ブラッド・ケネディ	206—69・70・67	S・J・パク	1	オリムピックGC	72／7298Y
2014	小田孔明	273—71・66・69・67	藤本佳則	2	六甲CC	72／7037Y
2015	片岡大育	267—66・67・67・67	B・ケネディ	3	名神八日市CC	71／6900Y
2016	趙 炳旻	278—69・70・69・70	近藤共弘、S・ストレンジ	1	橋本CC	71／7127Y
2017	今平周吾	275—67・69・69・70	片岡大育	6	城陽CC	71／7037Y
2018	時松隆光	278—68・68・71・71	上井邦裕、今平周吾	1	小野東洋GC	72／7124Y
2019＊	大槻智春	269—73・65・66・65	星野陸也	0	KOMACC	72／7043Y

＊はプレーオフ。1973年〜1991年までツアー競技。2009年からツアー競技に復活。

【過去の18ホール最少ストローク】

61（ー10）	藤田 寛之	2009年3R	宝塚GC新	PAR71／6682ヤード
61（ー10）	N・ベーシック	2011年2R	小野GC	PAR71／6920ヤード

～全英への道～ミズノオープン at ザ・ロイヤル ゴルフクラブ

開催期日　2019年5月30日～6月2日	賞金総額　100,000,000円
競技会場　ザ・ロイヤルGC	出場人数　144名
トータル　8,016Y：パー72(36,36)	天候　晴・曇・晴・曇

1日目 全長8,016ヤード、パー72のモンスターコース。5アンダー67で首位に立ったのはD・ペリーと金庚泰。木下稜介が3番570ヤード、パー5でアルバトロスを達成。**2日目** 4位から出た今平周吾が6バーディ、1ボギーの67と伸ばし通算8アンダーで単独首位に立つ。2打差に金永雄、3打差に永野竜太郎。**3日目** 今平が77を叩き通算3アンダーの5位に後退。代わって首位に浮上したのが8打差23位から出た池田勇太。大会コースレコードの66をマークして通算6アンダー。1打差にC・キム、2打差にW・J・リーと金庚泰。**最終日** 池田がスコアを71にまとめ、通算7アンダーで逃げ切り通算21勝目を飾った。11年連続ツアー優勝は尾崎将司の15年連続に次ぐ歴代2位タイの記録。池田の他にC・キム、朴相賢、G・チャルングンが全英オープン出場権を獲得した。

【優勝】池田　勇太　281　70・74・66・71　20,000,000円

順位	氏名	トータルスコア	1R	2R	3R	4R	賞金額(円)
2	チャン・キム	282	69	73	69	71	10,000,000
3	朴相賢	284	74	71	72	67	5,800,000
3	ガン・チャルングン	284	69	73	74	68	5,800,000
5	金永雄	286	70	68	79	69	3,487,500
5	ジェズ・ジェーンワタナノンド	286	73	73	69	71	3,487,500
5	木下稜介	286	69	73	72	72	3,487,500
5	金庚泰	286	67	73	72	74	3,487,500
9	Y・E・ヤン	287	68	75	77	67	2,620,000
9	永野竜太郎	287	70	74	74	69	2,620,000
9	今平周吾	287	69	67	77	74	2,620,000
12	スコット・ビンセント	288	71	73	75	69	2,120,000
12	中里光之介	288	70	72	76	70	2,120,000
14	金成玹	289	72	74	73	70	1,485,000
14	小鯛竜也	289	70	72	76	71	1,485,000
14	武藤俊憲	289	74	70	73	72	1,485,000
14	稲森佑貴	289	71	74	71	73	1,485,000
14	比嘉一貴	289	72	70	73	74	1,485,000
14	ブーム・サクサンシン	289	73	71	71	74	1,485,000
14	ディラン・ペリー	289	67	73	73	76	1,485,000
14	ウォンジョン・リー	289	70	70	72	77	1,485,000
22	ブラッド・ケネディ	291	74	70	75	72	1,060,000
22	堀川未来夢	291	74	72	71	74	1,060,000
24	岩田寛	292	71	72	77	72	800,000
24	額賀辰徳	292	73	72	76	71	800,000
24	成松亮介	292	75	69	76	72	800,000
24	アンソニー・クウェイル	292	71	72	75	74	800,000
24	金亨成	292	72	75	75	70	800,000
24	徐曜燮	292	72	72	74	74	800,000
24	ショーン・ノリス	292	72	72	74	74	800,000
24	星野陸也	292	73	73	73	73	800,000
32	スンス・ハン	293	77	69	76	71	615,000
32	ラヒル・ガンジー	293	74	73	75	71	615,000
34	李泰熙	294	71	75	75	73	520,000
34	片岡大育	294	72	71	78	73	520,000
34	張棟圭	294	70	73	78	73	520,000
34	トッド・ペク	294	73	74	74	73	520,000
34	S・J・パク	294	72	75	75	72	520,000
34	ジェイ・チョイ	294	71	74	73	76	520,000
34	和田章太郎	294	68	75	73	78	520,000
41	アンジェロ・キュー	295	73	72	76	74	410,000
41	リチャード・ジョン	295	70	75	77	73	410,000
41	エリック・チャン	295	72	72	75	76	410,000
41	藤本佳則	295	74	70	72	79	410,000
45	ポール・ピーターソン	296	73	74	74	75	321,600
45	竹谷佳孝	296	72	76	74	74	321,600
45	池村寛世	296	74	74	74	74	321,600
45	大槻智春	296	70	72	81	73	321,600
45	小木曽喬	296	72	71	80	73	321,600
50	佐藤大平	297	72	73	75	77	272,000
50	竹内廉	297	75	70	75	77	272,000
52	杉山知靖	298	71	72	76	79	251,000
52	幡地隆寛	298	71	76	76	75	251,000
52	上井邦裕	298	71	76	76	75	251,000
52	正岡竜二	298	75	71	79	73	251,000
56	浅地洋佑	299	74	73	75	77	238,000
56	岩井亮磨	299	74	73	78	74	238,000
58	塩見好輝	300	73	74	75	78	228,000
58	姜庚男	300	72	72	79	77	228,000
58	芳賀洋平	300	73	72	78	77	228,000
58	秋吉翔太	300	73	72	77	78	228,000
58	伊藤有志	300	73	72	77	78	228,000
58	小平智	300	73	72	81	74	228,000
64	高橋賢	301	74	70	80	77	219,666
64	すし石垣	301	74	72	76	79	219,666
64	三重野里斗	301	72	71	79	79	219,666
67	梅山知宏	302	73	73	80	76	219,000
67	中島徹	302	77	70	79	76	219,000
69	近藤啓介	305	71	74	82	78	219,000
70	I・J・ジャン	306	75	71	78	82	219,000

147(+3)までの70名が予選通過

氏名	トータルスコア	1R	2R	氏名	トータルスコア	1R	2R	氏名	トータルスコア	1R	2R	氏名	トータルスコア	1R	2R
上村 竜太	148	72	76	竹安 俊也	149	75	74	小西 奨太	150	77	73	伊藤 慎吾	153	77	76
西村 匡史	148	75	73	宮本 勝昌	149	76	73	藤田 寛之	151	76	75	上田 諭尉	153	77	76
鈴木 亨	148	77	71	趙 珉珪	149	71	78	松田 一将	151	74	77	出水田大二郎	153	74	79
マイケル・ハンドリー	148	75	73	パヌポール・ピッタヤラット	149	73	76	久保谷健一	151	77	74	市原 弘大	153	74	79
梁 津萬	148	75	73	ハン・リー	149	77	72	時松 隆光	151	77	74	@崔 勝斌	153	75	77
塚田 陽亮	148	73	75	松本 将汰	149	74	75	高柳 直人	151	78	73	谷原 秀人	153	76	77
松原 大輔	148	81	67	@蝉川泰果	150	77	73	小野田享也	151	70	81	タンヤゴーン・クロンパ	154	79	75
金 泰旿	148	76	72	香妻陣一朗	150	77	73	アンドリュー・エバンス	151	74	77	前川 太治	154	81	73
河野 祐輝	148	74	74	H・W・リュー	150	78	72	李 尚熹	152	75	77	パクベジョン	154	75	79
ピーター・カーミス	148	73	75	ジャスティン・ジン	150	74	76	大堀裕次郎	152	75	77	松村 道央	156	78	78
手嶋 多一	148	75	73	石徳 俊樹	150	75	75	光田 智輝	152	78	74	マシュー・グリフィン	156	75	81
小林 正則	148	75	73	安本 大祐	150	80	70	@安森一貴	152	73	79	岡島 功史	157	80	77
ブレンダン・ジョーンズ	148	73	75	亀代 順哉	150	76	74	日高 将史	152	73	79	河合 庄司	157	81	76
デービッド・ブランスドン	148	73	75	小斉平優和	150	75	75	中西 直人	152	73	79	ラタノン・ワナスリチャン	157	74	83
小田 孔明	148	72	76	岩本 高志	150	73	77	崔 虎星	152	74	78	小田 教久	160	77	83
鍋谷 太一	148	72	76	嘉数 光倫	150	78	72	木下 裕太	152	74	78	@今野 匠	161	81	80
富村 真治	149	76	73	近藤 智弘	150	74	76	ジュビック・パグンサン	152	76	76	黄 重坤		79	棄
詹 世昌	149	74	75	ダッジ・ケマー	150	73	77	海老根文博	152	75	77				
片山 晋呉	149	79	70	ザック・マリー	150	72	78	@久常 涼	153	76	77				

@はアマチュア

【歴代優勝者】

年	優勝者	スコア	2位	差	コース	パー/ヤード
美津濃トーナメント						
1971	山口 誠	214—108・106	榎本七郎	2	姉ヶ崎CC	72/6830Y
1972	吉川一雄	210—103・107	久保四郎	3	姉ヶ崎CC	72/6830Y
1973	榎本七郎	208—69・69・70	金本昭男	3	姉ヶ崎CC	72/6830Y
1974	内田 繁	210—71・68・71	榎本七郎	1	姉ヶ崎CC	72/6830Y
1975	内田 繁	215—74・72・69	青木 隆	3	姉ヶ崎CC	72/6845Y
1976	草壁政治	210—71・70・69	韓 長相、浦西武光、内田繁	2	朱鷺の台CC	72/6116m
1977＊	草壁政治	283—69・69・72・73	内田 繁	0	朱鷺の台CC	72/6116m
1978	金本章生	276—65・70・74・67	内田 繁	1	朱鷺の台CC	72/6116m
1979	橘田光弘	272—67・70・68・67	寺本一郎、杉原輝雄	2	朱鷺の台CC	72/6161m
1980	鈴木規夫	266—64・69・68・65	横島由一	6	朱鷺の台CC	能洲台61/6053m 眉丈台72/6192m
1981	新井規矩雄	274—69・65・71・69	内田 繁	2	朱鷺の台CC	能洲台71/6133m 眉丈台72/6292m
1982＊	杉原輝雄	282—70・68・71・73	羽川 豊	0	朱鷺の台CC	能洲台71/6262m 眉丈台72/6443m
1983	出口栄太郎	277—67・70・69・71	中島常幸、内田繁、謝 敏男	3	朱鷺の台 眉丈台	72/6210m
1984	新井規矩雄	279—70・69・69・71	尾崎直道	1	朱鷺の台 眉丈台	72/6218m
美津濃オープン						
1985	尾崎健夫	205—71・69・65	※金井清一	1	朱鷺の台CC 眉丈台	72/6227m
	高橋勝成	205—67・71・67	（※は3位）			
1986	中島常幸	239—69・65・68・37	渡辺 司	6	朱鷺の台CC 眉丈台	72/6286m
ミズノオープン						
1987	デービッド・イシイ	272—67・66・69・70	陳 志明、中村 通	8	朱鷺の台CC 眉丈台	72/6804Y
1988＊	新関善美	280—69・74・68・69	金井清一	0	朱鷺の台CC 眉丈台	72/6766Y
1989	大町昭義	283—70・72・72・69	B・ジョーンズ、中島常幸、小林富士夫	2	朱鷺の台CC 眉丈台	72/6799Y
1990	ブライアン・ジョーンズ	272—73・66・66・67	中島常幸	4	朱鷺の台CC 眉丈台	72/6796Y
1991＊	ロジャー・マッカイ	207—66・70・71	東 聡	0	朱鷺の台CC 眉丈台	72/6832Y
1992	中村 通	282—70・72・72・68	B・ジョーンズ、藤田三郎	1	朱鷺の台CC 眉丈台	72/6892Y
1993	奥田靖己	280—70・68・72・70	尾崎健夫、杉原輝雄、W・グラディ	1	朱鷺の台CC 眉丈台	72/6838Y
1994＊	ブライアン・ワッツ	280—68・68・73・71	金子柱憲、鈴木弘一、E・エレラ	0	朱鷺の台CC 眉丈台	72/6829Y
1995	ブライアン・ワッツ	273—71・65・66・71	R・ギブソン	3	朱鷺の台CC 眉丈台	72/6814Y
1996	金子柱憲	270—66・71・65・68	横田真一	4	朱鷺の台CC 眉丈台	72/6814Y
1997	ブライアン・ワッツ	272—69・69・71・69	伊沢利光	2	朱鷺の台CC 眉丈台	72/6822Y
～全英への道～ ミズノオープン						
1998	ブラント・ジョーブ	275—67・65・74・69	水巻善典、鈴木 亨	4	瀬戸内海GC	72/7091Y
1999	エドアルド・エレラ	274—66・69・70	渡辺 司	2	瀬戸内海GC	72/7118Y

2000	今野康晴	274—66・71・72・65	宮本勝昌、伊沢利光	1	瀬戸内海GC	72／7196Y
2001	田中秀道	272—66・69・68・69	エドアルド・エレラ	3	瀬戸内海GC	72／7214Y
2002	ディーン・ウィルソン	277—71・69・70・67	宮里聖志	1	瀬戸内海GC	72／7256Y
2003	トッド・ハミルトン	278—70・66・73・69	B・ジョーンズ	1	瀬戸内海GC	72／7256Y
2004＊	ブレンダン・ジョーンズ	274—67・68・70・69	飯島博明	1	瀬戸内海GC	72／7256Y
2005＊	クリス・キャンベル	278—68・68・71・71	D・スメイル、高山忠洋	0	JFE瀬戸内海GC	72／7293Y
2006	S・K・ホ	274—68・69・66・71	市原建彦、D・スメイル	3	JFE瀬戸内海GC	72／7287Y

～全英への道～ ミズノオープンよみうりクラシック

2007	ドンファン	204—68・68・68	谷原秀人、武藤俊憲、佐藤えいち、李 丞鎬、林 根基、富田雅哉	4	よみうりCC	72／7138Y
2008	プラヤド・マークセン	269—69・66・69・65	矢野 東	1	よみうりGウエスト	71／7142Y
2009	石川 遼	275—68・65・68・73	D・スメイル	3	よみうりCC	72／7230Y
2010	薗田峻輔	201—70・65・66	谷口 徹	3	よみうりCC	72／7230Y

～全英への道～ミズノオープン

2011	黄 重坤	275—74・67・68・66	金 庚泰	1	JFE瀬戸内海GC	72／7317Y
2012	ブラッド・ケネディ	271—72・68・65・66	武藤俊憲、谷口 徹	3	JFE瀬戸内海GC	72／7356Y
2013	ブレンダン・ジョーンズ	269—67・66・68・68	金 庚泰	3	JFE瀬戸内海GC	72／7404Y
2014	張 棟圭	273—70・67・67・69	J・パグンサン	3	JFE瀬戸内海GC	72／7382Y
2015	手嶋多一	273—69・69・66・69	S・ストレンジ	2	JFE瀬戸内海GC	72／7415Y
2016	金 庚泰	277—69・64・71・73	市原弘大、今平周吾、李 尚熹	1	JFE瀬戸内海GC	72／7415Y
2017	チャン・キム	273—68・70・67・68	M・ヘンドリー	5	JFE瀬戸内海GC	72／7404Y

～全英への道～ミズノオープン at ザ・ロイヤル ゴルフクラブ

2018	秋吉翔太	287—72・71・74・70	川村昌弘、小林正則、M・ヘンドリー	1	ザ・ロイヤルGC	72／8007Y
2019	池田勇太	281—70・74・66・71	C・キム	1	ザ・ロイヤルGC	72／8016Y

＊はプレーオフ

1983年からツアー競技。1979年〜1982年は後援競技で賞金ランキング加算競技
2007年から2010年まで〜全英への道〜ミズノオープンよみうりクラシックとして開催

【過去の18ホール最少ストローク】

61（−11）	Z・モウ	2001年2R	瀬戸内海GC	PAR72／7214ヤード
61（−11）	S・H・キム	2013年2R	JFE瀬戸内海GC	PAR72／7404ヤード

日本ゴルフツアー選手権 森ビルカップ Shishido Hills

開催期日	2019年6月6日～9日	賞金総額	150,000,000円
競技会場	宍戸ヒルズCC西C	出場人数	129名
トータル	7,387Y：パー71（36,35）	天　候	晴・雨・曇一時雨・曇

1日目 スタートから6連続バーディを奪った堀川未来夢が後半1ボギーに抑え、5アンダー66で単独首位発進。1打差2位に今平周吾、S・ノリス、鍋谷太一。更に1打差で前週優勝の池田勇太とC・キム。**2日目** 落雷と濃霧のため58人がホールアウトできずサスペンデッド。**3日目** 第2Rの残り6ホールを消化した堀川が第2Rを終えて通算9アンダーで首位をキープ。続く第3Rも68とスコア

を伸ばし通算12アンダーで首位を堅持。3打差2位にG・チャルングン、4打差3位今平。**最終日** 自身5度目の最終日最終組のプレーとなる堀川。前半3バーディ、1ボギーの34と快調にスコアを伸ばすと、後半も34にスコアをまとめ通算15アンダーでツアー初優勝を完全優勝で飾った。C・キムが大会コース新となる1イーグル、9バーディ、2ボギーの62をマークして3位に食い込んだ。

【優勝】堀川未来夢　269　66・67・68・68　30,000,000円

順位	氏名	トータルスコア	1R	2R	3R	4R	賞金額（円）
2	今平　周吾	273	67	69	69	68	15,000,000
3	チャン・キム	274	68	73	71	62	8,700,000
	ジェイ・ジェーンワタナンド	274	73	70	64	67	8,700,000
5	黄　重坤	276	76	68	68	64	6,000,000
6	岩本　高志	277	70	71	69	67	5,175,000
	H・W・リュー	277	69	68	71	69	5,175,000
8	小田　孔明	278	69	69	70	70	4,402,500
	ガン・チャルングン	278	70	65	69	74	4,402,500
10	木下　稜介	279	73	69	66	71	3,780,000
	池村　寛世	279	71	69	67	72	3,780,000
12	阿久津未来也	280	72	71	67	70	3,180,000
	ブラッド・ケネディ	280	69	67	72	72	3,180,000
14	ジェイ・チョイ	281	69	70	72	70	2,655,000
	片山　晋呉	281	72	69	69	71	2,655,000
16	時松　隆光	282	69	72	71	70	2,212,500
	市原　弘大	282	70	72	70	70	2,212,500
	池田　勇太	282	68	71	72	71	2,212,500
	S・グリフィシ	282	72	70	68	72	2,212,500
20	石川　遼	283	73	72	68	70	1,770,000
	塩見　好輝	283	70	75	68	70	1,770,000
	星野　陸也	283	69	69	69	76	1,770,000
23	佐藤　大平	284	73	70	70	71	1,430,000
	ブレンダン・ジョーンズ	284	70	73	69	72	1,430,000
	梅山　知宏	284	76	66	66	76	1,430,000
26	朴　相賢	285	73	71	72	69	1,230,000
	金　亨成	285	69	74	70	72	1,230,000
	ラヒル・ガンジー	285	71	67	72	75	1,230,000
29	秋吉　翔太	286	74	71	72	69	939,375
	ポール・ピーターソン	286	72	71	73	70	939,375
	浅地　洋佑	286	75	70	70	71	939,375
	片岡　大育	286	71	73	69	73	939,375
	重永亜斗夢	286	70	71	71	74	939,375
	詹　世昌	286	72	72	68	74	939,375
	鍋谷　太一	286	67	71	74	74	939,375
	稲森　佑貴	286	70	72	70	74	939,375
37	永野竜太郎	287	69	75	72	71	735,000
	中里光之介	287	69	73	74	71	735,000

順位	氏名	トータルスコア	1R	2R	3R	4R	賞金額（円）
	中西　直人	287	74	70	70	73	735,000
	Y・E・ヤン	287	74	70	69	74	735,000
41	出水田大二郎	288	70	74	68	76	660,000
42	白　佳和	289	71	74	71	73	555,000
	大堀裕次郎	289	69	76	70	74	555,000
	デービッド・ブランスドン	289	73	72	70	74	555,000
	ショーン・ノリス	289	67	73	75	74	555,000
	金　庚泰	289	73	72	70	74	555,000
	ハン・リー	289	70	73	71	75	555,000
48	ザック・マリー	290	75	69	72	74	432,000
	上井　邦裕	290	69	71	75	75	432,000
	ウォンジョン・リー	290	70	72	69	79	432,000
51	マイケル・ヘンドリー	291	75	70	75	71	374,571
	アーノンド・ウォンワニ	291	73	68	78	72	374,571
	西村　匡史	291	70	74	74	73	374,571
	岩田　寛	291	73	72	73	73	374,571
	張　棟圭	291	73	71	72	75	374,571
	トッド・ペク	291	72	71	73	75	374,571
	上村　竜太	291	72	73	65	81	374,571
58	エリック・チャン	292	71	73	77	71	349,500
59	アダム・ブランド	293	74	70	73	76	346,500
60	I・J・ジャン	295	76	68	78	73	343,500
61	小野田享也	296	71	74	75	76	337,500
	三重野里斗	296	72	73	74	77	337,500
	金　永雄	296	71	72	76	77	337,500
64	アンソニー・クウェイル	297	73	73	74	77	329,500
	手嶋　多一	297	71	70	79	77	329,500
	趙　珉珪	297	73	70	75	79	329,500
67	宮本　勝昌	298	69	74	74	81	328,500

145（+3）までの67名が予選通過

氏名	トータルスコア	1R	2R	氏名	トータルスコア	1R	2R	氏名	トータルスコア	1R	2R	氏名	トータルスコア	1R	2R
安本 大祐	146	70	76	河合 庄司	148	73	75	小木曽 喬	151	73	78	嘉数 光倫	154	75	79
S・H・キム	146	75	71	スンス・ハン	148	77	71	佐藤 太地	151	76	75	富村 真治	156	79	77
額賀 辰徳	146	72	74	久保谷健一	148	75	73	ブーム・サクサンシン	151	75	76	ダッジ・ケマー	156	77	79
藤田 寛之	146	69	77	梁 津萬	148	72	76	ジャスティン・シン	151	74	77	ラタノンワナスリチャン	156	71	85
谷原 秀人	146	69	77	前川 太治	148	74	74	アンジェロ・キュー	151	74	77	ディラン・ラリー	158	78	80
松原 大輔	146	73	73	貞方 章男	148	73	75	S・J・パク	152	75	77	木下 裕太	161	81	80
小鯛 竜也	147	72	75	和田章太郎	149	70	79	小斉平優和	152	75	77	タンヤゴーン・クロンパ	162	78	84
塚田 陽亮	147	76	71	海老根文博	149	76	73	竹内 優騎	152	72	80	内藤寛太郎	163	80	83
姜 庚男	147	76	71	中島 徹	149	74	75	パクベジョン	152	76	76	谷口 徹		80	棄
李 尚熹	147	71	76	武藤 俊憲	149	79	70	高柳 直人	152	79	73	崔 虎星		78	棄
比嘉 一貴	147	74	73	竹谷 佳孝	149	77	72	高橋 賢	152	80	72	ジュビック・パグンサン		75	棄
スコット・ビンセント	147	73	74	正岡 竜二	149	74	75	幡地 隆寛	152	81	71	パヌポール・ピッタヤラット		85	棄
香妻陣一朗	148	75	73	山下 和宏	149	78	71	近藤 啓介	153	80	73	近藤 智弘		75	失
ピーター・カーミス	148	75	73	金 泰旴	150	78	72	すし 石垣	153	74	79	尾崎 将司			棄
河野 祐輝	148	70	78	大槻 智春	150	75	75	日高 将史	154	75	79				
金 成玹	148	74	74	杉山 知靖	151	76	75	竹安 俊也	154	71	83				

ツアー成績

【歴代優勝者】

年	優勝者	スコア	2位	差	コース	パー/ヤード
JGTO TPC イーヤマカップ						
2000	伊沢利光	203—63・70・70	横尾 要	3	ホウライCC	72／6865Y
日本ゴルフツアー選手権 イーヤマカップ						
2001	宮本勝昌	273—69・67・68・69	E・エレラ、J・M・シン	7	ホウライCC	72／7090Y
2002	佐藤信人	268—67・66・71・64	久保谷健一	6	ホウライCC	72／7090Y
日本ゴルフツアー選手権 宍戸ヒルズカップ						
2003	伊沢利光	270—70・63・68・69	D・スメイル、高山忠洋	1	宍戸ヒルズCC西	71／7030Y
2004＊	S・K・ホ	279—70・74・67・68	近藤智弘	0	宍戸ヒルズCC西	71／7170Y
2005＊	細川和彦	273—70・67・67・69	今野康晴、D・スメイル	0	宍戸ヒルズCC西	70／7147Y
UBS日本ゴルフツアー選手権 宍戸ヒルズ						
2006	髙橋竜彦	273—71・66・68・68	平塚哲二	3	宍戸ヒルズCC西	70／7179Y
2007	片山晋呉	271—69・68・67・67	竹本直哉	1	宍戸ヒルズCC西	70／7214Y
2008	星野英正	272—70・66・66・70	B・ジョーンズ、野上貴夫	5	宍戸ヒルズCC西	71／7280Y
2009	五十嵐雄二	276—67・67・72・70	鈴木 亨、I・J・ジャン、D・スメイル	1	宍戸ヒルズCC西	71／7280Y
日本ゴルフツアー選手権 Citibank Cup Shishido Hills						
2010	宮本勝昌	279—69・67・68・75	藤田寛之	3	宍戸ヒルズCC西	71／7349Y
2011	J・B・パク	278—77・68・65・68	丸山大輔	1	宍戸ヒルズCC西	71／7317Y
2012	藤本佳則	271—68・68・67・68	上平栄道	2	宍戸ヒルズCC西	71／7313Y
日本ゴルフツアー選手権 Shishido Hills						
2013	小平 智	274—70・64・70・70	S・K・ホ、K・アフィバーンラト	1	宍戸ヒルズCC西	72／7402Y
日本ゴルフツアー選手権 森ビルカップ　Shishido Hills						
2014	竹谷佳孝	271—69・65・69・68	李 尚熹	2	宍戸ヒルズCC西	72／7402Y
2015	梁 津萬	270—67・68・65・70	宋 永漢、B・ケネディ、永野竜太郎	5	宍戸ヒルズCC西	71／7326Y
2016	塚田陽亮	282—73・74・69・66	M・ヘンドリー	1	宍戸ヒルズCC西	71／7384Y
2017	ショーン・ノリス	271—67・72・68・64	S・ハン	4	宍戸ヒルズCC西	71／7384Y
2018	市原弘大	272—67・71・68・66	時松隆光	1	宍戸ヒルズCC西	71／7384Y
2019	堀川未来夢	269—66・67・68・68	今平周吾	4	宍戸ヒルズCC西	71／7387Y

＊はプレーオフ

【過去の18ホール最少ストローク】

62（−9）　C・キム　2019年4R　宍戸ヒルズCC西　PAR71／7387ヤード

ダンロップ・スリクソン福島オープン

開催期日	2019年6月27日～30日
競技会場	グランディ那須白河GC
トータル	6,961Y・パー72(36,36)
賞金総額	50,000,000円
出場人数	144名
天候	曇・曇・晴・曇・雨（中止）

1日目 東北で唯一開催される大会で宮城県出身の岩田寛がボギーなしの9バーディ63を出す好スタート。2打差2位に岩田と同じ東北福祉大出身の池田勇太、正岡竜二と稲森佑貴。2日目 岩田が2日続けて9バーディ（2ボギー）を奪う65をマークして通算16アンダーで首位をキープ。3打差2位には16番パー4、18番パー5ホールの2イーグルの他5バーディ、1ボギーの64を出した星野陸也が6位から浮上。更に1打差で正岡と稲森。3日目 星野が4連続を含む8バーディ、1ボギーの65と伸ばし通算20アンダーで首位に立つ。2打差2位に7打差8位から出た昨年覇者の秋吉翔太が10バーディ、1ボギーの63をマークして急浮上。4打差3位に岩田とJ・ジェーンワタナノンド。最終日 降雨によるコースコンディション不良のため中止。第3R首位の星野がツアー2勝目を手に入れた。

【優勝】星野　陸也　196　67・64・65　7,500,000円

順位	氏名	トータルスコア	1R	2R	3R	4R	賞金額（円）
2	秋吉 翔太	198	70	65	63		3,750,000
3	ジャズ・ジェーンワタナノンド	200	67	66	67		2,175,000
	岩田 寛	200	63	65	72		2,175,000
5	リチャード・ジョン	201	66	70	65		1,425,000
	今平 周吾	201	67	66	68		1,425,000
7	武藤 俊憲	202	67	70	65		1,065,750
	木下 稜介	202	69	67	66		1,065,750
	高橋 賢	202	71	65	66		1,065,750
	大槻 智春	202	67	68	67		1,065,750
	稲森 佑貴	202	65	67	70		1,065,750
12	中西 直人	203	68	68	67		729,375
	浅地 洋佑	203	69	67	67		729,375
	阿久津未来也	203	69	66	68		729,375
	米澤 蓮	203	69	65	69		アマチュア
	正岡 竜二	203	65	67	71		729,375
17	タンヤゴーン・クロンパ	204	70	68	66		537,000
	アーノンド・ウォンワニ	204	69	68	67		537,000
	竹安 俊也	204	68	69	67		537,000
	I・J・ジャン	204	69	71	64		537,000
	ショーン・ノリス	204	72	63	69		537,000
22	堀川未来夢	205	69	69	67		365,357
	比嘉 一貴	205	69	70	66		365,357
	チャン・キム	205	70	68	67		365,357
	マイケル・ヘンドリー	205	70	69	66		365,357
	西村 匡史	205	67	69	69		365,357
	すし 石垣	205	68	67	70		365,357
	スコット・ビンセント	205	68	67	70		365,357
29	和田章太郎	206	68	70	68		251,250
	近藤 智弘	206	72	67	67		251,250
	石川 遼	206	71	68	67		251,250
	ブレーク・スナイダー	206	69	70	67		251,250
	市原 弘大	206	69	68	69		251,250
	デービッド・ブランスドン	206	70	69	67		251,250
	池田 勇太	206	65	71	70		251,250
36	ジェフリー・カン	207	70	68	69		187,500
	ハン・リー	207	68	71	68		187,500
	重永亜斗夢	207	68	68	71		187,500
	竹谷 佳孝	207	69	67	71		187,500
	エリック・チャン	207	71	69	67		187,500
	手嶋 多一	207	69	67	71		187,500
	塩見 好輝	207	71	69	67		187,500
43	岩本 高志	208	69	69	70		128,500
	高柳 直人	208	69	69	70		128,500
	小斉平優和	208	72	66	70		128,500
	永野竜太郎	208	68	70	70		128,500
	片岡 大育	208	72	67	69		128,500
	大堀裕次郎	208	67	70	71		128,500
	出水田大二郎	208	69	69	70		128,500
	藤田 寛之	208	68	72	68		128,500
	安本 大祐	208	71	69	68		128,500
52	谷口 徹	209	70	68	71		92,859
	佐藤 大平	209	72	67	70		92,859
	ダンタイ・ブーマ	209	67	70	72		92,859
	ディラジ・ベリー	209	71	68	70		92,859
	時松 隆光	209	69	68	72		92,859
	山下 和宏	209	69	69	71		92,859
	伴 翔太郎	209	73	67	69		92,859
	ガン・チャルングン	209	72	68	69		92,859
60	上村 竜太	210	69	71	70		86,250
	幡地 隆寛	210	71	69	70		86,250
62	梅山 知宏	211	72	67	72		84,000
	S・J・パク	211	71	69	71		84,000
	木下 裕太	211	69	73	71		84,000
	三重野里斗	211	73	67	71		84,000
66	河合 庄司	212	68	70	74		82,125
	松原 大輔	212	69	68	75		82,125
68	ダッジ・ケマー	214	69	71	74		82,125
	ラタノン・ワナスリチャン	214	69	71	74		82,125

140（-4）までの69名が予選通過

※4日目、悪天候によるコースコンディション不良のため中止。競技は54ホールに短縮され、賞金総額50,000,000円は37,500,000円に変更（但し、支給率は100%）。

氏　名	トータルスコア	1R	2R	氏　名	トータルスコア	1R	2R	氏　名	トータルスコア	1R	2R	氏　名	トータルスコア	1R	2R
塚田　陽亮	141	70	71	@古川龍之介	143	72	71	河野　祐輝	145	75	70	猿田　勝大	147	77	70
小鯛　竜也	141	70	71	小西　健太	143	72	71	@杉原大河	145	71	74	中里光之介	147	73	74
小野田享也	141	72	69	近藤　啓介	143	73	70	貞方　章男	145	74	71	吉田　隼人	149	74	75
中島マサオ	141	71	70	金　成玹	143	72	71	前川　太治	145	71	74	平本　穏	149	78	71
上井　邦裕	141	67	74	山岡　成稔	143	72	71	小池　一平	146	71	75	宮内　正人	149	74	75
アンジェロ・キュー	141	71	70	詹　世昌	143	72	71	長澤　奨	146	73	73	山本　太郎	149	70	79
久保谷健一	141	72	69	嘉数　光倫	143	74	69	小山内　護	146	76	70	成冨　晃広	150	75	75
鍋谷　太一	141	74	67	藤本　佳則	143	71	72	富村　真治	146	69	77	@松本幹久	150	75	75
矢野　東	141	75	66	佐藤　圭介	143	71	72	遠藤　彰	146	73	73	ラヒル・ガンジー	151	74	77
@桂川有人	142	72	70	香妻陣一朗	144	74	70	@久常　涼	146	70	76	増田　将光	153	78	74
伊藤　誠道	142	72	70	額賀　辰徳	144	75	69	高橋　慧	146	74	72	中嶋　常幸	154	78	76
ジェイ・チョイ	142	72	70	内藤寛太郎	144	75	69	岩間　貴成	146	76	70	平井　俊光	154	81	73
鈴木　敬太	142	71	71	ピーター・カーミス	144	72	72	海老根文博	146	71	75	小川　厚	154	74	80
杉山　知靖	143	72	71	@黒岩　輝	144	75	69	@横川修平	146	67	79	荒井　雅彦	156	81	75
トッド・ペク	143	71	72	アンソニー・グウェイル	144	70	74	中島　徹	147	75	72	@伊藤敏定	166	85	81
日高　将史	143	73	70	宮本　勝昌	145	68	77	久志岡　亮	147	75	72	パヌポール・ピッタヤラット		69	棄
髙橋　竜彦	143	70	73	小木曽　喬	145	73	72	新留　徹	147	73	74	池村　寛世		74	棄
薗田　峻輔	143	70	73	光田　智輝	145	75	70	鈴木　勝文	147	75	72	ブーム・サクサンシン			棄
ジャスティン・デロスサントス	143	72	71	森　雄貴	145	73	72	近藤　龍一	147	75	72	@はアマチュア			

【歴代優勝者】

年	優勝者	スコア	2位	差	コース	パー/ヤード
2014	小平　智	272—72・68・64・68	稲森佑貴、岩田　寛、山下和宏、木下稜介、永野竜太郎	2	グランディ那須白河GC	72／6961Y
2015	プラヤド・マークセン	264—69・65・67・63	宋　永漢	1	グランディ那須白河GC	72／6954Y
2016	時松隆光	263—65・67・63・68	岩本高志	3	グランディ那須白河GC	72／6961Y
2017	宮本勝昌	266—66・68・69・63	I・H・ホ	1	グランディ那須白河GC	72／6961Y
2018	秋吉翔太	268—67・71・66・64	山岡成稔	1	グランディ那須白河GC	72／6961Y
2019	星野陸也	196—67・64・65	秋吉翔太	2	グランディ那須白河GC	72／6961Y

【過去の18ホール最少ストローク】

60（−12）　香妻陣一朗　　2018年3R　グランディ那須白河GC　PAR72／6961ヤード

195

日本プロゴルフ選手権大会（第87回）

開催期日　2019年7月4日〜7日
競技会場　いぶすきGC開聞C
トータル　7,212Y：パー71（36,35）
第3R・4Rは7,150Y：パー70（35,35）

賞金総額　150,000,000円
出場人数　144名
天　　候　雨（中止）・曇・晴・晴

1日目　集中豪雨により会場周辺に避難勧告が出ていたため、大会前日の水曜日に順延を決定。1日遅れで金曜日に第1R、土曜日に第2R、日曜日に36ホールを予定。
2日目　石川遼が藤田寛之、黄重坤と並んで6アンダー65で首位発進。1打差に今平周吾、貞方章男、時松隆光ら7人。3日目　石川と黄重坤がともに67をマーク。66を出した北村晃一と通算10アンダーで首位を並走。1打差にS・ノリス、2打差

に時松、星野陸也、重永亜斗夢、松原大輔。この日、正式に最終日に36ホールを組み換えなしで行うことを決定。最終日　7,150ヤード、パー70に変更したコースで65をマークした時松が第3Rで首位に立つ。1打差に黄重坤と松原。続く第4Rで66と追い上げた石川が首位の黄重坤を捉え通算13アンダーでプレーオフへ。18番パー5でのプレーオフ1ホール目、石川がイーグルを奪って通算15勝目を手に入れた。

【優勝】石川　遼　269　65・67・71・66　30,000,000円

（プレーオフ1ホール目、石川がイーグルで優勝）

順位	氏名	トータルスコア	1R	2R	3R	4R	賞金額（円）	順位	氏名	トータルスコア	1R	2R	3R	4R	賞金額（円）
2	黄　重坤	269	65	67	68	69	15,000,000		池田　勇太	279	73	68	71	67	857,500
3	星野　陸也	271	67	67	67	70	10,200,000	38	片山　晋呉	280	71	67	70	72	690,000
4	藤田　寛之	272	65	70	69	68	6,200,000		ウォンジョン・リー	280	67	71	67	75	690,000
	時松　隆光	272	66	68	65	73	6,200,000		高田　聖士	280	71	71	69	72	690,000
	ショーン・ノリス	272	68	65	69	70	6,200,000		池村　寛世	280	68	72	68	72	690,000
7	比嘉　一貴	273	71	68	68	66	4,421,250		張　棟圭	280	68	69	71	72	690,000
	趙　珉珪	273	67	69	70	67	4,421,250	43	大槻　智春	281	67	72	69	73	511,714
	デービッド・ブランスドン	273	66	70	68	69	4,421,250		小木曽　喬	281	68	71	74	68	511,714
	今平　周吾	273	66	69	68	70	4,421,250		秋吉　翔太	281	70	68	66	67	511,714
11	小林　正則	274	71	69	65	69	3,480,000		小池　一平	281	67	70	71	73	511,714
	阿久津未来也	274	70	71	69	64	3,480,000		永野竜太郎	281	70	67	68	76	511,714
13	小鯛　竜也	275	67	72	67	69	2,880,000		武藤　俊憲	281	70	70	70	71	511,714
	松原　大輔	275	66	68	66	75	2,880,000		岩田　寛	281	70	67	71	73	511,714
15	宮本　勝昌	276	70	69	70	67	2,355,000	50	Y・E・ヤン	282	69	69	71	73	391,200
	金　亨成	276	70	72	67	67	2,355,000		和田章太郎	282	69	71	73	69	391,200
	谷口　徹	276	72	65	69	71	2,355,000		竹内　大	282	67	70	75	70	391,200
	中西　直人	276	68	67	69	72	2,355,000		李　尚熹	282	71	70	69	72	391,200
19	藤本　佳則	277	69	69	67	71	1,658,571		上平　栄道	282	69	72	68	73	391,200
	北川　祐生	277	68	70	69	70	1,658,571	55	詹　世昌	283	69	71	71	72	360,000
	堀川未来夢	277	68	69	68	72	1,658,571		稲森　佑貴	283	71	69	72	71	360,000
	正岡　竜二	277	70	66	72	69	1,658,571		上田　諭尉	283	72	69	70	72	360,000
	竹安　俊也	277	67	68	71	71	1,658,571	58	嘉数　光倫	284	69	72	72	71	348,000
	重永亜斗夢	277	69	64	74	69	1,658,571		アダム・ブランド	284	69	72	71	72	348,000
	北村　晃一	277	66	68	71	72	1,658,571	60	岩男　健一	285	70	69	73	73	340,500
26	額賀　辰徳	278	70	69	70	69	1,140,000		比嘉　拓也	285	71	68	75	71	340,500
	香妻陣一朗	278	68	69	69	71	1,140,000		S・J・パク	285	68	71	72	74	340,500
	竹谷　佳孝	278	67	70	71	70	1,140,000	63	亀井　美博	286	69	69	74	74	330,750
	近藤　智弘	278	66	70	70	72	1,140,000		西　悠太	286	70	69	73	74	330,750
	ジャズ・ジェーンワタナノンド	278	69	72	63	74	1,140,000		平塚　哲二	286	68	72	75	71	330,750
	ブラヤド・マークセン	278	72	69	68	69	1,140,000		富村　真治	286	71	70	70	75	330,750
32	マイケル・ヘンドリー	279	67	71	71	70	857,500	67	新木　豊	287	70	71	73	73	328,500
	H・W・リュー	279	70	70	71	68	857,500		S・H・キム	287	68	72	73	74	328,500
	アーノンド・ウォンワニ	279	67	73	68	71	857,500	69	内藤寛太郎	288	73	70	77	68	328,500
	貞方　章男	279	66	71	71	71	857,500		太田　祐一	288	69	69	77	73	328,500
	上井　邦裕	279	69	68	70	72	857,500	71	枚本　晃一	290	69	72	72	77	328,500

順位	氏名	トータルスコア	1R	2R	3R	4R	賞金額(円)
72	大田和桂介	291	71	70	71	79	328,500
73	高橋 佳祐	293	70	69	77	77	328,500
	梁 津萬	141	71	70	棄		

141(−1)までの74名が予選通過

8番ホールのパーが第1・第2Rは530Y・パー5、第3・第4Rは468Y・パー4に変更される「変則設定」を採用

氏名	トータルスコア	1R	2R	氏名	トータルスコア	1R	2R	氏名	トータルスコア	1R	2R	氏名	トータルスコア	1R	2R
小田 孔明	142	74	68	照屋佑唯智	144	70	74	河井 博大	145	72	73	佐藤えいち	149	71	78
タンヤゴーン・クロンパ	142	69	73	篠 優希	144	74	70	梶村 夕貴	145	75	70	浅地 洋佑	149	75	74
ラヒル・ガンジー	142	73	69	出水田大二郎	144	71	73	遠藤 真	146	73	73	深堀圭一郎	149	76	73
大堀裕次郎	142	72	70	上村 竜太	144	71	73	中込 憲	146	72	74	米山 剛	149	76	73
大塚 智之	142	75	67	竹内 優騎	144	72	72	清水 一浩	146	70	76	ラタノン・ワナスリチャン	149	75	74
太田 直己	142	71	71	関藤 直熙	144	75	69	金 庚泰	146	72	74	岡島 功史	150	75	75
松本 将汰	142	70	72	成松 亮介	144	68	76	田村 光正	146	71	75	久志岡俊海	150	73	77
トッド・ペク	142	69	73	手嶋 多一	144	73	71	弓削 淳詩	146	70	76	佐々木 勇	150	74	76
スンス・ハン	142	71	71	鈴木 亨	144	69	75	ブラッド・ケネディ	146	72	74	吉田 隼人	150	71	79
久保谷健一	142	69	73	I・J・ジャン	144	73	71	ハン・リー	147	71	76	須貝 翔太	151	73	78
佐藤 大平	142	71	71	安本 大祐	144	71	73	永松 宏之	147	74	73	アンジェロ・キュー	151	76	75
佐藤 太地	142	69	73	芦沢 宗臣	145	75	70	倉本 昌弘	147	73	74	福原 翔太	153	77	76
福永 安伸	142	71	71	皆本 祐介	145	71	74	沖野 克文	147	75	72	清水 正貴	154	78	76
木下 稜介	143	70	73	木下 裕太	145	73	72	木村 佳昭	148	74	74	若杉 和浩	155	81	74
髙橋 慶祐	143	73	70	岡部 大将	145	72	73	副田 裕斗	148	75	73	河村 雅之		77	棄
加藤龍太郎	143	73	70	塚田 好宣	145	74	71	永井 哲平	148	74	74	塚田 陽亮		72	失
尾崎 慶輔	143	73	70	アンソニー・クウェイル	145	67	78	鶴谷 竜一	148	75	73				
片岡 大育	143	68	75	市原 弘大	145	71	74	中川 勝弥	148	73	75				

【歴代優勝者】

年	優勝者	スコア	2位	差	コース	パー/ヤード
日本プロゴルフ選手権大会						
1926＊	宮本留吉	161—80・81	福井覚治	0	茨木CC	
1927＊	中上数一	153—76・77	宮本留吉	0	茨木CC	
1928	浅見緑蔵	156—80・76	宮本留吉	1	鳴尾CC	
1929	宮本留吉	301—73・74・82・72	安田幸吉	11	六実G場	
1930	村木 章	304—74・79・76・75	越道政吉、陳 清水	19	宝塚GC	
1931	浅見緑蔵	6—5	陳 清水		武蔵CC(藤ヶ谷)	
1932	ラリー・モンテス	4—3	森岡二郎		鳴尾GC	
1933	ラリー・モンテス	6—5	林 万福		藤沢GC	
1934	宮本留吉	3—1	石井治作		広野CC	
1935	戸田藤一郎	7—5	陳 清水		相模CC	
1936	宮本留吉	4—3	森岡二郎		名古屋GC和合	
1937	上堅岩一	1up	陳 清水		鷹之台CC	
1938	戸田藤一郎	7—5	井上清次		宝塚GC	
1939	戸田藤一郎	3—2	宮本留吉		川奈ホテル富士	
1940	戸田藤一郎	6—5	藤井武人		福岡CC(大保)	
1941	《中止》					
1942	陳 清水	7—6	延 徳春		小金井CC	
1943～1948	《第二次世界大戦で中止》					
1949	林 由郎	293—74・74・71・74	小野光一	2	我孫子GC	
1950	林 由郎	9—7	小野光一		我孫子GC	
1951	石井哲雄	3—1	中村寅吉		広野GC	
1952	井上清次	5—3	陳 清水		相模CC	
1953	陳 清水	2—1	林 由郎		我孫子GC	
1954	石井 茂	7—5	小野光一		広野GC	
1955	小野光一	1up(39H)	林 由郎		相模CC	
1956	林 由郎	7—6	新井常吉		名古屋GC和合	
1957	中村寅吉	2up	栗原甲子男		程ヶ谷CC	
1958	中村寅吉	3—2	栗原甲子男		鳴尾GC	

ツアー成績

197

1959	中村寅吉	5—4	小野光一		茨木CC	
1960	棚網良平	1up	細石憲二		大洗GC	72/7200Y
1961	林　由郎	286—72・72・69・73	藤井義将	2	古賀GC	72/6790Y
1962	中村寅吉	285—71・70・74・70	北本　隆、杉原輝雄	4	四日市CC	72/7255Y
1963	橘田　規	285—72・71・70・72	石井朝夫	3	龍ヶ崎CC	72/7012Y
1964	橘田　規	281—71・69・72・69	石井朝夫	2	枚方CC	72/7050Y
1965	河野光隆	273—71・67・70・65	陳　清波、藤井義将	6	川越CC	72/6830Y
1966	河野光隆	271—66・73・68・64	内田　繁	3	総武CC	72/6960Y
1967	宮本省三	276—70・70・68・68	石井朝夫	1	三好CC	72/7070Y
1968	島田幸作	282—71・68・74・69	鈴村照男	1	習志野CC	72/7022Y
1969	石井裕士	277—69・69・70・69	杉原輝雄	5	春日井CC	72/6900Y
1970	佐藤精一	280—69・69・71・71	橘田光弘、金本章生	1	水海道GC	72/6900Y
1971	尾崎将司	282—71・71・70・70	杉本英世	1	フェニックスCC	72/7105Y
1972	金井清一	278—69・71・67・71	尾崎将司	2	紫CCすみれ	72/7070Y
1973	青木　功	275—64・70・68・73	安田春雄	8	岐阜関CC	72/7245Y
1974	尾崎将司	274—67・68・66・73	青木　功	4	表蔵王国際GC	72/6832Y
1975 ＊	村上　隆	282—69・68・70・75	山本善隆	0	倉敷CC	72/6854Y
1976 ＊	金井清一	273—64・70・69・70	榛本七郎、安田春雄、謝　敏男	0	球磨CC	70/6280m
1977	中島常幸	277—73・65・67・72	杉原輝雄、山本善隆	3	日本ラインGC西	72/6257m
1978 ＊	小林富士夫	281—69・71・74・67	中島常幸	0	小樽CC	72/6471m
1979	謝　敏男	272—67・68・66・71	杉原輝雄	1	浅見CC	72/6321m
1980	山本善隆	282—71・72・71・68	金井清一、鷹巣南雄	1	ノーザンCC赤城	71/6353m
1981	青木　功	277—72・67・70・68	中村　通	4	札幌後楽園CC	72/6372m
1982	倉本昌弘	274—67・69・69・69	謝　敏男	4	名神八日市CC	72/6338m
1983	中島常幸	279—66・72・69・72	青木　功、羽川　豊	2	紫雲GC	72/6407m
1984	中島常幸	275—68・69・67・71	金井清一、前田新作、中村　通	2	ミナミ菊川CC	71/6247m
1985 ＊	尾崎健夫	288—72・71・72・73	金井清一	0	セントラルGC東	73/6640m
1986	青木　功	272—66・68・69・69	尾崎将司	1	日本ラインGC西	72/6187m
1987	デービッド・イシイ	280—73・67・69・71	金井清一、B・ジョーンズ	1	浜野GC	72/7217Y
1988	尾崎健夫	268—69・69・66・64	尾崎将司	1	愛媛GC	72/7010Y
1989	尾崎将司	278—68・68・71・71	加瀬秀樹	1	鳥山城CC	71/6968Y
1990	加瀬秀樹	274—71・66・67・70	藤木三郎、倉本昌弘	5	天野山CC	72/6860Y
1991	尾崎将司	273—71・73・68・61	渡辺　司	6	プレステージCC	72/7107Y
1992 ＊	倉本昌弘	281—68・71・71・71	中島常幸	0	下秋間CC	72/7145Y
1993	尾崎将司	278—68・73・67・70	米山　剛	1	スポーツ振興CC	72/6840Y
1994	合田　洋	279—66・73・67・73	尾崎将司	1	レイクグリーンGC	71/7138Y
1995	佐々木久行	272—71・70・68・63	髙見和宏	4	夏泊ＧＬ	72/7058Y
1996	尾崎将司	270—68・66・67・69	丸山茂樹	8	山陽GC吉井	72/7236Y
1997	丸山茂樹	272—68・68・69・67	杉本周作	2	セントラルGC西	72/7049Y
1998 ＊	ブラント・ジョーブ	280—70・70・72・68	尾崎将司	0	グランデージGC	72/7082Y
1999	尾崎直道	283—70・71・73・69	尾崎将司	2	GCツインフィールズ	72/7136Y
2000	佐藤信人	281—68・71・69・72	桧垣繁正、東　聡	1	カレドニアンGC	72/6910Y
2001	ディーン・ウィルソン	281—68・68・71・74	加瀬秀樹	4	ザ・クィーンズヒルGC	71/7002Y
2002 ＊	久保谷健一	279—74・70・68・67	片山晋呉	0	KOMACC	72/7048Y
2003	片山晋呉	271—71・66・66・68	S・K・ホ	1	美浦GC	72/7010Y
2004	S・K・ホ	202—66・68・68	深堀圭一郎	1	Kochi黒潮CC	72/7270Y
2005	S・K・ホ	272—68・68・67・69	谷原秀人	2	玉名CC	72/7018Y
2006 ＊	近藤智弘	278—68・70・71・69	友利勝良	0	谷汲CC	72/7003Y
2007	伊澤利光	283—68・70・72・73	広田　悟	1	喜瀬CC	72/7193Y
2008	片山晋呉	265—67・66・65・67	W・リャン	6	レ―サムＧ＆スパリゾート	72/7127Y
2009	池田勇太	266—65・67・69・65	立山光広	7	恵庭CC	70/7134Y

日本プロゴルフ選手権大会　日清カップヌードル杯

年	優勝者	スコア	2位	差	コース	PAR/距離
2010	谷口　徹	270—69・68・65・68	平塚哲二	1	パサージュ琴海アイランドGC	70／7060Y
2011	河井博大	275—71・67・69・68	裵　相文	2	小野東洋GC	71／7158Y
2012	谷口　徹	284—65・70・76・73	深堀圭一郎	1	烏山城CC	72／7193Y
2013	金　亨成	279—69・70・75・65	藤本佳則、藤田寛之、松山英樹	1	総武CC総武	71／7327Y
2014	手嶋多一	279—71・68・69・71	李　京勲、小田孔明	1	ゴールデンバレーGC	72／7233Y
2015	アダム・ブランド	268—64・68・64・72	李　尚憙	3	太平洋C江南	71／7053Y
2016＊	谷原秀人	266—68・70・65・63	武藤俊憲	0	北海道クラシックGC	72／7094Y
2017	宮里優作	276—71・66・73・66	B・ケネディ	3	かねひで喜瀬CC	72／7217Y

日本プロゴルフ選手権大会

年	優勝者	スコア	2位	差	コース	PAR/距離
2018＊	谷口　徹	282—68・72・71・71	藤本佳則	0	房総CC房総	72／7324Y
2019＊	石川　遼	269—65・67・71・66	黄　重坤	0	いぶすきGC開聞	71／7212Y
						第3R・4Rは70／7150Y

＊はプレーオフ。1973年からツアー競技

【過去の18ホール最少ストローク】

61（−11）　尾崎　将司　1991年4R　プレステージCC　PAR72／7107ヤード

長嶋茂雄 INVITATIONALセガサミーカップゴルフトーナメント

開催期日	2019年8月22日～25日	賞金総額	150,000,000円
競技会場	ザ・ノースカントリーGC	出場人数	138名
トータル	7,178Y：パー72(36,36)	天候	曇・雨・雨後晴・晴

1日目　2大会連続優勝を目指す石川遼が7バーディ、2ボギーの67をマークして、P・ミーサワットと並んで首位スタート。1打差に梁津萬。2日目　悪天候のため、午後一時中断。再開するも日没サスペンデッド。3日目　第2Rの残りが行われ、石川が通算11アンダーで単独首位に立つ。2打差にP・ミーサワット、4打差に金飛鳥。続く第3Rでも石川の快進撃は止まらない。ボギーなしの5バーディ67で通算16アンダーにスコアを伸ばす。2位は6打差11位から出たC・キムが第3Rのベストスコア64マークして堀川未来夢と並んで3打差に浮上。最終日　石川が5バーディ、1ボギーの68で回って後続を寄せ付けず、2位J・パグンサンに4打差をつける大会タイ記録の通算20アンダーで完全優勝。7月の日本プロに続く、自身初の2大会連続Vを達成するとともに2011年9月以来の賞金ランキング1位に浮上した。

【優勝】石川　遼　268　67・66・67・68　30,000,000円

順位	氏名	トータルスコア	1R	2R	3R	4R	賞金額(円)
2	ジュビック・パグンサン	272	69	69	67	67	15,000,000
3	幡地 隆寛	273	69	69	70	65	8,700,000
	チャン・キム	273	70	69	64	70	8,700,000
5	池田 勇太	274	70	68	67	69	6,000,000
6	アンソニー・クウェイル	275	73	67	69	66	4,975,000
	黄 重坤	275	73	66	68	68	4,975,000
	堀川未来夢	275	69	69	65	72	4,975,000
9	朴 相賢	276	71	69	68	68	4,230,000
10	永野竜太郎	277	72	71	66	68	3,330,000
	ガン・チャルングン	277	73	67	67	70	3,330,000
	金 飛鳥	277	72	65	69	71	3,330,000
	小鯛 竜也	277	74	68	65	70	3,330,000
	大槻 智春	277	71	71	64	71	3,330,000
15	スコット・ビンセント	278	71	71	69	67	2,355,000
	李 尚熹	278	73	69	69	69	2,355,000
	ブロム・ミーサワット	278	67	68	73	70	2,355,000
	秋吉 翔太	278	70	68	68	72	2,355,000
19	藤本 佳則	279	71	70	70	68	1,658,571
	香妻陣一朗	279	72	72	68	67	1,658,571
	アンジェロ・キュー	279	72	72	65	70	1,658,571
	金 成玹	279	74	68	70	67	1,658,571
	今平 周吾	279	74	67	72	66	1,658,571
	スンス・ハン	279	72	68	68	71	1,658,571
	矢野 東	279	74	69	71	65	1,658,571
26	マシュー・シン	280	72	71	67	70	1,140,000
	米澤 蓮	280	72	69	70	69	アマチュア
	佐藤 大平	280	71	71	70	68	1,140,000
	武藤 俊憲	280	70	68	70	72	1,140,000
	梁 津萬	280	68	71	68	73	1,140,000
	池村 寛世	280	72	68	67	73	1,140,000
	高柳 直人	280	70	70	67	73	1,140,000
33	藤島 征次	281	71	71	68	70	905,000
	中西 直人	281	71	72	67	71	905,000
	星野 陸也	281	73	65	71	72	905,000
36	リチャード・ジョン	282	73	69	69	71	705,000
	近藤 智弘	282	73	70	68	71	705,000
	市原 弘大	282	72	71	70	70	705,000
	ジャズ・ジェーンワタナノンド	282	75	69	67	71	705,000
	出水田大二郎	282	72	69	69	72	705,000
	塩見 好輝	282	72	71	67	72	705,000
	久志岡俊海	282	71	73	68	70	705,000
	マイケル・ヘンドリー	282	70	72	71	69	705,000
	S・H・キム	282	73	71	69	69	705,000
	ブレークク・スナイダー	282	72	71	72	67	705,000
46	デービッド・ブランスドン	283	70	70	71	72	471,000
	ブラッド・ケネディ	283	70	70	72	71	471,000
	塚田 陽亮	283	72	70	68	73	471,000
	ジェイ・チョイ	283	71	71	67	74	471,000
	正岡 竜二	283	72	67	75	69	471,000
	稲森 佑貴	283	71	73	70	69	471,000
52	嘉数 光倫	284	75	68	68	73	385,500
	ラヒル・ガンジー	284	72	70	71	71	385,500
	ウォンジュン・リー	284	72	70	71	71	385,500
	ダッジ・ケマー	284	70	74	69	71	385,500
56	比嘉 一貴	285	70	68	73	72	357,375
	青島 賢吾	285	70	72	71		アマチュア
	タンヤゴーン・クロンパ	285	70	70	75	70	357,375
	すし 石垣	285	70	73	72	70	357,375
	中島 徹	285	74	69	73	69	357,375
61	三重野里斗	286	71	72	72	71	346,500
62	浅地 洋佑	287	71	72	74	70	343,500
63	ブルーム・サクサンシン	288	71	75	67	75	337,500
	宮本 勝昌	288	75	67	72	74	337,500
	徐 曜燮	288	71	72	73	72	337,500
66	ハムジョンウ	293	69	75	71	78	331,500

144(±0)までの66名が予選通過

氏　名	トータルスコア	1R	2R	氏　名	トータルスコア	1R	2R	氏　名	トータルスコア	1R	2R	氏　名	トータルスコア	1R	2R
朴ジュンウォン	145	74	71	重永亜斗夢	146	74	72	小袋 秀人	147	75	72	ヤング・ナン	152	75	77
張 棟圭	145	71	74	山下 和宏	146	74	72	松原 大輔	148	77	71	金 亨成	153	78	75
片岡 大育	145	71	74	小林伸太郎	146	76	70	竹安 俊也	148	73	75	久保谷健一	155	75	80
金 庚泰	145	71	74	植竹 勇太	146	75	71	小斉平優和	148	76	72	島野 璃央	155	78	77
ニコラス・ファン	145	74	71	和田章太郎	146	75	71	アーノンド・ウォンワニ	148	72	76	木下 康平	156	85	71
崔 虎星	145	76	69	小野田享也	146	74	72	富村 真治	148	73	75	@下川直喜	161	80	81
H・W・リュー	145	73	72	パヌポール・ピッタヤラット	147	72	75	金 永雄	148	75	73	@大川勢矢	162	77	85
姜 庚男	145	73	72	阿久津未来也	147	76	71	ハン・リー	149	74	75	I・J・ジャン		79	棄
片山 晋呉	145	73	72	西村 匡史	147	73	74	鍋谷 太一	149	74	74	中里光之介		75	棄
丸山 大輔	145	76	69	@大西魁斗	147	74	73	@久常 涼	149	79	70	Y・E・ヤン		80	棄
横尾 要	145	70	75	@丸山獎王	147	75	72	梅山 知宏	149	73	76	竹谷 佳孝		77	棄
貞方 章男	146	72	74	諸藤 将次	147	77	70	藤田 寛之	149	73	76	岩本 高志		76	棄
ラタノン・ワナスリチャン	146	74	72	海老根文博	147	76	71	ショーン・ノリス	149	76	73	トッド・ベク		73	棄
時松 隆光	146	74	72	中込 憲	147	74	73	近藤 啓介	150	74	76	額賀 辰徳		80	棄
趙 珉珪	146	73	73	ビクター・カニミス	147	74	73	小木曽 喬	150	78	72	谷口 徹		73	棄
ダンタイ・マ ブラウン	146	74	72	大堀裕次郎	147	70	77	手嶋 多一	150	75	75				
ディラン・スリリ	146	73	73	小田 孔明	147	72	75	木下 稜介	151	77	74	@はアマチュア			
S・J・パク	146	76	70	上井 邦裕	147	75	72	木下 裕太	151	73	78				
ブレンダン・ジョーンズ	146	70	76	エリック・チャン	147	74	73	詹 世昌	152	77	75				

ツアー成績

【歴代優勝者】

年	優勝者	スコア	2位	差	コース	パー/ヤード
セガサミーカップ						
2005	林 根基	275—69・69・69・68	真板 潔	1	ザ・ノースカントリーGC	72／7078Y
2006	葉 偉志	276—70・68・72・66	星野英正	4	ザ・ノースカントリーGC	72／7127Y
長嶋茂雄INVITATIONALセガサミーカップ						
2007	谷口 徹	276—70・70・68・68	P・ミーサワット	3	ザ・ノースカントリーGC	72／7127Y
2008	ジーブ・ミルカ・シン	275—67・74・68・66	すし石垣	2	ザ・ノースカントリーGC	72／7115Y
2009	藤田寛之	272—69・68・69・66	井戸木鴻樹	1	ザ・ノースカントリーGC	72／7115Y
2010＊	小山内護	275—70・69・67・69	薗田峻輔、趙 珉珪	0	ザ・ノースカントリーGC	72／7115Y
2011	金 庚泰	273—67・70・68・68	石川 遼	4	ザ・ノースカントリーGC	72／7115Y
2012	李 京勲	269—65・69・70・65	金 亨成	2	ザ・ノースカントリーGC	72／7127Y
2013	薗田峻輔	268—69・71・61・67	近藤共弘、河野祐輝	3	ザ・ノースカントリーGC	72／7096Y
2014＊	石川 遼	274—69・71・67・67	小田孔明	0	ザ・ノースカントリーGC	71／7050Y
2015	岩田 寛	272—70・69・67・66	今平周吾	1	ザ・ノースカントリーGC	72／7167Y
2016	谷原秀人	274—70・65・67・72	T・クロンパ	2	ザ・ノースカントリーGC	72／7167Y
2017	チャン・キム	270—67・70・67・66	黄 重坤	1	ザ・ノースカントリーGC	72／7178Y
2018	ブラッド・ケネディ	204—71・69・64	金 亨成	3	ザ・ノースカントリーGC	72／7178Y
2019	石川 遼	268—67・66・67・68	J・パグンサン	4	ザ・ノースカントリーGC	72／7178Y

＊はプレーオフ

【過去の18ホール最少ストローク】

61（−11）　薗田 峻輔　2013年3R　ザ・ノースカントリーGC　PAR72／7096ヤード

RIZAP KBCオーガスタゴルフトーナメント

開催期日　2019年8月29日～9月1日　　賞金総額　100,000,000円
競技会場　芥屋GC　　出場人数　138名
トータル　7,103Y：パー72(36,36)　　天候　雨後曇・晴時々曇・晴・雨

1日目 悪天候によるコースコンディションのためスタート時間が遅れ、日没サスペンデッドとなる。**2日目** 第1Rの残りと第2Rが行われたが、日没サスペンデッドのため33人がホールアウトできず。第1Rを終えて大会最多の4勝を狙う池田勇太が8アンダー64で首位スタート。1打差2位に小田孔明、岩田寛、黄重坤、N・ファン。**3日目** 第2Rを終えて、身長158cmとツアー最小兵の比嘉一貴がボギーなしの9バーディを奪うコースレコードタイの63をマーク。通算15アンダーで首位へ。続く第3Rも1イーグル、5バーディ、1ダブルボギーの67で回り、通算20アンダーとスコアを伸ばす。3打差2位に今平周吾とM・ヘンドリー。3戦連続Vを狙う石川遼は7打差10位。**最終日** 比嘉が1イーグル、5バーディ、1ボギーの66で回り大会最多アンダーとなる通算26アンダーでツアー初優勝を飾る。

【優勝】　比嘉　一貫　262　66・63・67・66　20,000,000円

順位	氏名	トータルスコア	1R	2R	3R	4R	賞金額(円)
2	星野　陸也	267	71	66	65	65	10,000,000
3	黄　重坤	268	65	67	70	66	6,800,000
4	ガンチャルングン	269	68	65	64	67	4,400,000
	時松　隆光	269	69	65	66	69	4,400,000
6	李　尚熹	270	67	68	72	63	3,316,666
	スコット・ビンセント	270	72	66	64	68	3,316,666
	マイケル・ヘンドリー	270	67	66	66	71	3,316,666
9	ニコラス・ファン	272	65	69	71	67	2,520,000
	貞方　章男	272	69	67	69	67	2,520,000
	木下　稜介	272	68	67	68	69	2,520,000
	ジュビック・パグンサン	272	69	70	66	67	2,520,000
13	浅地　洋佑	273	66	70	69	68	1,853,333
	石川　遼	273	67	67	69	70	1,853,333
	今平　周吾	273	66	66	67	74	1,853,333
16	H・W・リュー	274	67	68	71	68	1,570,000
	ブラッド・ケネディ	274	69	66	70	69	1,570,000
18	アンジェロ・キュー	275	72	64	70	69	1,380,000
	岩田　寛	275	65	68	67	75	1,380,000
20	ダンタイ・ブーマ	276	75	69	68	64	1,220,000
	宮本　勝昌	276	68	66	72	70	1,220,000
22	池村　寛世	277	68	68	71	70	1,060,000
	張　棟圭	277	69	68	69	71	1,060,000
24	出利葉太一郎	278	71	67	71	69	アマチュア
	トッド・ベック	278	68	68	71	71	860,000
	ブレンダンジョーンズ	278	71	68	71	68	860,000
	ハムジョンウ	278	70	71	69	68	860,000
	鍋谷　太一	278	69	72	65	72	860,000
	小平　智	278	66	71	68	73	860,000
30	池田　勇太	279	64	71	73	71	666,000
	エリック・チャン	279	73	68	68	70	666,000
	中島　徹	279	70	71	68	70	666,000
	稲森　佑貴	279	67	74	69	69	666,000
	額賀　辰徳	279	70	70	66	73	666,000
35	I・J・ジャン	280	68	70	70	72	520,000
	マグリラーン	280	69	69	72	70	520,000
	金　成玹	280	70	70	67	73	520,000
	ジェイ・チョイ	280	66	70	71	73	520,000
	小斉平優和	280	67	69	74	70	520,000
	梁　津萬	280	71	68	71	70	520,000
	松原　大輔	280	68	69	74	69	520,000
42	小野田享也	281	67	71	71	72	370,000
	デービッド・ブランスドン	281	70	69	70	72	370,000
	上井　邦裕	281	68	73	68	72	370,000
	詹　世昌	281	72	69	68	72	370,000
	小田　孔明	281	65	67	72	77	370,000
	照屋佑唯智	281	68	72	70	71	370,000
	香妻陣一朗	281	68	71	68	74	370,000
	塩見　好輝	281	71	68	73	69	370,000
50	幡地　隆寛	282	70	70	69	73	273,000
	趙　珉珪	282	70	68	70	74	273,000
	細野　勇策	282	71	69	71	71	アマチュア
	阿久津未来也	282	70	70	72	70	273,000
	ピーター・カーミス	282	70	71	74	67	273,000
55	片岡　大育	283	68	72	69	74	244,000
	近藤　智弘	283	70	70	67	76	244,000
	藤本　佳則	283	68	72	69	73	244,000
	ショーン・ノリス	283	70	70	72	71	244,000
	プロム・ミーサワット	283	68	72	73	70	244,000
60	アンソニー・クウェイル	284	69	70	72	73	231,000
	すし　石垣	284	70	70	72	72	231,000
	正岡　竜二	284	71	70	71	72	231,000
63	山下　和宏	285	71	67	71	76	226,000
	ハン・リー	285	70	70	71	74	226,000
65	杉浦　悠太	287	69	70	70	78	アマチュア
66	リチャード・ジョン	288	71	67	76	74	223,000
	長野　泰雅	288	69	70	76	73	アマチュア
68	大堀裕次郎	289	68	71	76	74	221,000

141(-3)までの68名が予選通過

氏　名	トータルスコア	1R	2R	氏　名	トータルスコア	1R	2R	氏　名	トータルスコア	1R	2R	氏　名	トータルスコア	1R	2R
中西　直人	142	71	71	木下　大海	143	68	75	市原　弘大	145	71	74	高柳　直人	148	77	71
Y・E・ヤン	142	72	70	ラタノン・ワナスリチャン	143	71	72	手嶋　多一	145	71	74	藤田　翼	148	74	74
竹谷　佳孝	142	70	72	パヌポール・ピッタヤラット	143	71	72	小木曽　喬	145	74	71	具志　武治	148	78	70
竹安　俊也	142	73	69	金　亨成	143	69	74	大岩　龍一	145	71	74	ディラン・ペリー	149	77	72
スンス・ハン	142	72	70	和田章太郎	144	71	73	金　永雄	145	73	72	中里光之介	149	77	72
武藤　俊憲	142	70	72	ⓐ石塚祥利	144	74	70	遠藤　彰	146	72	74	ⓐ山口泰知	150	76	74
ブライアド・マークセン	142	72	70	佐藤　大平	144	74	70	日高　将史	146	72	74	横田　吉宏	151	74	77
丸山　大輔	142	73	69	金　泰泰	144	73	71	野上　貴夫	146	72	74	アーノンド・ウォンヴニ	151	78	73
秋吉　翔太	142	69	73	岩本　高志	144	74	70	嘉数　光倫	146	73	73	櫻井　省吾	151	74	77
塚田　陽亮	142	69	73	S・H・キム	144	72	72	姜　庚男	146	74	72	森　正尚	152	74	78
小鯛　竜也	142	72	70	堀川未来夢	144	74	70	重永亜斗夢	146	71	75	染宮　慶	161	79	82
片山　晋呉	142	72	70	チャン・キム	144	70	74	ジャスティン・デロスサントス	146	72	74	出水田大二郎		71	棄
朴　相賢	142	71	71	山本　隆允	145	75	70	藤田　寛之	147	75	72	富村　真治		72	棄
三重野里斗	142	68	74	西村　匡史	145	74	71	久保谷健一	147	75	72	崔　虎星		80	棄
ラヒル・ガンジー	143	74	69	ダッジ・ケマ	145	73	72	新留　徹	147	72	75	木下　裕太		76	棄
ウォンジョン・リー	143	74	69	中道　洋平	145	72	73	谷口　徹	147	72	75	タンヤゴーン・クロンパ			棄
小林　正則	143	67	76	杉本エリック	145	76	69	ブーム・サクサンシン	147	71	76	ⓐはアマチュア			
S・J・パク	143	71	72	永野竜太郎	145	73	72	梅山　知宏	148	74	74				

ツアー成績

【歴代優勝者】

年	優勝者	スコア	2位	差	コース	パー／ヤード
KBCオーガスタ						
1973	青木　功	266—64・67・68・67	宮本康弘	13	福岡CC和白	72／6570Y
1974	中村　通	273—67・65・70・71	杉原輝雄	1	福岡CC和白	72／6572Y
1975＊前田新作		278—69・70・73・66	石井　弘	0	福岡CC和白	72／6647Y
1976	グラハム・マーシュ	207—69・69・69	安田春雄	0	福岡CC和白	72／6079m
1977＊ブライアン・ジョーンズ		278—73・72・68・65	矢部　昭	0	福岡CC和白	72／6079m
1978	山田健一	276—68・67・71・70	久保四郎、青木　功、G・リトラー、宮本康弘、C・アルダ	1	福岡CC和白	72／6079m
1979	草壁政治	240—67・71・68・34	郭　吉雄	3	福岡CC和白	72／6079m
1980	青木　功	137—68・69	田原　紘	2	福岡CC和白	72／6079m
1981＊謝　敏男		279—69・68・73・69	陳　志忠、湯原信光	0	福岡CC和白	72／6080m
1982	陳　志明	209—68・71・70	H・サットン	1	福岡CC和白	72／6080m
1983	藤木三郎	273—69・68・68・68	尾崎将司	3	九州志摩CC芥屋	72／6515m
1984	尾崎直道	275—71・64・70・70	井上幸一、中島常幸	1	九州志摩CC芥屋	72／6515m
1985	飯合　肇	206—67・68・71	尾崎将司、青木　功、出口栄太郎、高橋五月、F・ゼラー		九州志摩CC芥屋	72／6515m
1986	青木　功	282—74・72・69・67	尾崎将司、倉本昌弘	1	九州志摩CC芥屋	72／6515m
1987	藤木三郎	274—69・69・70・68	尾崎健夫	2	九州志摩CC芥屋	72／7130Y
1988	倉本昌弘	276—67・71・65・73	飯合肇、湯原信光、尾崎将司	2	九州志摩CC芥屋	72／7130Y
ダイワKBCオーガスタ						
1989	杉原輝雄	281—70・72・71・68	中島常幸、G・マーシュ	2	九州志摩CC芥屋	72／7130Y
1990	尾崎将司	269—65・66・68・70	陳　志忠	10	九州志摩CC芥屋	72／7125Y
1991	レイ・フロイド	273—66・69・69・69	F・ミノザ	1	九州志摩CC芥屋	72／7125Y
1992＊陳　志明		276—72・69・68・67	川上典一、B・ヒューズ	0	九州志摩CC芥屋	72／7129Y
1993＊陳　志忠		277—71・69・68・69	林　吉祥	0	芥屋GC	72／7144Y
久光製薬KBCオーガスタ						
1994	ブライアン・ワッツ	271—66・67・71・67	尾崎将司	2	芥屋GC	72／7154Y
1995	細川和彦	271—69・66・67・69	丸山智弘、T・ハミルトン	1	芥屋GC	72／7154Y
1996＊尾崎将司		273—64・70・70・69	手嶋多一	0	芥屋GC	72／7154Y
1997	尾崎将司	266—65・67・67・67	福沢孝秋、手嶋多一	12	芥屋GC	72／7154Y
1998	尾崎将司	275—66・72・65・72	桑原克典	4	芥屋GC	72／7154Y
1999	米山　剛	205—70・66・69	野上貴夫	1	芥屋GC	72／7154Y
2000	伊沢利光	270—67・65・71・67	杉本周作	0	芥屋GC	72／7154Y
2001＊平石武則		273—67・69・68・69	加藤秀樹、桧垣繁正	0	芥屋GC	72／7154Y
2002	湯原信光	209—68・69・72	張　連偉、桧垣繁正、中島敏博、桑原克典、C・ペーニャ		芥屋GC	72／7154Y
2003	田島創志	269—64・70・68・67	D・チャンド、佐々木久行	4	芥屋GC	72／7154Y
2004	スティーブン・コンラン	277—68・70・70・69	神山隆志、谷口　徹	1	芥屋GC	71／7134Y

RIZAP KBCオーガスタ
アンダーアーマー KBCオーガスタ
2005	伊沢利光	264—67・65・67・65	小田龍一、P・マークセン	5	芥屋GC	71／7146Y
2006	手嶋多一	268—71・66・65・66	平塚哲二	1	芥屋GC	71／7125Y

KBCオーガスタ
2007	宮本勝昌	269—64・64・70・71	小田孔明、S・コンラン	1	芥屋GC	71／7142Y

バナH杯KBCオーガスタ
2008	甲斐慎太郎	278—69・70・70・69	星野英正	1	芥屋GC	72／7173Y

VanaH杯KBCオーガスタ
2009＊	池田勇太	267—69・66・69・63	今野康晴	0	芥屋GC	72／7146Y
2010	谷原秀人	266—67・66・67・66	立山光広	1	芥屋GC	72／7146Y
2011	裵　相文	266—65・64・70・67	石川　遼、近藤共弘	2	芥屋GC	72／7140Y
2012	金　亨成	270—69・64・68・69	貞方章男	1	芥屋GC	72／7146Y
2013	S・J・パク	204—67・68・69	黄　重坤	2	芥屋GC	72／7150Y

アールズエバーラスティングKBCオーガスタ
2014＊	藤田寛之	276—71・66・74・65	梁　津萬	0	芥屋GC	72／7150Y

RIZAP KBCオーガスタ
2015	池田勇太	268—66・65・71・66	小田孔明	5	芥屋GC	72／7151Y
2016	石川　遼	273—66・68・70・69	高山忠洋、M・ヘンドリー、B・ケネディ	5	芥屋GC	72／7151Y
2017	池田勇太	270—69・67・67・67	上井邦裕	3	芥屋GC	72／7151Y
2018	出水田大二郎	274—69・69・67・69	崔　虎星	1	芥屋GC	72／7151Y
2019	比嘉一貴	262—66・63・67・66	星野陸也	5	芥屋GC	72／7103Y

＊はプレーオフ。1973年からツアー競技

【過去の18ホール最少ストローク】

63（−9）	中村　通	1987年4R	九州志摩CC芥屋C	PAR72／7130ヤード
63（−9）	謝　錦昇	1994年3R	芥屋GC	PAR72／7154ヤード
63（−9）	平塚哲二	2009年2R	芥屋GC	PAR72／7146ヤード
63（−9）	池田勇太	2009年4R	芥屋GC	PAR72／7146ヤード
63（−9）	今野康晴	2009年4R	芥屋GC	PAR72／7146ヤード
63（−9）	K・アフィバーンラト	2009年4R	芥屋GC	PAR72／7146ヤード
63（−9）	津曲泰弦	2010年1R	芥屋GC	PAR72／7146ヤード
63（−9）	藤本佳則	2012年1R	芥屋GC	PAR72／7146ヤード
63（−9）	比嘉一貴	2019年2R	芥屋GC	PAR72／7103ヤード
63（−9）	李　尚熹	2019年4R	芥屋GC	PAR72／7103ヤード
63（−8）	宮本勝昌	2005年3R	芥屋GC	PAR71／7146ヤード
63（−8）	河井博大	2006年2R	芥屋GC	PAR71／7125ヤード
63（−8）	増田伸洋	2006年3R	芥屋GC	PAR71／7125ヤード
63（−8）	P・シーハン	2007年2R	芥屋GC	PAR71／7142ヤード
63（−8）	兼本貴司	2007年4R	芥屋GC	PAR71／7142ヤード

フジサンケイクラシック

開催期日　2019年9月5日〜9月8日	賞金総額　110,000,000円
競技会場　富士桜CC	出場人数　120名
トータル　7,566Y：パー71(35,36)	天　候　曇・晴・晴・曇時々雨

1日目　濃霧のためスタートが遅れた影響で日没サスペンデッドとなる。2日目　第1Rを終えてC・キムが6アンダー65で首位に立つ。1打差にA・キューと谷口徹。2打差4位に市原弘大とT・ペク。3打差6位に石川遼、今平周吾ら9人。続く第2Rで3打差6位から出た崔虎星が10バーディ、1ボギーのコースレコード62をマーク。通算12アンダーでC・キムと並んで首位浮上。4打差3位にG・チャル ングン。3日目　C・キムと崔虎星がともに70で回り、通算13アンダーで首位を並走。4打差3位にG・チャルングンと朴相賢。日本勢は7打差6位に今平周吾、岩田寛、香妻陣一朗の3人。最終日　2014年の優勝者・岩田が1イーグル、7バーディ、2ボギーの64と猛チャージをかけたが2打及ばず。6バーディ、ノーボギーの65で回った朴相賢が通算15アンダーでツアー2勝目を逆転で飾った。

【優勝】朴　相賢　269　68・69・67・65　22,000,000円

順位	氏　　名	トータルスコア	1R	2R	3R	4R	賞金額(円)	順位	氏　　名	トータルスコア	1R	2R	3R	4R	賞金額(円)
2	岩田　寛	271	72	66	69	64	9,240,000		竹安　俊也	285	70	70	69	76	606,375
	崔　虎星	271	68	62	70	71	9,240,000	40	ブレンダン・ジョーンズ	286	69	72	72	73	451,000
4	チャン・キム	272	65	65	70	72	5,280,000		佐藤　大平	286	74	70	69	73	451,000
5	石川　遼	273	68	72	69	64	4,400,000		小木曽　喬	286	69	72	71	74	451,000
6	今平　周吾	277	68	69	70	70	3,795,000		星野　陸也	286	71	73	70	72	451,000
	ガン・チャルングン	277	68	66	70	73	3,795,000		小鯛　竜也	286	71	69	70	76	451,000
8	李　尚熹	278	73	70	66	69	3,228,500		木下　稜介	286	73	71	73	69	451,000
	スンス・ハン	278	74	68	68	68	3,228,500	46	小斉平優和	287	71	73	68	75	343,200
10	市原　弘大	279	67	71	73	68	2,442,000		近藤　智弘	287	69	72	71	75	343,200
	ラヒル・ガンジー	279	75	68	68	68	2,442,000		ハン・リー	287	71	73	71	72	343,200
	中里光之介	279	69	70	71	69	2,442,000		パヌポール・ピッタヤラット	287	70	70	76	71	343,200
	トッド・ペク	279	67	72	69	71	2,442,000	50	正岡　竜二	288	71	67	74	76	286,880
	香妻陣一朗	279	68	70	69	72	2,442,000		中西　直人	288	71	69	75	73	286,880
15	ピーター・カーミス	280	70	67	73	70	1,727,000		ウォンジョン・リー	288	72	72	73	71	286,880
	藤本　佳則	280	68	71	70	71	1,727,000		H・W・リュー	288	74	69	75	70	286,880
	小野田享也	280	70	70	68	72	1,727,000		グリョイシ	288	73	71	76	68	286,880
	アンジェロ・キュー	280	66	72	68	74	1,727,000	55	稲森　佑貴	289	73	71	70	75	264,000
19	小平　智	281	71	70	71	69	1,298,000		高柳　直人	289	69	74	72	74	264,000
	時松　隆光	281	71	70	73	67	1,298,000		エリック・チャン	289	71	71	72	75	264,000
	上井　邦裕	281	68	75	68	70	1,298,000	58	宮瀬　博文	290	69	71	73	77	251,900
	金　成玹	281	70	71	68	72	1,298,000		金　亨成	290	69	70	74	77	251,900
	宮本　勝昌	281	72	69	68	72	1,298,000		小池　一平	290	73	70	72	75	251,900
24	黄　重坤	282	69	71	73	69	968,000		塩見　好輝	290	72	72	72	74	251,900
	ディラン・ペリー	282	71	68	74	69	968,000		S・J・パク	290	74	69	73	74	251,900
	藤田　寛之	282	70	72	69	71	968,000	63	木下　裕太	291	72	71	72	76	245,300
	池村　寛世	282	71	69	69	73	968,000	64	アーノンド・ウォンワニ	292	69	75	72	76	242,000
28	片山　晋呉	283	71	70	71	71	836,000		嘉数　光倫	292	72	70	74	76	242,000
	堀川未来夢	283	71	71	67	74	836,000	66	谷口　徹	293	66	74	74	79	240,900
30	永野竜太郎	284	72	72	68	72	748,000	67	三木　龍馬	295	74	70	74	77	240,900
	Y・E・ヤン	284	71	69	73	71	748,000	68	諸藤　将次	296	73	71	75	77	240,900
32	鍋谷　太一	285	68	74	71	72	606,375								
	マイケル・ヘンドリー	285	73	67	72	73	606,375								
	ジェイ・チョイ	285	73	71	70	71	606,375								
	秋吉　翔太	285	73	70	72	70	606,375								
	手嶋　多一	285	69	69	72	75	606,375								
	張　棟圭	285	74	70	71	70	606,375								
	大堀裕次郎	285	73	66	70	76	606,375								

144（+2）までの68名が予選通過

フジサンケイクラシック

氏 名	トータルスコア	1R	2R	氏 名	トータルスコア	1R	2R	氏 名	トータルスコア	1R	2R	氏 名	トータルスコア	1R	2R
デービッド・ブランスドン	145	72	73	ラタノン・ワチャラサリチャン	146	74	72	吉永 智一	148	75	73	久保谷健一	151	71	80
貞方 章男	145	75	70	西村 匡史	146	72	74	山下 和宏	149	73	76	タンヤゴーン・クロンパ	151	76	75
岩本 高志	145	74	71	比嘉 一貴	146	71	75	ブーム・サクサンシン	149	71	78	高橋 賢	153	76	77
小林 正則	145	74	71	塚田 陽亮	146	74	72	今野 大喜	149	78	71	丸山 大輔	153	80	73
北川 祐生	145	71	74	重永亜斗夢	146	73	73	ⓐ木村太一	150	79	71	リチャード・ジョン	155	76	79
竹谷 佳孝	145	74	71	金 庚泰	146	74	72	武藤 俊憲	150	75	75	富村 真治	157	81	76
浅地 洋佑	145	73	72	ショーフリス	147	71	76	和田章太郎	150	71	79	ⓐ澤田 響	186	100	86
額賀 辰徳	145	72	73	姜 庚男	147	75	72	加藤 将明	150	83	67	ⓐ河本 力		80	棄
スコット・ビンセント	145	73	72	平本 穏	148	76	72	松原 大輔	150	75	75	髙橋 竜彦		82	失
梅山 知宏	145	72	73	ダンタイ・ニーマ	148	73	75	小田 孔明	150	75	75	ブラッド・ケネディ			棄
徐 曜燮	146	71	75	阿久津未来也	148	75	73	中込 憲	150	76	74	ⓐはアマチュア			
趙 珉珪	146	72	74	金 永雄	148	71	77	横尾 要	151	76	75				
すし 石垣	146	76	70	片岡 大育	148	74	74	大岩 龍一	151	76	75				
S・H・キム	146	71	75	アンソニー・クウェイル	148	72	76	幡地 隆寛	151	71	80				

【歴代優勝者】

年	優勝者	スコア	2位	差	コース	パー／ヤード
1973	グラハム・マーシュ	272－68・66・70・68	中村 通	1	高坂CC	72／6856Y
1974	グラハム・マーシュ	276－71・67・71・67	中村 通	1	高坂CC	72／6868Y
1975	呂 良煥	280－71・71・68・70	G・マーシュ	4	高坂CC	72／6868Y
1976＊鈴木規夫	279－71・70・72・66	呂 良煥	0	高坂CC	72／6321m
1977	宮本康弘	287－75・70・72・70	山本善隆	1	高坂CC	72／6321m
1978	島田幸作	278－70・71・69・68	青木 功	3	高坂CC	72／6321m
1979	佐藤昌一	283－68・71・75・69	青木 功	2	東松山CC	72／6503m
1980	尾崎将司	283－72・67・71・73	G・マーシュ、竹安孝博	1	東松山CC	72／6471m
1981	川田時志春	276－69・69・69・69	青木 功	2	川奈ホテル富士C	71／6033m
1982＊中島常幸	277－67・73・66・71	G・マーシュ	0	川奈ホテル富士C	71／6121m
1983	湯原信光	287－69・71・69・78	倉本昌弘	1	川奈ホテル富士C	71／6121m
1984＊尾崎健夫	280－69・68・72・71	謝 敏男	0	川奈ホテル富士C	71／6121m
1985	マーク・オメーラ	273－67・67・66・73	尾崎将司	3	川奈ホテル富士C	71／6121m
1986	尾崎将司	279－65・72・71・71	D・イシイ	1	川奈ホテル富士C	71／6121m
1987	尾崎将司	275－68・72・66・69	G・マーシュ	2	川奈ホテル富士C	71／6121m
1988	白浜育男	280－71・71・70・68	湯原信光	2	川奈ホテル富士C	71／6694Y
1989	尾崎将司	282－68・68・70・76	高橋勝成	2	川奈ホテル富士C	71／6694Y
1990	尾崎将司	208－67・77・64	中村 通、山本善隆、尾崎直道、藤木三郎、木村政信	1	川奈ホテル富士C	71／6694Y
1991＊藤木三郎	279－69・68・72・70	青木 功、加瀬秀樹、B・ジョーンズ	0	川奈ホテル富士C	71／6694Y
1992	牧野 裕	281－68・67・69・77	藤木三郎	3	川奈ホテル富士C	71／6694Y
1993	尾崎将司	270－67・67・68・68	渡辺 司、T・ハミルトン	4	川奈ホテル富士C	71／6694Y
1994	室田 淳	284－69・70・73・72	芹澤信雄	4	川奈ホテル富士C	71／6694Y
1995	中島常幸	272－66・70・70・66	倉本昌弘	2	川奈ホテル富士C	71／6694Y
1996＊ブライアン・ワッツ	272－66・67・71・68	T・ハミルトン	0	川奈ホテル富士C	71／6694Y
1997	久保谷健一	279－68・69・73・69	尾崎将司、金子柱憲	1	川奈ホテル富士C	71／6694Y
1998	カルロス・フランコ	275－69・70・67・69	陳 志忠	1	川奈ホテル富士C	71／6694Y
1999	桧垣繁正	273－67・70・65・71	S・コンラン	2	川奈ホテル富士C	71／6694Y
2000	尾崎健夫	278－70・69・69・70	佐藤信人、葉 彰廷	1	川奈ホテル富士C	71／6694Y
2001	フランキー・ミノザ	276－71・68・71・66	渡辺 司	1	川奈ホテル富士C	71／6694Y
2002＊佐藤信人	276－67・70・68・71	S・レイコック	0	川奈ホテル富士C	71／6694Y
2003	トッド・ハミルトン	267－67・67・65・68	平塚哲二、野仲 茂	5	川奈ホテル富士C	71／6694Y
2004	ポール・シーハン	267－68・70・62・67	立山光広、横尾 要	4	川奈ホテル富士C	71／6694Y
2005	丸山大輔	271－67・68・65・71	片山晋呉	7	富士桜CC	71／7454Y
2006	片山晋呉	274－66・71・68・69	W・リャン	3	富士桜CC	71／7496Y
2007	谷原秀人	205－71・67・67	P・マークセン	3	富士桜CC	71／7427Y
2008＊藤島豊和	271－64・68・71・68	岩田 寛	2	富士桜CC	71／7397Y
2009	石川 遼	272－69・65・68・70	丸山大輔	5	富士桜CC	71／7397Y
2010＊石川 遼	275－66・71・68・70	薗田峻輔	0	富士桜CC	71／7405Y
2011	諸藤将次	136－67・69	M・ママット	3	富士桜CC	71／7437Y

2012	金　庚泰	276－70・70・68・68	池田勇太	1	富士桜CC	71／7437Y
2013 ＊	松山英樹	275－66・70・66・73	谷原秀人、S・J・パク	0	富士桜CC	71／7437Y
2014	岩田　寛	274－69・69・70・66	I・H・ホ	1	富士桜CC	71／7437Y
2015	金　庚泰	275－70・64・68・73	李　京勲	1	富士桜CC	71／7471Y
2016	趙　珉珪	277－66・71・68・72	高山忠洋、石川遼、片岡大育	3	富士桜CC	71／7524Y
2017 ＊	H・W・リュー	281－72・69・71・69	小平　智、S・ハン	0	富士桜CC	71／7566Y
2018	星野陸也	268－68・68・66・66	今平周吾	5	富士桜CC	71／7566Y
2019	朴　相賢	269－68・69・67・65	岩田　寛、崔　虎星	2	富士桜CC	71／7566Y

＊はプレーオフ。1973年からツアー競技

【過去の18ホール最少ストローク】

62（－9）	P・シーハン	2004年3R	川奈ホテル富士C	PAR71／6694ヤード
62（－9）	崔　　虎星	2019年2R	富士桜CC	PAR71／7566ヤード
63（－9）	川田時志春	1973年1R	高坂CC米山C	PAR72／6856ヤード
63（－9）	日吉　定夫	1976年1R	高坂CC米山C	PAR72／6321メートル

ツアー成績

ANAオープンゴルフトーナメント

開催期日	2019年9月12日～15日	賞金総額　110,000,000円
競技会場	札幌GC輪厚C	出場人数　120名
トータル	7,063Y：パー72(36,36)	天候　晴時々曇・晴・曇時々晴・曇

1日目 昨年は震災のため中止となり2年ぶりに開催。6アンダー66で出水田大二郎、時松隆光、今平周吾、星野陸也が首位に立つ。1打差5位にS・ノリス。**2日目** 6打差42位で出た石川遼が8バーディ、ノーボギーの64をマーク。通算8アンダーで首位に3打差の3位に浮上。時松が67とスコアを伸ばし通算11アンダーで首位を堅持。2打差にH・リー。**3日目** 時松とP・カーミスが通算14アンダーで首位を並走。2打差に自己ベスト64をマークした正岡竜二、G・チャルングン、S・ハン。**最終日** 5打差11位から出た浅地洋佑とS・ノリスが65と追い上げ、通算16アンダーで時松、嘉数光倫、S・ハンと並び史上最多5人によるプレーオフへ突入。18番ホール、パー4での1ホール目、浅地がバーディを奪って決着。5月のダイヤモンドカップに続きツアー2勝目を手に入れた。

【優勝】　浅地　洋佑　272　73・68・66・65　22,000,000円

（プレーオフ1ホール目、浅地がバーディで優勝）

順位	氏名	トータルスコア	1R	2R	3R	4R	賞金額(円)
2	ショーン・ノリス	272	67	69	71	65	7,040,000
	嘉数　光倫	272	70	67	68	67	7,040,000
	スンス・ハン	272	71	66	67	68	7,040,000
	時松　隆光	272	66	69	67	70	7,040,000
6	梁　津萬	274	69	67	72	66	3,648,333
	石川　遼	274	72	64	71	67	3,648,333
	ガン・チャルングン	274	71	69	64	70	3,648,333
9	池村　寛世	275	72	66	71	66	2,662,000
	ハン・リー	275	68	67	71	69	2,662,000
	今平　周吾	275	66	70	69	70	2,662,000
	竹谷　佳孝	275	72	66	67	70	2,662,000
	正岡　竜二	275	71	69	64	71	2,662,000
14	ブレンダン・ジョーンズ	276	73	66	71	66	2,002,000
15	香妻陣一朗	277	72	66	70	69	1,727,000
	武藤　俊憲	277	70	68	70	69	1,727,000
	Y・E・ヤン	277	69	69	69	70	1,727,000
	近藤　智弘	277	72	67	68	70	1,727,000
19	池田　勇太	278	70	71	70	67	1,216,285
	崔　虎星	278	71	67	71	69	1,216,285
	木下　稜介	278	70	68	71	69	1,216,285
	ジェイ・チョイ	278	72	67	70	69	1,216,285
	黄　重坤	278	71	69	68	70	1,216,285
	中里光之介	278	74	69	70	65	1,216,285
	ピーター・カーミス	278	68	68	66	76	1,216,285
26	ディラン・ペリー	279	70	70	71	68	796,125
	ポール・ピーターソン	279	68	74	69	68	796,125
	チャン・キム	279	71	69	70	69	796,125
	デービッド・ブランスドン	279	73	68	69	69	796,125
	宮本　勝昌	279	72	69	69	69	796,125
	額賀　辰徳	279	70	72	70	67	796,125
	スコット・ビンセント	279	69	69	71	70	796,125
	ウォンジョン・リー	279	73	68	65	73	796,125
34	藤田　寛之	280	72	71	68	69	605,000
	出水田大二郎	280	66	72	74	68	605,000
	アーノンド・ウォンワニ	280	73	70	68	69	605,000
	金　成玹	280	74	67	75	64	605,000
38	トッド・ベク	281	71	70	70	70	495,000
	堀川未来夢	281	70	69	72	70	495,000
	岩田　寛	281	73	69	71	68	495,000
	タンヤゴーン・クロンパ	281	73	67	73	68	495,000
	すし　石垣	281	75	68	73	65	495,000
	塩見　好輝	281	74	69	74	64	495,000
44	手嶋　多一	282	73	69	70	70	396,000
	大堀裕次郎	282	74	68	70	70	396,000
	S・J・パク	282	76	69	69	70	396,000
47	星野　陸也	283	66	74	71	72	332,933
	趙　珉珪	283	69	71	72	71	332,933
	比嘉　一貴	283	72	71	71	69	332,933
50	秋吉　翔太	284	74	68	68	74	299,200
	上井　邦裕	284	71	70	71	72	299,200
52	朴　相賢	285	70	73	72	70	281,600
	稲森　佑貴	285	70	72	75	68	281,600
54	小鯛　竜也	286	72	69	71	74	268,400
	梅山　知宏	286	69	71	73	73	268,400
	岩本　高志	286	73	70	72	71	268,400
57	小木曽　喬	287	71	72	72	72	255,475
	原田　凌	287	71	72	72	72	255,475
	中西　直人	287	69	68	78	72	255,475
	ジャズ・ジェーンワタナノンド	287	74	69	74	70	255,475
61	近藤　龍一	288	73	69	73	73	249,700
62	塚田　陽亮	290	72	68	76	74	247,500
63	李　尚熹	292	71	72	72	77	245,300
	片山　晋呉		70	71	失		

143(−1)までの64名が予選通過

氏　名	トータルスコア	1R	2R	氏　名	トータルスコア	1R	2R	氏　名	トータルスコア	1R	2R	氏　名	トータルスコア	1R	2R
幡地　隆寛	144	72	72	金　永雄	144	75	69	山下　和宏	147	73	74	ブーム・サクサンシン	151	79	72
小西　奨太	144	74	70	高橋　賢	144	72	72	金　亨成	147	73	74	張　棟圭	151	75	76
@長谷川大晃	144	74	70	片岡　大育	145	73	72	横田　真一	147	74	73	山本　幸路	151	78	73
ラタノン・ワナスリチャン	144	72	72	細川　和彦	145	73	72	@宮本太郎	148	76	72	ダンタイ・マ	151	77	74
大槻　智春	144	73	71	ニコラス・ファン	145	72	73	阿久津未来也	148	77	71	西村　匡史	151	79	72
貞方　章男	144	71	73	重永亜斗夢	145	72	73	市原　弘大	148	73	75	木下　裕太	152	73	79
谷口　徹	144	75	69	豊見里友作	145	73	72	鍋谷　太一	149	72	77	飯塚　章夫	153	74	79
深堀圭一郎	144	73	71	金　庚泰	145	73	73	藤本　佳則	149	73	76	篠崎　紀夫	154	79	75
S・H・キム	144	73	71	和田章太郎	146	72	74	嶺岸　政秀	149	78	71	吉本　侑平	155	75	80
エリック・チャン	144	74	70	竹安　俊也	146	74	72	松原　大輔	149	75	74	尾崎　将司	160	81	79
梅田　有人	144	73	71	詹　世昌	146	72	74	久保谷健一	150	76	74	姜　庚男		70	棄
バヌボール・ピッタヤラット	144	72	72	H・W・リュー	146	72	74	今村　勇貴	150	76	74	@はアマチュア			
永野竜太郎	144	74	70	佐藤　大平	146	71	75	アンソニー・クウェイル	150	71	79				
アンジェロ・キュー	144	72	72	小野田享也	147	74	73	富村　真治	150	76	74				
マイケル・ヘンドリー	144	70	74	小田　孔明	147	77	70	宮崎　隆司	151	74	77				

【歴代優勝者】

年	優勝者	スコア	2位	差	コース	パー/ヤード
全日空札幌オープン						
1973	尾崎将司	283—72・70・74・67	謝　敏男	2	札幌GC輪厚	72/7100Y
1974*	尾崎将司	282—72・73・71・66	青木　功	0	札幌GC輪厚	72/7100Y
1975	謝　永郁	277—71・70・66・70	村上　隆	2	札幌GC輪厚	72/7100Y
1976	村上　隆	285—74・68・76・67	尾崎将司	3	札幌GC輪厚	72/6490m
1977	杉原輝雄	287—72・71・72・72	宮本康弘	1	札幌GC輪厚	72/6490m
1978	杉原輝雄	284—68・72・72・72	小林富士夫	1	札幌GC輪厚	72/6490m
1979	グラハム・マーシュ	284—71・73・68・72	新井規矩雄	2	札幌GC輪厚	72/6490m
1980	杉原輝雄	283—71・71・72・69	新井規矩雄	1	札幌GC輪厚	72/6490m
1981	倉本昌弘	282—67・73・69・73	新井規矩雄	3	札幌GC輪厚	72/6490m
1982	鈴木規夫	278—74・63・69・72	青木　功	1	札幌GC輪厚	72/6490m
1983	中島常幸	282—71・70・72・69	青木　功	5	札幌GC輪厚	72/6490m
1984*	泉川ピート	280—68・68・76・68	高橋五月	0	札幌GC輪厚	72/6490m
1985	中島常幸	277—68・71・69・69	倉本昌弘	2	札幌GC輪厚	72/6490m
全日空オープン						
1986	倉本昌弘	281—73・72・66・70	青木　功	2	札幌GC輪厚	72/6490m
1987	青木　功	282—72・70・68・72	渡辺　司	1	札幌GC由仁	72/7031Y
1988*	尾崎直道	278—63・69・73・73	B・ジョーンズ	0	札幌GC由仁	72/7031Y
1989	尾崎将司	280—71・70・68・71	I・ウーズナム	6	札幌GC輪厚	72/7100Y
1990	中島常幸	277—69・70・68・70	尾崎将司	3	札幌GC輪厚	72/7063Y
1991	大町昭義	282—68・71・72・71	川岸良兼	2	札幌GC輪厚	72/7063Y
1992	尾崎将司	280—70・69・69・72	川岸良兼	4	札幌GC輪厚	72/7063Y
1993	中島常幸	274—67・67・67・73	尾崎直道、高橋勝成、P・シニア	4	札幌GC由仁	72/7009Y
1994	尾崎将司	268—68・68・63・69	室田　淳	9	札幌GC輪厚	72/7063Y
1995	尾崎将司	279—70・72・69・68	E・エルス	3	札幌GC輪厚	72/7063Y
1996	カルロス・フランコ	282—67・73・74・68	倉本昌弘	1	札幌GC輪厚	72/7063Y
1997	横田真一	273—68・65・72・68	尾崎健夫、Z・モウ	3	札幌GC輪厚	72/7063Y
1998	深堀圭一郎	279—71・71・68・69	宮本勝昌、L・ジャンセン	2	札幌GC輪厚	72/7063Y
1999	細川和彦	277—66・70・70・72	尾崎直道、友利勝良	1	札幌GC輪厚	72/7063Y
2000	佐藤信人	282—68・68・72・74	C・ペーニャ	1	札幌GC輪厚	72/7063Y
2001	林　根基	273—66・70・66・71	中嶋常幸、金城和弘	2	札幌GC輪厚	72/7063Y
2002	尾崎将司	271—67・66・69・69	藤田寛之	1	札幌GC輪厚	72/7063Y
ANAオープン						
2003	葉　偉志	277—67・66・72・72	米山　剛、尾崎将司	1	札幌GC輪厚	72/7063Y
2004	チャワリット・プラポール	271—66・65・70・70	Y・E・ヤン	1	札幌GC輪厚	72/7063Y
2005*	深堀圭一郎	274—72・62・72・68	今野康晴	0	札幌GC輪厚	72/7063Y
2006	近藤智弘	274—69・64・72・69	真板　潔、横尾　要	1	札幌GC輪厚	71/7017Y
2007*	篠崎紀夫	277—68・70・70・69	C・プラポール、今野康晴	0	札幌GC輪厚	71/7017Y
2008	矢野　東	273—68・68・69・68	中嶋常幸、武藤俊憲	4	札幌GC輪厚	72/7063Y

ANAオープン

2009	谷口 徹	272—67・67・66・72	金 庚泰、中嶋常幸、山下和宏	4	札幌GC輪厚	72／7063Y
2010	池田勇太	274—70・71・66・67	金度勲(大邱)、J・チョイ	1	札幌GC輪厚	72／7063Y
2011	カート・バーンズ	275—71・66・67・71	近藤共弘、片山晋呉、小田孔明	1	札幌GC輪厚	72／7063Y
2012	藤田寛之	272—71・68・65・68	梁 津萬、K・バーンズ、池田勇太、金 亨成	1	札幌GC輪厚	72／7063Y
2013	小田孔明	273—66・68・71・68	李 京勲、片山晋呉	4	札幌GC輪厚	72／7063Y
2014＊	宮本勝昌	270—68・67・68・67	谷原秀人	0	札幌GC輪厚	72／7063Y
2015	石川 遼	272—68・67・69	宮里優作	2	札幌GC輪厚	72／7063Y
2016	ブレンダン・ジョーンズ	270—66・67・67・70	池田勇太	1	札幌GC輪厚	72／7063Y
2017＊	池田勇太	275—70・69・65・71	今平周吾、時松隆光	0	札幌GC輪厚	72／7063Y
2018	(北海道胆振東部地震のため中止)					
2019＊	浅地洋佑	272—73・68・66・65	S・ノリス、嘉数光倫、S・ハン、時松隆光	0	札幌GC輪厚	72／7063Y

＊はプレーオフ。1973年からツアー競技

【過去の18ホール最少ストローク】

61(−11)　小田　孔明　2015年3R　札幌GC輪厚C　PAR72／7063ヤード

Shinhan Donghae Open

開催期日 2019年9月19日～22日	賞金総額 114,240,000円
競技会場 Bear's Best Cheongna GC	出場人数 138名
トータル 7,238Y：パー71(36,35)	天候 晴・曇・曇・曇

1日目 35回目を迎える大会。19年から日本ツアーが加わり、史上初の日亜韓の3ツアー共催による新規トーナメント。各ツアーから41人ずつが参戦。首位に立ったのは6バーディ、1ボギーの66をマークした昨年日本ツアーの賞金王・今平周吾とC・キム。1打差にS・ビンセント、W・J・リー、李泰熙。

2日目 S・ビンセントが67をマークして通算8アンダーで単独首位に立つ。2打差2位に今平、J・クルーガー、P・ピーターソン、李亨俊。

3日目 S・ビンセントが通算11アンダーで首位を堅持。2打差2位に今平、J・クルーガーと65をマークした康晟訓。29位から出た星野陸也が7バーディ、2ボギーの66を出して5打差7位に浮上。最終日 J・クルーガーがボギーなしの6バーディ、65を出し通算15アンダーで逆転優勝。日本ツアー初勝を飾った。日本勢最上位は通算9アンダーで5位の星野。

【優勝】ジェイブ・クルーガー 269 69・67・68・65 20,563,200円

順位	氏名	トータルスコア	1R	2R	3R	4R	賞金額(円)
2	チャン・キム	271	66	71	69	65	12,566,400
3	スコット・ビンセント	273	67	67	68	71	7,197,120
4	康 晟訓	274	69	70	65	70	5,712,000
5	星野 陸也	275	74	67	66	68	4,683,840
6	今平 周吾	276	66	70	68	72	3,804,192
7	ハムジョンウ	277	68	69	71	69	3,027,360
	マシュー・グリフィン	277	70	72	65	70	3,027,360
9	ショーンノリス	278	74	69	67	68	2,206,736
	李 尚熹	278	69	73	66	70	2,206,736
	李 亨俊	278	70	66	70	72	2,206,736
12	サドム・ケーオカンジャナ	279	68	70	72	69	1,629,824
	トラビス・スマイス	279	70	71	69	69	1,629,824
	ポール・ピーターソン	279	68	68	73	70	1,629,824
	塚田 陽亮	279	71	70	72	66	1,629,824
	ビラジ・マダッパ	279	73	69	67	70	1,629,824
	鄭 智鎬	279	70	70	68	71	1,629,824
18	ラヒル・ガンジー	280	70	71	70	69	1,214,117
	ボンソブ・キム	280	74	67	70	69	1,214,117
	アンドリュー・ドット	280	72	71	67	70	1,214,117
	金 禹玄	280	68	70	72	70	1,214,117
	堀川未来夢	280	71	72	68	69	1,214,117
	文 道燁	280	71	71	68	70	1,214,117
	浅地 洋佑	280	72	69	72	67	1,214,117
	パヌポール・ピッチヤラット	280	73	70	70	67	1,214,117
	ザック・マリー	280	69	71	69	71	1,214,117
27	ベン・レオン	281	71	72	66	72	975,609
	李 泰熙	281	67	70	72	72	975,609
	ニコラス・ファン	281	72	68	69	72	975,609
	詹 世昌	281	71	70	73	67	975,609
	ダンタイ・ブーマ	281	72	70	65	74	975,609
32	ジャズ・ジェーンワタナノンド	282	69	70	72	71	822,528
	ジャックソン・ハリソン	282	73	69	69	71	822,528
	黄 載民	282	71	67	72	72	822,528
	大槻 智春	282	68	71	71	72	822,528
	小鯛 竜也	282	70	70	70	72	822,528
	稲森 佑貴	282	68	69	72	73	822,528
	ウォンジョンリー	282	67	71	69	75	822,528

順位	氏名	トータルスコア	1R	2R	3R	4R	賞金額(円)
39	リチャード・リー	283	70	71	70	72	677,824
	李 承澤	283	71	69	72	71	677,824
	スンス・ハン	283	71	70	71	71	677,824
	金 大玹	283	69	70	74	70	677,824
	キース・ホーン	283	73	70	66	74	677,824
	ミゲル・カルバロ	283	73	70	71	69	677,824
45	盧 承烈	284	75	68	69	72	579,196
	岩田 寛	284	72	66	76	70	579,196
	朴 相賢	284	71	71	72	70	579,196
	ジャリン・トッド	284	71	70	75	68	579,196
	崔 虎星	284	73	70	73	68	579,196
50	パビット・タンカモルプラスート	285	70	68	72	75	491,232
	李 首民	285	68	73	71	73	491,232
	劉 松圭	285	70	69	71	75	491,232
53	コ テウク	286	70	73	73	70	445,536
54	ブロム・ミーサワット	287	70	71	70	76	411,264
	權 成烈	287	71	71	69	76	411,264
	趙 珉珪	287	70	73	74	70	411,264
	張 二根	287	69	69	76	73	411,264
	ティラワット・ケーオシリバンディット	287	69	74	73	71	411,264
59	嘉数 光倫	288	73	70	69	76	371,280
	文 景俊	288	71	69	69	79	371,280
61	徐 曜燮	289	68	70	72	79	342,720
	朴 銀信	289	71	69	71	78	342,720
	Y・E・ヤン	289	69	72	75	73	342,720
64	シディクール・ラーマン	290	72	70	72	76	319,872
65	韓 昌元	291	73	70	75	73	308,448

143(+1)までの65名が予選通過

Shinhan Donghae Open

氏　名	トータルスコア	1R	2R	氏　名	トータルスコア	1R	2R	氏　名	トータルスコア	1R	2R	氏　名	トータルスコア	1R	2R
玄　政協	144	75	69	池村　寛世	145	74	71	朴　成國	147	75	72	ジュンソク・リー	150	75	75
スラジット・ヨンチャロエンチャイ	144	72	72	崔　鎮鎬	145	74	71	竹谷　佳孝	147	76	71	朴　孝元	150	70	80
シーブ・カプール	144	72	72	李　基相	145	73	72	朴　俊燮	147	74	73	崔　高雄	150	77	73
金　弘澤	144	76	68	張　棟圭	145	74	71	尹　晟豪	148	74	74	カリン・ジョシ	150	76	74
テリー・ピルカダリス	144	73	71	周　興喆	145	73	72	李　知勳	148	74	74	徐　亨昔	151	75	76
黄　仁春	144	74	70	リースンホ	145	71	74	ジョンミル	148	75	73	金　成勇	151	73	78
ラタノン・ワナスリチャン	144	72	72	李　桐河	146	75	71	金　庚泰	148	72	76	ナティポン・ズリトン	152	78	74
洪　健堯	144	71	73	パチャラ・コンワットマイ	146	71	75	梁　津萬	148	74	74	H・W・リュー	152	79	73
ソクウォン・コ	144	71	73	金　泰旿	146	76	70	マルコム・ココシンスキー	148	77	71	李　承晩	153	76	77
崔　ミン哲	144	74	70	ニック・ポーク	146	76	70	ガラムジョン	148	74	74	ジェーンソン・リス	153	75	78
林　文堂	145	73	72	金　飛鳥	146	74	72	比嘉　一貴	148	76	72	李　承珉	154	76	78
ベン・キャンベル	145	74	71	マイカ・ローレン・シン	146	74	72	嚴　載雄	148	74	74	I・J・ジャン	154	80	74
姜　庚男	145	71	74	黄　重坤	146	70	76	武藤　俊憲	148	73	75	李　東珉	154	78	76
S・H・キム	145	71	74	アジーテシュ・サンドゥ	146	74	72	呂　偉智	148	74	74	ブーム・サクサンシン	155	76	79
ユンチュン	145	75	70	秋吉　翔太	146	73	73	片岡　大育	148	74	74	孟　東燮		75	棄
ロリー・ヒー	145	76	69	額賀　辰徳	146	70	76	洪　淳祥	149	72	77	出水田大二郎		78	棄
時松　隆光	145	74	71	キム　ジェホ	146	71	75	市原　弘大	149	74	75				
S・チッカランガッパ	145	72	73	ジェイク・ヒギンボトム	146	70	76	小田　孔明	149	75	74				
金　台勳	145	74	71	李　韓求	147	73	74								

【歴代優勝者】

年	優勝者	スコア	2位	差	コース	パー／ヤード
2019	ジェイブ・クルーガー	269—69・67・68・65	C・キム	2	Bear's Best Cheongna GC	71 ／ 7238Y

【過去の18ホール最少ストローク】

65（−6）	康　晟訓	2019年3R	Bear's Best Cheongna GC	PAR71／7238ヤード
65（−6）	M・グリフィン	2019年3R	Bear's Best Cheongna GC	PAR71／7238ヤード
65（−6）	D・ブーマ	2019年3R	Bear's Best Cheongna GC	PAR71／7238ヤード
65（−6）	C・キム	2019年4R	Bear's Best Cheongna GC	PAR71／7238ヤード
65（−6）	J・クルーガー	2019年4R	Bear's Best Cheongna GC	PAR71／7238ヤード

パナソニックオープンゴルフチャンピオンシップ

開催期日	2019年9月26日～29日
競技会場	東広野GC
トータル	7,058Y：パー71（35,36）

賞金総額	150,000,000円
出場人数	132名
天　候	晴・曇・曇・晴

1日目 アジアンツアーとの共同主管大会。ボギーなしの6バーディを奪った今平周吾、武藤俊憲と7バーディ、1ボギーの呂偉智が65で首位発進。1打差に比嘉一貴、J・ジェーンワタナノンド、張二根。**2日目** 7打差73位から出た石川遼が1イーグル、8バーディ、1ボギーでコースレコードに並ぶ62をマーク。今平、呂偉智、李尚熹に並んで首位に1打差の2位に急浮上。首位は通算9アンダーでR・

ガンジー。**3日目** 2打差6位から出た武藤が4連続を含む8バーディ、1ボギーの64をマーク。通算14アンダーで奪首。1打差に今平、2打差にJ・ジェーンワタナノンドとM・カルバリョ、3打差に石川がつける。**最終日** 武藤が2日連続のベストスコア64をマークし、通算21アンダーで2位今平に4打差をつける圧勝。2015年6月以来、4年3か月ぶりのツアー7勝目を挙げた。

【優勝】武藤　俊憲　263　65・70・64・64　30,000,000円

順位	氏名	トータルスコア	1R	2R	3R	4R	賞金額（円）
2	今平　周吾	267	65	69	66	67	15,000,000
3	石川　遼	268	72	62	68	66	10,200,000
4	ジャス・ジェーンワタナノンド	271	66	69	66	70	7,200,000
5	グレイブ・グルーガー	272	71	66	69	66	5,231,250
	崔　虎星	272	68	68	69	67	5,231,250
	藤田　寛之	272	70	70	66	66	5,231,250
	宮本　勝昌	272	73	66	66	67	5,231,250
9	ブレンダン・ジョーンズ	273	67	69	66	70	4,230,000
10	ショーン・ノリス	274	68	71	69	66	3,780,000
	片山　晋呉	274	70	67	69	68	3,780,000
12	竹谷　佳孝	275	73	68	66	68	3,030,000
	朴　相賢	275	69	70	67	69	3,030,000
	ミゲル・カルバリョ	275	67	68	66	74	3,030,000
15	小林　正則	276	69	70	70	67	2,430,000
	佐藤　大平	276	69	68	70	69	2,430,000
	塩見　好輝	276	71	70	66	69	2,430,000
18	金　永雄	277	69	70	71	67	1,890,000
	S・ヨンチャロエンチャイ	277	68	72	70	67	1,890,000
	ダンタイ・ブーマ	277	70	71	69	67	1,890,000
	張　二根	277	66	70	72	69	1,890,000
	李　尚熹	277	67	67	72	71	1,890,000
23	星野　陸也	278	72	69	70	67	1,430,000
	アディルソン・ダシルバ	278	70	67	71	70	1,430,000
	木下　裕太	278	68	72	68	70	1,430,000
26	重永亜斗夢	279	68	72	73	66	1,085,625
	キース・ホーン	279	71	69	70	69	1,085,625
	関藤　直熙	279	68	70	73	68	1,085,625
	スンス・ハン	279	69	68	74	68	1,085,625
	プラヤド・マークセン	279	68	71	71	69	1,085,625
	秋吉　翔太	279	71	70	67	71	1,085,625
	ベン・レオン	279	69	71	68	71	1,085,625
	小鯛　竜也	279	68	68	70	73	1,085,625
34	ジェーソン・ノリス	280	71	71	70	68	840,000
	スコット・ビンセント	280	75	67	67	71	840,000
	手嶋　多一	280	71	70	66	73	840,000
37	ブラッド・ケネディ	281	72	68	72	69	690,000
	塚田　陽亮	281	70	71	70	70	690,000

順位	氏名	トータルスコア	1R	2R	3R	4R	賞金額（円）
	池田　勇太	281	71	64	75	71	690,000
	香妻陣一朗	281	69	69	72	71	690,000
	ポール・ピーターソン	281	70	70	69	72	690,000
	Y・E・ヤン	281	76	66	67	72	690,000
	アジーテシュ・サンドゥ	281	69	66	71	75	690,000
44	古田　幸希	282	67	75	69	71	497,000
	ハン・リー	282	72	69	70	71	497,000
	片岡　大育	282	69	69	72	72	497,000
	比嘉　一貴	282	66	71	71	74	497,000
	浅地　洋佑	282	69	72	66	75	497,000
	H・W・リュー	282	68	69	69	76	497,000
50	アンジェロ・キュー	283	73	69	71	70	376,166
	詹　世昌	283	73	69	71	70	376,166
	ティラワット・ケーオシリバンディット	283	72	69	71	71	376,166
	ミゲル・タブエナ	283	70	67	74	72	376,166
	姜　庚男	283	69	70	72	72	376,166
	アンドリュー・ドット	283	70	69	72	72	376,166
	S・H・キム	283	70	72	68	73	376,166
	ラヒル・ガンジー	283	69	63	77	74	376,166
	大槻　智春	283	71	69	67	76	376,166
59	ロリー・ヒー	284	74	68	75	67	340,500
	出水田大二郎	284	72	70	72	70	340,500
	谷口　徹	284	72	70	71	71	340,500
	近藤　智弘	284	69	72	71	72	340,500
	ダニ・マスリン	284	72	69	70	73	340,500
64	池村　寛世	285	70	70	70	75	330,000
	呂　偉智	285	65	69	72	79	330,000
66	藤本　佳則	286	74	68	72	72	328,500
	中里光之介	286	70	70	68	78	328,500
68	崔　ミン哲	287	72	69	72	74	328,500
	ビラジ・マッダパ	287	74	68	70	75	328,500
70	竹田　弘登	292	72	70	76	74	アマチュア
	市原　弘大	292	71	69	73	79	328,500

142（±0）までの71名が予選通過

パナソニックオープンゴルフチャンピオンシップ

氏名	トータルスコア	1R	2R	氏名	トータルスコア	1R	2R	氏名	トータルスコア	1R	2R	氏名	トータルスコア	1R	2R
トラビス・スマイス	143	71	72	嘉数 光倫	143	73	70	稲森 佑貴	145	71	74	マイカ・ローレンシン	149	75	74
木下 稜介	143	70	73	山下 和宏	144	74	70	黒 純一	145	74	71	サドム・ケーオカンジャナ	149	76	73
シーブ・カプール	143	72	71	ジャック・ハリソン	144	70	74	シディクール・ラーマン	145	75	70	近藤 啓介	149	74	75
時松 隆光	143	71	72	パチャラ・コンワットマイ	144	70	74	ブーム・サクサンシン	146	69	77	ラタノン・ワナスリチャン	150	73	77
正岡 竜二	143	72	71	カリン・ジョシ	144	71	73	久保谷健一	146	72	74	パビット・タンカモルプラスート	150	79	71
堀川未来夢	143	72	71	ナティポン・スリドン	144	76	68	ⓐ岩田大河	146	72	74	洪 健堯	150	74	76
ジェイク・ヒギンボトム	143	72	71	富村 真治	144	73	71	S・チッカランガッパ	146	71	75	ウォンジョン・リー	151	79	72
チャン・キム	143	74	69	林 文堂	144	72	72	マシライン・グリラッ	147	76	71	マルコム・ココシンスキー	151	72	79
ブロム・ミーサワット	143	71	72	S・J・パク	144	71	73	ニコラス・ファン	147	76	71	新木 豊	152	73	79
杉本エリック	143	72	71	スコット・ヘンド	145	77	68	パヌポール・ピッタヤラット	148	72	76	横田 真一	152	74	78
芦沢 宗臣	143	68	75	ベン・キャンベル	145	72	73	ミス・ペレラ	148	74	74	ⓐ大嶋 炎	153	75	78
貞方 章男	143	74	69	チャプチャイ・ニラト	145	74	71	友次 啓晴	148	74	74	大堀裕次郎	154	78	76
李 泰熙	143	71	72	黄 重坤	145	71	74	金 亨成	148	75	73	岩田 寛	棄		
ジャリン・トッド	143	70	73	ザック・マリー	145	71	74	梁 津萬	148	74	74				
深堀圭一郎	143	70	73	小田 孔明	145	72	73	ⓐ河本 力	148	70	78				
リチャード・リー	143	70	73	額賀 辰徳	145	73	72	エリック・チャン	148	71	77				

ⓐはアマチュア

【歴代優勝者】

年	優勝者	スコア	2位	差	コース	パー／ヤード
2016	池田勇太	271—67・73・66・65	金 庚泰、M・フレーザー	3	千葉CC梅郷	71／7130Y
2017＊	久保谷健一	273—69・71・69・64	宮本勝昌	0	千葉CC梅郷	71／7130Y
2018	ラヒル・ガンジー	270—69・65・68・68	黄 重坤、金 亨成	1	茨木CC西	71／7343Y
2019	武藤俊憲	263—65・70・64・64	今平周吾	4	東広野GC	71／7058Y

＊はプレーオフ

【過去の18ホール最少ストローク】

62（－9） 石川 遼 2019年2R 東広野GC PAR71／7058ヤード

トップ杯東海クラシック

開催期日	2019年10月3日～6日	賞金総額	110,000,000円
競技会場	三好CC西C	出場人数	117名
トータル	7,295Y：パー71(35,36)	天候	曇時々晴・晴・晴・晴

1日目　第50回を迎えた記念大会。4アンダー67で首位に立ったのは、今季ツアー初優勝を遂げた堀川未来夢と比嘉一貴。1打差に今平周吾、池田勇太、S・ノリス、S・H・キム。7月の日本アマを制した日大3年のアマ木村太一が2打差7位につける。2日目　68をマークした今平が堀川と並んで通算6アンダーで首位。1打差にS・ノリス。52位で予選を突破した片山晋呉は今大会出場22試合すべてで予選通過を果たした。3日目　S・ノリスが7バーディ、2ボギーの66で回り通算10アンダーで首位を奪う。1打差で比嘉、2打差に堀川、3打差に今平と秋吉翔太が続く。最終日　通算9アンダーで首位S・ノリスを捕まえた秋吉だったが、18番ホールで池につかまりボギーとして後退。72と苦しみながら1打のリードを死守したS・ノリスが2018年11月以来、日本ツアー4勝目を飾った。

【優勝】　ショーン・ノリス　275　68・69・66・72　22,000,000円

順位	氏　　名	トータルスコア	1R	2R	3R	4R	賞金額(円)
2	秋吉　翔太	276	73	66	67	70	9,240,000
	時松　隆光	276	71	68	69	68	9,240,000
4	ジャズ・ジェーンワタナノンド	278	71	71	69	67	4,546,666
	佐藤　大平	278	73	69	68	68	4,546,666
	比嘉　一貴	278	67	71	66	74	4,546,666
7	ハン・リー	280	72	68	70	70	3,362,333
	大槻　智春	280	71	68	70	71	3,362,333
	今平　周吾	280	68	68	70	74	3,362,333
10	リチャード・ジョン	281	73	70	69	70	2,772,000
	堀川未来夢	281	67	69	69	76	2,772,000
12	幡地　隆寛	282	74	67	72	69	2,139,500
	木村　太一	282	69	73	71	69	アマチュア
	ポール・ピーターソン	282	69	72	71	70	2,139,500
	S・H・キム	282	68	73	69	72	2,139,500
	ジェイブ・クルーガー	282	77	67	66	72	2,139,500
17	李　尚熹	283	73	68	71	71	1,727,000
	アンジェロ・キュー	283	72	70	70	71	1,727,000
19	大田和桂介	284	70	75	70	69	1,430,000
	小田　孔明	284	74	71	68	71	1,430,000
	姜　庚男	284	72	71	69	72	1,430,000
	チャン・キム	284	76	70	72	66	1,430,000
23	木下　稜介	285	72	71	72	70	1,089,000
	池村　寛世	285	73	73	67	72	1,089,000
	香妻陣一朗	285	74	70	72	69	1,089,000
	星野　陸也	285	70	74	69	72	1,089,000
27	岩田　寛	286	74	72	67	73	858,000
	張　棟圭	286	74	71	68	73	858,000
	塚田　陽亮	286	71	75	69	71	858,000
	崔　虎星	286	77	68	68	73	858,000
	竹谷　佳孝	286	71	71	70	74	858,000
32	ブラッド・ケネディ	287	73	70	72	72	619,666
	貞方　章男	287	70	72	72	73	619,666
	ディラン・ペリー	287	73	72	72	70	619,666
	ウォンジョン・リー	287	70	69	74	74	619,666
	片岡　大育	287	70	72	71	74	619,666
	永野竜太郎	287	71	71	74	71	619,666
	小鯛　竜也	287	70	74	68	75	619,666
	趙　珉珪	287	73	73	74	67	619,666
	手嶋　多一	287	75	71	75	66	619,666
41	和田章太郎	288	74	70	72	72	451,000
	Y・E・ヤン	288	72	73	71	72	451,000
	池田　勇太	288	68	72	78	70	451,000
	すし　石垣	288	72	74	72	70	451,000
	重永亜斗夢	288	73	68	70	77	451,000
	塩見　好輝	288	69	70	71	78	451,000
47	石川　遼	289	71	75	68	75	352,000
	竹安　俊也	289	74	70	72	73	352,000
	藤本　佳則	289	72	72	68	77	352,000
50	木下　裕太	290	73	71	71	75	310,200
	出水田大二郎	290	71	74	72	73	310,200
52	吉田　泰基	291	72	72	72	75	アマチュア
	金　成玹	291	69	74	73	75	286,000
	I・J・ジャン	291	71	74	72	74	286,000
	藤田　寛之	291	75	71	73	72	286,000
56	ドンファン	292	70	74	73	75	268,400
	嘉数　光倫	292	71	71	76	74	268,400
	市原　弘大	292	73	70	79	70	268,400
59	宮瀬　博文	293	73	73	72	75	257,950
	マイケル・ヘンドリー	293	72	74	74	73	257,950
61	松原　大輔	294	71	73	75	75	253,000
	ラヒル・ガンジー	294	75	68	76	75	253,000
63	ジェイ・チョイ	295	71	75	70	79	248,600
	片山　晋呉	295	75	71	77	72	248,600

146(＋4)までの64名が予選通過

トップ杯東海クラシック

氏名	トータルスコア	1R	2R
梅山 知宏	147	76	71
谷口 徹	147	76	71
ガン・チャルングン	147	74	73
高橋 賢	147	73	74
川上 優大	147	71	76
石渡 和輝	148	73	75
稲森 佑貴	148	73	75
浅地 洋佑	148	77	71
デービッド・ブランスドン	148	75	73
宮本 勝昌	148	73	75
金 庚泰	148	71	77
森 雄貴	148	73	75
中西 直人	149	71	78
額賀 辰徳	150	73	77
ブラッド・マーケセン	150	75	75
アダム・ブランド	150	76	74
小木曽 喬	150	77	73
ラタノン・ワナスリチャン	150	74	76
大岩 龍一	150	79	71
小斉平優和	150	74	76
阿久津未来也	150	77	73
久保谷健一	151	76	75
金 亨成	151	77	74
横尾 要	151	77	74
アンソニー・クウェイル	151	79	72
伊澤 利光	151	78	73
ブレンダン・ジョーンズ	151	74	77
新田あきひろ	152	76	76
正岡 竜二	152	74	78
ピーター・ミス	152	75	77
白倉 渉平	152	75	77
武藤 俊憲	153	80	73
近藤 智弘	153	74	79
金 永雄	153	76	77
H・W・リュー	153	74	79
近藤 龍一	153	75	78
ジュビック・パグンサン	154	76	78
上井 邦裕	154	79	75
S・J・パク	156	79	77
エリック・チャン	156	80	76
＠朝倉 駿	157	77	80
タンヤゴーン・クロンパ	157	81	76
＠三島泰哉	157	82	75
大堀裕次郎	157	76	81
中里光之介	160	76	84
柴田 一馬	160	81	79
＠福岡逸人	160	81	79
＠長谷川貴優	161	80	81
＠原田英明	163	85	78
＠桂川博行	164	82	82
小野田享也		76	棄
ブーム・サクサンシン		81	棄

＠はアマチュア

【歴代優勝者】

年	優勝者	スコア	2位	差	コース	パー/ヤード
東海クラシック						
1970＊	石井富士夫	285—72・72・72・69	謝 敏男	0	三好CC西	72/7065Y
1971	内田 繁	283—73・69・71・70	B・キャスパー	3	三好CC西	72/7065Y
1972	新井規矩雄	275—68・68・70・69	河野高明	1	三好CC西	72/7065Y
1973	尾崎将司	277—71・65・69・72	青木 功	1	三好CC西	72/7055Y
1974	島田幸作	276—71・67・67・71	杉原輝雄	2	三好CC西	72/7065Y
1975	宮本康弘	280—71・72・67・70	新井規矩雄、山本善隆	2	三好CC西	72/7065Y
1976＊	青木 功	283—74・74・68・67	杉原輝雄、内田 繁	0	三好CC西	72/6460m
1977	尾崎将司	278—67・69・70・72	島田幸作	1	三好CC西	72/6460m
1978	草壁政治	282—75・69・66・72	島田幸作	2	三好CC西	72/6460m
1979	入江 勉	275—70・69・68・68	謝 敏男、草壁政治	5	三好CC西	72/6460m
1980	ラリー・ネルソン	274—72・69・66・67	羽川 豊	1	三好CC西	72/6460m
1981＊	倉本昌弘	209—68・71・70	小林富士夫、重信秀人、中村 通	0	三好CC西	72/6460m
1982	謝 敏男	274—64・71・72・67	L・ネルソン	5	三好CC西	72/6460m
1983	倉本昌弘	276—64・69・72・71	尾崎直道	2	三好CC西	72/6460m
1984	岩下吉久	276—71・63・71・71	倉本昌弘	2	三好CC西	72/6494m
1985	グラハム・マーシュ	278—70・71・68・69	青木 功	1	三好CC西	72/6494m
1986	倉本昌弘	271—68・69・65・69	前田新作	9	三好CC西	72/6494m
1987	中島常幸	282—71・72・73・66	尾崎将司	1	三好CC西	72/7110Y
1988	ブライアン・ジョーンズ	274—69・69・71・65	鈴木弘一	3	三好CC西	72/7110Y
1989	青木 功	275—67・69・71・68	泉川ピート	1	三好CC西	72/7089Y
1990	グラハム・マーシュ	206—70・72・64	上野忠美、藤木三郎	2	三好CC西	72/7089Y
1991	板井榮一	279—70・65・72・72	湯原信光	4	三好CC西	72/7089Y
1992	マーク・オメーラ	277—66・68・72・71	T・カイト	1	三好CC西	72/7089Y
1993	藤木三郎	274—68・70・67・69	飯合 肇	4	三好CC西	72/7089Y
1994	コーリー・ペイビン	277—68・69・68・72	謝 錦昇	1	三好CC西	72/7089Y
1995	河村雅之	285—74・73・64・74	加瀬秀樹	1	三好CC西	72/7089Y
1996	木村政信	280—68・71・71・70	丸山茂樹、細川和彦、S・ジョーンズ	1	三好CC西	72/7089Y
1997＊	ブラント・ジョーブ	278—68・72・69・69	B・ワッツ	0	三好CC西	72/7050Y
1998	伊沢利光	277—73・66・70・68	湯原信光	3	三好CC西	72/7060Y
1999	横尾 要	274—66・67・72・69	V・シン	1	三好CC西	72/7050Y
2000	宮瀬博文	276—70・70・70・66	谷口 徹	1	三好CC西	72/7060Y
ジョージア東海クラシック						
2001	伊沢利光	272—65・68・70・69	林 根基、近藤智弘	2	三好CC西	72/7075Y
2002	谷口 徹	278—72・69・69・68	川原 希、Z・モウ	2	三好CC西	72/7095Y
2003	川原 希	275—69・68・69・69	米山 剛、片山晋呉	1	三好CC西	72/7125Y
コカ・コーラ東海クラシック						
2004＊	今井克宗	210—70・68・72	細川和彦	0	三好CC西	72/7180Y
2005	Y・E・ヤン	270—66・72・65・67	手嶋多一	4	三好CC西	72/7180Y
2006	星野英正	282—70・73・72・67	宮本勝昌	2	三好CC西	71/7240Y

2007	＊カミロ・ビジェガス	282—68・72・71・71	藤島豊和	0	三好CC西	71／7240Y
2008	武藤俊憲	277—69・70・69・69	池田勇太	2	三好CC西	72／7310Y
2009	石川 遼	274—71・68・66・69	梶川剛奨	1	三好CC西	72／7310Y
2010	＊松村道央	280—72・68・72・68	兼本貴司、藤田寛之	0	三好CC西	72／7310Y
2011	裵 相文	281—69・67・72・73	高山忠洋	1	三好CC西	72／7310Y
2012	＊リュー・ヒョヌ	282—71・73・67・71	片山晋呉	0	三好CC西	72／7315Y
2013	＊片山晋呉	281—74・76・64・67	星野英正、冨山 聡	0	三好CC西	72／7315Y

トップ杯東海クラシック

2014	キム・スンヒョグ	281—66・73・72・70	黄 重坤、金 亨成	1	三好CC西	72／7315Y
2015	＊金 亨成	276—69・72・69・66	片山晋呉	0	三好CC西	72／7315Y
2016	片岡大育	272—68・67・71・66	池田勇太	1	三好CC西	72／7315Y
2017	小平 智	274—67・68・70・69	時松隆光	1	三好CC西	72／7325Y
2018	アンジェロ・キュー	271—68・69・68・66	W・J・リー、Y・E・ヤン	2	三好CC西	72／7330Y
2019	ショーン・ノリス	275—68・69・66・72	秋吉翔太、時松隆光	1	三好CC西	71／7295Y

＊はプレーオフ。1973年からツアー競技

【過去の18ホール最少ストローク】

63（−9）	岩下 吉久	1984年2R	三好CC西	PAR72／6494メートル
63（−9）	尾崎 将司	1986年2R	三好CC西	PAR72／6494メートル
63（−9）	金子 柱憲	1991年4R	三好CC西	PAR72／7089ヤード
63（−9）	Y・E・ヤン	2018年3R	三好CC西	PAR72／7330ヤード

ツアー成績

ブリヂストンオープンゴルフトーナメント

開催期日	2019年10月10日～13日	賞金総額　150,000,000円
競技会場	袖ヶ浦CC袖ヶ浦C	出場人数　102名
トータル	7,119Y：パー71(35,36)	天候　晴時々曇・曇時々雨・雨(中止)・晴(中止)

1日目　連覇を狙う今平周吾が7バーディ、ノーボギー64でシーズン5度目の首位発進。1打差にG・チャルングン、2打差に時松隆光と2019年日本学生を制した大阪学院大3年アマの砂川公佑が続く。なお、週末に関東地方を直撃する恐れのある台風19号を考慮し、大会2日目金曜日のスタート時間を当初の予定から1時間早めることを決定。2日目　台風の接近に伴い土曜日の第3Rの中止を決定。

競技は54ホールに短縮されるが、状況によっては36ホールで競技成立の可能性があることが発表される。今平は第2Rでもボギーなしの67で回り通算11アンダーで首位をキープ。1打差にベストスコア63を出した貞方章男、大槻智春、藤田寛之とS・ハンの4人が続く。3日目　順延。4日目　台風の通過に伴い第3Rの中止を決定。大会は36ホールで成立し、今平の連覇が決まった。

【優勝】今平　周吾　131　64・67　15,000,000円

順位	氏名	トータルスコア	1R	2R	3R	4R	賞金額(円)	順位	氏名	トータルスコア	1R	2R	3R	4R	賞金額(円)
2	スンス・ハン	132	68	64			4,800,000		タンヤゴーン・クロンパ	139	71	68			405,000
	貞方　章男	132	69	63			4,800,000		佐藤　大平	139	69	70			405,000
	藤田　寛之	132	68	64			4,800,000	41	趙　珉珪	140	70	70			307,500
	大槻　智春	132	68	64			4,800,000		小鯛　竜也	140	70	70			307,500
6	清水　大成	134	68	66			アマチュア		宮里　聖志	140	75	65			307,500
	ポール・ピーターソン	134	67	67			2,394,375		ウォンジョン・リー	140	73	67			307,500
	木下　稜介	134	67	67			2,394,375		武藤　俊憲	140	71	69			307,500
	ブラッド・ケネディ	134	68	66			2,394,375		詹　世昌	140	68	72			307,500
	秋吉　翔太	134	69	65			2,394,375		堀川未来夢	140	70	70			307,500
	砂川　公佑	134	66	68			アマチュア		関藤　直熙	140	72	68			307,500
12	パヌポール・ピッタヤラット	135	70	65			1,448,333		稲森　佑貴	140	68	72			307,500
	ジュビック・パグンサン	135	71	64			1,448,333		ハン・リー	140	72	68			307,500
	デービッド・ブランスドン	135	68	67			1,448,333	51	ラタノン・ワナスリチャン	141	71	70			192,250
	ブレンダン・ジョーンズ	135	71	64			1,448,333		プロム・ミーサワット	141	72	69			192,250
	比嘉　一貴	135	70	65			1,448,333		永野竜太郎	141	71	70			192,250
	アダム・ブランド	135	70	65			1,448,333		ラヒル・ガンジー	141	70	71			192,250
	時松　隆光	135	66	69			1,448,333		金　庚泰	141	72	69			192,250
	マイケル・ヘンドリー	135	67	68			1,448,333		李　尚熹	141	68	73			192,250
	ガン・チャルングン	135	65	70			1,448,333		片岡　大育	141	72	69			192,250
21	宇喜多飛翔	136	67	69			アマチュア		H・W・リュー	141	74	67			192,250
	マグリフィン	136	69	67			915,000		中里光之介	141	69	72			192,250
	小田　孔明	136	69	67			915,000		金　亨成	141	72	69			192,250
	片山　晋呉	136	69	67			915,000		朴　相賢	141	71	70			192,250
	浅地　洋佑	136	70	66			915,000		ディラン・ペリー	141	72	69			192,250
26	ショーン・ノリス	137	68	69			633,750	63	上井　邦裕	142	74	68			166,750
	出水田大二郎	137	70	67			633,750		阿久津未来也	142	74	68			166,750
	石川　遼	137	69	68			633,750		額賀　辰徳	142	72	70			166,750
	チャン・キム	137	70	67			633,750		崔　虎星	142	70	72			166,750
	竹安　俊也	137	71	66			633,750		重永亜斗夢	142	72	70			166,750
	木下　裕太	137	69	68			633,750		池田　勇太	142	71	71			166,750
	黄　重坤	137	68	69			633,750		嘉数　光倫	142	75	67			166,750
	香妻陣一朗	137	68	69			633,750		松村　道央	142	71	71			166,750
34	スコット・ビンセント	138	70	68			463,125		ジェイブ・クルーガー	142	73	69			166,750
	市原　弘大	138	71	67			463,125		142(±0)までの71名が予選通過						
	梁　津萬	138	68	70			463,125	※台風19号の影響により第3Rと第4Rが中止。競技は36ホールに短縮され、賞金総額150,000,000円は75,000,000円に変更(但し、支給率は100%)。							
	宮本　勝昌	138	71	67			463,125								
38	松原　大輔	139	72	67			405,000								

氏名	トータルスコア	1R	2R	氏名	トータルスコア	1R	2R	氏名	トータルスコア	1R	2R	氏名	トータルスコア	1R	2R
塚田 陽亮	143	72	71	近藤 智弘	144	70	74	井上 信	146	73	73	@唐下明徒	150	78	72
@木村太一	143	72	71	手嶋 多一	144	74	70	久保谷健一	148	74	74	横田 真一	151	77	74
大堀裕次郎	143	70	73	坂本 雄介	145	74	71	張 棟圭	148	70	78	谷口 徹	152	78	74
竹谷 佳孝	143	72	71	藤本 佳則	145	71	74	伊藤 元気	149	76	73	小西 健太	154	81	73
アンソニー・クウェイル	143	71	72	アンジェロ・キュー	145	75	70	岩田 寛	149	72	77	@細川淳矢	175	85	90
正岡 竜二	143	73	70	ピーター・カーミス	145	70	75	Y・E・ヤン	149	71	78	J・チョイ		78	棄
池村 寛世	144	67	77	中西 直人	145	73	72	梅山 知宏	149	74	75	尾崎 将司			棄
星野 陸也	144	72	72	金 永雄	145	76	69	@泊 隆太	150	73	77	@はアマチュア			

【歴代優勝者】

年	優勝者	スコア	2位	差	コース	パー/ヤード
ブリヂストントーナメント（契約プロ競技）						
1970	ケン・エルスワース	278—70・65・72・71	謝 永郁	2	ブリヂストンCC	72／6615Y
1971*	能田征二	285—70・71・72・72	謝 敏男	0	ブリヂストンCC	72／6630Y
ブリヂストントーナメント						
1972	謝 敏男	276—71・70・68・67	郭 吉雄、B・アリン	3	水海道GC	72／6900Y
1973	石井裕士	275—69・66・70・70	安田春雄	2	東京よみうりCC	72／7017Y
1974	グラハム・マーシュ	278—67・75・67・69	沼沢聖一	1	袖ヶ浦CC袖ヶ浦	72／7151Y
1975	山本善隆	283—68・74・69・72	安田春雄	3	袖ヶ浦CC袖ヶ浦	72／7151Y
1976*	村上 隆	282—71・75・69・67	草壁政治、謝 敏男	0	袖ヶ浦CC袖ヶ浦	72／6539Y
1977	小林富士夫	278—71・69・68・70	安田春雄	3	袖ヶ浦CC袖ヶ浦	72／6539Y
1978	石井裕士	280—68・75・69・68	小林富士夫	2	袖ヶ浦CC袖ヶ浦	72／6539Y
1979	ラニー・ワドキンス	277—66・71・69・71	横島由一	1	袖ヶ浦CC袖ヶ浦	72／6539Y
1980	ボブ・ギルダー	283—71・70・72・70	青木 功	1	袖ヶ浦CC袖ヶ浦	72／6539Y
1981	ヘイル・アーウィン	275—70・65・72・68	B・ロジャース	8	袖ヶ浦CC袖ヶ浦	72／6539Y
1982*	謝 敏男	279—64・70・71・74	新井規矩雄	0	袖ヶ浦CC袖ヶ浦	72／6539Y
1983	出口栄太郎	274—70・67・69・68	謝 敏男	1	袖ヶ浦CC袖ヶ浦	72／6511m
1984*	倉本昌弘	279—67・74・67・71	陳 志忠、S・トーランス、岩下吉久	0	袖ヶ浦CC袖ヶ浦	72／6511m
1985	倉本昌弘	273—71・67・68・67	青木 功	1	袖ヶ浦CC袖ヶ浦	72／6511m
1986	尾崎健夫	276—71・67・68・70	尾崎直道	2	袖ヶ浦CC袖ヶ浦	72／6511m
1987*	デービッド・イシイ	282—69・71・72・70	芹澤信雄、牧野 裕	0	袖ヶ浦CC袖ヶ浦	72／7120Y
1988	尾崎将司	273—72・64・68・69	青木 功	2	袖ヶ浦CC袖ヶ浦	72／7120Y
1989	ロジャー・マッカイ	277—66・70・68・73	山本善隆	1	袖ヶ浦CC袖ヶ浦	72／7120Y
1990*	藤木三郎	274—67・72・66・69	横山明仁	0	袖ヶ浦CC袖ヶ浦	72／7120Y
ブリヂストンオープン						
1991	青木 功	134—71・63	米山 剛	1	袖ヶ浦CC袖ヶ浦	72／7110Y
1992*	倉本昌弘	271—68・67・70・66	西川 哲	1	袖ヶ浦CC袖ヶ浦	72／7110Y
1993	白浜育男	271—68・69・69・65	渡辺 司、M・カルカベッキア、N・ヘンキー	5	袖ヶ浦CC袖ヶ浦	72／7110Y
1994	ブライアン・ワッツ	274—68・67・67・72	M・カルカベッキア	3	袖ヶ浦CC袖ヶ浦	72／7110Y
1995	丸山茂樹	274—66・70・67・71	尾崎将司、横田真一、M・カルカベッキア	3	袖ヶ浦CC袖ヶ浦	72／7120Y
1996	丸山茂樹	272—67・67・67・71	B・ワッツ	2	袖ヶ浦CC袖ヶ浦	72／7151Y
1997	尾崎将司	273—66・70・71・66	尾崎健夫、丸山茂樹	1	袖ヶ浦CC袖ヶ浦	72／7151Y
1998*	佐藤信人	275—69・69・67・70	尾崎健夫	1	袖ヶ浦CC袖ヶ浦	72／7151Y
1999	丸山茂樹	268—66・68・66・68	伊沢利光	5	袖ヶ浦CC袖ヶ浦	72／7178Y
2000	佐藤信人	272—70・66・69・67	宮本勝昌	1	袖ヶ浦CC袖ヶ浦	72／7178Y
2001	伊沢利光	274—71・67・67・69	尾崎将司	1	袖ヶ浦CC袖ヶ浦	72／7178Y
2002	スコット・レイコック	272—66・66・69・71	谷口 徹、片山晋呉	1	袖ヶ浦CC袖ヶ浦	72／7208Y
2003*	尾崎直道	267—66・69・67・65	P・シーハン	0	袖ヶ浦CC袖ヶ浦	72／7208Y
2004	谷口 徹	272—66・71・69・66	横田真一、丸山茂樹	1	袖ヶ浦CC袖ヶ浦	72／7138Y
2005	デービッド・スメイル	272—66・72・67・67	鈴木 亨	2	袖ヶ浦CC袖ヶ浦	72／7138Y
2006	手嶋多一	266—70・65・63・68	真板 潔	5	袖ヶ浦CC袖ヶ浦	72／7138Y
2007	片山晋呉	270—68・67・67・68	深堀圭一郎、近藤智弘、S・コンラン	1	袖ヶ浦CC袖ヶ浦	72／7138Y
2008	矢野 東	267—65・66・69・67	野上貴夫	4	袖ヶ浦CC袖ヶ浦	72／7138Y
2009	池田勇太	270—67・67・71・65	久保谷健一	2	袖ヶ浦CC袖ヶ浦	72／7138Y
2010	池田勇太	265—67・71・65・62	松村道央	3	袖ヶ浦CC袖ヶ浦	72／7138Y
2011	谷口 徹	269—69・67・68・65	片山晋呉、小田孔明、松村道央、河井博大	5	袖ヶ浦CC袖ヶ浦	71／7119Y
2012	谷口 徹	272—66・71・69・66	藤田寛之	1	袖ヶ浦CC袖ヶ浦	71／7119Y

ツアー成績

ブリヂストンオープン

2013	丸山大輔	203—68・67・68	I・J・ジャン	3	袖ヶ浦CC袖ヶ浦 71／7119Y
2014	小田孔明	269—67・65・69・68	藤田寛之	1	袖ヶ浦CC袖ヶ浦 71／7119Y
2015	松村道央	275—69・68・71・67	金 庚泰、A・ブランド、稲森佑貴、堀川未来夢	2	袖ヶ浦CC袖ヶ浦 71／7119Y
2016	小平 智	270—75・66・62・67	李 京勲	1	袖ヶ浦CC袖ヶ浦 71／7119Y
2017	時松隆光	133—69・64	李 尚熹	2	袖ヶ浦CC袖ヶ浦 71／7119Y
2018	今平周吾	268—70・65・67・66	川村昌弘	1	袖ヶ浦CC袖ヶ浦 71／7119Y
2019	今平周吾	131—64・67	S・ハン、貞方章男、藤田寛之、大槻智春	1	袖ヶ浦CC袖ヶ浦 71／7119Y

＊はプレーオフ。1973年からツアー競技

【過去の18ホール最少ストローク】

62（−10）	片山 晋呉	2010年3R	袖ヶ浦CC袖ヶ浦	PAR72／7138ヤード
62（−10）	池田 勇太	2010年4R	袖ヶ浦CC袖ヶ浦	PAR72／7138ヤード
62（−9）	谷原 秀人	2016年1R	袖ヶ浦CC袖ヶ浦	PAR71／7119ヤード
62（−9）	小平 智	2016年3R	袖ヶ浦CC袖ヶ浦	PAR71／7119ヤード

日本オープンゴルフ選手権競技（第84回）

開催期日　2019年10月17日～20日	賞金総額　210,000,000円
競技会場　古賀GC	出場人数　120名
トータル　6,817Y：パー71（36,35）	天　候　曇・雨・曇後晴・晴時々曇

1日目 B・ジョーンズが6バーディ、3ボギー68で首位スタート。1打差に星野陸也、2打差に池田勇太、比嘉一貴、藤本佳則、岩田寛。2年連続5度目の出場となる2013年マスターズ覇者のA・スコットは5オーバー72位と出遅れる。**2日目** 雨によるコースコンディション不良のため中断。日没サスペンデッドとなる。**3日目** 悪天候の中第2Rの残りと第3Rが行われたが、第3Rが日没サスペンデッド。第2Rを終えて最終予選会を突破した塩見好輝が通算4アンダーで首位。3打差に姜庚男、4打差に今平と比嘉。**最終日** 第3Rを終えて塩見が通算3アンダーで首位をキープ。4打差に比嘉、堀川未来夢、S・ビンセント。最終R前半をパープレーでしのいだ塩見だったが、14番以降5ホールで9オーバーと崩れる。優勝は8打差17位から出たC・キムが67をマークして大逆転。通算1オーバーでツアー4勝目を飾った。

【優勝】チャン・キム　285　74・69・75・67　42,000,000円

順位	氏名	トータルスコア	1R	2R	3R	4R	賞金額（円）
2	ショーン・ノリス	286	71	72	72	71	19,635,000
	堀川未来夢	286	72	71	71	72	19,635,000
4	スコット・ビンセント	287	71	73	70	73	10,500,000
5	ブラッド・ケネディ	288	74	73	70	71	6,510,000
	I・H・ホ	288	74	73	71	70	6,510,000
	アダム・スコット	288	76	69	74	69	6,510,000
	ブレンダン・ジョーンズ	288	68	75	73	72	6,510,000
	比嘉一貴	288	70	72	72	74	6,510,000
10	星野陸也	289	69	75	72	73	3,832,500
	塩見好輝	289	71	67	72	79	3,832,500
12	藤田寛之	290	71	75	70	74	2,639,000
	重永亜斗夢	290	75	74	74	67	2,639,000
	石川遼	290	76	74	69	71	2,639,000
	S・H・キム	290	73	77	72	68	2,639,000
	今平周吾	290	71	71	73	75	2,639,000
	姜庚男	290	70	75	70	74	2,639,000
18	正岡竜二	291	74	75	73	69	1,953,000
	張棟圭	291	71	74	71	75	1,953,000
	香妻陣一朗	291	72	72	71	76	1,953,000
	市原弘大	291	74	70	71	76	1,953,000
22	小西貴紀	292	74	73	72	73	1,764,000
23	川村昌弘	293	73	75	73	72	1,680,000
	ドンファン・ジャックン	293	76	73	72	72	アマチュア
	石坂友宏	293	72	74	71	76	アマチュア
	桂川有人	293	72	74	76	71	アマチュア
	小平智	293	75	74	73	71	1,680,000
	永野竜太郎	293	74	76	71	72	1,680,000
29	金成玹	294	78	70	73	73	1,512,000
	マシュー・グリフィン	294	74	74	75	71	1,512,000
	稲森佑貴	294	74	75	74	71	1,512,000
	貞方章男	294	74	75	75	70	1,512,000
	安本大祐	294	75	75	72	72	1,512,000
	米澤蓮	294	78	72	72	72	アマチュア
35	木下裕太	295	77	72	74	72	1,344,000
	池田勇太	295	70	75	72	78	1,344,000
	岩田寛	295	70	75	73	77	1,344,000
	時松隆光	295	72	72	80	71	1,344,000
	藤本佳則	295	70	73	77	75	1,344,000
40	手嶋多一	296	75	74	71	76	1,270,500
	金谷拓実	296	74	75	75	72	アマチュア
	大槻智春	296	72	72	76	76	1,270,500
43	片山晋呉	297	72	76	77	72	1,218,000
	武藤俊憲	297	72	74	75	76	1,218,000
	金庚泰	297	72	74	76	75	1,218,000
46	片岡大育	298	72	75	74	77	1,155,000
	ガン・チャルングン	298	74	76	74	74	1,155,000
	梁津萬	298	76	73	73	76	1,155,000
49	木下稜介	299	75	71	74	79	1,102,500
	ブラッド・マークセン	299	71	75	72	81	1,102,500
51	デンゼル・イエレミア	300	73	74	73	80	1,060,500
	和田章太郎	300	72	72	78	73	1,060,500
53	坂本雄介	301	71	75	73	82	1,008,000
	ジェイブ・クルーガー	301	76	73	78	74	1,008,000
	崔虎星	301	74	76	74	77	1,008,000
56	H・W・リュー	302	74	73	78	77	945,000
	中井賢人	302	74	73	77	78	945,000
	岸本翔太	302	73	77	75	77	945,000
59	近藤智弘	304	75	75	74	80	892,500
	小林正則	304	74	76	77	77	892,500
61	小田孔明	305	73	74	80	78	861,000
62	Y・E・ヤン	308	75	75	79	79	829,500
	寺岡颯太	308	74	76	79	79	829,500

150（+8）までの63名が予選通過

日本オープンゴルフ選手権

氏　名	トータルスコア	1R	2R	氏　名	トータルスコア	1R	2R	氏　名	トータルスコア	1R	2R	氏　名	トータルスコア	1R	2R
中西　直人	151	75	76	弓削　淳詩	152	73	79	福岡　大河	156	76	80	亀代　順哉	160	79	81
アンジェロ・キュー	151	77	74	スンス・ハン	153	76	77	山田　裕一	156	73	83	川根　隆史	160	81	79
李　尚熹	151	77	74	嘉数　光倫	153	78	75	@出利葉太一郎	157	78	79	木下　大海	161	83	78
谷口　徹	151	75	76	田村　光正	154	79	75	徳永　圭太	157	80	77	阿部　剛丈	162	83	79
上森　大輔	151	75	76	@植木祥多	154	78	76	竹安　俊也	157	79	78	デービッド・ブランスドン	164	82	82
アダム・ブランド	151	75	76	すし　石垣	154	77	77	浅地　洋佑	157	73	84	永井　哲平	165	78	87
藤島　豊和	151	77	74	@小林大河	154	77	77	平本　穏	158	75	83	K・T・ゴン		81	棄
池村　寛世	151	77	74	櫻井　將大	154	83	71	原　敏之	158	75	83	金　亨成		83	棄
出水田大二郎	151	75	76	石渡　和輝	154	75	79	額賀　辰徳	158	77	81	タンヤゴーン・クロンパ		77	棄
ジュビック・パグンサン	151	74	77	ラヒル・ガンジー	154	73	81	小木曽　喬	158	78	80	アンソニー・クウェイル		80	棄
岩男　健一	152	77	75	田中　大心	154	74	80	小袋　秀人	159	75	84	@豊島　豊		88	失
三重野里斗	152	72	80	塚田　陽亮	154	79	75	宮本　勝昌	159	78	81	増田　伸洋		棄	
高橋　賢	152	73	79	久保谷健一	155	81	74	@木村太一	159	79	80				
@生源寺龍憲	152	73	79	@塚本　岳	155	82	73	I・J・ジャン	160	81	79	@はアマチュア			
秋吉　翔太	152	75	77	近藤　龍一	156	76	80	永澤　翔	160	82	78				

【歴代優勝者】

年	優勝者	スコア	2位	差	コース	パー/ヤード
1927	@赤星六郎	309—79・73・79・78	浅見緑蔵	10	程ヶ谷CC	
1928	浅見緑蔵	301—78・73・78・72	安田幸吉	7	東京GC(駒沢)	
1929	宮本留吉	298—77・72・74・75	安田幸吉	2	茨木CC東	
1930	宮本留吉	287—71・72・72・72	安田幸吉	19	茨木CC東	
1931	浅見緑蔵	281—67・70・71・73	宮本留吉	4	程ヶ谷CC	70/6170Y
1932	宮本留吉	298—78・75・75・70	村木　章	1	茨木CC東	72/
1933	中村兼吉	294—75・73・75・71	L・モンテス、陳　清水	9	霞ヶ関CC東	74/6700Y
1934	〈関西風水害のため中止〉					
1935	宮本留吉	296—77・75・74・70	戸田藤一郎	8	東京GC(朝霞)	74/6700Y
1936	宮本留吉	293—68・76・76・73	陳　清水	1	鳴尾GC猪名川	70/6704Y
1937	陳　清水	284—69・77・68・70	浅見緑蔵	7	相模CC	73/6640Y
1938	林　萬福	294—69・73・73・79	戸田藤一郎	3	藤沢CC	73/
1939	戸田藤一郎	287—73・70・71・73	陳　清水	5	広野CC	72/
1940	宮本留吉	285—74・68・70・73	戸田藤一郎	2	東京GC(朝霞)	74/
1941	延　徳春	290—73・72・71・74	中村寅吉	3	程ヶ谷CC	72/
1942〜1949	〈第二次世界大戦のため中止〉					
1950	林　由郎	288—72・72・74・70	島村祐正	1	我孫子GC	
1951	小野光一	288—76・70・71・71	栗原甲子男	3	鳴尾GC猪名川	72/
1952	中村寅吉	279—68・68・71・72	石井　茂	11	川奈ホテル富士	72/6691Y
1953	小野光一	291—72・73・73・73	中村寅吉	1	宝塚GC	70/6516Y
1954	林　由郎	293—71・74・70・78	小針春芳、石井迪夫	3	東京GC	72/6740Y
1955	小野光一	291—72・72・72・75	陳　清水	5	広野GC	72/6770Y
1956	中村寅吉	285—73・69・76・67	小針春芳	8	霞ヶ関CC西	72/6650Y
1957	小針春芳	288—72・71・71・74	石井朝夫	6	愛知CC(東山)	74/7055Y
1958	中村寅吉	288—74・73・72・69	林　由郎	4	鷹之台CC	72/7100Y
1959	*陳　清波	296—76・76・73・71	島村祐正	0	相模原GC東	74/7255Y
1960	*小針春芳	294—70・73・75・76	松田司郎、小野光一、藤井義将、O・ムーディ	5	広野GC	72/6950Y
1961	*細田憲二	289—74・73・70・72	小野光一、謝　永郁、勝俣　功、陳　清波	0	鷹之台CC	72/7070Y
1962	杉原輝雄	287—72・71・71・73	陳　清波	2	千葉CC梅郷	72/6940Y
1963	戸田藤一郎	283—67・75・70・71	杉原輝雄	2	四日市CC	72/6955Y
1964	杉本英世	288—71・72・69・76	陳　清波、木本挙国	1	東京GC	72/6726Y
1965	橘田　規	284—69・69・71・75	海野憲二、内田　繁、能田征二	1	三好CC	72/7030Y
1966	佐藤精一	285—70・69・73・73	橘田　規、陳　清波、宮本省三	1	袖ヶ浦CC袖ヶ浦	72/7075Y
1967	橘田　規	282—69・68・70・75	杉原輝雄、石井朝夫	3	広野GC	72/6970Y
1968	河野高明	284—67・67・73・77	B・デブリン、新井規矩雄、鷹巣南雄	1	総武CC東・中	72/7006Y
1969	杉本英世	284—73・70・74・67	内田　繁	1	小野GC	72/6980Y
1970	橘田光弘	282—70・71・71・70	青木　功	1	武蔵CC笹井	72/7010Y
1971	*藤井義将	282—71・70・72・69	杉本英世	0	愛知CC(東山)	74/7105Y
1972	韓　長相	278—68・68・71・71	尾崎将司	1	大利根CC東	72/7024Y

年	優勝者	スコア	次位	差	コース	PAR/距離
1973	ベン・アルダ	278—68・74・69・67	青木 功	2	茨木CC西	72／7075Y
1974	尾崎将司	279—69・69・68・73	村上 隆	1	セントラルGC東	73／7136Y
1975	村上 隆	278—74・69・69・66	金井清一	3	春日井CC東	72／6870Y
1976	島田幸作	288—73・75・71・69	中村 通、村上 隆	1	セントラルGC東	73／6630m
1977	セベ・バレステロス	284—69・72・72・71	村上 隆	1	習志野CC	71／6507m
1978＊	セベ・バレステロス	281—68・67・71・75	G・マーシュ	0	横浜CC西	72／6332m
1979＊	郭 吉雄	285—71・70・70・74	山本善隆、青木 功、上原宏一	0	日野GCキング	72／6440m
1980	菊地勝司	296—69・73・74・80	青木 功、吉川一雄	1	相模原GC東	74／6638m
1981	羽川 豊	280—74・69・69・68	中島常幸、森 憲二	1	日本ラインGC東	70／6218m
1982	矢部 昭	277—71・70・67・69	尾崎直道、羽川 豊、白浜郁夫	5	武蔵CC豊岡	71／6106m
1983＊	青木 功	281—72・69・71・69	T・ゲール	0	六甲国際GC東・中	72／6469m
1984	上原宏一	283—71・68・70・74	鈴木弘一	2	嵐山CC	72／6405m
1985	中島常幸	285—75・68・72・70	牧野 裕	2	東名古屋CC西	72／6390m
1986	中島常幸	284—70・73・72・69	尾崎将司、青木 功	1	戸塚CC西	72／7066Y
1987	青木 功	279—70・68・71・70	中島常幸、芹澤信雄	1	有馬ロイヤルGC	72／7034Y
1988	尾崎将司	288—67・73・75・73	中島常幸、青木 功	1	東京GC	71／6923Y
1989	尾崎将司	274—66・68・67・73	B・ジョーンズ	1	名古屋GC和合	70／6473Y
1990	中島常幸	281—68・71・73・69	尾崎将司	2	小樽CC	72／7119Y
1991＊	中島常幸	290—72・74・71・73	須貝 昇	0	下関GC	72／6910Y
1992	尾崎将司	277—64・73・71・69	倉本昌弘、B・フランクリン	5	龍ヶ崎CC	72／7012Y
1993	奥田靖己	281—69・72・71・69	尾崎将司	5	琵琶湖CC(栗東・三上)	72／6879Y
1994	尾崎将司	270—68・66・69・67	加瀬秀樹、D・イシイ	13	四日市CC	72／7275Y
1995	伊沢利光	277—67・70・70・70	細川和彦	1	霞ヶ関CC東	71／6995Y
1996	ピーター・テラベイネン	282—71・72・71・68	F・ミノザ	2	茨木CC西	71／7017Y
1997	クレイグ・パリー	286—73・73・70・70	尾崎将司、奥田靖己、F・ミノザ	1	古賀GC	71／6762Y
1998	田中秀道	283—72・70・72・69	尾崎直道	1	大洗GC	72／7160Y
1999	尾崎直道	298—68・76・76・78	湯原信光、細川和彦	2	小樽CC	72／7200Y
2000	尾崎直道	281—67・72・70・72	林 根基	1	鷹之台CC	72／7034Y
2001	手嶋多一	277—68・72・67・70	米山 剛	4	東京GC	71／6908Y
2002	デービッド・スメイル	271—71・66・67・67	金 鍾徳	4	下関GC	70／6867Y
2003	深堀圭一郎	276—66・75・71・64	今野康晴	2	日光CC	71／7027Y
2004	谷口 徹	285—68・68・75・74	D・スメイル、葉 偉志、伊沢利光	4	片山津GC白山	72／7104Y
2005	片山晋呉	282—71・73・70・68	C・パリー、川岸良兼	2	廣野GC	71／7144Y
2006	ポール・シーハン	277—68・70・68・71	矢野 東	3	霞ヶ関CC西	71／7068Y
2007	谷口 徹	283—75・70・72・66	片山晋呉	2	相模原GC東	72／7259Y
2008	片山晋呉	283—68・72・71・72	石川 遼	4	古賀GC	72／6797Y
2009＊	小田龍一	282—74・70・71・67	石川 遼、今野康晴	0	武蔵CC豊岡	72／7083Y
2010	金 庚泰	271—69・70・68・64	藤田寛之	2	愛知CC	71／7084Y
2011＊	裵 相文	282—69・74・68・71	久保谷健一	0	鷹之台CC	71／7061Y
2012	久保谷健一	292—74・73・75・70	J・パグンサン	1	那覇GC	71／7176Y
2013	小林正則	274—69・69・69・67	小田孔明	3	茨城GC東	71／7320Y
2014	池田勇太	270—68・64・66・72	小平 智、片山晋呉	1	千葉CC梅郷	71／7081Y
2015	小平 智	275—71・62・70・72	池田勇太	1	六甲国際GC東	72／7394Y
2016	松山英樹	275—71・70・65・69	李 京勲、池田勇太	3	狭山GC	70／7208Y
2017	池田勇太	272—67・66・67・72	ⓐ金谷拓実	1	岐阜関CC東	70／7180Y
2018	稲森佑貴	270—68・67・67・68	S・ノリス	2	横浜CC	71／7257Y
2019	チャン・キム	285—74・69・75・67	S・ノリス、堀川未来夢	1	古賀GC	71／6817Y

ⓐはアマチュア、＊はプレーオフ。1973年からツアー競技

【過去の18ホール最少ストローク】

62（-10）	小平 智	2015年2R	六甲国際GC東	PAR72／7394ヤード
62（-8）	佐藤 信人	2002年1R	下関GC	PAR70／6867ヤード

ZOZO CHAMPIONSHIP

開催期日	2019年10月24日～28日	賞金総額	1,048,320,000円
競技会場	習志野CC	出場人数	78名
トータル	7,041Y：パー70(34,36)	天　候	曇・雨(中止)・晴・曇・晴

1日目 日本ツアーと米国PGAツアーの初共催大会。首位発進したのは13年ぶりに日本ツアーに参戦したT・ウッズ。6アンダー64でG・ウッドランドと並走。1打差に松山英樹がつける。2日目 悪天候のため順延。主催のPGAツアーはギャラリーの安全を優先して第2Rを無観客試合にすることを発表。3日目 前日の豪雨で池の水があふれた10番ホール。ティマークを前方に移し140ヤード、パー4で実施。第2Rを終えてT・ウッズが通算12アンダーで首位を堅持。2打差にG・ウッドランド。4日目 第3Rに続いて最終ラウンドが行われる予定も日没サスペンデッドで月曜日に持ち越される。第3Rを終えて通算16アンダーの首位T・ウッズを松山が3打差で追う。5日目 T・ウッズが通算19アンダーで完全優勝。S・スニードに並ぶPGAツアータイ記録の通算82勝目を飾る。2位は3打差で松山。

【優勝】タイガー・ウッズ　261　64・64・66・67　94,348,800円

順位	氏名	トータルスコア	1R	2R	3R	4R	賞金額(円)
2	松山 英樹	264	65	67	65	67	56,609,280
3	ロリー・マキロイ	267	72	65	63	67	30,401,280
	任 成宰	267	71	64	67	65	30,401,280
5	ゲーリー・ウッドランド	268	64	66	68	70	20,966,400
6	ビリー・ホーシェル	269	68	67	64	70	18,214,560
	コーリー・コナーズ	269	69	64	66	70	18,214,560
8	安 秉勲	270	70	68	66	66	15,724,800
	チャールズ・ハウエルⅢ	270	70	65	66	69	15,724,800
10	ダニー・リー	271	70	65	68	68	13,104,000
	ライアン・パーマー	271	67	68	69	67	13,104,000
	ザンダー・シャウフェレ	271	68	66	65	72	13,104,000
13	シェーン・ローリー	272	71	67	69	65	9,775,584
	イアン・ポールター	272	71	71	64	66	9,775,584
	マシュウ・ウルフ	272	69	65	67	71	9,775,584
	キーガン・ブラドリー	272	69	63	69	69	9,775,584
17	パトリック・リード	273	72	64	65	68	7,212,441
	ジャスティン・トーマス	273	70	69	69	65	7,212,441
	ポール・ケーシー	273	69	69	68	67	7,212,441
	康 晟訓	273	67	69	70	67	7,212,441
	ダニエル・バーガー	273	67	66	70	70	7,212,441
22	ジェーソン・デイ	274	73	66	67	68	4,906,137
	ディラン・フリッテリ	274	71	69	67	67	4,906,137
	トミー・フリートウッド	274	71	69	67	67	4,906,137
	アダム・ヘンク	274	69	67	68	70	4,906,137
	コリー・モリカワ	274	71	64	69	70	4,906,137
27	ハロルド・バーナーⅢ	275	72	70	69	64	3,752,985
	キース・ミッチェル	275	69	68	71	67	3,752,985
	J・T・ポストン	275	70	65	72	68	3,752,985
30	ラファエル・カブレラベロ	276	73	66	67	70	3,281,241
	トロイ・メリット	276	71	68	69	68	3,281,241
	エミリアノ・グリジョ	276	69	69	68	70	3,281,241
33	アダム・スコット	277	73	67	66	71	2,770,185
	ロリー・サバティーニ	277	71	68	68	70	2,770,185
	セルヒオ・ガルシア	277	70	71	67	69	2,770,185
	ホアキン・ニーマン	277	68	67	67	74	2,770,185
37	ケビン・エー	278	69	72	71	66	2,285,337
	ルーカス・グラバー	278	72	69	68	69	2,285,337
	金 施佑	278	76	67	66	69	2,285,337
	小平 智	278	69	66	69	74	2,285,337
41	チャン・キム	279	71	69	72	67	1,813,593
	アダム・ハドウィン	279	71	69	71	68	1,813,593
	ビクトル・ホブラン	279	75	65	67	72	1,813,593
	アブラハム・アンサー	279	74	68	68	69	1,813,593
	ボー・テンラー	279	70	73	71	65	1,813,593
46	マックス・ホーマ	280	71	68	66	75	1,327,173
	ケビン・ナ	280	71	70	68	71	1,327,173
	大槻 智春	280	70	68	67	75	1,327,173
	ルイ・ウェストヘーゼン	280	69	68	71	72	1,327,173
	ウィンダム・クラーク	280	74	68	70	68	1,327,173
51	ショーン・フリス	281	73	67	72	69	1,107,724
	星野 陸也	281	68	71	72	70	1,107,724
	アダム・ロング	281	71	70	74	66	1,107,724
	バッバ・ワトソン	281	69	69	68	75	1,107,724
	パット・ペレス	281	72	70	69	70	1,107,724
	石川 遼	281	72	68	66	75	1,107,724
57	ジャズ・ジェーンワタナノンド	282	74	67	71	70	1,053,561
	香妻陣一朗	282	75	69	71	67	1,053,561
59	アンドリュー・パットナム	283	68	72	73	70	1,022,111
	トニー・フィナウ	283	72	69	69	73	1,022,111
	潘 政琮	283	69	75	71	68	1,022,111
	今平 周吾	283	74	69	72	68	1,022,111
63	浅地 洋佑	284	72	67	70	75	985,420
	朴 相賢	284	71	70	74	69	985,420
	スンス・ハン	284	72	69	68	75	985,420
66	ケビン・キズナー	285	75	70	68	72	953,971
	ジョーダン・スピース	285	74	71	69	71	953,971
	スコット・ピアシー	285	73	68	68	71	953,971
69	マリー・シュウマン	286	76	70	69	71	933,004
	チェズ・リービー	287	77	70	66	74	922,521
71	ジェーソン・コグラク	288	74	70	70	74	912,038
72	ライアン・ニーァ	289	72	69	72	76	896,313
	堀川未来夢	289	72	75	68	74	896,313
74	ケビン・ストリールマン	291	78	69	72	72	880,588
75	マシュー・フィッツパトリック	292	75	71	74	72	870,105

順位	氏　　　名	トータルスコア	1R	2R	3R	4R	賞金額(円)
76	ジョエル・ダーメシ	298	72	76	72	78	859,622
	ネート・ラシュリー		73	棄			
	グレーム・マクダウエル		81	棄			

※賞金加算は規程により50%

【歴代優勝者】

年	優勝者	スコア	2位	差	コース	パー/ヤード
2019	タイガー・ウッズ	261—64・64・66・67	松山英樹	3	習志野CC	70／7041Y

【過去の18ホール最少ストローク】

63(−7)	K・ブラドリー	2019年2R	習志野CC	PAR70／7041ヤード
63(−7)	R・マキロイ	2019年3R	習志野CC	PAR70／7041ヤード

マイナビABCチャンピオンシップゴルフトーナメント

開催期日 2019年10月31日～11月3日	賞金総額 150,000,000円
競技会場 ABCGC	出場人数 96名
トータル 7,200Y：パー72(36,36)	天候 晴・晴・晴・曇

1日目 岩田寛とW・J・リーが7アンダー65で首位に並ぶ。1打差に黄重坤、Y・E・ヤン、姜庚男。プロ4年目の阿久津未来也が68で回り9位と自身初のトップ10スタートを切る。2日目 4打差17位から出た趙珉珪が2日続けてボギーなしの65をマーク。通算10アンダーで岩田に並んで首位浮上。2打差に黄重坤とD・ブランスドン。3日目 7打差33位から出た小平智が猛チャージ。コースレコード及び自己ベストに並ぶ62をマークして通算13アンダーで首位・今平周吾に2打差と迫る3位に急浮上。最終日 今平と1打差の2位でスタートした黄重坤。17番ホールまでボギーなしの3バーディで通算17アンダーと伸ばし今平を1打リード。最終18番ホール。今平がイーグルパットを沈めた直後、黄重坤もイーグルを入れ返して逆転。2015年以来4年ぶりに日本ツアー4勝目を挙げた。

【優勝】黄 重坤　269　66・70・66・67　30,000,000円

順位	氏名	トータルスコア	1R	2R	3R	4R	賞金額(円)
2	今平 周吾	270	69	68	64	69	15,000,000
3	小平 智	272	71	70	62	69	10,200,000
4	リチャード・ジョン	274	68	70	69	67	6,200,000
	岩田 寛	274	65	69	70	70	6,200,000
	藤田 寛之	274	72	67	65	70	6,200,000
7	李 尚熹	275	69	70	69	67	4,107,500
	ブレンダン・ジョーンズ	275	69	70	69	67	4,107,500
	朴 相賢	275	66	71	69	69	4,107,500
	姜 庚男	275	66	71	69	69	4,107,500
	ガン・チャルングン	275	68	70	67	70	4,107,500
	トッド・ベク	275	68	70	67	70	4,107,500
13	秋吉 翔太	276	69	69	71	67	2,692,500
	片山 晋呉	276	68	72	69	67	2,692,500
	デービッド・ブランスドン	276	67	69	72	68	2,692,500
	張 棟圭	276	69	68	71	68	2,692,500
17	スコット・ビンセント	277	71	68	72	66	2,016,000
	武藤 俊憲	277	70	71	70	66	2,016,000
	星野 陸也	277	70	68	70	69	2,016,000
	出水田大二郎	277	68	69	70	70	2,016,000
	趙 珉珪	277	69	65	71	72	2,016,000
22	佐藤 大平	278	71	69	70	68	1,530,000
	香妻陣一朗	278	67	71	69	71	1,530,000
	ウォンジョン・リー	278	65	74	68	71	1,530,000
25	ショーン・ノリス	279	73	69	71	66	1,320,000
	阿久津未来也	279	68	69	68	74	1,320,000
27	崔 虎星	280	70	72	70	68	1,110,000
	塚田 陽亮	280	72	72	67	69	1,110,000
	小西 貴紀	280	69	70	73	68	1,110,000
	スンス・ハン	280	71	69	69	71	1,110,000
	竹谷 佳孝	280	69	68	70	73	1,110,000
32	小鯛 竜也	281	73	71	70	67	905,000
	小田 孔明	281	70	70	70	71	905,000
	マイケル・ヘンドリー	281	70	72	67	72	905,000
35	ピーター・カーミス	282	73	71	68	70	795,000
	稲森 佑貴	282	69	70	72	71	795,000
	小斉平優和	282	70	72	68	72	795,000
	宮本 勝昌	282	68	71	67	76	795,000
39	嘉数 光倫	283	72	67	72	72	705,000
	Y・E・ヤン	283	66	73	71	73	705,000
41	小木曽 喬	284	71	73	71	69	660,000
42	ディラン・ペリー	285	71	72	68	74	600,000
	金 庚泰	285	69	72	72	72	600,000
	竹安 俊也	285	74	70	72	69	600,000
45	重永亜斗夢	286	73	68	72	73	471,000
	ブライアン・マークセン	286	73	72	67	74	471,000
	片岡 大育	286	72	71	72	71	471,000
	ラヒル・ガンジー	286	72	71	72	71	471,000
	永野竜太郎	286	74	72	70	70	471,000
	福永 安伸	286	72	71	72	70	471,000
51	大槻 智春	287	71	70	71	75	378,000
	金 亨成	287	67	74	71	75	378,000
	時松 隆光	287	73	71	69	74	378,000
	詹 世昌	287	71	70	73	73	378,000
	池村 寛世	287	73	71	70	72	378,000
	ポール・ピーターソン	287	68	74	74	71	378,000
57	中島 徹	289	72	70	73	74	354,000
58	木下 裕太	290	71	73	74	72	349,500
59	井上 信	291	70	71	76	74	345,000
	矢野 東	291	70	73	74	74	345,000

144(±0)までの60名が予選通過

氏名	トータルスコア	1R	2R
ⓐ石塚祥利	145	72	73
久保谷健一	145	71	74
ラタノン・ワナスリチャン	145	75	70
上井 邦裕	145	75	70
谷口 徹	145	75	70
幡地 隆寛	145	70	75
ジェイ・チョイ	145	70	75
岩本 高志	145	73	72
正岡 竜二	146	72	74
アンジェロ・キュー	146	71	75
貞方 章男	146	72	74
ジュビック・パグンサン	146	72	74
額賀 辰徳	146	74	72
S・H・キム	146	76	70
市原 弘大	146	76	70
ⓐ支飼 台	147	76	71
ハン・リー	147	75	72
アンソニー・クウェイル	147	76	71
手嶋 多一	147	74	73
近藤 智弘	147	75	72
池田 勇太	147	75	72
藤本 佳則	147	73	74
木下 稜介	147	73	74
ⓐ杉浦悠太	147	73	74
ⓐ岡田晃平	148	71	77
比嘉 一貴	148	72	76
中川 勝弥	150	75	75
深堀圭一郎	151	74	77
ⓐ小野貴之	151	75	76
中西 直人	152	76	76
H・W・リュー	152	74	78
今井 陽介	152	75	77
ⓐ吉本龍斗	154	77	77
大堀裕次郎	154	77	77
タンヤゴーン・クロンパ	162	78	84
		81	棄
尾崎 将司	棄		

ⓐはアマチュア

【歴代優勝者】

年		優勝者	スコア	2位	差	コース	パー／ヤード
ミキ・ゴールドカップ日米対抗							
1971	個人	尾崎将司	208—67・69・72	※B・ヤンシー	2	PLCC	72／6815Y
		ビリー・キャスパー	208—70・70・68	（※は3位）			
	団体	米国	1484S—1493S 日本				
ABC日米対抗							
1972	個人	トミー・アーロン	209—72・67・70	B・ヤンシー	1	池田CC	71／6689Y
	団体	米国	1488S—1506S 日本				
1973	個人	アル・ガイバーガー	218—72・70・76	村上 隆	2	橋本CC	72／7200Y
	団体	日本	1785S—1802S 米国				
1974	個人	杉原輝雄	209—73・68・68	H・グリーン	1	橋本CC	72／7200Y
	団体	米国	1752S—1761S 日本				
1975	個人	中村 通	273—67・67・71・68	A・ガイバーガー	7	茨木国際GC	72／6830Y
	団体	日本	2266S—2308S 米国				
1976	個人	トム・ワトソン	277—71・66・67・73	青木 功	3	播磨CC	72／6530m
	団体	日本	2273S—2288S 米国				
1977	個人	青木 功	280—68・69・71・73	T・ワイスコフ	2	播磨CC	72／6530m
	団体	日本	2079S—2081S 米国				
1978	個人	青木 功	273—71・68・64・70	島田幸作	5	播磨CC	72／6530m
	団体	日本	2273S—2326S 米国				
1979	個人	トム・パーツァー	276—69・67・68・72	B・ロジャース	10	スポーツ振興CC	72／6205m
	団体	日本	2306S—2311S 米国				
1980	個人	ジェリー・ペイト	276—70・69・72・65	鈴木規夫、T・パーツァー	1	スポーツ振興CC	72／6218m
	団体	引き分け	2280S—2280S				
1981	個人	ボビー・クランペット	271—65・66・71・69	矢部 昭	7	スポーツ振興CC	72／6218m
	団体	米国	2246S—2281S 日本				
ゴールドウィン日米ゴルフ							
1982	個人	ボブ・ギルダー	134—65・69	※C・スタドラー	4	総武CC総武	71／6554m
		カルビン・ピート	134—66・68	（※は3位）			
	団体	米国	33P—15P 日本				
1983	個人	中島常幸	141—76・65	H・アーウィン	1	太平洋C六甲	72／6364m
	団体	米国	29P—19P 日本				
内田洋行日米ゴルフ							
1984	個人	トム・ワトソン	135—67・68	尾崎直道、M・オメーラ	1	総武CC総武	71／6554m
	団体	米国	30P—18P 日本				
ABC日米対抗							
1985	個人	尾崎健夫	276—66・73・69・68	※高橋勝成、C・ストレンジ	3	スポーツ振興CC	72／6260m
		コーリー・ペイビン	276—70・68・67・71	（※は3位）			
	団体	日本	2557S—2559S 米国				
1986	個人	カーティス・ストレンジ	271—67・68・72・64	C・ベック	4	スポーツ振興CC	72／6822Y
	団体	米国	2229S—2236S 日本				
1987	個人	アンディ・ビーン	269—64・72・68・65	倉本昌弘	5	スポーツ振興CC	72／6850Y
	団体	日本	2227S—2230S 米国				
LARK CUP							
1988		高橋勝成	277—65・66・72・74	尾崎将司	1	ABCGC	72／7156Y
1989		ブライアン・ジョーンズ	280—70・69・69・72	須藤聡明	4	ABCGC	72／7156Y

ツアー成績

マイナビABCチャンピオンシップ

1990	川岸良兼	277—72・68・69・68	尾崎将司	2	ABCGC	72／7176Y
1991	横島由一	280—70・71・69・70	R・マッカイ	2	ABCGC	72／7176Y
1992	尾崎直道	279—68・68・71・72	尾崎将司	1	ABCGC	72／7176Y
1993	飯合 肇	283—73・72・68・70	尾崎直道、倉本昌弘	1	ABCGC	72／7176Y

PHILIP MORRIS CHAMPIONSHIP

1994	ブライアン・ワッツ	276—71・66・71・68	尾崎将司、尾崎直道、D・ウルドーフ	1	ABCGC	72／7176Y
1995	田中秀道	278—67・73・69・69	尾崎直道、湯原信光	1	ABCGC	72／7176Y
1996	尾崎直道	278—71・70・67・70	尾崎将司、R・コクラシ	4	ABCGC	72／7176Y
1997	ブライアン・ワッツ	280—70・73・67・70	横尾 要	2	ABCGC	72／7176Y
1998	尾崎将司	275—75・68・68・64	原田三夫、C・フランコ	1	ABCGC	72／7176Y
1999	川岸良兼	270—71・65・66・68	桑原克典	1	ABCGC	72／7176Y
2000	谷口 徹	276—68・73・68・67	田中秀道、片山晋呉	1	ABCGC	72／7176Y

PHILIP MORRIS K.K. CHAMPIONSHIP

2001	伊沢利光	272—67・67・66・72	田中秀道、谷口 徹	1	ABCGC	72／7176Y
2002	ブレンダン・ジョーンズ	269—65・67・67・70	伊沢利光	2	ABCGC	72／7176Y

ABCチャンピオンシップ

2003	片山晋呉	265—64・69・68・64	宮本勝昌	9	ABCGC	72／7176Y
2004	井上 信	273—69・67・66・71	鈴木 亨、川岸良兼	1	ABCGC	72／7176Y
2005	片山晋呉	274—70・65・70・69	D・チャンド	2	ABCGC	72／7217Y
2006＊	片山晋呉	271—71・70・68・62	Y・E・ヤン	0	ABCGC	72／7217Y
2007＊	フランキー・ミノザ	274—69・64・71・70	ドンファン	0	ABCGC	72／7217Y

マイナビABCチャンピオンシップ

2008	石川 遼	279—70・70・70・69	深堀圭一郎	1	ABCGC	72／7217Y
2009	鈴木 亨	274—70・67・66・71	兼本貴司	5	ABCGC	72／7217Y
2010	金 庚泰	275—67・70・69・69	石川 遼	1	ABCGC	72／7217Y
2011＊	河野晃一郎	273—68・69・69・67	裵 相文	0	ABCGC	72／7217Y
2012	ハン・リー	271—67・71・70・63	宮本勝昌	1	ABCGC	72／7201Y
2013＊	池田勇太	269—63・69・70・67	S・K・ホ	0	ABCGC	71／7130Y
2014	小田龍一	263—68・67・66・62	小田孔明、谷原秀人	5	ABCGC	71／7130Y
2015	金 庚泰	272—66・69・68・69	宮本勝昌、片岡大育、W・J・リー	2	ABCGC	71／7130Y
2016	片山晋呉	276—67・68・73・68	小林伸太郎	1	ABCGC	72／7217Y
2017	小鯛竜也	203—67・67・69	宮里優作、永野竜太郎、任 成宰	1	ABCGC	72／7217Y
2018＊	木下裕太	273—66・67・71・69	川村昌弘	0	ABCGC	72／7217Y
2019	黄 重坤	269—66・70・66・67	今平周吾	1	ABCGC	72／7200Y

＊はプレーオフ。1973年からツアー競技

【過去の18ホール最少ストローク】

62（-10）	片山 晋呉	2006年4R	ABCGC	PAR72／7217ヤード
62（-10）	小平 智	2019年3R	ABCGC	PAR72／7200ヤード
62（-9）	小田 龍一	2014年4R	ABCGC	PAR71／7130ヤード

HEIWA・PGM CHAMPIONSHIP

開催期日	2019年11月7日～10日	賞金総額	200,000,000円
競技会場	PGMゴルフリゾート沖縄	出場人数	108名
トータル	7,226Y・パー71(36,35)	天　　候	曇・曇・晴・晴

1日目　47歳の宮本勝昌がボギーなしの5バーディ66をマークしてA・キュー、B・ケネディ、S・ハンと並んで首位。1打差に池田勇太ら8人、2打差に藤田寛之ら12人が続く。2日目　1打差5位から出たS・ビンセントが65で回り通算10アンダーで奪首。2打差に宮本、3打差に今平周吾、崔虎星、B・ケネディ。欧州ツアーを主戦場として2019年国内ツアー初出場の宮里優作は予選落ち。3日目　強風の中、崔虎星が6バーディ、3ボギーの68で回り、通算10アンダーで首位浮上。1打差に2年連続賞金王を狙う今平がつける。最終日　今平が15番ホールで追いつき、通算13アンダーで迎えた17番パー4。崔虎星がバーディを奪ったのに対し、今平は痛恨の3パットボギーで万事休す。ボギーなしの67で回った崔虎星が日本ツアー3勝目を飾った。今平は前週に続いてシーズン5度目の2位。

【優勝】崔　虎星　270　68・67・68・67　40,000,000円

順位	氏　　名	トータルスコア	1R	2R	3R	4R	賞金額(円)	順位	氏　　名	トータルスコア	1R	2R	3R	4R	賞金額(円)
2	今平　周吾	272	71	64	69	68	20,000,000	39	S・H・キム	285	70	73	71	71	920,000
3	ショーン・ノリス	273	69	69	70	65	11,600,000		塩見　好輝	285	68	71	75	71	920,000
	ディラン・ペリー	273	67	70	70	66	11,600,000		ラヒル・ガンジー	285	70	74	72	69	920,000
5	ブラッド・ケネディ	274	66	69	72	67	7,600,000	42	チャン・キム	286	72	71	71	72	780,000
	S・ビンセント	274	67	65	74	68	7,600,000		久保谷健一	286	68	68	77	73	780,000
7	リチャード・ジョン	275	70	70	66	69	6,600,000		上井　邦裕	286	74	69	70	73	780,000
8	時松　隆光	276	71	71	69	65	6,100,000		ジェイブ・クルーガー	286	64	69	75	68	780,000
9	アンジェロ・キュー	277	66	74	70	67	5,240,000	46	重永亜斗夢	287	67	73	75	72	640,000
	金　成玹	277	68	70	71	68	5,240,000		貞方　章男	287	71	70	76	70	640,000
	トッド・ペク	277	67	72	70	68	5,240,000		稲森　佑貴	287	71	71	76	69	640,000
12	梁　津萬	278	69	72	70	67	3,890,000	49	木下　裕太	288	73	70	70	75	537,600
	正岡　竜二	278	71	71	69	67	3,890,000		ハムジョンウ	288	70	73	73	72	537,600
	池田　勇太	278	67	71	71	69	3,890,000		額賀　辰徳	288	71	70	71	76	537,600
	ラタノン・ワナスリチャン	278	69	74	66	69	3,890,000		星野　陸也	288	70	74	74	70	537,600
16	ハン・リー	279	68	72	72	67	3,240,000		金　永雄	288	77	67	76	68	537,600
17	金　庚泰	280	73	71	69	67	2,445,000	54	武藤　俊憲	289	70	71	71	77	477,333
	張　棟圭	280	70	70	73	67	2,445,000		タンヤゴーン・クロンパ	289	71	73	74	71	477,333
	姜　庚男	280	74	70	70	66	2,445,000		平塚　哲二	289	67	75	77	70	477,333
	詹　世昌	280	68	73	70	69	2,445,000		出水田大二郎	289	70	74	75	70	477,333
	ガン・チャルングン	280	67	76	68	69	2,445,000		近藤　智弘	289	70	74	76	69	477,333
	スンス・ハン	280	66	71	73	70	2,445,000		中里光之介	289	68	76	78	67	477,333
	宮本　勝昌	280	66	68	75	71	2,445,000	60	植木　祥多	290	71	72	75	72	アマチュア
	木下　稜介	280	67	71	71	71	2,445,000		ウォンジョン・リー	290	68	74	77	71	458,000
25	香妻陣一朗	281	72	70	72	67	1,680,000	62	三木　龍馬	291	73	70	75	73	452,000
	黄　重坤	281	72	72	69	68	1,680,000		幡地　隆寛	291	68	76	79	68	452,000
	秋吉　翔太	281	73	73	69	66	1,680,000	64	佐藤　大平	292	69	73	72	78	442,000
	岩田　寛	281	72	68	71	70	1,680,000		山下　和宏	292	69	73	77	73	442,000
29	李　尚熹	282	71	70	73	68	1,400,000		宮里　聖志	292	72	72	79	69	442,000
	ピーター・ミス	282	70	71	72	69	1,400,000	67	金　亨成	293	72	72	73	76	438,000
	阿久津未来也	282	68	69	74	71	1,400,000		大槻　智春	293	72	71	75	75	438,000
32	竹谷　佳孝	283	74	66	75	68	1,206,666	69	ジュビック・パガンサン	294	72	72	74	76	438,000
	比嘉　一貴	283	73	71	72	67	1,206,666								
	池村　寛世	283	73	69	75	66	1,206,666								
35	片山　晋呉	284	70	72	73	69	1,060,000								
	手嶋　多一	284	71	73	68	72	1,060,000								
	永野竜太郎	284	73	70	69	72	1,060,000								
	藤田　寛之	284	68	70	73	73	1,060,000								

144(+2)までの69名が予選通過

HEIWA・PGM CHAMPIONSHIP

氏名	トータルスコア	1R	2R	氏名	トータルスコア	1R	2R	氏名	トータルスコア	1R	2R	氏名	トータルスコア	1R	2R
多良間伸平	145	74	71	Y・E・ヤン	146	73	73	石川 遼	147	75	72	竹安 俊也	152	74	78
ブレンダン・ジョーンズ	145	71	74	アンソニー・グウェイル	146	73	73	市原 弘大	147	78	69	@竹原佳吾	152	76	76
アダム・ブランド	145	69	76	堀川未来夢	146	72	74	安本 大祐	148	76	72	富村 真治	153	78	75
宮里 優作	145	73	72	笠 哲郎	146	69	77	谷口 徹	148	74	74	H・W・リュー	153	79	74
ポール・ピーターソン	145	72	73	@新城ディラン唯人	147	78	69	趙 珉珪	148	70	78	@大嶋 宝	154	72	82
マイケル・ヘンドリー	145	70	75	加門 大典	147	71	76	デービッド・ブランスドン	148	77	71	@亀井壮汰	155	73	82
日高 将史	145	72	73	小田 孔明	147	75	72	細川 和彦	148	74	74	大堀裕次郎	168	86	82
中西 直人	145	74	71	嘉数 光倫	147	72	75	小鯛 竜也	149	73	76	片岡 大育		75	棄
塚田 陽亮	146	69	77	浅地 洋佑	147	69	78	井上 信	150	72	78	藤本 佳則		71	棄
@河本 力	146	70	76	アジーティン・グリフィン	147	75	72	神農 洋平	151	76	75	@はアマチュア			

【歴代優勝者】

年	優勝者	スコア	2位	差	コース	パー／ヤード
HEIWA・PGM CHAMPIONSHIP in 霞ヶ浦						
2013	呉 阿順	273—67・66・65・75	金 亨成	1	美浦GC	71／6953Y
2014	近藤共弘	264—68・66・64・66	谷原秀人、H・W・リュー、藤本佳則	4	美浦GC	71／6968Y
HEIWA・PGM CHAMPIONSHIP						
2015	谷原秀人	269—67・67・66・69	藤本佳則	2	総武CC総武	70／7123Y
2016＊	谷原秀人	268—68・64・66・70	池田勇太	0	総武CC総武	70／7214Y
2017	チャン・キム	278—67・70・72・69	池田勇太、宋 永漢	1	PGMゴルフリゾート沖縄	71／7005Y
2018	ショーン・ノリス	202—68・65・69	片岡大育	1	PGMゴルフリゾート沖縄	72／7270Y
2019	崔 虎星	270—68・67・68・67	今平周吾	2	PGMゴルフリゾート沖縄	72／7226Y

＊はプレーオフ

【過去の18ホール最少ストローク】

63（−8）	張 棟圭	2014年4R	美浦GC	PAR71／6968ヤード
63（−8）	宮本 勝昌	2017年4R	PGMゴルフリゾート沖縄	PAR71／7005ヤード
63（−7）	崔 虎星	2015年1R	総武CC総武	PAR70／7123ヤード

三井住友VISA太平洋マスターズ

開催期日 2019年11月14日～17日	賞金総額 200,000,000円
競技会場 太平洋C御殿場C	出場人数 84名
トータル 7,262Y：パー70(35,35)	天候 晴・晴・晴・晴

1日目 欧州ツアーを主戦場として2019年国内ツアー2戦目の宮里優作が5バーディ、ノーボギー65をマーク。朴相賢、B・ジョーンズと並んで首位発進。1打差にY・E・ヤンと正岡竜二。2日目 Y・E・ヤンと正岡がともに68で回り通算6アンダーで首位を並走。2打差3位に朴相賢、S・ノリス、時松隆光。3日目 5打差16位から出た東北福祉大3年で世界アマランク1位のアマ金谷拓実が8バーディ、1ボギーの63をマーク。通算8アンダーで首位に立つ。63は2018年コース改修後のコースレコード。1打差にS・ノリスとY・E・ヤン。最終日 最終18番ホール、パー5を迎えて通算11アンダーで肩を並べる金谷拓実とS・ノリス。金谷拓実が7mのイーグルパットを沈め、通算13アンダーでツアー初優勝。1973年ツアー制度施行後、史上4人目のアマチュア優勝者が誕生した。

【優勝】金谷 拓実　267　73・66・63・65　アマチュア

順位	氏名	トータルスコア	1R	2R	3R	4R	賞金額(円)
2	ショーン・ノリス	268	71	65	67	65	40,000,000
3	Y・E・ヤン	272	66	68	69	69	20,000,000
4	堀川未来夢	274	74	69	66	65	13,600,000
5	金 庚泰	275	71	68	70	66	7,850,000
	秋吉翔太	275	73	65	69	68	7,850,000
	片山晋呉	275	71	67	67	70	7,850,000
	正岡竜二	275	66	68	71	70	7,850,000
9	池田勇太	276	70	68	66	72	6,100,000
10	ジャズ・ジェーンワタナノンド	277	70	68	72	67	5,240,000
	朴相賢	277	65	71	72	69	5,240,000
	時松隆光	277	68	68	69	72	5,240,000
13	マシュー・グリフィン	278	72	67	71	68	3,890,000
	塚田陽亮	278	71	70	68	69	3,890,000
	比嘉一貴	278	70	71	68	69	3,890,000
	米澤蓮	278	70	73	66	69	アマチュア
	ブラッド・ケネディ	278	71	69	68	70	3,890,000
18	アンソニー・クウェイル	279	69	73	70	67	2,864,000
	小西貴紀	279	74	70	71	64	2,864,000
	稲森佑貴	279	71	69	69	70	2,864,000
	中島啓太	279	72	71	73	63	アマチュア
	姜庚男	279	70	71	66	72	2,864,000
	出水田大二郎	279	72	69	65	73	2,864,000
24	ボール・ピーターソン	280	72	68	71	69	2,120,000
	マイケル・ヘンドリー	280	71	69	71	69	2,120,000
	デービッド・ブランスドン	280	68	75	66	71	2,120,000
	池村寛世	280	70	69	69	72	2,120,000
28	詹世昌	281	71	71	70	69	1,680,000
	スンス・ハン	281	74	69	71	67	1,680,000
	香妻陣一朗	281	73	71	70	67	1,680,000
	ブレンダン・ジョーンズ	281	65	73	68	75	1,680,000
32	小田孔明	282	72	70	71	69	1,365,000
	浅地洋佑	282	69	68	73	72	1,365,000
	ディラン・ペリー	282	74	69	74	65	1,365,000
	黄重坤	282	72	71	65	74	1,365,000
36	ジュビック・パグンサン	283	71	73	67	72	1,120,000
	アンジェロ・キュー	283	75	69	71	68	1,120,000
	ジェイブ・クルーガー	283	70	74	70	69	1,120,000
	今平周吾	283	72	72	71	68	1,120,000
	片岡大育	283	72	71	74	66	1,120,000
41	宮本勝昌	284	67	71	74	72	940,000
	重永亜斗夢	284	75	68	71	70	940,000
	手嶋多一	284	72	74	67	71	940,000
	アダム・ブランド	284	75	69	67	73	940,000
45	嘉数光倫	285	68	69	78	70	800,000
	ラヒル・ガンジー	285	74	71	70	70	800,000
	大槻智春	285	73	73	71	68	800,000
48	木下稜介	286	74	69	68	75	700,000
	久保谷健一	286	72	70	74	70	700,000
50	藤本佳則	287	70	74	68	75	570,666
	ブライアド・マークセン	287	69	69	74	75	570,666
	竹谷佳孝	287	72	69	75	71	570,666
	宮里優作	287	65	72	73	77	570,666
	李尚熹	287	70	72	73	72	570,666
	竹安俊也	287	71	72	72	72	570,666
56	市原弘大	288	69	73	74	72	504,000
57	崔虎星	289	70	74	69	76	484,000
	額賀辰徳	289	74	72	71	72	484,000
	小斉平優和	289	68	75	75	71	484,000
	永野竜太郎	289	72	72	77	67	484,000
61	木下裕太	290	75	74	72	73	464,000
	梁津萬	290	71	75	72	72	464,000
63	趙珉珪	291	73	72	71	74	458,000
64	藤田寛之	295	75	71	74	73	454,000
65	タンヤゴーン・クロンパ	298	71	73	79	75	450,000
66	谷口徹	301	74	72	74	81	446,000

146(+6)までの66名が予選通過

三井住友VISA太平洋マスターズ

氏 名	トータルスコア	1R	2R	氏 名	トータルスコア	1R	2R	氏 名	トータルスコア	1R	2R	氏 名	トータルスコア	1R	2R
H・W・リュー	147	70	77	S・H・キム	148	77	71	金　亨成	151	77	74	岩田　寛		70	棄
近藤 智弘	147	73	74	ラタノン・ウチャスリチャン	148	75	73	深堀圭一郎	151	78	73	武藤 俊憲		73	棄
室田　淳	147	79	68	ウォンジョン・リン	148	77	71	石川　遼	152	77	75	上井 邦裕			棄
張　棟圭	147	73	74	岩本 高志	150	76	74	芹澤 信雄	158	79	79	@はアマチュア			
小鯛 竜也	148	79	69	@白石哲也	151	77	74	大堀裕次郎	159	79	80				

【歴代優勝者】

年	優勝者	スコア	2位	差	コース	パー／ヤード
太平洋クラブマスターズ						
1972*	ゲイ・ブリューワー	276—67・71・67・71	D・グラハム	0	総武CC総武	71／7207Y
1973*	尾崎将司	278—71・67・71・69	B・ヤンシー	0	総武CC総武	71／7187Y
1974	ジーン・リトラー	279—71・70・69・69	B・ヤンシー	5	総武CC総武	71／7187Y
1975	ジーン・リトラー	278—69・66・73・70	尾崎将司、A・ミラー	1	総武CC総武	71／7187Y
1976	ジェリー・ペイト	279—70・70・68・71	青木 功	2	総武CC総武	71／6573m
1977	ビル・ロジャース	275—71・67・71・66	杉原輝雄、M・モリー	1	太平洋C御殿場	71／6426m
1978	ギル・モーガン	273—68・67・68・70	J・ペイト	3	太平洋C御殿場	71／6448m
1979	鈴木規夫	280—73・69・67・71	T・ワトソン、R・カール	2	太平洋C御殿場	72／6492m
東芝太平洋マスターズ						
1980*	鈴木規夫	282—73・68・70・71	尾崎将司	0	太平洋C御殿場	72／6505m
1981	ダニー・エドワーズ	276—67・70・69・70	T・ワトソン、J・ペイト	3	太平洋C御殿場	72／6505m
太平洋クラブマスターズ						
1982	スコット・ホーク	278—73・70・66・69	倉本昌弘	3	太平洋C御殿場	72／6505m
1983	《中止》					
1984	前田新作	275—69・68・66・72	新井規矩雄、尾崎直道	1	太平洋C御殿場	72／6492m
1985*	中島常幸	280—67・72・67・74	デビッド・グラハム	0	太平洋C御殿場	72／6492m
VISA太平洋クラブマスターズ						
1986	船渡川育宏	274—67・68・70・69	L・ネルソン	2	太平洋C御殿場	72／6469m
1987	グラハム・マーシュ	276—70・69・71・66	T・ワトソン	1	太平洋C御殿場	72／7072Y
1988	セベ・バレステロス	281—71・71・68・71	船渡川育宏	3	太平洋C御殿場	72／7072Y
1989	ホセ・マリア・オラサバル	203—66・70・67	尾崎直道、青木 功	3	太平洋C御殿場	72／7072Y
1990	ホセ・マリア・オラサバル	270—68・69・67	B・ランガー、尾崎将司	5	太平洋C御殿場	72／7072Y
1991	ロジャー・マッカイ	272—70・69・65・68	金子柱憲	2	太平洋C御殿場	72／7072Y
1992	尾崎将司	270—74・66・66・70	渡辺 司、倉本昌弘、B・ランガー	1	太平洋C御殿場	72／7072Y
住友VISA太平洋マスターズ						
1993	グレッグ・ノーマン	272—70・67・67・68	水巻善典	1	太平洋C御殿場	72／7072Y
1994	尾崎将司	270—66・69・68・67	B・エステス	5	太平洋C御殿場	72／7072Y
1995	東　聡	274—70・66・71・67	丸山茂樹	4	太平洋C御殿場	72／7072Y
1996*	リー・ウエストウッド	206—68・70・68	J・スルーマン、C・ロッカ	0	太平洋C御殿場	72／7072Y
1997	リー・ウエストウッド	272—68・68・65・71	尾崎将司、尾崎直道	1	太平洋C御殿場	72／7072Y
1998	リー・ウエストウッド	275—72・67・67・69	尾崎将司	2	太平洋C御殿場	72／7072Y
1999*	宮瀬博文	274—66・70・69・69	川岸良兼、D・クラーク	0	太平洋C御殿場	72／7072Y
2000	伊沢利光	274—68・69・66・71	深堀圭一郎	1	太平洋C御殿場	72／7232Y
三井住友VISA太平洋マスターズ						
2001	伊沢利光	270—66・67・68・69	野仲 茂、@宮里優作	2	太平洋C御殿場	72／7232Y
2002	中嶋常幸	272—69・66・67・70	田中秀道	1	太平洋C御殿場	72／7246Y
2003	室田　淳	272—66・71・62・73	金 鍾徳、藤田寛之、B・カーティス	6	太平洋C御殿場	72／7246Y
2004	ダレン・クラーク	266—66・65・67・68	川原 希、L・ウエストウッド	6	太平洋C御殿場	72／7246Y
2005	ダレン・クラーク	270—66・71・65・68	立山光広	2	太平洋C御殿場	72／7246Y
2006	中嶋常幸	275—71・68・71・65	谷口 徹	1	太平洋C御殿場	72／7246Y
2007	ブレンダン・ジョーンズ	274—67・68・69・70	谷口 徹	1	太平洋C御殿場	72／7246Y
2008*	片山晋呉	272—67・68・68・69	今野康晴	0	太平洋C御殿場	72／7246Y
2009	今野康晴	275—69・65・68・73	H・リー、久保谷健一	2	太平洋C御殿場	72／7246Y
2010	石川　遼	274—70・72・65・67	B・ジョーンズ	2	太平洋C御殿場	72／7246Y
2011@	松山英樹	203—71・64・68	谷口 徹	1	太平洋C御殿場	72／7246Y
2012	石川　遼	273—67・69・69・68	松村道央	1	太平洋C御殿場	72／7246Y
2013	谷原秀人	275—66・69・67・73	近藤共弘、石川　遼、川村昌弘	1	太平洋C御殿場	72／7246Y

2014	デービッド・オー	276—70・68・68・70	武藤俊憲	1	太平洋C御殿場	72／7246Y
2015	片山晋呉	202—64・68・70	T・クロンパ	1	太平洋C御殿場	72／7246Y
2016	松山英樹	265—65・66・65・69	宋 永漢	7	太平洋C御殿場	72／7246Y
2017	小平 智	270—63・72・70・65	宮里優作	3	太平洋C御殿場	72／7246Y
2018	額賀辰徳	201—67・68・66	S・H・キム	2	太平洋C御殿場	70／7262Y
2019	ⓐ金谷拓実	267—73・66・63・65	S・ノリス	1	太平洋C御殿場	70／7262Y

＊はプレーオフ、ⓐはアマチュア
1973年からツアー競技。但し、1974年は後援競技

【過去の18ホール最少ストローク】

62（−10） 室田 淳 2003年3R 太平洋C御殿場C PAR72／7246ヤード

ダンロップフェニックストーナメント

開催期日	2019年11月21日〜24日	賞金総額	200,000,000円
競技会場	フェニックスCC	出場人数	84名
トータル	7,027Y：パー71 (36,35)	天 候	晴・雨・晴時々曇・雨(中止)

1日目 2019年全米オープン覇者のG・ウッドランドと松山英樹が参戦。首位に立ったのは7アンダー64をマークした張棟圭。1打差に今平周吾、2打差に松山と堀川未来夢。**2日目** 松山がスタートホールで自己ワーストの「9」を叩いて後退。今平と池田勇太が通算5アンダーで首位に並ぶ。**3日目** 今平が66で回り通算10アンダーで単独首位に立つ。2打差に黄重坤、3打差3位に出水田大二郎とS・ビ

ンセント。67をマークした松山が5打差8位に浮上。**最終日** 雷雲接近のため2時間遅れでスタートしたが、再び雷雲の接近により中断後、第4Rの中止が決定。競技は54ホールで成立し、今平が通算10アンダーでシーズン2勝目を挙げる。規定により75%の優勝賞金3000万円を加え、賞金王レースを争う2位S・ノリスに約3700万円差をつけて2年連続賞金王に王手をかける。

【優勝】	今平 周吾	203	65・72・66	30,000,000円

順位	氏名	トータルスコア	1R	2R	3R	4R	賞金額(円)	順位	氏名	トータルスコア	1R	2R	3R	4R	賞金額(円)
2	黄 重坤	205	71	67	67		15,000,000		石川 遼	214	74	73	67		780,000
3	出水田大二郎	206	72	70	64		8,700,000		秋吉 翔太	214	77	70	67		780,000
	スコット・ビンセント	206	71	69	66		8,700,000	41	ポール・ピーターソン	215	71	73	71		630,000
5	マックス・マランス	207	69	72	66		5,450,000		マシュー・グリフィン	215	72	75	68		630,000
	スンス・ハン	207	69	71	67		5,450,000		張 棟圭	215	64	75	76		630,000
	コリン・モリカワ	207	71	67	69		5,450,000	44	ジュビック・パグンサン	216	71	72	73		510,000
8	松山 英樹	208	66	75	67		3,939,000		稲森 佑貴	216	71	72	73		510,000
	ブラッド・ケネディ	208	70	71	67		3,939,000		川村 昌弘	216	75	69	72		510,000
	キャメロン・チャンプ	208	73	67	68		3,939,000		ラタノン・ワナスリチャン	216	74	71	71		510,000
	木下 稜介	208	68	71	69		3,939,000		額賀 辰徳	216	74	71	71		510,000
	池田 勇太	208	67	70	71		3,939,000	49	池村 寛世	217	71	71	75		409,500
13	香妻陣一朗	209	70	72	67		2,530,000		H・W・リュー	217	72	76	69		409,500
	姜 庚男	209	74	68	67		2,530,000		梁 津萬	217	73	75	69		409,500
	藤本 佳則	209	73	68	68		2,530,000		ジェイブ・クルーガー	217	76	73	68		409,500
	藤田 寛之	209	73	68	68		2,530,000	53	久保谷健一	218	73	73	72		372,000
	比嘉 一貴	209	70	71	68		2,530,000		上井 邦裕	218	73	74	71		372,000
	市原 弘大	209	68	71	70		2,530,000		マイケル・ヘンドリー	218	71	76	71		372,000
19	星野 陸也	210	69	71	70		2,010,000	56	ブレンダン・ジョーンズ	219	71	75	73		357,000
20	谷原 秀人	211	68	75	68		1,600,000		木下 裕太	219	74	75	70		357,000
	アンソニー・クウェイル	211	73	70	68		1,600,000	58	李 尚熹	220	78	70	72		349,500
	重永亜斗夢	211	70	72	69		1,600,000	59	近藤 智弘	221	75	74	72		343,500
	ゲーリー・ウッドランド	211	70	71	70		1,600,000		S・H・キム	221	75	73	73		343,500
	ジャズ・ジェーンワタナノンド	211	69	72	70		1,600,000		チャン・キム	221	73	76	72		343,500
	ブラッド・マークセン	211	69	70	72		1,600,000	62	片岡 大育	222	71	78	73		336,000
26	大槻 智春	212	69	76	67		1,170,000		趙 珉珪	222	72	77	73		336,000
	片山 晋呉	212	70	71	71		1,170,000	64	金 亨成	223	73	76	74		331,500
	小田 孔明	212	71	70	71		1,170,000	65	岩田 寛	224	73	75	76		328,500
	堀川未来夢	212	66	75	71		1,170,000								
	小鯛 竜也	212	68	73	71		1,170,000								
31	朴 相賢	213	73	70	70		945,000								
	宮本 勝昌	213	73	70	70		945,000								
	金 庚泰	213	71	73	69		945,000								
34	Y・E・ヤン	214	75	68	71		780,000								
	浅地 洋佑	214	74	70	70		780,000								
	武藤 俊憲	214	71	73	70		780,000								
	時松 隆光	214	72	74	68		780,000								
	ハン・リー	214	73	73	68		780,000								

149(+7)までの65名が予選通過

※悪天候のため第4Rが中止。競技は54ホールに短縮され、賞金総額200,000,000円は150,000,000円に変更(但し、支給率は100%)。

氏 名	トータルスコア	1R	2R	氏 名	トータルスコア	1R	2R	氏 名	トータルスコア	1R	2R	氏 名	トータルスコア	1R	2R
ウォンジョン・リー	150	75	75	竹安 俊也	151	75	76	谷口 徹	152	81	71	中嶋 常幸	160	79	81
手嶋 多一	150	74	76	正岡 竜二	151	75	76	竹谷 佳孝	152	75	77	ショーン・ノリス		81	棄
ジェイク・チップ	150	76	74	タンヤゴーン・クロンパ	151	76	75	マーティン・トレイナー	153	79	74	ラヒル・ガンジー		79	棄
塚田 陽亮	150	76	74	崔 虎星	152	76	76	アダム・ブランド	154	77	77	尾崎 将司		棄	
嘉数 光倫	150	75	75	宮里 優作	152	74	78	大堀裕次郎	159	75	84				

【歴代優勝者】

年	優勝者	スコア	2位	差	コース	パー/ヤード
ダンロップフェニックス						
1974	ジョニー・ミラー	274—69・69・69・67	呂 良煥	7	フェニックスCC	72／7012Y
1975	ヒューバート・グリーン	272—67・70・67・68	島田幸作	6	フェニックスCC	72／7012Y
1976	グラハム・マーシュ	272—66・69・65・72	M・バーバー	6	フェニックスCC	72／6410m
1977	セベ・バレステロス	282—68・70・73・71	新井規矩雄	1	フェニックスCC	72／6410m
1978	アンディ・ビーン	275—67・70・69・69	G・マーシュ	5	フェニックスCC	72／6391m
1979	ボビー・ワドキンス	284—73・67・71・73	鷹巣南雄、呂 良煥	3	フェニックスCC	72／6391m
1980	トム・ワトソン	282—68・74・73・67	M・リード	2	フェニックスCC	72／6391m
1981	セベ・バレステロス	279—72・66・69・72	中島常幸	3	フェニックスCC	72／6391m
1982	カルビン・ピート	281—73・69・67・72	S・バレステロス、L・ネルソン	3	フェニックスCC	72／6391m
1983＊	陳 志明	286—74・71・71・70	T・ワトソン	0	フェニックスCC	72／6391m
1984＊	スコット・シンプソン	282—71・71・72・68	B・ランガー	0	フェニックスCC	72／6393m
1985	中島常幸	275—67・68・70・70	陳 志忠、S・バレステロス	3	フェニックスCC	72／6393m
1986	ボビー・ワドキンス	277—69・73・67・68	G・マーシュ	1	フェニックスCC	72／6993Y
1987	クレイグ・スタドラー	277—71・65・69・72	S・ホーク	1	フェニックスCC	72／6993Y
1988	ケン・グリーン	273—70・68・64・71	F・カプルス	4	フェニックスCC	72／6993Y
1989	ラリー・マイズ	272—69・64・71・68	尾崎直道	4	フェニックスCC	72／6993Y
1990	ラリー・マイズ	274—69・65・69・71	尾崎直道	3	フェニックスCC	72／6993Y
1991＊	ラリー・ネルソン	276—70・71・67・68	青木 功、J・D・ブレイク、S・バレステロス	0	フェニックスCC	72／6993Y
1992＊	デビッド・フロスト	277—72・69・69・67	室田 淳	0	フェニックスCC	72／6993Y
1993	アーニー・エルス	271—68・69・65・69	尾崎将司、中島常幸、F・カプルス、B・レーン、V・シン	4	フェニックスCC	72／6993Y
1994	尾崎将司	201—67・69・65	T・ワトソン	1	フェニックスCC	72／6993Y
1995	尾崎将司	273—65・71・69・68	P・シニア、B・ガメス、B・ジョーブ	1	フェニックスCC	71／6798Y
1996	尾崎将司	277—68・67・69・73	尾崎直道、T・ワトソン	1	フェニックスCC	71／6803Y
1997	トム・ワトソン	275—70・65・70・70	尾崎直道	2	フェニックスCC	71／6803Y
1998	リー・ウエストウッド	271—68・67・66・70	D・クラーク	3	フェニックスCC	71／6846Y
1999＊	トーマス・ビヨン	270—69・66・68・67	S・ガルシア	0	フェニックスCC	71／6856Y
2000	片山晋呉	265—65・66・66・68	B・メイ	4	フェニックスCC	71／6856Y
2001＊	デービッド・デュバル	269—65・67・68・69	手嶋多一	0	フェニックスCC	71／6856Y
2002	横尾 要	269—66・65・69・69	S・ガルシア	1	フェニックスCC	71／6917Y
2003	トーマス・ビヨン	272—67・65・69・71	丸山大輔	2	フェニックスCC	71／6917Y
2004	タイガー・ウッズ	264—65・67・65・67	川岸良兼	8	フェニックスCC	70／6901Y
2005＊	タイガー・ウッズ	272—65・67・68・72	横尾 要	0	フェニックスCC	70／6907Y
2006＊	パドレイグ・ハリントン	271—67・66・71・67	T・ウッズ	0	フェニックスCC	70／6907Y
2007	イアン・ポールター	269—65・68・67・69	G・フェルナンデスカスタノ	3	フェニックスCC	70／6919Y
2008	プラヤド・マークセン	276—68・70・67・71	石川 遼	1	フェニックスCC	71／7010Y
2009＊	エドアルド・モリナリ	271—70・66・69・66	R・カールソン	0	フェニックスCC	71／7010Y
2010	池田勇太	269—67・66・70・66	金 庚泰	2	フェニックスCC	71／7010Y
2011	武藤俊憲	201—68・70・63	G・フェルナンデスカスタノ	4	フェニックスCC	71／7010Y
2012	ルーク・ドナルド	268—65・64・71・68	＠松山英樹	5	フェニックスCC	71／7027Y
2013	ルーク・ドナルド	270—73・66・65・66	金 亨成	6	フェニックスCC	71／7027Y
2014＊	松山英樹	269—68・64・67・70	岩田 寛	0	フェニックスCC	71／7027Y
2015	宮里優作	270—67・70・64・69	松山英樹、藤本佳則	2	フェニックスCC	71／7027Y
2016	ブルックス・ケプカ	263—65・65・68・65	池田勇太	3	フェニックスCC	71／7027Y
2017	ブルックス・ケプカ	264—65・68・64・67	P・マークセン、李尚熏、X・シャウフェレ	9	フェニックスCC	71／7027Y
2018	市原弘大	269—70・68・68・63	堀川未来夢	1	フェニックスCC	71／7027Y
2019	今平周吾	203—65・72・66	黄 重坤	2	フェニックスCC	71／7027Y

＊はプレーオフ、＠はアマチュア。1973年からツアー競技

ツアー成績

ダンロップフェニックス

【過去の18ホール最少ストローク】

61（−10）	丸山　茂樹	1999年3R	フェニックスCC	PAR71／6856ヤード
61（−10）	池田　勇太	2016年4R	フェニックスCC	PAR71／7027ヤード

カシオワールドオープンゴルフトーナメント

開催期日 2019年11月28日～12月1日	賞金総額 200,000,000円
競技会場 Kochi黒潮CC	出場人数 108名
トータル 7,335Y：パー72(36,36)	天候 雨・晴・晴・曇

1日目 激しい雨の中、2年連続賞金王を狙う今平周吾が2オーバー74の84位と出遅れる。首位は6アンダー66で回った宮本勝昌。1打差に堀川未来夢、香妻陣一朗、川村昌弘、小林伸太郎ら。**2日目** 今季獲得賞金ゼロの小林が2日連続で67をマーク。通算10アンダーで単独首位に立つ。2打差にA・クウェイル、3打差に宮本、香妻、小田孔明ら5人。97年から22年間賞金シードを守ってきた谷口徹をはじめ大堀裕次郎、P・マークセンらのシード落ちが決まった。**3日目** A・クウェイルがベストスコア65をマーク。通算15アンダーで2位小林に2打差をつけて奪首。賞金王を争う今平はイーブンパーの59位、逆転賞金王を狙う2位S・ノリスは10アンダー7位。**最終日** 3打差3位から出た金庚泰が64をマークして逆転。2位S・ノリスに2打差の通算20アンダーで通算14勝目を飾った。

【優勝】金 庚泰　268　70・68・66・64　40,000,000円

順位	氏名	トータルスコア	1R	2R	3R	4R	賞金額(円)	順位	氏名	トータルスコア	1R	2R	3R	4R	賞金額(円)
2	ショーン・ノリス	270	69	69	68	64	20,000,000	39	タンヤゴーン・クロンパ	281	72	69	70	70	880,000
3	アンソニー・クウェイル	271	71	65	65	70	13,600,000		S・H・キム	281	72	68	71	70	880,000
4	スンス・ハン	272	69	69	66	68	9,600,000		永野竜太郎	281	71	71	67	72	880,000
5	チャンニ・キム	273	72	68	67	66	7,600,000		今平 周吾	281	74	69	73	65	880,000
	宮本 勝昌	273	66	71	68	68	7,600,000		ガン・チャルングン	281	71	72	73	65	880,000
7	武藤 俊憲	274	68	73	68	65	6,113,333	44	久保谷健一	282	71	72	68	71	680,000
	姜 庚男	274	71	69	67	67	6,113,333		塩見 好輝	282	69	72	71	70	680,000
	川村 昌弘	274	67	72	67	68	6,113,333		リチャード・ジョン	282	74	69	69	70	680,000
10	額賀 辰徳	275	69	68	70	68	4,640,000		小野田享也	282	71	71	72	68	680,000
	石川 遼	275	69	70	67	69	4,640,000		木下 裕太	282	72	71	71	68	680,000
	小田 孔明	275	71	66	68	70	4,640,000	49	H・W・リュー	283	72	68	69	74	546,000
	小林伸太郎	275	67	67	69	72	4,640,000		岩本 高志	283	71	72	68	72	546,000
14	片岡 大育	276	72	70	69	65	3,340,000		ブラッド・ケネディ	283	71	71	70	71	546,000
	李 尚熹	276	70	70	69	67	3,340,000		木下 稜介	283	74	69	71	69	546,000
	浅地 洋佑	276	69	71	66	70	3,340,000	53	杉原 大河	284	68	73	72	71	アマチュア
	重永亜斗夢	276	70	70	66	70	3,340,000		ジェイブ・クルーガー	284	70	73	70	71	496,000
18	ディラン・ベリー	277	71	71	69	66	2,520,000		ウォンジョン・リー	284	69	74	71	70	496,000
	中西 直人	277	68	70	70	69	2,520,000		アンジェロ・キュー	284	70	73	71	70	496,000
	小斉平優和	277	73	70	70	64	2,520,000	57	金 亨成	285	68	74	75	68	480,000
	塚田 陽亮	277	69	71	68	69	2,520,000	58	堀川未来夢	286	67	73	74	72	464,500
	時松 隆光	277	72	68	68	69	2,520,000		近藤 智弘	286	71	71	72	72	464,500
23	スコット・ビンセント	278	70	72	69	67	1,773,333		デービッド・ブランスドン	286	72	71	71	72	464,500
	趙 珉珪	278	73	69	68	68	1,773,333		和田章太郎	286	71	72	75	68	464,500
	ラヒル・ガンジー	278	68	71	72	67	1,773,333	62	梅山 知宏	288	75	68	71	74	454,000
	松原 大輔	278	68	69	71	70	1,773,333	63	宮里 聖志	290	71	71	74	74	450,000
	大槻 智春	278	73	68	72	65	1,773,333								
	香妻陣一朗	278	67	70	70	71	1,773,333								
29	阿久津未来也	279	72	68	70	69	1,400,000								
	ジャズ・ジェーンワタナノンド	279	71	71	70	67	1,400,000								
	藤田 寛之	279	71	71	69	68	1,400,000								
32	片山 晋呉	280	68	71	71	70	1,122,857								
	市原 弘大	280	71	71	68	70	1,122,857								
	朴 相賢	280	69	73	68	70	1,122,857								
	星野 陸也	280	73	67	70	70	1,122,857								
	出水田大二郎	280	71	72	69	68	1,122,857								
	宮里 優作	280	71	71	66	72	1,122,857								
	池田 勇太	280	73	70	70	67	1,122,857								

143(−1)までの63名が予選通過

カシオワールドオープン

氏名	トータルスコア	1R	2R
中里光之介	144	70	74
詹 世昌	144	75	69
稲森 佑貴	144	70	74
ブレンダン・ジョーンズ	144	71	73
秋吉 翔太	144	70	74
貞方 章男	144	72	72
池村 寛世	144	76	68
正岡 竜二	144	69	75
小鯛 竜也	144	72	72
黄 重坤	144	72	72
ハン・リー	144	75	69
ジュビック・パグンサン	144	71	73
マイケル・ヘンドリー	144	73	71
Y・E・ヤン	145	70	75
中島 徹	145	75	70
@岡田晃平	145	71	74
@清水蔵之介	145	73	72
嘉数 光倫	145	71	74
藤本 佳則	145	75	70
小西 貴紀	145	73	73
竹谷 佳孝	146	70	76
上井 邦裕	146	73	73
竹安 俊也	146	74	72
比嘉 一貴	146	74	72
弘井 太郎	146	73	73
@小林大河	147	72	75
@板東篤司	147	72	75
崔 虎星	147	73	74
幡地 隆寛	147	75	72
手嶋 多一	148	75	73
谷口 徹	148	77	71
大堀裕次郎	148	77	71
深堀圭一郎	148	72	76
横田 真一	149	76	73
松村 道央	149	75	74
平本 穏	149	74	75
@石塚祥利	150	77	73
佐藤 大平	150	73	77
小木曽 喬	151	75	76
ラタノン・ワナスリチャン	151	75	76
アダム・ブランド	152	77	75
山本 豊秀	153	76	77
張 棟圭		78	棄
マグシュイン・グリフィン		棄	
ブライアド・マニクセン		棄	

@はアマチュア

【歴代優勝者】					
年	優勝者	スコア	2位	差	コース	パー／ヤード
1981	リー・トレビノ	275—68・67・71・69	青木 功	4	指宿GC	72／6270m
1982	スコット・ホーク	282—72・71・69・70	中島常幸	1	指宿GC	72／6370m
1983	ベルンハルト・ランガー	287—74・68・74・71	中島常幸	2	指宿GC	72／6370m
1984＊	サンディ・ライル	279—68・69・71・71	G・コーク	0	指宿GC	72／6413m
1985＊	ヒューバート・グリーン	289—72・76・67・74	S・ホーク、湯原信光、W・グラディ	0	指宿GC	72／6388m
1986	スコット・ホーク	276—67・72・68・69	J・M・オラサバル	6	指宿GC	72／6985Y
1987	デービッド・イシイ	276—67・69・73・67	S・トーランス	2	指宿GC	72／6985Y
1988	ラリー・マイズ	284—72・71・68・73	尾崎将司	1	指宿GC	72／6985Y
1989	青木 功	274—70・70・65・69	L・マイズ	1	指宿GC	72／7014Y
1990	マイク・リード	274—69・70・65・70	金子柱憲	2	指宿GC	72／7014Y
1991	尾崎直道	270—71・67・64・68	飯合 肇	2	指宿GC	72／7014Y
1992	青木 功	277—76・66・64・71	陳 志明	2	指宿GC	72／7014Y
1993	トム・リーマン	274—69・69・67・69	P・ミケルソン	1	指宿GC	72／7014Y
1994	ロバート・ガメス	271—68・66・68・69	S・ホーク	4	いぶすきGC	72／7014Y
1995	奥田靖己	274—69・72・69・64	尾崎将司	1	いぶすきGC	72／7014Y
1996＊	ポール・スタンコウスキー	277—69・69・71・68	D・イシイ	0	いぶすきGC	72／7028Y
1997	日下部光隆	278—69・68・71・70	尾崎直道、宮瀬博文、深堀圭一郎	1	いぶすきGC	72／7056Y
1998＊	ブライアン・ワッツ	274—69・70・67・68	伊沢利光	0	いぶすきGC	72／7105Y
1999	米山 剛	274—70・71・68・65	手嶋多一	1	いぶすきGC	72／7105Y
2000	鈴木 亨	267—68・67・65・67	尾崎将司	1	いぶすきGC	72／7105Y
2001	室田 淳	264—65・68・63・68	D・チャンド	2	いぶすきGC	72／7105Y
2002	デービッド・スメイル	200—68・68・64	B・ジョーンズ		いぶすきGC	72／7151Y
2003	今井克宗	264—65・65・67・67	B・ジョーンズ、片山晋呉	7	いぶすきGC	72／7151Y
2004	デービッド・スメイル	276—70・66・69・71	H・メイハン	2	いぶすきGC	72／7151Y
2005	谷口 徹	277—70・70・68・69	金 鍾徳	2	Kochi黒潮CC	72／7220Y
2006	ジーブ・ミルカ・シン	272—66・69・69・68	D・スメイル	2	Kochi黒潮CC	72／7235Y
2007	手嶋多一	275—69・68・73・65	C・キャンベル	1	Kochi黒潮CC	72／7250Y
2008	小田孔明	277—66・67・72・72	久保谷健一	3	Kochi黒潮CC	72／7300Y
2009	小田孔明	267—65・70・65	石川 遼	3	Kochi黒潮CC	72／7300Y
2010＊	松村道央	275—68・72・67・68	金庚勲（大邱）	0	Kochi黒潮CC	72／7300Y
2011	高山忠洋	273—67・68・70・68	宮里優作	2	Kochi黒潮CC	72／7280Y
2012	黄 重坤	269—65・70・68・66	上井邦浩	3	Kochi黒潮CC	72／7300Y
2013	松山英樹	276—72・66・68・70	池田勇太	1	Kochi黒潮CC	72／7316Y
2014	片山晋呉	271—70・64・72・65	冨山 聡	3	Kochi黒潮CC	72／7315Y
2015	黄 重坤	273—70・67・70・66	石川 遼	1	Kochi黒潮CC	72／7315Y
2016	池田勇太	203—72・64・67	正岡竜二	1	Kochi黒潮CC	72／7315Y
2017	スンス・ハン	275—71・73・65・66	B・ジョーンズ、石川遼、金庚泰、時松隆光	1	Kochi黒潮CC	72／7315Y
2018	崔 虎星	273—67・70・69・67	B・ジョーンズ	1	Kochi黒潮CC	72／7335Y
2019	金 庚泰	268—70・68・66・64	S・ノリス	2	Kochi黒潮CC	72／7335Y

＊はプレーオフ

1982年からツアー競技。但し、1981年は後援競技で賞金ランキング加算競技

【過去の18ホール最少ストローク】

63(−9)	D・イシイ	1990年4R	指宿GC開聞	PAR72／7014ヤード
63(−9)	室田　淳	2001年3R	いぶすきGC開聞	PAR72／7105ヤード
63(−9)	高山　忠洋	2002年2R	いぶすきGC開聞	PAR72／7151ヤード

ゴルフ日本シリーズJTカップ

開催期日	2019年12月5日～8日
競技会場	東京よみうりCC
トータル	7,023Y：パー70(35,35)

賞金総額	130,000,000円
出場人数	30名
天　候	晴・曇・曇・晴

1日目 2年続けて賞金王を争う今平周吾とS・ノリスの同組対決。S・ノリスが首位・星野陸也に1打差の4アンダー66でB・ケネディと並んで2位発進。今平は3アンダー4位につける。**2日目** 優勝して逆転賞金王を狙うS・ノリスが69で回り、首位・星野と1打差の2位をキープ。今平は3打差の7位。**3日目** 4打差8位から出た時松隆光が66をマークして通算6アンダーで黄重坤と並んで首位浮上。1打差3位にS・ノリスとC・キム。2打差5位に今平と石川遼、B・ジョーンズ。首位から3打差以内に10人と大混戦。**最終日** 石川が66で回り、65をマークしたB・ケネディと通算8アンダーで並んでプレーオフへ。18番ホール、パー3でのプレーオフ3ホール目、石川がバーディを奪って優勝。今季3勝目を飾り、史上最年少の28歳82日で生涯獲得賞金10億円を突破。また今平が2年連続賞金王に輝いた。

【優勝】石川　遼　272　68・70・68・66　40,000,000円
(プレーオフ3ホール目、石川がバーディで優勝)

順位	氏　　名	トータルスコア	1R	2R	3R	4R	賞金額(円)
2	ブラッド・ケネディ	272	66	70	71	65	15,000,000
3	今平　周吾	273	67	70	69	67	10,000,000
4	金　庚泰	275	68	68	71	68	5,074,093
	ガン・チャルングン	275	70	69	68	68	5,074,093
	ブレンダン・ジョーンズ	275	69	72	65	69	5,074,093
	ショーン・ノリス	275	66	69	70	70	5,074,093
8	星野　陸也	277	65	69	75	68	3,385,392
	小平　智	277	70	69	69	69	3,385,392
	堀川未来夢	277	68	72	68	69	3,385,392
	時松　隆光	277	68	66	66	73	3,385,392
	黄　重坤	277	69	67	68	73	3,385,392
13	Y・E・ヤン	279	69	70	70	70	2,597,593
14	アンソニー・クウェイル	280	68	68	79	65	2,207,593
	武藤　俊憲	280	69	70	70	71	2,207,593
	チャン・キム	280	69	69	67	75	2,207,593
17	崔　虎星	281	70	76	69	66	1,882,593
	ビンセント・スコット	281	71	68	69	73	1,882,593
19	マシュー・グリフィン	282	67	75	69	71	1,713,593
20	藤田　寛之	283	67	74	73	69	1,557,592
	ジャズ・ジェーンワタナノンド	283	71	71	71	70	1,557,592
22	大槻　智春	284	69	73	72	70	1,349,592
	比嘉　一貴	284	68	71	72	73	1,349,592
24	浅地　洋佑	285	72	70	75	68	1,167,592
	宮本　勝昌	285	67	75	72	71	1,167,592
26	秋吉　翔太	286	70	76	71	69	1,089,592
27	スンス・ハン	287	75	69	71	72	1,011,592
	池田　勇太	287	77	69	68	73	1,011,592
29	朴　相賢	288	72	75	70	71	933,592
30	ジェイブ・クルーガー	292	70	75	75	72	881,592

【歴代優勝者】

ゴルフ日本シリーズ

年	優勝者	スコア	2位	差	コース	パー/ヤード
1963	石井朝夫	288―80・68・70・70	小野光一	8	大阪よみうりCC／紫CCすみれ	73／7180Y／72／7070Y
1964	陳 清波	284―75・68・69・72	杉本英世	2	大阪・東京／よみうりCC	(大)73／7180Y／(東)72／6962Y
1965	杉原輝雄	284―70・71・70・73	橘田 規	11	大阪・東京／よみうりCC	(大)73／7180Y／(東)72／6962Y
1966	《中 止》					
1967	河野高明	281―70・70・72・72	佐藤精一、橘田 規	11	大阪・東京／よみうりCC	(大)73／7180Y／(東)72／7027Y
1968	河野高明	283―71・70・71・71	松田司郎	3	大阪・東京／よみうりCC	(大)73／6563m／(東)72／6441m
1969	杉本英世	291―71・75・69・76	内田 繁、安田春雄	3	大阪・東京／よみうりCC	(大)73／6563m／(東)72／7052Y
1970	杉原輝雄	284―69・73・69・73	島田幸作	3	大阪・東京／よみうりCC	(大)73／6563m／(東)72／7052Y
1971	尾崎将司	284―70・72・72・70	杉原輝雄	1	大阪・東京／よみうりCC	(大)73／7180Y／(東)72／7017Y
1972＊	尾崎将司	287―71・73・73・70	杉原輝雄	0	大阪・東京／よみうりCC	(大)73／7168Y／(東)72／7158Y
1973	杉原輝雄	276―71・70・67・68	安田春雄	2	大阪・東京／よみうりCC	(大)73／7168Y／(東)72／7017Y
1974	尾崎将司	280―73・69・70・68	村上 隆	4	大阪・東京／よみうりCC	(大)73／7168Y／(東)72／7017Y
1975	村上 隆	283―70・72・71・70	島田幸作、金井清一	1	大阪・東京／よみうりCC	(大)73／7168Y／(東)72／7017Y
1976	前田新作	285―72・70・72・71	安田春雄	3	大阪・東京／よみうりCC	(大)73／6554m／(東)72／6416m
1977	尾崎将司	275―74・66・68・67	青木 功	4	大阪・東京／よみうりCC	(大)73／6568m／(東)72／6416m
1978	青木 功	282―69・69・73・71	安田春雄	1	大阪・東京／よみうりCC	(大)73／6568m／(東)72／6416m
1979	青木 功	276―68・71・66・71	新井規矩雄、中村 通	13	大阪・東京／よみうりCC	(大)73／6568m／(東)72／6416m
1980	尾崎将司	283―72・72・71・68	青木 功	2	大阪・東京／よみうりCC	(大)73／6486m／(東)72／6416m
1981＊	羽川 豊	135―70・65	青木 功	0	東京／よみうりCC	72／6416m
1982	中島常幸	283―72・72・66・73	小林富士夫	2	大阪・東京／よみうりCC	(大)73／6473m／(東)72／6416m
1983	青木 功	281―70・71・68・72	倉本昌弘	1	大阪・東京／よみうりCC	(大)73／6460m／(東)72／6416m
1984	中村 通	267―66・66・67・68	倉本昌弘	7	大阪・東京／よみうりCC	(大)73／6472m／(東)72／6416m
1985	尾崎健夫	279―72・69・67・71	倉本昌弘	2	大阪・東京／よみうりCC	(大)73／6472m／(東)72／6416m
1986	中村 通	275―70・70・66・69	青木 功	2	大阪・東京／よみうりCC	(大)73／7017Y／(東)72／7017Y
1987	デービッド・イシイ	138―69・69	※尾崎将司、B・ジョーンズ、山本善隆		大阪・東京／よみうりCC	(大)73／7077Y／(東)72／7017m
	青木 功	138―67・71	（上記は3位タイ）			

ゴルフ日本シリーズ日立カップ

年	優勝者	スコア	2位	差	コース	パー/ヤード
1988	尾崎直道	275―69・70・68・68	青木 功	5	大阪・東京／よみうりCC	(大)72／7030Y／(東)72／7017Y
1989	大町昭義	278―70・73・69・66	友利勝良、中島常幸	2	大阪・東京／よみうりCC	(大)72／7039Y／(東)72／7017Y
1990＊	尾崎直道	275―71・69・64・71	中島常幸	0	大阪・東京／よみうりCC	(大)72／7039Y／(東)72／7017Y
1991	尾崎直道	268―71・65・66・66	湯原信光、中島常幸	8	東京よみうりCC	72／7017Y
1992	陳 志明	280―72・70・66・72	T・ハミルトン	1	読売GメンバーC	72／7017Y
1993	中島常幸	270―69・65・69・67	丸山茂樹	3	東京よみうりCC	72／7022Y
1994	佐々木久行	270―68・66・70・66	尾崎直道	3	読売GメンバーC	71／7002Y
1995	尾崎将司	272―66・67・71・68	中島常幸、森 茂則	2	東京よみうりCC	72／7022Y
1996	尾崎将司	262―62・68・65・67	丸山茂樹	4	東京よみうりCC	72／7022Y
1997	丸山茂樹	268―70・63・68・67	尾崎健夫	2	東京よみうりCC	71／6983Y

ゴルフ日本シリーズJTカップ

年	優勝者	スコア	2位	差	コース	パー/ヤード
1998＊	宮本勝昌	275―64・67・75・69	尾崎将司	0	東京よみうりCC	70／6960Y
1999	細川和彦	270―63・74・69・64	伊沢利光	3	東京よみうりCC	70／6958Y
2000	片山晋呉	271―69・67・67・68	宮瀬博文	3	東京よみうりCC	70／6958Y
2001	宮本勝昌	268―72・64・67・65	中島常幸、伊沢利光	1	東京よみうりCC	70／6958Y
2002	片山晋呉	261―62・66・66・67	D・スメイル	9	東京よみうりCC	70／6961Y
2003	平塚哲二	264―66・68・63・67	伊沢利光	3	東京よみうりCC	70／6961Y
2004	ポール・シーハン	266―69・65・66・66	Y・E・ヤン、宮本勝昌	4	東京よみうりCC	70／6961Y
2005	今野康晴	269―72・67・63・67	横田真一	2	東京よみうりCC	70／6961Y
2006	ジーブ・ミルカ・シン	269―65・67・67・70	増田伸洋	1	東京よみうりCC	70／7016Y
2007	ブレンダン・ジョーンズ	269―70・70・68・61	谷口徹	1	東京よみうりCC	70／7016Y
2008	ジーブ・ミルカ・シン	268―64・70・68・66	B・ジョーンズ、D・スメイル、手嶋多一	2	東京よみうりCC	70／7016Y
2009＊	丸山茂樹	271―70・67・70・64	金 庚泰	0	東京よみうりCC	70／7016Y

2010	藤田寛之	265―65・70・64・66	谷口 徹	1	東京よみうりCC	70／7016Y
2011＊藤田寛之		200―66・70・64	谷口 徹	0	東京よみうりCC	70／7016Y
2012	藤田寛之	262―61・66・68・67	武藤俊憲、H・リー	5	東京よみうりCC	70／7023Y
2013	宮里優作	267―66・66・64・71	呉 阿順	3	東京よみうりCC	70／7023Y
2014	宮本勝昌	271―68・67・71・65	P・マークセン	1	東京よみうりCC	70／7023Y
2015	石川 遼	266―68・68・63・67	藤本佳則、小田孔明	5	東京よみうりCC	70／7023Y
2016	朴 相賢	267―66・65・71・65	金 庚泰、池田勇太、小平 智	1	東京よみうりCC	70／7023Y
2017	宮里優作	265―69・69・65・62	S・ノリス	6	東京よみうりCC	70／7023Y
2018＊小平 智		272―66・74・68・64	石川 遼、黄 重坤	0	東京よみうりCC	70／7023Y
2019＊石川 遼		272―68・70・68・66	B・ケネディ	0	東京よみうりCC	70／7023Y

＊はプレーオフ。1974年からツアー競技

【過去の18ホール最少ストローク】

61（―9）	B・ジョーンズ	2007年4R	東京よみうりCC	PAR70／7016ヤード
61（―9）	谷口 徹	2010年4R	東京よみうりCC	PAR70／7016ヤード
61（―9）	藤田 寛之	2012年1R	東京よみうりCC	PAR70／7023ヤード
61（―9）	山下 和宏	2013年3R	東京よみうりCC	PAR70／7023ヤード

2019年度

ツアーデータ

選手別競技成績早見表
賞金ランキング
部門別ランキング
トーナメント記録
ホール別ランキング
生涯獲得賞金ランキング

賞金ランキング		1 SMBCシンガポール	2 東建ホームメイトカップ	3 中日クラウンズ	4 ダイヤモンドカップゴルフ	5 関西オープン	6 全英への道ミズノオープン	7 日本ゴルフツアー選手権	8 ダンロップ・スリクソン福島	9 日本プロゴルフ選手権	10 セガサミーカップ	11 ライザップKBCオーガスタ
1	今平　周吾	棄権	18T	2	21	7T	9T	2	5T	7T	19T	13T
2	S・ノリス	24T	18T	—	—	24T	42T	17T	4T		予落	55T
3	石川　遼	47T	—	棄権	—	—	—	20T	29T	優勝	優勝	13T
4	C・キム	予落	予落	11T	予落	予落	2	3T	22T	—	3T	予落
5	黄　重坤	—	予落	3T	予落	16T	棄権	5	—	2	6T	3
6	堀川未来夢	予落	予落	20T	予落	25T	22T	優勝	22T	19T	6T	予落
7	J・ジェーンワタナノンド	優勝	予落	—	—	25T	5T	3T	3T	26T	36T	—
8	朴　相賢	棄権	4T	—	16T	45T	3T	26T	—	—	9	予落
9	浅地　洋佑	56T	予落	48T	優勝	予落	56T	29T	12T	予落	62	13T
10	崔　虎星	12T	53	予落	8T	棄権	予落	棄権	—	—	予落	棄権
11	星野　陸也	予落	13T	5T	予落	2	24T	20T	優勝	3	33T	2
12	金　庚泰	—	18T	—	33T	—	5T	42T	—	予落	予落	予落
13	時松　隆光	予落	13T	26T	16T	14T	予落	16T	52T	4T	予落	4T
14	比嘉　一貴	12T	4T	20T	予落	50T	14T	予落	22T	7T	56T	優勝
15	S・ビンセント	24T	予落	—	6T	50T	12T	予落	22T	—	15T	6T
16	B・ジョーンズ	—	優勝	68T	39T	—	予落	23T	—	—	予落	24T
17	池田　勇太	47T	8T	—	予落	予落	優勝	16T	29T	32T	5	30T
18	B・ケネディ	—	18T	18T	27T	36T	22T	12T	—	予落	46T	16T
19	武藤　俊憲	67	54T	59T	33T	36T	14T	予落	7T	43T	26T	予落
20	宮本　勝昌	予落	44T	優勝	予落	予落	予落	67	予落	15T	63T	20T
21	G・チャルングン	7T	13T	15T	—	6	3T	8T	52T	—	10T	4T
22	S・ハン	38T	18T	20T	予落	4T	32T	予落	—	予落	19T	予落
23	Y・E・ヤン	—	予落	31T	4T	予落	9T	37T	—	50T	棄権	予落
24	大槻　智春	予落	29T	20T	49T	優勝	45T	予落	7T	43T	10T	—
25	藤田　寛之	予落	58T	5T	39T	25T	予落	予落	43T	4T	予落	予落
26	秋吉　翔太	棄権	予落	11T	22T	予落	58T	29T	2	43T	15T	予落
27	M・グリフィン	予落	2	3T	16T	16T	予落	16T	—		26T	35T
28	J・クルーガー	予落	—	—	22T	—	—	—	—	—	—	—
29	A・クウェイル	予落	48T	5T	—	7T	24T	64T	予落	予落	6T	60T
30	片山　晋呉	—	29T	5T	22T	36T	予落	14T	—	38T	予落	予落
31	小田　孔明	予落	3	43T	31T	7T	予落	8T	—	予落	予落	42T
32	岩田　寛	予落	34T	18T	予落	予落	24T	51T	3T	43T	—	18T
33	香妻陣一朗	—	37T	43T	8T	36T	予落	予落	予落	26T	19T	42T
34	木下　稜介	予落	予落	31T	予落	予落	5T	10T	7T	予落	予落	9T
35	李　尚熹	—	予落	—	棄権	—	予落	予落	—	50T	15T	6T

12	13	14	15	16	17	18	19	20	21	22	23	24	25
フジサンケイクラシック	ANAオープン	Shinhan Donghae Open	パナソニックオープン	トップ杯東海クラシック	ブリヂストンオープン	日本オープンゴルフ選手権	ZOZOチャンピオンシップ	マイナビABC	HEIWA・PGM	三井住友VISA太平洋	ダンロップフェニックス	カシオワールドオープン	日本シリーズJTカップ
6T	9T	6	2	7T	優勝	12T	59T	2	2	36T	優勝	39T	3
予落	2T	9T	10T	優勝	26T	2T	51T	25T	3T	2	棄権	2	4T
5	6T	—	3	47T	26T	12T	51T	—	予落	予落	34T	10T	優勝
4	26T	2	予落	19T	26T	優勝	41T	—	42T	—	59T	5T	14T
24T	19T	予落	予落	—	26T	—	—	優勝	25T	32T	2	予落	8T
28T	38T	18T	予落	10T	41T	2T	72T	—	予落	4	26T	58T	8T
—	57T	32T	4	4T	—	—	57T	—	—	10T	20T	29T	20T
優勝	52T	45T	12T	—	51T	—	63T	7T	—	10T	31T	32T	29
予落	優勝	18T	44T	予落	21T	予落	63T	—	予落	32T	34T	14T	24T
2T	19T	45T	5T	27T	63T	53T	—	27T	優勝	57T	予落	予落	17T
40T	47T	5	23T	23T	予落	10T	51T	17T	49T	—	19	32T	8T
予落	予落	予落	—	予落	51T	43T	—	42T	17T	5T	31T	優勝	4T
19T	2T	予落	予落	2T	12T	35T	—	51T	8	10T	34T	18T	8T
予落	47T	予落	44T	4T	12T	5T	—	予落	32T	13T	13T	予落	22T
予落	26T	3	34T	—	34T	4	—	17T	5T	—	3T	23T	17T
40T	14	—	9	予落	12T	5T	—	7T	予落	28T	56T	予落	4T
—	19T	—	37T	41T	63T	35T	—	予落	12T	9	8T	32T	27T
棄権	—	—	37T	32T	6T	5T	—	—	5T	13T	8T	49T	2
予落	15T	予落	優勝	予落	41T	43T	—	17T	54T	棄権	34T	7T	14T
19T	26T	—	5T	予落	34T	予落	—	35T	17T	41T	31T	5T	24T
6T	6T	—	—	予落	12T	46T	—	7T	17T	—	—	39T	4T
8T	2T	39T	26T	—	2T	予落	63T	27T	17T	28T	5T	4	27T
30T	15T	61T	37T	41T	予落	62T	—	39T	予落	3	34T	予落	13
—	予落	32T	50T	7T	2T	40T	46T	51T	67T	45T	26T	23T	22T
24T	34T	—	5T	52T	2T	12T	—	4T	35T	64	13T	29T	20T
32T	50T	予落	26T	2T	6T	予落	—	13T	25T	5T	34T	予落	26
50T	—	7T	予落	—	21T	29T	—	—	予落	13T	41T	棄権	19
—	—	優勝	5T	12T	63T	53T	—	—	42T	36T	49T	53T	30
予落	予落	—	—	予落	予落	棄権	—	予落	予落	18T	20T	3	14T
28T	失格	—	10T	63T	21T	43T	—	13T	35T	5T	26T	32T	—
予落	予落	予落	予落	19T	21T	61	—	32T	予落	32T	26T	10T	—
2T	38T	45T	棄権	27T	予落	35T	—	4T	25T	棄権	65	—	—
10T	15T	—	37T	23T	26T	18T	57T	22T	25T	28T	13T	23T	—
40T	19T	—	予落	23T	6T	49T	—	予落	17T	48T	8T	49T	—
8T	63	9T	18T	17T	51T	予落	—	7T	29T	50T	58	14T	—

賞金ランキング		1 SMBCシンガポール	2 東建ホームメイトカップ	3 中日クラウンズ	4 ダイヤモンドカップゴルフ	5 関西オープン	6 全英への道ミズノオープン	7 日本ゴルフツアー選手権	8 ダンロップ・スリクソン福島	9 日本プロゴルフ選手権	10 セガサミーカップ	11 ライザップKBCオーガスタ
36	D・ペリー	−	8T	48T	−	−	14T	予落	52T	−	予落	予落
37	姜　庚男	予落	予落	−	27T	−	58T	予落	−	−	予落	予落
38	藤本　佳則	2T	8T	棄権	予落	66T	41T	−	予落	19T	19T	55T
39	出水田大二郎	予落	18T	15T	33T	36T	予落	41	43T	予落	36T	棄権
40	J・パグンサン	64T	−	20T	予落	29T	予落	棄権	−	−	2	9T
41	正岡　竜二	予落	29T	75T	−	予落	52T	予落	12T	19T	46T	60T
42	池村　寛世	予落	予落	39T	8T	21T	45T	10T	棄権	38T	26T	22T
43	貞方　章男	−	4T	5T	予落	予落	−	予落	予落	32T	予落	9T
44	R・ジョン	予落	44T	37T	−	予落	41T	−	5T	−	36T	66T
45	小平　智	−	−	−	−	−	58T	−	−	−	−	24T
46	A・キュー	24T	予落	26T	49T	4T	41T	予落	予落	予落	19T	18T
47	張　棟圭	18T	予落	62T	6T	−	34T	51T	−		38T	22T
48	重永亜斗夢	−	37T	11T	43T	36T	−	29T	36T	19T	予落	予落
49	稲森　佑貴	予落	予落	48T	33T	29T	14T	29T	7T	55T	46T	30T
50	W・J・リー	18T	7	15T	22T	−	14T	48T	−	38T	52T	予落
51	D・ブランスドン	予落	13T	予落	−	16T	予落	42T	29T	7T	46T	42T
52	H・W・リュー	−	予落	−	31T	3	予落	6T	−	32T	予落	16T
53	永野　竜太郎	予落	37T	予落	予落	7T	9T	37T	43T	43T	10T	予落
54	佐藤　大平	54T	34T	20T	−	29T	50T	23T	52T	予落	26T	予落
55	P・ピーターソン	38T	18T		−	45T	29T					−
56	T・ペク	−	−	−	−	−	34T	51T	予落	予落	棄権	24T
57	小鯛　竜也	予落	予落	43T	予落	予落	14T	予落	予落	13T	10T	予落
58	M・ヘンドリー	−	18T	26T	−	予落	予落	51T	22T	32T	36T	6T
59	金　成玹	63	予落	48T	−	66T	14T	予落	予落	−	19T	35T
60	市原　弘大	予落	予落	−	予落	36T	予落	16T	29T	予落	36T	予落
61	梁　津萬	予落	18T	−	予落	予落	予落	予落	−	棄権	26T	35T
62	塚田　陽亮	予落	37T	43T	予落	36T	予落	予落	予落	失格	46T	予落
63	塩見　好輝	−	予落			36T	58T	20T	36T	−	36T	42T
64	中西　直人	−	13T	26T	−	11T	予落	37T	12T	15T	33T	予落
65	竹谷　佳孝	予落	67	31T	予落	29T	45T	予落	36T	26T	棄権	予落
66	H・リー	予落	予落	−	−	50T	予落	42T	36T	予落	予落	63T
67	幡地　隆寛	−	54T	−	−	予落	52T	予落	60T	−	3T	50T
68	嘉数　光倫	予落	予落	62T	予落	11T	予落	予落	予落	58T	52T	予落
69	S・H・キム	56T	8T	−	予落	−	−	予落	−	67T	36T	予落
70	趙　珉珪	−		31T	−	予落	予落	64T	−		7T	50T

12	13	14	15	16	17	18	19	20	21	22	23	24	25
フジサンケイクラシック	ANAオープン	Shinhan Donghae Open	パナソニックオープン	トップ杯東海クラシック	ブリヂストンオープン	日本オープンゴルフ選手権	ZOZOチャンピオンシップ	マイナビABC	HEIWA・PGM	三井住友VISA太平洋	ダンロップフェニックス	カシオワールドオープン	日本シリーズJTカップ
24T	26T	—	—	32T	51T	—	—	42T	3T	32T	—	18T	—
予落	棄権	予落	50T	19T	—	12T	—	7T	17T	18T	13T	7T	—
15T	予落	—	66T	47T	予落	35T	—	予落	棄権	50T	13T	予落	—
—	34T	棄権	59T	50T	26T	予落	—	17T	54T	18T	3T	32T	—
—	—	—	—	予落	12T	予落	—	予落	69	36T	44T	予落	—
50T	9T	—	予落	予落	予落	18T	—	予落	12T	5T	予落	予落	—
24T	9T	予落	64T	23T	予落	予落	—	51T	32T	24T	49T	予落	—
予落	予落	—	予落	32T	2T	29T	—	予落	46T	—	—	予落	—
予落	—	—	—	10T	—	—	—	4T	7	—	—	44T	—
19T	—	—	—	—	—	23T	37T	3	—	—	—	—	8T
15T	予落	—	50T	17T	予落	予落	—	予落	9T	36T	—	53T	—
32T	予落	予落	—	27T	予落	18T	—	13T	17T	予落	41T	棄権	—
予落	予落	—	26T	41T	63T	12T	—	45T	46T	41T	20T	14T	—
55T	52T	32T	予落	予落	41T	29T	—	35T	46T	18T	44T	予落	—
50T	26T	32T	予落	32T	41T	—	—	22T	60T	予落	予落	53T	—
予落	26T	—	—	予落	12T	予落	—	13T	予落	24T	—	58T	—
50T	予落	予落	44T	予落	51T	56T	—	予落	予落	予落	49T	49T	—
30T	予落	—	—	32T	51T	23T	—	45T	35T	57T	—	39T	—
40T	予落	—	15T	4T	38T	—	—	22T	64T	24T	41T	予落	—
—	26T	12T	37T	12T	6T	—	—	51T	予落	24T	41T	—	—
10T	38T	—	—	—	—	—	—	7T	9T	—	—	—	—
40T	54T	32T	26T	32T	41T	—	—	32T	予落	予落	26T	—	—
32T	予落	—	—	59T	12T	—	—	32T	予落	24T	53T	予落	—
19T	34T	—	—	52T	—	29T	—	—	9T	—	—	—	—
10T	予落	予落	70T	56T	34T	18T	—	予落	予落	56	13T	32T	—
—	6T	予落	予落	—	34T	46T	—	—	12T	61T	49T	—	—
予落	62	12T	37T	27T	予落	予落	—	27T	予落	13T	予落	18T	—
58T	38T	—	15T	41T	—	10T	—	—	39T	—	—	44T	—
50T	57T	—	—	予落	予落	予落	—	予落	予落	—	—	18T	—
予落	9T	予落	12T	27T	予落	—	—	27T	32T	50T	予落	予落	—
46T	9T	—	44T	7T	41T	—	—	予落	16	—	34T	予落	—
予落	予落	—	—	12T	—	—	—	予落	62T	—	—	予落	—
64T	2T	59T	予落	56T	63T	予落	—	39T	予落	45T	予落	予落	—
予落	予落	予落	50T	12T	—	12T	—	予落	39T	予落	59T	39T	—
予落	47T	54T	—	32T	41T	—	—	17T	予落	63	62T	23T	—

賞金ランキング		1 SMBCシンガポール	2 東建ホームメイトカップ	3 中日クラウンズ	4 ダイヤモンドカップゴルフ	5 関西オープン	6 全英への道ミズノオープン	7 日本ゴルフツアー選手権	8 ダンロップ・スリクソン福島	9 日本プロゴルフ選手権	10 セガサミーカップ	11 ライザップKBCオーガスタ
71	阿久津未来也	−	−	−	−	−	−	12T	12T	11T	予落	50T
72	R・ガンジー	予落	予落	73T	39T	−	32T	26T	予落	予落	52T	予落
73	片岡　大育	51T	48T	31T	予落	49	34T	29T	43T	予落	予落	55T
74	額賀　辰徳	−	予落	31T	予落	予落	24T	予落	予落	26T	棄権	30T
75	P・マークセン	47T	−	48T	8T	−	−	−	−	26T	−	予落
76	P・カーミス	−	37T	5T	−	予落	予落	予落	予落	−	予落	50T
77	川村　昌弘	12T	−	−	予落	−	−	−	−	−	−	−
78	上井　邦裕	予落	予落	37T	13T	14T	52T	48T	予落	32T	予落	42T
79	竹安　俊也	56T	18T	48T	16T	予落	予落	予落	17T	19T	予落	予落
80	詹　世昌	59T	予落	−	予落	70T	予落	29T	予落	55T	予落	42T
81	中里光之介	64T	54T	予落	−	56T	12T	37T	予落	−	棄権	予落
82	松原　大輔	68	29T		16T	予落	予落	66T	13T		予落	35T
83	金　永雄	−	34T	−		21T	5T	61T		−	予落	予落
84	手嶋　多一	−	予落	68T	27T	−	予落	64T	36T	予落	予落	予落
85	P・ミーサワット	5T	−	−	予落	−	−	−	−	−	15T	55T
86	近藤　智弘	予落	予落	予落	予落	56T	予落	失格	29T	26T	36T	55T
87	木下　裕太	予落	68	56T	予落	予落	予落	予落	62T	予落	予落	棄権
88	岩本　高志	−	予落	56T	−	29T	予落	6T	43T	−	棄権	予落
89	小林　正則	−	−	−	−		予落	−		11T	−	予落
90	金　亨成	−	予落	48T	予落	予落	24T	26T		15T	予落	予落
91	I・H・ホ	−	−	−	−	−	−	−	−		−	−
92	P・ピッタヤラット	9T	61T	−	棄権	16T	予落	棄権	棄権	−	予落	予落
93	小西　貴紀	−	−	−	−	25T	−	−	−	−	−	−
94	J・チョイ	−	予落	−	−	予落	34T	14T	予落	−	46T	35T
95	小斉平優和	66	58T	予落	予落	予落	予落	予落	43T	−	予落	35T
96	小野田享也	予落	61T	48T	−	11T	予落	61T	予落	−	予落	42T
97	D・ブーマ	予落	−	−	33T	予落	−	−	52T	−	予落	20T
98	T・クロンパ	47T	予落	56T	−	29T	予落	予落	17T	予落	56T	棄権
99	R・ワナスリチャン	予落	予落	予落	予落	70T	予落	予落	68T	予落	予落	予落
100	ハム　ジョンウ	−	−	−	−	−	−	−	−	−	66	24T

12	13	14	15	16	17	18	19	20	21	22	23	24	25
フジサンケイクラシック	ＡＮＡオープン	Shinhan Donghae Open	パナソニックオープン	トップ杯東海クラシック	ブリヂストンオープン	日本オープンゴルフ選手権	ＺＯＺＯチャンピオンシップ	マイナビＡＢＣ	ＨＥＩＷＡ・ＰＧＭ	三井住友ＶＩＳＡ太平洋	ダンロップフェニックス	カシオワールドオープン	日本シリーズＪＴカップ
予落	予落	—	—	予落	63T	—	—	25T	29T	—	—	29T	—
10T	—	18T	50T	61T	51T	予落	—	45T	39T	45T	棄権	23T	—
予落	予落	予落	44T	32T	51T	46T	—	45T	棄権	36T	62T	14T	—
予落	26T	予落	予落	予落	63T	予落	—	予落	49T	57T	44T	10T	—
—	—	—	26T	予落	—	49T	—	45T	—	50T	20T	棄権	—
15T	19T	—	—	予落	予落	—	—	35T	29T	—	—	—	—
—	—	—	—	—	—	23T	—	—	—	—	44T	7T	—
19T	50T	—	—	予落	63T	—	—	予落	42T	棄権	53T	予落	—
32T	予落	—	—	47T	26T	予落	—	42T	予落	50T	予落	予落	—
—	予落	27T	50T	—	41T	—	—	51T	17T	28T	—	予落	—
10T	19T	—	66T	予落	51T	—	—	—	54T	—	—	予落	—
予落	予落	—	—	61T	38T	—	—	—	—	—	—	23T	—
予落	予落	—	18T	予落	予落	—	—	—	49T	—	—	—	—
32T	44T	—	34T	32T	予落	40T	—	予落	35T	41T	予落	予落	—
—	—	54T	予落	—	51T	—	—	—	—	—	—	—	—
46T	15T	—	59T	予落	予落	59T	—	予落	54T	予落	59T	58T	—
63	予落	—	23T	50T	26T	35T	—	58	49T	61T	56T	44T	—
予落	54T	—	—	—	—	—	—	予落	—	予落	—	49T	—
—	—	15T	—	—	59T	—	—	—	—	—	—	—	—
58T	予落	予落	予落	予落	51T	棄権	—	51T	67T	予落	64	57	—
—	—	—	—	—	—	5T	—	—	—	—	—	—	—
46T	予落	18T	予落	—	12T	—	—	—	—	—	—	—	—
—	—	—	—	—	22	—	—	27T	—	18T	—	予落	—
32T	19T	—	—	63T	棄権	—	—	予落	—	—	—	—	—
46T	—	—	—	予落	—	—	—	35T	—	57T	—	18T	—
15T	予落	—	—	棄権	—	—	—	—	—	—	—	44T	—
予落	予落	27T	18T	—	—	—	—	—	—	—	—	—	—
予落	38T	—	—	予落	38T	棄権	—	棄権	54T	65	予落	39T	—
予落	予落	予落	予落	予落	51T	—	—	予落	12T	予落	44T	予落	—
—	—	7T	—	—	—	—	—	—	49T	—	—	—	—

19年のデータ

2019年度賞金ランキング

海外メジャー（マスターズ、全米オープン、全英オープン、全米プロ）で獲得した賞金額をツアートーナメント賞金ランキングに加算する。
但し、加算するためには当該年度開催されるツアートーナメントの競技数の50%（小数点以下切り上げ）以上（海外メジャー・チーム戦を除くWGCの出場競技数を含む）に出場しなければならない。

順位	氏名	獲得賞金(円) (海外加算)	国内獲得賞金(円)	国内競技数	海外獲得賞金(円)	海外競技数
1	今平 周吾	168,049,312	168,049,312	25	0	6
2	S・ノリス	145,044,149	145,044,149	22	0	3
3	石川 遼	132,812,990	132,812,990	19	0	1
4	C・キム	105,880,318	105,880,318	22	0	3
5	黄 重坤	94,985,827	94,985,827	20	0	0
6	堀川未来夢	84,790,750	84,790,750	24	0	4
7	J・ジェーンワタナノンド	80,432,742	59,824,922	17	20,607,820	3
8	朴 相賢	71,453,921	57,872,748	19	13,581,173	2
9	浅地 洋佑	69,797,845	67,100,384	24	2,697,461	2
10	崔 虎星	67,083,026	67,083,026	22	0	0
11	星野 陸也	66,313,846	66,313,846	24	0	0
12	金 庚泰	64,692,615	64,692,615	19	0	0
13	時松 隆光	57,748,084	57,748,084	24	0	0
14	比嘉 一貴	57,401,190	57,401,190	24	0	0
15	S・ビンセント	56,823,626	56,823,626	20	0	0
16	B・ジョーンズ	55,290,226	55,290,226	19	0	1
17	池田 勇太	53,870,134	53,870,134	21	0	1
18	B・ケネディ	52,039,313	52,039,313	19	0	0
19	武藤 俊憲	51,204,475	51,204,475	24	0	0
20	宮本 勝昌	50,403,092	50,403,092	23	0	0
21	G・チャルングン	50,273,898	50,273,898	18	0	1
22	S・ハン	47,858,105	47,858,105	23	0	0
23	Y・E・ヤン	42,888,013	42,888,013	22	0	1
24	大槻 智春	40,072,989	40,072,989	23	0	0
25	藤田 寛之	39,706,175	39,706,175	23	0	0
26	秋吉 翔太	39,398,756	39,398,756	24	0	0
27	M・グリフィン	38,393,733	38,393,733	19	0	0
28	J・クルーガー	34,028,792	34,028,792	12	0	0
29	A・クウェイル	32,925,863	32,925,863	21	0	0
30	片山 晋呉	30,536,757	30,536,757	20	0	0
31	小田 孔明	28,464,750	28,464,750	22	0	0
32	岩田 寛	28,457,981	28,457,981	21	0	0
33	香妻陣一朗	26,786,215	26,786,215	22	0	0
34	木下 稜介	25,482,410	25,482,410	22	0	0
35	李 尚熹	25,320,318	25,320,318	19	0	0
36	D・ペリー	23,998,300	23,998,300	15	0	0
37	姜 庚男	23,842,999	23,842,999	18	0	0
38	藤本 佳則	23,694,388	23,694,388	21	0	1
39	出水田大二郎	23,274,912	23,274,912	22	0	0
40	J・パグンサン	23,157,765	23,157,765	16	0	0
41	正岡 竜二	21,111,426	21,111,426	21	0	0
42	池村 寛世	20,895,766	20,895,766	23	0	0
43	貞方 章男	20,200,499	20,200,499	18	0	0
44	R・ジョン	20,132,000	20,132,000	13	0	0

順位	氏名	獲得賞金(円)(海外加算)	国内獲得賞金(円)	国内競技数	海外獲得賞金(円)	海外競技数
45	小平　智	19,936,729	19,936,729	7	0	0
46	A・キュー	19,878,811	19,878,811	21	0	0
47	張　棟圭	19,073,022	19,073,022	20	0	1
48	重永亜斗夢	18,525,821	18,525,821	20	0	0
49	稲森　佑貴	17,356,426	14,728,853	23	2,627,573	1
50	W・J・リー	17,088,775	17,088,775	20	0	0
51	D・ブランスドン	16,854,358	16,854,358	19	0	0
52	H・W・リュー	16,274,130	16,274,130	20	0	0
53	永野竜太郎	16,134,380	16,134,380	20	0	0
54	佐藤　大平	15,696,477	15,696,477	18	0	0
55	P・ピーターソン	14,061,372	14,061,372	14	0	0
56	T・ペク	14,039,071	14,039,071	10	0	0
57	小鯛　竜也	13,792,719	13,792,719	22	0	0
58	M・ヘンドリー	13,686,024	13,686,024	18	0	0
59	金　成玹	13,429,531	13,429,531	14	0	0
60	市原　弘大	13,102,632	13,102,632	22	0	2
61	梁　津萬	13,063,230	13,063,230	17	0	1
62	塚田　陽亮	12,817,324	12,817,324	23	0	0
63	塩見　好輝	12,642,900	12,642,900	14	0	0
64	中西　直人	12,586,730	12,586,730	17	0	0
65	竹谷　佳孝	12,564,132	12,564,132	22	0	0

上位65位までの65名が2020年度の1年間のツアー出場資格を獲得

順位	氏　名	獲得賞金(円)(海外加算)	順位	氏　名	獲得賞金(円)(海外加算)	順位	氏　名	獲得賞金(円)(海外加算)
66	H・リー	12,346,266	92	P・ピッタヤラット	6,377,478	118	中島　徹	2,043,375
67	幡地　隆寛	12,221,550	93	小西　貴紀	6,326,000	119	高橋　賢	1,927,416
68	嘉数　光倫	12,156,930	94	J・チョイ	6,237,260	120	I・J・ジャン	1,905,500
69	S・H・キム	12,132,538	95	小斉平優和	5,384,337	121	E・チャン	1,877,000
70	趙　珉珪	12,024,446	96	小野田享也	5,306,600	122	大田和桂介	1,758,500
71	阿久津未来也	11,949,125	97	D・ブーマ	5,130,968	123	宮里　優作	1,693,523
72	R・ガンジー	11,812,666	98	T・クロンパ	4,879,108	124	北川　祐生	1,658,571
73	片岡　大育	11,358,647	99	R・ワナスリチャン	4,827,675		北村　晃一	1,658,571
74	額賀　辰徳	10,486,475	100	ハム ジョンウ	4,756,460	126	安本　大祐	1,640,500
75	P・マークセン	10,287,991	101	和田章太郎	4,655,084	127	山下　和宏	1,638,359
76	P・カーミス	9,900,285	102	小林伸太郎	4,640,000	128	谷原　秀人	1,600,000
77	川村　昌弘	9,837,285	103	N・ファン	4,433,183	129	李　泰熙	1,495,609
78	上井　邦裕	8,806,450	104	谷口　徹	4,331,759	130	徐　曜燮	1,480,220
79	竹安　俊也	8,648,306	105	小木曽　喬	3,925,789	131	関藤　直熙	1,393,125
80	詹　世昌	8,334,390	106	A・ブランド	3,780,333	132	金　禹玄	1,214,117
81	中里光之介	8,304,375	107	D・オー	3,676,600	133	宮里　聖志	1,199,500
82	松原　大輔	8,050,458	108	P・サクサンシン	3,570,074	134	富村　真治	1,196,550
83	金　永雄	7,722,600	109	梅山　知宏	3,467,400	135	D・ケマー	1,031,625
84	手嶋　多一	7,622,341	110	S・J・パク	3,151,405	136	坂本　雄介	1,008,000
85	P・ミーサワット	7,196,882	111	すし　石垣	2,897,173	137	三重野里斗	987,666
86	近藤　智弘	7,095,558	112	大堀裕次郎	2,649,375	138	古田　幸希	977,800
87	木下　裕太	7,012,850	113	A・ウォンワニ	2,616,071	139	松村　道央	976,750
88	岩本　高志	6,857,700	114	久保谷健一	2,532,000	140	崔　ミン哲	966,000
89	小林　正則	6,802,500	115	鍋谷　太一	2,405,750	141	B・スナイダー	956,250
90	金　亨成	6,802,250	116	矢野　東	2,381,091	142	岸本　翔太	945,000
91	I・H・ホ	6,510,000	117	高柳　直人	2,175,220		中井　賢人	945,000

順位	氏 名	獲得賞金(円)(海外加算)	順位	氏 名	獲得賞金(円)(海外加算)	順位	氏 名	獲得賞金(円)(海外加算)
144	高田 聖斗	928,000	164	上平 栄道	391,200		森 雄貴	270,000
145	西村 匡史	906,703		竹内 大	391,200	185	ドンファン	268,400
146	藤島 征次	905,000	166	近藤 啓介	373,700	186	尾崎 直道	262,800
147	寺岡 颯太	829,500	167	照屋佑唯智	370,000	187	原田 凌	255,475
148	平塚 哲二	808,083	168	上田 諭尉	360,000	188	杉山 知靖	251,000
149	成松 亮介	800,000	169	J・カルロス	349,440	189	近藤 龍一	249,700
150	宮瀬 博文	772,650	170	井上 信	345,000	190	諸藤 将次	240,900
151	小池 一平	763,614	171	朴 銀信	342,720	191	岩井 亮磨	238,000
152	久志岡俊海	705,000	172	岩男 健一	340,500		永松 宏之	238,000
153	三木 龍馬	692,900		比嘉 拓也	340,500	193	伊藤 有志	228,000
154	B・キャンベル	675,000	174	亀井 美博	330,750		芳賀 洋平	228,000
155	今野 大喜	658,920		西 悠太	330,750	195	Je・カン	187,500
156	丸山 大輔	637,500	176	新木 豊	328,500	196	趙 炳旻	185,733
157	白 佳和	555,000		太田 祐一	328,500		中島マサオ	185,733
158	劉 松圭	491,232		高橋 佳祐	328,500	198	高橋 慧	158,900
159	河野 祐輝	481,000		内藤寛太郎	328,500	199	堂本新太朗	153,300
160	福永 安伸	471,000	180	小西 健太	292,500	200	伴 翔太郎	92,859
161	上村 竜太	460,821		富田 雅哉	292,500	201	河合 庄司	82,125
162	コ テウク	445,536	182	竹内 廉	272,000			
163	權 成烈	411,264	183	太田 直己	270,000			

2019年度メルセデス・ベンツ トータルポイントランキング

総合的に優れたプレーヤーを選出することを目的に9部門の順位をポイント換算した順位

順位	氏名	ポイント	ストローク平均	パット平均	パーキープ率	パーオン率	バーディ率	イーグル率	ドライバー飛距離	フェアウェイキープ率	サンドセーブ率
1	今平 周吾	142	69.73 (1位)	1.7424 (6位)	88.16 (1位)	72.04 (2位)	4.22 (4位)	13.14 (39位)	292.93 (28位)	54.22 (46位)	54.40 (15位)
2	G・チャルングン	158	70.12 (2位)	1.7858 (42位)	87.23 (4位)	73.63 (1位)	4.19 (5位)	9.57 (16位)	296.80 (20位)	53.64 (52位)	54.22 (16位)
3	星野 陸也	160	70.54 (8位)	1.7345 (2位)	85.67 (11位)	65.66 (32位)	4.16 (6位)	5.87 (3位)	300.30 (12位)	52.61 (59位)	52.89 (27位)
4	黄 重坤	181	70.39 (3位)	1.7712 (23位)	86.02 (10位)	70.75 (4位)	4.16 (6位)	10.67 (24位)	293.36 (26位)	57.51 (28位)	46.05 (57位)
5	ジェーブ・ミルカ・シン	191	70.47 (5位)	1.7855 (41位)	87.24 (3位)	70.49 (5位)	3.95 (12位)	10.67 (24位)	289.00 (45位)	60.76 (9位)	47.76 (47位)
6	S・ノリス	206	70.44 (4位)	1.7324 (1位)	85.19 (12位)	68.87 (10位)	4.32 (2位)	9.75 (18位)	295.69 (21位)	52.95 (56位)	41.25 (82位)
7	S・ビンセント	217	70.49 (7位)	1.7779 (28位)	86.67 (7位)	71.35 (3位)	3.93 (13位)	11.67 (32位)	301.57 (7位)	53.07 (55位)	44.87 (64位)
8	S・ハン	232	70.95 (13位)	1.7790 (29位)	86.71 (7位)	68.64 (11位)	3.57 (32位)	15.80 (51位)	291.42 (36位)	54.19 (48位)	58.68 (3位)
9	石川 遼	234	70.54 (8位)	1.7356 (3位)	83.93 (27位)	65.56 (33位)	4.55 (1位)	7.22 (10位)	300.92 (9位)	52.33 (66位)	42.68 (77位)
10	C・キム	240	70.48 (6位)	1.7707 (22位)	84.57 (21位)	66.67 (21位)	4.00 (11位)	5.54 (1位)	315.83 (1位)	51.00 (78位)	41.76 (79位)
11	池田 勇太	248	71.00 (16位)	1.7441 (7位)	83.03 (43位)	63.81 (56位)	4.15 (8位)	10.57 (23位)	292.34 (33位)	55.89 (36位)	53.00 (26位)
12	比嘉 一貴	252	70.89 (12位)	1.7790 (29位)	84.86 (16位)	67.15 (17位)	3.61 (26位)	10.00 (20位)	285.48 (61位)	55.10 (43位)	52.73 (28位)
13	M・グリフィン	253	71.08 (19位)	1.7639 (15位)	81.69 (69位)	63.75 (57位)	3.84 (14位)	10.17 (22位)	293.63 (25位)	57.06 (30位)	58.95 (2位)
13	朴 相賢	253	70.97 (14位)	1.7817 (35位)	86.27 (9位)	65.20 (38位)	3.59 (29位)	11.33 (29位)	275.74 (86位)	58.79 (21位)	56.19 (10位)
15	堀川未来夢	281	71.01 (17位)	1.7646 (16位)	85.07 (14位)	65.56 (33位)	3.40 (52位)	8.89 (14位)	276.29 (85位)	60.79 (8位)	53.04 (25位)
16	時松 隆光	292	70.61 (10位)	1.7776 (27位)	86.79 (6位)	65.99 (27位)	3.70 (21位)	27.33 (78位)	280.03 (75位)	58.92 (20位)	49.19 (39位)
17	R・ジョン	300	71.44 (30位)	1.7959 (50位)	81.23 (76位)	67.28 (16位)	4.29 (3位)	6.43 (6位)	309.42 (3位)	51.75 (72位)	44.62 (67位)
18	佐藤 大平	302	71.49 (36位)	1.7356 (3位)	84.43 (23位)	66.76 (20位)	3.57 (34位)	12.20 (34位)	284.02 (66位)	60.71 (10位)	52.63 (29位)
19	香妻陣一朗	304	71.13 (20位)	1.7928 (47位)	84.18 (25位)	61.04 (83位)	3.72 (20位)	6.58 (8位)	290.60 (38位)	47.09 (89位)	53.73 (18位)
20	片山 晋呉	325	70.98 (15位)	1.7849 (40位)	84.86 (16位)	65.30 (37位)	3.38 (56位)	11.50 (31位)	285.46 (62位)	53.33 (53位)	57.45 (8位)
21	B・ジョーンズ	332	71.13 (20位)	1.8103 (72位)	83.16 (40位)	64.55 (47位)	3.54 (36位)	5.73 (2位)	292.94 (27位)	48.75 (85位)	51.11 (35位)
22	T・ペク	334	71.07 (18位)	1.8126 (76位)	88.05 (2位)	68.52 (12位)	3.30 (61位)	33.00 (84位)	292.72 (30位)	61.57 (4位)	47.06 (51位)
23	D・ブランスドン	336	71.59 (45位)	1.7537 (9位)	84.27 (24位)	70.43 (6位)	3.64 (24位)	14.75 (46位)	299.68 (14位)	55.22 (42位)	45.59 (59位)
24	岩田 寛	339	71.15 (22位)	1.7834 (39位)	83.17 (39位)	62.27 (70位)	3.79 (17位)	13.40 (41位)	296.94 (19位)	50.64 (80位)	48.44 (42位)
25	B・ケネディ	353	70.63 (11位)	1.7985 (56位)	87.23 (4位)	65.92 (28位)	3.30 (61位)	33.50 (85位)	273.76 (92位)	59.91 (12位)	53.61 (21位)
26	大槻 智春	360	71.43 (28位)	1.7793 (31位)	83.33 (37位)	64.63 (45位)	3.51 (39位)	20.50 (66位)	291.30 (37位)	59.44 (18位)	51.16 (34位)
27	D・ペリー	365	71.51 (39位)	1.7796 (32位)	84.86 (16位)	64.49 (49位)	3.51 (39位)	6.38 (5位)	289.81 (39位)	52.39 (63位)	40.91 (84位)
28	塩見 好輝	373	71.49 (36位)	1.8041 (64位)	83.44 (33位)	65.83 (29位)	3.64 (24位)	17.67 (58位)	288.75 (46位)	54.07 (50位)	44.83 (65位)
29	出水田大二郎	380	71.59 (45位)	1.7925 (—)	83.41 (36位)	69.05 (9位)	3.40 (44位)	14.00 (44位)	297.95 (17位)	52.86 (58位)	46.30 (55位)

19年のデータ

	選手名		合計																				
30	木下 稔介		382	71.36	(25位)	1.7960	(51位)	82.27	(62位)	65.11	(40位)	3.49	(42位)	11.33	(29位)	288.51	(47位)	57.81	(25位)	45.28	(61位)
31	藤田 寛之		390	71.34	(24位)	1.7818	(36位)	84.76	(19位)	65.03	(42位)	3.26	(70位)	19.50	(64位)	275.26	(88位)	55.61	(40位)	57.58	(7位)
32	秋吉 翔太		392	71.26	(23位)	1.7912	(45位)	82.47	(56位)	64.43	(50位)	3.82	(16位)	19.25	(62位)	289.55	(41位)	57.91	(24位)	43.10	(75位)
	M・ヘンドリー		392	71.43	(28位)	1.7973	(53位)	85.15	(13位)	70.02	(7位)	3.40	(52位)	19.33	(63位)	288.36	(48位)	52.60	(60位)	44.44	(68位)
34	阿久津未来也		393	71.46	(33位)	1.7460	(8位)	83.48	(32位)	66.22	(25位)	4.05	(9位)	―		274.38	(90位)	62.60	(3位)	29.73	(98位)
35	池村 寛世		395	71.44	(30位)	1.7982	(55位)	83.26	(38位)	64.62	(46位)	3.47	(44位)	12.67	(37位)	303.52	(5位)	52.08	(69位)	43.69	(71位)
36	中西 直人		398	71.66	(53位)	1.7735	(26位)	82.49	(54位)	64.78	(43位)	3.83	(15位)	17.67	(58位)	291.89	(35位)	50.27	(81位)	51.39	(33位)
37	浅地 洋佑		399	71.71	(55位)	1.7674	(19位)	81.98	(80位)	62.54	(67位)	3.58	(32位)	19.50	(64位)	280.04	(74位)	59.67	(16位)	57.60	(6位)
38	姜 庚男		405	71.45	(32位)	1.8170	(80位)	82.61	(52位)	65.43	(35位)	3.22	(72位)	13.50	(43位)	287.20	(51位)	56.10	(35位)	58.23	(5位)
39	金 成玹		415	71.62	(49位)	1.8303	(88位)	82.78	(48位)	66.33	(23位)	3.32	(60位)	10.00	(20位)	305.72	(4位)	53.88	(51位)	43.55	(72位)
40	A・クウェイル		417	71.82	(60位)	1.7540	(10位)	82.17	(64位)	61.65	(76位)	3.77	(18位)	20.67	(67位)	300.22	(13位)	41.34	(98位)	55.91	(11位)
41	永野竜太郎		418	71.55	(41位)	1.7728	(25位)	82.92	(44位)	62.77	(66位)	3.40	(52位)	11.17	(26位)	301.60	(6位)	43.15	(96位)	45.26	(62位)
42	A・キュー		420	71.56	(43位)	1.8063	(68位)	81.62	(71位)	66.01	(26位)	3.59	(29位)	6.80	(9位)	298.54	(16位)	51.27	(75位)	41.23	(83位)
43	貞方 章男		428	71.48	(34位)	1.8116	(74位)	83.78	(29位)	65.33	(36位)	3.14	(75位)	8.33	(12位)	277.11	(80位)	61.03	(7位)	41.33	(81位)
44	金 庚泰		430	71.38	(27位)	1.8104	(73位)	83.15	(41位)	65.16	(39位)	3.27	(66位)	14.75	(46位)	274.56	(89位)	54.73	(45位)	58.33	(4位)
45	重永亜斗夢		432	71.48	(34位)	1.8015	(61位)	84.07	(26位)	66.91	(19位)	3.18	(74位)	17.00	(56位)	282.64	(70位)	59.79	(14位)	42.48	(78位)
46	李 尚熏		433	71.50	(38位)	1.7683	(20位)	83.42	(35位)	65.05	(41位)	3.73	(19位)	31.00	(81位)	288.27	(49位)	53.13	(54位)	35.56	(96位)
	J・クルーガー		433	71.51	(39位)	1.7600	(12位)	79.97	(86位)	61.50	(77位)	3.58	(32位)	21.50	(70位)	289.05	(43位)	57.48	(29位)	48.00	(45位)
48	W・J・リー		436	71.60	(47位)	1.7624	(14位)	82.38	(45位)	62.46	(68位)	3.54	(36位)	17.50	(57位)	297.75	(18位)	42.11	(97位)	49.02	(41位)
49	宮本 勝昌		442	71.64	(51位)	1.7993	(59位)	83.56	(31位)	65.70	(31位)	3.67	(22位)	75.00	(94位)	286.27	(57位)	52.87	(57位)	49.06	(40位)
50	松原 大輔		445	72.04	(68位)	1.7700	(21位)	82.82	(47位)	61.37	(78位)	3.47	(44位)	14.33	(45位)	266.63	(99位)	61.50	(5位)	49.28	(38位)
51	武藤 俊憲		449	71.55	(41位)	1.8192	(84位)	82.49	(54位)	69.06	(8位)	3.51	(39位)	13.17	(40位)	286.87	(55位)	55.71	(38位)	38.46	(90位)
52	幡地 隆寛		450	72.36	(83位)	1.7961	(52位)	78.92	(92位)	65.81	(30位)	4.05	(9位)	9.75	(18位)	315.30	(2位)	45.22	(94位)	43.75	(70位)
53	P・カーミス		463	71.78	(59位)	1.8178	(81位)	83.86	(28位)	68.25	(14位)	3.38	(56位)	42.00	(90位)	292.48	(32位)	60.62	(11位)	37.93	(92位)
54	上井 邦裕		469	71.92	(64位)	1.7991	(57位)	81.07	(79位)	63.94	(55位)	3.54	(36位)	14.75	(46位)	299.27	(15位)	45.13	(95位)	53.57	(22位)
55	小鯛 竜也		471	71.58	(44位)	1.7575	(11位)	81.09	(77位)	61.28	(79位)	3.60	(28位)	11.17	(26位)	284.70	(64位)	50.75	(79位)	45.19	(63位)
56	崔 虎星		478	71.72	(56位)	1.7918	(46位)	83.68	(30位)	62.82	(64位)	3.28	(64位)	16.25	(52位)	285.98	(59位)	48.23	(87位)	53.64	(20位)
57	P・ビッグナット		485	71.61	(48位)	1.7827	(37位)	82.67	(51位)	59.78	(90位)	3.27	(66位)	13.40	(41位)	279.89	(76位)	52.46	(62位)	54.81	(14位)
58	H・リー		490	72.09	(71位)	1.8009	(60位)	81.43	(75位)	67.14	(18位)	3.66	(23位)	35.00	(86位)	291.93	(34位)	57.61	(26位)	33.33	(97位)
59	J・バグンサン		492	71.96	(65位)	1.8055	(67位)	82.92	(44位)	63.58	(60位)	3.35	(58位)	27.00	(77位)	294.78	(23位)	51.46	(74位)	53.19	(24位)
60	小野田享也		497	71.86	(61位)	1.7975	(54位)	81.52	(74位)	59.42	(93位)	3.43	(47位)	9.20	(15位)	287.81	(50位)	51.71	(73位)	52.38	(30位)
61	藤本 佳則		500	72.27	(80位)	1.8143	(78位)	81.62	(74位)	67.66	(15位)	3.28	(64位)	13.00	(38位)	286.24	(58位)	57.93	(23位)	43.24	(73位)
62	P・ピーターソン		503	71.64	(51位)	1.7712	(23位)	82.31	(60位)	63.50	(62位)	3.49	(42位)	32.50	(82位)	286.46	(56位)	55.30	(41位)	40.59	(86位)
63	P・ピーターソン		505	71.37	(26位)	1.8043	(65位)	84.92	(15位)	63.72	(58位)	3.10	(82位)	―		279.72	(77位)	55.83	(37位)	47.44	(56位)
64	J・チョイ		514	72.15	(73位)	1.8034	(63位)	82.88	(46位)	62.16	(72位)	3.43	(47位)	12.33	(35位)	287.14	(53位)	57.00	(31位)	37.50	(94位)

順位	選手	No.									
66	Y・E・ヤン	514	71.75 (58位)	1.8319 (89位)	82.41 (57位)	63.58 (60位)	3.13 (78位)	12.00 (33位)	289.33 (42位)	55.68 (39位)	45.83 (58位)
67	市原 弘大	517	72.10 (72位)	1.7929 (48位)	81.60 (73位)	61.20 (80位)	3.23 (71位)	21.33 (68位)	285.74 (60位)	56.28 (33位)	55.21 (12位)
68	額賀 辰徳	518	72.40 (84位)	1.8015 (61位)	78.43 (95位)	60.28 (89位)	3.35 (58位)	8.57 (13位)	300.57 (10位)	40.69 (99位)	56.25 (9位)
69	稲森 佑貴	521	71.66 (53位)	1.8198 (86位)	84.62 (20位)	68.38 (13位)	3.06 (84位)	—	269.87 (95位)	69.39 (1位)	43.16 (74位)
70	塚田 陽亮	529	71.98 (66位)	1.8190 (83位)	81.67 (70位)	66.58 (22位)	3.42 (50位)	16.75 (55位)	300.44 (11位)	51.07 (77位)	37.00 (95位)
71	岩本 高志	532	72.16 (74位)	1.8193 (85位)	84.57 (21位)	64.04 (54位)	2.92 (92位)	36.00 (87位)	267.50 (98位)	65.34 (2位)	53.70 (19位)
72	竹谷 佳孝	538	72.00 (67位)	1.7608 (13位)	82.24 (63位)	62.37 (69位)	3.21 (73位)	22.00 (72位)	277.02 (81位)	52.17 (68位)	51.56 (32位)
73	金 永雄	543	72.16 (74位)	1.7830 (38位)	79.01 (91位)	61.88 (73位)	3.61 (26位)	36.00 (87位)	294.04 (24位)	48.41 (86位)	48.15 (44位)
74	正岡 竜二	547	71.91 (63位)	1.8186 (82位)	82.31 (60位)	61.71 (74位)	3.11 (80位)	16.25 (52位)	283.33 (68位)	52.32 (67位)	66.00 (1位)
75	趙 珉珪	556	72.18 (76位)	1.8118 (75位)	83.43 (34位)	64.42 (51位)	3.00 (87位)	28.50 (79位)	273.98 (91位)	57.54 (27位)	50.79 (36位)
76	小斉平優和	557	72.56 (90位)	1.8456 (95位)	79.88 (86位)	64.32 (53位)	3.27 (66位)	6.43 (6位)	295.55 (22位)	52.08 (69位)	44.44 (48位)
77	張 棟圭	558	71.73 (57位)	1.8464 (96位)	83.07 (42位)	64.50 (48位)	2.72 (98位)	21.33 (68位)	283.75 (67位)	61.21 (6位)	42.86 (76位)
	梁 津萬	558	71.90 (62位)	1.8212 (87位)	81.86 (68位)	64.40 (52位)	3.14 (75位)	6.13 (4位)	282.70 (69位)	52.48 (61位)	41.67 (80位)
78	R・ガンジー	564	72.44 (85位)	1.8133 (77位)	80.60 (81位)	63.60 (59位)	3.12 (79位)	11.17 (26位)	278.99 (78位)	59.85 (13位)	44.79 (66位)
79	H・W・リュー	570	72.20 (77位)	1.8393 (93位)	82.11 (65位)	63.47 (63位)	2.90 (93位)	14.75 (46位)	278.52 (79位)	59.49 (17位)	50.54 (37位)
80	中里光之介	579	72.49 (89位)	1.7813 (34位)	80.16 (85位)	60.77 (85位)	3.43 (47位)	16.33 (54位)	301.26 (8位)	46.77 (90位)	40.00 (87位)
81	S・H・キム	580	72.05 (69位)	1.8084 (70位)	82.73 (50位)	62.22 (71位)	3.00 (87位)	—	287.05 (54位)	51.95 (71位)	55.13 (13位)
82	嘉数 光倫	581	72.48 (88位)	1.8514 (98位)	80.98 (80位)	64.73 (44位)	3.11 (80位)	22.00 (72位)	292.70 (29位)	56.20 (34位)	46.28 (56位)
	片岡 大育	581	72.05 (69位)	1.7810 (33位)	82.34 (59位)	59.59 (92位)	3.05 (85位)	24.33 (75位)	263.73 (100位)	59.71 (15位)	46.73 (53位)
84	和田章太郎	587	72.21 (78位)	1.8048 (66位)	79.91 (87位)	58.87 (95位)	3.30 (61位)	15.67 (50位)	289.05 (43位)	48.78 (84位)	53.52 (23位)
85	梅山 知宏	601	72.96 (93位)	1.7991 (57位)	78.86 (93位)	59.76 (91位)	3.27 (66位)	8.20 (11位)	276.33 (82位)	46.68 (91位)	54.17 (17位)
86	P・マークセン	603	71.62 (49位)	1.8451 (94位)	82.76 (49位)	60.83 (84位)	2.79 (96位)	39.00 (89位)	284.39 (65位)	54.21 (47位)	52.38 (30位)
87	近藤 智弘	604	72.58 (91位)	1.8095 (71位)	81.88 (67位)	62.82 (64位)	2.94 (91位)	21.67 (71位)	285.00 (63位)	56.73 (32位)	46.53 (54位)
	詹 世昌	604	72.22 (79位)	1.8144 (79位)	82.54 (53位)	66.27 (24位)	3.14 (75位)	56.00 (92位)	275.91 (85位)	59.44 (18位)	29.63 (99位)
89	すし 石垣	606	72.28 (81位)	1.7649 (18位)	79.88 (88位)	60.66 (86位)	3.59 (29位)	—	282.08 (72位)	47.87 (88位)	47.46 (49位)
90	S・J・パク	632	72.47 (86位)	1.7944 (49位)	81.08 (78位)	59.31 (94位)	3.41 (51位)	18.50 (61位)	289.75 (40位)	50.19 (82位)	38.18 (91位)
91	木下 裕太	672	73.37 (97位)	1.8598 (100位)	76.32 (99位)	60.51 (87位)	2.95 (90位)	32.50 (82位)	287.18 (52位)	58.17 (22位)	48.21 (43位)
92	T・クロンパ	685	73.16 (95位)	1.7399 (5位)	77.57 (96位)	56.81 (98位)	3.45 (46位)	26.50 (76位)	275.68 (87位)	45.68 (93位)	39.53 (89位)
93	手嶋 多一	695	72.47 (86位)	1.8081 (69位)	80.24 (84位)	58.47 (96位)	2.77 (97位)	30.50 (80位)	273.22 (93位)	54.94 (44位)	47.83 (46位)
94	金 亨成	709	72.97 (94位)	1.8583 (99位)	79.50 (90位)	61.11 (82位)	2.45 (99位)	9.67 (17位)	271.43 (94位)	54.08 (49位)	40.78 (85位)
95	竹安 俊也	714	72.30 (82位)	1.8376 (91位)	80.33 (83位)	61.20 (80位)	3.08 (83位)	61.00 (93位)	282.54 (71位)	49.06 (83位)	47.75 (48位)
96	R・ワスリチャン	719	73.44 (98位)	1.8361 (90位)	77.33 (97位)	60.44 (88位)	3.00 (87位)	12.50 (36位)	282.59 (31位)	45.70 (83位)	27.63 (100位)
97	大堀裕次郎	720	74.42 (100位)	1.7886 (43位)	72.96 (100位)	53.77 (100位)	3.02 (86位)	17.67 (58位)	280.23 (73位)	37.80 (100位)	45.33 (60位)
98	小木曽 喬	745	72.65 (92位)	1.8392 (92位)	80.56 (82位)	61.71 (74位)	2.80 (95位)	23.00 (74位)	276.25 (84位)	52.34 (65位)	40.00 (87位)
99	谷口 徹	769	73.27 (96位)	1.7888 (44位)	78.80 (94位)	57.03 (97位)	2.82 (94位)	49.00 (91位)	269.19 (96位)	52.35 (64位)	37.80 (93位)
100	久保谷健一	813	73.82 (99位)	1.8508 (97位)	76.64 (98位)	56.24 (99位)	2.35 (100位)	—	268.31 (97位)	51.17 (76位)	46.81 (52位)

2019年度平均ストロークランキング

1ラウンド当たりの平均ストローク数（コース調整値を加味）

Avg. 71.729

順位	氏名	平均ストローク	競技数	ラウンド数	順位	氏名	平均ストローク	競技数	ラウンド数	順位	氏名	平均ストローク	競技数	ラウンド数
1	今平 周吾	69.73	25	92		重永亜斗夢	71.48	20	68	69	片岡 大育	72.05	23	73
2	G・チャルングン	70.12	18	67	36	佐藤 大平	71.49	18	61		S・H・キム	72.05	18	55
3	黄 重坤	70.39	20	64		塩見 好輝	71.49	14	53	71	P・ピッタヤラット	72.09	14	35
4	S・ノリス	70.44	22	78	38	李 尚熹	71.50	19	62	72	市原 弘大	72.10	22	64
5	J・ジェーンワタナノンド	70.47	17	64	39	J・クルーガー	71.51	12	43	73	J・チョイ	72.15	12	37
6	C・キム	70.48	22	72		D・ペリー	71.51	15	51	74	岩本 高志	72.16	13	36
7	S・ビンセント	70.49	20	70	41	永野竜太郎	71.55	20	67		金 永雄	72.16	12	36
8	石川 遼	70.54	19	65		武藤 俊憲	71.55	24	79	76	趙 珉珪	72.18	18	57
	星野 陸也	70.54	24	88	43	A・キュー	71.56	21	68	77	H・W・リュー	72.20	20	59
10	時松 隆光	70.61	24	82	44	小田 孔明	71.58	22	67	78	和田章太郎	72.21	15	47
11	B・ケネディ	70.63	19	67	45	出水田大二郎	71.59	22	70	79	詹 世昌	72.22	18	56
12	比嘉 一貴	70.89	24	80		D・ブランスドン	71.59	19	59	80	小野田享也	72.27	13	39
13	S・ハン	70.95	23	79	47	W・J・リー	71.60	20	70	81	すし 石垣	72.28	11	37
14	朴 相賢	70.97	19	68	48	崔 虎星	71.61	22	65	82	竹安 俊也	72.30	21	61
15	片山 晋呉	70.98	20	69	49	金 成玹	71.62	14	50	83	幡地 隆寛	72.36	13	39
16	池田 勇太	71.00	21	74		P・マークセン	71.62	12	39	84	額賀 辰徳	72.40	22	60
17	堀川未来夢	71.01	24	80	51	藤本 佳則	71.64	21	65	85	R・ガンジー	72.44	21	67
18	T・ペク	71.07	10	33		宮本 勝昌	71.64	23	75	86	手嶋 多一	72.47	20	61
19	M・グリフィン	71.08	19	61	53	稲森 佑貴	71.66	23	78		S・J・パク	72.47	12	37
20	香妻陣一朗	71.13	22	79		中西 直人	71.66	17	53	88	嘉数 光倫	72.48	23	66
	B・ジョーンズ	71.13	19	63	55	浅地 洋佑	71.71	24	78	89	中里光之介	72.49	16	49
22	岩田 寛	71.15	21	67	56	小鯛 竜也	71.72	22	65	90	小斉平優和	72.56	15	45
23	秋吉 翔太	71.26	24	77	57	張 棟圭	71.73	20	64	91	近藤 智弘	72.58	22	65
24	藤田 寛之	71.34	23	78	58	Y・E・ヤン	71.75	22	72	92	小木曽 喬	72.65	16	46
25	木下 稜介	71.36	22	68	59	P・カーミス	71.78	14	42	93	梅山 知宏	72.96	14	41
26	P・ピーターソン	71.37	14	49	60	A・クウェイル	71.82	21	62	94	金 亨成	72.97	21	58
27	金 庚泰	71.38	19	59	61	J・パグンサン	71.86	16	46	95	T・クロンパ	73.16	20	53
28	大槻 智春	71.43	23	82	62	梁 津萬	71.90	17	49	96	谷口 徹	73.27	19	49
	M・ヘンドリー	71.43	18	58	63	正岡 竜二	71.91	21	65	97	木下 裕太	73.37	22	65
30	池村 寛世	71.44	23	76	64	上井 邦裕	71.92	20	59	98	R・ワナスリチャン	73.44	22	50
	R・ジョン	71.44	13	45	65	H・リー	71.96	18	54	99	久保谷健一	73.82	21	49
32	姜 庚男	71.45	18	54	66	塚田 陽亮	71.98	23	67	100	大堀裕次郎	74.42	21	53
33	阿久津未来也	71.46	12	37	67	竹谷 佳孝	72.00	22	66					
34	貞方 章男	71.48	18	50	68	松原 大輔	72.04	14	43					

2019年度平均パットランキング

1ホール当たりの平均パット数（パーオンホールのみ対象）

Avg. 1.794

順位	氏名	平均パット	競技数	ラウンド数	順位	氏名	平均パット	競技数	ラウンド数	順位	氏名	平均パット	競技数	ラウンド数
1	S・ノリス	1.7324	22	78	35	堀川未来夢	1.7817	24	80	69	手嶋 多一	1.8081	20	61
2	星野 陸也	1.7345	24	88	36	藤田 寛之	1.7818	23	78	70	S・H・キム	1.8084	18	55
3	石川 遼	1.7356	19	65	37	崔 虎星	1.7827	22	67	71	近藤 智弘	1.8095	22	65
	香妻陣一朗	1.7356	22	79	38	金 永雄	1.7830	12	36	72	T・ペク	1.8103	10	33
5	T・クロンパ	1.7399	20	53	39	B・ケネディ	1.7834	19	67	73	金 庚泰	1.8104	19	59
6	今平 周吾	1.7424	25	92	40	B・ジョーンズ	1.7849	19	63	74	貞方 章男	1.8116	18	50
7	池田 勇太	1.7441	21	74	41	J・ジェーンワタナノンド	1.7855	17	64	75	趙 珉珪	1.8118	18	57
8	阿久津未来也	1.7460	12	37	42	G・チャルングン	1.7858	18	67	76	D・ブランスドン	1.8126	19	59
9	岩田 寛	1.7537	21	67	43	大堀裕次郎	1.7886	21	53	77	R・ガンジー	1.8133	21	67
10	A・クウェイル	1.7540	21	62	44	谷口 徹	1.7888	19	49	78	小野田享也	1.8143	13	39
11	小田 孔明	1.7575	22	67	45	秋吉 翔太	1.7912	24	77	79	詹 世昌	1.8144	18	56
12	J・クルーガー	1.7600	12	43	46	小鯛 竜也	1.7918	22	65	80	姜 庚男	1.8170	18	54
13	竹谷 佳孝	1.7608	22	66	47	片山 晋呉	1.7928	20	69	81	P・カーミス	1.8178	14	42
14	W・J・リー	1.7624	20	70	48	市原 弘大	1.7929	22	64	82	正岡 竜二	1.8186	21	65
15	M・グリフィン	1.7639	19	61	49	S・J・パク	1.7944	12	37	83	塚田 陽亮	1.8190	23	67
16	時松 隆光	1.7646	24	82	50	佐藤 大平	1.7959	18	61	84	武藤 俊憲	1.8192	24	79
17	朴 相賢	1.7648	19	68	51	木下 稜介	1.7960	22	68	85	岩本 高志	1.8193	13	36
18	すし 石垣	1.7649	11	37	52	幡地 隆寛	1.7961	13	39	86	稲森 佑貴	1.8198	23	78
19	浅地 洋佑	1.7674	24	78	53	M・ヘンドリー	1.7973	18	58	87	梁 津萬	1.8212	17	49
20	李 尚熹	1.7683	19	62	54	J・パグンサン	1.7975	16	46	88	金 成玹	1.8303	14	50
21	松原 大輔	1.7700	14	43	55	池村 寛世	1.7982	23	76	89	Y・E・ヤン	1.8319	22	72
22	C・キム	1.7707	21	72	56	大槻 智春	1.7985	23	82	90	R・ワナスリチャン	1.8361	22	50
23	黄 重坤	1.7712	20	64	57	梅山 知宏	1.7991	14	41	91	竹安 俊也	1.8376	21	61
	藤本 佳則	1.7712	21	65		上井 邦裕	1.7991	20	59	92	小木曽 喬	1.8392	16	46
25	永野竜太郎	1.7728	20	67	59	宮本 勝昌	1.7993	23	75	93	H・W・リュー	1.8393	20	59
26	中西 直人	1.7735	17	53	60	P・ピッタヤラット	1.8009	14	35	94	P・マークセン	1.8451	12	39
27	R・ジョン	1.7776	13	45	61	重永亜斗夢	1.8015	20	68	95	小斉平優和	1.8456	15	45
28	S・ビンセント	1.7779	20	70		額賀 辰徳	1.8015	22	60	96	張 棟圭	1.8464	20	64
29	S・ハン	1.7790	23	79	63	J・チョイ	1.8034	12	37	97	久保谷健一	1.8508	21	49
	比嘉 一貴	1.7790	24	80	64	出水田大二郎	1.8041	22	70	98	嘉数 光倫	1.8514	23	66
31	D・ペリー	1.7793	15	51	65	P・ピーターソン	1.8043	14	49	99	金 亨成	1.8583	21	58
32	塩見 好輝	1.7796	14	53	66	和田章太郎	1.8048	15	47	100	木下 裕太	1.8598	22	65
33	片岡 大育	1.7810	23	73	67	H・リー	1.8055	18	54					
34	中里 光之介	1.7813	16	49	68	A・キュー	1.8063	21	68					

19年のデータ

257

Avg. 82.584

順位	氏名	パーキープ率	競技数	ラウンド数	順位	氏名	パーキープ率	競技数	ラウンド数	順位	氏名	パーキープ率	競技数	ラウンド数
1	今平 周吾	88.16	25	92	35	李 尚熹	83.42	19	62	69	M・グリフィン	81.69	19	61
2	T・ペク	88.05	10	33	36	出水田大二郎	83.41	22	70	70	塚田 陽亮	81.67	23	67
3	J・ジェーンクワナノンド	87.24	17	64	37	大槻 智春	83.33	23	82	71	小野田享也	81.62	13	39
4	B・ケネディ	87.23	19	67	38	池村 寛世	83.26	23	76		A・キュー	81.62	21	68
	G・チャルングン	87.23	18	67	39	岩田 寛	83.17	21	67	73	市原 弘大	81.60	22	64
6	時松 隆光	86.79	24	82	40	B・ジョーンズ	83.16	19	63	74	J・パグンサン	81.52	16	46
7	S・ハン	86.71	23	79	41	金 庚泰	83.15	19	59	75	P・ピッタヤラット	81.43	14	35
8	S・ビンセント	86.67	20	70	42	張 棟圭	83.07	20	64	76	R・ジョン	81.23	13	45
9	朴 相賢	86.27	19	68	43	池田 勇太	83.03	21	74	77	小田 孔明	81.09	22	67
10	黄 重坤	86.02	20	64	44	永野竜太郎	82.92	20	67	78	S・J・パク	81.08	12	37
11	星野 陸也	85.67	24	88		H・リー	82.92	18	54	79	上井 邦裕	81.07	20	59
12	S・ノリス	85.19	22	78	46	J・チョイ	82.88	12	37	80	嘉数 光倫	80.98	23	66
13	M・ヘンドリー	85.15	18	58	47	松原 大輔	82.82	14	43	81	R・ガンジー	80.60	21	67
14	堀川未来夢	85.07	24	80	48	金 成玹	82.78	14	50	82	小木曽 喬	80.56	16	46
15	P・ピーターソン	84.92	14	49	49	P・マークセン	82.76	12	39	83	竹安 俊也	80.33	21	61
16	片山 晋呉	84.86	20	69	50	S・H・キム	82.73	18	55	84	手嶋 多一	80.24	20	61
	比嘉 一貴	84.86	24	80	51	崔 虎星	82.67	22	67	85	中里光之介	80.16	16	49
	D・ペリー	84.86	15	51	52	姜 庚男	82.61	18	54	86	J・クルーガー	79.97	12	43
19	藤田 寛之	84.76	23	78	53	詹 世昌	82.54	18	56	87	和田章太郎	79.91	15	47
20	稲森 佑貴	84.62	23	78	54	中西 直人	82.49	17	53	88	すし 石垣	79.88	11	37
21	岩本 高志	84.57	13	36		武藤 俊憲	82.49	24	79		小斉平優和	79.88	15	45
	C・キム	84.57	22	72	56	秋吉 翔太	82.47	24	77	90	金 亨成	79.50	21	58
23	佐藤 大平	84.43	18	61	57	Y・E・ヤン	82.41	22	72	91	金 永雄	79.01	12	36
24	D・ブランスドン	84.27	19	59	58	W・J・リー	82.38	20	70	92	幡地 隆寛	78.92	13	39
25	香妻陣一朗	84.18	22	79	59	片岡 大育	82.34	23	73	93	梅山 知宏	78.86	14	41
26	重永亜斗夢	84.07	20	68	60	藤本 佳則	82.31	21	65	94	谷口 徹	78.80	19	49
27	石川 遼	83.93	19	65		正岡 竜二	82.31	21	65	95	額賀 辰徳	78.43	22	60
28	P・カーミス	83.86	14	42	62	木下 稜介	82.27	22	68	96	T・クロンパ	77.57	20	53
29	貞方 章男	83.78	18	50	63	竹谷 佳孝	82.24	22	66	97	R・ワナスリチャン	77.33	22	50
30	小鯛 竜也	83.68	22	65	64	A・クウェイル	82.17	21	62	98	久保谷健一	76.64	21	49
31	宮本 勝昌	83.56	23	75	65	H・W・リュー	82.11	20	59	99	木下 裕太	76.32	22	65
32	阿久津未来也	83.48	12	37	66	浅地 洋佑	81.98	24	78	100	大堀裕次郎	72.96	21	53
33	塩見 好輝	83.44	14	53	67	近藤 智弘	81.88	22	65					
34	趙 珉珪	83.43	18	57	68	梁 津萬	81.86	17	49					

2019年度パーオン率ランキング

パーオンする率（パー4での1オン、パー5での2オンを含む）

Avg. 64.156

順位	氏名	パーオン率	競技数	ラウンド数	順位	氏名	パーオン率	競技数	ラウンド数	順位	氏名	パーオン率	競技数	ラウンド数
1	G・チャルングン	73.63	18	67	35	姜 庚男	65.43	18	54	69	竹谷 佳孝	62.37	22	66
2	今平 周吾	72.04	25	92	36	貞方 章男	65.33	18	50	70	岩田 寛	62.27	21	67
3	S・ビンセント	71.35	20	70	37	片山 晋呉	65.30	20	69	71	S・H・キム	62.22	18	55
4	黄 重坤	70.75	20	64	38	朴 相賢	65.20	19	68	72	J・チョイ	62.16	12	37
5	J・ジェーンワタナンド	70.49	17	64	39	金 庚泰	65.16	19	59	73	金 永雄	61.88	12	36
6	D・ブランスドン	70.43	19	59	40	木下 稜介	65.11	22	68	74	小木曽 喬	61.71	16	46
7	M・ヘンドリー	70.02	18	58	41	李 尚熹	65.05	19	62		正岡 竜二	61.71	21	65
8	武藤 俊憲	69.06	24	79	42	藤田 寛之	65.03	23	78	76	A・クウェイル	61.65	21	62
9	出水田大二郎	69.05	22	70	43	中西 直人	64.78	17	53	77	J・クルーガー	61.50	12	43
10	S・ノリス	68.87	22	78	44	嘉数 光倫	64.73	23	66	78	松原 大輔	61.37	14	43
11	S・ハン	68.64	23	79	45	大槻 智春	64.63	23	82	79	小田 孔明	61.28	22	67
12	T・ペク	68.52	10	33	46	池村 寛世	64.62	23	76	80	市原 弘大	61.20	22	64
13	稲森 佑貴	68.38	23	78	47	B・ジョーンズ	64.55	19	63		竹安 俊也	61.20	21	61
14	P・カーミス	68.25	14	42	48	張 棟圭	64.50	20	64	82	金 亨成	61.11	21	58
15	小野田享也	67.66	13	39	49	D・ペリー	64.49	15	51	83	香妻陣一朗	61.04	22	79
16	R・ジョン	67.28	13	45	50	秋吉 翔太	64.43	24	77	84	P・マークセン	60.83	12	39
17	比嘉 一貴	67.15	24	80	51	趙 珉珪	64.42	18	57	85	中里光之介	60.77	16	49
18	P・ピッタヤラット	67.14	14	35	52	梁 津萬	64.40	17	49	86	すし 石垣	60.66	11	37
19	重永亜斗夢	66.91	20	68	53	小斉平優和	64.32	15	45	87	木下 裕太	60.51	22	65
20	佐藤 大平	66.76	18	61	54	岩本 高志	64.04	13	36	88	R・ワナスリチャン	60.44	22	50
21	C・キム	66.67	23	72	55	上井 邦裕	63.94	20	59	89	額賀 辰徳	60.28	20	60
22	塚田 陽亮	66.58	23	67	56	池田 勇太	63.81	21	74	90	崔 虎星	59.78	22	67
23	金 成玹	66.33	21	50	57	M・グリフィン	63.75	19	61	91	梅山 知宏	59.76	14	41
24	詹 世昌	66.27	18	56	58	P・ピーターソン	63.72	14	49	92	片岡 大育	59.59	23	73
25	阿久津未来也	66.22	12	37	59	R・ガンジー	63.60	21	67	93	J・パグンサン	59.42	16	46
26	A・キュー	66.01	21	68	60	Y・E・ヤン	63.58	22	72	94	S・J・パク	59.31	12	37
27	時松 隆光	65.99	24	82		H・リー	63.58	18	54	95	和田章太郎	58.87	15	47
28	B・ケネディ	65.92	19	67	62	藤本 佳則	63.50	21	65	96	手嶋 多一	58.47	20	61
29	塩見 好輝	65.83	14	53	63	H・W・リュー	63.47	20	59	97	谷口 徹	57.03	19	49
30	幡地 隆寛	65.81	13	39	64	小鯛 竜也	62.82	22	65	98	T・クロンパ	56.81	20	53
31	宮本 勝昌	65.70	23	75		近藤 智弘	62.82	22	65	99	久保谷健一	56.24	21	49
32	星野 陸也	65.66	24	88	66	永野竜太郎	62.77	20	67	100	大堀裕次郎	53.77	21	53
33	石川 遼	65.56	19	65	67	浅地 洋佑	62.54	24	78					
	堀川未来夢	65.56	24	80	68	W・J・リー	62.46	20	70					

19年のデータ

2019年度バーディ率ランキング

1ラウンド当たりのバーディ獲得率

Avg. 3.430

順位	氏名	バーディ率	競技数	ラウンド数	順位	氏名	バーディ率	競技数	ラウンド数	順位	氏名	バーディ率	競技数	ラウンド数
1	石川 遼	4.55	19	65		S・ハン	3.57	23	79		崔 虎星	3.27	22	67
2	S・ノリス	4.32	22	78	36	上井 邦裕	3.54	20	59	70	藤田 寛之	3.26	23	78
3	R・ジョン	4.29	13	45		B・ジョーンズ	3.54	19	63	71	市原 弘大	3.23	22	64
4	今平 周吾	4.22	25	92		W・J・リー	3.54	20	70	72	姜 庚男	3.22	18	54
5	G・チャルングン	4.19	18	67	39	大槻 智春	3.51	23	82	73	竹谷 佳孝	3.21	22	66
6	黄 重坤	4.16	20	64		D・ペリー	3.51	15	51	74	重永亜斗夢	3.18	20	68
	星野 陸也	4.16	24	88		武藤 俊憲	3.51	24	79	75	貞方 章男	3.14	18	50
8	池田 勇太	4.15	21	74	42	木下 稜介	3.49	22	68		詹 世昌	3.14	18	56
9	阿久津未来也	4.05	12	37		藤本 佳則	3.49	21	65		梁 津萬	3.14	17	49
	幡地 隆寛	4.05	13	39	44	池村 寛世	3.47	23	76	78	Y・E・ヤン	3.13	22	72
11	C・キム	4.00	22	72		松原 大輔	3.47	14	43	79	R・ガンジー	3.12	21	67
12	J・ジェーンワタナノンド	3.95	17	64	46	T・クロンパ	3.45	20	53	80	嘉数 光倫	3.11	23	66
13	S・ビンセント	3.93	20	70	47	J・チョイ	3.43	12	37		正岡 竜二	3.11	21	65
14	M・グリフィン	3.84	19	61		中里光之介	3.43	16	49	82	P・ピーターソン	3.10	14	49
15	中西 直人	3.83	17	53		J・パグンサン	3.43	16	46	83	竹安 俊也	3.08	21	61
16	秋吉 翔太	3.82	24	77	50	塚田 陽亮	3.42	23	67	84	稲森 佑貴	3.06	23	78
17	岩田 寛	3.79	21	67	51	S・J・パク	3.41	12	37	85	片岡 大育	3.05	23	73
18	A・クウェイル	3.77	21	62	52	出水田大二郎	3.40	22	70	86	大堀裕次郎	3.02	21	53
19	李 尚熹	3.73	19	62		永野竜太郎	3.40	20	67	87	S・H・キム	3.00	18	55
20	香妻陣一朗	3.72	22	79		M・ヘンドリー	3.40	18	58		趙 珉珪	3.00	18	57
21	時松 隆光	3.70	24	82		堀川未来夢	3.40	24	80		R・ワナスリチャン	3.00	22	50
22	宮本 勝昌	3.67	23	75	56	片山 晋呉	3.38	20	69	90	木下 裕太	2.95	22	65
23	P・ピッタヤラット	3.66	14	35		P・カーミス	3.38	14	42	91	近藤 智弘	2.94	22	65
24	塩見 好輝	3.64	14	53	58	額賀 辰徳	3.35	22	60	92	岩本 高志	2.92	13	36
	D・ブランスドン	3.64	19	59		H・リー	3.35	18	54	93	H・W・リュー	2.90	20	59
26	金 永雄	3.61	12	36	60	金 成玹	3.32	14	50	94	谷口 徹	2.82	19	49
	比嘉 一貴	3.61	24	80	61	B・ケネディ	3.30	19	67	95	小木曽 喬	2.80	16	46
28	小田 孔明	3.60	22	67		T・ペク	3.30	10	33	96	P・マークセン	2.79	12	39
29	すし 石垣	3.59	11	37		和田章太郎	3.30	15	47	97	手嶋 多一	2.77	20	61
	A・キュー	3.59	21	68	64	小野田享也	3.28	13	39	98	張 棟圭	2.72	20	64
	朴 相賢	3.59	19	68		小鯛 竜也	3.28	22	65	99	金 亨成	2.45	21	58
32	浅地 洋佑	3.58	24	78	66	梅山 知宏	3.27	14	41	100	久保谷健一	2.35	21	49
	J・クルーガー	3.58	12	43		金 庚泰	3.27	19	59					
34	佐藤 大平	3.57	18	61		小斉平優和	3.27	15	45					

2019年度イーグル率ランキング

1イーグルを獲得するために要するラウンド数

Avg. 18.568

順位	氏名	イーグル率	競技数	ラウンド数
1	C・キム	5.54	22	72
2	B・ジョーンズ	5.73	19	63
3	星野 陸也	5.87	24	88
4	梁 津萬	6.13	17	49
5	D・ペリー	6.38	15	51
6	小斉平優和	6.43	15	45
	R・ジョン	6.43	13	45
8	香妻陣一朗	6.58	22	79
9	A・キュー	6.80	21	68
10	石川 遼	7.22	19	65
11	梅山 知宏	8.20	14	41
12	貞方 章男	8.33	18	50
13	額賀 辰徳	8.57	22	60
14	堀川未来夢	8.89	24	80
15	J・パグンサン	9.20	16	46
16	G・チャルングン	9.57	18	67
17	金 亨成	9.67	21	58
18	S・ノリス	9.75	22	78
	幡地 隆寛	9.75	13	39
20	金 成玹	10.00	14	50
	比嘉 一貴	10.00	24	80
22	M・グリフィン	10.17	19	61
23	池田 勇太	10.57	21	74
24	J・ジェーンワタナノンド	10.67	17	64
	黄 重坤	10.67	20	64
26	小田 孔明	11.17	22	67
	R・ガンジー	11.17	21	67
	永野竜太郎	11.17	20	67
29	木下 稜介	11.33	22	68
	朴 相賢	11.33	19	68
31	片山 晋呉	11.50	20	69
32	S・ビンセント	11.67	20	70
33	Y・E・ヤン	12.00	22	72
34	佐藤 大平	12.20	18	61
35	J・チョイ	12.33	12	37
36	R・ワナスリチャン	12.50	22	50
37	池村 寛世	12.67	23	76
38	小野田享也	13.00	12	39
39	今平 周吾	13.14	25	92
40	武藤 俊憲	13.17	24	79
41	岩田 寛	13.40	21	67
	崔 虎星	13.40	22	67
43	姜 庚男	13.50	18	54
44	出水田大二郎	14.00	22	70
45	松原 大輔	14.33	14	43
46	上井 邦裕	14.75	20	59
	金 庚泰	14.75	19	59
	D・ブランスドン	14.75	19	59
	H・W・リュー	14.75	20	59
50	和田章太郎	15.67	15	47
51	S・ハン	15.80	23	79
52	小鯛 竜也	16.25	22	65
	正岡 竜二	16.25	21	65
54	中里光之介	16.33	16	49
55	塚田 陽亮	16.75	23	67
56	重永亜斗夢	17.00	20	68
57	W・J・リー	17.50	20	70
58	大堀裕次郎	17.67	21	53
	塩見 好輝	17.67	14	53
	中西 直人	17.67	17	53
61	S・J・パク	18.50	12	37
62	秋吉 翔太	19.25	24	77
63	M・ヘンドリー	19.33	18	58
64	浅地 洋佑	19.50	24	78
	藤田 寛之	19.50	23	78
66	大槻 智春	20.50	23	82
67	A・クウェイル	20.67	21	62
68	市原 弘大	21.33	22	64
	張 棟圭	21.33	20	64
70	J・クルーガー	21.50	12	43
71	近藤 智弘	21.67	22	65
72	嘉数 光倫	22.00	23	66
	竹谷 佳孝	22.00	22	66
74	小木曽 喬	23.00	16	46
75	片岡 大育	24.33	23	73
76	T・クロンパ	26.50	20	53
77	H・リー	27.00	18	54
78	時松 隆光	27.33	24	82
79	趙 珉珪	28.50	18	57
80	手嶋 多一	30.50	20	61
81	李 尚熹	31.00	19	62
82	木下 裕太	32.50	22	65
	藤本 佳則	32.50	21	65
84	T・ペク	33.00	10	33
85	B・ケネディ	33.50	19	67
86	P・ピッタヤラット	35.00	14	35
87	岩本 高志	36.00	13	36
	金 永雄	36.00	12	36
89	P・マークセン	39.00	12	39
90	P・カーミス	42.00	14	42
91	谷口 徹	49.00	19	49
92	詹 世昌	56.00	18	56
93	竹安 俊也	61.00	21	61
94	宮本 勝昌	75.00	23	75

ティショットの平均飛距離（18ホール中2ホールで計測）

Avg. 287.457

順位	氏名	平均ヤード	競技数	ラウンド数
1	C・キム	315.83	22	72
2	幡地 隆寛	315.30	13	39
3	R・ジョン	309.42	13	45
4	金 成玹	305.72	14	50
5	池村 寛世	303.52	23	76
6	永野竜太郎	301.60	20	67
7	S・ビンセント	301.57	20	70
8	中里光之介	301.26	16	49
9	石川 遼	300.92	19	65
10	額賀 辰徳	300.57	22	60
11	塚田 陽亮	300.44	23	67
12	星野 陸也	300.30	24	88
13	A・クウェイル	300.22	21	62
14	D・ブランスドン	299.68	19	59
15	上井 邦裕	299.27	20	59
16	A・キュー	298.54	21	68
17	出水田大二郎	297.95	22	70
18	W・J・リー	297.75	20	70
19	岩田 寛	296.94	21	67
20	G・チャルングン	296.80	18	67
21	S・ノリス	295.69	22	78
22	小斉平優和	295.55	15	45
23	H・リー	294.78	18	54
24	金 永雄	294.04	12	36
25	M・グリフィン	293.63	19	61
26	黄 重坤	293.36	20	64
27	B・ジョーンズ	292.94	19	63
28	今平 周吾	292.93	25	92
29	嘉数 光倫	292.91	23	66
30	T・ペク	292.72	10	33
31	R・ワナスリチャン	292.59	22	50
32	P・カーミス	292.48	14	42
33	池田 勇太	292.34	21	74
34	P・ピッタヤラット	291.93	14	35

順位	氏名	平均ヤード	競技数	ラウンド数
35	中西 直人	291.89	17	53
36	S・ハン	291.42	23	79
37	大槻 智春	291.30	23	82
38	香妻陣一朗	290.60	22	79
39	D・ペリー	289.81	15	51
40	S・J・パク	289.75	12	37
41	秋吉 翔太	289.55	24	77
42	Y・E・ヤン	289.33	22	72
43	J・クルーガー	289.05	12	43
	和田章太郎	289.05	15	47
45	J・ジェーンワタナノンド	289.00	17	64
46	塩見 好輝	288.75	14	53
47	木下 稜介	288.51	22	68
48	M・ヘンドリー	288.36	18	58
49	李 尚熹	288.27	19	62
50	J・パグンサン	287.81	16	46
51	姜 庚男	287.20	18	54
52	木下 裕太	287.18	22	65
53	J・チョイ	287.14	12	37
54	S・H・キム	287.05	18	55
55	武藤 俊憲	286.87	24	79
56	藤本 佳則	286.46	21	65
57	宮本 勝昌	286.27	23	75
58	小野田享也	286.24	13	39
59	小鯛 竜也	285.98	22	65
60	市原 弘大	285.74	22	64
61	比嘉 一貴	285.48	24	80
62	片山 晋呉	285.46	20	69
63	近藤 智弘	285.00	22	65
64	小田 孔明	284.70	22	67
65	P・マークセン	284.39	12	39
66	佐藤 大平	284.02	18	61
67	張 棟圭	283.75	20	64
68	正岡 竜二	283.33	21	65

順位	氏名	平均ヤード	競技数	ラウンド数
69	梁 津萬	282.70	17	49
70	重永亜斗夢	282.64	20	68
71	竹安 俊也	282.54	21	61
72	すし 石垣	282.08	11	37
73	大堀裕次郎	280.23	21	53
74	浅地 洋佑	280.04	24	78
75	時松 隆光	280.03	24	82
76	崔 虎星	279.89	22	67
77	P・ピーターソン	279.72	14	49
78	R・ガンジー	278.99	21	67
79	H・W・リュー	278.52	20	59
80	貞方 章男	277.11	18	50
81	竹谷 佳孝	277.02	22	66
82	梅山 知宏	276.33	14	41
83	堀川未来夢	276.29	24	80
84	小木曽 喬	276.25	16	46
85	詹 世昌	275.91	18	56
86	朴 相賢	275.74	19	68
87	T・クロンパ	275.68	20	53
88	藤田 寛之	275.26	23	78
89	金 庚泰	274.56	19	53
90	阿久津未来也	274.38	12	57
91	趙 珉珪	273.98	18	57
92	B・ケネディ	273.76	19	67
93	手嶋 多一	273.22	20	61
94	金 亨成	271.43	21	58
95	稲森 佑貴	269.87	23	78
96	谷口 徹	269.19	19	49
97	久保谷健一	268.31	21	49
98	岩本 高志	267.50	13	36
99	松原 大輔	266.63	14	43
100	片岡 大育	263.73	23	73

2019年度フェアウェイキープ率ランキング

ティショットがフェアウェイを捕らえた率(パー3を除く全てのホールで計測)

Avg. 53.923

順位	氏名	フェアウェイキープ率	競技数	ラウンド数	順位	氏名	フェアウェイキープ率	競技数	ラウンド数	順位	氏名	フェアウェイキープ率	競技数	ラウンド数
1	稲森 佑貴	69.39	23	78	35	姜 庚男	56.10	18	54	69	池村 寛世	52.08	23	76
2	岩本 高志	65.34	13	36	36	池田 勇太	55.89	21	74		小斉平優和	52.08	15	45
3	阿久津未来也	62.60	12	37	37	P・ピーターソン	55.83	14	49	71	S・H・キム	51.95	18	55
4	T・ペク	61.57	10	33	38	武藤 俊憲	55.71	24	79	72	R・ジョン	51.75	13	45
5	松原 大輔	61.50	14	43	39	Y・E・ヤン	55.68	22	72	73	J・パグンサン	51.71	16	46
6	張 棟圭	61.21	20	64	40	藤田 寛之	55.61	23	78	74	H・リー	51.46	18	54
7	貞方 章男	61.03	18	50	41	藤本 佳則	55.30	21	65	75	A・キュー	51.27	21	68
8	堀川未来夢	60.79	24	80	42	D・ブランスドン	55.22	19	59	76	久保谷健一	51.17	21	49
9	J・ジェーンワタナノンド	60.76	17	64	43	比嘉 一貴	55.10	24	80	77	塚田 陽亮	51.07	23	67
10	佐藤 大平	60.71	18	61	44	手嶋 多一	54.94	20	61	78	C・キム	51.00	22	72
11	P・カーミス	60.62	14	42	45	金 庚泰	54.73	19	59	79	小田 孔明	50.75	22	67
12	B・ケネディ	59.91	19	67	46	今平 周吾	54.22	25	92	80	岩田 寛	50.64	21	67
13	R・ガンジー	59.85	21	67	47	P・マークセン	54.21	12	39	81	中西 直人	50.27	17	53
14	重永亜斗夢	59.79	20	68	48	S・ハン	54.19	23	79	82	S・J・パク	50.19	12	37
15	片岡 大育	59.71	23	73	49	金 亨成	54.08	21	58	83	竹安 俊也	49.06	21	61
16	浅地 洋佑	59.67	24	78	50	塩見 好輝	54.07	14	53	84	和田章太郎	48.78	15	47
17	H・W・リュー	59.49	20	59	51	金 成玹	53.88	14	50	85	B・ジョーンズ	48.75	19	63
18	大槻 智春	59.44	23	82	52	G・チャルングン	53.64	18	67	86	金 永雄	48.41	12	36
	詹 世昌	59.44	18	56	53	片山 晋呉	53.33	20	69	87	小鯛 竜也	48.23	22	65
20	時松 隆光	58.92	24	82	54	李 尚熹	53.13	19	62	88	すし 石垣	47.87	11	37
21	朴 相賢	58.79	19	68	55	S・ビンセント	53.07	20	70	89	香妻陣一朗	47.09	22	79
22	木下 裕太	58.17	22	65	56	S・ノリス	52.95	22	78	90	中里光之介	46.77	16	49
23	小野田享也	57.93	13	39	57	宮本 勝昌	52.87	23	75	91	梅山 知宏	46.68	14	41
24	秋吉 翔太	57.91	24	77	58	出水田大二郎	52.86	22	70	92	R・ワナスリチャン	45.70	22	50
25	木下 稜介	57.81	22	68	59	星野 陸也	52.61	24	88	93	T・クロンパ	45.68	20	53
26	P・ピッタヤラット	57.61	14	35	60	M・ヘンドリー	52.60	18	58	94	幡地 隆寛	45.22	13	39
27	趙 珉珪	57.54	18	57	61	梁 津萬	52.48	17	49	95	上井 邦裕	45.13	20	59
28	黄 重坤	57.51	20	64	62	崔 虎星	52.46	22	67	96	永野竜太郎	43.15	20	67
29	J・クルーガー	57.48	12	43	63	D・ペリー	52.39	15	51	97	W・J・リー	42.11	20	70
30	M・グリフィン	57.06	19	61	64	谷口 徹	52.35	19	49	98	A・クウェイル	41.34	21	62
31	J・チョイ	57.00	12	37	65	小木曽 喬	52.34	16	46	99	額賀 辰徳	40.69	22	60
32	近藤 智弘	56.73	22	65	66	石川 遼	52.33	19	65	100	大堀裕次郎	37.80	21	53
33	市原 弘大	56.28	22	64	67	正岡 竜二	52.32	21	65					
34	嘉数 光倫	56.20	23	66	68	竹谷 佳孝	52.17	22	66					

2019年度サンドセーブ率ランキング

グリーンサイドのバンカーに入ってから、2打かそれより少ない打数でカップインする確率

Avg. 47.338

順位	氏名	サンドセーブ率	競技数	ラウンド数
1	正岡 竜二	66.00	21	65
2	M・グリフィン	58.95	19	61
3	S・ハン	58.68	23	79
4	金 庚泰	58.33	19	59
5	姜 庚男	58.23	18	54
6	浅地 洋佑	57.60	24	78
7	藤田 寛之	57.58	23	78
8	片山 晋呉	57.45	20	69
9	額賀 辰徳	56.25	22	60
10	朴 相賢	56.19	19	68
11	A・クウェイル	55.91	21	62
12	市原 弘大	55.21	22	64
13	S・H・キム	55.13	18	55
14	崔 虎星	54.81	22	67
15	今平 周吾	54.40	25	92
16	G・チャルングン	54.22	18	67
17	梅山 知宏	54.17	14	41
18	香妻陣一朗	53.73	22	79
19	岩本 高志	53.70	13	36
20	小鯛 竜也	53.64	22	65
21	B・ケネディ	53.61	19	67
22	上井 邦裕	53.57	20	59
23	和田章太郎	53.52	15	47
24	H・リー	53.19	18	54
25	堀川未来夢	53.04	24	80
26	池田 勇太	53.00	21	74
27	星野 陸也	52.89	24	88
28	比嘉 一貴	52.73	24	80
29	佐藤 大平	52.63	18	61
30	J・パグンサン	52.38	16	46
	P・マークセン	52.38	12	39
32	竹谷 佳孝	51.56	22	66
33	中西 直人	51.39	17	53
34	大槻 智春	51.16	23	82
35	B・ジョーンズ	51.11	19	63
36	趙 珉珪	50.79	18	57
37	H・W・リュー	50.54	20	59
38	松原 大輔	49.28	14	43
39	時松 隆光	49.19	24	82
40	宮本 勝昌	49.06	23	75
41	W・J・リー	49.02	20	70
42	岩田 寛	48.44	21	67
43	木下 裕太	48.21	22	65
44	金 永雄	48.15	12	36
45	J・クルーガー	48.00	12	43
46	手嶋 多一	47.83	20	61
47	J・ジェーンワタナノンド	47.76	17	64
48	竹安 俊也	47.75	21	61
49	すし 石垣	47.46	11	37
50	P・ピーターソン	47.44	14	43
51	T・ペク	47.06	10	33
52	久保谷健一	46.81	21	49
53	片岡 大育	46.73	23	73
54	近藤 智弘	46.53	22	65
55	出水田大二郎	46.30	22	65
56	嘉数 光倫	46.28	23	66
57	黄 重坤	46.20	20	64
58	Y・E・ヤン	45.83	22	72
59	D・ブランスドン	45.59	19	59
60	大堀裕次郎	45.33	21	53
61	木下 稜介	45.28	22	68
62	永野竜太郎	45.26	20	67
63	小田 孔明	45.19	22	67
64	S・ビンセント	44.87	20	70
65	塩見 好輝	44.83	14	53
66	R・ガンジー	44.79	21	67
67	R・ジョン	44.62	13	45
68	小斉平優和	44.44	15	45
	M・ヘンドリー	44.44	18	58
70	幡地 隆寛	43.75	13	39
71	池村 寛世	43.69	23	76
72	金 成玹	43.55	14	50
73	小野田享也	43.24	13	39
74	稲森 佑貴	43.16	23	78
75	秋吉 翔太	43.10	24	77
76	張 棟圭	42.86	20	64
77	石川 遼	42.68	19	65
78	重永亜斗夢	42.48	20	68
79	C・キム	41.76	22	72
80	梁 津萬	41.67	17	49
81	貞方 章男	41.33	18	50
82	S・ノリス	41.25	22	64
83	A・キュー	41.23	21	68
84	D・ペリー	40.91	15	51
85	金 亨成	40.78	21	58
86	藤本 佳則	40.59	21	65
87	小木曽 喬	40.00	16	46
	中里光之介	40.00	16	49
89	T・クロンパ	39.53	20	53
90	武藤 俊憲	38.46	24	59
91	S・J・パク	38.18	12	37
92	P・カーミス	37.93	14	42
93	谷口 徹	37.80	19	49
94	J・チョイ	37.50	12	37
95	塚田 陽亮	37.00	23	67
96	李 尚熹	35.56	19	62
97	P・ビッタヤラット	33.33	14	35
98	阿久津未来也	29.73	12	37
99	詹 世昌	29.63	18	56
100	R・ワナスリチャン	27.63	22	50

2019年度トータルドライビングランキング

ドライビングディスタンスとフェアウェイキープ率をポイント換算した順位

Avg. 100.970

順位	氏名	ポイント	競技数	ラウンド数	順位	氏名	ポイント	競技数	ラウンド数	順位	氏名	ポイント	競技数	ラウンド数
1	T・ペク	34	10	33	35	塚田 陽亮	88	23	67		P・マークセン	112	12	39
2	P・カーミス	43	14	42	36	浅地 洋佑	90	24	78	70	P・ピーターソン	114	14	49
3	J・ジェーンワタナノンド	54	17	64	37	R・ガンジー	91	21	67		宮本 勝昌	114	23	75
	黄 重坤	54	20	64		A・キュー	91	21	68	72	片岡 大育	115	23	73
5	大槻 智春	55	23	82		小斉平優和	91	15	45		片山 晋呉	115	20	69
	金 成玹	55	14	50		堀川未来夢	91	24	80		W・J・リー	115	20	70
	M・グリフィン	55	19	61	41	阿久津未来也	93	12	37	75	中西 直人	116	17	53
8	D・ブランスドン	56	19	59		市原 弘大	93	22	64	76	趙 珉珪	118	18	57
9	P・ピッタヤラット	60	14	35		武藤 俊憲	93	24	79	77	S・J・パク	122	12	37
10	S・ビンセント	62	20	70	44	近藤 智弘	95	22	65	78	J・パグンサン	123	16	46
11	嘉数 光倫	63	23	66		時松 隆光	95	24	82		R・ワナスリチャン	123	22	50
12	秋吉 翔太	65	24	77	46	稲森 佑貴	96	23	78	80	S・H・キム	125	18	55
13	池田 勇太	69	21	74		塩見 好輝	96	14	53	81	香妻陣一朗	127	22	79
14	星野 陸也	71	24	88		幅地 隆寛	96	13	39		和田章太郎	127	15	47
15	木下 稜介	72	22	68		H・W・リュー	96	20	59	83	藤田 寛之	128	23	78
	J・クルーガー	72	12	43	50	藤本 佳則	97	21	65	84	梁 津萬	130	17	49
	G・チャルングン	72	18	67		H・リー	97	18	54	85	金 庚泰	134	19	59
18	張 棟圭	73	20	64	52	中里光之介	98	16	49	86	正岡 竜二	135	21	65
19	池村 寛世	74	23	76	53	岩田 寛	99	21	67	87	手嶋 多一	137	20	61
	今平 周吾	74	25	92	54	岩本 高志	100	13	36	88	崔 虎星	138	22	62
	木下 裕太	74	22	65	55	永野竜太郎	102	20	59	89	小田 孔明	143	22	67
22	石川 遼	75	19	65		D・ペリー	102	15	51		金 亨成	143	21	58
	出水田大二郎	75	22	70	57	李 尚熹	103	19	62	91	小鯛 竜也	146	22	65
	R・ジョン	75	13	45		詹 世昌	103	18	56	92	小木曽 喬	149	16	46
25	佐藤 大平	76	18	61	59	B・ケネディ	104	19	67		竹谷 佳孝	149	22	66
26	S・ノリス	77	22	78		比嘉 一貴	104	24	80	94	竹安 俊也	154	21	61
27	C・キム	79	22	72		松原 大輔	104	14	43	95	すし 石垣	160	11	37
28	小野田享也	81	13	39	62	朴 相賢	107	19	68		谷口 徹	160	19	49
	Y・E・ヤン	81	22	72	63	M・ヘンドリー	108	18	58	97	梅山 知宏	173	14	41
30	重永亜斗夢	84	20	68	64	額賀 辰徳	109	22	60		大堀裕次郎	173	21	53
	J・チョイ	84	12	37	65	上井 邦裕	110	20	59		久保谷健一	173	21	49
	S・ハン	84	23	79		金 永雄	110	12	36	100	T・クロンパ	180	20	53
33	姜 庚男	86	18	54	67	A・クウェイル	111	21	62					
34	貞方 章男	87	18	50	68	B・ジョーンズ	112	19	63					

【9ホール最少ストローク】

28（－7）	M・グリフィン	中日クラウンズ	2R IN	名古屋GC和合C

【18ホール最少ストローク】

62（－10）	小平　智	マイナビABCチャンピオンシップ	3R	ABCGC
62（－9）	C・キム	日本ゴルフツアー選手権 森ビルカップ宍戸	4R	宍戸ヒルズCC西C
62（－9）	崔　虎星	フジサンケイクラシック	2R	富士桜CC
62（－9）	石川　遼	パナソニックオープン	2R	東広野GC
62（－8）	M・グリフィン	中日クラウンズ	2R	名古屋GC和合C

【36ホール最少ストローク　1～2R】

128（－16）	岩田　寛	ダンロップ・スリクソン福島オープン	1～2R	グランディ那須白河GC
128（－12）	T・ウッズ	ZOZO CHAMPIONSHIP	1～2R	習志野CC

【36ホール最少ストローク　連続】　@はアマチュア

128（－16）	秋吉翔太	ダンロップ・スリクソン福島オープン	2～3R	グランディ那須白河GC
128（－14）	武藤俊憲	パナソニックオープン	3～4R	東広野GC
128（－12）	R・マキロイ	ZOZO CHAMPIONSHIP	2～3R	習志野CC
128（－12）	@金谷拓実	三井住友VISA太平洋マスターズ	3～4R	太平洋C御殿場C

【54ホール最少ストローク　1～3R】

194（－16）	T・ウッズ	ZOZO CHAMPIONSHIP	1～3R	習志野CC

【54ホール最少ストローク　連続】　@はアマチュア

194（－16）	@金谷拓実	三井住友VISA太平洋マスターズ	2～4R	太平洋C御殿場C

【72ホール最少ストローク】

261（－19）	T・ウッズ	ZOZO CHAMPIONSHIP	習志野CC

【72ホール最多アンダーパー】

－26（262）	比嘉一貴	RIZAP KBCオーガスタ	芥屋GC

【優勝者と2位のスコア差】

5打差	比嘉一貴	RIZAP KBCオーガスタ	芥屋GC

【優勝者の初日最少ストローク】

64（－7）	今平周吾	ブリヂストンオープン	袖ヶ浦CC袖ヶ浦C
64（－6）	T・ウッズ	ZOZO CHAMPIONSHIP	習志野CC

【優勝者の初日最多ストローク】

74（＋3）	C・キム	日本オープンゴルフ選手権	古賀GC

【優勝者の最終日最少ストローク】

64（－8）	金　庚泰	カシオワールドオープン	Kochi黒潮CC
64（－7）	B・ジョーンズ	東建ホームメイトカップ	東建多度CC・名古屋
64（－7）	武藤俊憲	パナソニックオープン	東広野GC

【優勝者の最終日最多ストローク】

72（＋1）	浅地洋佑	アジアパシフィックダイヤモンドカップゴルフ	総武CC総武C

【逆転優勝者の最多スコア差】
　　8打差　　　C・キム　　　　　日本オープンゴルフ選手権　　　　　　　　　　　　　古賀GC

【9ホール最少パット】
　　7　　　　宮本　勝昌　　　　パナソニックオープン　　　　　　　4RIN　　東広野GC

【18ホール最少パット】
　　20　　　E・チャン　　　　ダンロップ・スリクソン福島オープン　3R　　　グランディ那須白河GC
　　20　　　崔　　虎星　　　　フジサンケイクラシック　　　　　　　2R　　　富士桜CC
　　20　　　今平　周吾　　　　ブリヂストンオープン　　　　　　　　1R　　　袖ヶ浦CC袖ヶ浦C

【18ホール最多バーディ以上】
　　10　　　C・キム　　　　　日本ゴルフツアー選手権 森ビルカップ宍戸　4R　　宍戸ヒルズCC西C
　　10　　　秋吉　翔太　　　　ダンロップ・スリクソン福島オープン　3R　　　グランディ那須白河GC
　　10　　　崔　　虎星　　　　フジサンケイクラシック　　　　　　　2R　　　富士桜CC

【18ホール最多イーグル以上】
　　2　　　　文　道燁　　　　　SMBCシンガポールオープン　　　　　2R　　　セントーサGCセラポンC
　　　　　　　上井　邦裕　　　　ダンロップ・スリクソン福島オープン　1R　　　グランディ那須白河GC
　　　　　　　J・ジェーンワタナノンド　　　ダンロップ・スリクソン福島オープン　2R　　　グランディ那須白河GC
　　　　　　　星野　陸也　　　　ダンロップ・スリクソン福島オープン　2R　　　グランディ那須白河GC
　　　　　　　大槻　智春　　　　長嶋茂雄INVITATIONALセガサミーカップ　3R　　ザ・ノースカントリーGC
　　　　　　　幡地　隆寛　　　　長嶋茂雄INVITATIONALセガサミーカップ　4R　　ザ・ノースカントリーGC
　　　　　　　R・ジョン　　　　RIZAP KBCオーガスタ　　　　　　　2R　　　芥屋GC
　　　　　　　木下　稜介　　　　RIZAP KBCオーガスタ　　　　　　　3R　　　芥屋GC
　　　　　　　D・ブーマ　　　　RIZAP KBCオーガスタ　　　　　　　3R　　　芥屋GC
　　　　　　　黄　重坤　　　　　RIZAP KBCオーガスタ　　　　　　　4R　　　芥屋GC
　　　　　　　重永亜斗夢　　　　パナソニックオープン　　　　　　　　1R　　　東広野GC
　　　　　　　市原　弘大　　　　パナソニックオープン　　　　　　　　3R　　　東広野GC
　　　　　　　片山　晋呉　　　　パナソニックオープン　　　　　　　　4R　　　東広野GC
　　　　　　　M・グリフィン　　ブリヂストンオープン　　　　　　　　1R　　　袖ヶ浦CC袖ヶ浦C
　　　　　　　時松　隆光　　　　ブリヂストンオープン　　　　　　　　1R　　　袖ヶ浦CC袖ヶ浦C
　　　　　　　R・サバティーニ　ZOZO CHAMPIONSHIP　　　　　　2R　　　習志野CC
　　　　　　　A・キュー　　　　HEIWA・PGM CHAMPIONSHIP　　3R　　　PGMゴルフリゾート沖縄
　　　　　　　香妻陣一朗　　　　カシオワールドオープン　　　　　　　4R　　　Kochi黒潮CC

【ツアー全25試合出場選手】
　今平　周吾

【アルバトロス】
　木下　稜介　　　　　～全英への道～ミズノオープン　　　　　1R3H570Y　ザ・ロイヤル ゴルフクラブ
　文　道燁　　　　　　SMBCシンガポールオープン　　　　　　2R4H606Y　セントーサGCセラポンC

【ホールインワン】
　中里光之介　　　　　東建ホームメイトカップ　　　　　　　　3R6H219Y　東建多度CC・名古屋
　谷口　徹　　　　　　アジアパシフィックダイヤモンドカップゴルフ　2R12H215Y　総武CC総武C
　谷原　秀人　　　　　日本ゴルフツアー選手権 森ビルカップ宍戸　1R13H165Y　宍戸ヒルズCC西C
　J・パグンサン　　　日本ゴルフツアー選手権 森ビルカップ宍戸　1R3H192Y　宍戸ヒルズCC西C
　I・J・ジャン　　　ダンロップ・スリクソン福島オープン　　3R8H172Y　グランディ那須白河GC
　竹谷　佳孝　　　　　日本プロゴルフ選手権　　　　　　　　　4R4H193Y　いぶすきGC開聞C
　ハムジョンウ　　　　長嶋茂雄INVITATIONALセガサミーカップ　2R7H158Y　ザ・ノースカントリーGC
　A・サンドゥ　　　　パナソニックオープン　　　　　　　　　2R11H211Y　東広野GC
　池田　勇太　　　　　トップ杯東海クラシック　　　　　　　　4R8H230Y　三好CC西C
　C・キム　　　　　　カシオワールドオープン　　　　　　　　4R14H175Y　Kochi黒潮CC

2019年度ホール別ランキング

順位	平均ストローク	コース	ラウンド	ホール	トーナメント
【最も難しいパー3】					
1	3.600	東京よみうりCC	4R	18H	ゴルフ日本シリーズJTカップ
2	3.597	古賀GC	1R	17H	日本オープンゴルフ選手権
3	3.557	ザ・ロイヤルGC	3R	11H	～全英への道～ミズノオープン
4	3.509	古賀GC	2R	17H	日本オープンゴルフ選手権
5	3.500	ザ・ノースカントリー GC	1R	16H	長嶋茂雄INVITATIONALセガサミーカップ
6	3.476	古賀GC	4R	17H	日本オープンゴルフ選手権
7	3.444	総武CC総武C	1R	3H	アジアパシフィックダイヤモンドカップゴルフ
8	3.429	古賀GC	1R	2H	日本オープンゴルフ選手権
9	3.426	三好CC西C	2R	8H	トップ杯東海クラシック
10	3.403	総武CC総武C	1R	12H	アジアパシフィックダイヤモンドカップゴルフ
【最も易しいパー3】					
1	2.681	グランディ那須白河GC	3R	8H	ダンロップ・スリクソン福島オープン
2	2.711	習志野CC	3R	13H	ZOZO CHAMPIONSHIP
3	2.732	東広野GC	4R	17H	パナソニックオープン
4	2.761	宍戸ヒルズCC西C	3R	13H	日本ゴルフツアー選手権 森ビルカップ宍戸
5	2.762	札幌GC輪厚C	4R	3H	ANAオープン
6	2.775	東広野GC	3R	17H	パナソニックオープン
7	2.792	ザ・ノースカントリー GC	2R	7H	長嶋茂雄INVITATIONALセガサミーカップ
8	2.794	Kochi黒潮CC	4R	14H	カシオワールドオープン
9	2.797	PGMGリゾート沖縄	4R	4H	HEIWA・PGM CHAMPIONSHIP
10	2.818	ザ・ノースカントリー GC	3R	7H	長嶋茂雄INVITATIONALセガサミーカップ
【最も難しいパー4】					
1	4.768	PGMGリゾート沖縄	3R	10H	HEIWA・PGM CHAMPIONSHIP
2	4.761	宍戸ヒルズCC西C	4R	17H	日本ゴルフツアー選手権 森ビルカップ宍戸
3	4.735	富士桜CC	4R	5H	フジサンケイクラシック
4	4.724	宍戸ヒルズCC西C	2R	17H	日本ゴルフツアー選手権 森ビルカップ宍戸
5	4.714	古賀GC	4R	14H	日本オープンゴルフ選手権
6	4.709	富士桜CC	2R	5H	フジサンケイクラシック
7	4.706	富士桜CC	1R	5H	フジサンケイクラシック
8	4.694	総武CC総武C	1R	15H	アジアパシフィックダイヤモンドカップゴルフ
9	4.651	古賀GC	3R	14H	日本オープンゴルフ選手権
10	4.627	太平洋C御殿場C	1R	6H	三井住友VISA太平洋マスターズ
【最も易しいパー4】					
1	2.895	習志野CC	2R	10H	ZOZO CHAMPIONSHIP
2	3.136	ザ・ノースカントリー GC	3R	17H	長嶋茂雄INVITATIONALセガサミーカップ
3	3.215	フェニックスCC	3R	13H	ダンロップフェニックス
4	3.294	富士桜CC	4R	14H	フジサンケイクラシック
5	3.464	グランディ那須白河GC	3R	9H	ダンロップ・スリクソン福島オープン
6	3.485	ザ・ノースカントリー GC	4R	17H	長嶋茂雄INVITATIONALセガサミーカップ
7	3.515	東建多度CC名古屋	3R	15H	東建ホームメイトカップ
8	3.603	Kochi黒潮CC	3R	16H	カシオワールドオープン
9	3.621	太平洋C御殿場C	4R	15H	三井住友VISA太平洋マスターズ
10	3.667	グランディ那須白河GC	3R	14H	ダンロップ・スリクソン福島オープン
	3.667	ザ・ノースカントリー GC	4R	4H	長嶋茂雄INVITATIONALセガサミーカップ
	3.667	Kochi黒潮CC	4R	16H	カシオワールドオープン

【最も難しいパー5】

1	5.371	ザ・ロイヤルGC	4R	16H	～全英への道～ミズノオープン
2	5.365	古賀GC	3R	16H	日本オープンゴルフ選手権
3	5.364	ザ・ロイヤルGC	2R	16H	～全英への道～ミズノオープン
4	5.333	古賀GC	2R	3H	日本オープンゴルフ選手権
5	5.307	古賀GC	2R	16H	日本オープンゴルフ選手権
6	5.233	総武CC総武C	4R	8H	アジアパシフィックダイヤモンドカップゴルフ
7	5.201	KOMACC	1R	3H	関西オープンゴルフ選手権
8	5.190	古賀GC	3R	3H	日本オープンゴルフ選手権
9	5.187	宍戸ヒルズCC西C	2R	15H	日本ゴルフツアー選手権 森ビルカップ宍戸
10	5.185	名古屋GC和合C	1R	15H	中日クラウンズ

【最も易しいパー5】

1	4.267	東京よみうりCC	1R	6H	ゴルフ日本シリーズJTカップ
2	4.270	札幌GC輪厚C	3R	5H	ANAオープン
3	4.302	Kochi黒潮CC	3R	7H	カシオワールドオープン
4	4.317	ABCGC	3R	18H	マイナビABCチャンピオンシップ
5	4.333	東京よみうりCC	1R	17H	ゴルフ日本シリーズJTカップ
6	4.338	芥屋GC	2R	18H	RIZAP KBCオーガスタ
7	4.353	芥屋GC	2R	9H	RIZAP KBCオーガスタ
	4.353	芥屋GC	3R	9H	RIZAP KBCオーガスタ
9	4.365	札幌GC輪厚C	3R	9H	ANAオープン
10	4.367	東京よみうりCC	2R	6H	ゴルフ日本シリーズJTカップ
	4.367	東京よみうりCC	3R	17H	ゴルフ日本シリーズJTカップ
	4.367	東京よみうりCC	4R	6H	ゴルフ日本シリーズJTカップ
	4.367	東京よみうりCC	4R	17H	ゴルフ日本シリーズJTカップ

【最も長いパー3】

257ヤード	ザ・ロイヤルGC	4H	～全英への道～ミズノオープン

【最も長いパー4】

535ヤード	富士桜CC	5H	フジサンケイクラシック

【最も長いパー5】

705ヤード	ザ・ロイヤルGC	16H	～全英への道～ミズノオープン

【1日における1ホールの最多イーグル】

16イーグル	習志野CC	2R10H	ZOZO CHAMPIONSHIP

19年のデータ

生涯獲得賞金ランキング1～100位

順位	氏名	獲得賞金(円)	順位	氏名	獲得賞金(円)
1	尾崎 将司	2,688,836,653	51	B・ワッツ	593,194,439
2	片山 晋呉	2,219,787,405	52	髙橋 勝成	591,310,072
3	中嶋 常幸	1,664,953,541	53	友利 勝良	589,365,213
4	谷口 徹	1,655,033,756	54	米山 剛	579,725,848
5	尾崎 直道	1,545,609,713	55	田中 秀道	577,070,603
6	藤田 寛之	1,522,057,750	56	陳 志忠	558,328,835
7	池田 勇太	1,207,748,995	57	丸山 大輔	557,331,267
8	宮本 勝昌	1,140,211,825	58	G・マーシュ	553,811,477
9	ブレンダン・ジョーンズ	1,094,192,410	59	金子 柱憲	548,170,165
10	谷原 秀人	1,080,542,691	60	矢野 東	547,286,415
11	手嶋 多一	1,030,829,769	61	小平 智	537,230,857
12	倉本 昌弘	1,019,915,189	62	桑原 克典	530,143,754
13	石川 遼	1,012,354,906	63	金 亨成	528,622,162
14	伊澤 利光	1,008,305,886	64	今平 周吾	521,670,942
15	青木 功	980,652,048	65	水巻 善典	519,687,853
16	小田 孔明	957,703,688	66	黄 重坤	507,709,486
17	金 庚泰	945,455,151	67	岩田 寛	504,367,216
18	近藤 智弘	906,758,254	68	横田 真一	501,100,438
19	宮里 優作	830,585,070	69	星野 英正	499,937,224
20	鈴木 亨	822,179,801	70	真板 潔	498,217,607
21	深堀圭一郎	821,661,695	71	陳 志明	494,521,476
22	D・イシイ	814,695,905	72	藤本 佳則	491,588,819
23	飯合 肇	814,330,660	73	奥田 靖己	481,260,725
24	丸山 茂樹	805,095,921	74	牧野 裕	478,229,379
25	渡辺 司	783,507,861	75	S・コンラン	471,023,313
26	平塚 哲二	782,054,386	76	ブライアン・ジョーンズ	469,505,781
27	室田 淳	780,771,686	77	佐々木久行	465,484,577
28	尾崎 健夫	772,435,399	78	松村 道央	457,594,825
29	中村 通	755,580,792	79	小田 龍一	439,249,627
30	横尾 要	747,605,523	80	小山内 護	435,119,148
31	宮瀬 博文	741,489,829	81	B・ケネディ	428,486,406
32	D・スメイル	737,733,818	82	井戸木鴻樹	416,231,831
33	P・マークセン	732,004,008	83	I・J・ジャン	413,910,416
34	久保谷健一	723,701,215	84	松山 英樹	411,712,261
35	S・K・ホ	709,097,060	85	金井 清一	408,617,941
36	湯原 信光	703,957,263	86	R・マッカイ	403,302,130
37	武藤 俊憲	694,014,085	87	新井規矩雄	397,177,899
38	細川 和彦	692,932,548	88	木村 政信	391,018,282
39	F・ミノザ	680,377,753	89	E・エレラ	390,042,692
40	加瀬 秀樹	664,157,397	90	兼本 貴司	375,933,054
41	芹澤 信雄	661,022,945	91	梁 津萬	372,016,224
42	藤木 三郎	660,536,413	92	河村 雅之	368,171,735
43	川岸 良兼	657,272,397	93	Y・E・ヤン	368,091,655
44	今野 康晴	656,037,315	94	金 鍾徳	364,475,072
45	高山 忠洋	650,041,076	95	S・ノリス	363,649,633
46	杉原 輝雄	633,188,689	96	D・チャンド	362,637,488
47	東 聡	631,369,341	97	鈴木 弘一	358,838,838
48	T・ハミルトン	631,351,667	98	山下 和宏	356,782,360
49	山本 善隆	627,215,929	99	林 根基	354,195,282
50	佐藤 信人	606,760,518	100	謝 敏男	347,059,865

過去のツアーデータ

トーナメント記録
歴代賞金王と年間最多勝利選手
プレーオフレコード
ジャパンゴルフツアー年間表彰
1973～2018年度賞金シード
その他競技歴代優勝者
過去のトーナメント歴代優勝者

【9ホール最少ストローク】

28（－8）	金子　柱憲	'94日経カップ	3R IN	三井観光苫小牧GC
28（－8）	河村　雅之	'95ジーン・サラゼン　ジュンクラシック	3R IN	ジュンクラシックCC
28（－8）	米山　　剛	'98札幌とうきゅうオープン	1R IN	札幌国際CC島松C
28（－8）	伊沢　利光	'00JGTO TPCイーヤマカップ	1R IN	ホウライCC
28（－8）	谷原　秀人	'04サン・クロレラ　クラシック	1R OUT	小樽CC
28（－8）	M・グリフィン	'13タイランドオープン	4R OUT	Thana City G&Sports C
28（－7）	D・チャンド	'05ダンロップフェニックストーナメント	2R IN	フェニックスCC
28（－7）	谷原　秀人	'08フジサンケイクラシック	3R OUT	富士桜CC
28（－7）	石川　　遼	'10中日クラウンズ	4R OUT	名古屋GC和合C
28（－7）	小林　正則	'12アジアパシフィックパナソニックオープン	4R OUT	東広野C
28（－7）	宮本　勝昌	'17HEIWA・PGM CHAMPIONSHIP	4R OUT	PGMゴルフリゾート沖縄
28（－7）	B・ジョーンズ	'18ゴルフ日本シリーズJTカップ	3R OUT	東京よみうりCC
28（－7）	M・グリフィン	'19中日クラウンズ	2R IN	名古屋GC和合C
※27（－8）	友利　勝良	'88第一不動産カップ	3R IN	宮崎国際GC

※は賞金ランキング対象外競技

【18ホール最少ストローク】

58（－12）	石川　　遼	'10中日クラウンズ	4R	名古屋GC和合C
59（－12）	倉本　昌弘	'03アコムインターナショナル	1R	石岡GC

◆石川遼の記録は世界6大ツアー最少記録

【36ホール最少ストローク】
・1R〜2R

126（－18）	倉本　昌弘	'87マルマンオープン	64・62	東松山CC

・2R〜3R

126（－18）	尾崎　将司	'97東建コーポレーションカップ	65・61	祁答院GC

・3R〜4R

126（－16）	丸山　茂樹	'99ダンロップフェニックス	61・65	フェニックスCC

【54ホール最少ストローク】
・1R〜3R

192（－18）	片山　晋呉	'04中日クラウンズ	65・64・63	名古屋GC和合C
192（－18）	片山　晋呉	'06中日クラウンズ	63・67・62	名古屋GC和合C

・2R〜4R

193（－20）	小林　正則	'12アジアパシフィックパナソニックオープン	64・67・62	東広野GC

【72ホール最少ストローク】

260（－28）	I・H・ホ	'14トーシントーナメントINセントラル	64・63・66・67	TOSHIN GC Central C
260（－20）	尾崎　将司	'95中日クラウンズ	66・64・63・67	名古屋GC和合C

【72ホール最多アンダーパー】

－28（260）	I・H・ホ	'14トーシントーナメントINセントラル	64・63・66・67	TOSHIN GC Central C

【1ホール最多ストローク】

※42（パー4）	鈴木　規夫	'87東海クラシック	2R 9H	三好CC西C
19（パー3）	立山　光広	'06アコムインターナショナル	1R 8H	石岡GC

※スコア誤記による最多記録

【18ホール最多バーディ（バーディ以上）】
12	Z・モウ	'01ミズノオープン	2R	瀬戸内海GC
12	倉本　昌弘	'03アコムインターナショナル	1R	石岡GC
12	石川　遼	'10中日クラウンズ	4R	名古屋GC和合C
12	香妻陣一朗	'18ダンロップ・スリクソン福島オープン	3R	グランディ那須白河GC
※12	友利　勝良	'88第一不動産カップ	3R	宮崎国際GC

※は賞金ランキング対象外競技

【18ホール最多イーグル（イーグル以上）】
3	J・ラトリッジ	'86ダンロップ国際オープン	1R	茨城GC東C
3	西川　哲	'94PGAフィランスロピー	2R	ゴールデンバレーGC
3	稲垣　太成	'97宇部興産オープン	1R	宇部CC万年池西C
3	D・チャンド	'04マンダムルシードよみうりオープン	4R	よみうりCC
3	蘇　東	'13タイランドオープン	1R	Thana City G&Sports C
3	K・バーンズ	'17ダンロップフェニックストーナメント	2R	フェニックスCC

【9ホール最少パット】ⓐはアマチュア
7	大場　勲	'79静岡オープン	1R OUT	静岡CC浜岡C
7	ⓐ長田　敬市	'84ダンロップ国際	3R OUT	茨城GC西C
7	小山　秋秀	'85よみうりサッポロビールオープン	2R OUT	よみうりCC
7	飯合　肇	'90第一不動産カップ	1R OUT	宮崎国際CC
7	T・ハミルトン	'00東建コーポレーションカップ	2R OUT	祁答院GC
7	岩田　寛	'10トーシントーナメントINレイクウッド	2R OUT	TOSHIN Lake WoodGC
7	平塚　哲二	'11ダイヤモンドカップ	4R OUT	千葉CC梅郷C
7	崔　虎星	'18ダンロップフェニックストーナメント	2R OUT	フェニックスCC
7	宮本　勝昌	'19パナソニックオープン	4R IN	東広野GC

【18ホール最少パット】
| 18 | 藤木　三郎 | '95PHILIP MORRIS CHAMPIONSHIP | 4R | ABCGC |
| 18 | 葉　彰廷 | '99ブリヂストンオープン | 2R | 袖ヶ浦CC袖ヶ浦C |

【1ホール最多パット】
| 9 | 比嘉　勉 | '91ヨネックスオープン広島 | 2R 8H | 広島CC西条C |

【連続バーディの記録】（1985年以降）同一ラウンドでの記録に限る
| 8連続 | 菊池　純 | '11サン・クロレラクラシック | 2R 7〜14H | 小樽CC |
| 8連続 | M・グリフィン | '13タイランドオープン | 4R 2〜9H | Thana City G&Sports C |

【連続ノーボギー記録】（1999年以降）
83ホール　横田　真一　'03ANAオープン2R・INスタート14H〜
　　　　　　　　　　　　アコムインターナショナル2R・INスタート6H（連続パー以上）

【連続トップ10記録】（1985年以降）
14試合 尾崎　将司　'97日経カップ〜'98中日クラウンズ（翌年も出場した試合で連続トップ10入り）
11試合 尾崎　将司　'97日経カップ〜カシオワールドオープン（年内に出場した試合で連続トップ10入り）
10試合 矢野　東　'08バナHカップKBCオーガスタ〜レクサス選手権（年内に連続出場した試合でトップ10入り）

【連続試合出場】（1985年以降）
151試合 宮本　勝昌　'06アジア・ジャパン沖縄オープン2005〜'11カシオワールドオープン

【同一トーナメント最多出場】
51回　杉原　輝雄　'60〜'10中日クラウンズ（第1回大会から連続出場）
◆世界最多連続出場記録

【最多ホールインワン】（1985年以降）

7回	羽川　豊	'89関東プロ、'91ペプシ宇部興産、'92デサントクラシック、 '92ヨネックスオープン広島、'93JCBクラシック仙台、'94マルマンオープン、 '96ジーン・サラゼンジュンクラシック
7回	井戸木鴻樹	'93ペプシ宇部興産、'95ペプシ宇部興産、'97よみうりオープン、 '98つるやオープン、'03三井住友VISA太平洋マスターズ、 '04中日クラウンズ、'09フジサンケイクラシック

【同一トーナメント同一ホールでのホールインワン】（1985年以降）

2回	上井　邦浩	'10VanaH杯KBCオーガスタ	1R 8H・3R 8H	芥屋GC

【同一トーナメント同日同ホールでのホールインワン最多人数】（1985年以降）

3人	'96ノベルKSBオープン	1R 15H	鬼ノ城GC
	'96PGAフィランスロピートーナメント	1R 3H	オークモントGC
	'98よみうりオープン	1R 17H	よみうりCC
	'01マンシングウェアオープンKSBカップ	1R 6H	六甲国際GC

【最多ホールインワントーナメント】（1985年以降）

'00JGTO TPCイーヤマカップ　　4回（1R12H・1R17H・2R3H・3R12H）　　　ホウライCC

【最年長ホールインワン】（1985年以降）

57歳134日	尾崎　将司	'04JCBクラシック仙台	4R 17H	表蔵王国際GC

【最年少ホールインワン】（1985年以降）@はアマチュア

17歳60日	@伊藤　誠道	'12キヤノンオープン	4R 5H	戸塚CC西C
19歳8日	石川　遼	'10アジアパシフィックパナソニックオープン	2R 6H	六甲国際GC東C

【アルバトロス】（1985年以降）　※はパー4、その他はパー5

D・イシイ	'86三菱ギャラントーナメント	3R 10H	大洗GC
飯合　肇	'86サントリーオープン	3R 4H	習志野CC
中尾　豊健	'89三菱ギャラントーナメント	1R 18H	熊本空港CC
新井規矩雄	'89三菱ギャラントーナメント	1R 18H	熊本空港CC
新井規矩雄	'89NST新潟オープン	4R 9H	大新潟CC
佐藤　英之	'90ヨネックスオープン広島	1R 8H	広島CC八本松C
倉本　昌弘	'92三菱ギャラントーナメント	3R 14H	南部富士CC
伊沢　利光	'94KBCオーガスタ	2R 9H	芥屋GC
加瀬　秀樹	'94住友VISA太平洋マスターズ	3R 3H	太平洋C御殿場C
横田　真一	'96つるやオープン	3R 15H	スポーツ振興CC
西野　琢仁	'96アコムインターナショナル	2R 3H	セベバレステロスGC泉C
髙見　和宏	'97PGAフィランスロピー	2R 18H	メイプルポイントGC
※中島　常幸	'98中日クラウンズ	2R 1H	名古屋GC和合C
藤木　三郎	'98PGAフィランスロピー	1R 7H	白水GC
D・スメイル	'98日経カップ	1R 9H	富士C出島C
冨永　浩	'99全日空オープン	2R 9H	札幌GC輪厚C
日下部光隆	'00ミズノオープン	1R 6H	瀬戸内海GC
桑原　克典	'03フジサンケイクラシック	2R 16H	川奈ホテルGC
細川　和彦	'03サトウ食品NST新潟オープン	4R 16H	中峰GC
J・ランダワ	'03三井住友VISA太平洋マスターズ	4R 6H	太平洋C御殿場C
伊沢　利光	'04アサヒ緑健よみうりメモリアル	1R 17H	麻生飯塚C
定延　一平	'05マンダムルシードよみうりオープン	3R 18H	よみうりCC
宮里　優作	'05日本ゴルフツアー選手権宍戸ヒルズ	4R 6H	宍戸ヒルズCC西C
宮本　勝昌	'06サン・クロレラ　クラシック	4R 9H	小樽CC
上田　諭尉	'06アンダーアーマーKBCオーガスタ	1R 18H	芥屋GC
平塚　哲二	'07ゴルフ日本シリーズJTカップ	2R 6H	東京よみうりCC

谷原　秀人	'08日本プロ	3R 17H	レーサムG＆スパリゾート
D・スメイル	'09つるやオープン	2R 15H	山の原GC山の原C
宮里　優作	'09カシオワールドオープン	4R 18H	Kochi黒潮CC
谷口　徹	'12とおとうみ浜松オープン	2R 13H	グランディ浜名湖GC
上井　邦浩	'13東建ホームメイトカップ	3R 17H	東建多度CC・名古屋
嘉数　光倫	'14日本ゴルフツアー選手権森ビルカップ宍戸	2R 10H	宍戸ヒルズCC西C
岩田　寛	'14日本ゴルフツアー選手権森ビルカップ宍戸	3R 6H	宍戸ヒルズCC西C
M・ヘンドリー	'15ミュゼプラチナムオープン	2R 12H	ジャパンメモリアルGC
矢野　東	'16レオパレス21ミャンマーオープン	3R 14H	ロイヤルミンガラドンゴルフ＆CC
宮本　勝昌	'16ISPSハンダグローバルカップ	1R 16H	朱鷺の台CC
武藤　俊憲	'16ISPSハンダグローバルカップ	3R 16H	朱鷺の台CC
武藤　俊憲	'16日本プロ 日清カップヌードル杯	2R 8H	北海道クラシックGC
杉山　知靖	'18日本オープン	1R 14H	横浜CC
文　道燁	'19SMBCシンガポールオープン	2R 4H	セントーサGCセラポンC
木下　稜介	'19〜全英への道〜ミズノオープン	1R 3H	ザ・ロイヤルGC

【エージシュート】

62（−9）	66歳	尾崎　将司	'13つるやオープン1R	山の原GC山の原C
70（−1）	70歳	尾崎　将司	'17HONMA TOURWORLD CUP 2R	京和CC

【最多優勝スコア】

＋10（298）	尾崎　直道	'99日本オープン　68・76・76・78	小樽CC

【最少予選カットスコア】

−6（138）	'06東建ホームメイトカップ	東建塩河CC

【最多予選カットスコア】

＋24（168）	'87北海道オープン	小樽CC

【年間最多優勝】

8勝	中島　常幸	1983年
8勝	尾崎　将司	1996年

【優勝回数・10勝以上】

94勝	尾崎　将司
51勝	青木　功
48勝	中嶋　常幸
32勝	尾崎　直道
31勝	片山　晋呉
30勝	倉本　昌弘
28勝	杉原　輝雄
21勝	池田　勇太
20勝	G・マーシュ、中村　通、谷口　徹
18勝	藤田　寛之
17勝	石川　遼
16勝	鈴木　規夫、伊澤　利光
15勝	尾崎　健夫、B・ジョーンズ
14勝	藤木三郎、D・イシイ、谷原　秀人、金　庚泰
13勝	山本　善隆
12勝	B・ワッツ、宮本　勝昌
11勝	村上　隆、謝　敏男、金井　清一、Br・ジョーンズ、飯合　肇、T・ハミルトン
10勝	髙橋　勝成、田中　秀道、丸山　茂樹

【毎年優勝】

15年連続	尾崎　将司	1986〜2000年　期間内66勝

【プロ１年目の年間最多優勝回数】
4勝　　倉本　昌弘　　1981年
4勝　　松山　英樹　　2013年

【連続優勝記録】
3週連続　　G・マーシュ　　'74フジサンケイクラシック、ダンロップトーナメント、ペプシトーナメント
3週連続　　謝　敏男　　'82東海クラシック、ゴルフダイジェストトーナメント、ブリヂストントーナメント
3週連続　　尾崎　将司　　'88日本オープン、ゴルフダイジェスト、ブリヂストントーナメント
3週連続　　尾崎　将司　　'94ダイワインターナショナル、住友VISA太平洋マスターズ、ダンロップフェニックス
3試合連続　青木　功　　'86日本プロ、KBCオーガスタ、関東オープン
3試合連続　尾崎　将司　　'89仙台放送クラシック、ヨネックスオープン広島、日本プロ
3試合連続　尾崎　将司　　'90ヨネックスオープン広島、マルマンオープン、ダイワKBCオーガスタ
3試合連続　尾崎　将司　　'96日本プロ、三菱ギャラントーナメント、JCBクラシック仙台
3試合連続　片山　晋呉　　'00日本シリーズJTカップ、ファンケルオープン沖縄、'01東建コーポレーションカップ

【同一トーナメント最多優勝】
9勝　　尾崎　将司　　ウッドワンオープン広島（'76・'78・'84・'89・'90・'94・'95・'98・'99）
※9勝　杉原　輝雄　　関西オープン（'64・'65・'68・'71・'73・'74・'75・'82・'90）
※9勝　杉原　輝雄　　関西プロ（'64・'65・'67・'70・'72・'78・'80・'84・'86）
　　　※参考記録（1972年以前はツアー制度施行前）

【同一トーナメント連続優勝】
5年連続　　鈴木　規夫　　九州オープン（'74～'78）
※5年連続　倉本　昌弘　　中四国オープン（'80～'84　'81～'83は大会名が中国オープン）
　　　※1980年優勝時はアマチュア

【日本タイトル獲得数】

	日本オープン	日本プロ	マッチプレー	日本シリーズ	ツアー選手権
19回　尾崎　将司	'74 '88 '89 '92 '94	'71 '74 '89 '91 '93 '96	'89	'71 '72 '74 '77 '80 '95 '96	
13回　青木　功	'83 '87	'73 '81 '86	'78 '79 '81 '82	'78 '79 '83 '87	
12回　中嶋　常幸	'85 '86 '90 '91	'77 '83 '84	'83 '86 '92	'82 '93	
10回　宮本　留吉	'29 '30 '32 '35 '36 '40	'26 '29 '34 '36			
7回　中村　寅吉	'52 '56 '58	'57 '58 '59 '62			
7回　尾崎　直道	'99 '00	'99	'90	'88 '90 '91	
7回　片山　晋呉	'05 '08	'03 '08		'00 '02	'07

【初出場のツアー競技で優勝】ⓐはアマチュア。招待外国人選手を除く
　重信　秀人　　'79中四国オープン　　　　　　　　　　　　周南CC
　渋谷　稔也　　'84九州オープン　　　　　　　　　　　　　熊本空港CC
ⓐ石川　遼　　'07マンシングウェアオープンKSBカップ　　東児が丘マリンヒルズGC
　趙　炳旻　　'16関西オープン　　　　　　　　　　　　　橋本CC

【初優勝から連続優勝】日本人選手該当者ナシ
　2週連続　S・バレステロス　　'77日本オープン、ダンロップフェニックス
　2週連続　J・M・シン　　'06カシオワールドオープン、日本シリーズJTカップ

【マンデートーナメントからの優勝】
　佐藤　昌一　　'79フジサンケイクラシック　　　　　　　　東松山CC
※三上　法夫　　'79日本国土計画サマーズ　　　　　　　　　白鷺CC
　Br・ジョーンズ　'85三菱ギャラントーナメント　　　　　　久米CC
　井上　信　　'04ABCチャンピオンシップ　　　　　　　　ABCGC
　小山内　護　　'10長嶋茂雄INVITATIONALセガサミーカップ　ザ・ノースカントリーGC

浅地　洋佑　　　　　　　　　'19ダイヤモンドカップゴルフ　　　　　　　　総武CC総武C
※は賞金ランキング対象の後援競技

【優勝者の72ホール連続ノーボギー】
宮里　優作　　　　　　　　　'17HONMA TOURWORLD CUP　　　　　　　京和CC

【逆転優勝の最多スコア差】
※9打差　　　船渡川育宏　　'80日本国土計画サマーズ　　　　　　　　ニュー蓼科CC
　9打差　　　中島　常幸　　'83ゴールドウィンカップ日米ゴルフ　　　太平洋C六甲C
　9打差　　　金　亨成　　　'13日本プロ 日清カップヌードル杯　　　総武CC総武C
　※は賞金ランキング対象の後援競技

【優勝と2位の最多スコア差】
　15打差　　　尾崎　将司　　'94ダイワインターナショナル　　　　　　鳩山CC
※19打差　　　村木　章　　　'30日本プロ　　　　　　　　　　　　　　宝塚GC
※19打差　　　宮本　留吉　　'30日本オープン　　　　　　　　　　　　茨木CC
　※参考記録（1972年以前はツアー制度施行前）

【予選最下位からの優勝】（参考記録）
　青木　功　　　　　　　　　'76東海クラシック　　　　　　　　　　　三好CC西C
　S・ギムソン　　　　　　　'93日経カップ　　　　　　　　　　　　　三井観光苫小牧GC
　伊沢　利光　　　　　　　　'01ダイヤモンドカップ　　　　　　　　　大洗GC

【優勝から次の優勝までの最長年数】
　13年82日　　　　長谷川勝治　'80静岡オープン〜'93よみうりサッポロビールオープン

【最年長優勝者】
　55歳241日　　　　尾崎　将司　'02全日空オープン　　　　　　　　　　札幌GC輪厚C

【最年長初優勝者】
　46歳135日　　　　S・ジン　　'95ゴルフダイジェストトーナメント　　東名CC
　45歳108日　　　　井上　久雄　'92アコムインターナショナル　　　　　信楽CC田代C
※48歳362日　　　　R・フロイド　'91ダイワKBCオーガスタ　　　　　　九州志摩CC芥屋
　※参考記録（招待選手）

【最年少優勝者】 ⓐはアマチュア
　15歳245日　　ⓐ石川　遼　　'07マンシングウェアオープンKSBカップ　東児が丘マリンヒルズGC
　17歳46日　　　石川　遼　　　'08マイナビABCチャンピオンシップ　　ABCGC

【最年少年間複数優勝者】
　17歳319日　　　石川　遼　　　'09ミズノオープンよみうりクラシック、サン・クロレラクラシック、
　　　　　　　　　　　　　　　　フジサンケイクラシック、コカ・コーラ東海クラシック

【最年少ツアー通算10勝】
　21歳55日　　　石川　遼　　　'07マンシングウェアオープンKSBカップ（アマチュア時代）、
　　　　　　　　　　　　　　　　'08マイナビABCチャンピオンシップ、'09ミズノオープンよみうり
　　　　　　　　　　　　　　　　クラシック、サン・クロレラクラシック、フジサンケイクラシック、
　　　　　　　　　　　　　　　　コカ・コーラ東海クラシック、'10中日クラウンズ、フジサンケイ
　　　　　　　　　　　　　　　　クラシック、'10・'12三井住友VISA太平洋マスターズ

【アマチュア優勝者】
　倉本　昌弘　　　　　　　　'80中四国オープン　　　　　　　　　　　福山CC
　石川　遼　　　　　　　　　'07マンシングウェアオープンKSBカップ　東児が丘マリンヒルズGC
　松山　英樹　　　　　　　　'11三井住友VISA太平洋マスターズ　　　太平洋C御殿場C

	金谷　拓実	'19三井住友VISA太平洋マスターズ	太平洋C御殿場C
※	赤星　六郎	'27日本オープン	程ヶ谷CC
※	中部銀次郎	'67西日本オープン	門司GC

　　　※参考記録（1972年以前はツアー制度施行前）

【最長プレーオフ】
　14ホール　　P・トムソン　　'76ペプシウイルソン　宇部CC万年池C

選手　＼　パー	3	4	3	4	3	4	3	4	3	4	4	4	4	4	
P・トムソン	—	—	—	—	—	—	5	—	—	—	—	—			
G・マーシュ	—	—	—	—	—	—	5	—	—	—	—	—	5		―はパー
Br・ジョーンズ	—	—	—	6											
宮本　省三	4														

2日間9ホール　池田勇太、宋永漢　'16HONMA TOURWORLD CUP AT TROPHIA GOLF　石岡GC
（4ホール目終了後、日没のため翌日に持ち越し）

【最多人数によるプレーオフ】
　5人　　　　浅地　洋佑　　'19ANAオープン（時松隆光／S・ノリス／嘉数光倫／S・ハン）

【プロ最年少ツアー出場】
　15歳300日　　　　J・ジェーンワタナノンド　'11アジアパシフィックパナソニックオープン　琵琶湖CC栗東・三上C

【アマチュア最年少ツアー出場】
　12歳99日　　　　伊藤　涼太　　'02ジョージア東海クラシック　　　　三好CC西C

【最年長ツアー出場の主な記録】
　74歳239日　　　　青木　　功　　'17中日クラウンズ　　　　　　名古屋GC和合C

【最年長予選通過者】
　68歳311日　　　　杉原　輝雄　　'06つるやオープン　　　　　山の原GC山の原C

【プロ最年少予選通過者】
　15歳301日　　　　J・ジェーンワタナノンド　'11アジアパシフィックパナソニックオープン　琵琶湖CC栗東・三上C

【アマチュア最年少予選通過者】
　14歳21日　　　　伊藤　誠道　　'09VanaH杯KBCオーガスタ　　　芥屋GC

【アマチュア最年少トップ10入り】
　15歳56日　　　　伊藤　涼太　　'05アンダーアーマーKBCオーガスタ6位　　芥屋GC
　15歳98日　　　　伊藤　誠道　　'10三井住友VISA太平洋マスターズ10位　　太平洋C御殿場C

【アマチュアの18ホール最少ストローク】（1985年以降）
　63（−9）　　宮里　優作　　'00住友VISA太平洋マスターズ3R　　太平洋C御殿場C
　63（−7）　　金谷　拓実　　'19住友VISA太平洋マスターズ3R　　太平洋C御殿場C
　63（−7）　　中島　啓太　　'19住友VISA太平洋マスターズ3R　　太平洋C御殿場C

【最年少ツアー出場有資格者】
　16歳　　　　石川　　遼　　2008年度　'07マンシングウェアオープンKSBカップ優勝

【最年少賞金シード獲得】
　17歳　　　　石川　　遼　　'08ツアー賞金ランキング5位

【最年長賞金シード獲得】
59歳　　室田　淳　　'14ツアー賞金ランキング73位
【最年長初賞金シード獲得】
45歳　　井上　久雄　　'92ツアー賞金ランキング29位
45歳　　S・ジン　　'94ツアー賞金ランキング41位

【連続賞金シード獲得】（1973年以降）
32年連続　　尾崎　将司　　1973年～2004年

【年間最多獲得賞金額】
217,934,583円　　伊沢　利光　　2001年

【年間獲得賞金1億円突破最速試合数】
8試合　　尾崎　将司　　1996年（国内賞金のみ）久光製薬KBCオーガスタで達成

【年間獲得賞金2億円突破最速試合数】
16試合　　松山　英樹　　2013年（海外3試合を含む）カシオワールドオープンで達成

【最年少年間獲得賞金額1億円突破】
17歳　　石川　遼　　2008年　106,318,166円

【年間獲得賞金連続1億円突破】
10年連続　　片山　晋呉　　2000～2009年

【最多賞金王】
12回　　尾崎　将司　　'73・'74・'77・'88・'89・'90・'92・'94・'95・'96・'97・'98

【連続賞金王】
5年連続　　尾崎　将司　　1994～1998年

【最速賞金王】
プロ転向1年目　　松山　英樹　　2013年4月プロ転向。海外3試合を含む16試合に出場しツアー4勝

【最年少賞金王】
18歳80日　　石川　遼　　2009年（ゴルフ日本シリーズJTカップ終了後）

【ツアー25勝（永久シード）達成年齢】
31歳210日　　中島　常幸　　'86日本プロマッチプレー
35歳224日　　尾崎　将司　　'82関東オープン
35歳262日　　片山　晋呉　　'08日本オープン
37歳46日　　倉本　昌弘　　'92ブリヂストンオープン
37歳247日　　青木　功　　'80中日クラウンズ
41歳56日　　尾崎　直道　　'97ヨネックスオープン広島
52歳74日　　杉原　輝雄　　'89ダイワKBCオーガスタ
※倉本昌弘アマチュア時代の優勝は除く

【最年少生涯獲得賞金10億円突破】（WGC、海外メジャー競技の賞金は時系列順に加算）
28歳82日　　石川　遼　　'19日本シリーズJTカップ

【ツアー最長コース】
8,016ヤード　　ザ・ロイヤルGC　　'19～全英への道～ミズノオープン at ザ・ロイヤル ゴルフクラブ（パー72）

【36ホールで競技が成立したトーナメント】（1978年以降）
 '80KBCオーガスタ　　　　　　　　初日1Rサスペンデッド／2日目1R／3日目中止／4日目2R
 '81ゴルフ日本シリーズ　　　　　　初日中止／2日目中止／3日目1R／4日目2R
 '87ゴルフ日本シリーズ　　　　　　初日中止／2日目1R／3日目2R／4日目中止
 '91ブリヂストンオープン　　　　　初日1R／2日目中止／3日目2R／4日目中止
 '98よみうりオープン　　　　　　　初日1R／2日目中止／3日目2R／4日目中止
 '11フジサンケイクラシック　　　　初日中止／2日目1Rサスペンデッド／3日目1R＋2Rサスペンデッド
 　　　　　　　　　　　　　　　　　／4日目2R
 '17ブリヂストンオープン　　　　　初日中止／2日目1R／3日目2R／4日目中止
 '19ブリヂストンオープン　　　　　初日1R／2日目2R／3日目中止／4日目中止
 ※後援競技（賞金加算対象競技含む）は除く

【女子プロのツアー参戦】
　　　　　S・グスタフソン　　'03カシオワールドオープン
　　　　　M・ウィー　　　　　'05・'06カシオワールドオープン
　　　　　宮里　　藍　　　　　'06アジア・ジャパン沖縄オープン2005

【日本人選手の世界ランキング最高順位】（1987年以降）
 2位　松山　英樹　　　　　　2017年6月18日（第24週）〜7月9日（第27週）
　　　　　　　　　　　　　　2017年8月13日（第32週）
 4位　中島　常幸　　　　　　1987年1月11日（第2週）〜4月26日（第17週）
　　　　　　　　　　　　　　1987年5月10日（第19週）〜7月12日（第28週）
 5位　尾崎　将司　　　　　　1996年9月1日（第35週）
　　　　　　　　　　　　　　1997年11月2日（第43週）〜（第45週）
 8位　青木　　功　　　　　　1987年6月7日（第23週）

【歴代選手会長】
 杉原　輝雄　　　　　　　　1984〜1988年
 鷹巣　南雄　　　　　　　　1989〜1991年
 倉本　昌弘　　　　　　　　1992〜1999年、2012年
 湯原　信光　　　　　　　　2000年
 片山　晋呉　　　　　　　　2001年
 伊澤　利光　　　　　　　　2002年
 佐藤　信人　　　　　　　　2003年
 手嶋　多一　　　　　　　　2004年
 横田　真一　　　　　　　　2005〜2006年
 深堀圭一郎　　　　　　　　2007年、2010年
 宮本　勝昌　　　　　　　　2008〜2009年、2011年
 池田　勇太　　　　　　　　2013〜2015年
 宮里　優作　　　　　　　　2016〜2017年
 石川　遼　　　　　　　　　2018〜2019年（最年少26歳110日で就任）
 時松　隆光　　　　　　　　2020年

ツアー歴代賞金王と年間最多勝利選手

年度	賞金ランキング 第1位	獲得賞金額 （円）	年間 勝利数	年間最多勝利選手（タイ含む）
1973	尾崎 将司	43,814,000	5勝	5勝＝尾崎将司、青木功
1974	尾崎 将司	41,846,908	6勝	6勝＝尾崎将司
1975	村上 隆	38,705,551	4勝	4勝＝村上 隆
1976	青木 功	40,985,801	1勝	3勝＝尾崎将司、G・マーシュ、鈴木規夫、村上 隆、前田新作
1977	尾崎 将司	35,932,608	4勝	4勝＝尾崎将司
1978	青木 功	62,987,200	6勝	6勝＝青木 功
1979	青木 功	45,554,211	4勝	4勝＝青木 功
1980	青木 功	60,532,660	5勝	5勝＝青木 功
1981	青木 功	57,262,941	3勝	4勝＝倉本昌弘
1982	中島 常幸	68,220,640	5勝	5勝＝中島常幸
1983	中島 常幸	85,514,183	8勝	8勝＝中島常幸
1984	前田 新作	57,040,357	3勝	4勝＝中村 通
1985	中島 常幸	101,609,333	6勝	6勝＝中島常幸
1986	中島 常幸	90,202,066	6勝	6勝＝中島常幸
1987	D・イシイ	86,554,421	6勝	6勝＝D・イシイ
1988	尾崎 将司	125,162,540	6勝	6勝＝尾崎将司
1989	尾崎 将司	108,715,733	7勝	7勝＝尾崎将司
1990	尾崎 将司	129,060,500	4勝	4勝＝尾崎将司
1991	尾崎 直道	119,507,974	4勝	4勝＝尾崎直道
1992	尾崎 将司	186,816,466	6勝	6勝＝尾崎将司
1993	飯合 肇	148,718,200	3勝	3勝＝飯合 肇、尾崎将司
1994	尾崎 将司	215,468,000	7勝	7勝＝尾崎将司
1995	尾崎 将司	192,319,800	5勝	5勝＝尾崎将司
1996	尾崎 将司	209,646,746	8勝	8勝＝尾崎将司
1997	尾崎 将司	170,847,633	5勝	5勝＝尾崎将司
1998	尾崎 将司	179,627,400	3勝	3勝＝尾崎将司、田中秀道、B・ジョーブ
1999	尾崎 直道	137,641,796	3勝	3勝＝尾崎直道、米山 剛
2000	片山 晋呉	177,116,489	5勝	5勝＝片山晋呉
2001	伊沢 利光	217,934,583	5勝	5勝＝伊沢利光
2002	谷口 徹	145,440,341	4勝	4勝＝谷口 徹
2003	伊沢 利光	135,454,300	2勝	4勝＝T・ハミルトン
2004	片山 晋呉	119,512,374	2勝	2勝＝片山晋呉、谷口 徹、S・K・ホ、B・ジョーンズ、Y・E・ヤン、P・シーハン
2005	片山 晋呉	134,075,280	2勝	2勝＝片山晋呉、尾崎直道、深堀圭一郎、S・K・ホ、今野康晴、D・スメイル
2006	片山 晋呉	178,402,190	3勝	3勝＝片山晋呉
2007	谷口 徹	171,744,498	3勝	3勝＝谷口 徹、B・ジョーンズ
2008	片山 晋呉	180,094,895	3勝	3勝＝片山晋呉、P・マークセン
2009	石川 遼	183,524,051	4勝	4勝＝石川 遼、池田勇太
2010	金 庚泰	181,103,799	3勝	3勝＝池田勇太
2011	裵 相文	151,078,958	3勝	3勝＝裵 相文
2012	藤田 寛之	175,159,972	4勝	4勝＝藤田寛之
2013	松山 英樹	201,076,781	4勝	4勝＝松山英樹
2014	小田 孔明	137,318,693	2勝	3勝＝藤田寛之
2015	金 庚泰	165,981,625	5勝	5勝＝金 庚泰
2016	池田 勇太	207,901,567	3勝	3勝＝池田勇太、谷原秀人、金 庚泰
2017	宮里 優作	182,831,982	4勝	4勝＝宮里優作
2018	今平 周吾	139,119,332	1勝	2勝＝秋吉翔太、市原弘大
2019	今平 周吾	168,049,312	2勝	3勝＝石川 遼

氏　　名	勝敗	トーナメント名（勝・負、※は後援競技でツアー賞金ランキングに加算された競技）
青木　功	4−9	勝○1973年ペプシトーナメント（島田幸作）、1976年東海クラシック（杉原輝雄／内田繁）、1981年静岡オープン（矢部昭）、1983年日本オープン（T・ゲール） 負●1973年ワールドフレンドシップ（呂良煥）、1974年全日空札幌オープン（尾崎将司）、1979年日本オープン（郭吉雄）、1981年日本シリーズ（羽川豊）、1983年※新潟オープン（重信秀人）、1984年中日クラウンズ（S・シンプソン）、1986年サントリーオープン（G・マーシュ）、1991年フジサンケイクラシック（藤木三郎）、1991年ダンロップフェニックス（L・ネルソン）
浅地洋佑	1−0	勝○2019年ANAオープン（嘉数光倫／時松隆光／S・ノリス／S・ハン）
天野　勝	0−1	負●1982年※富山県オープン（内田繁）
新井規矩雄	1−4	勝○1983年※くずは国際（杉原輝雄／D・イシイ） 負●1982年ブリヂストントーナメント（謝敏男）、1983年中日クラウンズ（陳志明）、1983年関東オープン（藤木三郎）、1986年大京オープン（尾崎健夫）
飯島宏明	0−1	負●2004年ミズノオープン（B・ジョーンズ）
五十嵐雄二	0−1	負●2001年ダイヤモンドカップ（伊沢利光）
池田勇太	4−2	勝○2009年VanaH杯KBCオーガスタ（今野康晴）、2013年マイナビABCチャンピオンシップ（S・K・ホ）、2016年HONMA TOURWORLD CUP（宋永漢）、2017年ANAオープン（今平周吾／時松隆光） 負●2012年トーシントーナメントIN涼仙（呉阿順）、2016年HEIWA・PGM CHAMPIONSHIP（谷原秀人）
伊澤利光	2−1	勝○2001年ダイヤモンドカップ（五十嵐雄二／藤田寛之）、2003年ウッドワンオープン広島（室田淳） 負●1998年カシオワールド（B・ワッツ）
D・イシイ	3−5	勝○1987年ブリヂストントーナメント（芹澤信雄／牧野裕）、1994年マルマンオープン（芹澤信雄／宮瀬博文）、1994年サントリーオープン（佐々木久行） 負●1983年※くずは国際（新井規矩雄）、1983年中日クラウンズ（陳志明）、1986年ゴルフダイジェスト（中島常幸）、1996年JCBクラシック仙台（尾崎将司）、1996年カシオワールド（P・スタンコウスキー）
石井裕士	1−1	勝○1973年中部オープン（豊田明夫） 負●1975年KBCオーガスタ（前田新作）
石川　遼	4−3	勝○2010年フジサンケイクラシック（薗田峻輔）、2014年長嶋茂雄セガサミーカップ（小田孔明）、2019年日本プロ（黄重坤）、2019年日本シリーズJTカップ（B・ケネディ） 負●2009年日本オープン（小田龍一）、2011年とおとうみ浜松オープン（小林正則）、2018年ゴルフ日本シリーズJTカップ（小平智）
泉川ピート	2−0	勝○1984年関東プロ（藤木三郎）、1984年全日空札幌オープン（高橋五月）
磯村芳幸	0−1	負●1987年ポカリスエットオープン（吉村金八）
板井榮一	0−1	負●1991年日経カップ（尾崎直道）
今井克宗	1−0	勝○2004年コカ・コーラ東海クラシック（細川和彦）
今野康晴	0−6	負●2005年日本ゴルフツアー選手権宍戸ヒルズカップ（細川和彦）、2005年ANAオープン（深堀圭一郎）、2007年ANAオープン（篠崎紀夫）、2008年三井住友VISA太平洋マスターズ（片山晋呉）、2009年VanaH杯KBCオーガスタ（池田勇太）、日本オープン（小田龍一）
今平周吾	0−1	負●2017年ANAオープン（池田勇太）
岩下吉久	0−2	負●1984年ブリヂストントーナメント（倉本昌弘）、1985年NST新潟オープン（謝敏男）
岩田　寛	0−2	負●2008年フジサンケイクラシック（藤島豊和）、2014年ダンロップフェニックス（松山英樹）
L・ウエストウッド	1−0	勝○1996年住友VISA太平洋マスターズ（J・スルーマン／C・ロッカ）
上野忠美	1−1	勝○1978年※阿蘇ナショナルパークオープン（鈴村照男／藤間達雄） 負●1983年ブリヂストン阿蘇（小林富士夫）
上原宏一	0−1	負●1979年日本オープン（郭吉雄）
内田袈裟彦	1−0	勝○1978年※ジュンクラシック（長谷川勝治／菊地勝司）

氏　名	勝敗	トーナメント名（勝・負、※は後援競技でツアー賞金ランキングに加算された競技）
内　田　　繁	1-1	勝○1982年※富山県オープン（天野勝） 負●1976年東海クラシック（青木功）
T・ウッズ	1-1	勝○2005年ダンロップフェニックス（横尾要） 負●2006年ダンロップフェニックス（P・ハリントン）
榎　本　七　郎	0-1	負●1976年日本プロ（金井清一）
海　老　原　清　治	0-1	負●1987年大京オープン（杉田勇）
E・エレラ	0-2	負●1994年ミズノオープン（B・ワッツ）、1997年アコムインターナショナル（金山和雄）
大　槻　智　春	1-0	勝○2019年関西オープン（星野陸也）
大　場　　勲	0-1	負●1975年中部オープン（野口英雄）
大　町　昭　義	1-0	勝○1986年静岡オープン（杉原輝雄）
奥　田　靖　己	1-1	勝○1990年中四国オープン（河村雅之／渡辺司（西）） 負●1999年ファンケル沖縄オープン（手嶋多一）
尾　崎　健　夫	5-3	勝○1984年フジサンケイクラシック（謝敏男）、1985年日本プロ（金井清一）、1985年サントリーオープン（L・ネルソン）、1986年大京オープン（新井規矩雄）、1989年ジュンクラシック（尾崎直道） 負●1983年広島オープン（髙橋勝成）、1991年マルマンオープン（西川哲）、1998年ブリヂストンオープン（佐藤信人）
尾　崎　直　道	5-3	勝○1988年全日空オープン（Br・ジョーンズ）、1990年日本シリーズ（中島常幸）、1991年日経カップ（板井榮一）、2003年ブリヂストンオープン（P・シーハン）、2005年中日クラウンズ（S・コンラン） 負●1988年三菱ギャラン（Br・ジョーンズ）、1989年ジュンクラシック（尾崎健夫）、2002年サン・クロレラクラシック（C・ペーニャ）
尾　崎　将　司	12-8	勝○1973年太平洋クラブマスターズ（B・ヤンシー）、1974年全日空札幌オープン（青木功）、1978年広島オープン（杉本英世）、1983年ジュンクラシック（倉本昌弘）、1988ゴルフダイジェスト（Br・ジョーンズ）、1991年ジュンクラシック（川岸良兼）、1992年ダンロップオープン（B・フランクリン）、1996年三菱ギャラン（T・ハミルトン）、1996年JCBクラシック仙台（D・イシイ）、1996年久光製薬KBCオーガスタ（手嶋多一）、1999年ヨネックスオープン広島（桧垣繁正）、2000年サン・クロレラクラシック（山本昭一） 負●1979年※よみうりオープン（杉原輝雄）、1980年東芝太平洋マスターズ（鈴木規夫）、1983年関東オープン（藤木三郎）、1992年ジュンクラシック（陳志忠）、1998年日本プロ（B・ジョーブ）、1998年日本シリーズJTカップ（宮本勝昌）、2001年住建産業オープン広島（深堀圭一郎）、2003年アコムインターナショナル（倉本昌弘）
小　山　内　　護	2-0	勝○2006年アコムインターナショナル（手嶋多一）、2010年長嶋茂雄セガサミーカップ（趙珉珪／薗田峻輔）
小　田　孔　明	2-1	勝○2009年東建ホームメイトカップ（金鍾徳）、2010年東建ホームメイトカップ（丸山大輔／広田悟） 負●2014長嶋茂雄セガサミーカップ（石川遼）
小　田　龍　一	1-0	勝○2009年日本オープン（石川遼／今野康晴）
小　達　敏　昭	1-0	勝○1993年ヨネックスオープン広島（W・レビ）
R・カールソン	0-1	負●2009年ダンロップフェニックス（E・モリナリ）
甲　斐　俊　光	1-0	勝○1988年静岡オープン（丸山智弘）
嘉　数　光　倫	0-1	負●2019年ANAオープン（浅地洋佑）
郭　　吉　雄	2-0	勝○1979年※ジュンクラシック（船渡川育宏）、1979年日本オープン（山本善隆／青木功／上原宏一）
加　瀬　秀　樹	0-2	負●1991年フジサンケイ（藤木三郎）、2001年久光製薬KBCオーガスタ（平石武則）
片　岡　大　育	0-1	負●2016年中日クラウンズ（金庚泰）
片　山　晋　呉	5-3	勝○1998年サンコーグランドサマー（細川和彦）、1999年JCBクラシック仙台（桧垣繁正）、2006年ABCチャンピオンシップ（Y・E・ヤン）、2008年三井住友VISA太平洋マスターズ（今野康晴）、2013年コカ・コーラ東海クラシック（冨山聡／星野英正） 負●2002年日本プロ（久保谷健一）、2012年コカ・コーラ東海クラシック（H・W・リュー）、2015年トップ杯東海クラシック（金亨成）

氏　　名	勝敗	トーナメント名（勝・負、※は後援競技でツアー賞金ランキングに加算された競技）
金井清一	4-2	勝○1976年日本プロ（榎本七郎／安田春雄／謝敏男）、1978年関東オープン（謝敏男／日吉稔）、1981年関東プロ（羽川豊）、1981年広島オープン（呂西鈞）
		負●1985年日本プロ（尾崎健夫）、1988年ミズノオープン（新関善美）
金本章生	1-1	勝○1978年関西オープン（宮本康弘）
		負●1980年関西プロ（杉原輝雄）
金山和雄	1-0	勝○1997年アコムインターナショナル（E・エレラ）
金子柱憲	0-1	負●1994年ミズノオープン（B・ワッツ）
兼本貴司	1-2	勝○2009年三菱ダイヤモンドカップ（B・ジョーンズ）
		負●2003年つるやオープン（宮瀬博文）、2010年コカ・コーラ東海クラシック（松村道央）
神山隆志	1-0	勝○2004年JCBクラシック仙台（中嶋常幸／近藤智弘）
S・ガルシア	0-1	負●1999年ダンロップフェニックス（T・ビヨン）
川上典一	0-1	負●1992年ダイワKBCオーガスタ（陳志明）
川岸良兼	0-2	負●1991年ジュンクラシック（尾崎将司）、1999年住友VISA太平洋マスターズ（宮瀬博文）
河野晃一郎	1-0	勝○2011年マイナビABCチャンピオンシップ（裵相文）
川原　希	0-1	負●2005年東建ホームメイトカップ（高山忠洋）
川村昌弘	0-1	負●2018マイナビABCチャンピオンシップ（木下裕太）
河村雅之	1-1	勝○1999年デサントクラシック（米山剛／細川和彦）
		負●1990年中四国オープン（奥田靖己）
菊地勝司	0-1	負●1978年※ジュンクラシック（内田裟袋彦）
菊池　純	1-0	勝○2007年サン・クロレラクラシック（鈴木亨）
木下裕太	1-0	勝○2018マイナビABCチャンピオンシップ（川村昌弘）
R・ギブソン	1-0	勝○1991年札幌とうきゅう（前田新作／倉本昌弘）
金　庚泰	2-1	勝○2016年東建ホームメイトカップ（近藤共弘）、2016年中日クラウンズ（片岡大育）
		負●2009年日本シリーズJTカップ（丸山茂樹）
金　鍾徳	0-1	負●2009年東建ホームメイトカップ（小田孔明）
金　度勲	0-1	負●2010年カシオワールドオープン（松村道央）
金　亨成	1-0	勝○2015年トップ杯東海クラシック（片山晋呉）
C・キャンベル	1-0	勝○2005年ミズノオープン（D・スメイル／高山忠洋）
A・キュー	0-1	負●2015年ISPSハンダグローバルカップ（武藤俊憲）
草壁政治	0-1	負●1976年ブリヂストントーナメント（村上隆）
草柳良夫	0-1	負●1973年関東オープン（栗原孝）
久保谷健一	3-1	勝○2002年日本プロ（片山晋呉）、2002年マンシングウェアKSBカップ（T・ハミルトン／福澤義光）、2017年パナソニックオープン（宮本勝昌）
		負●2011年日本オープン（裵相文）
D・クラーク	0-1	負●1999年住友VISA太平洋マスターズ（宮瀬博文）
蔵岡伸二	1-0	勝○1989年九州オープン（友利勝良）
W・グラディ	0-1	負●1985年カシオワールド（H・グリーン）
D・グラハム	0-1	負●1985年太平洋クラブマスターズ（中島常幸）
倉本昌弘	6-4	勝○1981年東海クラシック（小林富士夫／重信秀人／中村通）、1984年中四国オープン（重信秀人）、1984年ブリヂストントーナメント（陳志忠／S・トーランス／岩下吉久）、1992年日本プロ（中島常幸）、1992年ブリヂストンオープン（西川哲）、2003年アコムインターナショナル（宮本勝昌／尾崎将司）
		負●1983年ジュンクラシック（尾崎将司）、1985年ブリヂストン阿蘇（謝敏男）、1991年札幌とうきゅう（R・ギブソン）、1992年日経カップ（室田淳）
H・グリーン	1-0	勝○1985年カシオワールド（S・ホーク／湯原信光／W・グラディ）
E・グリジョ	0-1	負●2016年ISPSハンダグローバルカップ（朴ジュンウォン）
栗原　孝	2-0	勝○1973年関東オープン（草柳良夫／田中文雄）、○1979年※阿蘇ナショナルパークオープン（前田新作／安田春雄）
T・ゲール	0-1	負●1983年日本オープン（青木功）
B・ケネディ	0-1	負●2019年日本シリーズJTカップ（石川遼）
呉　阿順	1-0	勝○2012年トーシントーナメントIN涼仙（池田勇太）
G・コーク	0-1	負●1984年カシオワールド（S・ライル）

氏　名	勝敗	トーナメント名（勝・負、※は後援競技でツアー賞金ランキングに加算された競技）
小島 昭彦	1-0	勝○1987年北海道オープン（鷹巣南雄）
小平 智	1-1	勝○2018年ゴルフ日本シリーズJTカップ（石川遼／黄重坤） 負●2017年フジサンケイクラシック（H・W・リュー）
小林 富士夫	2-1	勝○1978年日本プロ（中島常幸）、1983年ブリヂストン阿蘇（上野忠美） 負●1981年東海クラシック（倉本昌弘）
小林 正則	1-0	勝○2011年とおとうみ浜松オープン（石川遼）
近藤 智弘	2-4	勝○2006年日本プロ（友利勝良）、2008年中日クラウンズ（藤田寛之） 負●2004年JCBクラシック仙台（神山隆志）、2004年日本ゴルフツアー選手権宍戸ヒルズカップ（S・K・ホ）、2006年ザ・ゴルフトーナメントin御前崎（谷口徹） 2016年東建ホームメイトカップ（金庚泰）
S・コンラン	0-1	負●2005年中日クラウンズ（尾崎直道）
坂本 義一	1-0	勝○1996年ダイドー静岡オープン（芹澤信雄／C・フランコ）
佐々木 久行	0-2	負●1994年サントリーオープン（D・イシイ）、2003年つるやオープン（宮瀬博文）
佐藤 信人	2-0	勝○1998年ブリヂストンオープン（尾崎健夫）、2002年フジサンケイクラシック（S・レイコック）
P・シーハン	0-1	負●2003年ブリヂストンオープン（尾崎直道）
重信 秀人	2-3	勝○1983年※新潟オープン（青木功／髙橋勝成）、1984年ブリヂストン阿蘇オープン（長谷川勝治／矢部昭） 負●1981年東海クラシック（倉本昌弘）、1984年中四国オープン（倉本昌弘）、1990年インペリアル（中村通）
篠崎 紀夫	1-0	勝○2007年ANAオープン（今野康晴／C・プラポール）
柴田 猛	0-1	負●1979年中部オープン（松岡金市）
島田 幸作	1-2	勝○1977年関西プロ（前田新作） 負●1973年ペプシトーナメント（青木功）、1975年広島オープン（呂良煥）
島田 正士	1-0	勝○2000年PGAフィランスロピー（三橋達也／髙橋竜彦）
謝 永郁	0-2	負●1974年ペプシトーナメント（G・マーシュ）、1981年※よみうりオープン（鷹巣南雄）
謝 敏男	4-7	勝○1981年KBCオーガスタ（陳志忠／湯原信光）、1982年ブリヂストントーナメント（新井規矩雄）、1985年ブリヂストン阿蘇（倉本昌弘）、1985年NST新潟（岩下吉久） 負●1976年日本プロ（金井清一）、1976年ブリヂストントーナメント（村上隆）、1978年関東オープン（金井清一）、1979年東北クラシック（中村通）、1980年※日本国土計画サマーズ（船渡川育宏）、1982年※新潟オープン（山本善隆）、1984年フジサンケイクラシック（尾崎健夫）
I・J・ジャン	0-1	負●2011年中日クラウンズ（B・ジョーンズ）
B・ジョーブ	3-0	勝○1997年東海クラシック（B・ワッツ）、1997年ゴルフダイジェスト（鈴木亨）、1998年日本プロ（尾崎将司）
ブライアン・ジョーンズ （Br・ジョーンズ）	3-4	勝○1977年KBCオーガスタ（矢部昭）、1985年三菱ギャラン（湯原信光）、1988年三菱ギャラン（尾崎直道） 負●1976年ペプシウイルソン（P・トムソン）、1988年全日空オープン（尾崎直道）、1988年ゴルフダイジェスト（尾崎将司）、1991年フジサンケイ（藤木三郎）
ブレンダン・ジョーンズ （B・ジョーンズ）	3-2	勝○2003年サン・クロレラクラシック（手嶋多一／丸山大輔）、2004年ミズノオープン（飯島博明）、2011年中日クラウンズ（I・J・ジャン） 負●2002年サン・クロレラクラシック（C・ペーニャ）、2009年三菱ダイヤモンドカップ（兼本貴司）
J・M・シン	0-1	負●1999年キリンオープン（崔京周）
S・シンプソン	2-0	勝○1984年中日クラウンズ（青木功）、1984年ダンロップフェニックス（B・ランガー）
須貝 昇	1-1	勝○1990年中日クラウンズ（S・ペイト） 負●1991年日本オープン（中島常幸）
杉田 勇	1-0	勝○1987年大京オープン（牧野裕／海老原清治）
杉原 輝雄	4-6	勝○1979年※よみうりオープン（尾崎将司）、1980年関西プロ（金本章生）、1982年※美津濃トーナメント（羽川豊）、1985年札幌とうきゅうオープン（吉村金八） 負●1976年東海クラシック（青木功）、1981年三菱ギャラン（呂西鈞）、1982年三菱ギャラン（G・マーシュ）、1983年※くずは国際（新井規矩雄）、1986年静岡オープン（大町昭義）、1990年ダンロップオープン（F・ミノザ）

氏　名	勝敗	トーナメント名（勝・負、※は後援競技でツアー賞金ランキングに加算された競技）
杉 本 英 世	0－1	負●1978年広島オープン（尾崎将司）
鈴 木 弘 一	0－1	負●1994年ミズノオープン（B・ワッツ）
鈴 木　亨	1－4	勝○2002年JCBクラシック仙台（中嶋常幸） 負●1997年ゴルフダイジェスト（B・ジョーブ）、2001年タマノイ酢よみうりオープン（福澤義光）、2001年アイフルカップ（林根基）、2007年サン・クロレラクラシック（菊池純）
鈴 木 規 夫	3－0	勝○1976年フジサンケイクラシック（呂良煥）、1976年九州オープン（柳田勝司）、1980年東芝太平洋マスターズ（尾崎将司）
鈴 村 照 男	1－2	勝○1984年中部オープン（坂東治彦） 負●1978年※阿蘇ナショナルパーク（上野忠美）、1983年中部オープン（中村輝夫）
P・スタンコウスキー	1－0	勝○1996年カシオワールド（D・イシイ）
D・スメイル	0－2	負●2005年ミズノオープン（C・キャンベル）、2005年日本ゴルフツアー選手権宍戸ヒルズカップ（細川和彦）
J・スルーマン	0－1	負●1996年住友VISA太平洋マスターズ（L・ウエストウッド）
芹 澤 信 雄	0－4	負●1987年ブリヂストントーナメント（D・イシイ）、1992年札幌とうきゅう（湯原信光）、1994年マルマンオープン（D・イシイ）、1996年ダイドー静岡オープン（坂本義一）
十 亀 賢 二	1－0	勝○1983年※KSB瀬戸内海オープン（安田春雄）
薗 田 峻 輔	0－2	負●2010年長嶋茂雄セガサミーカップ（小山内護）、フジサンケイクラシック（石川遼）
宋　永 漢	0－1	負●2016年HONMA TOURWORLD CUP（池田勇太）
鷹 巣 南 雄	1－1	勝○1981年※よみうりオープン（謝永郁） 負●1987年北海道オープン（小島昭彦）
髙 橋 勝 成	1－5	勝○1983年広島オープン（尾崎健夫） 負●1981年※群馬県オープン（高橋五月）、1983年※新潟オープン（重信秀人）、1988年北海道オープン（高橋完）、1989年北海道オープン（高橋完）、1995年PGAフィランスロピー（高見和宏）
髙 橋 五 月	1－1	勝○1981年※群馬県オープン（髙橋勝成） 負●1984年全日空札幌オープン（泉川ピート）
高 橋 竜 彦	0－1	負●2000年PGAフィランスロピー（島田正士）
髙 橋　完	2－0	勝○1988年北海道オープン（髙橋勝成）、1989年北海道オープン（髙橋勝成）
高 見 和 宏	1－1	勝○1995年PGAフィランスロピー（髙橋勝成／B・ワッツ） 負●1992年札幌とうきゅう（湯原信光）
高 山 忠 洋	2－1	勝○2005年東建ホームメイトカップ（川原希）、2006年アジア・ジャパン沖縄オープン（宮里聖志） 負●2005年ミズノオープン（C・キャンベル）
田 中 秀 道	0－1	負●2000年つるやオープン（R・バックウェル）
田 中 文 雄	0－2	負●1973年関東オープン（栗原孝）、1976年東北クラシック（安田春雄）
谷 口　徹	3－4	勝○2006年ザ・ゴルフトーナメントin御前崎（近藤智弘／S・K・ホ）、2007年ウッドワンオープン広島（P・マークセン）、2018年日本プロ（藤本佳則） 負●2000年三菱自動車（宮瀬博文）、2007年中日クラウンズ（宮瀬博文）、2010年つるやオープン（藤田寛之）、2011年ゴルフ日本シリーズJTカップ（藤田寛之）
谷 原 秀 人	2－2	勝○2016年日本プロ（武藤俊憲）、2016年HEIWA・PGM CHAMPIONSHIP（池田勇太） 負●2013年フジサンケイクラシック（松山英樹）、2014年ANAオープン（宮本勝昌）
崔　京 周	1－0	勝○1999年キリンオープン（J・M・シン）
趙　珉 珪	0－1	負●2010年長嶋茂雄セガサミーカップ（小山内護）
陳　志 忠	2－3	勝○1992年ジュンクラシック（尾崎将司）、1993年ダイワKBCオーガスタ（林吉祥） 負●1981年KBCオーガスタ（謝敏男）、1984年ブリヂストントーナメント（倉本昌弘）、1993年マルマンオープン（F・ミノザ）
陳　志 明	4－0	勝○1983年中日クラウンズ（新井規矩雄／D・イシイ）、1983年ダンロップフェニックス（T・ワトソン）、1987年ペプシ宇部（牧野裕）、1992年ダイワKBCオーガスタ（川上典一／B・ヒューズ）

氏　　名	勝敗	トーナメント名（勝・負、※は後援競技でツアー賞金ランキングに加算された競技）
手嶋多一	2−4	勝○1999年ファンケル沖縄オープン（奥田靖己）、2003年アイフルカップ（宮本勝昌） 負●1996年久光製薬KBCオーガスタ（尾崎将司）、2001年ダンロップフェニックス（D・デュバル）、2003年サン・クロレラクラシック（B・ジョーンズ）、2006年アコムインターナショナル（小山内護）
D・デュバル	1−2	勝○2001年ダンロップフェニックス（手嶋多一）
P・トムソン	1−0	勝○1976年ペプシウイルソン（G・マーシュ／Br・ジョーンズ／宮本省三）
S・トーランス	0−1	負●1984年ブリヂストントーナメント（倉本昌弘）
時松隆光	0−2	負●2017年ANAオープン（池田勇太）、2019年ANAオープン（浅地洋佑）
冨山聡	0−1	負●2013年コカ・コーラ東海クラシック（片山晋呉）
友利勝良	0−3	負●1989年九州オープン（蔵田伸二）、2001年サン・クロレラクラシック（藤田寛之）、2006年日本プロ（近藤智弘）
豊田明夫	0−1	負●1973年中部オープン（石井裕士）
ドンファン	0−1	負●2007年ABCチャンピオンシップ（F・ミノザ）
中尾豊健	1−0	勝○1981年ゴルフダイジェスト（中島常幸）
中嶋常幸	7−6	勝○1982年フジサンケイ（G・マーシュ）、1983年東西対抗（藤木三郎）、1985年太平洋クラブマスターズ（D・グラハム）、1986年ゴルフダイジェスト（D・イシイ）、1991年日本オープン（須貝昇）、1994年ダイドー静岡オープン（中村通）、1994年つるやオープン（比嘉勉） 負●1978年日本プロ（小林富士夫）、1981年ゴルフダイジェスト（中尾豊健）、1990年日本シリーズ（尾崎直道）、1992年日本プロ（倉本昌弘）、2002年JCBクラシック仙台（鈴木亨）、2004年JCBクラシック仙台（神山隆志）
中村輝夫	1−0	勝○1983年中部オープン（鈴木照男）
中村通	3−5	勝○1979年東北クラシック（謝敏男）、1986年広島オープン（藤木三郎）、1990年インペリアル（重信秀人） 負●1975年広島オープン（呂良煥）、1981年三菱ギャラン（呂西鈞）、1981年東海クラシック（倉本昌弘）、1983年よみうりオープン（G・マーシュ）、1994年ダイドー静岡オープン（中島常幸）
新関善美	2−1	勝○1988年ミズノオープン（金井清一）、1989年日経カップ（藤木三郎） 負●1989年ペプシ宇部興産（横山明仁）
西川哲	1−1	勝○1991年マルマンオープン（尾崎健夫） 負●1992年ブリヂストンオープン（倉本昌弘）
L・ネルソン	2−1	勝○1989年サントリーオープン（藤木三郎）、1991年ダンロップフェニックス（青木功／J・D・ブレイク／S・バレステロス） 負●1985年サントリーオープン（尾崎健夫）
野口英雄	1−0	勝○1975年中部オープン（大場勲）
S・ノリス	0−1	負●2019年ANAオープン（浅地洋佑）
羽川豊	1−2	勝○1981年日本シリーズ（青木功） 負●1981年関東プロ（金井清一）、1982年※美津濃トーナメント（杉原輝雄）
S・J・パク	0−1	負●2013年フジサンケイクラシック（松山英樹）
朴相賢	0−1	負●2014年つるやオープン（藤田寛之）
朴ジュンウォン	1−0	勝○2016年ISPSハンダグローバルカップ（E・グリジョ）
長谷川勝治	1−2	勝○1993年よみうりサッポロビールオープン（飯合肇） 負●1978年※ジュンクラシック（内田袈裟彦）、1984年ブリヂストン阿蘇（重信秀人）
R・バックウェル	1−0	勝○2000年つるやオープン（田中秀道）
T・ハミルトン	1−4	勝○1994年PGAフィランスロピー（溝口英二） 負●1996年フジサンケイクラシック（B・ワッツ）、1996年三菱ギャラン（尾崎将司）、1996年ポカリスエットよみうりオープン（福永和宏）、2002年マンシングウェアKSBカップ（久保谷健一）
P・ハリントン	1−0	勝○2006年ダンロップフェニックス（T・ウッズ）
S・バレステロス	1−1	勝○1978年日本オープン（G・マーシュ） 負●1991年ダンロップフェニックス（L・ネルソン）
黄重坤	0−2	負●2018年日本シリーズJTカップ（小平智）、2019年日本プロ（石川遼）
S・ハン	0−2	負●2017年フジサンケイクラシック（H・W・リュー）、2019年ANAオープン（浅地洋佑）

氏　名	勝敗	トーナメント名（勝・負、※は後援競技でツアー賞金ランキングに加算された競技）
坂東治彦	0−1	負●1984年中部オープン（鈴村照男）
桧垣繁正	0−3	負●1999年JCBクラシック仙台（片山晋呉）、1999年ヨネックスオープン広島（尾崎将司）、2001年久光製薬KBCオーガスタ（平石武則）
東　　聡	0−1	負●1991年ミズノオープン（R・マッカイ）
比嘉　勉	0−1	負●1994年つるやオープン（中島常幸）
C・ビジェガス	1−0	勝○2007年コカ・コーラ東海クラシック（藤島豊和）
B・ヒューズ	0−1	負●1992年ダイワKBCオーガスタ（陳志明）
日吉　稔	0−1	負●1978年関東オープン（金井清一）
T・ビヨン	1−0	勝○1999年ダンロップフェニックス（S・ガルシア）
平石武則	1−0	勝○2001年久光製薬KBCオーガスタ（加瀬秀樹／桧垣繁正）
広田　悟	0−1	負●2010年東建ホームメイトカップ（小田孔明）
深堀圭一郎	2−0	勝○2001年住建産業オープン広島（尾崎将司）、2005年ANAオープン（今野康晴）
福澤義光	1−1	勝○2001年タマノイ酢よみうりオープン（鈴木亨） 負●2002年マンシングウェアKSBカップ（久保谷健一）
福永和宏	1−0	勝○1996年ポカリスエットよみうりオープン（T・ハミルトン）
藤木三郎	3−6	勝○1983年関東オープン（新井規矩雄／尾崎将司）、1990年ブリヂストントーナメント（横山明仁）、1991年フジサンケイ（青木功／加瀬秀樹／Br・ジョーンズ） 負●1983年ポカリスエット白竜湖オープン（牧野裕）、1983年東西対抗（中島常幸）、1984年関東プロ（泉川ピート）、1986年広島オープン（中村通）、1989年日経カップ（新関善美）、1989年サントリーオープン（L・ネルソン）
藤島豊和	1−1	勝○2008年フジサンケイクラシック（岩田寛） 負●2007年コカ・コーラ東海クラシック（C・ビジェガス）
藤田寛之	5−3	勝○2001年サン・クロレラクラシック（友利勝良）、2010年つるやオープン（谷口徹）2011年ゴルフ日本シリーズJTカップ（谷口徹）、2014年つるやオープン（朴相賢）、アールズエバーラスティングKBCオーガスタ（梁津萬） 負●2001年ダイヤモンドカップ（伊沢利光）、2008年中日クラウンズ（近藤智弘）、2010年コカ・コーラ東海クラシック（松村道央）
藤間達雄	0−1	負●1978年※阿蘇ナショナルパークオープン（上野忠美）
藤本佳則	0−1	負●2018年日本プロ（谷口徹）
船渡川育宏	1−1	勝○1980年※日本国土計画サマーズ（謝敏男） 負●1979年※ジュンクラシック（郭吉雄）
C・プラポール	0−1	負●2007年ANAオープン（篠崎紀夫）
B・フランクリン	0−1	負●1992年ダンロップオープン（尾崎将司）
C・フランコ	0−1	負●1996年ダイドー静岡オープン（坂本義一）
J・D・ブレイク	0−1	負●1991年ダンロップフェニックス（L・ネルソン）
D・フロスト	1−0	勝○1992年ダンロップフェニックス（室田淳）
裵　相文	1−1	勝○2011年日本オープン（久保谷健一） 負●2011年マイナビABCチャンピオンシップ（河野晃一郎）
C・ペーニャ	1−0	勝○2002年サン・クロレラクラシック（B・ジョーンズ／尾崎直道）
S・ベイト	0−1	負●1990年中日クラウンズ（須貝昇）
S・K・ホ	1−2	勝○2004年日本ゴルフツアー選手権宍戸ヒルズカップ（近藤智弘） 負●2006年ザ・ゴルフトーナメントin御前崎（谷口徹）、2013年マイナビABCチャンピオンシップ（池田勇太）
S・ホーク	0−1	負●1985年カシオワールド（H・グリーン）
星野英正	0−1	負●2013年コカ・コーラ東海クラシック（片山晋呉）
星野陸也	0−1	負●2019年関西オープン（大槻智春）
細川和彦	1−4	勝○2005年日本ゴルフツアー選手権宍戸ヒルズカップ（今野康晴／D・スメイル） 負●1998年サンコーグランドサマー（片山晋呉）、1999年デサントクラシック（河村雅之）、1999年三菱自動車（米山剛）、2004年コカ・コーラ東海クラシック（今井克宗）
P・マークセン	0−1	負●2007年ウッドワンオープン広島（谷口徹）

氏　　名	勝敗	トーナメント名（勝・負、※は後援競技でツアー賞金ランキングに加算された競技）
G・マーシュ	5－5	勝○1974年ペプシトーナメント（謝永郁）、1976年KBCオーガスタ（安田春雄）、1982年三菱ギャラン（杉原輝雄）、1983年よみうりオープン（中村通）、1986年サントリーオープン（青木功）
		負●1973年ワールドフレンドシップ（呂良煥）、1976年ペプシウイルソン（P・トムソン）、1978年日本オープン（S・バレステロス）、1982年フジサンケイ（中島常幸）、1983年ポカリスエット白竜湖オープン（牧野裕）
前 田 新 作	1－4	勝○1975年KBCオーガスタ（石井裕士）
		負●1977年関西プロ（島田幸作）、1979年※阿蘇ナショナルパークオープン（栗原孝）、1983年ポカリスエット白竜湖オープン（牧野裕）、1991年札幌とうきゅう（R・ギブソン）
牧 野 　 裕	1－3	勝○1983年ポカリスエット白竜湖オープン（G・マーシュ／藤木三郎／前田新作）
		負●1987年ペプシ宇部（陳志明）、1987年ブリヂストントーナメント（D・イシイ）、1987年大京オープン（杉原勇）
松 岡 金 市	1－0	勝○1979年中部オープン（柴田猛）
R・マッカイ	1－0	勝○1991年ミズノオープン（東聡）
松 村 道 央	2－0	勝○2010年コカ・コーラ東海クラシック（藤田寛之／兼本貴司）、カシオワールドオープン（金度勲・大邱）
松 山 英 樹	2－0	勝○2013年フジサンケイクラシック（S・J・パク／谷原秀人）、2014年ダンロップフェニックス（岩田寛）
丸 山 茂 樹	1－0	勝○2009年日本シリーズJTカップ（金庚泰）
丸 山 大 輔	0－2	負●2003年サン・クロレラクラシック（B・ジョーンズ）、2010年東建ホームメイトカップ（小田孔明）
丸 山 智 弘	0－1	負●1988年静岡オープン（甲斐俊光）
水 巻 善 典	1－0	勝○1993年JCBクラシック仙台（飯合肇／渡辺司（東））
溝 口 英 二	1－1	勝○2001年ダイドー静岡オープン（F・ミノザ）
		負●1994年PGAフィランスロピー（T・ハミルトン）
三 橋 達 也	0－1	負●2000年PGAフィランスロピー（島田正士）
F ・ ミ ノ ザ	3－1	勝○1990年ダンロップオープン（杉原輝雄）、1993年マルマンオープン（陳志忠）、2007年ABCチャンピオンシップ（ドンファン二）
		負●2001年ダイドー静岡オープン（溝口英二）
宮 里 聖 志	0－1	負●2006年アジア・ジャパン沖縄オープン（高山忠洋）
宮 瀬 博 文	4－2	勝○1999年住友VISA太平洋マスターズ（川岸良兼／D・クラーク）、2000年三菱自動車（谷口徹）、2003年つるやオープン（佐々木久行／兼本貴司）、2007年中日クラウンズ（谷口徹）
		負●1994年マルマンオープン（D・イシイ）、1999年ジュンクラシック（飯合肇）
宮 本 勝 昌	2－3	勝○1998年日本シリーズJTカップ（尾崎将司）、2014年ANAオープン（谷原秀人）
		負●2003年アイフルカップ（手嶋多一）、2003年アコムインターナショナル（倉本昌弘）、2017年パナソニックオープン（久保谷健一）
宮 本 省 三	0－1	負●1976年ペプシウイルソン（P・トムソン）
宮 本 康 弘	0－2	負●1977年静岡オープン（呂良煥）、1978年関西オープン（金本章生）
武 藤 俊 憲	1－1	勝○2015年ISPSハンダグローバルカップ（A・キュー）
		負●2016年日本プロ（谷原秀人）
村 上 　 隆	2－1	勝○1975年日本プロ（山本善隆）、1976年ブリヂストントーナメント（草壁政治／謝敏男）
		負●1974年東京チャリティクラシック（安田春雄）
室 田 　 淳	1－2	勝○1992年日経カップ（倉本昌弘）
		負●1992年ダンロップフェニックス（D・フロスト）、2003年ウッドワンオープン広島（伊沢利光）
飯 合 　 肇	1－2	勝○1999年ジュンクラシック（宮瀬博文）
		負●1993年JCBクラシック仙台（水巻善典）、1993年よみうりサッポロビールオープン（長谷川勝治）
E・モリナリ	1－0	勝○2009年ダンロップフェニックス（R・カールソン）

氏　　名	勝敗	トーナメント名（勝・負、※は後援競技でツアー賞金ランキングに加算された競技）
安田春雄	2−4	勝○1974年東京チャリティクラシック（村上隆）、1976年東北クラシック（田中文雄） 負●1976年KBCオーガスタ（G・マーシュ）、1976年日本プロ（金井清一）、1979年※阿蘇 　　ナショナルパークオープン（栗原孝）、1983年※KSB瀬戸内海オープン（十亀賢二）
柳田勝司	0−1	負●1976年九州オープン（鈴木規夫）
矢部　昭	0−3	負●1977年KBCオーガスタ（Br・ジョーンズ）、1981年静岡オープン（青木功）、1984年 　　ブリヂストン阿蘇（重信秀人）
山本昭一	0−1	負●2000年サン・クロレラクラシック（尾崎将司）
山本善隆	1−2	勝○1982年※新潟オープン（謝敏男） 負●1975年日本プロ（村上隆）、1979年日本オープン（郭吉雄）
Y・E・ヤン	0−1	負●2006年ABCチャンピオンシップ（片山晋呉）
B・ヤンシー	0−1	負●1973年太平洋クラブマスターズ（尾崎将司）
湯原信光	1−3	勝○1992年札幌とうきゅう（芹澤信雄／髙見和宏） 負●1981年KBCオーガスタ（謝敏男）、1985年三菱ギャラン（Br・ジョーンズ）、1985年 　　カシオワールド（H・グリーン）
葉　彰廷	1−0	勝○1997年日経カップ（渡辺司（東））
横尾　要	0−1	負●2005年ダンロップフェニックス（T・ウッズ）
横山明仁	1−1	勝○1989年ペプシ宇部（新関善美） 負●1990年ブリヂストントーナメント（藤木三郎）
吉村金八	1−1	勝○1987年ポカリスエットオープン（磯村芳幸） 負●1985年札幌とうきゅう（杉原輝雄）
米山　剛	1−1	勝○1999年三菱自動車（細川和彦） 負●1999年デサントクラシック（河村雅之）
S・ライル	1−0	勝○1984年カシオワールド（G・コーク）
B・ランガー	0−1	負●1984ダンロップフェニックス（S・シンプソン）
梁　津萬	0−1	負●2014年アールズエバーラスティングKBCオーガスタ（藤田寛之）
H・W・リュー	2−0	勝○2012年コカ・コーラ東海クラシック（片山晋呉）、2017年フジサンケイクラシック 　　（小平智／S・ハン）
林　吉祥	0−1	負●1993年ダイワKBCオーガスタ（陳志忠）
林　根基	1−0	勝○2001年アイフルカップ（鈴木亨）
S・レイコック	0−1	負●2002年フジサンケイクラシック（佐藤信人）
W・レビ	0−1	負●1993年ヨネックスオープン広島（小達敏昭）
呂　西鈞	1−1	勝○1981年三菱ギャラン（杉原輝雄／中村通） 負●1981年広島オープン（金井清一）
呂　良煥	3−1	勝○1973年ワールドフレンドシップ（G・マーシュ／青木功）、1975年広島オープン（島 　　田幸作／中村通）、1977年静岡オープン（宮本康弘） 負●1976年フジサンケイクラシック（鈴木規夫）
C・ロッカ	0−1	負●1996年住友VISA太平洋マスターズ（L・ウエストウッド）
渡辺司（東）	0−2	負●1993年JCBクラシック仙台（水巻善典）、1997年日経カップ（葉彰廷）
渡辺司（西）	0−1	負●1990年中四国オープン（奥田靖己）
B・ワッツ	3−2	勝○1994年ミズノオープン（金子柱憲／鈴木弘一／E・エレラ）、1996年フジサンケイ 　　クラシック（T・ハミルトン）、1998年カシオワールド（伊沢利光） 負●1995年PGAフィランスロピー（髙見和宏）、1997年東海クラシック（B・ジョーブ）
T・ワトソン	0−1	負●1983年ダンロップフェニックス（陳志明）

ジャパンゴルフツアー年間表彰

[最優秀選手賞]

①ＪＧＴツアートーナメントの成績順位、②賞金ランキング、③平均ストローク、④海外４大メジャー成績順位の４部門に係る合計ポイントにより選出。①日本ゴルフツアー選手権、日本プロゴルフ選手権、日本オープンゴルフ選手権は１位=20ポイント、２位=15、３位=10、４位=5、５位=2。ゴルフ日本シリーズは１位=15ポイント、２位=10、３位=5、４位=2。その他ツアートーナメントは１位=10ポイント、２位=5、３位=2。②賞金ランキングは１位=40ポイント、２位=30、３位=20、４位=18…10位=6、11位=4、12位=2。③平均ストロークは１位=20ポイント、２位=16、３位=12、４位=10…10位=1。④海外４大メジャー成績は１位=20ポイント、２位=18、３位=16、４位=14…10位=2。

1985年	中島 常幸	1994年	尾崎 将司	2003年	伊沢 利光	2012年	藤田 寛之
1986年	中島 常幸	1995年	尾崎 将司	2004年	谷口 徹	2013年	松山 英樹
1987年	Ｄ・イシイ	1996年	尾崎 将司	2005年	片山 晋呉	2014年	小田 孔明
1988年	尾崎 将司	1997年	丸山 茂樹	2006年	片山 晋呉	2015年	金 庚泰
1989年	尾崎 将司	1998年	尾崎 将司	2007年	谷口 徹	2016年	池田 勇太
1990年	尾崎 将司	1999年	尾崎 直道	2008年	片山 晋呉	2017年	宮里 優作
1991年	尾崎 直道	2000年	片山 晋呉	2009年	石川 遼	2018年	今平 周吾
1992年	尾崎 将司	2001年	伊沢 利光	2010年	藤田 寛之	2019年	今平 周吾
1993年	尾崎 将司	2002年	谷口 徹	2011年	裵 相文		

[賞金ランキング賞]

1985年	中島常幸…101,609,333円	1997年	尾崎将司…170,847,633円	2009年	石川 遼…183,524,051円
1986年	中島常幸… 90,202,066円	1998年	尾崎将司…179,627,400円	2010年	金 庚泰…181,103,799円
1987年	Ｄ・イシイ… 86,554,421円	1999年	尾崎直道…137,641,796円	2011年	裵 相文…151,078,958円
1988年	尾崎将司…125,162,540円	2000年	片山晋呉…177,116,489円	2012年	藤田寛之…175,159,972円
1989年	尾崎将司…108,715,733円	2001年	伊沢利光…217,934,583円	2013年	松山英樹…201,076,781円
1990年	尾崎将司…129,060,500円	2002年	谷口 徹…145,440,341円	2014年	小田孔明…137,318,693円
1991年	尾崎直道…119,507,974円	2003年	伊沢利光…135,454,300円	2015年	金 庚泰…165,981,625円
1992年	尾崎将司…186,816,466円	2004年	片山晋呉…119,512,374円	2016年	池田勇太…207,901,567円
1993年	飯合 肇…148,718,200円	2005年	片山晋呉…134,075,280円	2017年	宮里優作…182,831,982円
1994年	尾崎将司…215,468,000円	2006年	片山晋呉…178,402,190円	2018年	今平周吾…139,119,332円
1995年	尾崎将司…192,319,800円	2007年	谷口 徹…171,744,498円	2019年	今平周吾…168,049,312円
1996年	尾崎将司…209,646,746円	2008年	片山晋呉…180,094,895円		

[メルセデス・ベンツ トータルポイントランキング賞]

総合的に優れたプレーヤーを選出することを目的に、平均ストローク、平均パット、パーキープ率、パーオン率、バーディ率、イーグル率、ドライビングディスタンス、フェアウェイキープ率、サンドセーブ率の９部門の順位をポイント換算し、そのポイントの合計により順位を決定する。

年	選手・ポイント	年	選手・ポイント	年	選手・ポイント
1999年	伊沢 利光… 36ポイント	2006年	片山 晋呉… 92ポイント	2013年	松山 英樹…119ポイント
2000年	伊沢 利光… 21ポイント	2007年	P・マークセン…100ポイント	2014年	梁 津萬…150ポイント
2001年	伊沢 利光… 56ポイント	2008年	P・マークセン…131ポイント	2015年	宮里 優作…131ポイント
2002年	片山 晋呉…145ポイント	2009年	石川 遼…150ポイント	2016年	谷原 秀人… 94ポイント
2003年	伊沢 利光… 95ポイント	2010年	石川 遼…113ポイント	2017年	小平 智…109ポイント
2004年	片山 晋呉…111ポイント	2011年	藤田 寛之…150ポイント	2018年	池田 勇太…123ポイント
2005年	片山 晋呉…147ポイント	2012年	藤田 寛之…137ポイント	2019年	今平 周吾…142ポイント

※1999年はポイントランキング賞、2000年〜2017年はUnisysポイントランキング賞、2018年はトータルポイントランキング賞

過去のデータ

［最優秀新人賞　島田トロフィ］

ツアープレーヤーに転向して３年以内の者、またはツアー競技出場が通算30競技未満の者を対象とし、前項の最優秀選手賞と同様の①②③④の４部門に係る合計ポイントにより選出する。ポイントがタイの場合は最終賞金ランキング上位者が選出される。尚、過去に最優秀新人賞を受賞した者は除く。

1985年　塩田　昌宏	1994年　C・ウォーレン	2003年　谷原　秀人	2012年　藤本　佳則
1986年　大町　昭義	1995年　田中　秀道	2004年　谷口　拓也	2013年　松山　英樹
1987年　木村　政信	1996年　細川　和彦	2005年　I・J・ジャン	2014年　キム・スンヒョグ
1988年　横山　明仁	1997年　久保谷健一	2006年　ドンファン	2015年　宋　永漢
1989年　水巻　善典	1998年　宮本　勝昌	2007年　李　丞鎬	2016年　S・ノリス
1990年　川岸　良兼	1999年　横尾　要	2008年　石川　遼	2017年　C・キム
1991年　西川　哲	2000年　D・ウィルソン	2009年　池田　勇太	2018年　星野　陸也
1992年　宮瀬　博文	2001年　S・レイコック	2010年　薗田　峻輔	2019年　J・ジェーンワタナノンド
1993年　丸山　茂樹	2002年　B・ジョーンズ	2011年　J・B・パク	

［AbemaTVツアー賞金ランキング賞］

2007年　松村道央…6,685,183円	2012年　河野祐輝…4,607,237円	2017年　大槻智春…3,787,591円
2008年　上平栄道…6,329,033円	2013年　K・T・ゴン…5,326,885円	2018年　佐藤大平…7,256,163円
2009年　C・キャンベル…6,136,154円	2014年　今平周吾…7,444,288円	2019年　白　佳和…6,797,444円
2010年　D・チャンド…4,780,625円	2015年　森本　雄…4,479,531円	
2011年　額賀辰徳…5,846,275円	2016年　塚田好宣…5,509,115円	

［平均ストローク賞］

1985年　中島　常幸…70.52	1997年　尾崎　将司…68.94	2009年　石川　遼…69.93
1986年　青木　功…70.23	1998年　尾崎　将司…69.20	2010年　金　庚泰…69.41
1987年　尾崎　将司…70.68	1999年　尾崎　直道…69.26	2011年　金　庚泰…69.65
1988年　尾崎　将司…70.53	2000年　佐藤　信人…69.68	2012年　藤田　寛之…70.03
1989年　尾崎　将司…70.49	2001年　伊沢　利光…69.35	2013年　松山　英樹…69.32
1990年　尾崎　将司…69.90	2002年　谷口　徹…69.24	2014年　小田　孔明…70.08
1991年　尾崎　将司…70.50	2003年　伊沢　利光…69.88	2015年　金　庚泰…69.83
1992年　尾崎　将司…70.09	2004年　片山　晋呉…69.56	2016年　池田　勇太…69.62
1993年　尾崎　将司…70.27	2005年　片山　晋呉…69.66	2017年　宮里　優作…70.16
1994年　尾崎　将司…69.16	2006年　*J・M・シン…69.72	2018年　今平　周吾…69.92
1995年　尾崎　将司…68.92	2007年　谷口　徹…69.85	2019年　G・チャルングン…70.12
1996年　尾崎　将司…68.94	2008年　片山　晋呉…69.57	

※2006年平均ストローク1位の片山晋呉は途中棄権ラウンドがあり対象外
※2017年平均ストローク1位の小平智は途中棄権ラウンドがあり対象外
※2019年平均ストローク1位の今平周吾は途中棄権ラウンドがあり対象外

［平均パット賞］

1985年　杉原　輝雄…28.99	1997年　尾崎　将司…1.7487	2009年　石川　遼…1.7235
1986年　鈴木　規夫…28.25	1998年　尾崎　将司…1.7598	2010年　池田　勇太…1.7345
1987年　尾崎　将司…28.45	1999年　尾崎　直道…1.7329	2011年　石川　遼…1.7072
1988年　杉原　輝雄…28.70	2000年　谷口　徹…1.7322	2012年　谷原　秀人…1.7280
1989年　鈴木　弘一…28.75	2001年　片山　晋呉…1.7119	2013年　谷原　秀人…1.7345
1990年　T・ゲール…28.58	2002年　谷口　徹…1.7247	2014年　谷原　秀人…1.7383
1991年　杉原　輝雄…28.26	2003年　T・ハミルトン…1.7462	2015年　谷口　徹…1.7295
1992年　尾崎　将司…1.7168	2004年　T・スリロット…1.7337	2016年　池田　勇太…1.7249
1993年　尾崎　将司…1.7290	2005年　S・K・ホ…1.7412	2017年　宮里　優作…1.7420
1994年　尾崎　将司…1.7316	2006年　谷口　徹…1.7236	2018年　今平　周吾…1.7333
1995年　尾崎　将司…1.7480	2007年　岩田　寛…1.7527	2019年　S・ノリス…1.7324
1996年　金子　柱憲…1.7536	2008年　小田　孔明…1.7573	

※1985年〜1991年までは1ラウンドに要する平均パット。1992年からは1ホール当たりの平均パット（パーオンホールのみ対象）

[パーキープ率賞]

1985年	中島　常幸	85.90	1997年	尾崎　将司	88.29	2009年	藤田　寛之	87.98
1986年	青木　功	88.36	1998年	B・ワッツ	88.47	2010年	金　庚泰	88.69
1987年	D・イシイ	88.12	1999年	尾崎　直道	86.98	2011年	金　庚泰	87.90
1988年	D・イシイ	87.45	2000年	佐藤　信人	85.62	2012年	金　庚泰	88.33
1989年	D・イシイ	85.93	2001年	伊沢　利光	88.26	2013年	松山　英樹	87.89
1990年	D・イシイ	87.21	2002年	谷口　徹	90.06	2014年	A・ブランド	88.52
1991年	中島　常幸	87.16	2003年	平塚　哲二	87.42	2015年	金　庚泰	89.10
1992年	尾崎　将司	86.64	2004年	片山　晋呉	88.16	2016年	金　庚泰	88.11
1993年	中島　常幸	86.68	2005年	S・K・ホ	88.10	2017年	S・ハン	87.90
1994年	尾崎　将司	89.21	2006年	片山　晋呉	88.52	2018年	稲森　佑貴	88.47
1995年	尾崎　将司	89.38	2007年	谷口　徹	85.73	2019年	今平　周吾	88.16
1996年	B・ワッツ	89.48	2008年	片山　晋呉	89.29			

[パーオン率賞]

1985年	D・イシイ	68.61	1997年	B・ワッツ	72.65	2009年	B・ジョーンズ	70.26
1986年	D・イシイ	71.62	1998年	湯原　信光	73.02	2010年	金　庚泰	72.43
1987年	D・イシイ	71.62	1999年	尾崎　直道	72.04	2011年	河井　博大	69.48
1988年	D・イシイ	69.91	2000年	湯原　信光	69.78	2012年	B・ジョーンズ	70.88
1989年	上野　忠美	68.45	2001年	湯原　信光	71.07	2013年	梁　津萬	72.73
1990年	G・マーシュ	70.90	2002年	谷口　徹	73.32	2014年	藤本　佳則	71.46
1991年	R・マッカイ	71.89	2003年	D・スメイル	73.40	2015年	金　庚泰	70.28
1992年	尾崎　直道	70.40	2004年	D・チャンド	70.18	2016年	川村　昌弘	68.87
1993年	尾崎　直道	70.40	2005年	今野　康晴	71.40	2017年	小平　智	70.67
1994年	尾崎　将司	73.33	2006年	河井　博大	69.81	2018年	姜　庚男	70.79
1995年	倉本　昌弘	72.32	2007年	D・スメイル	69.03	2019年	G・チャルングン	73.63
1996年	B・ワッツ	72.75	2008年	D・スメイル	68.90			

[バーディ率賞]

1985年	倉本　昌弘	433	1997年	鈴木　亨	413	2009年	石川　遼	4.42
1986年	尾崎　将司	413	1998年	横尾　要	407	2010年	石川　遼	4.32
1987年	飯合　肇	423	1999年	尾崎　直道	4.16	2011年	石川　遼	4.13
1988年	尾崎　直道	424	2000年	伊沢　利光	4.15	2012年	池田　勇太	4.22
1989年	飯合　肇	354	2001年	片山　晋呉	4.25	2013年	松山　英樹	4.18
1990年	加瀬　秀樹	453	2002年	谷口　徹	4.38	2014年	近藤　共弘	4.17
1991年	金子　柱憲	412	2003年	伊沢　利光	4.36	2015年	岩田　寛	4.04
1992年	奥田　靖己	412	2004年	谷原　秀人	3.95	2016年	池田　勇太	4.33
1993年	室田　淳	422	2005年	Y・E・ヤン	3.96	2017年	小平　智	4.23
1994年	金子　柱憲	406	2006年	J・M・シン	4.16	2018年	今平　周吾	4.13
1995年	東　聡	475	2007年	B・ジョーンズ	3.75	2019年	石川　遼	4.55
1996年	金子　柱憲	436	2008年	ブレンダン・ジョーンズ	4.08			

※1985年～1998年まではバーディの獲得数。1999年からは1ラウンド当たりのバーディ獲得率

[イーグル率賞]

1985年	飯合　肇	13	1995年	丸山　茂樹	14	2008年	金　庚泰	7.67
1986年	尾崎　将司	15	1996年	田中　秀道	14	2009年	額賀　辰徳	5.33
1987年	倉本　昌弘	14	1997年	F・ミノザ	15	2010年	朴　星俊	5.57
1988年	鈴木　弘一	11	1998年	手嶋　多一	16	2011年	高山　忠洋	6.50
1989年	尾崎　将司	13	1999年	高橋　正博	6.00	2012年	金　度勲	5.56
1990年	渡辺　司	11	2000年	伊沢　利光	4.93	2013年	黄　重坤	6.70
	川岸　良兼	11	2001年	伊沢　利光	6.20	2014年	梁　津萬	5.78
	金子　柱憲	11	2002年	桑原　克典	6.40	2015年	金　度勲	5.50
1991年	加瀬　秀樹	12	2003年	立山　光広	5.19	2016年	C・キム	6.50
	板井　榮一	12	2004年	小山内　護	6.00	2017年	C・キム	5.82
1992年	横島　由一	10	2005年	宮本　勝昌	6.21	2018年	W・J・リー	5.73
1993年	渡辺　司	14	2006年	深堀圭一郎	7.27	2019年	C・キム	5.54
1994年	河村　雅之	13	2007年	P・マークセン	7.00			

※1985年～1998年まではイーグルの獲得数。1999年からは1イーグルを獲得するために要するラウンド数

[ドライビングディスタンス賞]

1999年　D・チャンド…286.84Y	2006年　小山内　護…299.46Y	2013年　B・ジョーンズ…298.31Y
2000年　小山内　護…293.47Y	2007年　佐藤えいち…300.22Y	2014年　ホ・インヘ…299.16Y
2001年　B・ジョーンズ…300.76Y	2008年　津曲　泰弦…296.08Y	2015年　額賀　辰徳…298.92Y
2002年　小田　龍一…300.45Y	2009年　額賀　辰徳…302.79Y	2016年　C・キム…311.29Y
2003年　小田　龍一…303.53Y	2010年　額賀　辰徳…304.28Y	2017年　C・キム…314.24Y
2004年　小山内　護…306.82Y	2011年　K・バーンズ…299.16Y	2018年　額賀　辰徳…302.93Y
2005年　小山内　護…302.99Y	2012年　額賀　辰徳…305.86Y	2019年　C・キム…315.83Y

[フェアウェイキープ率賞]

2001年　平石　武則…67.36	2008年　白　佳和…64.19	2015年　稲森　佑貴…69.61
2002年　井戸木鴻樹…66.58	2009年　金　亨成…66.11	2016年　稲森　佑貴…71.66
2003年　井戸木鴻樹…69.83	2010年　井戸木鴻樹…66.48	2017年　稲森　佑貴…70.83
2004年　平石　武則…65.13	2011年　井戸木鴻樹…68.67	2018年　稲森　佑貴…73.69
2005年　井戸木鴻樹…70.32	2012年　河野　祐輝…65.97	2019年　稲森　佑貴…69.39
2006年　井戸木鴻樹…68.93	2013年　川村　昌弘…63.75	
2007年　井戸木鴻樹…68.21	2014年　時松　隆光…69.00	

[サンドセーブ率賞]

2002年　張　連偉…60.00	2008年　藤田　寛之…61.95	2014年　平塚　哲二…65.63
2003年　上出　裕也…59.26	2009年　梶川　剛奨…64.81	2015年　M・グリフィン…65.93
2004年　平石　武則…58.77	2010年　河野晃一郎…60.34	2016年　谷原　秀人…64.21
2005年　中嶋　常幸…57.53	2011年　S・コンラン…63.51	2017年　宋　永漢…64.04
2006年　片山　晋呉…62.50	2012年　岩田　寛…61.68	2018年　野仲　茂…61.82
2007年　深堀圭一郎…57.28	2013年　松山　英樹…64.06	2019年　正岡　竜二…66.00

[トータルドライビング賞]

ドライビングディスタンスとフェアウェイキープ率の順位をポイント換算

2008年　武藤　俊憲…23ポイント	2013年　甲斐慎太郎…44ポイント	2017年　小平　智…15ポイント
2009年　武藤　俊憲…25ポイント	2013年　黄　重坤…44ポイント	2018年　池田　勇太…28ポイント
2010年　松村　道央…37ポイント	2014年　藤本　佳則…36ポイント	2019年　T・ペク…34ポイント
2011年　武藤　俊憲…44ポイント	2015年　宮里　優作…36ポイント	
2012年　梁　津萬…17ポイント	2016年　秋吉　翔太…28ポイント	

[ゴルフ記者賞]

ワーキングプレスカード保持者および東京・関西運動記者クラブゴルフ分科会加盟者による投票によって選出する。

1985年　尾崎　健夫	1994年　尾崎　将司	2003年　伊沢　利光	2012年　藤田　寛之
1986年　尾崎　将司	1995年　東　聡	2004年　谷口　徹	2013年　松山　英樹
1987年　該当者なし	1996年　尾崎　将司	2005年　片山　晋呉	2014年　小田　孔明
1988年　尾崎　直道	1997年　丸山　茂樹	2006年　谷原　秀人	2015年　金　庚泰
1989年　杉原　輝雄	1998年　田中　秀道	2007年　石川　遼	2016年　池田　勇太
1990年　川岸　良兼	1999年　尾崎　直道	2008年　石川　遼	2017年　宮里　優作
1991年　尾崎　直道	2000年　片山　晋呉	2009年　石川　遼	2018年　今平　周吾
1992年　尾崎　将司	2001年　伊沢　利光	2010年　池田　勇太	2019年　石川　遼
1993年　飯合　肇	2002年　谷口　徹	2011年　松山　英樹	

[特別賞]

常設された賞ではなく、シーズン中特筆すべき内容に適ったものを審議し決定。

2001年	丸山　茂樹	USPGAツアー「グレーター・ミルウォーキー・オープン」優勝
2002年	丸山　茂樹	USPGAツアー「バイロン・ネルソン・クラシック」優勝
	湯原　信光	10年ぶりツアー優勝でカムバック
	中嶋　常幸	シーズン2勝を飾りカムバック
2003年	倉本　昌弘	8年ぶりツアー優勝でカムバックし、ツアー記録「59」をマーク
	丸山　茂樹	USPGAツアー「クライスラークラシック」優勝
		2002年度ワールドカップ優勝
	伊沢　利光	2002年度ワールドカップ優勝
2004年	トッド・ハミルトン	全英オープン優勝
2005年	横田　真一	選手会長としてファンサービスや社会活動に貢献
2006年	宮里　優作	USPGAツアー「リノタホ・オープン」2R目に2度のホールインワンを達成
	ジーブ・ミルカ・シン	国内2勝の他、欧州ツアー「ボルボマスターズ」、アジアンツアー「ボルボ・チャイナ・オープン」に優勝。'06アジアンツアー賞金王
2007年	青木　功	「日本シニアオープン」最終日、65のエージシュートを達成して史上最多の5度目の優勝
	石川　遼	「マンシングウェアオープンKSBカップ」で、アマチュア選手として、なおかつ15歳245日のツアー最年少優勝を達成
2008年	ジーブ・ミルカ・シン	国内2勝の他、欧州ツアー「バンクオーストリアゴルフオープン」、アジアンツアー「バークレイズシンガポールオープン」に優勝。'08アジアンツアー賞金王
2009年	片山　晋呉	「マスターズ」で日本人最高位となる首位と2打差の単独4位
	石川　遼	初出場の「プレジデンツカップ」で世界選抜チーム最多の3勝
2010年	杉原　輝雄	「中日クラウンズ」連続51回出場
	尾崎　将司	日本人として4人目の世界ゴルフ殿堂入り
	池田　勇太	13年ぶりツアー史上4人目となる2年連続4勝を記録
	石川　遼	「中日クラウンズ」最終日に世界最少記録"58ストローク"をマーク
2011年	宮本　勝昌	'06「アジア・ジャパン沖縄オープン2005」から'11「カシオワールドオープン」まで151試合連続出場を記録
	松山　英樹	「三井住友VISA太平洋マスターズ」で、アマチュア選手として史上3人目となるツアー優勝。「マスターズ」では日本人初のローアマチュアに輝いた
2012年	石川　遼	「三井住友VISA太平洋マスターズ」でツアー史上最年少となる21歳55日でツアー通算10勝目を達成
2013年	尾崎　将司	「つるやオープン」1R（66歳時）に"62ストローク"をマーク。年齢以下のストロークでプレーするエージシュートを達成
2018年	小平　智	USPGAツアー「RBCヘリテージ」優勝
2019年	金谷　拓実	「三井住友VISA太平洋マスターズ」で、アマチュア選手として史上4人目となるツアー優勝

[MIP（Most Impressive Player）賞]

「シーズンで一番印象の強い選手」に贈られる。2001～2015年はファン投票、2016年はJGTO会長による選出。

2001年	伊沢 利光		2007年	石川 遼		2013年	石川 遼
2002年	中嶋 常幸		2008年	石川 遼		2014年	石川 遼
2003年	伊沢 利光		2009年	石川 遼		2015年	石川 遼
2004年	谷口 徹		2010年	石川 遼		2016年	池田 勇太
2005年	片山 晋呉		2011年	石川 遼		※2017年より中止	
2006年	中嶋 常幸		2012年	石川 遼			

[JGTOゴルフトーナメント功労賞]

ゴルフジャーナリストの方々やゴルフファン等の協力を得て、わが国のプロゴルフ（トーナメント）界の発展に多大なる貢献をした方を表彰し、その功績を永く称える事を趣旨として、2001年に設定された顕彰制度。

2001年	中村 寅吉	2004年	戸田藤一郎	2006年	浅見 緑蔵
2002年	宮本 留吉	2004年	陳 清波	2007年	福井 覚治
2003年	林 由郎	2005年	小野 光一	2008年	古賀春之輔

[パーブレーク率賞]

1995年	尾崎 将司…23.94		1997年	尾崎 将司…24.17
1996年	尾崎 将司…24.13		1998年	尾崎 将司…23.37 ※1999年より中止

年度別獲得賞金ランキング

1973年度

ツアー競技31試合
賞金総額471,000,000円
上位30位までの27名が1974年度
のシード選手

順位	氏　名	獲得額(円)
1	尾崎　将司	43,814,000
2	青木　　功	31,595,926
3	杉原　輝雄	13,965,796
4	中村　　通	13,806,190
5	島田　幸作	13,518,570
6	杉本　英世	12,037,462
7	石井　裕士	10,452,423
8	河野　高明	9,539,800
9	謝　　敏男	9,191,133
10	村上　　隆	8,960,807
11	宮本　康弘	8,495,854
12	安田　春雄	8,416,248
13	鷹巣　南雄	7,382,460
14	田中　文雄	7,039,518
15	新井規矩雄	4,945,787
16	吉川　一雄	4,646,059
17	大場　　勲	4,368,723
18	内田　　繁	4,344,756
19	謝　　永郁	4,274,700
20	金井　清一	4,058,652
21	陳　　健忠	3,678,503
22	今井　昌雪	3,636,570
23	山本　善隆	3,606,241
24	栗原　　孝	3,442,100
25	松田　司郎	3,129,001
26	西田　升平	2,965,746
27	石井富士夫	2,933,705

1974年度

ツアー競技31試合
賞金総額596,290,000円
※印を除く上位30位までの27名
が1975年度のシード選手

順位	氏　名	獲得額(円)
1	尾崎　将司	41,846,908
2	村上　　隆	31,603,626
3	杉原　輝雄	21,121,901
4	青木　　功	20,711,666
5	中村　　通	20,079,777
6	島田　幸作	18,363,166
7	安田　春雄	18,345,166
8	宮本　省三	12,635,027
9	山本　善隆	10,889,659
10	謝　　永郁	9,599,669
11	金井　清一	9,261,168
12	謝　　敏男	7,999,211
13	前田　新作	7,788,833
14	杉本　英世	7,197,026
15	陳　　健忠	6,726,402
16	沼沢　聖一	6,143,500
17	新井規矩雄	5,895,643
18	栗原　　孝	5,747,713
19	河野　高明	5,647,338
20	橘田　　規	5,583,713
21	内田　　繁	5,383,499
22	鷹巣　南雄	5,344,999
23	宮本　康弘	5,211,261
24	日吉　定雄	5,114,737
25	田中　文雄	4,951,908
26	関水　利晃	4,657,046
27	※川田時志春	3,911,864
28	※金本　章生	3,789,999
29	吉川　一雄	3,787,000
30	※陳　　清波	3,693,458

1975年度

ツアー競技33試合
賞金総額801,115,000円
上位30位までの30名が1976年度
のシード選手

順位	氏　名	獲得額(円)
1	村上　　隆	38,705,551
2	尾崎　将司	27,658,148
3	山本　善隆	26,954,176
4	青木　　功	26,375,833
5	島田　幸作	21,431,599
6	杉原　輝雄	20,119,102
7	中村　　通	19,924,126
8	宮本　康弘	19,602,304
9	金井　清一	16,032,402
10	鈴木　規夫	15,452,150
11	謝　　永郁	14,995,386
12	謝　　敏男	12,892,486
13	石井　裕士	12,086,868
14	草壁　政治	11,984,135
15	前田　新作	11,632,350
16	宮本　省三	10,662,349
17	森　　憲二	10,561,955
18	山田　健一	10,187,163
19	鷹巣　南雄	9,445,171
20	安田　春雄	9,320,700
21	新井規矩雄	9,055,400
22	杉本　英世	7,741,108
23	小林富士夫	7,246,113
24	吉川　一雄	7,105,050
25	陳　　健忠	7,051,904
26	関水　利晃	5,398,094
27	矢部　　昭	5,265,333
28	高橋　信雄	5,145,417
29	大場　　勲	5,067,148
30	今井　昌雪	4,682,799

過去のデータ

1976年度

ツアー競技32試合
賞金総額839,300,000円
上位30位までの30名が1977年度
のシード選手
ランキングはワールドシリー
ズ、ワールドカップで獲得した
賞金を含む

順位	氏　名	獲得額(円)
1	青木　功	40,985,801
2	村上　隆	36,469,936
3	尾崎　将司	24,608,872
4	島田　幸作	21,824,670
5	山本　善隆	21,816,308
6	安田　春雄	21,772,532
7	鈴木　規夫	19,483,293
8	宮本　康弘	19,176,592
9	謝　敏男	18,216,842
10	新井規矩雄	17,453,639
11	吉川　一雄	16,991,479
12	前田　新作	15,855,858
13	杉原　輝雄	13,774,716
14	草壁　政治	13,202,734
15	石井　裕士	12,722,206
16	金井　清一	11,526,755
17	中島　常幸	10,678,928
18	中村　通	10,125,068
19	内田　繁	9,947,865
20	謝　永郁	9,190,669
21	金本　章生	8,021,026
22	小林富士夫	7,960,370
23	田中　文雄	7,222,833
24	横島　由一	6,984,086
25	森　憲二	6,925,919
26	宮本　省三	6,615,606
27	橘田　規	5,941,800
28	鷹巣　南雄	5,511,286
29	山田　健一	4,990,561
30	川田時志春	4,938,000

1977年度

ツアー競技32試合
賞金総額859,290,000円
上位30位までの30名が1978年度
のシード選手
ランキングはワールドシリー
ズ、ワールドカップで獲得した
賞金を含む

順位	氏　名	獲得額(円)
1	尾崎　将司	35,932,608
2	青木　功	31,425,073
3	杉原　輝雄	28,135,386
4	宮本　康弘	27,027,699
5	中島　常幸	24,440,839
6	村上　隆	21,974,228
7	山本　善隆	20,795,339
8	小林富士夫	20,750,270
9	中村　通	19,018,779
10	鈴木　規夫	19,010,143
11	草壁　政治	18,932,744
12	島田　幸作	17,639,953
13	森　憲二	15,461,028
14	安田　春雄	14,624,031
15	新井規矩雄	14,492,590
16	謝　敏男	13,314,332
17	橘田　規	12,574,442
18	謝　永郁	12,273,186
19	前田　新作	12,170,861
20	内田　繁	11,757,087
21	金井　清一	9,529,698
22	陳　健忠	9,295,714
23	矢部　昭	7,567,221
24	吉川　一雄	6,607,308
25	川田時志春	6,600,257
26	上原　宏一	6,568,309
27	上野　忠美	5,789,285
28	河野　高明	5,733,172
29	金本　章生	5,111,383
30	田中　文雄	4,940,620

1978年度

ツアー競技37試合
（後援競技5試合含む）
賞金総額942,940,000円
上位30位までの30名が1979年度
のシード選手。ランキングはワ
ールドシリーズ、ワールドカッ
プで獲得した賞金を含む

順位	氏　名	獲得額(円)
1	青木　功	62,987,200
2	尾崎　将司	29,017,286
3	島田　幸作	28,217,542
4	山本　善隆	26,850,810
5	中村　通	25,102,008
6	杉原　輝雄	23,740,063
7	小林富士夫	21,116,002
8	中島　常幸	20,439,005
9	安田　春雄	18,299,205
10	金本　章生	18,254,793
11	草壁　政治	18,080,584
12	宮本　康弘	17,784,540
13	金井　清一	16,415,499
14	前田　新作	16,404,577
15	謝　敏男	16,093,974
16	新井規矩雄	12,801,497
17	謝　永郁	12,565,728
18	上野　忠美	12,560,479
19	石井　裕士	11,521,067
20	矢部　昭	10,532,840
21	内田　繁	10,367,028
22	鈴木　規夫	10,358,813
23	山田　健一	9,384,384
24	内田袈裟彦	8,919,808
25	横島　由一	8,916,721
26	森　憲二	8,622,533
27	上原　宏一	8,492,915
28	井上　幸一	7,658,254
29	鷹巣　南雄	7,420,800
30	村上　隆	7,180,704

1979年度	1980年度	1981年度

ツアー競技37試合
（後援競技6試合含む）
賞金総額979,830,000円
上位30位までの30名が1980年度
のシード選手
ランキングはワールドシリー
ズ、ワールドカップで獲得した
賞金を含む

ツアー競技38試合
（後援競技7試合含む）
賞金総額1,039,700,000円
上位30位までの30名が1981年度
のシード選手
ランキングはワールドシリー
ズ、ワールドカップで獲得した
賞金を含む

ツアー競技42試合
（後援競技11試合含む）
賞金総額1,235,000,000円
上位30位までの30名が1982年度
のシード選手
ランキングはワールドシリー
ズ、ワールドカップで獲得した
賞金を含む

順位	氏 名	獲得額（円）	順位	氏 名	獲得額（円）	順位	氏 名	獲得額（円）
1	青木　功	45,554,211	1	青木　功	60,532,660	1	青木　功	57,262,941
2	中村　通	34,707,816	2	鈴木　規夫	48,132,102	2	倉本　昌弘	32,345,130
3	草壁　政治	30,521,932	3	尾崎　将司	35,415,876	3	中島　常幸	29,600,960
4	鈴木　規夫	29,258,974	4	安田　春雄	30,141,305	4	中村　通	29,412,852
5	謝　敏男	23,471,810	5	杉原　輝雄	28,196,856	5	湯原　信光	26,534,162
6	杉原　輝雄	22,490,204	6	矢部　昭	22,973,777	6	新井規矩雄	26,373,244
7	山本　善隆	20,691,644	7	謝　敏男	21,503,752	7	鈴木　規夫	26,345,558
8	尾崎　将司	20,134,693	8	鷹巣　南雄	18,945,277	8	羽川　豊	24,242,973
9	安田　春雄	20,073,691	9	草壁　政治	18,134,558	9	藤木　三郎	23,696,158
10	石井　裕士	19,441,223	10	中島　常幸	17,069,408	10	矢部　昭	23,500,973
11	小林富士夫	19,091,905	11	前田　新作	16,688,277	11	謝　敏男	21,073,485
12	新井規矩雄	16,945,284	12	長谷川勝治	16,256,369	12	鷹巣　南雄	19,276,786
13	宮本　康弘	16,921,107	13	新井規矩雄	15,458,422	13	島田　幸作	18,559,943
14	中島　常幸	14,166,735	14	島田　幸作	14,178,103	14	川田時志春	18,442,950
15	鷹巣　南雄	13,744,576	15	山本　善隆	14,052,840	15	長谷川勝治	18,365,773
16	森　憲二	13,116,860	16	吉川　一雄	12,754,461	16	杉原　輝雄	17,450,583
17	横島　由一	11,954,848	17	中村　通	11,745,463	17	金井　清一	15,483,171
18	島田　幸作	11,866,434	18	船渡川育宏	11,632,341	18	内田　繁	14,929,056
19	上原　宏一	11,508,187	19	内田　繁	11,442,834	19	草壁　政治	13,007,173
20	内田　繁	11,462,335	20	横島　由一	11,295,860	20	金本　章生	11,909,505
21	矢部　昭	11,298,959	21	川田時志春	11,261,139	21	高橋　五月	11,688,138
22	入江　勉	10,761,833	22	井上　幸一	10,899,460	22	尾崎　直道	11,624,218
23	金井　清一	9,866,368	23	菊地　勝司	10,484,000	23	小林富士夫	10,799,068
24	吉川　一雄	9,423,320	24	金井　清一	9,828,837	24	安田　春雄	10,643,825
25	佐藤　正一	9,397,666	25	小林富士夫	9,468,927	25	横島　由一	10,287,032
26	天野　勝	9,030,267	26	宮本　康弘	9,071,957	26	上原　宏一	10,240,336
27	前田　新作	8,785,899	27	謝　永郁	8,756,361	27	船渡川育宏	9,871,917
28	井上　幸一	8,510,099	28	森　憲二	7,570,027	28	尾崎　将司	9,722,902
29	謝　永郁	7,828,866	29	入江　勉	7,286,552	29	重信　秀人	9,556,399
30	船渡川育宏	7,612,249	30	藤木　三郎	7,224,754	30	井上　幸一	9,522,677

過去のデータ

1982年度

ツアー競技45試合
（後援競技9試合含む）
賞金総額1,429,300,000円
上位30位までの30名が1983年度
のシード選手

順位	氏 名	獲得額（円）
1	中島 常幸	68,220,640
2	青木 功	45,659,150
3	謝 敏男	45,617,930
4	新井規矩雄	43,827,155
5	杉原 輝雄	43,673,380
6	倉本 昌弘	37,151,270
7	鈴木 規夫	35,249,581
8	中村 通	32,521,560
9	羽川 豊	31,445,352
10	藤木 三郎	27,250,522
11	矢部 昭	24,260,428
12	内田 繁	23,261,003
13	尾崎 直道	22,979,527
14	前田 新作	20,663,470
15	小林富士夫	20,180,293
16	尾崎 将司	16,699,314
17	尾崎 健夫	16,677,243
18	青木 基正	16,267,292
19	鷹巣 南雄	16,007,347
20	湯原 信光	15,937,208
21	山本 善隆	15,820,378
22	泉川ピート	15,178,795
23	金井 清一	15,071,167
24	栗原 孝	13,162,223
25	井上 幸一	13,053,099
26	船渡川育宏	12,982,118
27	出口栄太郎	12,678,791
28	重信 秀人	11,606,400
29	鈴村 照男	10,975,883
30	上原 宏一	10,711,596

1983年度

ツアー競技46試合
（後援競技8試合含む）
賞金総額1,534,900,000円
上位40位までの40名が1984年度
のシード選手

順位	氏 名	獲得額（円）
1	中島 常幸	85,514,183
2	青木 功	58,508,614
3	倉本 昌弘	49,247,776
4	新井規矩雄	41,782,074
5	藤木 三郎	39,038,137
6	尾崎 将司	31,129,261
7	出口栄太郎	28,993,844
8	謝 敏男	28,761,447
9	湯原 信光	28,295,676
10	杉原 輝雄	28,152,969
11	金井 清一	27,955,927
12	中村 通	26,968,422
13	尾崎 直道	22,550,418
14	羽川 豊	22,334,109
15	尾崎 健夫	21,231,065
16	山本 善隆	18,158,044
17	井上 幸一	17,798,396
18	草壁 政治	16,622,692
19	重信 秀人	15,684,142
20	内田 繁	15,399,005
21	小林富士夫	15,269,055
22	高橋 勝成	15,160,304
23	牧野 裕	13,858,394
24	長谷川勝治	13,207,073
25	安田 春雄	13,161,925
26	栗原 孝	11,677,616
27	高橋 五月	11,393,218
28	泉川ピート	11,221,749
29	鷹巣 南雄	11,181,808
30	豊田 明夫	10,610,967
31	前田 新作	10,052,847
32	矢部 昭	9,986,410
33	上原 宏一	9,609,799
34	青木 基正	9,108,812
35	鈴村 照男	9,085,057
36	島田 幸作	8,785,362
37	森 憲二	8,661,960
38	宮本 省三	8,294,296
39	上野 忠美	8,225,624
40	秋富由利夫	7,880,307

1984年度

ツアー競技39試合
賞金総額1,604,750,000円
上位40位までの40名が1985年度
のシード選手

順位	氏 名	獲得額（円）
1	前田 新作	57,040,357
2	尾崎 直道	53,717,214
3	尾崎 健夫	43,846,788
4	新井規矩雄	42,449,869
5	中村 通	41,543,634
6	倉本 昌弘	41,252,311
7	中島 常幸	40,145,992
8	青木 功	36,851,411
9	藤木 三郎	35,464,238
10	井上 幸一	30,105,239
11	矢部 昭	23,744,477
12	安田 春雄	23,614,328
13	山本 善隆	23,067,542
14	草壁 政治	22,401,094
15	謝 敏男	21,345,203
16	高橋 勝成	20,086,917
17	岩下 吉久	20,056,858
18	泉川ピート	19,826,297
19	尾崎 将司	19,541,606
20	金井 清一	19,497,549
21	上原 宏一	19,381,949
22	栗原 孝	18,509,333
23	高橋 五月	18,372,106
24	海老原清治	16,544,202
25	重信 秀人	16,525,534
26	杉原 輝雄	16,439,293
27	船渡川育宏	14,448,399
28	長谷川勝治	14,424,467
29	鈴木 弘一	14,370,428
30	牧野 裕	13,815,599
31	出口栄太郎	11,270,743
32	鷹巣 南雄	11,111,960
33	石井 裕士	10,816,463
34	三上 法夫	10,626,765
35	湯原 信光	10,065,510
36	新関 善美	9,032,637
37	鈴村 照男	8,752,266
38	磯崎 功	8,626,475
39	鈴木 規夫	7,942,388
40	飯合 肇	7,666,318

1985年度

ツアー競技40試合
賞金総額1,753,000,000円
上位40位までの40名が1986年度
のシード選手

順位	氏 名	獲得額（円）
1	中島 常幸	101,609,333
2	倉本 昌弘	58,767,582
3	尾崎 健夫	42,782,235
4	金井 清一	41,341,664
5	杉原 輝雄	39,703,266
6	青木 功	38,638,332
7	高橋 勝成	36,707,001
8	尾崎 直道	36,390,695
9	尾崎 将司	33,389,931
10	中村 通	32,637,389
11	湯原 信光	31,800,188
12	新井規矩雄	27,150,162
13	山本 善隆	26,177,003
14	謝 敏男	25,283,750
15	海老原清治	22,568,716
16	長谷川勝治	21,703,179
17	矢部 昭	19,972,757
18	岩下 吉久	19,603,812
19	飯合 肇	17,711,000
20	青木 基正	17,636,255
21	鈴木 弘一	17,114,000
22	上原 宏一	15,927,169
23	井上 幸一	15,481,750
24	牧野 裕	15,435,364
25	出口栄太郎	14,931,360
26	船渡川育宏	14,915,844
27	入江 勉	14,122,495
28	重信 秀人	13,992,155
29	草壁 政治	13,146,427
30	吉村 金八	12,725,400
31	鈴村 照男	12,702,420
32	渡辺 司	12,677,922
33	宮本 康弘	12,297,700
34	前田 新作	12,232,752
35	藤木 三郎	12,010,531
36	小林富士夫	11,962,833
37	磯崎 功	11,727,662
38	石井 裕士	10,889,608
39	鷹巣 南雄	10,599,642
40	須貝 昇	10,457,065

1986年度

ツアー競技40試合
賞金総額1,874,000,000円
上位40位までの40名が1987年度
のシード選手

順位	氏 名	獲得額（円）
1	中島 常幸	90,202,066
2	尾崎 将司	80,356,632
3	青木 功	78,341,666
4	倉本 昌弘	53,812,650
5	尾崎 健夫	47,941,825
6	尾崎 直道	42,304,700
7	中村 通	33,748,806
8	鈴木 弘一	29,274,750
9	杉原 輝雄	29,259,586
10	湯原 信光	28,630,256
11	新井規矩雄	28,137,980
12	藤木 三郎	26,445,966
13	高橋 勝成	24,344,296
14	前田 新作	22,844,493
15	船渡川育宏	22,598,626
16	岩下 吉久	20,286,331
17	飯合 肇	19,925,386
18	重信 秀人	19,692,663
19	新関 善美	19,660,765
20	金井 清一	19,317,337
21	石井 裕士	18,464,056
22	牧野 裕	18,078,504
23	大町 昭義	17,686,550
24	出口栄太郎	17,237,492
25	渡辺 司	17,086,848
26	山本 善隆	16,818,016
27	謝 敏男	16,655,638
28	鷹巣 南雄	15,209,092
29	海老原清治	14,837,272
30	白浜 育男	14,301,575
31	吉村 金八	14,213,879
32	長谷川勝治	13,948,587
33	河野 和重	13,391,000
34	草壁 政治	13,287,166
35	青木 基正	12,403,133
36	磯村 芳幸	11,593,512
37	入野 太	11,176,265
38	入江 勉	11,158,146
39	須貝 昇	10,886,133
40	上野 忠美	10,561,325

1987年度

ツアー競技40試合
賞金総額1,994,000,000円
※印を除く上位60位までの57名
が1988年度のシード選手

順位	氏 名	獲得額（円）
1	D・イシイ	86,554,421
2	尾崎 将司	76,981,199
3	飯合 肇	49,854,133
4	倉本 昌弘	49,171,300
5	青木 功	47,939,450
6	G・マーシュ	47,544,374
7	Br・ジョーンズ	40,499,254
8	牧野 裕	39,483,753
9	芹沢 信雄	39,117,977
10	山本 善隆	39,107,390
11	金井 清一	37,343,929
12	尾崎 直道	35,581,791
13	中島 常幸	34,366,716
14	陳 志明	31,705,617
15	高橋 勝成	30,411,916
16	中村 通	29,719,910
17	※C・スタドラー	29,700,000
18	中村 忠夫	29,499,755
19	藤木 三郎	23,278,245
20	須貝 昇	22,639,659
21	渡辺 司	22,412,263
22	横島 由一	21,865,923
23	尾崎 健夫	21,536,093
24	I・ベーカーフィンチ	21,298,000
25	鈴木 弘一	20,213,783
26	吉村 金八	19,836,175
27	木村 政信	19,572,471
28	海老原清治	19,378,625
29	杉田 勇	18,035,533
30	謝 敏男	17,825,698
31	呂 良煥	17,055,906
32	湯原 信光	16,319,450
33	T・ゲール	16,229,933
34	中村 輝夫	16,163,937
35	※S・ホーク	15,759,500
36	鷹巣 南雄	15,662,570
37	磯村 芳幸	15,382,253
38	新井規矩雄	15,201,432
39	安田 春雄	14,029,187
40	上野 忠美	13,788,060
41	友利 勝良	13,719,451
42	河野 和重	13,689,537
43	三上 法夫	13,549,256
44	草壁 政治	13,495,756
45	新関 善美	13,294,231
46	東 聡	12,888,546
47	重信 秀人	12,869,801
48	入江 勉	12,755,690
49	長谷川勝治	12,672,864
50	川俣 茂	11,974,943

過去のデータ

順位	氏名	獲得額(円)
51	入野 太	11,905,956
52	陳 志忠	11,795,280
53	石井 裕士	10,926,029
54	金山 和男	10,633,016
55	杉原 輝雄	10,561,000
56	田中泰二郎	10,163,552
57	出口栄太郎	10,134,609
58	※S・バレステロス	10,025,000
59	白浜 育男	9,527,441
60	上原 宏一	9,096,516

1988年度

ツアー競技40試合
賞金総額2,286,000,000円
※印を除く上位70位までの60名
が1989年度のシード選手

順位	氏名	獲得額(円)
1	尾崎 将司	125,162,540
2	尾崎 直道	83,782,049
3	D・イシイ	71,372,048
4	倉本 昌弘	63,329,816
5	Br・ジョーンズ	57,196,366
6	高橋 勝成	55,096,859
7	尾崎 健夫	49,586,244
8	中村 通	45,619,844
9	新関 善美	43,252,638
10	飯合 肇	39,339,543
11	白浜 育男	35,406,962
12	ﾄ･ﾍﾞｰｶｰﾌｨﾝﾁ	35,282,600
13	青木 功	34,009,853
14	鈴木 弘一	29,365,253
15	横島 由一	29,234,930
16	※K・グリーン	28,935,000
17	丸山 智弘	28,654,499
18	金井 清一	28,265,456
19	※S・シンプソン	27,063,000
20	※中島 常幸	26,771,355
21	藤木 三郎	26,761,851
22	芹沢 信雄	26,416,057
23	湯原 信光	25,980,094
24	※S・バレステロス	25,200,000
25	渡辺 司	24,832,270
26	牧野 裕	24,609,433
27	友利 勝良	23,879,161
28	G・マーシュ	23,667,550
29	上野 忠美	23,506,974
30	※L・マイズ	21,520,666
31	羽川 豊	21,243,305
32	陳 志明	20,986,679
33	磯村 芳幸	19,963,372
34	甲斐 俊光	19,758,471
35	山本 善隆	19,271,551
36	吉村 金八	19,074,383
37	安田 春雄	18,904,219
38	杉原 輝雄	17,996,750
39	木村 政信	17,345,138
40	長谷川勝治	17,243,258
41	中村 輝夫	16,128,651
42	※F・カプルス	15,882,000
43	※陳 志忠	15,608,726
44	須貝 昇	15,334,550
45	中村 忠夫	15,071,478
46	船渡川育宏	14,758,893
47	川俣 茂	14,668,818
48	入野 太	14,568,633
49	海老原清治	14,200,838
50	前田 新作	13,627,838
51	出口栄太郎	13,441,580
52	横山 明仁	13,384,232
53	※J・M・オラサバル	13,084,000
54	鷹巣 南雄	12,452,499
55	東 聡	11,864,744
56	謝 敏男	11,727,961
57	三上 法夫	10,998,720
58	田中泰二郎	10,926,854
59	室田 淳	10,843,292
60	※C・パリー	10,741,875
61	※J・スルーマン	10,650,000
62	青木 基正	10,609,866
63	杉田 勇	10,594,616
64	泉川ピート	9,803,200
65	R・マッケイ	9,769,660
66	新井規矩雄	9,519,696
67	金子 柱憲	9,383,826
68	T・ゲール	8,957,316
69	金山 和男	8,894,973
70	草壁 政治	8,854,812

1989年度

ツアー競技41試合
賞金総額2,600,000,000円
※印を除く上位69位までの60名
が1990年度のシード選手

順位	氏名	獲得額(円)
1	尾崎 将司	108,715,733
2	尾崎 直道	79,690,766
3	Br・ジョーンズ	70,061,826
4	※青木 功	53,125,400
5	G・マーシュ	52,601,000
6	芹沢 信雄	50,697,499
7	尾崎 健夫	50,045,314
8	横島 由一	47,795,371
9	中島 常幸	46,807,186
10	大町 昭義	45,793,100
11	藤木 三郎	44,502,436
12	鈴木 弘一	43,404,933
13	新関 善美	41,507,392
14	※L・マイズ	38,800,000
15	山本 善隆	38,022,071
16	杉原 輝雄	33,391,800
17	R・マッケイ	33,257,870
18	D・イシイ	33,211,060
19	中村 通	32,423,523
20	牧野 裕	32,331,737
21	友利 勝良	31,719,026
22	横山 明仁	31,656,418
23	飯合 肇	29,244,815
24	長谷川勝治	26,458,000
25	中村 忠夫	26,270,317
26	須藤 聡明	25,361,561
27	倉本 昌弘	25,059,860
28	湯原 信光	25,059,459
29	金井 清一	24,127,446
30	木村 政信	23,862,429
31	渡辺 司	23,627,584
32	陳 志忠	23,606,120
33	T・ゲール	23,541,516
34	上野 忠美	23,362,327
35	※L・ネルソン	23,058,000
36	室田 淳	22,912,116
37	陳 志明	22,240,498
38	※B・マカリスター	22,200,000
39	金子 柱憲	21,500,900
40	須貝 昇	21,186,830
41	高橋 勝成	20,480,584
42	海老原清治	20,342,360
43	東 聡	18,944,366
44	泉川ピート	18,389,803
45	磯村 芳幸	18,318,985
46	羽川 豊	18,242,388
47	白浜 育男	18,241,035
48	※G・ノーマン	18,000,000
49	安田 春雄	17,978,761
50	加瀬 秀樹	17,653,848
51	出口栄太郎	17,650,140
52	丸山 智弘	16,307,870
53	※J・M・オラサバル	16,200,000
54	米山 剛	16,083,453
55	甲斐 俊光	15,591,422
56	吉村 金八	14,635,690
57	水巻 善典	14,286,600
58	川俣 茂	13,986,321
59	松井 一	13,732,670
60	小林富士夫	13,120,533
61	※C・パリー	13,110,900
62	入野 太	12,962,217
63	草壁 政治	12,720,297
64	川上 典一	12,712,333
65	三上 法夫	11,715,575
66	※M・リード	11,437,600
67	E・エレラ	11,331,347
68	※J・スルーマン	11,270,000
69	柴田 猛	11,207,312

1990年度

ツアー競技44試合
賞金総額3,290,000,000円
※印を除く上位64位までの60名
が1991年度のシード選手

順位	氏　名	獲得額(円)
1	尾崎　将司	129,060,500
2	中島　常幸	96,979,100
3	川岸　良兼	87,350,200
4	尾崎　直道	85,060,727
5	藤木　三郎	79,143,626
6	須貝　昇	70,983,050
7	杉原　輝雄	64,245,358
8	加瀬　秀樹	64,070,457
9	Br･ジョーンズ	62,093,226
10	中村　通	61,600,633
11	倉本　昌弘	58,206,633
12	G･マーシュ	57,457,167
13	金子　柱憲	53,098,924
14	D･イシイ	52,068,791
15	芹沢　信雄	51,945,753
16	※L･マイズ	47,536,000
17	牧野　裕	42,484,026
18	湯原　信光	41,309,750
19	中村　忠夫	40,377,619
20	渡辺　司	39,548,325
21	青木　功	36,648,500
22	東　聡	36,161,090
23	陳　志忠	34,310,000
24	R･マッケイ	32,803,142
25	川俣　茂	32,625,843
26	金井　清一	31,811,516
27	丸山　智弘	31,669,018
28	横山　明仁	30,680,297
29	高橋　勝成	30,671,400
30	陳　志明	29,916,091
31	室田　淳	29,408,342
32	山本　善隆	28,310,899
33	木村　政信	28,085,785
34	長谷川勝治	27,614,319
35	水巻　善典	27,273,459
36	※J･M･オラサバル	26,808,000
37	奥田　靖己	25,143,142
38	※M･リード	25,008,000
39	友利　勝良	24,881,340
40	上野　忠美	22,960,225
41	尾崎　健夫	22,890,766
42	米山　剛	22,825,026
43	井戸木鴻樹	22,787,194
44	鈴木　弘一	22,690,133
45	磯村　芳幸	22,558,996
46	飯合　肇	21,179,106
47	F･ミノザ	21,160,325
48	羽川　豊	20,900,528
49	大町　昭義	20,847,728
50	E･エレラ	20,813,625
51	前田　新作	20,585,458
52	真板　潔	19,823,893
53	白浜　育男	18,631,175
54	T･ゲール	18,323,200
55	板井　榮一	18,225,532
56	重信　秀人	18,212,298
57	泉川ピート	17,173,027
58	海老原清治	16,602,212
59	※L･ネルソン	15,956,000
60	野口裕樹夫	15,873,110
61	甲斐　俊光	15,791,960
62	稲垣　太成	15,682,528
63	入野　太	15,349,725
64	A･ギリガン	14,783,275

1991年度

ツアー競技43試合
賞金総額3,652,500,000円
※印を除く上位63位までの60名
が1992年度のシード選手

順位	氏　名	獲得額(円)
1	尾崎　直道	119,507,974
2	R･マッケイ	113,137,135
3	中島　常幸	111,639,213
4	尾崎　将司	99,060,539
5	青木　功	74,237,850
6	牧野　裕	66,358,936
7	金子　柱憲	66,191,764
8	羽川　豊	62,590,240
9	鈴木　弘一	61,745,366
10	藤木　三郎	61,638,328
11	横島　由一	60,376,966
12	陳　志忠	58,197,066
13	板井　榮一	56,887,708
14	湯原　信光	56,828,734
15	倉本　昌弘	53,755,585
16	渡辺　司	51,830,865
17	水巻　善典	50,893,956
18	浜野　治光	48,725,715
19	※L･ネルソン	46,594,000
20	加瀬　秀樹	43,376,116
21	尾崎　健夫	43,260,597
22	※S･バレステロス	42,800,000
23	須貝　昇	42,581,640
24	川岸　良兼	41,659,492
25	杉原　輝雄	39,581,499
26	B･フランクリン	39,311,301
27	Br･ジョーンズ	38,833,278
28	大町　昭義	37,967,348
29	西川　哲	37,263,642
30	芹沢　信雄	35,902,740
31	中村　通	35,739,866
32	山本　善隆	35,383,516
33	R･ギブソン	35,161,416
34	東　聡	35,028,233
35	高橋　勝成	34,326,506
36	室田　淳	34,309,249
37	G･マーシュ	33,238,817
38	上野　忠美	31,615,156
39	横山　明仁	30,742,916
40	奥田　靖己	29,690,733
41	米山　剛	29,226,600
42	飯合　肇	28,584,328
43	陳　志明	28,261,861
44	佐藤　英之	28,237,047
45	木村　政信	28,056,193
46	F･ミノザ	27,487,721
47	吉村　金八	26,055,692
48	D･イシイ	25,056,350
49	丸山　智弘	24,036,897
50	重信　秀人	22,431,027
51	白石　達哉	19,614,338
52	前田　新作	19,077,548
53	川俣　茂	18,957,254
54	白浜　育男	18,936,099
55	磯村　芳幸	18,930,339
56	金井　清一	18,636,059
57	真板　潔	18,579,458
58	泉川ピート	18,229,002
59	※R･フロイド	18,000,000
60	長谷川勝治	17,891,660
61	中村　輝夫	17,658,531
62	稲垣　太成	17,565,582
63	井戸木鴻樹	16,754,043

1992年度

ツアー競技38試合
賞金総額3,890,000,000円
※印を除く上位63位までの60名
が1993年度シード選手

順位	氏　名	獲得額(円)
1	尾崎　将司	186,816,466
2	尾崎　直道	130,880,179
3	陳　志明	122,317,851
4	倉本　昌弘	116,361,950
5	中島　常幸	108,674,116
6	室田　淳	98,958,726
7	奥田　靖己	88,944,972
8	湯原　信光	87,420,199
9	牧野　裕	80,972,661
10	※青木　功	71,009,733
11	藤木　三郎	70,297,628
12	D･イシイ	63,273,449
13	T･ハミルトン	62,866,532
14	陳　志忠	61,678,945
15	渡辺　司	59,721,432
16	中村　通	57,262,408
17	金子　柱憲	57,230,188

順位	氏名	獲得額(円)
33	海老原清治	34,053,417
34	P・シニア	33,822,523
35	山本 善隆	32,718,993
36	A・ギリガン	32,278,986
37	鈴木 亨	31,342,446
38	真板 潔	31,084,986
39	合田 洋	30,115,228
40	白浜 育男	29,331,343
41	S・ジン	29,075,904
42	R・ギブソン	28,306,011
43	藤木 三郎	28,252,694
44	米山 剛	28,068,449
45	R・バックウェル	27,737,041
46	※R・ガメス	27,000,000
47	川岸 良兼	26,843,813
48	芹沢 大介	26,291,174
49	陳 志忠	25,985,358
50	大町 昭義	25,573,190
51	丸山 智弘	25,518,392
52	S・ギムソン	25,362,599
53	湯原 信光	25,337,969
54	小達 敏昭	24,710,587
55	楠本 研	24,611,983
56	森 茂則	24,421,517
57	重信 秀人	24,128,985
58	井戸木鴻樹	24,110,460
59	林 吉祥	23,693,383
60	泉川ピート	23,121,100
61	※S・ホーク	22,800,000
62	上出 裕也	21,919,587

1995年度

ツアー競技37試合
賞金総額4,020,000,000円
※印を除く上位62位までの60名が1996年度のシード選手

順位	氏名	獲得額(円)
1	尾崎 将司	192,319,800
2	東 聡	136,854,183
3	丸山 茂樹	103,209,036
4	倉本 昌弘	88,227,209
5	友利 勝良	86,693,831
6	田中 秀道	78,815,775
7	B・ワッツ	78,284,433
8	F・ミノザ	72,781,575
9	丸山 智弘	72,535,319
10	佐々木久行	69,777,275
11	中島 常幸	66,872,554
12	P・シニア	65,173,114
13	髙見 和宏	63,008,593
14	鈴木 亨	61,617,084
15	加瀬 秀樹	59,144,532
16	R・ギブソン	58,445,281
17	森 茂則	55,378,250
18	芹澤 信雄	55,357,687
19	T・ハミルトン	54,302,567
20	湯原 信光	53,793,714
21	桑原 克典	52,128,201
22	河村 雅之	50,577,317
23	渡辺 司	49,552,188
24	C・フランコ	49,460,343
25	B・ジョーブ	48,530,000
26	細川 和彦	48,008,882
27	奥田 靖己	46,927,299
28	川岸 良兼	46,469,212
29	井戸木鴻樹	43,499,528
30	E・エレラ	43,248,463
31	飯合 肇	42,024,908
32	真板 潔	41,975,487
33	伊沢 利光	41,848,343
34	S・ジン	37,526,267
35	水巻 善典	36,879,982
36	金子 柱憲	33,528,164
37	横田 真一	33,235,627
38	高橋 勝成	33,048,599
39	木村 政信	31,929,939
40	福沢 孝秋	30,210,861
41	中村 通	30,125,635
42	池内 信治	30,049,950
43	※尾崎 直道	29,470,550
44	日下部光隆	29,174,620
45	D・イシイ	27,434,332
46	藤木 三郎	25,576,995
47	宮瀬 博文	25,083,582
48	室田 淳	24,660,570
49	楠本 研	23,728,899
50	高崎 龍雄	23,344,775
51	※R・ガメス	22,917,600
52	R・マッカイ	22,502,133
53	林 吉祥	22,354,232
54	白浜 育男	22,285,652
55	西川 哲	21,831,546
56	溝口 英二	19,323,100
57	比嘉 勉	18,351,820
58	米山 剛	18,016,130
59	大町 昭義	17,894,102
60	A・ギリガン	17,732,464
61	尾崎 健夫	17,692,343
62	坂本 義一	17,293,814

1996年度

ツアー競技36試合
賞金総額3,910,000,000円
※印を除く上位63位までの60名が1997年度のシード選手

順位	氏名	獲得額(円)
1	尾崎 将司	209,646,746
2	金子 柱憲	117,697,448
3	B・ワッツ	89,346,882
4	細川 和彦	79,510,295
5	丸山 茂樹	75,961,133
6	尾崎 直道	70,651,005
7	木村 政信	70,635,215
8	D・イシイ	65,732,373
9	芹澤 信雄	64,076,788
10	T・ハミルトン	63,073,138
11	F・ミノザ	60,429,470
12	飯合 肇	57,958,922
13	C・フランコ	53,287,568
14	E・エレラ	49,591,020
15	友利 勝良	48,264,714
16	田中 秀道	46,165,295
17	P・シニア	46,130,061
18	中島 常幸	45,939,531
19	佐藤 英之	43,862,503
20	B・ジョーブ	42,940,828
21	桑原 克典	42,595,984
22	加瀬 秀樹	41,104,490
23	渡辺 司	39,513,160
24	桑原 将一	39,033,530
25	鈴木 亨	38,084,182
26	倉本 昌弘	37,115,572
27	佐々木久行	35,710,520
28	水巻 善典	34,919,501
29	P・マックウィニー	32,916,658
30	横尾 要	31,950,101
31	真板 潔	31,934,930
32	川岸 良兼	31,529,886
33	坂本 義一	30,962,566
34	福永 和宏	30,387,891
35	横田 真一	29,886,817
36	東 聡	29,125,806
37	※P・テラベイネン	28,490,000
38	宮瀬 博文	28,055,626
39	米山 剛	28,016,933
40	陳 志忠	27,528,643
41	奥田 靖己	27,326,040
42	福沢 孝秋	27,167,159
43	※P・スタンコウスキー	27,000,000
44	※L・ウエストウッド	26,370,000
45	伊沢 利光	26,102,473
46	深堀圭一郎	25,768,074
47	手嶋 多一	25,560,848
48	河村 雅之	24,754,745
49	R・ギブソン	24,260,664
50	湯原 信光	24,053,080

<table>
<tr><th>順位</th><th>氏　　名</th><th>獲得額(円)</th></tr>
<tr><td>51</td><td>髙見　和宏</td><td>23,655,910</td></tr>
<tr><td>52</td><td>丸山　智弘</td><td>22,776,066</td></tr>
<tr><td>53</td><td>福澤　義光</td><td>22,545,618</td></tr>
<tr><td>54</td><td>尾崎　健夫</td><td>21,998,187</td></tr>
<tr><td>55</td><td>高橋　勝成</td><td>21,488,697</td></tr>
<tr><td>56</td><td>佐藤　剛平</td><td>20,506,194</td></tr>
<tr><td>57</td><td>比嘉　　勉</td><td>19,763,935</td></tr>
<tr><td>58</td><td>R・マッカイ</td><td>19,230,340</td></tr>
<tr><td>59</td><td>Z・モウ</td><td>19,229,913</td></tr>
<tr><td>60</td><td>S・ジン</td><td>19,182,458</td></tr>
<tr><td>61</td><td>溝口　英二</td><td>18,865,360</td></tr>
<tr><td>62</td><td>林　　根基</td><td>18,825,315</td></tr>
<tr><td>63</td><td>森　　茂則</td><td>18,616,823</td></tr>
</table>

1997年度

ツアー競技36試合
賞金総額3,930,000,000円
※印を除く上位66位までの60名が1998年度のシード選手

<table>
<tr><th>順位</th><th>氏　　名</th><th>獲得額(円)</th></tr>
<tr><td>1</td><td>尾崎　将司</td><td>170,847,633</td></tr>
<tr><td>2</td><td>丸山　茂樹</td><td>152,774,420</td></tr>
<tr><td>3</td><td>B・ワッツ</td><td>111,153,198</td></tr>
<tr><td>4</td><td>※尾崎　直道</td><td>96,994,361</td></tr>
<tr><td>5</td><td>尾崎　健夫</td><td>77,555,311</td></tr>
<tr><td>6</td><td>B・ジョーブ</td><td>69,759,886</td></tr>
<tr><td>7</td><td>桑原　将一</td><td>60,413,113</td></tr>
<tr><td>8</td><td>C・フランコ</td><td>56,321,628</td></tr>
<tr><td>9</td><td>宮瀬　博文</td><td>55,764,409</td></tr>
<tr><td>10</td><td>F・ミノザ</td><td>54,192,571</td></tr>
<tr><td>11</td><td>鈴木　亨</td><td>51,444,184</td></tr>
<tr><td>12</td><td>深堀圭一郎</td><td>51,427,473</td></tr>
<tr><td>13</td><td>E・エレラ</td><td>51,050,800</td></tr>
<tr><td>14</td><td>久保谷健一</td><td>50,740,711</td></tr>
<tr><td>15</td><td>飯合　肇</td><td>44,547,120</td></tr>
<tr><td>16</td><td>溝口　英二</td><td>44,409,460</td></tr>
<tr><td>17</td><td>渡辺　司</td><td>44,302,747</td></tr>
<tr><td>18</td><td>藤田　寛之</td><td>43,935,360</td></tr>
<tr><td>19</td><td>日下部光隆</td><td>43,303,400</td></tr>
<tr><td>20</td><td>桧垣　繁正</td><td>42,539,160</td></tr>
<tr><td>21</td><td>※C・パリー</td><td>42,340,000</td></tr>
<tr><td>22</td><td>原田　三夫</td><td>42,020,640</td></tr>
<tr><td>23</td><td>P・テラベイネン</td><td>39,921,168</td></tr>
<tr><td>24</td><td>横田　真一</td><td>39,038,496</td></tr>
<tr><td>25</td><td>横尾　要</td><td>38,027,502</td></tr>
<tr><td>26</td><td>桑原　克典</td><td>37,970,159</td></tr>
<tr><td>27</td><td>佐藤　信人</td><td>37,518,614</td></tr>
<tr><td>28</td><td>細川　和彦</td><td>36,862,380</td></tr>
<tr><td>29</td><td>D・イシイ</td><td>36,700,346</td></tr>
<tr><td>30</td><td>小達　敏昭</td><td>36,595,294</td></tr>
<tr><td>31</td><td>手嶋　多一</td><td>36,327,734</td></tr>
<tr><td>32</td><td>※T・ワトソン</td><td>36,000,000</td></tr>
<tr><td>33</td><td>中村　通</td><td>34,586,294</td></tr>
<tr><td>34</td><td>東　聡</td><td>34,177,481</td></tr>
</table>

<table>
<tr><th>順位</th><th>氏　　名</th><th>獲得額(円)</th></tr>
<tr><td>35</td><td>森　茂則</td><td>32,924,420</td></tr>
<tr><td>36</td><td>葉　彰廷</td><td>32,801,860</td></tr>
<tr><td>37</td><td>T・ハミルトン</td><td>32,554,520</td></tr>
<tr><td>38</td><td>水巻　善典</td><td>31,839,730</td></tr>
<tr><td>39</td><td>奥田　靖己</td><td>31,798,632</td></tr>
<tr><td>40</td><td>金子　柱憲</td><td>30,834,774</td></tr>
<tr><td>41</td><td>真板　潔</td><td>30,298,222</td></tr>
<tr><td>42</td><td>佐々木久行</td><td>30,040,980</td></tr>
<tr><td>43</td><td>中島　常幸</td><td>29,983,700</td></tr>
<tr><td>44</td><td>田中　秀道</td><td>29,357,393</td></tr>
<tr><td>45</td><td>金　鍾徳</td><td>28,685,960</td></tr>
<tr><td>46</td><td>S・ジン</td><td>28,668,220</td></tr>
<tr><td>47</td><td>※L・ウエストウッド</td><td>28,605,600</td></tr>
<tr><td>48</td><td>金山　和雄</td><td>28,352,700</td></tr>
<tr><td>49</td><td>米山　剛</td><td>28,025,186</td></tr>
<tr><td>50</td><td>※伊沢　利光</td><td>25,855,454</td></tr>
<tr><td>51</td><td>井戸木鴻樹</td><td>24,041,714</td></tr>
<tr><td>52</td><td>Z・モウ</td><td>23,792,840</td></tr>
<tr><td>53</td><td>宮本　勝昌</td><td>22,396,448</td></tr>
<tr><td>54</td><td>川岸　良兼</td><td>22,183,454</td></tr>
<tr><td>55</td><td>片山　晋呉</td><td>21,910,072</td></tr>
<tr><td>56</td><td>河村　雅之</td><td>21,593,388</td></tr>
<tr><td>57</td><td>木村　政信</td><td>21,244,325</td></tr>
<tr><td>58</td><td>湯原　信光</td><td>21,050,550</td></tr>
<tr><td>59</td><td>谷口　徹</td><td>20,558,070</td></tr>
<tr><td>60</td><td>杉本　周作</td><td>20,305,838</td></tr>
<tr><td>61</td><td>佐藤　英之</td><td>19,618,680</td></tr>
<tr><td>62</td><td>髙見　和宏</td><td>19,585,928</td></tr>
<tr><td>63</td><td>芹沢　大介</td><td>19,290,120</td></tr>
<tr><td>64</td><td>※R・マッカイ</td><td>19,066,500</td></tr>
<tr><td>65</td><td>福沢　孝秋</td><td>18,854,620</td></tr>
<tr><td>66</td><td>高橋　勝成</td><td>18,638,190</td></tr>
</table>

1998年度

ツアー競技36試合
賞金総額4,070,000,000円
※印を除く上位64位までの60名が1999年度のシード選手
ランキングは海外4大メジャー競技で獲得した賞金を含む

<table>
<tr><th>順位</th><th>氏　　名</th><th>獲得額(円)</th></tr>
<tr><td>1</td><td>尾崎　将司</td><td>179,627,400</td></tr>
<tr><td>2</td><td>B・ワッツ</td><td>132,014,990</td></tr>
<tr><td>3</td><td>田中　秀道</td><td>103,941,437</td></tr>
<tr><td>4</td><td>B・ジョーブ</td><td>97,566,406</td></tr>
<tr><td>5</td><td>宮本　勝昌</td><td>93,580,618</td></tr>
<tr><td>6</td><td>C・フランコ</td><td>92,569,038</td></tr>
<tr><td>7</td><td>丸山　茂樹</td><td>86,422,421</td></tr>
<tr><td>8</td><td>F・ミノザ</td><td>74,102,769</td></tr>
<tr><td>9</td><td>横尾　要</td><td>74,090,419</td></tr>
<tr><td>10</td><td>※L・ウエストウッド</td><td>72,000,000</td></tr>
<tr><td>11</td><td>伊沢　利光</td><td>63,295,563</td></tr>
<tr><td>12</td><td>鈴木　亨</td><td>63,252,358</td></tr>
<tr><td>13</td><td>桑原　克典</td><td>62,661,761</td></tr>
</table>

<table>
<tr><th>順位</th><th>氏　　名</th><th>獲得額(円)</th></tr>
<tr><td>14</td><td>細川　和彦</td><td>58,472,304</td></tr>
<tr><td>15</td><td>深堀圭一郎</td><td>56,220,182</td></tr>
<tr><td>16</td><td>飯合　肇</td><td>54,866,597</td></tr>
<tr><td>17</td><td>※尾崎　直道</td><td>53,853,954</td></tr>
<tr><td>18</td><td>谷口　徹</td><td>49,515,691</td></tr>
<tr><td>19</td><td>佐藤　信人</td><td>48,045,128</td></tr>
<tr><td>20</td><td>E・エレラ</td><td>47,809,590</td></tr>
<tr><td>21</td><td>水巻　善典</td><td>44,989,934</td></tr>
<tr><td>22</td><td>片山　晋呉</td><td>44,807,900</td></tr>
<tr><td>23</td><td>湯原　信光</td><td>43,993,660</td></tr>
<tr><td>24</td><td>東　聡</td><td>43,847,831</td></tr>
<tr><td>25</td><td>尾崎　健夫</td><td>40,661,307</td></tr>
<tr><td>26</td><td>小山内　護</td><td>39,500,720</td></tr>
<tr><td>27</td><td>米山　剛</td><td>39,082,691</td></tr>
<tr><td>28</td><td>T・ハミルトン</td><td>36,998,300</td></tr>
<tr><td>29</td><td>D・イシイ</td><td>35,051,790</td></tr>
<tr><td>30</td><td>陳　志忠</td><td>34,226,961</td></tr>
<tr><td>31</td><td>渡辺　司</td><td>34,213,727</td></tr>
<tr><td>32</td><td>加瀬　秀樹</td><td>33,436,931</td></tr>
<tr><td>33</td><td>今野　康晴</td><td>32,245,340</td></tr>
<tr><td>34</td><td>横田　真一</td><td>32,216,710</td></tr>
<tr><td>35</td><td>河村　雅之</td><td>32,089,093</td></tr>
<tr><td>36</td><td>日下部光隆</td><td>32,065,251</td></tr>
<tr><td>37</td><td>川岸　良兼</td><td>32,056,237</td></tr>
<tr><td>38</td><td>藤木　三郎</td><td>31,852,554</td></tr>
<tr><td>39</td><td>藤田　寛之</td><td>30,871,672</td></tr>
<tr><td>40</td><td>奥田　靖己</td><td>29,903,308</td></tr>
<tr><td>41</td><td>髙見　和宏</td><td>29,889,742</td></tr>
<tr><td>42</td><td>D・チャンド</td><td>29,536,240</td></tr>
<tr><td>43</td><td>P・マックウィニー</td><td>29,303,000</td></tr>
<tr><td>44</td><td>Z・モウ</td><td>28,598,538</td></tr>
<tr><td>45</td><td>高崎　龍雄</td><td>28,504,520</td></tr>
<tr><td>46</td><td>原田　三夫</td><td>28,118,887</td></tr>
<tr><td>47</td><td>杉本　周作</td><td>26,995,555</td></tr>
<tr><td>48</td><td>中島　常幸</td><td>26,650,404</td></tr>
<tr><td>49</td><td>桑原　将一</td><td>24,875,760</td></tr>
<tr><td>50</td><td>手嶋　多一</td><td>24,411,715</td></tr>
<tr><td>51</td><td>※D・クラーク</td><td>23,994,000</td></tr>
<tr><td>52</td><td>D・スメイル</td><td>23,711,800</td></tr>
<tr><td>53</td><td>井戸木鴻樹</td><td>23,428,877</td></tr>
<tr><td>54</td><td>S・コンラン</td><td>23,170,937</td></tr>
<tr><td>55</td><td>葉　彰廷</td><td>23,102,955</td></tr>
<tr><td>56</td><td>桧垣　繁正</td><td>22,671,186</td></tr>
<tr><td>57</td><td>金子　柱憲</td><td>21,621,240</td></tr>
<tr><td>58</td><td>※D・ラブⅢ</td><td>21,600,000</td></tr>
<tr><td>59</td><td>金　鍾徳</td><td>21,277,041</td></tr>
<tr><td>60</td><td>真板　潔</td><td>21,217,522</td></tr>
<tr><td>61</td><td>小達　敏昭</td><td>20,955,420</td></tr>
<tr><td>62</td><td>S・ジン</td><td>20,685,132</td></tr>
<tr><td>63</td><td>宮瀬　博文</td><td>20,522,265</td></tr>
<tr><td>64</td><td>木村　政信</td><td>20,310,029</td></tr>
</table>

1999年度

ツアー競技32試合
賞金総額3,360,000,000円
※印を除く上位68位までの61名
が2000年度のシード選手
ランキングは海外4大メジャー
競技及びチーム戦を除くWGC3
競技で獲得した賞金を含む

順位	氏 名	獲得額(円)
1	尾崎 直道	137,641,796
2	細川 和彦	129,058,283
3	丸山 茂樹	114,958,525
4	伊沢 利光	110,927,044
5	米山 剛	106,872,033
6	尾崎 将司	83,517,969
7	手嶋 多一	81,901,760
8	片山 晋呉	76,114,008
9	横尾 要	73,465,103
10	川岸 良兼	72,829,630
11	谷口 徹	69,837,799
12	田中 秀道	68,819,716
13	宮瀬 博文	64,795,851
14	桧垣 繁正	61,604,400
15	桑原 克典	59,461,521
16	金 鍾徳	56,023,333
17	飯合 肇	55,724,333
18	小山内 護	48,581,275
19	渡辺 司	47,999,950
20	今野 康晴	47,634,321
21	崔 京周	47,455,000
22	東 聡	46,175,166
23	奥田 靖己	45,829,210
24	D・イシイ	43,101,875
25	深堀圭一郎	42,908,810
26	原田 三夫	40,949,500
27	※T・ビヨン	40,000,000
28	鈴木 亨	38,517,236
29	加瀬 秀樹	38,295,382
30	E・エレラ	37,390,350
31	尾崎 健夫	36,443,790
32	河村 雅之	35,406,423
33	☆湯原 信光	33,977,034
34	F・ミノザ	28,679,011
35	金子 柱憲	27,651,032
36	藤田 寛之	27,320,178
37	葉 彰廷	27,118,079
38	溝口 英二	26,263,128
39	佐々木久行	26,233,719
40	D・スメイル	25,765,618
41	※B・ジョーブ	25,564,000
42	杉本 周作	25,529,024
43	髙見 和宏	24,258,070
44	R・バックウェル	24,173,165
45	陳 志忠	23,236,253
46	佐藤 信人	23,083,803
47	T・ハミルトン	22,975,600
48	S・ジン	22,485,272
49	小達 敏昭	21,176,374
50	林 根基	20,810,562
51	※友利 勝良	20,525,300
52	※S・ガルシア	20,331,520
53	倉本 昌弘	20,005,409
54	Z・モウ	19,350,584
55	横田 真一	19,245,925
56	S・コンラン	18,876,796
57	※N・プライス	18,000,000
58	野上 貴夫	17,565,315
59	白浜 育男	17,213,733
60	芹澤 信雄	16,387,064
61	真板 潔	16,297,650
62	D・チャンド	15,528,357
63	※D・クラーク	14,900,000
64	室田 淳	13,582,661
65	井田 安則	13,532,591
66	謝 錦昇	13,127,000
67	※L・ウエストウッド	13,096,666
68	兼本 貴司	12,931,650

☆は特別保障制度適用により義務
試合数免除。

2000年度

ツアー競技33試合
賞金総額3,530,000,000円
※印を除く上位72位までの70名
が2001年度のシード選手
ランキングは海外4大メジャー
競技及びチーム戦を除くWGC3
競技で獲得した賞金を含む

順位	氏 名	獲得額(円)
1	片山 晋呉	177,116,489
2	谷口 徹	175,829,742
3	佐藤 信人	155,246,900
4	伊沢 利光	120,316,633
5	田中 秀道	108,807,851
6	宮瀬 博文	106,622,452
7	尾崎 将司	88,940,087
8	深堀圭一郎	81,471,008
9	鈴木 亨	77,513,374
10	横尾 要	76,634,601
11	今野 康晴	62,025,183
12	宮本 勝昌	61,921,383
13	真板 潔	52,757,978
14	佐々木久行	52,347,113
15	水巻 善典	49,593,600
16	東 聡	49,244,807
17	※尾崎 直道	45,805,100
18	R・バックウェル	43,542,107
19	飯合 肇	43,518,307
20	溝口 英二	42,811,715
21	桑原 克典	41,028,877
22	手嶋 多一	40,968,733
23	芹澤 信雄	40,221,223
24	久保谷健一	39,994,613
25	桧垣 繁正	37,084,656
26	林 根基	35,231,364
27	室田 淳	34,955,433
28	白潟 英純	34,411,620
29	尾崎 健夫	34,070,466
30	米山 剛	33,359,159
31	日下部光隆	31,334,700
32	D・ウィルソン	31,121,744
33	細川 和彦	31,034,933
34	小達 敏昭	30,951,374
35	藤田 寛之	30,769,903
36	小山内 護	30,642,860
37	F・ミノザ	30,433,359
38	葉 彰廷	28,522,361
39	牧坂 考作	27,567,338
40	※B・メイ	26,720,000
41	S・コンラン	26,471,500
42	白浜 育男	26,107,055
43	金 鍾徳	26,045,427
44	渡辺 司	25,651,042
45	奥田 靖己	25,333,388
46	湯原 信光	25,286,404
47	S・レイコック	24,297,943
48	加瀬 秀樹	24,144,938
49	友利 勝良	23,754,330
50	川岸 良兼	23,679,570
51	白石 達哉	23,273,425
52	D・スメイル	22,575,010
53	平塚 哲二	20,454,343
54	髙見 和宏	19,992,986
55	河村 雅之	19,109,273
56	兼本 貴司	18,573,016
57	横田 真一	17,003,146
58	C・ペーニャ	16,952,375
59	原田 三夫	16,852,877
60	井戸木鴻樹	16,737,395
61	杉本 周作	16,537,988
62	原口 鉄也	15,859,657
63	謝 錦昇	15,745,626
64	金子 柱憲	15,510,383
65	山本 昭一	14,916,280
66	立山 光広	14,820,159
67	川原 希	13,475,396
68	G・ノークイスト	13,409,728
69	A・ギリガン	13,325,833
70	今井 克宗	13,241,328
71	合田 洋	12,558,121
72	河井 博大	12,377,277

2001年度

ツアー競技31試合
賞金総額3,430,000,000円
※印を除く上位73位までの70名が2002年度のシード選手
ランキングは海外4大メジャー競技及びチーム戦を除くWGC3競技で獲得した賞金を含む

順位	氏　名	獲得額（円）
1	伊沢　利光	217,934,583
2	片山　晋呉	133,434,850
3	D・ウィルソン	118,571,075
4	手嶋　多一	112,356,544
5	谷口　徹	111,686,284
6	林　根基	96,713,000
7	田中　秀道	95,185,544
8	宮本　勝昌	87,455,177
9	中嶋　常幸	68,378,345
10	深堀圭一郎	65,182,064
11	尾崎　将司	64,570,178
12	藤田　寛之	63,752,786
13	室田　淳	61,578,997
14	S・レイコック	57,498,275
15	D・チャンド	57,473,400
16	飯合　肇	56,396,914
17	F・ミノザ	54,791,875
18	佐藤　信人	48,250,113
19	友利　勝良	47,169,752
20	横田　真一	43,595,302
21	平石　武則	42,444,749
22	渡辺　司	41,342,503
23	鈴木　亨	41,271,841
24	※D・デュバル	40,000,000
25	細川　和彦	38,498,083
26	E・エレラ	37,335,750
27	D・スメイル	36,653,683
28	溝口　英二	36,586,266
29	久保谷健一	35,646,841
30	近藤　智弘	35,312,706
31	加瀬　秀樹	32,553,066
32	平塚　哲二	32,275,580
33	桧垣　繁正	32,072,256
34	J・M・シン	30,314,325
35	※D・クラーク	28,480,000
36	米山　剛	28,181,700
37	今井　克宗	28,027,865
38	真板　潔	27,302,830
39	葉　彰廷	26,815,247
40	芹澤　信雄	26,181,597
41	小達　敏昭	25,404,950
42	東　聡	25,216,017
43	Z・モウ	25,088,411
44	T・ハミルトン	24,695,582
45	野仲　茂	24,167,100
46	福澤　義光	23,390,069
47	宮瀬　博文	23,009,458
48	桧垣　豪	22,412,266
49	桑原　克典	21,974,000
50	B・ジョーンズ	20,950,501
51	河村　雅之	20,106,590
52	金城　和弘	19,877,871
53	P・マークセン	18,777,425
54	日下部光隆	17,950,179
55	牧坂　考作	17,732,562
56	川原　希	17,660,183
57	A・ギリガン	17,627,008
58	C・ペーニャ	17,523,795
59	※尾崎　直道	17,475,250
60	倉本　昌弘	17,132,444
61	原田　三夫	17,120,490
62	白潟　英純	16,987,824
63	謝　錦昇	16,556,264
64	堺谷　和将	16,525,890
65	宮里　聖志	16,226,903
66	小山内　護	15,851,012
67	金　鍾徳	15,426,785
68	杉本　周作	15,106,499
69	水巻　善典	14,984,921
70	山本　昭一	14,916,332
71	S・コンラン	14,432,590
72	兼本　貴司	14,242,286
73	井戸木鴻樹	14,089,925

2002年度

ツアー競技29試合
賞金総額3,320,000,000円
※印を除く上位75位までの70名が2003年度のツアー出場資格を獲得
ランキングは海外4大メジャー競技及びチーム戦を除くWGC3競技で獲得した賞金を含む

順位	氏　名	獲得額（円）
1	谷口　徹	145,440,341
2	佐藤　信人	130,825,969
3	片山　晋呉	129,258,019
4	D・ウィルソン	97,116,100
5	D・スメイル	94,103,576
6	中嶋　常幸	89,788,484
7	久保谷健一	83,654,013
8	B・ジョーンズ	80,771,735
9	今野　康晴	76,309,705
10	伊沢　利光	75,906,757
11	尾崎　将司	67,821,342
12	藤田　寛之	67,111,285
13	S・レイコック	64,241,099
14	桑原　克典	59,581,317
15	宮瀬　博文	53,267,105
16	尾崎　直道	52,931,571
17	S・K・ホ	52,340,564
18	近藤　智弘	51,121,536
19	金　鍾徳	49,477,216
20	鈴木　亨	45,646,852
21	C・ペーニャ	44,852,366
22	張　連偉	44,214,466
23	※横尾　要	43,509,000
24	宮本　勝昌	41,590,894
25	※J・ローズ	39,400,000
26	室田　淳	39,063,571
27	宮里　聖志	37,096,000
28	平塚　哲二	36,929,311
29	手嶋　多一	34,264,987
30	P・マークセン	33,506,766
31	横田　真一	30,969,250
32	Z・モウ	30,833,425
33	林　根基	30,687,083
34	桧垣　繁正	30,334,194
35	湯原　信光	29,020,800
36	尾崎　健夫	28,210,265
37	渡辺　司	26,858,128
38	飯合　肇	26,569,174
39	井戸木鴻樹	26,422,409
40	小山内　護	26,263,201
41	加瀬　秀樹	25,649,071
42	T・ハミルトン	25,471,318
43	丸山　大輔	24,249,626
44	細川　和彦	23,803,901
45	謝　錦昇	21,447,736
46	川原　希	21,391,000
47	G・マイヤー	20,828,316
48	友利　勝良	20,267,471
49	D・チャンド	20,050,807
50	※S・ガルシア	20,000,000
51	深堀圭一郎	19,742,830
52	星野　英正	19,717,506
53	平石　武則	19,393,660
54	高山　忠洋	19,095,804
55	※田中　秀道	18,540,000
56	今井　克宗	18,429,223
57	野仲　茂	17,902,098
58	菊池　純	17,479,050
59	陳　志忠	17,447,184
60	矢野　東	17,087,521
61	米山　剛	16,379,810
62	小林　正則	15,647,781
63	福澤　義光	14,805,235
64	兼本　貴司	14,074,713
65	水巻　善典	13,921,771
66	※崔　京周	13,600,000
67	S・コンラン	13,070,906
68	立山　光広	13,010,306
69	国吉　博一	12,831,733
70	J・M・シン	12,807,668
71	中川　勝弥	12,313,400
72	堺谷　和将	12,264,207
73	上田　諭尉	11,852,931
74	R・リー	11,559,650
75	広田　悟	11,165,800

2003年度

ツアー競技29試合
賞金総額3,250,000,000円
※印を除く上位71位までの70名が2004年度のツアー出場資格を獲得
ランキングは海外4大メジャー競技及びチーム戦を除くWGC3競技で獲得した賞金を含む

順位	氏　名	獲得額(円)
1	伊沢　利光	135,454,300
2	平塚　哲二	122,227,033
3	T・ハミルトン	117,547,151
4	片山　晋呉	117,192,413
5	手嶋　多一	93,688,731
6	B・ジョーンズ	79,221,561
7	藤田　寛之	71,472,222
8	丸山　大輔	69,476,769
9	宮瀬　博文	65,631,986
10	室田　淳	65,545,006
11	宮本　勝昌	60,574,671
12	米山　剛	59,017,060
13	深堀圭一郎	52,465,199
14	今井　克宗	51,517,731
15	尾崎　将司	50,460,916
16	谷原　秀人	47,746,180
17	尾崎　直道	45,996,492
18	D・スメイル	45,774,114
19	田島　創志	45,521,336
20	P・シーハン	45,272,232
21	星野　英正	44,771,042
22	S・コンラン	43,226,757
23	※T・ビヨン	40,000,000
24	友利　勝良	39,617,637
25	S・K・ホ	39,286,969
26	J・ランダワ	39,194,603
27	川原　希	38,783,447
28	P・マークセン	35,958,795
29	倉本　昌弘	35,868,656
30	葉　偉志	35,556,266
31	D・チャンド	35,464,711
32	佐藤　信人	35,271,441
33	高山　忠洋	34,611,694
34	谷口　徹	34,483,800
35	加瀬　秀樹	33,143,106
36	兼本　貴司	32,830,600
37	張　連偉	32,566,251
38	金　鍾徳	32,493,208
39	渡辺　司	31,692,810
40	桧垣　繁正	30,936,954
41	近藤　智弘	30,628,557
42	鈴木　亨	29,395,476
43	細川　和彦	29,305,849
44	横田　真一	26,187,479
45	矢野　東	25,960,449
46	真板　潔	25,678,424
47	立山　光広	25,285,451
48	A・ストルツ	22,990,400
49	佐々木久行	22,588,958
50	増田　伸洋	22,284,900
51	桧垣　豪	21,499,833
52	林　根基	19,694,900
53	今野　康晴	19,604,300
54	宮里　優作	18,970,000
55	Z・モウ	18,789,275
56	野仲　茂	18,741,010
57	井戸木鴻樹	18,410,983
58	川岸　良兼	17,778,466
59	小林　正則	17,541,549
60	桑原　克典	17,092,199
61	中嶋　常幸	17,064,886
62	小山内　護	16,517,266
63	中川　勝弥	15,990,280
64	飯合　肇	15,906,413
65	真野　佳晃	15,846,279
66	菊池　純	14,858,216
67	谷口　拓也	14,681,000
68	F・ミノザ	13,681,677
69	河村　雅之	13,066,265
70	金城　和弘	12,749,950
71	平石　武則	12,077,391

2004年度

ツアー競技29試合
賞金総額3,270,000,000円
※印を除く上位72位までの70名が2005年度のツアー出場資格を獲得
ランキングは海外4大メジャー競技及びチーム戦を除くWGC3競技で獲得した賞金を含む

順位	氏　名	獲得額(円)
1	片山　晋呉	119,512,374
2	谷口　徹	101,773,301
3	Y・E・ヤン	99,540,333
4	S・K・ホ	90,176,104
5	P・シーハン	85,020,125
6	D・スメイル	74,357,866
7	谷原　秀人	70,854,178
8	神山　隆志	62,232,651
9	加瀬　秀樹	60,245,467
10	深堀圭一郎	58,944,553
11	B・ジョーンズ	58,119,000
12	S・コンラン	58,113,133
13	近藤　智弘	54,420,941
14	平塚　哲二	53,658,599
15	川岸　良兼	51,522,408
16	鈴木　亨	51,415,145
17	藤田　寛之	50,468,957
18	D・チャンド	48,202,608
19	宮本　勝昌	48,191,300
20	谷口　拓也	42,212,228
21	横尾　要	41,893,454
22	三橋　達也	40,684,974
23	星野　英正	40,048,449
24	※T・ウッズ	40,000,000
25	葉　偉志	39,398,503
26	伊沢　利光	36,300,450
27	今井　克宗	35,771,123
28	米山　剛	35,259,413
29	増田　伸洋	34,559,630
30	手嶋　多一	33,995,275
31	井上　信	33,521,392
32	佐々木久行	33,233,066
33	今野　康晴	31,670,647
34	金　鍾徳	30,923,751
35	※D・クラーク	30,000,000
36	横田　真一	29,838,999
37	真板　潔	29,362,077
38	高山　忠洋	29,132,882
39	C・プラポール	28,175,416
40	川原　希	28,142,618
41	小田　龍一	27,695,883
42	桑原　克典	27,306,326
43	J・ランダワ	25,727,760
44	室田　淳	25,686,775
45	細川　和彦	25,500,080
46	J・M・シン	24,789,788
47	P・マークセン	24,649,014
48	丸山　大輔	24,464,147
49	C・ペーニャ	24,189,479
50	宮里　優作	23,904,829
51	兼本　貴司	22,517,692
52	尾崎　直道	21,856,416
53	W・リャン	21,309,186
54	真野　佳晃	20,168,459
55	尾崎　将司	19,833,670
56	小山内　護	19,760,266
57	T・スリロット	19,495,791
58	河村　雅之	19,389,885
59	中嶋　常幸	19,043,000
60	菊池　純	18,981,026
61	S・レイコック	18,223,999
62	立山　光広	18,126,385
63	井戸木鴻樹	17,755,667
64	広田　悟	17,448,345
65	平石　武則	17,348,575
66	林　根基	17,157,960
67	桧垣　繁正	16,971,018
68	合田　洋	16,648,741
69	野仲　茂	16,633,686
70	矢野　東	15,879,216
71	中川　勝弥	15,323,216
72	髙見　和宏	15,278,824

2005年度

ツアー競技29試合
賞金総額3,380,000,000円
※印を除く上位74位までの70名
が2006年度のツアー出場資格を
獲得
ランキングは海外4大メジャー
競技及びチーム戦を除くWGC3
競技で獲得した賞金を含む

順位	氏名	獲得額(円)
1	片山 晋呉	134,075,280
2	今野 康晴	118,543,753
3	深堀圭一郎	93,595,937
4	S・K・ホ	91,548,268
5	D・スメイル	78,870,984
6	丸山 大輔	74,160,817
7	谷口 徹	64,907,775
8	高山 忠洋	64,426,535
9	D・チャンド	63,409,935
10	Y・E・ヤン	63,346,608
11	伊澤 利光	62,832,150
12	星野 英正	60,153,666
13	川岸 良兼	59,572,772
14	横田 真一	57,919,014
15	細川 和彦	56,466,074
16	藤田 寛之	55,999,210
17	横尾 要	55,936,085
18	尾崎 直道	54,909,332
19	手嶋 多一	54,163,490
20	P・シーハン	51,740,935
21	S・コンラン	51,384,073
22	I・J・ジャン	50,138,248
23	林 根基	49,153,457
24	平塚 哲二	48,615,817
25	髙橋 竜彦	46,858,399
26	矢野 東	43,514,345
27	宮里 聖志	42,866,951
28	小田 龍一	42,274,712
29	谷口 拓也	41,579,321
30	広田 悟	41,329,133
31	※T・ウッズ	40,000,000
32	宮本 勝昌	39,260,320
33	近藤 智弘	38,945,605
34	川原 希	37,681,899
35	P・マークセン	37,194,449
36	C・キャンベル	36,267,200
37	真板 潔	36,147,443
38	金 鍾徳	35,357,266
39	鈴木 亨	30,676,485
40	小山内 護	30,317,388
41	※D・クラーク	30,000,000
42	※谷原 秀人	29,653,800
43	宮里 優作	29,511,667
44	立山 光広	29,263,116
45	加瀬 秀樹	27,650,774
46	野上 貴夫	25,163,133
47	菊池 純	24,923,245
48	今井 克宗	24,681,316
49	W・リャン	24,145,020
50	葉 偉志	24,097,213
51	J・M・シン	23,615,666
52	井上 信	23,391,920
53	S・レイコック	23,280,923
54	田島 創志	23,114,401
55	兼本 貴司	22,701,403
56	C・ジョーンズ	22,247,583
57	G・マイヤー	22,006,380
58	秋葉 真一	21,981,885
59	増田 伸洋	21,463,685
60	佐々木久行	20,246,033
61	佐藤 信人	19,785,600
62	白 佳和	18,427,817
63	室田 淳	17,780,800
64	C・プラポール	17,268,028
65	塚田 好宣	16,710,200
66	堀之内 豊	16,688,492
67	野仲 茂	16,566,766
68	友利 勝良	15,066,900
69	桑原 克典	14,022,342
70	T・スリロット	13,732,273
71	※J・フューリク	13,600,000
72	高島 康彰	13,419,766
73	久保谷健一	13,178,849
74	中川 勝弥	12,553,237

2006年度

ツアー競技29試合
賞金総額3,500,000,000円
※印を除く上位73位までの70名
が2007年度のツアー出場資格を
獲得
ランキングは海外4大メジャー
競技及びチーム戦を除くWGC3
競技で獲得した賞金を含む

順位	氏名	獲得額(円)
1	片山 晋呉	178,402,190
2	谷原 秀人	119,888,517
3	J・M・シン	113,538,173
4	谷口 徹	113,468,445
5	手嶋 多一	96,488,270
6	平塚 哲二	95,734,882
7	S・K・ホ	95,580,550
8	星野 英正	85,236,370
9	Y・E・ヤン	75,710,084
10	近藤 智弘	75,490,851
11	P・シーハン	63,735,333
12	横尾 要	62,490,386
13	増田 伸洋	61,932,103
14	藤田 寛之	59,463,650
15	小山内 護	58,864,050
16	宮本 勝昌	58,294,663
17	武藤 俊憲	57,672,877
18	矢野 東	57,197,766
19	深堀圭一郎	54,477,516
20	D・スメイル	53,442,964
21	W・リャン	50,663,094
22	葉 偉志	49,626,000
23	髙橋 竜彦	48,177,563
24	真板 潔	47,740,331
25	※中嶋 常幸	46,881,260
26	P・マークセン	44,298,951
27	宮里 優作	42,624,094
28	市原 建彦	41,460,029
29	B・ジョーンズ	40,786,839
30	谷口 拓也	40,151,500
31	高山 忠洋	40,145,566
32	※P・ハリントン	40,000,000
33	川原 希	38,266,312
34	富田 雅哉	35,066,732
35	W・パースキー	33,411,578
36	小田 龍一	32,187,890
37	白 佳和	30,401,032
38	川岸 良兼	29,863,437
39	鈴木 亨	28,608,299
40	林 根基	28,502,070
41	井上 信	27,476,018
42	室田 淳	25,916,117
43	ドンファン	25,464,166
44	原口 鉄也	25,191,394
45	佐々木久行	24,614,159
46	G・マイヤー	24,419,855
47	広田 悟	23,315,212
48	今井 克宗	22,784,865
49	久保谷健一	22,601,333
50	加瀬 秀樹	21,175,349
51	上田 諭尉	20,763,548
52	友利 勝良	20,355,000
53	F・ミノザ	20,279,437
54	※T・ウッズ	20,000,000
55	I・J・ジャン	19,966,118
56	立山 光広	19,764,674
57	河井 博大	19,720,951
58	S・コンラン	18,238,100
59	宮里 聖志	17,682,600
60	金 鍾徳	17,638,733
61	秋葉 真一	17,554,416
62	岩田 寛	17,530,649
63	すし 石垣	16,364,346
64	T・スリロット	16,344,442
65	白潟 英純	16,340,623
66	溝口 英二	16,248,000
67	菊池 純	16,167,203
68	S・レイコック	15,697,857
69	井手口正一	15,551,233
70	井戸木鴻樹	15,295,942
71	野仲 茂	14,874,373
72	C・プラポール	14,759,712
73	塚田 好宣	14,735,297

2007年度

ツアー 24試合
賞金総額3,040,000,000円
※印を除く上位75位までの70名が2008年度のツアー出場資格を獲得
ランキングは海外4大メジャー競技及びWGC3競技で獲得した賞金を含む

順位	氏　名	獲得額(円)
1	谷口　徹	171,744,498
2	片山　晋呉	141,053,934
3	B・ジョーンズ	115,531,323
4	谷原　秀人	77,622,976
5	近藤　智弘	74,841,936
6	ドンファン	69,803,156
7	宮本　勝昌	65,295,008
8	藤田　寛之	64,971,982
9	小田　孔明	60,509,893
10	P・マークセン	56,076,178
11	深堀圭一郎	51,312,001
12	平塚　哲二	51,267,532
13	伊澤　利光	48,350,082
14	宮里　優作	48,310,583
15	D・スメイル	46,634,668
16	岩田　寛	43,912,967
17	F・ミノザ	43,743,675
18	宮瀬　博文	41,109,208
19	上田　諭尉	40,031,996
20	※I・ポールター	40,000,000
21	S・コンラン	39,801,750
22	菊池　純	38,954,854
23	横尾　要	38,180,144
24	広田　悟	33,799,459
25	今野　康晴	33,690,016
26	篠崎　紀夫	32,908,989
27	手嶋　多一	32,455,350
28	宮里　聖志	32,129,850
29	竹本　直哉	30,715,415
30	矢野　東	29,652,446
31	李　承鎬	28,463,750
32	金　鍾徳	26,622,660
33	C・キャンベル	26,266,893
34	富田　雅哉	26,066,234
35	藤島　豊和	25,126,500
36	鈴木　亨	24,972,751
37	G・マイヤー	24,967,994
38	小山内　護	24,844,251
39	※C・ビジェガス	24,000,000
40	久保谷健一	23,957,493
41	谷口　拓也	23,046,301
42	W・パースキー	22,711,466
43	I・J・ジャン	21,940,333
44	高山　忠洋	21,895,259
45	P・ミーサワット	21,847,098
46	星野　英正	21,817,209
47	S・K・ホ	21,770,659

順位	氏　名	獲得額(円)
48	佐藤　信人	21,242,083
49	C・プラポール	20,801,666
50	武藤　俊憲	20,717,750
51	立山　光広	20,020,284
52	※G・フェルナンデスカスタノ	20,000,000
53	小田　龍一	19,412,125
54	原口　鉄也	19,174,384
55	細川　和彦	18,630,069
56	C・パリー	18,514,196
57	髙橋　竜彦	18,094,525
58	丸山　大輔	16,763,333
59	室田　淳	16,520,545
60	すし　石垣	16,147,233
61	井上　信	15,672,766
62	佐々木久行	14,779,380
63	野上　貴夫	14,459,594
64	S・レイコック	14,160,009
65	兼本　貴司	14,142,100
66	白　佳和	13,793,521
67	尾崎　健夫	13,217,916
68	井手口正一	12,988,653
69	増田　伸洋	12,401,400
70	J・M・シン	12,248,333
71	※B・スネデカー	12,069,500
72	井上　忠久	11,941,332
73	※L・ドナルド	11,600,000
74	林　根基	10,756,550
75	W・リャン	10,597,300

2008年度

ツアー 25試合
賞金総額3,620,000,000円
※印を除く上位73位までの70名が2009年度のツアー出場資格を獲得
ランキングは海外4大メジャー競技及びWGC3競技で獲得した賞金を含む

順位	氏　名	獲得額(円)
1	片山　晋呉	180,094,895
2	矢野　東	137,064,052
3	P・マークセン	126,430,825
4	谷原　秀人	110,414,719
5	石川　遼	106,318,166
6	S・K・ホ	98,009,498
7	B・ジョーンズ	93,613,324
8	甲斐慎太郎	89,110,256
9	藤田　寛之	82,420,197
10	武藤　俊憲	78,382,804
11	星野　英正	69,122,727
12	久保谷健一	67,286,498
13	小田　孔明	66,853,285
14	井上　信	64,954,469
15	J・M・シン	64,140,000
16	宮本　勝昌	61,996,691

順位	氏　名	獲得額(円)
17	手嶋　多一	61,749,416
18	近藤　智弘	60,044,383
19	ドンファン	57,565,700
20	D・スメイル	56,748,194
21	岩田　寛	54,245,000
22	今野　康晴	51,112,400
23	野上　貴夫	50,697,190
24	横尾　要	49,804,949
25	丸山　大輔	48,411,875
26	谷口　徹	48,231,595
27	深堀圭一郎	47,725,012
28	松村　道央	43,529,814
29	S・コンラン	42,278,971
30	藤島　豊和	41,015,404
31	W・リャン	39,443,000
32	宮里　聖志	38,904,142
33	宮里　優作	38,197,866
34	谷口　拓也	37,210,771
35	貞方　章男	31,851,140
36	鈴木　亨	31,615,299
37	すし　石垣	31,203,090
38	※丸山　茂樹	30,762,142
39	富田　雅哉	29,953,704
40	広田　悟	29,522,000
41	小山内　護	29,170,156
42	山下　和宏	28,468,958
43	佐藤　信人	27,446,104
44	原口　鉄也	26,413,533
45	上田　諭尉	24,839,473
46	高山　忠洋	23,624,233
47	D・チャンド	23,571,480
48	C・パリー	23,175,965
49	金　庚泰	21,992,250
50	宮瀬　博文	21,947,603
51	上井　邦浩	21,744,167
52	池田　勇太	20,824,400
53	細川　和彦	20,462,321
54	篠崎　紀夫	20,287,292
55	横田　真一	19,244,687
56	平塚　哲二	19,170,112
57	C・プラボール	19,079,457
58	※中嶋　常幸	18,710,000
59	桑原　克典	18,656,931
60	兼本　貴司	18,512,820
61	小田　龍一	17,100,380
62	P・シーハン	16,695,790
63	前田　雄大	16,560,146
64	E・リー	16,440,055
65	※B・ジョーブ	16,217,500
66	W・パースキー	16,045,125
67	H・リー	15,859,066
68	中島　雅生	15,440,068
69	川岸　良兼	15,399,671
70	増田　伸洋	14,864,352
71	竹本　直哉	14,139,655
72	F・ミノザ	12,316,933
73	津曲　泰弦	11,773,933

2009年度

ツアー 24試合
賞金総額3,340,000,000円
※印を除く上位73位までの70名
が2010年度のツアー出場資格を
獲得
ランキングは海外4大メジャー
競技及びWGC4競技で獲得した
賞金を含む

順位	氏 名	獲得額（円）
1	石川 遼	183,524,051
2	池田 勇太	158,556,695
3	小田 孔明	118,774,176
4	片山 晋呉	113,678,535
5	藤田 寛之	91,244,625
6	小田 龍一	89,068,777
7	久保谷健一	83,370,089
8	丸山 茂樹	82,883,082
9	金 庚泰	77,399,270
10	B・ジョーンズ	76,167,351
11	丸山 大輔	75,120,111
12	鈴木 亨	71,647,215
13	今野 康晴	70,878,149
14	近藤 共弘	69,605,178
15	平塚 哲二	61,713,808
16	矢野 東	59,277,878
17	D・スメイル	57,570,209
18	山下 和宏	56,563,652
19	武藤 俊憲	55,621,648
20	谷口 徹	54,841,100
21	横尾 要	53,069,138
22	兼本 貴司	52,167,356
23	P・マークセン	50,875,051
24	富田 雅哉	48,798,266
25	宮瀬 博文	43,148,820
26	五十嵐雄二	42,571,147
27	宮本 勝昌	42,366,555
28	※E・モリナリ	40,000,000
29	谷原 秀人	39,623,446
30	H・リー	37,633,279
31	宮里 優作	36,239,021
32	金 亨成	36,043,650
33	手嶋 多一	32,168,499
34	松村 道央	31,949,428
35	高山 忠洋	29,793,637
36	原口 鉄也	29,225,982
37	S・コンラン	27,670,343
38	星野 英正	26,413,207
39	岩田 寛	25,627,985
40	立山 光広	25,297,303
41	上井 邦浩	24,845,683
42	津曲 泰弦	23,585,128
43	E・リー	23,337,902
44	甲斐慎太郎	22,736,075
45	K・アフィバーンラト	22,240,356
46	I・J・ジャン	22,040,748
47	井戸木鴻樹	21,833,750

順位	氏 名	獲得額（円）
48	梶川 剛奨	20,103,916
49	※R・カールソン	20,000,000
50	野仲 茂	19,293,102
51	井上 信	19,268,896
52	前田 雄大	18,560,883
53	増田 伸洋	18,532,852
54	額賀 辰徳	17,425,250
55	B・ジョーブ	17,273,285
56	貞方 章男	16,921,820
57	W・リャン	16,690,300
58	S・K・ホ	16,339,373
59	金 鍾徳	16,249,500
60	広田 悟	16,081,166
61	藤島 豊和	15,617,090
62	篠崎 紀夫	15,288,363
63	宮里 聖志	15,285,824
64	河井 博大	14,580,665
65	W・パースキー	14,337,565
66	H・T・キム	14,260,692
67	室田 淳	14,184,448
68	※中嶋 常幸	13,192,285
69	桑原 克典	12,866,183
70	上田 諭尉	12,654,124
71	細川 和彦	12,333,145
72	塚田 好宣	11,906,485
73	横田 真一	11,757,208

2010年度

ツアー 25試合
賞金総額3,350,000,000円
上位70位までの70名が2011年度
のツアー出場資格を獲得
ランキングは海外4大メジャー
競技で獲得した賞金を含む

順位	氏 名	獲得額（円）
1	金 庚泰	181,103,799
2	藤田 寛之	157,932,927
3	石川 遼	151,461,479
4	池田 勇太	145,043,030
5	松村 道央	108,908,063
6	谷口 徹	103,020,730
7	B・ジョーンズ	82,359,438
8	兼本 貴司	79,422,113
9	宮本 勝昌	74,248,316
10	薗田 峻輔	69,854,664
11	金度勲(大邱)	65,800,949
12	小田 孔明	65,125,901
13	平塚 哲二	61,733,487
14	高山 忠洋	61,626,320
15	丸山 大輔	52,394,316
16	片山 晋呉	49,191,763
17	J・チョイ	44,284,895
18	谷原 秀人	43,886,755
19	H・リー	43,152,532

順位	氏 名	獲得額（円）
20	横田 真一	40,126,910
21	小田 龍一	38,983,464
22	丸山 茂樹	37,908,185
23	富田 雅哉	37,555,243
24	小山内 護	37,332,212
25	原口 鉄也	36,888,166
26	上井 邦浩	36,730,879
27	趙 珉珪	32,841,000
28	K・アフィバーンラト	31,280,653
29	裵 相文	29,474,083
30	岩田 寛	28,939,299
31	久保谷健一	28,904,208
32	井上 信	28,371,138
33	手嶋 多一	28,358,009
34	H・T・キム	27,888,751
35	D・チャンド	27,743,337
36	甲斐慎太郎	26,918,101
37	増田 伸洋	26,482,635
38	細川 和彦	26,062,986
39	山下 和宏	25,087,653
40	S・K・ホ	24,880,021
41	白 佳和	24,621,190
42	河井 博大	24,586,541
43	近藤 共弘	24,451,886
44	横尾 要	23,946,466
45	立山 光広	23,575,384
46	宮瀬 博文	23,142,234
47	矢野 東	23,009,156
48	谷口 拓也	22,574,098
49	朴 宰範	22,450,800
50	野仲 茂	21,700,112
51	I・J・ジャン	21,264,056
52	武藤 俊憲	20,281,530
53	宮里 聖志	20,113,266
54	貞方 章男	20,106,214
55	宮里 優作	19,653,816
56	D・スメイル	19,151,530
57	鈴木 亨	18,704,725
58	市原 弘大	18,566,998
59	広田 悟	18,206,600
60	金 亨成	18,101,250
61	上平 栄道	18,060,666
62	P・シーハン	18,059,799
63	W・リャン	17,223,250
64	C・キャンベル	14,609,580
65	上田 諭尉	14,488,326
66	許 仁會	13,497,916
67	河野晃一郎	12,739,454
68	藤島 豊和	12,173,068
69	岡茂 洋雄	11,912,254
70	谷 昭範	11,286,921

2011年度

ツアー 25試合
賞金総額3,330,000,000円
※印を除く上位71位までの70名が2012年度のツアー出場資格を獲得
ランキングは海外4大メジャー競技で獲得した賞金を含む

順位	氏　　名	獲得額(円)
1	裵　相文	151,078,958
2	高山　忠洋	98,718,202
3	石川　遼	98,282,603
4	谷口　徹	96,888,944
5	藤田　寛之	94,355,200
6	小田　孔明	92,046,659
7	近藤　共弘	78,374,189
8	武藤　俊憲	77,694,778
9	平塚　哲二	73,482,234
10	久保谷健一	72,934,339
11	池田　勇太	71,703,534
12	金　庚泰	71,052,728
13	片山　晋呉	63,637,028
14	河井　博大	57,746,680
15	B・ジョーンズ	55,031,144
16	河野晃一郎	51,219,668
17	松村　道央	47,094,056
18	金　度勲	45,138,205
19	J・B・パク	44,454,660
20	ドンファン	42,602,606
21	宮里　優作	42,540,169
22	S・K・ホ	42,271,541
23	丸山　大輔	40,889,034
24	小林　正則	38,546,037
25	趙　珉珪	37,718,219
26	K・バーンズ	36,104,469
27	黄　重坤	35,774,105
28	J・チョイ	33,947,483
29	B・ケネディ	33,781,510
30	薗田　峻輔	33,499,666
31	H・T・キム	33,243,333
32	増田　伸洋	31,595,993
33	上井　邦浩	30,880,790
34	矢野　東	30,815,609
35	諸藤　将次	29,372,077
36	上田　諭尉	28,852,010
37	宮里　聖志	27,098,932
38	P・シーハン	26,162,869
39	P・マークセン	24,751,417
40	朴　星俊	23,434,332
41	I・J・ジャン	23,128,408
42	小田　龍一	22,418,994
43	C・プラポール	22,283,266
44	宮本　勝昌	22,168,925
45	金　亨成	21,635,673
46	S・コンラン	21,377,471
47	小山内　護	21,192,804
48	N・ベーシック	20,747,733
49	冨山　聡	20,627,660
50	岩田　寛	20,598,566
51	山下　和宏	20,585,659
52	手嶋　多一	20,497,539
53	星野　英正	20,408,754
54	H・リー	19,476,725
55	白　佳和	19,304,726
56	原口　鉄也	18,947,426
57	D・スメイル	18,675,736
58	小泉　洋人	18,265,500
59	立山　光広	18,196,863
60	市原　弘大	18,064,751
61	横尾　要	17,966,611
62	K・アフィバーンラト	17,689,235
63	すし　石垣	17,541,896
64	谷　昭範	17,307,486
65	谷原　秀人	15,717,489
66	河瀬　賢史	15,622,316
67	佐藤　信人	15,400,000
68	上平　栄道	15,319,522
69	※G・フェルナンデスカスタノ	15,000,000
70	津曲　泰弦	14,914,170
71	金　聖潤	14,798,510

2012年度

ツアー 25試合
賞金総額3,360,000,000円
※印を除く上位71位までの70名が2013年度のツアー出場資格を獲得
ランキングは海外4大メジャー競技で獲得した賞金を含む

順位	氏　　名	獲得額(円)
1	藤田　寛之	175,159,972
2	谷口　徹	102,686,994
3	B・ジョーンズ	92,078,892
4	池田　勇太	88,948,069
5	藤本　佳則	88,659,122
6	黄　重坤	84,348,350
7	石川　遼	78,178,145
8	金　亨成	76,660,630
9	金　庚泰	76,570,535
10	李　京勲	73,411,694
11	小田　孔明	72,340,492
12	武藤　俊憲	68,680,607
13	谷原　秀人	67,020,505
14	H・リー	66,277,742
15	久保谷健一	66,100,828
16	上平　栄道	63,101,010
17	I・J・ジャン	62,493,702
18	片山　晋呉	53,921,858
19	上井　邦浩	52,893,647
20	金　度勲	49,343,219
21	H・W・リュー	49,296,011
22	山下　和宏	46,195,203
23	B・ケネディ	44,330,044
24	近藤　共弘	44,009,377
25	小林　正則	43,704,828
26	小田　龍一	41,572,349
27	J・パグンサン	40,868,107
28	呉　阿順	40,675,310
29	※L・ドナルド	40,000,000
30	宮里　優作	38,716,099
31	J・チョイ	38,490,240
32	川村　昌弘	34,220,932
33	手嶋　多一	33,665,900
34	ドンファン	33,195,666
35	宮本　勝昌	31,394,233
36	P・マークセン	31,246,832
37	S・K・ホ	30,545,738
38	兼本　貴司	28,935,486
39	平塚　哲二	28,798,933
40	K・バーンズ	28,370,794
41	K・アフィバーンラト	27,838,833
42	薗田　峻輔	27,586,816
43	深堀圭一郎	26,059,199
44	上田　諭尉	25,634,366
45	松村　道央	24,735,457
46	横尾　要	24,032,876
47	宮里　聖志	23,740,875
48	今野　康晴	23,472,847
49	すし　石垣	23,387,832
50	D・スメイル	22,159,537
51	趙　珉珪	21,690,558
52	S・コンラン	21,234,594
53	塚田　好宣	21,140,421
54	李　丞鎬	20,535,791
55	篠崎　紀夫	20,444,942
56	梁　津萬	19,632,814
57	丸山　大輔	19,391,953
58	貞方　章男	18,759,000
59	岩田　寛	18,323,527
60	白　佳和	18,003,957
61	金　聖潤	17,116,842
62	永野竜太郎	16,481,404
63	矢野　東	16,204,023
64	朴　銀信	16,050,597
65	野仲　茂	15,745,265
66	高山　忠洋	15,501,100
67	浅地　洋佑	15,253,865
68	小山内　護	15,115,261
69	細川　和彦	14,148,280
70	白潟　英純	13,873,542
71	原口　鉄也	13,660,377

2013年度

ツアー 25試合
賞金総額3,354,140,000円
※印を除く上位72位までの70名が2014年度のツアー出場資格を獲得
ランキングは海外4大メジャー競技で獲得した賞金を含む

順位	氏 名	獲得額（円）
1	松山 英樹	201,076,781
2	金 亨成	125,824,405
3	片山 晋呉	112,557,810
4	小田 孔明	112,506,906
5	S・J・パク	93,402,445
6	谷原 秀人	91,134,436
7	宮里 優作	78,688,291
8	呉 阿順	78,347,975
9	池田 勇太	78,056,124
10	藤本 佳則	69,598,515
11	川村 昌弘	66,566,788
12	小平 智	62,034,804
13	李 京勲	60,445,317
14	小林 正則	55,811,378
15	薗田 峻輔	55,508,856
16	山下 和宏	54,961,615
17	近藤 共弘	53,783,167
18	B・ケネディ	52,835,054
19	S・K・ホ	51,959,448
20	金 庚泰	51,656,204
21	塚田 好宣	46,076,809
22	松村 道央	41,310,205
23	P・マークセン	41,015,121
24	※L・ドナルド	40,000,000
25	藤田 寛之	39,573,695
26	平塚 哲二	39,242,177
27	上井 邦浩	36,405,673
28	丸山 大輔	36,335,474
29	※B・ジョーンズ	36,252,699
30	I・J・ジャン	35,960,383
31	D・オー	34,048,570
32	武藤 俊憲	31,471,393
33	河野 祐輝	30,707,856
34	崔 虎星	30,692,108
35	H・リー	29,648,934
36	黄 重坤	29,400,632
37	J・パグンサン	29,312,118
38	谷口 徹	28,773,520
39	冨山 聡	27,787,445
40	高山 忠洋	24,962,216
41	星野 英正	24,801,423
42	矢野 東	23,562,447
43	岩田 寛	22,946,899
44	深堀圭一郎	22,015,961
45	河井 博大	21,492,116
46	宮本 勝昌	20,862,314
47	片岡 大育	20,791,678
48	D・スメイル	19,868,468
49	S・ストレンジ	19,653,546
50	梁 津萬	19,408,446
51	趙 珉珪	18,655,742
52	野仲 茂	18,302,121
53	K・バーンズ	18,212,584
54	今野 康晴	18,060,499
55	S・コンラン	17,687,683
56	上平 栄道	17,419,976
57	横尾 要	17,341,688
58	塚田 陽亮	17,107,142
59	貞方 章男	16,819,650
60	金 聖潤	16,376,054
61	宋 永漢	16,228,130
62	K・アフィバーンラト	15,977,593
63	永野竜太郎	15,671,850
64	井上 信	15,389,292
65	石川 遼	14,920,000
66	J・チョイ	14,784,633
67	白 佳和	14,573,358
68	金 度勲	14,500,703
69	李 尚熹	14,212,802
70	手嶋 多一	13,787,693
71	M・ヘンドリー	12,874,929
72	久保谷健一	12,814,083

2014年度

ツアー 24試合
賞金総額3,253,640,000円
※印を除く上位61位までの60名が2015年度ツアー出場資格、62位から78位までの15名がフォールシャッフル対象のツアー出場資格を獲得
ランキングは海外4大メジャー競技で獲得した賞金を含む

順位	氏 名	獲得額（円）
1	小田 孔明	137,318,693
2	藤田 寛之	116,275,130
3	近藤 共弘	107,089,056
4	岩田 寛	97,794,191
5	宮本 勝昌	91,048,150
6	片山 晋呉	85,535,243
7	池田 勇太	77,552,862
8	谷原 秀人	77,492,097
9	金 亨成	73,696,675
10	竹谷 佳孝	64,538,290
11	宮里 優作	64,299,792
12	藤本 佳則	61,285,279
13	張 棟圭	58,753,618
14	手嶋 多一	58,703,792
15	I・H・ホ	56,913,416
16	S・H・キム	55,392,226
17	P・マークセン	54,807,380
18	D・オー	53,076,501
19	石川 遼	52,856,504
20	武藤 俊憲	48,180,455
21	小平 智	47,914,628
22	I・J・ジャン	46,388,089
23	小田 龍一	46,084,125
24	李 京勲	43,500,608
25	松村 道央	43,097,968
26	※松山 英樹	42,770,000
27	高山 忠洋	42,232,041
28	李 尚熹	40,609,395
29	B・ケネディ	39,134,534
30	山下 和宏	36,174,377
31	H・W・リュー	35,494,392
32	梁 津萬	33,071,750
33	J・パグンサン	32,191,873
34	黄 重坤	31,453,889
35	金 庚泰	30,814,350
36	冨山 聡	30,252,637
37	B・ジョーンズ	30,143,617
38	A・ブランド	29,496,007
39	K・T・ゴン	29,465,715
40	趙 珉珪	28,397,436
41	朴 相賢	28,132,644
42	塚田 陽亮	27,590,393
43	S・K・ホ	26,512,000
44	H・リー	26,428,990
45	薗田 峻輔	25,369,942
46	呉 阿順	24,473,373
47	谷口 徹	24,262,860
48	星野 英正	23,541,764
49	宋 永漢	22,922,807
50	今野 康晴	22,267,700
51	M・ヘンドリー	21,306,402
52	増田 伸洋	21,066,199
53	片岡 大育	20,025,649
54	貞方 章男	19,484,657
55	河井 博大	19,085,828
56	正岡 竜二	18,374,182
57	市原 弘大	17,105,442
58	K・アフィバーンラト	16,975,000
59	T・クロンパ	16,207,666
60	金 亨泰	16,205,000
61	塚田 好宣	16,092,039
62	永野竜太郎	15,816,847
63	S・ストレンジ	15,757,180
64	S・コンラン	15,215,523
65	重永亜斗夢	14,993,377
66	丸山 大輔	14,047,770
67	塩見 好輝	13,963,649
68	平本 穏	13,084,777
69	上井 邦裕	12,688,707
70	J・B・パク	12,552,900
71	崔 虎星	12,546,153
72	K・バーンズ	12,028,965
73	室田 淳	12,012,500
74	※J・クヌートン	11,850,000
75	稲森 佑貴	11,734,857

順位	氏　　名	獲得額(円)
76	D・スメイル	11,617,566
77	※J・スピース	11,600,000
78	深堀圭一郎	11,014,957

2015年度

ツアー 25試合
賞金総額3,309,340,000円
※印を除く上位62位までの60名が2016年度ツアー出場資格、63位から78位までの15名がフォールシャッフル対象のツアー出場資格を獲得
ランキングは海外4大メジャー競技で獲得した賞金を含む

順位	氏　　名	獲得額(円)
1	金　　庚泰	165,981,625
2	宮里　優作	103,999,119
3	池田　勇太	99,380,317
4	藤本　佳則	98,642,449
5	片山　晋呉	90,577,641
6	石川　遼	87,788,433
7	谷原　秀人	87,208,490
8	黄　　重坤	81,159,441
9	小平　智	66,776,437
10	小田　孔明	63,701,077
11	松村　道央	62,546,865
12	I・J・ジャン	61,387,417
13	李　　京勲	61,162,727
14	岩田　寛	60,229,333
15	宋　　永漢	59,972,148
16	金　　亨成	59,321,180
17	A・ブランド	57,010,458
18	片岡　大育	56,492,942
19	武藤　俊憲	56,005,368
20	P・マークセン	50,384,742
21	B・ケネディ	49,582,075
22	永野竜太郎	48,904,833
23	手嶋　多一	48,850,267
24	今平　周吾	45,257,908
25	宮本　勝昌	44,424,966
26	H・W・リュー	41,506,218
27	※梁　　津萬	40,598,600
28	近藤　共弘	39,773,618
29	稲森　佑貴	37,256,211
30	M・ヘンドリー	35,697,800
31	藤田　寛之	34,624,648
32	高山　忠洋	34,061,558
33	朴　　相賢	32,065,462
34	山下　和宏	31,419,220
35	W・J・リー	31,105,380
36	小田　龍一	27,531,057
37	張　　棟圭	27,424,629
38	趙　　珉珪	27,091,442
39	T・クロンパ	26,206,500

順位	氏　　名	獲得額(円)
40	J・B・パク	25,960,850
41	堀川未来夢	24,995,207
42	川村　昌弘	24,898,699
43	竹谷　佳孝	24,662,451
44	呉　　阿順	24,608,877
45	崔　　虎星	23,836,674
46	重永亜斗夢	23,736,250
47	谷口　徹	23,639,788
48	市原　弘大	23,244,476
49	B・ジョーンズ	23,002,533
50	李　　尚熹	22,900,447
51	S・ストレンジ	22,087,528
52	薗田　峻輔	22,054,940
53	貞方　章男	21,767,685
54	冨山　聡	20,348,992
55	D・オー	19,515,031
56	塚田　陽亮	19,469,361
57	小池　一平	18,683,116
58	K・バーンズ	18,660,581
59	※松山　英樹	18,160,000
60	S・K・ホ	16,779,357
61	額賀　辰徳	15,784,000
62	A・キュー	15,762,075
63	小林伸太郎	15,533,438
64	矢野　東	14,524,349
65	深堀圭一郎	14,262,919
66	星野　英正	13,959,336
67	K・T・ゴン	13,836,575
68	M・グリフィン	12,787,897
69	※王　　情訓	12,530,700
70	横田　真一	12,161,173
71	平本　穏	11,603,397
72	J・パグンサン	11,541,375
73	増田　伸洋	10,998,110
74	富村　真治	10,589,583
75	文　　景俊	10,310,801
76	河井　博大	10,105,622
77	正岡　竜二	10,004,177
78	S・H・キム	9,935,254

2016年度

ツアー 26試合
賞金総額3,488,915,000円
※印を除く上位63位までの60名が2017年度ツアー出場資格、64位から82位までの15名がフォールシャッフル対象のツアー出場資格を獲得
ランキングは海外4大メジャー競技で獲得した賞金を含む

順位	氏　　名	獲得額(円)
1	池田　勇太	207,901,567
2	谷原　秀人	171,902,867
3	金　　庚泰	113,714,688
4	宋　　永漢	91,562,130
5	片岡　大育	86,019,113
6	小平　智	83,674,671
7	※松山　英樹	80,000,000
8	朴　　相賢	77,961,852
9	片山　晋呉	63,219,233
10	今平　周吾	61,603,069
11	B・ケネディ	55,524,605
12	M・ヘンドリー	54,054,728
13	武藤　俊憲	51,292,990
14	宮本　勝昌	48,093,082
15	藤本　佳則	47,059,237
16	高山　忠洋	46,976,486
17	李　　京勲	46,039,800
18	永野竜太郎	45,927,502
19	石川　遼	44,371,593
20	宮里　優作	44,166,769
21	H・W・リュー	43,942,039
22	小田　孔明	43,654,025
23	B・ジョーンズ	43,580,309
24	朴ジュンウォン	41,200,815
25	※B・ケプカ	40,000,000
26	稲森　佑貴	39,956,809
27	小池　一平	39,879,943
28	塚田　陽亮	39,816,934
29	藤田　寛之	39,712,044
30	金　　亨成	38,323,830
31	黄　　重坤	35,509,333
32	近藤　共弘	34,850,307
33	市原　弘大	34,644,807
34	矢野　東	34,623,195
35	※詹　　世昌	34,099,093
36	小林伸太郎	33,431,975
37	T・クロンパ	33,350,885
38	趙　　珉珪	32,563,056
39	山下　和宏	31,919,125
40	重永亜斗夢	30,413,880
41	大堀裕次郎	29,976,937
42	薗田　峻輔	29,862,563
43	S・ノリス	29,534,371
44	S・H・キム	28,626,130
45	W・J・リー	27,610,993
46	崔　　虎星	26,153,285
47	S・ハン	24,237,716
48	趙　　炳旻	23,898,663
49	A・ブランド	23,438,927
50	手嶋　多一	23,376,839
51	正岡　竜二	22,751,200
52	小田　龍一	21,012,871
53	J・パグンサン	20,982,485
54	時松　隆光	20,980,449
55	K・バーンズ	20,506,328
56	川村　昌弘	19,719,551
57	姜　　庚男	19,249,671
58	竹谷　佳孝	19,163,200
59	任　　成宰	18,291,100
60	梁　　津萬	18,028,440

順位	氏　名	獲得額(円)
61	I・J・ジャン	18,008,137
62	香妻陣一朗	17,035,322
63	A・キュー	16,684,548
64	李　尚熹	16,466,713
65	岩本　高志	15,992,175
66	H・リー	15,783,104
67	S・ストレンジ	15,218,135
68	P・マークセン	14,213,252
69	C・キム	14,090,942
70	松村　道央	14,070,951
71	D・オー	13,807,800
72	※J・スピース	13,131,800
73	※E・グリジョ	12,950,000
74	※王　情訓	12,740,592
75	C・ニラト	12,659,371
76	※M・フレーザー	12,600,000
77	星野　英正	12,493,875
78	J・B・パク	11,192,300
79	M・グリフィン	11,048,981
80	谷口　徹	10,921,900
81	増田　伸洋	10,427,034
82	平塚　哲二	10,133,947

2017年度

ツアー26試合
賞金総額3,594,680,000円
※印を除く上位62位までの61名が2018年度ツアー出場資格、63位から79位までの15名がフォールシャッフル対象の出場資格を獲得
ランキングは海外4大メジャー競技で獲得した賞金を含む

順位	氏　名	獲得額(円)
1	宮里　優作	182,831,982
2	小平　智	161,463,405
3	C・キム	132,326,556
4	池田　勇太	126,240,438
5	S・ハン	112,798,464
6	今平　周吾	101,483,329
7	S・ノリス	85,128,663
8	片山　晋呉	81,289,975
9	H・W・リュー	80,824,002
10	宋　永漢	69,269,309
11	時松　隆光	67,509,563
12	任　成宰	62,441,879
13	金　庚泰	60,537,587
14	片岡　大育	59,158,027
15	宮本　勝昌	54,438,564
16	高山　忠洋	54,091,093
17	M・ヘンドリー	51,138,926
18	P・マークセン	50,389,244
19	黄　重坤	49,386,868
20	稲森　佑貴	49,209,462

順位	氏　名	獲得額(円)
21	B・ケネディ	47,063,090
22	久保谷健一	46,960,480
23	李　尚熹	46,796,649
24	藤本　佳則	46,035,278
25	小田　孔明	42,589,504
26	※B・ケプカ	40,000,000
27	小鯛　竜也	39,580,855
28	B・ジョーンズ	37,568,322
29	朴　相賢	35,468,068
30	大堀裕次郎	35,145,092
31	星野　陸也	33,116,035
32	谷口　徹	32,364,700
33	武藤　俊憲	32,296,438
34	藤田　寛之	31,964,746
35	姜　庚男	31,640,659
36	梁　津萬	31,372,707
37	J・パグンサン	30,491,615
38	永野竜太郎	30,338,582
39	D・オー	29,265,266
40	A・キュー	27,803,035
41	A・ブランド	27,184,933
42	岩田　寛	27,114,280
43	秋吉　翔太	26,704,356
44	金　亨成	24,900,856
45	香妻陣一朗	22,919,437
46	S・H・キム	22,205,911
47	手嶋　多一	22,128,596
48	松村　道央	21,290,968
49	重永亜斗夢	20,971,166
50	T・シノット	20,497,288
51	堀川未来夢	20,481,606
52	M・グリフィン	20,039,302
53	上井　邦裕	19,637,050
54	趙　炳旻	19,424,272
55	谷原　秀人	18,746,636
56	I・J・ジャン	18,220,377
57	竹安　俊也	16,860,881
58	塚田　陽亮	16,848,572
59	山下　和宏	16,043,963
60	T・クロンパ	15,716,525
61	ドンファン	15,600,046
62	崔　虎星	15,311,921
63	I・H・ホ	14,887,484
64	※P・サクサンシン	14,421,000
65	※X・シャウフェレ	14,400,000
66	出水田大二郎	14,386,479
67	薗田　峻輔	14,195,743
68	石川　遼	14,148,888
69	朴ジュンウォン	13,650,237
70	正岡　竜二	13,455,196
71	川村　昌弘	13,051,454
72	北村　晃一	12,462,318
73	W・J・リー	12,348,000
74	池村　寛世	11,841,432
75	日高　将史	11,016,500
76	丸山　大輔	10,924,662
77	浅地　洋佑	10,898,808

順位	氏　名	獲得額(円)
78	D・ブランスドン	10,769,474
79	趙　珉珪	10,612,774

2018年度

ツアー24試合
賞金総額3,395,562,500円
※印を除く上位69位までの66名が2019年度ツアー出場資格を獲得
ランキングは海外4大メジャー競技で獲得した賞金を含む

順位	氏　名	獲得額(円)
1	今平　周吾	139,119,332
2	S・ノリス	103,942,450
3	稲森　佑貴	85,301,742
4	市原　弘大	82,245,918
5	池田　勇太	79,671,825
6	小平　智	75,982,987
7	星野　陸也	73,583,921
8	B・ジョーンズ	72,983,596
9	時松　隆光	69,530,017
10	崔　虎星	69,483,731
11	T・クロンパ	65,783,222
12	黄　重坤	65,691,041
13	Y・E・ヤン	63,650,559
14	秋吉　翔太	61,522,806
15	川村　昌弘	58,362,896
16	藤本　佳則	56,614,551
17	重永亜斗夢	55,374,842
18	木下　裕太	55,347,688
19	堀川未来夢	54,119,271
20	B・ケネディ	53,308,681
21	岩田　寛	50,847,216
22	石川　遼	47,692,054
23	李　尚熹	46,259,489
24	金　亨成	44,071,763
25	A・キュー	44,068,682
26	谷口　徹	40,216,992
27	額賀　辰徳	38,051,192
28	出水田大二郎	34,767,846
29	S・ハン	34,553,437
30	M・グリフィン	33,910,957
31	R・ガンジー	33,806,958
32	H・W・リュー	32,831,380
33	武藤　俊憲	32,804,339
34	片岡　大育	32,466,212
35	S・H・キム	31,126,979
36	姜　庚男	30,298,881
37	金　庚泰	27,819,500
38	朴　相賢	26,942,164
39	池村　寛世	24,902,163
40	大槻　智春	24,650,775
41	W・J・リー	24,443,904
42	R・ワナスリチャン	24,264,475

順位	氏　名	獲得額（円）
43	大堀裕次郎	24,041,362
44	小田　孔明	23,432,121
45	嘉数　光倫	23,352,000
46	片山　晋呉	22,669,138
47	宋　永漢	22,528,081
48	藤田　寛之	22,156,237
49	竹安　俊也	21,639,458
50	J・パグンサン	21,535,714
51	張　棟圭	21,525,399
52	上井　邦裕	20,994,945
53	※S・ガルシア	20,115,000
54	木下　稜介	19,198,487
55	趙　珉珪	18,951,175
56	浅地　洋佑	18,794,166
57	A・クウェイル	18,489,240
58	D・オー	17,768,539
59	正岡　竜二	17,069,878
60	比嘉　一貴	16,868,209
61	M・ヘンドリー	16,837,671
62	小鯛　竜也	16,779,938
63	※J・ハーディング	16,500,000
64	宮里　優作	16,237,450
65	P・マークセン	15,954,606
66	近藤　智弘	15,899,188
67	D・ブランスドン	15,550,497
68	※P・ピーターソン	15,086,250
69	詹　世昌	14,748,289

年度	試合数	賞金総額（円）
1973年	31	471,000,000
1974年	31	596,290,000
1975年	33	801,115,000
1976年	32	839,300,000
1977年	32	859,290,000
1978年	37	942,940,000
1979年	37	979,830,000
1980年	38	1,039,700,000
1981年	42	1,235,000,000
1982年	45	1,429,300,000
1983年	46	1,534,900,000
1984年	39	1,604,750,000
1985年	40	1,753,000,000
1986年	40	1,874,000,000
1987年	40	1,994,000,000
1988年	40	2,286,000,000
1989年	41	2,600,000,000
1990年	44	3,290,000,000
1991年	43	3,652,500,000
1992年	38	3,890,000,000
1993年	39	4,185,000,000
1994年	38	4,150,000,000
1995年	37	4,020,000,000
1996年	36	3,910,000,000
1997年	36	3,930,000,000
1998年	36	4,070,000,000
1999年	32	3,360,000,000
2000年	33	3,530,000,000
2001年	31	3,430,000,000
2002年	29	3,320,000,000
2003年	29	3,250,000,000
2004年	29	3,270,000,000
2005年	29	3,380,000,000
2006年	29	3,500,000,000
2007年	24	3,040,000,000
2008年	25	3,620,000,000
2009年	24	3,340,000,000
2010年	25	3,350,000,000
2011年	25	3,330,000,000
2012年	25	3,360,000,000
2013年	25	3,354,140,000
2014年	24	3,253,640,000
2015年	25	3,309,340,000
2016年	26	3,488,915,000
2017年	26	3,594,680,000
2018年	24	3,395,562,500
2019年	25	4,360,080,000

その他の主な競技歴代優勝者

◎はツアー競技、☆は賞金ランキング対象競技

年度	氏　名	記録	開催コース

●Hitachi 3Tours Championship

2005	JGTOチーム	34.5P	千葉・梅郷
2006	LPGAチーム	37P	キングフィールズ
2007	JGTOチーム	26P	キングフィールズ
2008	JGTOチーム	24.5P	キングフィールズ
2009	PGAチーム	17.5P	キングフィールズ
2010	JGTOチーム	23P	キングフィールズ
2011	LPGAチーム	24.5P	キングフィールズ
2012	PGAチーム	19.5P	平川
2013	JGTOチーム	21.5P	平川
2014	LPGAチーム	21.5P	平川
2015	LPGAチーム	10P	グリッサンド
2016	JGTOチーム	13.5P	グリッサンド
2017	JGTOチーム	11.5P	グリッサンド
2018	PGAチーム	10.0P	グリッサンド
2019	LPGAチーム	12.0P	グリッサンド

●岐阜オープンクラシック

1991	宮下　稔	132-66・66	各務原
1992	デビッド・イシイ	133-68・65	各務原
1993	平野　浩作	132-68・64	各務原
1994	菅原　洋一	135-69・66	各務原
1995	長田　力	134-69・70	各務原
1996	木村　政信	130-66・64	各務原
1997	井戸木鴻樹	132-66・66	各務原
1998	桑原　克典	130-65・65	各務原
1999	桑原　克典	132-68・64	各務原
2000	野上　貴夫	139-68・71	各務原
2001	原田　三夫	135-66・69	各務原
2002	横田　真一	133-65・68	各務原
2003	桑原　克典	64-64	各務原
2004	小林　正則	134-67・67	各務原
2005	堀之内　豊	134-68・66	各務原
2006	河村　雅之	141-70・71	各務原
2007	桑原　克典	137-68・69	各務原
2008	伊藤　正己	136-69・67	各務原
2009	藤田　寛之	134-67・67	各務原
2010	尾崎　直道	136-70・66	各務原
2011	宮瀬　博文	134-65・69	各務原
2012	井戸木鴻樹	139-70・69	各務原
2013	リチャード・テイト	134-67・67	各務原
2014	上平　栄道	136-69・67	各務原
2015	谷口　徹	133-67・66	各務原
2016	上田　諭尉	133-66・67	各務原
2017	谷口　徹	131-66・65	各務原
2018	石川　遼	137-69・68	各務原
2019※	織田　信亮	135-66・69	各務原

※はアマチュア

●北陸オープン
富山県オープン

1979	豊田　明夫	211-67・75・69	呉羽・日本海
1980	井上　幸一	142-72・70	呉羽・日本海
1981	松井　利樹	140-73・67	呉羽・日本海
☆1982	内田　繁	136-69・67	呉羽・日本海
☆1983	新井規矩雄	135-65・70	呉羽・日本海
1984	今井　昌雪	140-71・69	呉羽・日本海
1985	鷹巣　南雄	137-68・69	呉羽・日本海
1986	芹沢　信雄	138-66・72	呉羽・日本海
1987	芹沢　信雄	133-66・67	呉羽・日本海
1988	横島　由一	139-67・72	呉羽・日本海
1989	横島　由一	137-71・66	呉羽・日本海
1990	三上　法夫	140-72・68	呉羽・日本海
1991	横島　由一	141-71・70	呉羽・日本海
1992	中村　輝夫	139-68・71	呉羽・日本海
1993	中村　輝夫	140-68・72	呉羽・日本海
1994	河村　雅之	138-68・70	呉羽・日本海
1995	丸山　智弘	139-67・72	呉羽・日本海
1996	高崎　龍雄	136-68・68	呉羽・日本海
1997	藤田　寛之	132-68・64	呉羽・日本海
1998	室田　淳	136-68・68	呉羽・日本海

北陸オープン

1999	佐藤　剛平	137-68・69	呉羽・日本海
2000	宮本　勝昌	135-71・64	呉羽・日本海
2001	野仲　茂	139-71・68	呉羽・日本海
2002	藤田　寛之	134-64・70	呉羽・日本海
2003	平塚　哲二	133-64・69	呉羽・日本海
2004	小山内　護	135-67・68	呉羽・日本海
2005	小田　龍一	129-67・62	呉羽・日本海
2006	すし　石垣	135-69・66	呉羽・日本海
2007	室田　淳	137-69・68	呉羽・日本海
2008	中川　勝弥	134-68・66	呉羽・日本海
2009	山下　和宏	133-66・67	呉羽・日本海
2010	平塚　哲二	133-68・65	呉羽・日本海
2011	岡茂　洋雄	136-71・65	呉羽・日本海
2012	鈴木　康正	135-64・71	呉羽・日本海
2013	小田　孔明	134-69・65	呉羽・日本海
2014	遠藤　彰	133-65・68	呉羽・日本海
2015	宮本　勝昌	133-72・61	呉羽・日本海
2016	片山　晋呉	134-68・66	呉羽・日本海
2017	小田　龍一	136-68・68	呉羽・日本海
2018	北村　晃一	135-71・64	呉羽・日本海
2019	池村　寛世	135-66・69	呉羽・日本海

●中部オープン

1971	内田　繁	289-70・75・73・71	桑名
1972	橘田　規	282-70・73・67・72	浜名湖
◎1973	石井　裕士	287-71・71・75・70	愛岐
◎1974	橘田　規	282-70・75・65・72	貞宝
◎1975	野口　英一	284-70・68・74・72	伊勢
◎1976	陳　健振	278-67・72・72・67	芦原
◎1977	石井　裕士	286-71・70・73・72	東名古屋
◎1978	井上　幸一	277-66・67・74・70	四日市
◎1979	松岡　金市	290-73・74・74・69	岐阜関
◎1980	鈴村　久	278-65・69・72・72	さなげ
◎1981	内田　繁	278-71・72・65・70	名古屋
◎1982	内田　繁	282-69・68・75・70	片山津・白山
◎1983	中村　輝夫	279-73・63・70・73	富士C可児
◎1984	鈴村　照男	280-71・71・69・69	春日井
◎1985	塩田　昌宏	282-69・73・69・71	中日
◎1986	出口栄太郎	281-71・68・71・71	南山
◎1987	出口栄太郎	274-71・67・66・70	愛岐
◎1988	中村　輝夫	279-66・72・69・72	三好・西
◎1989	中村　忠夫	210-72・68・70	スリーレイクス
◎1990	坂井　初敏	284-70・73・69・72	能登C
◎1991	中村　輝夫	279-73・69・68・69	額田
1992	杉山　直也	278-63・71・66	レイクグリーン
1993	川瀬　順次	290-73・69・74・74	セントクリーク
1994	溝口　英二	285-69・76・69・71	新陽
1995	川瀬　順次	280-69・71・70・70	知多
1996	山本　昭一	275-67・74・63・71	ライオンズ
1997	川瀬　順次	283-67・71・73・72	南愛知

1998	尾崎　智勇	282-75·70·69·68	白山・泉水
1999	溝口　英二	277-69·69·72·67	日本ライン・西
2000	山本　昭一	138-70·68	多度・名古屋
2001	島田　正士	138-69·69	春日井・西
2002	柴田　猛	135-67·68	スプリングフィールド
2003	中田慶史郎	137-66·71	呉羽・日本海
2004	浦口　裕介	203-69·67·67	愛岐
2005	沢田　尚	207-67·71·69	四日市
2006	浦口　裕介	213-68·72·73	東名古屋
2007	青山　浩嗣	215-71·74·70	片山津・白山
2008	上井　邦浩	206-67·67·72	レイクグリーン
2009	高山　準平	207-68·74·75	愛知
2010	梶本康太郎	212-75·70·67	桑名
2011	谷岡　達弥	207-68·72·67	岐阜関
2012※	小野田享也	202-67·65·70	南山
2013	近藤　啓介	207-69·70·68	朱鷺の台
2014	岸本　翔太	209-73·67·69	四日市
2015※	今野　大喜	206-70·66·70	東名古屋・西
2016	近藤　啓介	206-71·67·68	岐阜関・東
2017	今野　征次	204-70·66·68	愛知・東山
2018※	今野　大喜	204-68·64·72	桑名
2019	石渡　和輝	207-69·66·72	片山津・白山

※はアマチュア

●中四国オープン

中四国オープン

1971	下山　祐助	285-69·68·73·75	志度
1972	細川　憲二	216-73·74·69	宇部
◎1973	増田　光彦	281-139·142	下関
◎1974	増田　光彦	280-138·142	松永
◎1975	上野　忠美	279-73·69·70·67	周南
◎1976	上野　忠美	281-64·74·72·71	広島・西条
◎1977	上野　忠美	290-71·76·74·69	賀茂
◎1978	片山　征治	278-72·70·68·68	広島・西条
◎1979	重信　秀人	283-68·72·69·74	周南
◎1980※	倉本　昌弘	281-69·70·68·74	福山

中国オープン

◎1981	倉本　昌弘	213-70·76·67	大山平原
◎1982	倉本　昌弘	278-67·70·73·68	白竜湖
◎1983	倉本　昌弘	272-70·66·70·66	赤坂

中四国オープン

◎1984	倉本　昌弘	289-68·73·72·76	下関
◎1985	冨田三十士	281-71·70·71·69	広島・西条
◎1986	上野　忠美	275-67·71·68·69	宇部・万年池北
◎1987	倉本　昌弘	280-71·70·70·69	倉敷
◎1988	倉本　昌弘	266-67·63·65·71	白竜湖
◎1989	上野　忠美	283-69·69·71·74	賀茂
◎1990	奥田　靖己	283-70·71·71·71	周南
◎1991	宮田　孝眞	284-69·70·68·77	愛媛
1992	河村　雅之	283-68·68·75·72	山陽
1993	坂本　義一	218-79·69·72	大山
1994	白潟　英純	279-73·67·69·70	賀茂
1995	坂本　義一	277-69·69·69·70	下関ゴールデン
1996	田丸　洋介	291-71·70·80·70	松山シーサイド
1997	白潟　英純	246-69·68·75·34	備中高原北房
1998	坂本　義一	287-73·73·71·70	鷹の巣
1999	吉川　弘起	279-69·71·71·68	周南
2000	兼本　貴司	139-68·71	リージャスクレスト
2001	兼本　貴司	135-69·66	リージャスクレスト
2002	岡茂　洋雄	138-67·71	リージャスクレスト
2003	堀川　昌利	135-65·70	リージャスクレスト
2004	張本　茂	136-69·67	リージャスクレスト
2005	末岡　誠	134-67·67	リージャスクレスト
2006	安川　剛志	136-68·68	リージャスクレスト
2007※	片岡　大育	137-69·68	リージャスクレスト
2008	吉川　弘起	132-66·66	リージャスクレスト
2009	河村　雅之	68-68	リージャスクレスト
2010	砂入　雅之	137-70·67	リージャスクレスト
2011※	加藤龍太郎	69-69	賀茂
2012	河村　雅之	133-67·66	白竜湖
2013	広田　悟	133-65·68	白竜湖
2014	大宮　正幸	203-70·64·69	白竜湖
2015※	石徳　俊樹	202-67·72·63	白竜湖
2016	兼本　貴司	206-70·67·69	鷹の巣
2017	弘井　太郎	208-71·69·68	鷹の巣
2018	河野　祐輝	204-70·67·67	鷹の巣
2019	平本　穏	200-67·67·66	鷹の巣

※はアマチュア

●九州オープン

1971	柳田　勝司	224-73·74·77	阿蘇
1972	柴田　昇	283-73·74·68·68	南九州
◎1973	小池　国夫	287-141·146	福岡
◎1974	鈴木　規夫	290-74·69·73·74	長崎国際
◎1975	鈴木　規夫	283-70·70·70·73	門司
◎1976	鈴木　規夫	285-74·72·71·68	福岡
◎1977	鈴木　規夫	284-71·71·68·74	太宰府
◎1978	鈴木　規夫	293-71·73·78·71	小倉
◎1979	秋富由利夫	283-71·70·73·69	長崎国際
◎1980	秋富由利夫	283-69·72·72·70	太宰府
◎1981	秋富由利夫	289-71·75·71·72	玄海
◎1982	鈴木　規夫	291-71·72·77·71	九州志摩
◎1983	藤池　昇	288-74·72·71·71	若松
◎1984	渋谷　稔也	288-73·71·69·75	熊本空港
◎1985	吉村　金八	283-73·71·69·70	夜須高原
◎1986	吉村　金八	281-68·73·70·70	かごしま空港36
◎1987	友利　勝良	288-70·73·75·70	麻生飯塚
◎1988	友利　勝良	283-71·70·70·72	大分・月形
◎1989	蔵岡　伸二	287-69·76·71·71	熊本中央
◎1990	友利　勝良	277-69·69·67·72	太宰府
◎1991	吉村　金八	290-76·69·73·72	霧島
1992	川上　典一	283-72·70·69·72	熊本空港
1993	友利　勝良	281-73·70·70·68	玉名
1994	日下部光隆	281-69·68·72·72	西日本
1995	吉村　金八	245-68·69·71·37	若木
1996	酒井　孝正	281-67·70·71·73	伊都
1997	藤池　昇龍	206-68·69·69	唐津
1998	山本　恒久	290-74·70·71·75	熊本中央
1999	金城　和弘	281-70·69·70·72	JR内野
2000	野上　貴夫	140-70·70	熊本空港
2001	日下部光隆	140-67·73	若松
2002	金城　和弘	139-68·71	島津
2003	白潟　英純	205-66·67·72	大分東急
2004	堀之内　豊	209-68·68·73	佐賀ロイヤル
2005※	大倉　清	210-71·72·67	長崎国際
2006	白潟　英純	205-70·71·64	玉名
2007	木村　忠昭	208-68·69·71	UMK
2008※	尾方　友彦	205-65·71·69	夜須高原
2009	木村　忠昭	206-66·72·68	南九州
2010	高松　竜也	201-70·66·65	ザ・クラシック
2011	福永　光伸	215-71·75·69	大分・月形
2012	米倉健太郎	207-70·69·68	佐賀クラシック
2013	宮里　優作	269-65·69·68·67	パサージュ琴海アイランド
2014	北村　晃一	277-70·64·75·68	喜瀬
2015	和田章太郎	211-67·73·71	阿蘇大津
2016	小田　龍一	272-63·71·67·71	宮崎レイクサイド
2017	北村　晃一	267-68·67·64·68	小郡
2018	比嘉　一貴	270-66·68·66·70	鹿児島高牧
2019	嶋　多一	272-72·65·66·69	西日本

※はアマチュア

●北海道オープン

1967	野辺地　純	152-78·74	樽前
1968	窪田　清水	298-72·74·72·80	釧路
1969	竹田　賢治	302-75·71·83·73	旭川国際
1970	野辺地　純	292-73·72·75·72	札幌

1971	野辺地　鼎	299-73・77・77・72	……… 北海道
1972	竹田　賢治	292-72・76・72・72	……… 帯広
1973	山田　雅明	142-70・72	……………… 定山渓
1974	竹田　賢治	290-75・73・72・70	…… 旭川国際
1975	野辺地　鼎	150-76・74	……………… 室蘭
1976	上原　宏一	292-72・70・76・74	… 札幌後楽園
◎1977	上原　宏一	288-73・68・74・73	……… 釧路
◎1978	上原　宏一	286-72・67・71・76	…… クラーク
◎1979	佐藤　正一	279-71・72・69・67	… 三井苫小牧
◎1980	上原　宏一	294-71・76・72・75	… 千歳空港
◎1981	後藤　満吉	212-73・69・70	……… 大雪山
◎1982	上原　宏一	289-71・72・76・70	… 大沼国際
◎1983	高橋　勝成	281-68・71・74・68	……… 石狩
◎1984	上原　宏一	279-70・70・68・71	… 札幌・ユニ
◎1985	高橋　勝成	282-71・69・74・68	… 札幌芙蓉
◎1986	高橋　勝成	276-72・69・65・70	… 石狩川江別
◎1987	小島　昭彦	292-71・76・72・73	……… 小樽
◎1988	高橋　　完	280-72・70・71・67	… 札幌エルム・西
◎1989	高橋　　完	285-67・78・71・69	……… 茨戸
◎1990	高橋　勝成	278-69・68・73・68	……… 登別
◎1991	高橋　勝成	281-69・66・76・70	… グリーンヒル
1992	髙見　和宏	298-77・69・80・72	……… 樽前
1993	上原　宏一	283-72・69・73・69	… 札幌エルム・西
1994	大山　　健	284-72・72・73・67	……… エムズ
1995	大森　美幸	281-69・69・72・71	… 帯広国際
1996	宝力　寿教	293-77・70・75・71	……… 小樽
1997	田中　文雄	287-71・71・73・72	… 札幌・由仁
1998	具　　滋勲	280-73・71・67・69	……… 大雪山
1999	大川　尚弥	139-70・69	……………… 札幌ベイ
2000	上原　宏一	142-69・73	……………… 札幌芙蓉
2001	久保　超路	140-68・72	……………… ユニ東武
2002	佐々木久行	209-69・69・71	……………… 小樽
2003	増田　伸洋	213-72・69・72	……………… 小樽
2004	増田　伸洋	285-70・74・73・68	……… 小樽
2005	佐藤えいち	288-71・67・73・77	……… 小樽
2006	井上　清孝	277-68・70・71・68	… 札幌・由仁
2007	額賀　辰徳	199-68・65・66	……………… 新千歳
2008	前田　雄大	208-69・70・69	……… ツキサップ
2009	桑原　克典	206-70・67・69	… ANAダイヤモンド
2010	上田　成人	201-67・70・64	… ザ・ノースカントリー
2011	溝口　英二	209-72・68・69	……………… エミナ
2012	崎山　武志	201-67・68・66	……… 札幌芙蓉
2013	嘉数　光倫	211-68・72・71	… 北海道ブルックス
2014	加瀬　秀樹	214-71・73・70	… 北海道ブルックス
2015	上田　成人	212-68・72・72	… 北海道ブルックス
2016	大谷　俊介	210-71・67・72	… 北海道ブルックス
2017	岡島　功史	210-69・69・72	……………… 桂
2018	大谷　俊介	207-67・68・72	……………… 桂
2019	近藤　龍一	201-68・68・65	…… GOLF5C美唄
2016	黒木　紀至	142-71・71	……………… 房総
2017	阿久津未来也	141-71・70	… 房総・房総・東
2018	上村　竜太	138-68・70	… 房総・房総・東
2019	青木　　尉	139-70・69	… 房総・房総・東

●日本プロゴルフ新人選手権大会

1999	坂本　圭治	142-71・71	… アカデミアヒルズ
2001	高山　忠洋	145-73・72	…… オークビレッヂ
	谷原　秀人	141-68・73	…… オークビレッヂ
2002	杉本　英樹	141-74・67	…………… 六甲国際
2003	大塚　泰三	144-72・72	… ザ・クィーンズヒル
2004	岩田　　寛	138-66・72	……… ザ・クラシック
2005	佐藤　達也	141-72・69	……………… 烏山城
2006	竹谷　佳孝	138-70・68	……… 森永高滝
2007	宮澤　卓也	139-72・67	……… 森永高滝
2008	芳賀　洋平	138-68・70	……………… 玉名
2009	塚田　陽亮	128-63・65	……………… 鬼ノ城
2010	小林伸太郎	137-69・68	……………… 鬼ノ城
2011	稲森　佑貴	139-69・70	……………… 谷汲
2012	小西　貴紀	139-68・71	……………… 谷汲
2013	副田　裕斗	142-72・70	……………… 谷汲
2014	成松　亮介	137-70・67	……………… 谷汲
2015	伊藤　誠道	140-68・72	……………… 谷汲

ランキング対象トーナメント
◎はツアー競技、☆は賞金ランキング対象競技

年度	氏名	記録	開催コース

●ISPSハンダマッチプレー選手権
ISPSハンダグローバルカップ
◎2015 武藤 俊憲 270-68・68・66・68…ヴィンテージ
◎2016 朴ジュンウォン 267-67・67・68・66…朱鷺の台
ISPSハンダマッチプレー選手権
◎2017 片山 晋呉 3&2 H・W・リュー……浜野
◎2018 タンヤゴーン・クロンパ 2&1 今平 周吾……鳩山

●アコムインターナショナル
アコムダブルス
◎1983 呂 良煥-呂 西鈞 261-64・66・66・65…信楽・田代
1984 島田幸作-磯崎 功 256-64・64・62・66…信楽・田代
1985 ブライアン・ジョーンズ-マイク・ファーガソン 263-66・63・65・69…信楽・田代
1986 飯合 肇-東 聡 257-62・66・64・65…信楽・田代
1987 芹沢信雄-丸山智弘 258-63・65・62・68…信楽・田代
1988 ダグ・ツェール-ボブ・ギルダー 256-63・66・61・66…千葉スプリングス
1989 須藤聡明-青柳公也 255-66・65・59…千葉スプリングス
アコムP. T.
◎1990 ボブ・ギルダー 115P-38P・39P・38P…ジャパンクラシック
アコムインターナショナル
◎1991 倉本 昌弘 32P-7P・7P・18P…成田スプリングス
◎1992 井上 久雄 41P-12P・7P・14P・8P…信楽・田代
◎1993 トッド・ハミルトン 40P-15P・3P・15P・7P…セベ・バレステロス
◎1994 尾崎 直道 41P-14P・2P・12P・13P…セベ・バレステロス
◎1995 桑原 克典 46P-6P・13P・15P・12P…セベ・バレステロス
◎1996 細川 和彦 51P-8P・18P・14P・11P…セベ・バレステロス・泉
◎1997 金山 和雄 41P-12P・11P・9P・9P…セベ・バレステロス・泉
◎1998 横尾 要 46P-17P・5P・14P・10P…セベ・バレステロス・泉
◎1999 田中 秀道 269-66・69・66・68……石岡
◎2000 谷口 徹 266-69・68・65・64……石岡
◎2001 細川 和彦 267-68・63・65・71……石岡
◎2002 谷口 徹 197-64・63・70……石岡
◎2003 倉本 昌弘 271-59・69・70・73……石岡
◎2004 鈴木 亨 200-72・65・63……石岡
◎2005 デービッド・スメイル 271-64・65・69・73……石岡
◎2006 小山内 護 270-65・63・74・68……石岡
1983～1989年はダブルス戦、1990年～1998年はステーブルフォード競技、1999年からはストロークプレー

●アサヒ緑健よみうり・麻生飯塚メモリアルオープン
◎2004 Y・E・ヤン 271-69・68・69・65……麻生飯塚
◎2005 矢野 東 270-69・67・67・67……麻生飯塚
◎2006 市原 建彦 270-69・68・68・67……麻生飯塚

●アジア・ジャパン沖縄オープン
◎2003 藤田 寛之 202-67・68・67……ザ・サザンリンクス
◎2004 谷原 秀人 279-66・76・68・69…ザ・サザンリンクス
◎2005 宮里 聖志 270-68・70・68・64……那覇
◎2006 高山 忠洋 276-70・68・68・70……那覇
大会は前年度の12月に行われ、賞金は翌シーズンに加算

●Indonesia PGA Championship
◎2013 崔 虎星 269-67・70・65・67……Emeralda
◎2014 松村 道央 267-65・67・67・68…Damai Indah·Bumi Serpong Damai
2015 中止

●インペリアルトーナメント
1987 高見 和宏 137-69・68…千葉スプリングス
1988 長谷川勝治 143-68・75…セベ・バレステロス
1989 尾崎 直道 278-69・70・70・69…セベ・バレステロス
◎1990 中村 通 285-69・72・73・71…セベ・バレステロス
◎1991 羽川 豊 282-70・72・66・74…セベ・バレステロス
◎1992 尾崎 直道 280-71・68・71・70…セベ・バレステロス
◎1993 芹澤 信雄 212-71・73・68……カレドニアン

●ウッドワンオープン広島
広島オープン
1972 謝 永郁 202-65・68・69…広島・八本松
◎1973 中村 通 269-67・64・68・70…広島・八本松
◎1974 呂 良煥 272-68・68・67・69…広島・八本松
◎1975 呂 良煥 275-66・65・72・72…広島・八本松
◎1976 尾崎 将司 200-66・66・68…広島・西条
◎1977 宮本 康弘 275-67・70・71…広島・八本松
◎1978 尾崎 将司 273-69・66・67・71…広島・西条
◎1979 山本 善隆 270-67・70・67・66…広島・八本松
◎1980 鈴木 規夫 276-71・69・68・68…………賀茂
◎1981 金井 清一 202-66・69・67…広島・八本松
◎1982 栗原 孝 272-69・67・70・66…広島・西条
◎1983 高橋 勝成 273-67・68・66・72…広島・八本松
◎1984 尾崎 将司 269-65・67・68・69…広島・西条
◎1985 山本 善隆 277-69・71・69・68…広島・八本松
◎1986 中村 通 272-68・68・71・65…広島・八本松
◎1987 飯合 肇 275-70・70・72…広島・八本松
◎1988 松井 一 274-69・71・66・68…広島・八本松
ヨネックスオープン広島
◎1989 尾崎 将司 270-67・69・68・66…広島・八本松
◎1990 尾崎 将司 278-69・73・71・65…広島・八本松
◎1991 板井 榮一 272-67・69・71・65…広島・西条
◎1992 湯原 信光 275-71・67・69・68…広島・八本松
◎1993 小達 敏昭 266-66・74・68…広島・西条
◎1994 尾崎 将司 274-68・74・67・65…広島・八本松
◎1995 尾崎 将司 207-73・68・66…広島・八本松
◎1996 佐藤 英之 273-67・71・68・67…広島・八本松
◎1997 尾崎 直道 276-69・71・68・68…ヨネックス
◎1998 尾崎 将司 270-68・70・66・66…広島・八本松
◎1999 尾崎 将司 273-73・69・67・64…広島・八本松
住建産業オープン広島
◎2000 深堀圭一郎 275-67・67・70・71…広島・八本松
◎2001 深堀圭一郎 203-67・67・69…広島・八本松
◎2002 S・K・ホ 274-64・70・71・69…広島・八本松
ウッドワンオープン広島
◎2003 伊沢 利光 275-66・68・69・72…広島・八本松
◎2004 片山 晋呉 266-70・63・70・63…広島・八本松
◎2005 野上 貴夫 270-68・67・67・68…広島・八本松
◎2006 平塚 哲二 265-68・65・64・68…広島・八本松
◎2007 谷口 徹 269-67・64・68・70…広島・八本松

●宇部興産オープン

ペプシ

年	優勝者	スコア	会場
1972	ピーター・トムソン	279-72・67・72・68	横浜・西
◎1973	青木 功	281-67・65・72・77	横浜・西
◎1974	グラハム・マーシュ	284-71・74・72・67	片山津・白山

ペプシウイルソン

年	優勝者	スコア	会場
◎1975	謝 永郁	283-72・75・66・70	横浜・西
◎1976	ピーター・トムソン	211-71・72・68	宇部・万年池
◎1977	尾崎 将司	274-69・67・72・66	横浜・西
◎1978	尾崎 将司	275-67・74・65・69	宇部・万年池西
◎1979	ミヤ・アエ	274-64・70・67・73	八戸
◎1980	鈴木 規夫	276-68・68・71・69	宇部・万年池西
◎1981	グラハム・マーシュ	270-70・68・66・66	宇部・万年池西

ペプシ宇部

年	優勝者	スコア	会場
◎1982	新井規矩雄	277-67・68・70・72	宇部・万年池西
◎1983	金井 清一	274-68・70・68・68	宇部・万年池西
◎1984	船渡川育宏	272-68・68・70・66	宇部・万年池西
◎1985	陳 志明	268-65・71・66・66	宇部・万年池西
◎1986	尾崎 直道	276-71・69・68・68	宇部・万年池北
◎1987	陳 志明	278-69・72・70・67	宇部・万年池北
◎1988	近藤 守	169-67・68・34	宇部・万年池東

ペプシ宇部興産

年	優勝者	スコア	会場
◎1989	横山 明仁	203-67・69・67	宇部・万年池東
◎1990	中村 忠夫	203-67・70・66	宇部・万年池西
◎1991	陳 志忠	274-69・74・66・65	宇部・万年池西
◎1992	中島 常幸	275-67・72・64・72	宇部・万年池北
◎1993	丸山 茂樹	264-63・72・63・66	宇部・万年池西
◎1994	中島 常幸	268-65・67・67・69	宇部・万年池西
◎1995	日下部光隆	206-70・70・66	宇部・万年池東
◎1996	田中 秀道	264-68・64・65・67	宇部・万年池西

宇部興産

年	優勝者	スコア	会場
◎1997	森 茂則	267-67・64・68・68	宇部・万年池西
◎1998	ブラント・ジョブ	271-69・64・68・70	宇部・万年池東
◎1999	崔 京周	272-69・65・66・72	宇部・万年池東
◎2000	深堀圭一郎	276-70・72・69・65	宇部72・江畑池
◎2001	ディーン・ウィルソン	267-65・67・68・67	宇部72・江畑池

●関西プロ

年	優勝者		対戦者	会場
1931	森岡 二郎	8-7	柏木 健一	茨木
1932	宮本 留吉	1up 37H	村木 章	茨木
1933	宮本 留吉	10-9	森岡 二郎	宝塚
1934	戸田藤一郎	4-3	石井 治作	広野
1935	石井 治作	4-3	戸田藤一郎	広野
1936	戸田藤一郎	7-5	上田 悌造	宝塚
1937	村木 章	1up 37H	石井 治作	茨木
1938	戸田藤一郎	10-9	行田 虎夫	宝塚
1939	戸田藤一郎	5-4	宮本 留吉	大阪
1940	戸田藤一郎	5-4	宮本 留吉	名古屋
1941	宮本 留吉	3-2	森岡 二郎	鳴尾
1942	宮本 留吉	3-2	山田 弥助	大阪
1943～1948	〈第二次世界大戦で中止〉			
1949	寺本 金一	8-7	上田 悌造	広野
1950	石井 治作	8-7	柏木 健一	京都
1951	西村 譲	2-1	宮本 留吉	鳴尾
1952	上田 悌造	5-4	石井 治作	京都
1953	島村 祐正	2-1	石井 哲雄	名古屋
1954	島村 祐正	8-7	西村 譲	広野
1955	島村 祐正	1up 37H	赤松 数一	宝塚
1956	石井 哲雄	3-2	森岡比佐士	鳴尾
1957	橘田 規	2up	石井 哲雄	愛知
1958	木本 三次	7-5	藤井 義将	門司
1959	木本 三次	1up 39H	石井 哲雄	広野
1960	島村 祐正	1up 37H	橘田 規	宝塚

年	優勝者	スコア	会場
1961	松田 司郎	278-68・71・69・70	鳴尾
1962	宮本 省三	283-71・69・74・69	茨木・西
1963	新井 進	283-75・70・67・71	奈良国際
1964	杉原 輝雄	278-72・68・67・71	小倉
1965	杉原 輝雄	285-72・71・72・70	片山津・日本海
1966	橘田 規	266-66・64・67・69	玄海
1967	杉原 輝雄	273-66・67・68・72	東名古屋
1968	松田 司郎	285-72・74・66・73	伏尾
1969	戸田藤一郎	274-76・67・67・64	広島・八本松
1970	杉原 輝雄	283-72・70・72・69	岐阜関
1971	戸田藤一郎	273-68・68・68・69	箕面
1972	杉原 輝雄	274-66・67・72・69	名張
◎1973	島田 幸作	272-66・70・67・69	ブリヂストン
◎1974	島田 幸作	280-69・69・70・72	茨木高原
◎1975	石井 裕士	283-72・74・70・67	旭国際東條
◎1976	前田 新作	266-62・67・72・65	高松
◎1977	島田 幸作	280-69・70・73・68	中須
◎1978	杉原 輝雄	285-71・73・69・72	きさいち
◎1979	中村 通	273-69・66・68・70	朱鷺の台
◎1980	杉原 輝雄	290-75・70・74・71	周防灘
◎1981	鈴木 規夫	278-64・69・73・72	白竜湖
◎1982	重信 秀人	277-68・70・68・71	小郡
◎1983	山本 善隆	267-70・66・65・66	能勢
◎1984	杉原 輝雄	271-65・66・71・69	青山台
◎1985	小林 恵一	277-71・71・65・70	天野山
◎1986	杉原 輝雄	203-68・67	吉備
◎1987	山本 善隆	274-68・70・70・66	土佐
◎1988	倉本 昌弘	276-71・69・68・68	スポーツ振興
◎1989	松井 一	276-70・68・70・68	山口・長門豊田湖
◎1990	井戸木鴻樹	279-69・71・67・72	大山平原

●関東オープン

年	優勝者	スコア	会場
1950	中村 寅吉	292-71・73・71・77	霞ヶ関
1951	中村 寅吉	290（詳細不明）	小金井
1952	中村 寅吉	299-73・72・77・77	霞ヶ関
1953	中村 寅吉	286-73・70・70・73	那須
1954	栗原甲子男	298-71・76・75・76	我孫子
1955	林 由郎	291-74・72・73・72	鷹之台
1956	中村 寅吉	291-72・71・77・71	相模
1957	中村 寅吉	294-72・74・72・76	東京
1958	中村 寅吉	298-76・73・73・76	相模原
1959	小針 春芳	294-72・73・74・75	鷹之台
1960	林 由郎	283-67・70・74・72	霞ヶ関
1961	小針 春芳	290-73・74・70・73	相模
1962	陳 清波	281-73・71・68・69	我孫子
1963	石井 朝夫	281-69・72・70・70	大利根
1964	森 泉	286-75・74・69・68	袖ヶ崎
1965	石井 朝夫	283-72・69・74・68	相模原・東
1966	原 孝男	280-69・71・70・70	船橋
1967	河野 高明	279-73・69・68・69	龍ヶ崎
1968	謝 敏男	278-72・70・70・66	袖ヶ浦・新袖
1969	謝 永郁	287-73・70・71・73	我孫子
1970	謝 永郁	284-71・69・71・73	中山
1971	謝 永郁	274-67・71・67・69	習志野
1972	尾崎 将司	273-68・70・68・67	袖ヶ浦
◎1973	栗原 孝	284-72・69・73・70	武蔵・豊岡
◎1974	青木 功	271-65・65・71・70	茨城・東
◎1975	青木 功	280-72・72・69・67	姉ヶ崎
◎1976	尾崎 将司	282-69・68・76・69	嵐山
◎1977	尾崎 将司	277-73・71・67・66	朝霧ジャンボリー
◎1978	金井 清一	285-70・72・74・69	フォレスト・東
◎1979	天野 勝	278-68・76・69・65	伊香保
◎1980	青木 功	290-71・71・75・73	岡部チサン・美里

◎1981 湯原　信光　282-70·72·68·72 ………烏山城
◎1982 尾崎　将司　290-73·72·73·72 …富士小山
◎1983 藤木　三郎　286-71·71·74·70 ………穂高
◎1984 中島　常幸　276-73·69·65·69 …宍戸国際
◎1985 金井　清一　277-70·69·70·68 ………飯能
◎1986 青木　功　279-72·69·70·68…セントラル·東
◎1987 横島　由一　212-68·72·72 …総武·総武
◎1988 横山　明仁　278-70·66·67·75 ………江戸崎
◎1989 水巻　善典　281-68·69·74·70 ………日高
◎1990 川岸　良兼　273-66·64·73·70 ………東ノ宮
◎1991 金子　柱憲　202-69·69·64 ………横浜·西
　1992 白石　達哉　273-71·69·71·62………茨城·東
　1993 福沢　孝秋　280-68·69·71·72 ………浜野
　1994 佐々木久行　277-72·70·67·68 ………都賀
　1995 羽川　豊　281-67·70·70·74 ………鷹之台
　1996 深堀圭一郎　280-66·69·70·75 …フォレスト
　1997 横山　明仁　277-69·70·71·69…水戸グリーン·山方
　1998 葉　彰廷　274-67·67·71·69 …伊香保国際
　1999 佐々木久行　278-68·75·67·68 ………長野

●関東プロ
　1931 浅見　緑蔵　11-10 安田　幸吉 ……程ヶ谷
　1932 中村　兼吉　2-1 陳　清水 ………藤沢
　1933 中村　兼吉　6-4 村上　義一 ……我孫子
　1934 陳　清水　5-3 藤井　武人 ………相模
　1935 陳　清水　9-8 安田　幸吉 ………相模
　1936 浅見　緑蔵　6-5 花島　洋 ……鷹之台
　1937 林　万福　2-1 安田　幸吉 ……霞ヶ関
　1938 川井　誠作　3-2 浅見　緑蔵 ……我孫子
　1939 林　万福　3-2 陳　清水 ……霞ヶ関
　1940 林　万福　3-2 陳　清水 ……小金井
　1941 藤井　武人　1up 関　新三 ……鷹之台
　1942 井上　清次　3-2 陳　清水 ……小金井
　1943 小池国喜代　4-3 寺島　繁蔵 …霞ヶ関·東
　1944～1947〈第二次世界大戦で中止〉
　1948 林　由郎　146（詳細不明）………東京
　1949 小野　光一　（記録不明）………程ヶ谷
　1950 棚網　良平　6-5 中村　寅吉 ………相模
　1951 井上　清次　2up 中村　寅吉 ………相模
　1952 三田　鶴三　3-2 関　新三 ……我孫子
　1953 林　由郎　6-5 石井　朝夫 ………東京
　1954 栗原甲子男　1up 中村　寅吉 ……霞ヶ関
　1955 小針　春芳　4-3 中村　寅吉 ………鷹之台
　1956 陳　清水　3-1 栗原甲子男 ……鷹之台
　1957 小針　春芳　1up 石井　朝夫 …川崎国際
　1958 小野　光一　4-3 石井　朝夫 ………大洗
　1959 小野　光一　2-1 小針　春芳 ……我孫子
　1960 中村　寅吉　281-67·72·69·73 ……程ヶ谷
　1961 中村　寅吉　284-72·71·71·70 …千葉·梅郷
　1962 小野　光一　286-72·71·70·73 ………相模原
　1963 小野　光一　293-70·75·76·72 ………札幌
　1964 陳　清波　274-68·69·69·68 ………浮間
　1965 石井富士夫　289-72·73·72·72 ………戸塚
　1966 杉本　英世　276-67·70·70·69 ………大宮
　1967 佐藤　精一　278-70·66·67·75 …錦ヶ原
　1968 中村　寅吉　274-69·70·68·67 …サザンクロス
　1969 安田　春雄　287-70·71·73·73 ………府中
　1970 石井富士夫　285-68·71·75·69 …南軽井沢
　1971 青木　功　273-69·66·66·72 …横浜·西
　1972 青木　功　197-65·67·65………磯子
◎1973 尾崎　将司　279-69·68·72·70 ………習志野
◎1974 青木　功　267-67·66·68·66 ………筑波
◎1975 謝　敏男　274-65·71·67·71 …千歳空港

◎1976 村上　隆　270-67·66·70·67 ………男鹿
◎1977 森　憲二　275-68·71·69·67 ………烏山城
◎1978 青木　功　274-69·69·68·68 ………新千葉
◎1979 青木　功　279-68·66·72·73 ………東筑波
◎1980 矢部　昭　274-68·68·66·72 …あさひケ丘
◎1981 金井　清一　208-71·68·69………沼津
◎1982 青木　基正　274-75·65·67·72 ………広陵
◎1983 青木　功　242-69·68·70·35 …伊香保国際
◎1984 泉川ピート　208-66·70·72………加茂
◎1985 中島　常幸　274-68·70·69·67 …伊豆にらやま
◎1986 中島　常幸　269-68·69·65·67 ………宮城野
◎1987 尾崎　直道　212-68·72·72………下秋間
◎1988 丸山　智弘　278-68·66·73·71 …成田スプリングス
◎1989 藤木　三郎　277-69·68·70·70 …プレステージ
◎1990 中島　常幸　271-67·67·68·69 …ロイヤルメドウ

●キヤノンオープン
◎2008 井上　信　275-70·71·69·65………戸塚·西
◎2009 池田　勇太　200-64·72·64………戸塚·西
◎2010 横田　真一　274-69·68·70·67 ………戸塚·西
◎2011 久保谷健一　274-68·67·70·69………戸塚·西
◎2012 池田　勇太　271-66·68·68·69………戸塚·西

●キリンオープン
読売プロゴルフ選手権
　1952 林　由郎　296-72·78·71·75 ………程ヶ谷
　1953 石井　朝夫　307-74·77·76·80 ………広野
　1954 栗原甲子男　287-75·71·71·70 ………相模
　1955 林　由郎　290-72·74·72·72 ………鷹之台
　1956 中村　寅吉　295-74·71·74·76 …茨木·東
　1957 小野　光一　286-70·72·71·73 …小金井
　1958 ジャック·パークJr.　289-73·71·73·72…東京,相模原
　1959 島村　祐正　295-74·76·74·71 ………西宮
　1960 橘田　規　293-71·71·75·76 ………鷹之台
　1961 ゲーリー·プレーヤー　289-75·72·72·70 …読売パブリック
読売国際オープン
　1962 ピーター·トムソン　278-72·68·64·74 …読売パブリック
　1963 ダグ·サンダース　289-68·77·71·73 …読売パブリック
　　　　〈降雪のため中止〉大阪大会………読売
　1964 〈開催中止〉
　1965 フランク·フィリップス　288-72·73·74·69 ………読売
　1966 ヒュー·ボイル　286-68·71·71·76 ………読売
　1967 河野　光隆　282-73·70·64·75 ………読売
　1968 陳　清波　283-68·75·68·72 …東京よみうり
　1969 ガイ·ウォルステンホルム　288-71·72·76·69 …東京よみうり
　1970 デビッド·グラハム　286-71·71·75·69 …東京よみうり
　1971 謝　春雄　282-71·66·72·73 …東京よみうり
総武国際オープン
　1972 謝　敏男　279-71·72·72·64 …総武·総武
　1973 内田　繁　279-70·66·69·74 …総武·総武
◎1974 呂　良煥　280-71·71·68·70 ………中山
◎1975 杉原　輝雄　282-71·74·69·68 …総武·総武
◎1976 ベン·アルダ　277-69·68·70·70 …総武·総武
ダンロップ国際オープン
◎1977 ベン·アルダ　282-72·71·67·72 …茨城·西
◎1978 郭　吉雄　265-69·66·64·66………茨城·東
◎1979 石井　裕士　278-70·68·70·70 …茨城·西
◎1980 尾崎　将司　277-68·70·69·70 …茨城·東
◎1981 藤田　幸作　286-67·73·74·72 …茨城·西
◎1982 中島　常幸　276-71·66·68·71 …茨城·西
◎1983 ラリー·ネルソン　201-67·65·69 …茨城·東
◎1984 ジョン·ジェイコブス　283-73·69·69·72 …茨城·西
◎1985 陳　志忠　277-64·73·72·68 …茨城·西

◎1986 重信 秀人 281-74・67・68・72………茨城・東
◎1987 青木 功 277-69・67・69・72………茨城・西
ダンロップオープン
◎1988 尾崎 将司 278-69・70・69・70…茨城・東
◎1989 テリー・ゲール 284-73・74・68・69……茨城・西
◎1990 フランキー・ミノザ 205-70・68・67 ………茨城・西
◎1991 ロジャー・マッカイ 272-69・67・68・68……茨城・西
◎1992 尾崎 将司 286-69・76・72・69……茨城・東
◎1993 飯合 肇 275-69・68・69・69……茨城・西
◎1994 尾崎 将司 274-67・68・70・69……茨城・東
◎1995 ピーター・シニア 279-69・70・67・73……茨城・東
キリンオープン
◎1996 金子 柱憲 278-68・71・69・70……茨城・東
◎1997 金 鍾徳 278-69・73・68・68……茨城・西
◎1998 フランキー・ミノザ 279-71・66・69・73……茨城・東
◎1999 崔 京周 204-65・68・71……茨城・東
◎2000 片山 晋呉 280-70・70・70・70……茨城・東
◎2001 片山 晋呉 271-64・70・70・67……茨城・東

●くずは国際トーナメント
関西有名プロゴルフ競技会
1965 戸田藤一郎・杉原輝雄 65………樟葉パブリック
1966 橘田 規 65………樟葉パブリック
全日本トッププロ招待トーナメント
1967 杉原 輝雄 136-68・68……樟葉パブリック
1968 宮本 省三 134-65・69……樟葉パブリック
くずはトーナメント
1969 橘田 規 136-72・64……樟葉パブリック
1970 杉本 英世 145-71・74……樟葉パブリック
1971 ガイ・ウォルステンホルム 139-71・68……樟葉パブリック
くずは国際トーナメント
1972 呂 良煥 107-34・37・36…樟葉パブリック
1973 韓 長相 102-32・35・35…樟葉パブリック
1974 鷹巣 南雄 131-65・66 ……樟葉パブリック
1975 鈴木 規夫 133-62・71 ……樟葉パブリック
1976 小林富士夫 133-68・65 ……樟葉パブリック
1977 グレッグ・ノーマン 133-68・65 ……樟葉パブリック
☆1978 矢部 昭 135-65・70 ……樟葉パブリック
☆1979 謝 敏男 134-68・66 ……樟葉パブリック
☆1980 横島 由一 134-64・70 ……樟葉パブリック
☆1981 島田 幸作 133-68・65 ……樟葉パブリック
☆1982 鷹巣 南雄 102-35・67 ……樟葉パブリック
☆1983 新井規矩雄 138-69・69 ……樟葉パブリック
1984 鈴木 規夫 133-66・67 ……樟葉パブリック
1985 入江 勉 129-59・70 ……樟葉パブリック
1986 山本 善隆 137-65・72 ……樟葉パブリック
1987 高橋 勝成 131-65・66 ……樟葉パブリック
1988 ウエイン・スミス 131-65・66 ……樟葉パブリック
1989 中村 通 133-68・65 ……樟葉パブリック
1990 新関 善美 132-69・63 ……樟葉パブリック

●ゴルフダイジェスト
ゴルフダイジェスト
1971 尾崎 将司 278-71・66・69・72 ………東名
1972 安田 春雄 204-70・69・65………東名
◎1973 杉原 輝雄 274-69・68・66・71 ………東名
◎1974 村上 隆 271-66・67・70・68 ………東名
◎1975 山田 健一 240-67・73・67・33 ………東名
◎1976 中島 常幸 279-68・73・67・71 ………東名
◎1977 村上 隆 275-70・66・67・72 ………東名
◎1978 天野 勝 280-66・69・74・71 ………東名
◎1979 郭 吉雄 206-69・68・69………東名
◎1980 杉原 輝雄 275-67・66・70・72 ………東名

◎1981 中尾 豊健 278-71・70・67・70 …………東名
◎1982 謝 敏男 274-64・70・65・75 …………東名
◎1983 金井 清一 276-69・70・69・68 …………東名
◎1984 前田 新作 274-72・71・65・66 …………東名
ポラロイド杯ゴルフダイジェスト
◎1985 D・A・ワイブリング 268-66・72・65・65 …………東名
◎1986 中島 常幸 275-68・68・67・72 …………東名
◎1987 イアン・ベーカーフィンチ 275-74・67・68・66 …………東名
◎1988 尾崎 将司 272-69・72・69・62 …………東名
◎1989 横島 由一 267-67・67・65・69 …………東名
アサヒビールゴルフダイジェスト
◎1990 須貝 昇 274-72・72・68・62 …………東名
◎1991 浜野 治光 273-69・68・71・65 …………東名
◎1992 奥田 靖己 272-72・64・68・68 …………東名
◎1993 尾崎 将司 268-68・67・66・67 …………東名
◎1994 溝口 英二 265-70・68・64・63 …………東名
ゴルフダイジェスト
◎1995 スチュワート・ジン 267-70・69・64・64 …………東名
◎1996 水巻 善典 273-66・67・68・72 …………東名
◎1997 ブラント・ジョーブ 267-68・69・63・67 …………東名

●ザ・ゴルフトーナメントin御前崎
アイフルカップ
◎1998 田中 秀道 273-68・70・69・66 …………青森
◎1999 伊沢 利光 274-67・72・68・67 …鯵ヶ沢高原
◎2000 ディーン・ウィルソン 271-67・69・69・66 …鯵ヶ沢高原
◎2001 林 根基 270-68・67・67・68 …鯵ヶ沢高原
◎2002 今野 康晴 268-64・66・66・72 …GCツインフィールズ
◎2003 手嶋 多一 269-67・64・70・68 …GCツインフィールズ
◎2004 谷口 拓也 270-68・67・66・69 …大山アーク
◎2005 髙橋 竜彦 268-69・64・66・69 …大山アーク
ザ・ゴルフトーナメントin御前崎
◎2006 谷口 徹 273-69・70・66・68 …静岡C浜岡

●THE SINGHA CORPORATION THAILAND OPEN
Thailand Open
◎2013 P・マークセン 264-68・67・65・64 …Thana City G&Sports
2014 中止
THE SINGHA CORPORATION THAILAND OPEN
◎2015 金 庚泰 267-71・64・67・65 …Siam・Plantation

●The Championship by LEXUS
◎2008 S・K・ホ 269-66・68・65・70……大利根・東
◎2009 武藤 俊憲 268-68・65・71・64……大利根・東
◎2010 兼本 貴司 270-70・66・68・66……大利根・東

●札幌とうきゅうオープン
◎1973 青木 功 281-69・71・67・74……千歳空港
◎1974 中村 通 278-71・67・71・69……真駒内
◎1975 グラハム・マーシュ 280-71・71・71・67……札幌国際・島松
◎1976 ビリー・ダンク 278-72・67・69・70……札幌国際・島松
◎1977 中村 康弘 283-68・70・74・71……札幌国際・島松
◎1978 青木 功 278-70・69・67・72……札幌国際・島松
◎1979 宮本 康弘 280-69・67・71・73……札幌国際・島松
◎1980 謝 敏男 282-74・70・68・70……札幌国際・島松
◎1981 陳 志忠 279-70・66・74・69……札幌国際・島松
◎1982 船渡川育宏 276-68・69・67・72……札幌国際・島松
◎1983 青木 功 274-72・65・71・66……札幌国際・島松
◎1984 尾崎 直道 280-71・69・68・72……札幌国際・島松
◎1985 杉原 輝雄 280-70・65・70・75……札幌国際・島松
◎1986 青木 功 273-65・67・72・69……札幌国際・島松
◎1987 デビッド・イシイ 276-67・68・70・71……札幌国際・島松
◎1988 尾崎 直道 279-70・74・64・71……札幌国際・島松

●（前半 札幌国際オープン続き）

◎1989 グラハム・マーシュ 282-71・65・76・70 …………札幌国際・島松
◎1990 中村　忠夫 278-69・67・75・67 …………札幌国際・島松
◎1991 リック・ギブソン 280-71・71・68・70 …………札幌国際・島松
◎1992 湯原　信光 281-73・68・72・68 …………札幌国際・島松
◎1993 ブライアン・ジョーンズ 280-71・67・69・69…札幌国際・島松
◎1994 水巻　善典 277-65・70・68・74 …………札幌国際・島松
◎1995 カルロス・フランコ 278-68・69・69・72 …………札幌国際・島松
◎1996 飯合　肇 279-70・64・72・73 …………札幌国際・島松
◎1997 宮瀬　博文 275-67・70・66・72 …………札幌国際・島松
◎1998 鈴木　亨 272-65・69・69・69 …………札幌国際・島松

●サトウ食品NST新潟オープン
新潟県オープン

1977 上原　宏一 140-69・71 ……………………大新潟
1978 中止
1979 上原　宏一 106-72・34 ………………………長岡
1980 石井　秀夫 134-66・68 ……………………日本海
☆1981 竹安　孝博 139-72・67………フォレスト・東
新潟オープン
☆1982 山本　善隆 138-69・69 ……………………大新潟
☆1983 重信　秀人 136-67・69…上越国際・十日町
NST新潟オープン
◎1984 藤木　三郎 271-67・68・68・68…フォレスト・東
◎1985 謝　敏男 272-65・70・68・69 …………………紫雲
◎1986 デービッド・イシイ 276-68・70・66・72 …………………長岡
◎1987 中村　忠夫 276-67・71・67・71…フォレスト・東
◎1988 尾崎　直道 277-70・66・69・72 …新潟サンライズ
◎1989 友利　勝良 288-71・70・76・71 …………大新潟・三条
◎1990 金井　清一 278-70・72・67・69 …フォレスト・西
◎1991 横山　明仁 278-73・67・69・69 …上越国際・十日町
◎1992 中島　常幸 275-69・64・68・74 …フォレスト・東
◎1993 井戸木鴻樹 275-69・64・68・74 …………………長岡
◎1994 泉川ピート 276-67・70・70・69 …………………中条
◎1995 丸山　智弘 274-69・70・69・66…新潟サンライズ
◎1996 堀川　昌利 268-70・67・64・67 ………………日本海
◎1997 細川　和彦 271-78・67・67・71…フォレスト・東
◎1998 河村　雅之 268-69・69・67・63…フォレスト・東
◎1999 伊沢　利光 269-64・67・68・70…フォレスト・東
◎2000 白潟　英純 269-66・70・66・67…フォレスト・東
◎2001 桧垣　豪 264-66・67・65・66 …………………中条
サトウ食品NST新潟オープン
◎2002 今野　康晴 270-70・64・70・66 …………………中峰
◎2003 宮本　勝昌 271-65・71・69・66 …………………中峰
◎2004 金　鍾徳 263-64・67・65・67 …フォレスト・東

●サン・クロレラ　クラシック
◎2000 尾崎　将司 276-74・68・66・68 …札幌国際・島松
◎2001 藤田　寛之 283-71・73・71・68 …………札幌ベイ
◎2002 クリスチャン・ペーニャ 269-67・67・66・69 …………札幌ベイ
◎2003 ブレンダン・ジョーンズ 280-71・73・68・68 …………札幌ベイ
◎2004 Y・E・ヤン 275-67・70・69・69 …………………小樽
◎2005 深堀圭一郎 273-67・70・70・66 …………………小樽
◎2006 谷原　秀人 283-70・74・67・72 …………………小樽
◎2007 菊池　純 283-69・73・73・68 …………………小樽
◎2008 谷口　拓也 284-70・72・74・68 …………………小樽
◎2009 石川　遼 271-65・68・71・67 …………………小樽
◎2010 高山　忠洋 271-66・71・64・70 …………………小樽
◎2011 池田　勇太 274-66・72・64・72 …………………小樽
◎2012 ブレンダン・ジョーンズ 273-69・66・68・70 …………………小樽

●サンケイスポーツ近畿オープン
大阪オープン

1982 杉原　輝雄 68………………………………茨木高原

☆1983 杉原　輝雄 131-64・67 ………………東城陽
1984 中川　敏明 140-68・72 ………………東城陽
1985 吉川　一雄 135-69・66 …………………田辺
1986 中川　敏明 137-69・68 ………………東城陽
1987 井上　智夫 138-66・72 ………………東城陽
1988 山本　洋一 136-71・65 ………………東城陽
1989 中川　敏明 136-69・67 ………………東城陽
1990 上出　裕也 135-66・69 ………………東城陽
1991 中尾　豊健 135-70・65 ………………東城陽
1992 奥田　靖己 137-70・67 ………………泉佐野
1993 中尾　豊健 137-68・69 ………………泉佐野
近畿オープン
1994 宮本　康弘 135-69・66 ………アートレイク
1995 平石　武則 140-68・72 ……キングスロード
1996 小山栄治郎 137-68・69 ……キングスロード
1997 小山栄治郎 136-67・69 ……キングスロード
1998 古村　誠 143-70・73 ……キングスロード
1999 田保　龍一 139-68・71 ……キングスロード
2000 西野　琢仁 68………………キングスロード
サンケイスポーツ近畿オープン
2001 北澤　数司 68………………キングスロード
2002 高山　忠洋 66………………キングスロード
2003 石丸　昌史 66………………キングスロード

●サンコーグランドサマー
1990 加瀬　秀樹 135-66・69 ………………サンコー
1991 海老原清治 209-73・64・72 ………………サンコー
1992 尾崎　将司 204-66・69・69 ………………サンコー
1993 渡辺司（東） 211-67・71・73 ……………サンコー72
1994 鈴木　亨 272-65・69・70・68 …サンコー72
◎1995 フランキー・ミノザ 267-68・68・67・64 …サンコー72
◎1996 細川　和彦 272-68・66・68・70 …サンコー72
◎1997 桑原　克典 271-70・71・64・66 …サンコー72
◎1998 片山　晋呉 274-67・68・64・73 …サンコー72

●サントリーオープン
◎1973 杉本　英世 270-66・69・70・65…愛鷹シックスハンドレッド
◎1974 尾崎　将司 272-66・69・66・71 ………習志野
◎1975 山本　善隆 268-70・67・65・66 ………習志野
◎1976 グラハム・マーシュ 273-66・68・66・73 ………習志野
◎1977 草壁　政治 279-66・70・72・71 ………習志野
◎1978 金本　章生 281-68・71・72・70 ………習志野
◎1979 草壁　政治 277-66・73・69・69 ………習志野
◎1980 ビル・ロジャース 278-68・71・70・69 ………習志野
◎1981 ビル・ロジャース 270-68・65・68・69 ………習志野
◎1982 泉川ピート 207-67・68・72 ………習志野
◎1983 中島　常幸 274-66・73・67・68 ………習志野
◎1984 栗原　孝 271-64・69・67・71 ………習志野
◎1985 尾崎　健夫 275-67・71・70・67 ………習志野
◎1986 グラハム・マーシュ 275-67・69・67・72 ………習志野
◎1987 須貝　昇 278-67・71・72・68 ………習志野
◎1988 尾崎　健夫 274-67・71・68・68 ………習志野
◎1989 ラリー・ネルソン 276-67・70・70・70 ………習志野
◎1990 中村　通 271-65・65・69・72 ………習志野
◎1991 尾崎　直道 276-67・69・72・68 ………習志野
◎1992 尾崎　直道 279-67・72・67・73 ………習志野
◎1993 板井　榮一 282-73・70・70・69 ………習志野
◎1994 デービッド・イシイ 273-67・68・69・68 ………習志野
◎1995 倉本　昌弘 273-67・64・71・71 ………習志野
◎1996 飯合　肇 272-68・69・66・69 ………習志野
◎1997 藤田　寛之 274-68・68・66・72 ………習志野
◎1998 小山内　護 274-71・68・66・69 …総武・総武
◎1999 ニック・プライス 276-67・71・70・68 …総武・総武

◎2000 真板 潔 273-66・68・68・71 ………総武・総武
◎2001 片山 晋呉 268-66・68・68・66 …総武・総武
◎2002 片山 晋呉 269-68・68・68・65 …総武・総武
◎2003 ジョティ・ランダワ 276-68・68・71・69 …総武・総武
◎2004 加瀬 秀樹 267-69・67・66・65 …総武・総武
◎2005 今野 康晴 267-65・64・70・68 …総武・総武
◎2006 Y・E・ヤン 266-67・68・68・63 …総武・総武
◎2007 谷原 秀人 202-65・71・66 ………総武・総武

●産報クラシック

1972 安田 春雄 273-67・65・73・68 …千葉アサヒ
1973 鷹巣 南雄 269-69・68・62・70 …千葉アサヒ
◎1974 青木 功 276-69・65・68・74 …千葉アサヒ
◎1975 ビリー・ダンク 273-67・69・69・68 …千葉アサヒ
◎1976 尾崎 将司 272-72・63・65・72 …千葉アサヒ
◎1977 内田 繁 281-70・72・70・69 …千葉アサヒ
◎1978 上原 宏一 274-67・69・68・70 …千葉アサヒ

●ジーン・サラゼンジュンクラシック

1977 青木 功 277-66・69・71・71 …ジュンクラシック
☆1978 内田裟裟彦 281-70・71・69・71 …ジュンクラシック
◎1979 郭 吉雄 248-68・73・69・38 …ジュンクラシック
☆1980 青木 功 277-68・67・70・72 …ジュンクラシック
☆1981 湯原 信光 284-71・70・73・70 …ジュンクラシック
◎1982 杉原 輝雄 275-69・70・70・66 …ジュンクラシック
◎1983 尾崎 将司 288-72・69・72・75 …ジュンクラシック
◎1984 前田 新作 278-68・69・70・71 …ジュンクラシック
◎1985 倉本 昌弘 209-66・72・71 ……ジュンクラシック
　　　 河野 和重 209-70・67・72
　　　 ペイン・スチュワート 209-69・70・70
◎1986 尾崎 将司 279-69・72・68・70 …ジュンクラシック
◎1987 尾崎 将司 204-68・69・67 …ジュンクラシック
◎1988 中村 通 240-68・68・69・35 …ジュンクラシック
◎1989 尾崎 健夫 279-73・70・70・66 …ジュンクラシック
◎1990 尾崎 直道 273-68・66・69・70 …ロペ
◎1991 尾崎 将司 277-68・70・70・69 …ロペ
◎1992 陳 志忠 277-68・71・67・71 …ロペ
◎1993 鈴木 亨 276-71・71・69・65 …ロペ
◎1994 カルロス・フランコ 272-65・67・68・72 …ロペ
◎1995 東 聡 270-68・69・65・68 …ジュンクラシック
◎1996 尾崎 将司 197-68・64・65 …ジュンクラシック
◎1997 エドアルド・エレラ 271-66・69・70 …ロペ
◎1998 トッド・ハミルトン 270-67・66・68・65 …ロペ
◎1999 飯合 肇 277-71・66・70・70 …ジュンクラシック

●JCBクラシック

東北クラシック
1972 村上 隆 283-68・69・72・74 ………西仙台
◎1973 尾崎 将司 273-65・68・67・73 ………西仙台
◎1974 尾崎 将司 280-71・70・71・68 ………西仙台
◎1975 尾崎 将司 278-73・69・67・72 ………西仙台
◎1976 安田 春雄 277-74・69・67・67 ………西仙台
◎1977 青木 功 278-71・67・72・68 ………西仙台
◎1978 安田 春雄 283-73・66・73・71 ………西仙台
◎1979 中村 通 278-73・67・69・69 ………西仙台
◎1980 安田 春雄 273-66・70・71・66 ………西仙台
◎1981 杉原 輝雄 281-70・71・69・71 ………西仙台
◎1982 前田 新作 208-72・70・66 ………西仙台
◎1983 羽川 豊 277-70・69・67・71 ………西仙台
◎1984 井上 幸一 276-70・67・67・72 ………西仙台
◎1985 デービッド・イシイ 275-72・63・68・72 ………西仙台
◎1986 杉原 輝雄 280-70・69・70・71 ………西仙台
◎1987 金井 清一 275-71・69・70・65 ………西仙台

仙台放送クラシック
◎1988 倉本 昌弘 204-67・67・70 ………表蔵王国際
◎1989 尾崎 将司 272-70・65・71・66 ………表蔵王国際
JCBクラシック仙台
◎1990 ロジャー・マッカイ 269-73・64・66・66 …表蔵王国際
◎1991 上野 忠美 271-66・72・66・67 …表蔵王国際
◎1992 ロジャー・マッカイ 271-71・64・71・65 …表蔵王国際
◎1993 水巻 善典 273-70・64・69・70 …表蔵王国際
◎1994 倉本 昌弘 271-71・65・67・68 …表蔵王国際
◎1995 川岸 良兼 271-71・68・64・68 …表蔵王国際
◎1996 尾崎 将司 277-69・69・67・72 …表蔵王国際
◎1997 佐藤 信人 267-68・65・64・70 …表蔵王国際
◎1998 水巻 善典 270-68・66・68・68 …表蔵王国際
◎1999 片山 晋呉 268-69・63・69・67 …表蔵王国際
◎2000 佐藤 信人 271-68・65・67・71 …表蔵王国際
◎2001 小達 敏昭 275-67・69・68・71 …表蔵王国際
◎2002 鈴木 亨 271-69・67・65・70 …表蔵王国際
◎2003 友利 勝良 264-64・68・64・68 …表蔵王国際
◎2004 神山 隆志 271-68・69・67・67 …表蔵王国際
◎2005 S・K・ホ 265-63・67・66・69 …表蔵王国際
◎2006 谷原 秀人 266-67・69・63・67 …表蔵王国際
JCBクラシック
◎2007 近藤 智弘 271-68・66・68・69 ………花の杜

●CITICORPオープン

群馬オープン
1977 草壁 政治 135-64・71 ………伊香保
1978 新井規矩雄 140-69・71 ………赤城国際
1979 高橋 勝成 140-68・72 ………美野原
1980 新井規矩雄 138-65・73 ………上毛森林
☆1981 高橋 五月 208-70・68・70 ………太田双葉
☆1982 小林富士夫 211-68・68・75 ………伊香保国際
☆1983 天野 勝 214-72・68・74 ………美野原
1984 新井規矩雄 138-70・68 ………伊香保国際
伊香保国際オープン
1985 小林富士夫 68 ………伊香保国際
1986 天野 勝 139-71・68 ………伊香保国際
1987 金谷多一郎 133-67・66 ………伊香保国際
CITICORPオープン
1988 白浜 育男 136-68・68 ………伊香保国際
1989 板井 榮一 101-66・35 ………伊香保国際

●スポーツ振興インターナショナル

◎1974 宮本 省三 289-71・73・72・73 ………山の原
◎1975 宮本 康弘 280-69・68・73・70 ………山の原

●~全英への道~ミズノオープンよみうりクラシック

ウイザード
1970 謝 永郁 146-71・75 ………橋本
1971 ピーター・トムソン 143-73・70 ………橋本
1972 尾崎 将司 144-67・77 ………橋本
1973 山本 善隆 106-38・68 ………橋本
1974 杉原 輝雄 146-73・73 ………橋本
1975 グラハム・マーシュ 141-73・68 ………橋本
1976 グラハム・マーシュ 212-71・69・72 ………橋本
1977 グラハム・マーシュ 220-78・71・71 ………橋本
☆1978 中村 通 214-73・70・71 ………橋本
よみうりオープン
☆1979 杉原 輝雄 287-72・71・71・73 …よみうり
☆1980 青木 功 283-70・72・71・70 …よみうり
☆1981 鷹巣 南雄 285-68・70・72・75 …よみうり
☆1982 テリー・ゲール 276-70・70・68・68 …よみうり
☆1983 グラハム・マーシュ 280-72・71・67・70 …よみうり

歴代優勝者

◎1984　藤木　三郎　281-69・71・70・71　……よみうり
よみうりサッポロビールオープン
◎1985　中島　常幸　275-65・71・67・72　……よみうり
◎1986　鈴木　弘一　273-68・69・67・69　……よみうり
◎1987　東　　聡　280-68・67・70・75　……よみうり
◎1988　倉本　昌弘　277-68・66・74・69　……よみうり
◎1989　飯合　肇　205-64・71・70　………よみうり
◎1990　藤木　三郎　205-71・68・66　………よみうり
◎1991　中島　常幸　272-65・65・71・71　…読売Gメンバー
◎1992　デービッド・イシイ　277-71・71・70　…読売Gメンバー
◎1993　長谷川勝治　203-65・70・68　…読売Gメンバー
よみうりオープン
◎1994　渡辺　司　270-68・64・67・71　…読売Gメンバー
ポカリスエットよみうりオープン
◎1995　エドナルド・エレラ　　268-71・68・67・67　……よみうり
◎1996　福永　和宏　266-68・67・64・67　…………若洲
よみうりオープン
◎1997　丸山　茂樹　267-67・68・66・66　　…よみうり
◎1998　ブライアン・ワッツ　134-66・68　……………よみうり
スーパーマリオよみうりオープン
◎1999　金　　鍾徳　270-69・65・68・68　……よみうり
タマノイ酢よみうりオープン
◎2000　水巻　善典　271-66・68・70・67　……よみうり
◎2001　福澤　義光　272-64・70・70・68　……よみうり
◎2002　谷口　徹　276-68・69・67・69　……よみうり
マンダムルシードよみうりオープン
◎2003　谷原　秀人　200-65・71・64　………よみうり
◎2004　ディネッシュ・チャンド　268-66・68・68・66　……よみうり
◎2005　広田　悟　270-66・68・69・67　……よみうり
◎2006　増田　伸洋　274-69・67・70・68　……よみうり
～全英への道～ミズノオープンよみうりクラシック
◎2007　ドンファン　204-68・68・68………よみうり
◎2008　ブラッド・マークセン　269-69・66・69・65　…よみうりGウエスト
◎2009　石川　遼　275-69・65・68・73　……よみうり
◎2010　薗田　峻輔　201-70・65・66………よみうり

●全日空フェニックス
　1972　能田　征二　289-69・77・73・70　…フェニックス
◎1973　宮本　康弘　288-72・74・71・71　…フェニックス

●全日本ダブルス
　1969　杉本英世・村上 隆　4-2　……………札幌国際・島松
　1970　杉本英世・村上 隆　1up細石憲二・松田司郎　　〃
　1971　内田　繁・石井裕士　196-63・65・68　…札幌国際・島松
　1972　尾崎将司・村上 隆　266-101・98・67　…札幌国際・島松
◎1973　杉本英世・村上 隆　262-100・101・61…札幌国際・島松

●ソニーチャリティズ
エアロマスターズ
◎1973　田中　文雄　274-71・70・63・70　…………府中
東京チャリティ
◎1974　安田　春雄　275-69・68・69・69　…………習志野
ソニーチャリティ
◎1975　草壁　政治　209-69・70・70………………横浜
◎1976　山本　善隆　282-70・67・72・73　………横浜

●第一カップ
第一不動産カップ
　1988　中島　和也　276-66・73・65・72　……宮崎国際
　1989　尾崎　直道　278-70・71・68・69　……宮崎国際
◎1990　ブライアン・ジョーンズ　275-71・66・70・68　……宮崎国際
◎1991　藤木　三郎　271-68・71・67・65　…ハイビスカス
第一カップ

◎1992　陳　　志明　277-66・71・70・70　…ハイビスカス

●ダイドードリンコ静岡オープン
静岡オープン
　1972　安田　春雄　141-70・71　…………静岡C浜岡
　1973　坂下　定夫　135-68・67　…………静岡C島田
◎1974　栗原　孝　287-71・71・69・76　……静岡C浜岡
◎1975　ミヤ・アエ　276-68・69・70・69　……静岡C浜岡
◎1976　鈴木　規夫　277-71・72・67・67　……静岡C浜岡
◎1977　呂　　良煥　281-68・71・72・70　……静岡C浜岡
◎1978　謝　　敏男　280-68・68・74・70　……静岡C浜岡
◎1979　矢部　昭　217-71・75・71　………静岡C浜岡
◎1980　長谷川勝治　283-71・74・65・73　……静岡C浜岡
◎1981　青木　功　279-74・69・64・72　……静岡C浜岡
◎1982　出口栄太郎　282-74・69・71・68　……静岡C浜岡
◎1983　中島　常幸　283-72・72・68・71　……静岡C浜岡
◎1984　尾崎　直道　286-71・70・75・70　……静岡C浜岡
◎1985　金井　清一　284-71・70・71・72　……静岡C浜岡
◎1986　大町　昭義　254-71・71・76・36　……静岡C浜岡
◎1987　呂　　良煥　280-71・74・69・66　……静岡C浜岡
◎1988　甲斐　俊光　283-71・72・72・68　……静岡C浜岡
◎1989　鈴木　弘一　285-67・78・69・71　……静岡C浜岡
◎1990　川岸　良兼　280-73・73・66・68　……静岡C浜岡
ダイドードリンコ静岡オープン
◎1991　羽川　豊　278-70・72・69・67　……静岡C浜岡
◎1992　牧野　裕　276-67・68・70・71　……静岡C浜岡
◎1993　デービッド・イシイ　278-68・71・71・65　……静岡C浜岡
◎1994　中島　常幸　280-71・71・69・69　……静岡C浜岡
◎1995　ブライアン・ワッツ　280-69・72・71・68　……静岡C浜岡
◎1996　坂本　義一　211-71・72・68　……静岡C浜岡
◎1997　佐々木久行　274-71・67・68・68　……静岡C浜岡
◎1998　エドナルド・エレラ　203-66・69・68　……静岡C浜岡
◎1999　金　　鍾徳　277-65・68・72・72　……静岡C浜岡
◎2000　田中　秀道　274-66・70・70・68　……静岡C浜岡
◎2001　溝口　英二　279-68・68・66・77　……静岡C浜岡
◎2002　室田　淳　276-67・68・72・69　……静岡C浜岡

●ダイワインターナショナル
◎1993　渡辺司(東)　274-68・72・64・70　………東筑波
◎1994　尾崎　将司　270-65・72・70・63　…………鳩山
◎1995　森　　茂則　280-71・67・69・73　…ダイワヴィンテージ

●つるやオープン
◎1994　中島　常幸　279-68・70・70・71　…スポーツ振興・山の原
◎1995　東　　聡　279-69・74・66・70　…スポーツ振興・山の原
◎1996　ピーター・マックウィニー　276-70・72・68・66　…スポーツ振興・山の原
◎1997　原田　三夫　279-72・67・72・68　…スポーツ振興・山の原
◎1998　宮本　勝昌　271-69・65・69・68　…スポーツ振興・山の原
◎1999　尾崎　直道　273-65・70・66・72　…スポーツ振興・山の原
◎2000　リチャード・バックウェル　278-73・65・71・69　…スポーツ振興・山の原
◎2001　田中　秀道　274-71・69・68・66　…スポーツ振興・山の原
◎2002　ディーン・ウィルソン　273-69・67・69・68　…スポーツ振興・山の原
◎2003　宮瀬　博文　270-68・62・70・70　…スポーツ振興・山の原
◎2004　ブレンダン・ジョーンズ　275-64・73・69・69　…スポーツ振興・山の原
◎2005　尾崎　直道　271-67・69・67・68　…山の原・山の原
◎2006　ブレンダン・ジョーンズ　273-70・68・66・69　…山の原・山の原
◎2007　ブレンダン・ジョーンズ　267-65・68・68・66　…山の原・山の原
◎2008　Ｓ・Ｋ・ホ　272-70・69・65・68　…山の原・山の原
◎2009　富田　雅哉　198-68・66・64　……山の原・山の原
◎2010　藤田　寛之　199-66・66・67　……山の原・山の原
◎2011　近藤　共弘　265-66・63・70・66　…山の原・山の原
◎2012　藤田　寛之　269-68・66・68・67　…山の原・山の原
◎2013　松山　英樹　266-69・63・68・66　…山の原・山の原

◎2014　藤田　寛之　271-66・72・66・67…山の原・山の原

●TOSHIN GOLF TOURNAMENT IN Central

TOSHIN GOLF TOURNAMENT IN Lake Wood
◎2010　池田　勇太　271-68・66・64・73…TOSHIN Lake Wood
◎2011　ドンファン　268-65・67・67・69…TOSHIN Lake Wood
TOSHIN GOLF TOURNAMENT IN 涼仙
◎2012　呉　阿順　198-65・66・67…………涼仙
TOSHIN GOLF TOURNAMENT IN Central
◎2013　藤本　佳則　264-63・64・70・67…TOSHIN・Central
◎2014　ホ・インヘ　260-64・63・66・67…TOSHIN・Central

●とおとうみ浜松オープン

◎2011　小林　正則　268-69・66・68・65…グランディ浜名湖
◎2012　J・チョイ　272-68・71・68・65…グランディ浜名湖

●長野県オープン

1970　河野　光隆　211-70・69・72…………諏訪湖
1971　石井　朝夫　139-68・71 …………諏訪湖
1972　村上　隆　207-69・69・69…………諏訪湖
1973　村上　隆　208-70・69・69…………諏訪湖
1974　阿部　竹雄　178-69・75・34…………諏訪湖
1975　金井　清一　140-71・69…………諏訪湖
1976　新井規矩雄　140-69・71…………諏訪湖
1977　森　憲二　141-69・72…………諏訪湖
1978　矢部　昭　140-70・70…………諏訪湖
1979　小林富士夫　140-74・66…………諏訪湖
1980　川田時志春　67…………………諏訪湖
☆1981　草壁　政治　138-67・71…………諏訪湖
　　　　小林富士夫　138-69・69
☆1982　中島　常幸　137-70・67…………諏訪湖

●日経カップ中村寅吉メモリアル

◎1985　尾崎　直道　270-66・68・68・68…………川越
◎1986　尾崎　将司　268-68・66・68・66 …………蒲生G
◎1987　芹沢　信雄　277-70・70・71・66…………岐阜関
◎1988　尾崎　将司　283-72・71・72・68…山陽・吉井
◎1989　新関　善美　271-66・69・68・68…伊豆にらやま
◎1990　東　聡　282-70・74・64・74…三井観光苫小牧
◎1991　尾崎　直道　203-67・66・70…………夜須高原
◎1992　室田　淳　280-71・69・70・70…三井観光苫小牧
◎1993　サムソン・ギムソン　276-72・73・64・67…三井観光苫小牧
◎1994　鈴木　亨　268-72・67・65・64…三井観光苫小牧
◎1995　西川　哲　269-65・67・69・68…富士・出島
◎1996　加瀬　秀樹　271-69・71・69・63…富士・出島
◎1997　葉　彰廷　272-67・70・67・68…富士・出島
◎1998　日下部光隆　280-75・68・68・69…富士・出島

●日本国土計画サマーズ

1977　中島　常幸　209-70・71・68…………白鷺
☆1978　山本　善隆　279-68・71・72・68…………白鷺
☆1979　三上　法夫　279-73・70・66・70…………白鷺
☆1980　船渡川育宏　206-68・70・68…………ニュー蓼科
☆1981　倉本　昌弘　280-65・72・72・71…………武道
◎1982　杉原　輝雄　275-65・69・70・71…………武道

●日本プロゴルフマッチプレー選手権

◎1975　村上　隆　2UP　鷹巣南雄 …………戸塚・西
◎1976　吉川一雄　2-1　新井規矩雄 …………戸塚・西
◎1977　橘田　規　1UP　中村　通 …………戸塚・西
◎1978　青木　功　2-1　竹安孝博 …………戸塚・西
◎1979　青木　功　1UP　謝　敏男 …………戸塚・西
◎1980　安田春雄　2-1　中島常幸 …………戸塚・西
◎1981　青木　功　1UP38H　長谷川勝治 …………戸塚・西
◎1982　青木　功　4-2　羽川　豊 …………戸塚・西
◎1983　中島常幸　1UP38H　重信秀人 …………水戸
◎1984　中村　通　4-3　井上幸一…………水戸
◎1985　高橋勝成　2-1　矢部　昭…………水戸
◎1986　中島常幸　6-5　小林恵一…………水戸
◎1987　高橋勝成　1UP37H　尾崎将司 …………水戸
◎1988　デービッド・イシイ　6-5　須貝　昇…グリーンアカデミー
日本プロゴルフマッチプレー選手権ユニシス杯
◎1989　尾崎将司　3-2　牧野　裕…グリーンアカデミー
◎1990　尾崎直道　6-5　ブライアンジョーンズ…グリーンアカデミー
◎1991　東　聡　2UP　中島常幸 …………新陽
◎1992　中島常幸　3-1　尾崎直道 …プレステージ
◎1993　山本善隆　3-2　鈴木弘一 …………東ノ宮
日本プロゴルフマッチプレー選手権プロミス杯
◎1994　トッド・ハミルトン　8-7　白浜育男…ニドムクラシック
日本プロゴルフマッチプレー選手権プロミス杯
◎1995　友利勝良　2-1　丸山茂樹…ニドムクラシック
◎1996　芹澤信雄　1UP　ブラント・ジョーブ…ニドムクラシック
◎1997　丸山茂樹　3-2　ピーター・テラベイネン…ニドムクラシック
◎1998　桑原克典　1UP38H　横田真一…ニドムクラシック
◎1999　小山内護　4-3　谷口　徹…ニドムクラシック
◎2000　横尾　要　2-1　谷口　徹…ニドムクラシック
◎2001　ディーン・ウィルソン　2-1　林　根基…ニドムクラシック
◎2002　佐藤信人　5-4　近藤智弘…ニドムクラシック
日本プロゴルフマッチプレー選手権
◎2003　トッド・ハミルトン　3-2　デービッド・スメイル…ニドムクラシック

●日本プロ東西対抗

年	勝	軍	スコア	会場
1950	東	軍	8-7	我孫子
1951	東	軍	9-6	広野
1952	東	軍	8-7	川奈
1953	東	軍	10-5	宝塚
1954	東	軍	10.5-4.5	霞ヶ関
1955	東	軍	8-7	広野
1956	東	軍	8.5-6.5	霞ヶ関
1957	東	軍	9-6	愛知
1958	東	軍	9.5-5.5	鷹之台
1959	東	軍	9-6	相模原
1960	東	軍	8-7	大洗
1961	東	軍	11.5-3.5	古賀
1962	東	軍	11.5-3.5	四日市
1963	東	軍	8.5-6.5	龍ヶ崎
1964	東	軍	8-7	枚方
1965	引 分 け		2.5-2.5	日高
1966	西	軍	10-5	赤城国際
1967	西	軍	9-6	茨木国際
1968	西	軍	9-6	浜名湖
1969	西	軍	11.5-3.5	茨木国際
1970	西	軍	9.5-5.5	久山
1971	東	軍	15-10	伏尾
1972	東	軍	12-3	習志野
1973	西	軍	9.5-5.5	旭国際東條
1974	東	軍	1,433-1,468	沖縄国際
1975	東	軍	1,477-1,492	沖縄国際
1976	東	軍	19-17	プリンスランド
1977	東	軍	17-13	秋田椿台
1978	東	軍	20-10	皐月
1979	西	軍	1,373-1,415	三本木
1980	西	軍	34-14	仙台中山
1981	西	軍	27-21	名四
1982	西	軍	26-22	あさひケ丘
1983	東	軍	27-21	長太郎

◎1984　西　　軍　25-23 ·················赤城国際
※戦前は東軍の6勝3敗1引き分け

●パインバレー北京オープン
◎2008　藤田　寛之　276-67·65·72·72···パインバレーGリゾート

●PGAフィランスロピー
◎1991　浜野　治光　273-65·67·70·71···ザ・CCグレンモア
◎1992　尾崎　将司　270-69·64·70·67···カレドニアン
◎1993　ロジャー・マッカイ　278-71·71·68·68···アーレックス
◎1994　トッド・ハミルトン　278-74·69·68·67···ゴールデンバレー
◎1995　髙見　和宏　277-69·71·68·69···GCツインフィールズ
◎1996　トッド・ハミルトン　275-69·69·68·69···オークモント
◎1997　尾崎　直道　267-66·64·68·69···メイプルポイント
◎1998　丸山　茂樹　264-65·66·64·69···········白水
◎1999　中止
◎2000　島田　正士　201-66·68·67···········奈良若草

●ファーストフライト
1972　尾崎　将司　135-69·66···········富士平原
1973　河野　高明　198-65·68·65···········富士平原

●ファンケルオープンin沖縄
大京オープン
☆1983　草壁　政治　278-69·70·69·70···········大京
◎1984　石井　裕士　281-68·71·71·71···········大京
◎1985　金井　清一　274-67·66·70·71···········大京
◎1986　尾崎　健夫　277-69·69·69·70···········大京
◎1987　杉田　勇　277-65·73·70·69···········大京
◎1988　藤木　三郎　274-66·72·66·70···········大京
◎1989　芹沢　信博　271-67·67·67·70···········大京
◎1990　杉原　輝雄　273-67·68·68·70···········大京
◎1991　牧野　裕　276-69·70·67·70···········大京
◎1992　倉本　昌弘　271-66·73·67·65···········大京
◎1993　丸山　智弘　269-69·67·65·68···········大京
◎1994　加瀬　秀樹　269-69·66·66·67···········大京
◎1995　フランキー・ミノザ　273-68·69·67·69···········大京
◎1996　エドゥアルド・エレラ　272-67·69·68·68···········大京
◎1997　久保谷健一　263-66·64·68·65···········大京
DDIグループ沖縄オープン
◎1998　田中　秀道　273-70·67·69·67···········大京
ファンケル沖縄オープン
◎1999　手嶋　多一　271-68·69·68·66···········大京
ファンケルオープンin沖縄
◎2000　片山　晋呉　277-66·69·69·73···パームヒルズ

●ブリヂストン阿蘇オープン
阿蘇ナショナルオープン
1976　鈴木　規夫　138-68·70···········阿蘇
1977　野口裕樹夫　213-70·73·70···········阿蘇
☆1978　上野　忠美　143-74·69···········阿蘇
☆1979　栗原　孝　149-73·76···········阿蘇
☆1980　草壁　政治　109-72·37···········阿蘇
☆1981　藤木　三郎　213-75·67·71···········阿蘇
ブリヂストン阿蘇オープン
☆1982　中村　通　283-74·72·68·69···········阿蘇
◎1983　小林富士夫　213-73·69·71···········阿蘇
◎1984　重信　秀人　283-69·71·72·71···········阿蘇
◎1985　謝　敏男　280-66·70·71·73···········阿蘇
◎1986　ブライアン・ジョーンズ　240-70·69·67·34···········阿蘇
◎1987　三上　法夫　280-69·67·74·70···········阿蘇
◎1988　イアン・ベーカーフィンチ　282-75·73·68·66···········阿蘇
◎1989　クレイグ・パリー　272-67·69·70·66···········阿蘇

◎1990　杉原　輝雄　213-68·71·74···········阿蘇
◎1991　室田　淳　208-68·72·68···········阿蘇
◎1992　ピーター・シニア　281-70·70·70·71···········阿蘇
◎1993　川俣　茂　276-68·70·68·70···········阿蘇

●ポカリスエットオープン
白竜湖オープン
1979　尾崎　健夫　136-69·67···········白竜湖
1980　新井規雄　208-66·69·73···········白竜湖
1981　　　　〈中　　　止〉
☆1982　甲斐　俊光　283-73·66·74·70···········白竜湖
ポカリスエット白竜湖オープン
◎1983　牧野　裕　207-69·71·67···········白竜湖
◎1984　尾崎　健夫　277-68·75·65·69···········白竜湖
ポカリスエットオープン
◎1985　青木　基正　211-74·71·66···········白竜湖
◎1986　飯合　肇　277-71·68·73·65···········白竜湖
◎1987　吉村　金八　274-68·68·68·70···········白竜湖
◎1988　イアン・ベーカーフィンチ　277-73·68·66·70···········白竜湖
◎1989　横島　由一　274-67·68·69·70···········白竜湖
◎1990　湯原　信光　277-69·70·71·67···········白竜湖
◎1991　川岸　良兼　199-67·66·66···········白竜湖
◎1992　陳　志明　202-69·67·66···········白竜湖
◎1993　池内　信治　274-66·68·70·70···········白竜湖
◎1994　水巻　善典　203-72·65·66···········白竜湖

●HONMA TOURWORLD CUP
HONMA TOURWORLD CUP AT TROPHIA GOLF
◎2015　李　京勲　268-71·65·65·67···········石岡
◎2016　池田　勇太　270-68·67·69·66···········石岡
HONMA TOURWORLD CUP
◎2017　宮里　優作　262-61·68·65·68···········京和

●マルマンオープン
デサントカップ北国オープン
☆1980　矢部　昭　278-71·69·69·69···片山津・白山
☆1981　藤木　三郎　282-67·68·74·73···········片山津
☆1982　新井規矩雄　276-71·67·71·67···········片山津
◎1983　宮本　省三　283-69·72·69·73···········片山津
マルマン北国オープン
1984　前田　新作　279-70·71·71·67···········片山津
マルマン日本海オープン
◎1985　ブライアン・ジョーンズ　279-70·70·70·69···········片山津
◎1986　尾崎　将司　276-64·72·70·70···········片山津
マルマンオープン
◎1987　倉本　昌弘　264-64·62·67·71···········東松山
◎1988　尾崎　将司　207-73·65·69···········東松山
◎1989　鈴木　弘一　278-70·63·71·74···········鳩山
◎1990　尾崎　将司　273-69·70·66·68···········鳩山
◎1991　西川　哲　274-68·70·66·70···········鳩山
◎1992　トッド・ハミルトン　272-65·67·67·73···········鳩山
◎1993　フランキー・ミノザ　279-71·67·69·72···········鳩山
◎1994　デビッド・イシイ　279-69·71·67·72···成田スプリングス

●マンシングウェアオープンKSBカップ
KSB香川オープン
1981　甲斐　俊光　141-74·67···········志度
1982　内田　繁　139-68·71···········志度
KSB瀬戸内海オープン
☆1983　十亀　賢二　140-66·74···········志度
1984　佐野　修一　136-69·67···········志度
1985　倉本　昌弘　139-70·69···········志度

1986	中村　稔	138-67・71	…………………志度
1987	高橋　勝成	140-69・71	…………………志度

テーラーメイド瀬戸内海オープン

1988	ウエイン・スミス	213-71・73・69	…………………志度
◎1989	尾崎　直道	282-68・74・69・71	………………志度
◎1990	倉本　昌弘	295-75・67・78・75	……山陽・吉井

テーラーメイドKSBオープン

◎1991	木村　政信	273-69・66・69・69	…………………志度
◎1992	奥田　靖己	210-74・70・66	……山陽・吉井
◎1993	尾崎　健夫	276-68・67・70・71	……山陽・吉井

ユナイテッド航空KSBオープン

◎1994	髙見　和宏	281-70・71・67・73	………鬼ノ城

ノベルKSBオープン

◎1995	リック・ギブソン	271-65・67・71・68	………鬼ノ城
◎1996	鈴木　亨	275-68・72・68・67	………鬼ノ城

ジャストシステムKSBオープン

◎1997	深堀圭一郎	276-69・64・69・74	………鬼ノ城
◎1998	カルロス・フランコ	267-70・65・67・65	…………鮎滝

ジョージアKSBオープン

◎1999	金子　柱憲	275-65・67・71・72	…東児が丘マリンヒルズ

デサントクラシックマンシングウェアカップ

◎1992	金子　柱憲	279-66・70・71・72	…センチュリー吉川
◎1993	西川　哲	281-70・74・69・68	…センチュリー三木
◎1994	ブライアン・ワッツ	280-67・71・69・73	…センチュリー三木
◎1995	東　聡	282-72・68・69・73	…センチュリー三木
◎1996	木村　政信	273-69・66・69・69	…………江戸崎
◎1997	ピーター・テラベイネン	270-67・67・67・69	…………江戸崎
◎1998	ディネッシュ・チャンド	271-71・66・66・68	…太平洋・市原
◎1999	河村　雅之	205-69・69・67	……太平洋・市原

マンシングウェアオープンKSBカップ

◎2000	片山　晋呉	272-68・65・66・73	…東児が丘マリンヒルズ
◎2001	ディネッシュ・チャンド	271-69・68・67・67	……六甲国際
◎2002	久保谷健一	273-66・70・68・69	…………鮎滝
◎2003	宮瀬　博文	275-67・71・69・68	……六甲国際
◎2004	三橋　達也	270-66・71・63・70	…東児が丘マリンヒルズ
◎2005	藤田　寛之	270-63・66・72・69	…東児が丘マリンヒルズ
◎2006	武藤　俊憲	274-68・69・73・64	…東児が丘マリンヒルズ
◎2007	※石川　遼	276-72・69・69・66	…東児が丘マリンヒルズ
◎2008	谷原　秀人	270-65・67・65・73	…東児が丘マリンヒルズ

※はアマチュア

● ミュゼプラチナムオープン

◎2015	金　庚泰	264-68・67・63・66	…ジャパンメモリアル

● よこはまオープン

かながわオープン

1979	森　憲二	143-75・68	………………横浜・西
1980	矢部　昭	135-68・67	…………川崎国際
1981	泉川ピート	135-70・65	………………横浜・西
☆1982	豊田　明夫	140-72・68	………………横浜・西
☆1983	河野　高明	136-64・72	………………横浜・西
1984	尾崎　将司	135-69・66	………………横浜・西
1985	尾崎　将司	131-67・64	………………横浜・西
1986	稲垣　太成	139-69・70	…………………大厚木
1987	真板　潔	141-70・71	………………横浜・西
1988	山本己沙雄	140-68・72	………………横浜・西
1989	大町　昭義	137-67・70	………………横浜・西

よこはまオープン

1990	須貝　昇	272-70・71・63・68	……横浜・西
1991	芹沢　信雄	275-73・65・70・67	……横浜・西

1992	丸山　智弘	271-69・66・69・67	………横浜・西

● レオパレス21ミャンマーオープン

◎2016	ショーン・ノリス	264-66・66・61・71	…ロイヤルミンガラドン
◎2017	トッド・シノット	270-72・69・64・65	…パンライン
◎2018	ポール・ピーターソン	271-68・66・71・66	…パンライン

● ワールドフレンド・シップ

1972	謝　永郁	279-70・72・66・71	………法隆寺
◎1973	呂　良煥	276-69・73・65・69	………法隆寺

後援、協力、その他の競技

年度	氏名	記録	開催コース

●旭硝子ゴルフ世界選手権
ニッサンカップゴルフ世界選手権
1984	ラニー・ワドキンス	266-69・64・70・63	オークヒルズ
1985	アメリカ(団体)		
	サンディ・ライル(個人)	267-68・67・68・64	ハワイ・カバルア
1986	日本(団体)		
	中島 常幸(個人)	270-68・68・66・68	東京よみうり

キリンカップゴルフ世界選手権
1987	アメリカ(団体)		東京よみうり
1988	アメリカ(団体)		ハワイ・カバルア

旭硝子ゴルフ世界選手権
1989	アメリカ(団体)		東京よみうり
1990	オーストラリア(団体)		東京よみうり
1991	ヨーロッパ(団体)		ロイヤル・アデレード(豪州)

●旭国際トーナメント
1971	内田 繁	67	旭国際
1972	尾崎 将司	63	旭国際

●アサヒビール大橋巨泉ゴルフ
1977	金井 清一	70	横浜
1978	新井規矩雄	69	横浜
1979	島田 幸作	70	横浜
1980	横島 由一	71	横浜・西
1981	中島 常幸	65	サザンクロス
1982	中村 通	69	横浜
1983	倉本 昌弘	71	横浜・西
1984	前田 新作	66	横浜
1985	吉川 一雄	70	横浜・西
1986	新井規矩雄	136-69・67	ワイレア
1987	デビッド・イシイ	138-68・70	ワイレア
1988	須貝 昇	135-66・69	ワイレア
1989	デビッド・イシイ	134-67・67	ワイレア
1990	芹沢 信雄	141-71・70	ワイレア
1992	デビッド・イシイ	138-70・68	ワイレア
1993	飯合 肇	137-68・69	ワイレア

※1986年から1990年まで翌年に当該年度競技として開催

●愛鷹オープン
1969	杉本 英世	273	愛鷹600

●アンダーセン世界チャンピオン戦
1995	バリー・レーン	2UP	グレイホーク
1996	グレッグ・ノーマン	1UP	グレイホーク
1997	コリン・モンゴメリー	2UP	グレイホーク

●茨城オープン
1984	金子登喜夫	132-64・68	筑波
1985	中川 泰一	136-69・67	筑波
1986	高橋 勝成	136-70・66	筑波
1987	近藤 守	138-71・67	江戸崎
1988	中村 忠夫	141-69・72	江戸崎
1989	長谷川勝治	137-68・69	江戸崎
1990	浜野 治光	135-69・66	富士・笠間
1991	中山 徹	137-69・68	富士・笠間
1992	加藤 仁	136-66・70	水戸グリーン・山方
1993	アンソニー・ギリガン	137-69・68	水戸グリーン・山方
1994	草壁 政治	136-69・67	水戸グリーン・山方
1995	佐藤 剛平	138-69・69	茨城ロイヤル
1996	細川 和彦	133-70・63	茨城ロイヤル
1997	高崎 龍雄	134-69・65	茨城ロイヤル
1998	堺谷 和将	135-68・67	茨城ロイヤル
1999	山内 正和	136-68・68	茨城ロイヤル

●エキスポカップ
1975	山本 善隆	284-72・72・71・69	沖縄国際

●NGAオープン
1987	上原 忠明	141-69・72	フォレスト
1988	池内 信治	137-68・69	大新潟・出雲崎
1989	川俣 明	137-67・70	新潟
1990	大塚 敏彦	143-72・71	笹神五頭
1991	増田 都úss	138-68・70	中条
1992	古木 譲二	138-66・72	糸魚川
1993	金子 達也	141-70・71	レイクビュー
1994	小川 聡	135-69・66	イーストヒル
1995	小川 卓也	139-72・67	妙高サンシャイン
1996	檜垣 繁正	134-64・70	上越国際
1997	並木 一雄	139-72・67	フォレスト
1998	五十嵐雄二	132-64・68	新潟
1999	丸山 大輔	136-69・67	中峰
2000	天内 一君	136-69・67	松ヶ峰

●オールスター
1968	中村 寅吉	284-66・71・74・73	茨木・西
1969	内田 繁	274-70・69・70・65	戸塚・西
1970	謝 永郁	100-33・34・33	池田
1971	村上 隆	138-69・69	池田
1972	村上 隆	103-37・34・32	池田
1973	吉川 一雄	102-68・34	宝塚
1974	村上 隆	97-33・32・32	宝塚
1975	杉原 輝雄	101-32・33・36	宝塚
1976	中村 通	103-35・35・33	神有
1977	中村 通	137-67・70	神有
1978	内田 繁	141-70・71	神有

●沖縄クラシック
沖縄オープン
1972	中村 寅吉	210-105・105	大京
1973	中村 通	268-95・104・69	大京
1974	謝 敏男	273-66・72・65・70	大京

沖縄クラシック
1975	沼沢 聖一	282-71・70・69・72	大京

●表蔵王国際東北オープン
1978	松田 司郎	205-71・63・71	表蔵王国際
1979	石井 秀夫	215-69・73・73	表蔵王国際
1980	吉武 恵治	175-69・36・70	表蔵王国際

●岐阜関チェリーカップ
1980	ミヤ・アエ	210-68・69・73	岐阜関

●京都・滋賀オープン
1982	中村 通	70	琵琶湖
1983	金本 章生	67	琵琶湖
1984	中村 通	65	宇治
1985	松井 一	66	日野
1986	中尾 豊健	69	城陽・東
1987	中上 達夫	67	琵琶湖
1988	中瀬 壽	69	宇治

1989	長田　敬市	69················日野
1990	北代　武史	68················田辺
1991	白石　昌昭	68················近江
1992	中瀬　壽	68················城陽
1993	OUT ※川口文雄	34················近江
	IN　釜山和男	33················近江
1994	西野　琢仁	68············宇治田原
1995	北澤　数司	67············ビッグワン
1996	平塚　哲二	70················田辺
1997	平塚　哲二	67············信楽・田代
1998	平塚　哲二	70················城陽

※はアマチュア

●クイリマ＆高山クラシック
| 1975 | 鈴村　照男 | 574 | 281-68・72・71・70···クイリマ |
| | 鈴村　久 | | 293-78・72・72・71 |

●グランドモナーク
1965	杉本　英世	282-139・143············茨木・鳴尾
1966	陳　清波	286-68・69・77・72······鳴尾・茨木
1967	村上　隆	279-76・68・70・65······西宮・宝塚
1968	島田　幸作	281-70・70・72・69······久邇・相模
1969	松田　司郎	281-71・70・72・68······宝塚・茨木
1970	河野　高明	279-68・70・71・70···茨木・茨木国際
1971	河野　高明	276-133・143············宝塚・西宮
1972	尾崎　将司	137-68・69 ···············伏尾
1973	韓　長相	142-69・73 ···············伏尾
1974	杉原　輝雄	141-72・69 ···············伏尾

●クレインカップ真庭オープン
1992	加藤　公徳	139-68・71 ···············真庭
1993	川上　典一	136-67・69 ···············真庭
1994	秋富由利夫	133-67・66 ···············真庭
1995	江本　光	138-69・69 ···············真庭
1996	平石　武則	134-67・67 ···············真庭

●KSDチャリティプロアマ
1990	加瀬　秀樹	31················総武・総武・東
	中村　忠夫	33················総武・総武・中
1991	室田　淳	68················総武・総武

●KPGA協力鳳凰インビテイション
| 1989 | 石原　明 | 137-69・68 ···············鳳凰 |

●KPGAトーナメント
1986	春・森　静雄	138-69・69 ···成田スプリングス
	秋・石原　明	138-68・70 ···········東京湾
1987	春・渡辺三男	141-72・69 ···千葉スプリングス
	秋・高橋　完	136-68・68 ···妙義スプリングス
1988	春・野口裕樹夫	137-68・69 ···········東京湾
	秋・浜野治光	138-71・67 ···三島スプリングス
1989	春・上原泰典	143-70・73 ···千葉スプリングス
	夏・菱沼孝至	137-68・69 ···山形スプリングス
	秋・白石達哉	134-65・69 ···児玉スプリングス
1990	春・若木進一	140-68・72 ···妙義スプリングス
	夏・渡辺三男	138-70・68 ···山形スプリングス
	秋・浜野治光	134-65・69 ···········上毛高原
1991	春・佐藤剛平	137-71・66 ···妙義スプリングス
	秋・長竹寿生	138-70・68 ···山形スプリングス

●ゴールデンマッチ
1963	小野　光一	+13(参考:143ストローク)···狭山
1964	橘田　規	+12(144)···············西宮
1965	橘田　規	+9(138)················大宮
1966	杉本　英世	+5(149)················池田

1967	石井　朝夫	+5·····················小倉
1968	石井　朝夫	+8(145)···············三好
1969	杉本　英世	+3·····················東名
1970	河野　高明	+12····················東名
(競技はラウンドロビン方式による)

●コールドベック
| 1973 | 青木　功 | 143-73・70············大厚木 |

●ゴルフ東西対抗
雲仙普賢岳被災者救援プロアマチャリティ
| 1991 | 加瀬秀樹チーム············カレドニアン |
「ガン撲滅基金」 ゴルフ東西対抗 |
1994	東　軍	20ポイント············季美の森
1995	東　軍	16ポイント················浜野
1996	西　軍	14ポイント················浜野
1997	東　軍	16ポイント················相模原
1998	東　軍	14ポイント··············大厚木
1999	東　軍	20ポイント················横浜
2000	東　軍	13ポイント··········サンコー72
2001	西　軍	12ポイント··········富士C市原
2002	東　軍	20ポイント···太平洋C&アソシエイツ江南
2003	東　軍	14ポイント················琉球
2005	西　軍	13ポイント················若洲
2006	東　軍	14ポイント···イーグルポイント

●埼玉オープン
1982	新井規矩雄	139-72・67············霞ケ関・西
1983	白浜　敏司	138-70・68················日高
1984	小川　清二	136-68・68················寄居
1985	水巻　善典	136-68・68················高根
1986	駒場　誠	137-72・65···········武蔵・豊岡
1987	友利　勝良	132-64・68················越生
1988	森　憲二	140-67・73················越生
1989	植田　浩史	135-66・69················越生

●札幌オープン
| 1971 | 陳　健忠 | 280-66・71・74・69······札幌・輪厚 |
| 1972 | 尾崎　将司 | 282-72・69・70・71······札幌・輪厚 |

●札幌オープン
| 1997 | 横島　由一 | 143-74・69············スコットヒル |
| 1998 | 谷口　徹 | 136-66・70 ···三井観光アイリス |

●ザ・ロイヤルトロフィ
2006	ヨーロッパ	9－7	アジア ···アマタスプリング(タイ)
2007	ヨーロッパ	12.5-3.5	アジア ···アマタスプリング(タイ)
2009	アジア	10－6	ヨーロッパ ···アマタスプリング(タイ)
2010	ヨーロッパ	8.5-7.5	アジア ···アマタスプリング(タイ)
2011	ヨーロッパ	9－7	アジア ···ブラックマウンテン(タイ)
2012	アジア	8－8	ヨーロッパ ···エンパイアホテル&CC(ブルネイ)
	(プレーオフでアジアが優勝)
2013	ヨーロッパ	8.5-7.5	アジア ···ドラゴンレイク(中国)
〈2007年は非公認競技〉

●産経プロ選手権
| 1957 | 中村　寅吉 | 291-140・151 ···············鷹之台 |
| 1958 | 中村　寅吉 | 284-139・145···············相模 |

●産報チャンピオンズ
| 1975 | 内田　繁 | 141-69・72············札幌アサヒ |
| 1976 | 呂　良煥 | 140-69・71············札幌アサヒ |

●JALオープン
| 1971 | デビッド・グラハム | 277-70・67・72・68··········府中 |

1972 ゲーリー・プレーヤー 280-67・71・72・70 ………習志野

●ジャパンプロアマチャリティ
1975 安田 春雄 137-70・67 …………………橋本

●瀬戸内海サーキット
1965 記録不明
1966 (松山)石井 迪夫 106-37・33・36 …松山・道後
(広島)松田 司郎 102-33・34・35 …広島・八本松
(松永)内田 繁 104-37・32・35 ………松永
(倉敷)内田 繁 146-36・39・35・36 …倉敷
(総合)内田 繁 461-107・104・104・146
1967 (高松)内田 繁 104-36・36・32 …高松・城山
(広島)宮本 省三 106-38・33・35 …広島・西条
(宇部)内田 繁 104-37・35・32 …宇部・万年池
(岡山)杉原 輝雄 105-35・36・34 …岡山・帯江
(総合)内田 繁 430-104・108・104・114
1968 (松山)島田 幸作 140-69・71 ………松山・道後
(岡山)杉原 輝雄 140-72・68 …広島・八本松
(岡山)石井富士夫 143-72・71 ……岡山・桃の郷
(総合)杉原 輝雄 425-142-140-143
1969 (広島)杉原 輝雄 136-69・67 ……広島・西条
(香川)杉原 輝雄 135-68・67 ………香川・志度
(岡山)杉原 輝雄 139-69・70 ………岡山・玉野
1970 (倉敷)杉原 輝雄 277 ……………倉敷
1971 (広島)尾崎 将司 265-134・131 …広島・八本松
1972 (岡山)山本 善隆 139-71・68 …………岡山

●全日本ミックスダブルス
1975 石井富男・鈴木美重子 139-69・70 ……プリンスランド

●ゼンリン福岡オープン
ゼンリン・フクニチオープン
1988 岩下 吉久 141-70・71 …………麻生飯塚
ゼンリン福岡オープン
1989 松永 一成 140-71・69 …………麻生飯塚
1990 伊藤 明嵩 141-72・69 …………麻生飯塚
1991 阪東 礼治 136-67・69 …………麻生飯塚
1992 鈴木 亨 142-70・72 …………麻生飯塚
1993 芹沢 大介 134-68・66 …………麻生飯塚
1994 原田 三夫 139-68・71 …………麻生飯塚
1995 杉原 敏一 136-68・68 …………JR内野
1996 宮本 勝昌 133-69・64 …………麻生飯塚

●ダイナスティカップ
2003 アジア 16.5-日本7.5…ミッションヒルズ(中国)
2005 アジア 14.5-日本9.5…ミッションヒルズ(中国)

●武富士サイパン
1983 青木 基正 138-70・68…サイパン・マリアナ

●WPGA主催テーラーメイド杯関西プロU40トーナメント
1989 北代 武史 67…………………………松永
1990 井上 智夫 68…………………………松永

●千葉オープン
千葉オープン
1971 草壁 政治 138-70・68 …………袖ヶ浦
1972 尾崎 将司 138-68・70 …………袖ヶ浦
1973 草壁 政治 215-69・74・72 ………袖ヶ浦
1974 地引 良吉 211-72・67・72 ………袖ヶ浦
1975 上原 忠明 210-68・69・73 ………袖ヶ浦
1976 尾崎 将司 134-67・67 …………袖ヶ浦
1977 横島 由一 135-65・70 …………袖ヶ浦
1978 上原 忠明 140-68・72 …………袖ヶ浦

1979 長谷川勝治 135-69・66 …………袖ヶ浦
1980 草壁 政治 140-69・71 …………袖ヶ浦
1981 白石 勝昭 141-70・71 …………袖ヶ浦
1982 海老原清治 142-74・68 …………袖ヶ浦
1983 中止
1984 泉川ピート 138-69・69 …………新千葉
1985 長谷川勝治 145-71・74 …………新千葉
1986 牧野 裕 138-67・71 ……袖ヶ浦・新袖
1987 牧野 裕 137-72・65 ……袖ヶ浦・新袖
1988 牧野 裕 133-67・66 ……袖ヶ浦・新袖
サッポロビール千葉オープン
1989 真板 潔 136-70・66 ……袖ヶ浦・新袖
1990 西川 哲 137-65・72 ……袖ヶ浦・新袖
1991 横山 明仁 137-67・70 ……袖ヶ浦・新袖
1992 平石 武則 135-69・66 ……袖ヶ浦・新袖
千葉オープン
1993 グレゴリー・マイヤー 137-66・71 ……袖ヶ浦・新袖
1994 牧野 裕 135-68・67 ……袖ヶ浦・新袖
1995 楠本 研 138-68・70 ……袖ヶ浦・新袖
1996 平石 武則 138-69・69 ……袖ヶ浦・新袖
1997 山本 昭一 136-68・68 ……袖ヶ浦・袖ヶ浦
1998 宮本 勝昌 141-72・69 …真名・ゲーリー・プレーヤー
1999 田口 康祐 136-67・69 ……袖ヶ浦・新袖
堺谷 和将 136-66・70
2000 丸山 大輔 138-68・70 ……袖ヶ浦・新袖

●チャンピオンズトーナメント
1964 陳 清波 273-67・69・69・68 ……六郷
1965 陳 清波 272-66・68・72・66 ……横浜・東
1966 陳 清波 281-66・71・70・74 ……浮間
1967 細石 憲二 265-63・68・69・65 …川越グリーンクロス
1968 宮本 省三 279-140・69・70 ………水戸
1969 河野 光隆 274-72・64・72・66 ……水戸
1970 河野 高明 275-70・68・68・69 ……水戸
1971 河野 高明 271-65・65・74・67 ……水戸
1972 河野 高明 272-70・67・70・65 ……水戸
1973 河野 高明 134-68・66 …………水戸

●デュプロカップ和歌山オープン
和歌山オープン
1979 浦西 武光 140-69・71 …………国木原
1980 北代 武史 139-66・73 …………国木原
1981 倉本 昌弘 137-68・69 …………国木原
1982 鍛治 恒 138-69・69 …………国木原
1983 小川 清二 139-67・72 …………国木原
1984 入野 太 141-71・70 …………国木原
1985 加瀬 秀樹 136-67・69 …………国木原
1986 甲斐 俊光 136-71・65 …………国木原
1987 古木 讓二 137-66・71 …………国木原
1988 中村 忠夫 139-70・69 …………国木原
デュプロカップ和歌山オープン
1989 芹沢 大介 142-69・73 …………国木原
1990 前田 新作 138-68・70 …………国木原

●東武プロアマゴルフ
1978 杉本 英世 73…………………………パレス
1979 石井 裕士 68……………………サザンクロス
1980 Aの1位 内田久寿雄 72 …………高根
Bの1位 佐藤 正一 73
Cの1位 地引日出男 77

●東北オープン
1993 加藤 仁 216-70・72・74 …………西仙台
1994 新関 善美 276-69・71・68・68 …グリーンアカデミー
1995 板井 榮一 289-72・69・76・72 ……南部富士

1996 菊池　　純 275-71・67・68・69 …………利府
1997 稲田美佐男 283-67・72・75・69 ……会津磐梯
1998 堺谷　和将 283-73・71・71・68 …十和田国際
1999 松高　史明 275-68・69・71・67 …ブラッサムガーデン

●栃木オープン
1983 宇野　富男 142-72・70 ……………塩原
1984 町野　　治 143-74・69 ……………塩原
1985 森　　文雄 138-68・70 ……………塩原
1986 高橋　五月 143-72・71 ……………塩原
1987 小泉　清一 142-72・70 ……………塩原
1988 高橋　　完 141-70・71 ……………塩原
1989 植田　浩史 141-70・71 ……………塩原
1990 稲垣　太成 140-71・69 ……………塩原
1991 初見　充宣 69……………………………塩原
1992 室田　　淳 139-66・73 ……………塩原
1993 板井　榮一 140-70・70 ……………塩原
1994 入野　　太 137-68・69 ……………塩原
1995 野口裕樹夫 139-68・71 ……………塩原
1996 芹澤　信雄 132-65・67 ……………塩原

●習志野ミリオン
1966 石井富士夫 141-68・73 …………習志野
1967 陳　　清波 281-141・69・71 …習志野

●西日本オープン
1966 藤井　義将 216………………福岡・和白
1967 ※中部銀次郎 282 ……………………門司
1968 細石　憲二 275-137・138 …………福岡
1969 細石　憲二 285-141・144 …………福岡
1970 藤井　義将 289………………福岡・和白
1971 上田　鉄弘 287-147・140………福岡・和白
　　　　　　　　　　　　　　　　※はアマチュア

●西日本サーキット
1968 (宇部シリーズ)中村 寅吉 281-137・144………………宇部
　　(下関シリーズ)横田 規 272-136・136……………下関
　　(BSシリーズ)細石 憲二 286-149・137…福岡ブリヂストン
　　(長崎シリーズ)内田 繁 283-140・143……長崎国際
　　(総　合)横田 規 1131-285・272・287・287
1969 (宇部シリーズ)謝 永郁 283-142・141 ……宇部・万年池
　　(下関シリーズ)細石 憲二 290-139・151……………下関
　　(長崎シリーズ)石井 朝夫 284-144・140……長崎国際
　　(BSシリーズ)謝 敏男 281-144・137……………BS
　　(総　合)内田 繁 1147-283・292・286・286
1970 (長崎シリーズ)内田 繁 281………………長崎国際
　　(宇部シリーズ)松田 司郎 274-136・138……宇部・万年池
　　(下関シリーズ)河野 高明 287………………下関
　　(総　合)村上 隆 857
1971 (宇部シリーズ)村上 隆 281-141・140………宇部
　　(下関シリーズ)河野 高明 274-135・139………下関

●日英対抗
1974 (個人)青木　功 211-73・69・69 …………神有
　　モーリス・ベンブリッジ 211-70・70・71
　　ピーター・タウンゼント 211-69・68・74
　　(団体)英　国 27-21 日本
1975 (個人)島田　幸作 208-71・69・68………相模原・東
　　(団体)日　本 28-20 英国

●日豪対抗
1971 (個人)デビド・グラハム 353-69・75・69・70・70
　　…鳴門・志度・福岡国際・熊本中央・フェニックス
　　(団体)豪　州 1065-1074

1973 (個人)グラハム・マーシュ 209-73・69・67
　　……土佐・片山津白山・大雪山
　　(団体)日　本 652-657
1975 (個人)スチュワート・ジン 140-71・69 ……南部富士・椿台
　　(団体)豪　州 583-596

●日豪親善ゴルフ
1978 豪州チーム 49-31 …………ビクトリアGC
1979 日本チーム 53-27……スリーハンドレッド
1980 豪州チーム 42-38……ロイヤルキャンベラ
1981 日本チーム 44-36……スリーハンドレッド
1982 豪州チーム 18-6 …オーストラリアンGC

●日刊スポーツチャリティ
1988 河野　和重 65 …………レイクウッド
1989 丸山　智弘 67 …………レイクウッド
1990 須貝　　昇 66 …………レイクウッド
1991 小林富士夫 68 …………レイクウッド
1992 小林富士夫 70 …………レイクウッド
1993 1月・入野 太 71 …………レイクウッド
　　12月・白浜育男 67 …………………武蔵丘
1994 植田　浩史 68 …………レイクウッド
　　板井　榮一 68
1995 丸山　智弘 66 …………レイクウッド
1996 丸山　智弘 67 …………レイクウッド
1997 芹澤　信雄 66 …………レイクウッド
　　深堀圭一郎 66
1998 田中　秀道 71 …………レイクウッド

●日本アジア航空
1984 呂　　良煥 286-72・70・75・69……台湾・高雄

●日本プロゴルフベスト10
1968 杉原　輝雄 136-66・70 …………太閤坦

●Handa Cup プロミシングゴルファーズ～アンダー30～
2010 木村　彰吾 214-71・70・73　スカイウェイ

●ビッグ4トーナメント
1963 (個人)杉原 輝雄……………………………六郷
　　(団体)関　東 145-146 関　西

●平尾昌晃プロアマ
1984 金海　成雄 66 …………新千葉
1985 鈴木　弘一 69 …………新千葉
　　滝　　安史 69
1986 デビド・イシイ 70 …………新千葉
1987 尾崎　直道 66 …………新千葉
　　鈴木　弘一 66
1988 金子　柱憲 66 …………新千葉
1989 加瀬　秀樹 66 …………新千葉
1990 加瀬　秀樹 66 …………新千葉
1991 飯合　　肇 69 …………新千葉
　　白石　達哉 69
1992 西川　　哲 69 …………新千葉
1993 青木　基正 69 …………新千葉
1994 金子　柱憲 68 …………新千葉
1995 加瀬　秀樹 68 …………新千葉
　　中山　　徹 68
　　細川　和彦 68
1996 田中　秀道 66 …………新千葉
1997 室田　　淳 67 …………新千葉
1998 田中　秀道 65 …………新千葉
1999 金子　竜也 29P …………新千葉
2000 加瀬　秀樹 32P …………新千葉

2001 小山内　護　63……………………新千葉
2002 ディネッシュ・チャンド　17P……………………新千葉
2003 室田　淳　30P……………………新千葉
2004 室田　淳　37P……………………新千葉
2005 ディネッシュ・チャンド　33P……………………新千葉
2006 室田　淳　30P……………………新千葉
2007 宮瀬　博文　33P……………………新千葉
2008 ディネッシュ・チャンド　31P……………………新千葉
2009 横尾　要　29P……………………新千葉

●報知プロ新人
1959 勝俣　功　147-75・72 ………………相模原
1960 今田慶之助　290-142・148………武蔵・豊岡
1961 勝俣　功　297-145・152………紫・すみれ
1962 宮本　省三　293-151・142………紫・すみれ
1963 石井富士夫　295-153・142………………読売

●北陸クラシック
1973 呂　良煥　207-67・71・69………………呉羽

●ホワイトベア杯
1960 陳　清波　141-69・72 ………………霞ヶ関
1961 小針　春芳　149-76・73 ………………西宮
1962 陳　清波　137-67・70 ………………霞ヶ関
1963 加藤　辰芳　139-71・68 ………………宝塚
1964 藤井　義将　140 ………………霞ヶ関

●マスターズGCクラシック
2007 竹本　直哉　204-70・69・65 …マスターズGC

●丸善建設カップ・サイパン
1991 小林富士夫　142-68・74 ……コーラルオーシャンポイント
1992 ラリー・ネルソン　213-70・70・73 ……コーラルオーシャンポイント

●マンシングウェアクラシック
1983 草壁　政治　280-71・71・70・68 ………新千葉

●ミズノTOKYOオープン
1989 渡辺　修　208-71・68・69…………東京国際
1990 天野　勝　207-76・66・65…………東京国際
1991 井上　久雄　209-74・66・69…………東京国際
1992 合田　洋　208-70・71・67…………東京国際
1993 中尾　豊健　205-70・68・67…………東京国際
1994 高崎　龍雄　205-66・67・72…………東京国際
1995 南條　勝美　204-70・65・69…………東京国際
1996 伊藤　正己　202-66・69・67…………東京国際

●ミズノプロ新人
1965 川井　健司　147-72・75…………大利根・東
1966 永田　悦彦　142……………………霞ヶ関・東
1967 松井　一敏　146……………………霞ヶ関・東
1968 草壁　政治　149-76・73…………紫・すみれ
1969 小池　国夫　142……………………小金井
1970 松尾　茂年　144-72・72…………狭山
1971 前田　新作　141-73・68…………我孫子
1972 片山　康　142-72・70…………我孫子
1973 鈴木　規夫　142-75・67…………我孫子
1974 村田　岸雄　139-69・70…………我孫子
1975 久保　三郎　138-66・72…………我孫子
1976 中島　常幸　141-71・70…………我孫子
1977 中山　徹　139-70・69…………我孫子
1978 渡辺　三男　138-69・69…………我孫子
1979 甲斐　俊光　139-69・70…………我孫子
1980 中島　秀徳　140-70・70…………我孫子
1981 中川　敏明　142-75・67…………我孫子

1982 上西　博昭　139-71・68 ………我孫子
1983 加瀬　秀樹　109-71・38 ………我孫子
1984 浅尾　琢己　144-69・75 ………………桜
1985 和田　力　140-74・66 ………………桜
1986 高見　和宏　145-70・75 ………………桜
1987 田中泰二郎　146-70・76 ………………桜
1988 平山　徳男　138-69・69 ………………桜
1989 金田　秀龍　72 ………………桜
1990 ①宮瀬博文　140-68・72 ………………桜
　　 ②金子達也　137-68・69
1991 林　陳漢　143-72・71 ………………桜
1992 リチャード・バックウェル　135-66・69 ………………桜

●MILLION YARD CUP
日韓男子ゴルフ対抗戦
2004 韓国　20-20　日本…ヨンピョンリゾート(韓国)
　　 (プレーオフで韓国が優勝)
2006 中止
現代キャピタル招待　韓日プロゴルフ対抗戦
2010 日本　10.5-9.5　韓国 ……ヘビチ(韓国)
MILLIONYARD CUP
2011 韓国　11.5-8.5　日本　…ジョンサン(韓国)
2012 韓国　12-8　日本…パサージュ琴海アイランド(日本)

●名球会チャリティ
1983 中島　常幸　64………………千葉廣済堂
1984 新井規矩雄　66………………千葉廣済堂
1985 新井規矩雄　65………………千葉廣済堂
1986 中島　常幸　65………………千葉廣済堂
1987 中島　常幸　68………………千葉廣済堂
1988 泉川ピート　67………………千葉廣済堂
1989 中島　常幸　65………………千葉廣済堂
1990 鈴木　弘一　66………………千葉廣済堂
1991 芹沢　信雄　65………………千葉廣済堂
1992 中島　常幸　63………………千葉廣済堂
1993 新井規矩雄　66………………千葉廣済堂
1994 青木　基正　67………………千葉廣済堂
　　 東　聡　67

●森進一・港建設カップ
1990 室田　淳　69 ………………紫・すみれ
1991 泉川ピート　67 ………………紫・あやめ

●山口オープン
1988 末村　敦男　134-65・69……………宇部・北
1989 木原　徹　136-70・66……………宇部・北
1990 松永　一成　136-65・71……………宇部・北
1991 吉村　金八　65 ……………宇部・西
1992 重信　秀人　133-71・62……………宇部・北
1993 松永　一成　133-71・69……………宇部・西

●山梨プロアマ
1978 中村　稔　142-71・71 ……グリーンバレイ
1979 榎本　七郎　142-70・72 ……グリーンバレイ
1980 金井　清一　139-69・70 ……グリーンバレイ

●ヤングライオンズ
1975 中村　通　215-74・71・70………………川辺
1976 中島　常幸　206-71・69・66………………川辺
1977 中島　常幸　207-70・69・68………………川辺

●ザ・レジェンド・チャリティプロアマ

2009	手嶋　多一	132–67・65	……………………麻倉
2010	久保谷健一	131–65・66	……………………麻倉
2011	室田　　淳	131–68・63	……………………麻倉
2012	池田　勇太	134–69・65	……………………麻倉
2013	池田　勇太	132–65・67	……………………麻倉
2014	倉本　昌弘	134–67・67	……………………麻倉
2015	奥田　靖己	130–65・65	……………………麻倉
2016	片山　晋呉	132–63・69	……………………麻倉
2017	横尾　　要	135–69・66	……………………麻倉
2018	今平　周吾	130–64・66	……………………麻倉

●ロレックス

1968	村上　　隆	137–67・70	…………………川崎国際
1969	杉本　英世	140–70・70	………東京よみうり
1970	河野　高明	138–69・69	…………………川崎国際
1971	橘田　　規	142–70・72	…………………川崎国際
1972	森　　憲二	139–67・72	…………………川崎国際
1973	日吉　定雄	138–70・68	…………………川崎国際

●ロレックスワールドミックス

1978　メ キ シ コ　274 ………………………川崎国際
　　　　（エルネスト・アコスタ＆ナンシー・ロペス）

AbemaTVツアー

Novil Cup

開催期日	2019年4月5日～7日	賞金総額	15,000,000円
競技会場	JクラシックGC	出場人数	144名
トータル	7,206Y：パー72(36,36)	天　候	晴・晴・晴

1日目 2019年より世界ゴルフランキングのポイント加算対象となったAbemaTVツアーの開幕戦。諸藤将次が6アンダーの66で首位発進。**2日目** 朴ジュンウォンと薗田峻輔が通算6アンダーで首位。副田裕斗が1イーグル、7バーディ、1ボギーでコースレコードタイの64をマークし、71位から1打差3位へ急浮上。**最終日** 2年間守ったシードを失いAbemaTVツアーに参戦中の朴ジュンウォンが2位に2打差をつけて首位を守り、通算10アンダーで開幕戦で初優勝を飾った。

【優勝】 朴 ジュンウォン 206 70・68・68 2,700,000円

順位	氏　名	トータルスコア	1R	2R	3R	4R	賞金額(円)	順位	氏　名	トータルスコア	1R	2R	3R	4R	賞金額(円)
2	杉本エリック	208	69	72	67		1,350,000		朴　一丸	217	69	74	74		87,750
3	朴　銀信	209	74	68	67		877,500		松村 道央	217	74	73	70		87,750
	ハン・リー	209	72	68	69		877,500		長澤　奨	217	80	68	69		87,750
5	西村 匡史	210	73	70	67		498,750	47	池田 浩二	218	75	71	72		78,300
	高柳 直人	210	71	70	69		498,750		日高 将史	218	76	71	71		78,300
	松原 大輔	210	73	68	69		498,750		木下 康平	218	76	72	70		78,300
	薗田 峻輔	210	72	66	72		498,750	50	大貫渉太朗	219	76	70	73		69,728
9	香妻陣一朗	211	73	73	65		283,125		竹内　廉	219	70	75	74		69,728
	諸藤 将次	211	66	75	70		283,125		松田 一将	219	72	73	74		69,728
	坂本 雄介	211	68	72	71		283,125		玉城 海伍	219	72	72	75		69,728
	中西 直人	211	68	72	71		283,125		高橋　賢	219	72	72	75		69,728
13	徐　曜燮	212	73	73	66		194,062		崔 ミン哲	219	73	74	72		69,728
	和田章太郎	212	71	73	68		194,062		スコット・ストレンジ	219	75	73	71		69,728
	ダンタイ・ブーマ	212	73	71	68		194,062	57	北村 晃一	220	70	76	74		64,500
	中里光之介	212	74	70	68		194,062		吉田 隼人	220	71	76	73		64,500
	杉山 知靖	212	73	69	70		194,062		パクベジョン	220	78	70	72		64,500
	平塚 哲二	212	67	74	71		194,062		矢野　東	220	77	71	72		64,500
	永野竜太郎	212	70	70	72		194,062	61	李　東珉	221	70	75	76		62,550
	副田 裕斗	212	75	64	73		194,062		高橋 佳祐	221	72	74	75		62,550
21	エリック・チャン	213	72	72	69		153,750		松本 成太	221	75	72	74		62,550
	伊藤 誠道	213	68	75	70		153,750		佐藤 圭介	221	73	75	73		62,550
23	S・J・パク	214	77	68	69		133,125	65	井上　信	222	71	75	76		61,050
	森　正尚	214	68	77	69		133,125		岡部 大将	222	71	76	75		61,050
	幡地 隆寛	214	74	71	69		133,125		藤島 征次	222	74	74	74		61,050
	スコット・ドアーニルド	214	74	73	67		133,125		内藤寛太郎	222	69	79	74		61,050
	金　永雄	214	70	74	70		133,125		吉永 智一	222	75	73	74		61,050
	鍋谷 太一	214	72	71	71		133,125		和田健太郎	222	75	73	74		61,050
	ジェイ・チョイ	214	72	71	71		133,125	71	佐藤えいち	223	76	71	76		60,000
	尾崎 慶輔	214	71	77	66		133,125		竹内 優騎	223	76	71	76		60,000
31	小西 健太	215	71	74	70		109,200								
	K・T・ゴン	215	73	72	70		109,200								
	金　成玹	215	70	74	71		109,200								
	久志岡俊海	215	72	72	71		109,200								
	原田　凌	215	73	70	72		109,200								
	李　泰熙	215	76	72	67		109,200								
	貞方 章男	215	71	72	72		109,200								
38	大澤 和也	216	75	72	69		97,050								
	桂川 有人	216	71	76	69		アマチュア								
	原　敏之	216	77	71	68		97,050								
41	皆本 祐介	217	73	73	71		87,750								
	北川 祐生	217	75	72	70		87,750								
	金　禹玄	217	77	70	70		87,750								

148（+4）までの72名が予選通過

氏名	トータルスコア	1R	2R
白倉 渉平	149	74	75
アンドルー・エバンス	149	75	74
宮里 聖志	149	77	72
河合 庄司	149	71	78
ジャスティン・デロスサントス	149	75	74
荒井 雅彦	149	75	74
半田 匠佳	149	75	74
丸山 大輔	149	76	73
石川 裕貴	150	74	76
古庄 紀彦	150	73	77
小木曽 喬	150	77	73
嵜川 将司	150	77	73
尾方 友彦	150	78	72
中村 匡志	150	75	75
山形 陵馬	150	75	75
山下 和宏	150	75	75
滝 雅志	150	76	74
植本 健介	150	77	73
富村 真治	151	76	75
海老根文博	151	74	77
島野 璃央	151	72	79
前川 太治	151	76	75
すし 石垣	151	73	78
河瀬 賢史	151	75	76
森本 雄	151	77	74
小池 一平	151	73	78
中島 徹	151	76	75
亀代 順哉	151	78	73
新留 徹	152	76	76
勝亦 悠斗	152	77	75
高野 碧輝	152	77	75
高花 翔太	152	73	79
岩本 高志	152	80	72
福永 安伸	152	78	74
秋本 久成	152	74	78
白 佳和	152	74	78
三重野里斗	152	71	81
飯島 宏明	152	77	75
遠藤 彰	152	78	74
河野晃一郎	152	76	76
趙 炳旻	152	77	75
阿久津未来也	152	76	76
河井 博大	153	80	73
安本 大祐	153	74	79
成冨 晃広	153	79	74
森田 徹	153	73	80
小山内 護	153	77	76
梅山 知宏	154	75	79
村山 駿	154	79	75
阿部 裕樹	154	80	74
仲村 譲二	154	74	80
細川 和彦	154	74	80
河野 祐輝	154	78	76
ⓐ古川惣一朗	154	76	78
アーノンド・ウォンワニ	154	76	78
ⓐ板東篤司	154	75	79
山本 豊秀	154	75	79
鄭 太易	155	80	75
上村 竜太	155	76	79
近藤 啓介	155	75	80
蛭川 隆	156	79	77
川根 隆史	156	80	76
光田 智輝	156	79	77
中井 学	156	77	79
橋本 龍位	157	78	79
小西 貴紀	157	76	81
塩見 好輝	158	78	80
井上 敬太	158	79	79
吉村 明恭	159	73	86
I・H・ホ	161	79	82
小野田享也	161	77	84
金 泰旰		棄	

ⓐはアマチュア

【歴代優勝者】

年	優勝者	スコア	2位	差	コース	パー／ヤード
シンクスNovilカップ						
2007	兼本貴司	134—68・66	大島靖生、杉原敏一、谷 昭範、岩崎幸司	1	JクラシックGC	72／7093Y
Novilカップ						
2008	清田太一郎	198—69・64・65	山本健太郎	2	JクラシックGC	72／7104Y
Novil Cup						
2009	＊佐藤えいち	205—66・69・70	前粟蔵俊太	0	JクラシックGC	72／7104Y
2010	田島創志	207—70・71・66	三橋達也	2	JクラシックGC	72／7221Y
2011	＊額賀辰徳	205—67・70・68	小林正則	0	JクラシックGC	72／7221Y
2012	ヤン・ジホ	212—69・76・67	岡茂洋雄	2	JクラシックGC	72／7221Y
2013	＊張 棟圭	216—65・74・77	J・マクリーン	0	JクラシックGC	72／7221Y
2014	田島創志	213—77・67・69	井上忠久	1	JクラシックGC	72／7206Y
2015	朴 一丸	201—64・70・67	矢野 東	1	JクラシックGC	72／7206Y
2016	小鯛竜也	204—70・67・67	趙 炳旻、前粟藏俊太、北村晃一	6	JクラシックGC	72／7206Y
2017	星野陸也	205—71・68・66	櫻井勝之、上井邦裕	1	JクラシックGC	72／7206Y
2018	パクベジョン	206—70・68・68	梅山知宏、金 鎮成	1	JクラシックGC	72／7206Y
2019	朴ジュンウォン	206—70・68・68	杉本エリック	2	JクラシックGC	72／7206Y

＊はプレーオフ

i Golf Shaper Challenge in 筑紫ヶ丘

開催期日　2019年4月17日～19日
競技会場　筑紫ヶ丘GC
トータル　7,101Y：パー72(36,36)

賞金総額　15,000,000円
出場人数　149名
天　候　曇・晴・晴

1日目　北村晃一が8バーディ、ノーボギーの64で回り、8アンダーで単独首位。2打差2位に新木豊とタイのD・ブーマ。**2日目**　高校時代に開催コースでキャディのアルバイトをしていたという岩井亮磨が通算8アンダーの首位につけた。男子ツアーに初参戦した川﨑志穂と工藤遥加は予選通過ならず。**最終日**　最終18番を首位タイで迎えたD・ブーマと北村晃一だったが、北村のティショットは左へ。ブーマが2オン2パットのバーディを奪い、日本での初優勝を飾った。

【優勝】　ダンタイ・ブーマ　206　66・71・69　2,700,000円

順位	氏　　名	トータルスコア	1R	2R	3R	4R	賞金額(円)
2	植竹　勇太	208	71	69	68		1,035,000
	伊藤　有志	208	68	71	69		1,035,000
	北村　晃一	208	64	73	71		1,035,000
5	内藤寛太郎	209	69	72	68		498,750
	大内　智文	209	71	68	70		498,750
	仲村　譲二	209	70	69	70		498,750
	石徳　俊樹	209	68	70	71		498,750
9	副田　裕斗	210	70	70	70		311,250
	ベラドル・バンヤタナセド	210	70	69	71		311,250
11	平本　穏	211	70	73	68		262,500
12	増田　伸洋	212	72	70	70		219,000
	ハリー・ベイトマン	212	70	72	70		219,000
	皆本　祐介	212	68	73	71		219,000
	玉城　海伍	212	73	70	69		219,000
	石田鈴千代	212	70	70	72		219,000
17	尾方　友彦	213	72	71	70		162,656
	山本　隆允	213	72	70	71		162,656
	スコット・アーノルド	213	72	71	70		162,656
	小山内　護	213	70	70	73		162,656
	鍋谷　太一	213	68	76	69		162,656
	福永　安伸	213	70	74	69		162,656
	藤島　征次	213	72	72	69		162,656
	岩井　亮磨	213	69	67	77		162,656
25	河瀬　賢史	214	73	70	71		122,925
	吉村　明恭	214	71	71	72		122,925
	白　佳和	214	73	70	71		122,925
	三木　龍馬	214	73	71	70		122,925
	新木　豊	214	66	75	73		122,925
	伴　翔太郎	214	71	69	74		122,925
	杉本エリック	214	71	73	70		122,925
	中道　洋平	214	71	68	75		122,925
	岩元　洋祐	214	69	75	70		122,925
	伊藤　誠道	214	72	72	70		122,925
35	高野　碧輝	215	73	70	72		98,485
	勝亦　悠斗	215	72	70	73		98,485
	山下　和宏	215	75	68	72		98,485
	ヤンネ・カスケ	215	73	68	74		98,485
	岡村　了	215	69	74	72		98,485
	K・T・ゴン	215	73	66	76		98,485
	小浦　和也	215	69	69	77		98,485
42	高橋　佳祐	216	73	69	74		84,600
	長澤　奨	216	71	71	74		84,600
	小池　一平	216	71	73	72		84,600
	村山　駿	216	70	69	77		84,600
	平塚　哲二	216	71	73	72		84,600
47	宮瀬　博文	217	71	72	74		72,771
	並河　利隆	217	74	69	74		72,771
	松本　将汰	217	71	70	76		72,771
	姜　兌泳	217	68	73	76		72,771
	山田　大晟	217	69	72	76		72,771
	岸本　翔太	217	71	73	73		72,771
	兼本　貴司	217	69	75	73		72,771
54	新留　徹	218	72	71	75		66,200
	黒木　紀至	218	71	69	78		66,200
	亀井　美博	218	71	73	74		66,200
57	蛭川　隆	219	72	71	76		63,660
	猪川　頌生	219	73	69	77		63,660
	佐藤　佑樹	219	71	72	76		63,660
	中村　匡志	219	75	69	75		63,660
	永澤　翔	219	73	71	75		63,660
62	松村　道央	220	72	70	78		62,400
63	成松　亮介	221	72	72	77		61,650
	木村　佳昭	221	71	73	77		61,650
	高花　翔太	221	72	72	77		61,650
	山形　陵馬	221	74	70	77		61,650
	塚田　好宣		70	73	失		

144(±0)までの67名が予選通過

氏　名	トータルスコア	1R	2R
森本　雄	145	72	73
成冨　晃広	145	73	72
高橋　慧	145	72	73
小林　丈大	145	69	76
大谷　俊介	145	72	73
ブーム・サクサンシン	145	71	74
徳永　圭太	145	73	72
小林　正則	146	74	72
久志岡俊海	146	75	71
横尾　要	146	75	71
遠藤　彰	146	71	75
武内　伸悟	146	74	72
森　正尚	146	73	73
河井　博大	146	73	73
光吉　佑樹	146	75	71
光田　智輝	146	74	72
諸藤　将次	146	75	71
竹内　廉	147	76	71
阿部　裕樹	147	74	73
阿久津未来也	147	74	73
坂本　雄介	147	69	78

氏　名	トータルスコア	1R	2R
石川　裕貴	147	71	76
藤島　豊和	148	74	74
北川　祐生	148	71	77
アンドルー・エバンス	148	73	75
高田　聖斗	148	72	76
佐藤えいち	148	73	75
澤﨑　安雄	148	69	79
稗田　基樹	148	76	72
髙橋　竜彦	148	74	74
アーノンド・ウィンウニ	148	74	74
深沢　尚人	148	72	76
斉藤　しん	149	74	75
芳賀　洋平	149	74	75
井上　敬太	149	73	76
@八川　遼	149	75	74
荒井　雅彦	149	74	75
ジャスティン・デロスサントス	149	74	75
竹内　優騎	149	74	75
岡部　大将	149	73	76
古庄　紀彦	149	76	73
曾　子軒	149	76	73

氏　名	トータルスコア	1R	2R
大宜見賢人	150	76	74
秀島　寛臣	150	75	75
友次　啓晴	150	74	76
細川　和彦	150	78	72
徳元　中	150	76	74
吉田　隼人	150	73	77
@細野勇策	150	78	72
小袋　秀人	151	75	76
森井　晶紀	151	78	73
山本　太郎	151	74	77
ティティプン・チュアヤプラコン	151	76	75
川﨑　志穂	151	73	78
ブレイダン・スナイダー	151	72	79
小林伸太郎	151	80	71
山浦　太希	151	75	76
櫻井　省吾	151	77	74
小川　厚	152	74	78
滝　雅志	152	73	79
南崎　次郎	152	75	77
スコット・ストレンジ	152	78	74
安富　慎	152	74	78

氏　名	トータルスコア	1R	2R
@石塚祥利	152	76	76
半田　匠佳	153	77	76
津曲　泰弦	153	74	79
鈴木　勝文	153	77	76
白倉　渉平	153	73	80
遠藤　健太	153	76	77
工藤　遥加	153	78	75
狩俣　昇平	154	78	76
和田健太郎	155	73	82
大塚　大樹	156	70	86
坂本　聡	157	79	78
白石　大和	158	79	79
榎本　剛志	160	84	76
弘井　太郎	161	82	79
三浦　春輝	162	80	82
山名　英統	165	81	84
@矢野圭介	166	89	77
ディネッシュ・チャンド		76	棄
吉永　智一		70	棄

@はアマチュア

【歴代優勝者】					
年	優勝者	スコア	2位	差	コース　　パー／ヤード
2018	高柳直人	202—65・66・71	杉山知靖	2	筑紫ヶ丘GC　72／7101Y
2019	ダンタイ・ブーマ	206—66・71・69	植竹勇太、伊藤有志、北村晃一	2	筑紫ヶ丘GC　72／7101Y

ジャパンクリエイトチャレンジ in 福岡雷山

開催期日 2019年4月24日～26日	賞金総額 15,000,000円
競技会場 福岡雷山GC	出場人数 150名
トータル 6,905Y：パー72(36,36)	天候 曇・雨・雨

1日目 中島徹が7アンダーの65で首位。1打差2位に日大3年のアマ清水大成、石川裕貴、G・チャルングン、古田幸希が並んだ。2日目 雨と濃霧の影響で競技中断があり、18時05分に日没サスペンデッドが決定。最終日 第2Rを終え通算10アンダーで中島徹、G・チャルングン、古田幸希が首位に並んだ。最終Rは首位と5打差の15位からJ・デロスサントスが追い上げ、初日から首位を走る中島徹とのプレーオフに持ち込んでバーディを奪い、大逆転で日本初優勝を飾った。

【優勝】 ジャスティン・デロスサントス 205 68・71・66 2,700,000円

(プレーオフ1ホール目、デロスサントスがバーディで優勝)

順位	氏名	トータルスコア	1R	2R	3R	4R	賞金額(円)
2	中島 徹	205	65	69	71		1,350,000
3	副田 裕斗	206	69	68	69		729,375
	香妻陣一朗	206	71	65	70		729,375
	阿久津未来也	206	72	71	63		729,375
	ガン・チャルングン	206	66	68	72		729,375
7	富村 真治	207	69	70	68		363,750
	仲村 譲二	207	69	69	69		363,750
	小池 一平	207	68	67	72		363,750
	清水 大成	207	66	70	71		アマチュア
	古田 幸希	207	66	68	73		363,750
12	朴 銀信	208	71	68	69		255,000
	白倉 渉平	208	70	67	71		255,000
14	長澤 奨	209	69	72	68		225,000
	高橋 賢	209	71	67	71		225,000
16	和田章太郎	210	71	70	69		198,750
	藤島 征次	210	71	69	70		198,750
18	永野竜太郎	211	70	71	70		160,000
	岩井 亮磨	211	72	69	70		160,000
	皆本 祐介	211	69	71	71		160,000
	ハリー・ベイトマン	211	69	73	69		160,000
	成冨 晃広	211	67	72	72		160,000
	西村 匡史	211	69	70	72		160,000
	大谷 俊介	211	73	70	68		160,000
	北村 晃一	211	73	70	68		160,000
	太田 直己	211	70	68	73		160,000
27	ピーター・カーミス	212	71	70	71		124,200
	塩見 好輝	212	70	70	72		124,200
	坂本 雄介	212	68	74	70		124,200
	ベラドル・バンヤタナセド	212	71	71	70		124,200
	山本 隆允	212	68	70	74		124,200
	松原 大輔	212	70	67	75		124,200
	岩本 高志	212	73	70	69		124,200
34	竹内 優騎	213	71	70	72		102,450
	大田和桂介	213	69	73	71		102,450
	芦沢 宗臣	213	71	69	73		102,450
	大内 智文	213	69	70	74		102,450
	S・J・パク	213	70	69	74		102,450
	阿部 裕樹	213	72	67	74		102,450
	蛭川 隆	213	70	73	70		102,450
	石川 裕貴	213	66	73	74		102,450
42	小西 奨太	214	72	69	73		82,500
	吉田 隼人	214	67	73	74		82,500
	高柳 直人	214	70	70	74		82,500
	小野田享也	214	69	73	72		82,500
	日高 将史	214	70	70	74		82,500
	杉山 知靖	214	70	69	75		82,500
	滝 雅志	214	71	71	72		82,500
	藤島 豊和	214	69	70	75		82,500
	中村 匡志	214	68	75	71		82,500
51	石徳 俊樹	215	74	67	74		69,600
	スコット・ストレンジ	215	73	69	73		69,600
	井上 敬太	215	71	71	73		69,600
	河井 博大	215	72	71	72		69,600
	小斉平優和	215	71	72	72		69,600
56	半田 匠佳	216	68	73	75		64,800
	梅山 知宏	216	70	72	74		64,800
	三重野里斗	216	69	73	74		64,800
	小木曽 喬	216	72	70	74		64,800
	海老根文博	216	71	67	78		64,800
61	木下 康平	217	76	65	76		62,700
	中里光之介	217	71	70	76		62,700
	中道 洋平	217	74	69	74		62,700
64	ジェイ・チョイ	218	71	70	77		61,200
	矢野 東	218	68	72	78		61,200
	岡部 大将	218	71	71	76		61,200
	勝亦 悠斗	218	69	73	76		61,200
	玉城 海伍	218	71	72	75		61,200
	安本 大祐	218	73	70	75		61,200
	小山内 護	218	74	69	75		61,200
71	森本 雄	219	72	69	78		60,000
	枝川 吏輝	219	72	71	76		アマチュア
	増田 伸洋	219	71	72	76		60,000
74	河合 庄司	220	73	67	80		60,000
75	上村 竜太	221	72	70	79		60,000
76	岩元 洋祐	223	67	76	80		60,000

143(−1)までの76名が予選通過

氏　名	トータルスコア	1R	2R	氏　名	トータルスコア	1R	2R	氏　名	トータルスコア	1R	2R	氏　名	トータルスコア	1R	2R
ティティプン・チュアヤプラゴン	144	71	73	成松　亮介	145	72	73	幡地　隆寛	147	73	74	光田　智輝	150	79	71
石田鈴千代	144	73	71	内藤寛太郎	145	73	72	宮瀬　博文	147	71	76	和田健太郎	150	74	76
河野　祐輝	144	70	74	尾方　友彦	145	69	76	島野　璃央	148	69	79	新留　徹	150	74	76
ハン・リー	144	67	77	小林　正則	145	73	72	ブレーク・スナイダー	148	70	78	髙橋　竜彦	151	78	73
山形　陵馬	144	70	74	福永　安伸	145	76	69	アーノンド・ウォンワニ	148	73	75	吉本　侑平	151	76	75
金　成玹	144	73	71	白石　大和	145	70	75	すし　石垣	148	71	77	中西　直人	151	77	74
小西　健太	144	77	67	遠藤　健太	146	74	72	中井　賢人	148	74	74	橋本健太ユージーン	151	73	78
北川　祐生	144	76	68	古庄　紀彦	146	68	78	丸山　大輔	148	77	71	大宜見賢人	151	77	74
金　燦祐	144	71	73	ダッジ・ケマー	146	70	76	吉村　明恭	148	74	74	森　正尚	151	73	78
ディネッシュ・チャンド	144	71	73	植竹　勇太	146	73	73	スコット・ビンセント	149	74	75	榎本　剛志	151	76	75
佐藤　和夫	145	70	75	吉永　智一	146	72	74	細川　和彦	149	77	72	稗田　基樹	153	77	76
高野　碧輝	145	72	73	荒井　雅彦	146	73	73	山下　和宏	149	73	76	久志岡俊海	156	79	77
アンドルー・エバンス	145	74	71	横尾　要	146	74	72	エリック・チャン	149	71	78	大澤　和也	161	85	76
ブーム・サクサンシン	145	72	73	鍋谷　太一	146	75	71	工藤　遥加	149	74	75	平本　穏		75	棄
中込　憲	145	70	75	村山　駿	147	71	76	高花　翔太	149	70	79	伊藤　誠道		73	棄
遠藤　彰	145	72	73	近藤　啓介	147	73	74	K・T・ゴン	149	76	73	平塚　哲二		79	棄
河瀬　賢史	145	73	72	杉本	147	73	74	松村　道央	149	73	76	薗田　峻輔		棄	
ダンタイ・ブーマ	145	69	76	伊藤　有志	147	73	74	井上　信	149	75	74				
竹内　廉	145	69	76	前川　太治	147	76	71	甲斐慎太郎	150	72	78				

【歴代優勝者】

年	優勝者	スコア	2位	差	コース	パー／ヤード
ロイズコーポレーションカップin福岡雷山						
2013＊K・T・ゴン	130—65・65		森本　雄	0	福岡雷山GC	72／6905Y
プラスワン・福岡雷山チャレンジ						
2014　ピーター・ウィルソン	136—70・66		塩見好輝	1	福岡雷山GC	72／6905Y
ジャパンクリエイト チャレンジトーナメント in 福岡雷山						
2015＊日髙将史	134—66・68		髙松瑠偉、副田裕斗	0	福岡雷山GC	72／6905Y
ジャパンクリエイトチャレンジin福岡雷山						
2016＊時松隆光	135—65・70		副田裕斗、權　成烈	0	福岡雷山GC	72／6905Y
2017　福永安伸	130—64・66		成松亮介	3	福岡雷山GC	72／6905Y
2018　河合庄司	203—67・66・70		すし石垣	1	福岡雷山GC	72／6905Y
2019＊ジャスティン・デロスサントス	205—68・71・66		中島　徹	0	福岡雷山GC	72／6905Y

＊はプレーオフ

AbemaTVツアー

HEIWA・PGM Challenge I ～Road to CHAMPIONSHIP

開催期日	2019年5月15日～17日	賞金総額	15,000,000円
競技会場	セゴビアGCイン チヨダ	出場人数	150名
トータル	6,993Y・パー70(35,35)	天 候	晴時々曇・晴・晴

1日目 長澤奨が7バーディ、ノーボギーの63の好スコアで単独首位。3打差2位に竹内廉、中里光之介、小木曽喬、内藤寛太郎が続く。**2日目** H・ベイトマンが8番、中里光之介が17番でホールインワンを達成し通算6アンダーで首位に並んだ。1打差3位に白佳和。**最終日** ファイナルQT4位の資格で日本初参戦中の20歳の金成玹（キムソンヒョン）が2打差4位からスタートし、15番まで4打差を奪って猛追。さらに16番からの2連続バーディで逆転して初優勝を決めた。

【優勝】 金 成玹 200 68・68・64 2,700,000円

順位	氏 名	トータルスコア	1R	2R	3R	4R	賞金額(円)
2	ニコラス・ファン	202	68	71	63		1,162,500
	白 佳和	202	69	66	67		1,162,500
4	永野竜太郎	204	71	67	66		647,500
	杉本エリック	204	69	67	68		647,500
	中里光之介	204	66	68	70		647,500
7	松原 大輔	206	68	71	67		387,500
	スコット・ビンセント	206	70	69	67		387,500
	ハリー・ベイトマン	206	69	65	72		387,500
10	河野 祐輝	207	70	70	67		235,714
	阿部 裕樹	207	69	71	67		235,714
	河瀬 賢史	207	69	71	67		235,714
	小木曽 喬	207	66	73	68		235,714
	井上 信	207	69	69	69		235,714
	小林伸太郎	207	69	69	69		235,714
	S・J・パク	207	69	69	69		235,714
17	中西 直人	208	69	71	68		165,535
	髙橋 竜彦	208	71	68	69		165,535
	中島 徹	208	70	70	68		165,535
	スコット・ストレンジ	208	71	70	67		165,535
	福永 安伸	208	67	71	70		165,535
	長澤 奨	208	63	75	70		165,535
	久志岡俊海	208	69	68	71		165,535
24	ダッジ・ケマー	209	71	69	69		136,875
	日高 将史	209	70	69	70		136,875
	山下 和宏	209	73	68	68		136,875
	富村 真治	209	70	68	71		136,875
28	鍋谷 太一	210	70	70	70		119,175
	平塚 哲二	210	71	69	70		119,175
	エリック・チャン	210	73	66	71		119,175
	髙橋 賢	210	68	70	72		119,175
	ブロム・ミーサワット	210	70	71	69		119,175
	海老根文博	210	71	66	73		119,175
34	北川 祐生	211	71	68	72		105,150
	羽藤 勇司	211	73	68	70		105,150
	竹内 廉	211	66	75	70		105,150
	ハン・リー	211	72	69	70		105,150
38	岡部 大将	212	68	72	72		90,075
	藤島 豊和	212	69	71	72		90,075
	内藤寛太郎	212	66	73	73		90,075
	村山 駿	212	73	68	71		90,075
	岩本 高志	212	73	68	71		90,075
	玉城 海伍	212	72	70	70		90,075

順位	氏 名	トータルスコア	1R	2R	3R	4R	賞金額(円)
	狩俣 昇平	212	67	70	75		90,075
	すし 石垣	212	67	69	76		90,075
46	小山内 護	213	70	69	74		75,300
	スコット・アーノルド	213	69	70	74		75,300
	アンドルー・エバンス	213	70	71	72		75,300
	勝亦 悠斗	213	70	71	72		75,300
	竹内 優騎	213	74	68	71		75,300
	光田 智輝	213	71	71	71		75,300
52	中道 洋平	214	69	71	74		68,400
	森本 雄	214	71	70	73		68,400
	小袋 秀人	214	69	73	72		68,400
55	川満 歩	215	67	72	76		65,100
	杉山 知靖	215	71	67	77		65,100
	遠藤 彰	215	71	71	73		65,100
	皆本 祐介	215	71	71	73		65,100
59	佐藤えいち	216	73	69	74		63,600
60	半田 匠佳	217	71	70	76		62,850
	中村 匡志	217	73	70	74		62,850
62	吉村 明恭	218	69	71	78		62,400
63	大内 智文	222	72	70	80		62,100

142(+2)までの63名が予選通過

氏 名	トータルスコア	1R	2R	氏 名	トータルスコア	1R	2R	氏 名	トータルスコア	1R	2R	氏 名	トータルスコア	1R	2R
ティティブン・チュアヤプラコン	143	71	72	幡地 隆寛	144	68	76	安本 大祐	146	76	70	井上 敬太	150	72	78
仲村 譲二	143	72	71	松村 道央	145	75	70	丸山 大輔	147	71	76	三木 龍馬	151	72	79
近藤 啓介	143	70	73	島野 璃央	145	75	70	飯島 宏明	147	70	77	金子 敬一	151	72	79
高柳 直人	143	72	71	成冨 晃広	145	74	71	菊池 純	147	74	73	小川 厚	151	76	75
甲斐慎太郎	143	71	72	滝 雅志	145	68	77	尾方 友彦	147	75	72	白石 大和	151	73	78
新木 豊	143	71	72	横尾 要	145	71	74	高花 翔太	147	73	74	笠 哲郎	151	75	76
吉本 侑平	143	71	72	矢野 東	145	74	71	香妻陣一朗	147	70	77	阿久津由生	151	77	74
山本 隆允	143	68	75	深沢 尚人	145	73	72	徳永 弘樹	148	77	71	立山 光広	152	78	74
阿久津未来也	143	68	75	石川 裕貴	145	73	72	塩見 好輝	148	74	74	K・T・ゴン	152	73	79
前川 太治	143	68	75	西村 匡史	145	76	69	宮里 聖志	148	75	73	秋本 久成	153	76	77
吉永 智一	144	73	71	伊藤 誠道	145	73	72	白倉 渉平	148	70	78	佐久間秀也	153	77	76
ジェイ・チョイ	144	70	74	河合 庄司	145	69	76	ⓐ吉沢己咲	148	72	76	新留 徹	154	75	79
アーノンド・ウォンワニ	144	71	73	坂本 雄介	145	69	76	三重野里斗	149	74	75	永井 哲平	154	78	76
吉田 隼人	144	72	72	細川 和彦	145	73	72	佐藤 佑樹	149	72	77	高野 碧輝	154	74	80
副田 裕斗	144	71	73	梅山 知宏	146	71	75	神農 洋平	149	71	78	古田 幸希	154	77	77
塚田 好宣	144	71	73	小池 一平	146	68	78	小浦 和也	149	67	82	菅谷 拓	155	77	78
ダンタイ・ブーマ	144	72	72	深堀 昌之	146	73	73	藤島 征次	149	73	76	蛭川 隆	157	81	76
小西 健太	144	77	67	和田章太郎	146	72	74	増田 伸洋	149	73	76	星 雄太郎	157	78	79
栗城 凌太	144	73	71	加門 大典	146	73	73	山形 陵馬	149	73	76	秀島 寛臣	167	83	84
小野田享也	144	73	71	荒井 雅彦	146	71	75	和田健太郎	150	81	69	角 海利	169	87	82
木下 康平	144	74	70	金 燦祐	146	74	72	上村 竜太	150	74	76	ジャスティン・デロスサントス		75	棄
高橋 慧	144	71	73	古庄 紀彦	146	74	72	小川 文也	150	76	74	ⓐはアマチュア			

【歴代優勝者】

年	優勝者	スコア	2位	差	コース	パー/ヤード
2013	ポール・シーハン	135—63・72	久保勝美、鈴木 亨藤島晴雄、井手口正一	2	かさぎGC	72／7011Y
2014＊	今平周吾	134—66・68	西村匡史、谷 昭範	0	ライオンズCC	72／7092Y
2015	額賀辰徳	134—65・69	岩井亮磨	3	東広島CC北	72／6737Y
2016	貴田和宏	135—69・66	遠藤 彰、谷岡龍弥	1	花の木GC	72／6956Y
2017＊	嘉数光倫	130—67・63	小浦和也	0	CCザ・レイクス	71／7012Y
2018	近藤啓介	211—73・70・68	和田章太郎	1	鹿島の杜CC	72／7420Y
2019	金 成玹	200—68・68・64	N・ファン、白 佳和	2	セゴビアGCインチヨダ	70／6993Y

＊はプレーオフ

太平洋クラブチャレンジトーナメント

開催期日	2019年5月29日～31日	賞金総額	15,000,000円
競技会場	太平洋C江南C	出場人数	144名
トータル	7,053Y：パー71(36,35)	天　　候	晴・晴・曇

1日目　村山駿が1イーグル、5バーディ、1ボギーの65で回り、6アンダーで単独首位。1打差2位に白倉渉平。**2日目**　首位と5打差の23位タイから出た白佳和が8バーディ、1ボギーの猛チャージで白倉渉平と通算8アンダー首位に並んだ。**最終日**　15番、16番の連続バーディで単独首位に立った白佳和だったが、最終18番のボギーで大岩龍一と通算10アンダーで並びプレーオフへ。2ホール目に大岩がボギー、パーパットを決めた白がプロ19年目の悲願の初優勝を手にした。

【優勝】　白　佳和　203　70・64・69　2,700,000円

(プレーオフ2ホール目、白がパーで優勝)

順位	氏名	トータルスコア	1R	2R	3R	4R	賞金額(円)
2	大岩　龍一	203	68	67	68		1,350,000
3	阿久津未来也	204	71	69	64		975,000
4	竹内　優騎	205	73	68	64		708,750
	金　禹玄	205	70	67	68		708,750
6	石川　裕貴	206	72	69	65		421,875
	北川　祐生	206	70	70	66		421,875
	小林伸太郎	206	67	70	69		421,875
	ダンタイ・ブーマ	206	67	70	69		421,875
10	山下　和宏	207	67	71	69		258,750
	中井　賢人	207	69	69	69		258,750
	朴ジュンウォン	207	71	66	70		258,750
	平塚　哲二	207	69	68	70		258,750
14	狩俣　昇平	208	75	67	66		184,687
	高花　翔太	208	73	69	66		184,687
	河瀬　賢史	208	70	71	67		184,687
	K・T・ゴン	208	69	72	67		184,687
	高田　聖斗	208	71	69	68		184,687
	阿部　裕樹	208	71	68	69		184,687
	小池　一平	208	70	69	69		184,687
	白倉　渉平	208	66	68	74		184,687
22	高野　碧輝	209	73	69	67		136,875
	永松　宏之	209	74	68	67		136,875
	大貫渉太朗	209	73	69	67		136,875
	薗田　峻輔	209	74	69	66		136,875
	ハリー・ベイトマン	209	70	70	69		136,875
	勝亦　悠斗	209	73	67	69		136,875
	榎本　剛志	209	70	69	70		136,875
	杉本エリック	209	68	70	71		136,875
30	星野　英正	210	75	67	68		114,600
	半田　匠佳	210	69	72	69		114,600
	矢野　東	210	71	69	70		114,600
	岩男　健一	210	70	69	71		114,600
	藤島　征次	210	69	69	72		114,600
35	金　燦祐	211	71	70	70		103,800
	中道　洋平	211	69	71	71		103,800
	遠藤　彰	211	70	70	71		103,800
38	アーロン・タウンゼント	212	68	74	70		93,360
	甲斐慎太郎	212	71	71	70		93,360
	岡部　大将	212	73	70	69		93,360
	尾方　友彦	212	72	71	69		93,360
	山形　陵馬	212	69	75	68		93,360
43	河井　博大	213	67	73	73		78,400
	伴　翔太郎	213	73	70	70		78,400
	大内　智文	213	71	72	70		78,400
	和田健太郎	213	71	72	70		78,400
	福永　安伸	213	70	73	70		78,400
	玉城　海伍	213	71	68	74		78,400
	羽藤　勇司	213	72	72	69		78,400
	澤﨑　安雄	213	72	72	69		78,400
	内藤寛太郎	213	72	72	69		78,400
52	弘井　太郎	214	72	71	71		66,514
	白石　大和	214	70	73	71		66,514
	李　東珉	214	69	75	70		66,514
	石毛　巧	214	73	71	70		66,514
	木下　康平	214	71	73	70		66,514
	スコット・ストレンジ	214	73	71	70		66,514
	ヤンネ・カスケ	214	74	70	70		66,514
59	島野　璃央	215	71	71	73		62,287
	ティティプン・チュアヤプラコン	215	71	70	74		62,287
	菊池　純	215	71	72	72		62,287
	櫻井　將大	215	69	74	72		62,287
	宮瀬　博文	215	72	71	72		62,287
	新留　徹	215	73	71	71		62,287
	村山　駿	215	65	73	77		62,287
	佐藤えいち	215	71	73	71		62,287
67	亀井　美博	216	74	69	73		60,600
	井上　信	216	69	74	73		60,600
	アーノンド・ウォンワニ	216	72	72	72		60,600
70	長澤　奨	217	73	69	75		60,000
	今野　康晴	217	69	72	76		60,000
	加治屋舜介	217	71	73	73		60,000
73	副田　裕斗	219	70	74	75		60,000
	塚田　好宣	219	74	70	75		60,000
	趙　炳旻	219	73	71	75		60,000
76	植竹　勇太	220	74	70	76		60,000

144(+2)までの76名が予選通過

氏 名	トータルスコア	1R	2R	氏 名	トータルスコア	1R	2R	氏 名	トータルスコア	1R	2R	氏 名	トータルスコア	1R	2R
わたり哲也	145	76	69	中村 貴至	146	69	77	ニコラス・ファン	148	75	73	三木 龍馬	151	76	75
今野 大喜	145	74	71	河野晃一郎	146	71	75	朴 一丸	148	75	73	岸本 翔太	151	75	76
伊藤 誠道	145	75	70	吉永 智一	146	70	76	滝 雅志	148	75	73	ⓐ清水蔵之介	151	78	73
丸山 大輔	145	73	72	坂本 聡	147	75	72	古庄 紀彦	148	72	76	ブレーク・スナイダー	152	76	76
サタヤ・スブラマイ	145	73	72	嶺岸 政秀	147	69	78	坂本 雄介	148	73	75	守谷 瑠偉	152	75	77
櫻井 省吾	145	73	72	石田鈴千代	147	73	74	小西 健太	148	76	72	安富 慎	152	74	78
ジャスティン・デロスサントス	145	73	72	秋本 久成	147	76	71	大塚 大樹	149	80	69	中井 学	152	77	75
市川 雄三	145	70	75	小袋 秀人	147	71	76	森 博貴	149	75	74	永澤 翔	152	73	79
佐藤 圭介	145	72	73	新木 豊	147	71	76	岡村 了	149	77	72	足立 佳樹	152	75	75
久志岡俊海	145	74	71	成冨 晃広	147	75	72	徳永 圭太	149	73	76	広田 悟	155	74	81
皆本 祐介	145	71	74	徳元 中	147	78	69	中村 匡志	149	74	75	デーブ大久保	159	75	84
朴 銀信	146	73	73	ブライアン・ジョン	147	74	73	荒井 雅彦	149	75	74	ディネッシュ・チャンド		77	棄
福原 翔太	146	73	73	仲村 譲二	147	73	74	ジョビ山ス	149	73	76	岩元 洋祐		80	棄
森本 雄	146	72	74	諸藤 将次	147	70	77	深沢 尚人	149	76	73	小浦 和也		78	棄
吉村 明恭	146	74	72	ジェフリー・カン	147	75	72	横尾 要	150	76	74				
大谷 俊介	146	74	72	山本 隆允	147	76	71	小川 厚	150	72	78				
飯島 宏明	146	71	75	原田 凌	148	76	72	吉田 隼人	150	73	77				
蛭川 隆	146	73	73	井上 敬太	148	73	75	小山内 護	151	74	77				

ⓐはアマチュア

【歴代優勝者】

年	優勝者	スコア	2位	差	コース	パー／ヤード
2014＊	服部リチャード	131—66・65	河合庄司	0	太平洋C美野里	71／6940Y
2015	平井宏昌	134—66・68	金 度勲、朴 一丸、近藤啓介	1	太平洋C美野里	71／6940Y
2016	丸山大輔	134—68・66	塚田好宣、木下康平	1	太平洋C江南	71／7053Y
2017＊	アジーテシュ・サンドゥ	136—65・71	中里光之介	0	太平洋C江南	71／7053Y
2018＊	梅山知宏	198—64・66・68	J・チョイ	0	太平洋C江南	71／7053Y
2019＊	白 佳和	203—70・64・69	大岩龍一	0	太平洋C江南	71／7053Y

＊はプレーオフ

LANDIC CHALLENGE 7

開催期日　2019年6月12日〜14日　　賞金総額　15,000,000円
競技会場　芥屋GC　　　　　　　　出場人数　150名
トータル　7,162Y：パー72(36,36)　　天　候　曇・晴・雨

1日目　H・ベイトマン、梅山知宏、S・ビンセントが6アンダーの66で首位に並んだ。高校3年のアマ出利葉太一郎が2打差4位、高校2年のアマ石塚祥利が3打差10位の好スタート。2日目　ジンバブエ出身のS・ビンセントが7バーディ、ノー　ボギーの65をマークし、2位の遠藤彰に6打差をつけて独走態勢に入った。最終日　ビンセントは3バーディ、ノーボギーの69でまとめ、通算16アンダーで日本初優勝を飾った。小木曽喬が最終18番の509ヤード・パー5でアルバトロス。

【優勝】　スコット・ビンセント　200　66・65・69　2,700,000円

順位	氏　　名	トータルスコア	1R	2R	3R	4R	賞金額(円)
2	杉山　知靖	205	72	68	65		1,350,000
3	永野竜太郎	206	70	69	67		975,000
4	海老根文博	207	68	73	66		517,500
	高橋　賢	207	69	72	66		517,500
	竹内　廉	207	71	69	67		517,500
	ハン・リー	207	70	70	67		517,500
	小木曽　喬	207	68	71	68		517,500
	矢野　東	207	69	69	69		517,500
10	伊藤　有志	208	71	70	67		277,500
	小林　正則	208	74	70	64		277,500
12	大内　智文	209	73	70	66		213,750
	ピーター・カーミス	209	70	71	68		213,750
	日高　将史	209	72	71	66		213,750
	北川　祐生	209	73	70	66		213,750
	出利葉太一郎	209	68	72	69		アマチュア
	鍋谷　太一	209	73	71	65		213,750
	岩井　亮磨	209	71	69	69		213,750
19	塩見　好輝	210	68	74	68		161,875
	ニコラス・ファン	210	71	71	68		161,875
	高野　碧輝	210	74	69	67		161,875
	藤島　豊和	210	68	73	69		161,875
	中里光之介	210	69	75	66		161,875
	梅山　知宏	210	66	72	72		161,875
25	羽藤　勇司	211	70	73	68		135,000
	小野田享也	211	71	71	69		135,000
	スコット・ストレンジ	211	72	70	69		135,000
	今野　大喜	211	68	72	71		135,000
	遠藤　彰	211	69	68	74		135,000
30	関藤　直熙	212	72	69	71		112,016
	新留　徹	212	71	70	71		112,016
	スコット・アーノルド	212	71	72	69		112,016
	金　成玹	212	72	69	71		112,016
	松原　大輔	212	71	70	71		112,016
	白倉　渉平	212	72	69	71		112,016
	阿久津未来也	212	74	69	69		112,016
	北村　晃一	212	70	70	72		112,016
	竹内　優騎	212	74	70	68		112,016
39	増田　伸洋	213	69	73	71		90,075
	蛭川　隆	213	73	70	70		90,075
	ヤンネ・カスケ	213	71	72	70		90,075
	石塚　祥利	213	69	72	72		アマチュア
	エリック・チャン	213	73	70	70		90,075

順位	氏　　名	トータルスコア	1R	2R	3R	4R	賞金額(円)
	成松　亮介	213	71	70	72		90,075
	富村　真治	213	74	70	69		90,075
	細川　和彦	213	74	70	69		90,075
	前川　太治	213	71	67	75		90,075
48	髙橋　竜彦	214	73	69	72		78,300
	狩俣　昇平	214	70	73	71		78,300
	河瀬　賢史	214	71	68	75		78,300
51	ジャスティン・デロスサントス	215	72	71	72		72,300
	河井　博大	215	70	73	72		72,300
	山形　陵馬	215	72	72	71		72,300
54	勝亦　悠斗	216	71	71	74		67,800
	森本　雄	216	69	72	75		67,800
	和田健太郎	216	71	73	72		67,800
	玉城　海伍	216	73	71	72		67,800
58	小山内　護	217	73	70	74		64,500
	大岩　龍一	217	70	73	74		64,500
	吉永　智一	217	74	69	74		64,500
	和田章太郎	217	73	71	73		64,500
62	薗田　峻輔	218	73	69	76		62,850
	上田　諭尉	218	73	70	75		62,850
64	ハリー・ベイトマン	219	66	75	78		62,250
	佐藤　和紀	219	72	72	75		62,250
66	中道　洋平	220	72	71	77		61,800

144(±0)までの66名が予選通過

氏名	トータルスコア	1R	2R	氏名	トータルスコア	1R	2R	氏名	トータルスコア	1R	2R	氏名	トータルスコア	1R	2R
尾方 友彦	145	72	73	佐藤えいち	146	74	72	野上 貴夫	148	73	75	ジョビ・カルビンス	151	77	74
小畑 拓威	145	72	73	白石 大和	146	72	74	並河 利隆	149	74	75	秋本 久成	151	73	78
山本 隆允	145	72	73	内藤寛太郎	146	72	74	近藤 啓介	149	77	72	鈴木 優大	151	72	79
芳賀 洋平	145	76	69	半田 匠佳	146	76	70	高田 聖斗	149	77	72	佐藤 佑樹	151	78	73
宮里 聖志	145	74	71	横尾 要	146	74	72	西村 匡史	149	75	74	K・T・ゴン	151	76	75
大関 翔	145	72	73	高柳 直人	146	74	72	松村 本盛	149	75	74	河野 祐輝	151	76	75
すし 石垣	145	74	71	石川 裕貴	147	73	74	木村 佳昭	149	75	74	滝 雅志	151	78	73
古田 幸希	145	73	72	三重野里斗	147	73	74	徳永 圭太	149	75	74	松村 道央	151	71	80
阿部 裕樹	145	74	71	杉本エリック	147	73	74	小袋 秀人	149	75	74	森 正尚	152	77	75
吉村 明恭	145	75	70	深沢 尚人	147	73	74	平塚 哲二	149	73	76	光田 智輝	152	74	78
古庄 紀彦	145	73	72	福永 安伸	147	75	72	山下 和宏	149	77	72	長澤 奨	152	75	77
伊藤 誠道	145	72	73	ブレーク・スナイダー	147	74	73	藤島 征次	149	75	74	櫻井 省吾	152	79	73
安本 大祐	145	72	73	高花 翔太	147	71	76	中村 匡志	149	73	76	幡地 隆寛	153	79	74
久志岡俊海	145	72	73	島野 璃央	147	78	69	仲村 譲二	150	77	73	村山 駿	155	78	77
皆本 祐介	145	76	69	荒井 雅彦	148	76	72	木下 康平	150	78	72	佐久間秀也	155	78	77
中井 賢人	146	73	73	副田 裕斗	148	76	72	吉田 隼人	150	75	75	中井 学	156	81	75
成冨 晃広	146	73	73	飯島 宏明	148	72	76	岡部 大将	150	77	73	秀島 寛臣	165	80	85
新木 豊	146	71	75	岩元 洋祐	148	72	76	上村 竜太	150	73	77	松本 将汰		74	棄
小池 一平	146	76	70	藤島 晴雄	148	76	72	中島マサオ	151	73	78	中島 徹		77	棄
岩本 高志	146	76	70	坂本 雄介	148	73	75	阿部 剛丈	151	74	77	白 佳和		棄	
井上 敬太	146	71	75	小浦 和也	148	73	75	小西 健太	151	77	74	河合 庄司		棄	

【歴代優勝者】

年	優勝者	スコア	2位	差	コース	パー／ヤード
LANDIC Vana H杯KBCオーガスタ・チャレンジ						
2013	K・T・ゴン	138—69・69	近藤啓介、正岡竜二、藤島豊和、稲森佑貴、高橋竜彦	1	芥屋GC	72／7166Y
LANDICゴルフトーナメント2014アソシアマンションメモリアル						
2014	甲斐慎太郎	132—69・63	渡部光洋	1	芥屋GC	72／7149Y
LANDIC CHALLENGE 2015 ASSOCIA MANSION GOLF TOURNAMENT						
2015	池村寛世	132—64・68	浅地洋佑	5	芥屋GC	72／7161Y
LANDIC CHALLENGE 2016 DEUX・RESIA MANSION GOLF TOURNAMENT						
2016	和田章太郎	137—68・69	近藤龍一	1	芥屋GC	72／7161Y
LANDIC CHALLENGE 2017 THE 5th ASSOCIA MANSION GOLF TOURNAMENT						
2017	＊梅山知宏	134—68・66	宮瀬博文	0	芥屋GC	72／7161Y
LANDIC CHALLENGE 6						
2018	佐藤大平	199—62・67・70	小野田享也	2	芥屋GC	72／7073Y
LANDIC CHALLENGE 7						
2019	スコット・ビンセント	200—66・65・69	杉山知靖	5	芥屋GC	72／7162Y

＊はプレーオフ

南秋田CCみちのくチャレンジトーナメント

開催期日	2019年6月19日〜21日
競技会場	南秋田CC
トータル	6,939Y：パー71(36,35)

賞金総額	15,000,000円
出場人数	152名
天候	曇・晴・晴

1日目 プロ1年目の玉城海伍が1イーグル、8バーディ、1ボギーの62で回り、自己ベストとコースレコードを更新して単独首位に立った。2打差2位に副田裕斗と小野田享也がつけた。**2日目** 6打差32位から出た阿久津未来也が64の好スコアで回り、玉城海伍、小池一平と通算10アンダーで首位に並んだ。**最終日** 3打差17位から朴ジュンウォンが前半6バーディ、1ボギーで首位に立つと、後半も2バーディを奪って通算14アンダーで優勝。開幕戦に続き2勝目を挙げた。

【優勝】 朴 ジュンウォン 199 68・67・64 2,700,000円

順位	氏名	トータルスコア	1R	2R	3R	4R	賞金額(円)	順位	氏名	トータルスコア	1R	2R	3R	4R	賞金額(円)
2	趙 炳旻	201	67	68	66		1,035,000		尾方 友彦	208	68	67	73		76,368
	中西 直人	201	67	68	66		1,035,000		邱 瀚霆	208	72	66	70		76,368
	阿久津未来也	201	68	64	69		1,035,000		高橋 佳祐	208	72	66	70		76,368
5	ジェイ・チョイ	202	67	66	69		637,500		大谷 俊介	208	70	68	70		76,368
6	藤島 征次	203	66	71	66		355,714		中里光之介	208	66	68	74		76,368
	河野 祐輝	203	65	71	67		355,714		中道 洋平	208	68	67	73		76,368
	荒井 雅彦	203	68	68	67		355,714		勝俣 陵	208	72	67	69		76,368
	杉山 知靖	203	65	72	66		355,714		和田章太郎	208	70	69	69		76,368
	ジャスティン・デロスサントス	203	66	71	66		355,714		飯島 宏明	208	69	70	69		76,368
	木下 康平	203	66	70	67		355,714		梅山 知宏	208	67	66	75		76,368
	日高 将史	203	65	68	70		355,714		松本 将汰	208	71	68	69		76,368
13	滝 雅志	204	66	71	67		202,500		岩男 健一	208	70	69	69		76,368
	井上 敬太	204	68	68	68		202,500		川根 隆史	208	68	71	69		76,368
	小林伸太郎	204	69	65	70		202,500	57	内藤寛太郎	209	67	67	75		64,500
	大内 智文	204	66	68	70		202,500		高花 翔太	209	68	71	70		64,500
	ハン・リー	204	68	66	70		202,500	59	塚田 好宣	210	69	68	73		62,760
	山下 和宏	204	66	67	71		202,500		仲村 譲二	210	70	67	73		62,760
19	久志岡俊海	205	70	67	68		144,545		成松 亮介	210	69	69	72		62,760
	福永 安伸	205	73	64	68		144,545		中西 雅樹	210	70	68	72		62,760
	小西 健太	205	67	70	68		144,545		ブレイク・スナイダー	210	71	68	71		62,760
	山本 隆允	205	66	70	69		144,545	64	松原 大輔	211	70	68	73		61,800
	河瀬 賢史	205	65	71	69		144,545	65	小野田享也	212	64	72	76		60,900
	白倉 渉平	205	65	70	70		144,545		今野 大喜	212	67	71	74		60,900
	高野 碧輝	205	72	66	67		144,545		鈴木 之人	212	70	68	74		60,900
	安本 大祐	205	69	70	66		144,545		高田 聖斗	212	68	71	73		60,900
	すし 石垣	205	66	67	72		144,545		島野 璃央	212	69	70	73		60,900
	小池 一平	205	67	65	73		144,545	70	薗田 峻輔	213	71	67	75		60,000
	玉城 海伍	205	62	70	73		144,545		徳永 圭太	213	68	71	74		60,000
30	古庄 紀彦	206	68	69	69		109,200								
	山本 隆大	206	69	68	69		109,200								
	吉田 隼人	206	67	70	69		109,200								
	幡地 隆寛	206	70	66	70		109,200								
	近藤 啓介	206	68	68	70		109,200								
	小浦 和也	206	66	68	72		109,200								
	ハリー・ベイトマン	206	66	68	72		109,200								
	横田 真一	206	70	68	68		109,200								
	ピーター・カーミス	206	67	66	73		109,200								
39	遠藤 彰	207	71	67	69		94,350								
	伊藤 有志	207	73	66	68		94,350								
41	成冨 晃広	208	71	66	71		76,368								
	勝亦 悠斗	208	71	67	70		76,368								
	ティティブン・チュアヤプラコン	208	68	70	70		76,368								

139(−3)までの71名が予選通過

氏名	トータルスコア	1R	2R
河合 庄司	140	68	72
近藤 龍一	140	70	70
前川 太治	140	73	67
富村 真治	140	68	72
中島 徹	140	71	69
皆本 祐介	140	70	70
岩元 洋祐	140	69	71
小山内 護	140	66	74
古田 幸希	140	71	69
亀代 順哉	140	69	71
村山 駿	140	72	68
西村 匡史	141	71	70
北川 祐生	141	72	69
岩本 高志	141	70	71
長澤 奨	141	70	71
原田 凌	141	69	72
大澤 和也	141	71	70
高橋 賢	141	69	72
弘井 太郎	141	71	70
小泉 洋人	141	69	72
阿部 裕樹	141	69	72
丸山 大輔	141	71	70
小袋 秀人	141	70	71
伊藤 誠道	141	71	70
永野竜太郎	141	71	70
岩井 亮磨	142	70	72
矢野 東	142	73	69
石渡 和輝	142	74	68
鍋谷 太一	142	70	72
大岩 龍一	142	73	69
塩見 好輝	142	70	72
坂本 雄介	142	70	72
深沢 尚人	142	74	68
森本 雄	142	71	71
ディネッシュ・チャンド	142	72	70
副田 裕斗	142	64	78
白石 大和	142	70	72
羽藤 勇司	143	69	74
竹内 優騎	143	69	74
並河 利隆	143	70	73
蛭川 隆	143	76	67
新木 豊	143	70	73
スコット・ストレンジ	143	71	72
石川 裕貴	143	70	73
石川 翔太	144	73	71
和田健太郎	144	69	75
吉村 明恭	144	71	73
@芳崎陽紀	144	73	71
小川 厚	144	72	72
ダッジ・ケマー	144	67	77
光田 智輝	144	69	75
白 佳和	144	72	72
藤島 晴雄	144	72	72
半田 匠佳	145	70	75
テニコルド・アーノルド	145	74	71
池田 力	145	73	72
永澤 翔	145	72	73
坂下 竜三	145	75	70
K・T・ゴン	145	71	74
小林 正則	145	73	72
高柳 直人	145	72	73
竹内 廉	145	72	73
ヤンネ・カスケ	146	74	72
岡部 大将	146	73	73
杉本エリック	147	74	73
木村 佳昭	148	73	75
南 大樹	148	72	76
ジョビ・タム	148	70	78
秋本 久成	149	72	77
森 正尚	149	71	78
細川 和彦	149	73	76
山形 陵馬	150	76	74
森本 雄也	150	75	75
服部 真夕	151	71	80
佐藤 和夫	152	75	77
中村 匡志	153	72	81
佐久間秀也	153	76	77
佐藤 佑樹	154	80	74
海老根文博		72	棄
北村 晃一		72	棄
佐藤えいち			棄

@はアマチュア

【歴代優勝者】						
年	優勝者	スコア	2位	差	コース	パー/ヤード
PGAカップチャレンジ						
2001	丸山大輔	136—69・67	篠崎紀夫、髙橋竜彦、土山陽源	1	リージャスクレストGC	72/7026Y
2002	大山雄三	130—67・63	T・プライス	3	リージャスクレストGC	71/6756Y
2003	日置豊一	134—64・70	横山明仁、土山陽源	3	鷹の巣GC	72/7070Y
2004	原田三夫	132—66・66	姜 志満	4	水戸GC	72/6836Y
PGA・JGTOチャレンジI						
2005	比嘉 勉	134—66・68	岡茂洋雄	1	たけべの森GC	72/6888Y
2006	中村龍明	131—65・66	小野貴樹	3	柳井CC	71/6855Y
望月東急JGTOチャレンジI						
2007	横田真一	134—65・69	上井邦浩	1	望月東急GC	72/7188Y
有田東急JGTOチャレンジI						
2008＊	上平栄道	139—73・66	上井邦浩、池田勇太、吉永智一	0	有田東急GC	72/7086Y
猿島JGTOチャレンジI						
2009	クリス・キャンベル	142—69・73	市原弘大、白 佳和	1	猿島CC	72/7008Y
東急那須リゾートJGTOチャレンジI						
2010	蒋 宸銛	132—69・63	D・チャンド	1	那須国際CC	72/6606Y
2011	チンナラット・ファダンシル	134—65・69	近藤龍一、狩野拓也、猿田勝大、白潟英純	1	那須国際CC	72/6566Y
秋田テレビ・南秋田CC・JGTOチャレンジI						
2012	河野祐輝	137—69・68	石川裕貴、ヤン・ジホ、中島 徹	1	南秋田CC	71/6928Y
2013＊	杉山佐智雄	135—70・65	竹谷佳孝	0	南秋田CC	71/6928Y
秋田テレビ・南秋田CCチャレンジ						
2014	福永安伸	132—64・68	佐藤和夫、河野晃一郎、今平周吾	2	南秋田CC	71/6928Y
南秋田カントリークラブチャレンジトーナメント						
2015＊	森本 雄	132—66・66	渡部光洋、甲斐慎太郎、岩本高志	0	南秋田CC	71/6928Y
南秋田カントリークラブみちのくチャレンジトーナメント						
2016	池村寛世	132—66・66	吉田泰典	1	南秋田CC	71/6939Y
南秋田CCみちのくチャレンジトーナメント						
2017	金子敬一	132—64・68	竹内 廉	2	南秋田CC	71/6939Y
2018	比嘉一貴	130—66・64	白 佳和、中里光之介、幡地隆寛	2	南秋田CC	71/6939Y
2019	朴ジュンウォン	199—68・67・64	趙 炳旻、中西直人、アク津未来也	2	南秋田CC	71/6939Y

＊はプレーオフ

大山どりカップ

開催期日	2019年6月27日〜29日
競技会場	グリーンパーク大山GC
トータル	6,744Y：パー71(36,35)

賞金総額	16,000,000円
出場人数	152名
天　候	雨・曇・曇

1日目 雨風が強く難しいコンディションの中、小浦和也が7バーディ、ノーボギーの64で回り、7アンダーで首位に立った。**2日目** プロ1年目で22歳の高野碧輝が7バーディ、1ボギーの65で回り、4打差7位から通算9アンダーの単独首位に躍り出た。1打差2位に杉本エリック、芦沢宗臣、S・ストレンジ、植竹勇太。**最終日** 通算12アンダー首位で先にホールアウトしたS・ストレンジを、最終組の杉本エリックが16番からの2連続バーディで逆転し初優勝を飾った。

【優勝】 杉本 エリック 200 65・69・66 2,880,000円

順位	氏 名	トータルスコア	1R	2R	3R	4R	賞金額（円）
2	スコット・ストレンジ	201	68	66	67		1,440,000
3	三木 龍馬	202	68	69	65		936,000
	河野晃一郎	202	70	65	67		936,000
5	皆本 祐介	203	72	67	64		532,000
	原田 凌	203	69	68	66		532,000
	植竹 勇太	203	67	67	69		532,000
	高野 碧輝	203	68	65	70		532,000
9	ガブリエレ・デバルバ	204	71	68	65		281,333
	大岩 龍一	204	72	66	66		281,333
	坂本 雄介	204	70	68	66		281,333
	大内 智文	204	71	66	67		281,333
	野仲 茂	204	69	67	68		281,333
	梶村 夕貴	204	69	66	69		281,333
15	阿部 裕樹	205	70	69	66		208,000
	遠藤 健太	205	71	70	64		208,000
	蛭川 隆	205	71	66	68		208,000
18	北川 祐生	206	71	68	67		167,000
	小袋 秀人	206	73	67	66		167,000
	竹内 優騎	206	71	67	68		167,000
	三浦 春輝	206	69	68	69		167,000
	吉村 明恭	206	72	68	66		167,000
	中道 洋平	206	68	69	69		167,000
	和田健太郎	206	70	67	69		167,000
	藤島 征次	206	69	67	70		167,000
26	岸本 翔太	207	71	69	67		138,000
	小浦 和也	207	64	72	71		138,000
	澤﨑 安雄	207	75	66	66		138,000
	芦沢 宗臣	207	67	67	73		138,000
30	徳元 中	208	73	66	69		115,040
	南崎 次郎	208	70	69	69		115,040
	岩井 亮磨	208	69	70	69		115,040
	永松 宏之	208	69	71	68		115,040
	長谷川祥平	208	68	72	68		115,040
	狩俣 昇平	208	70	67	71		115,040
	小林 正則	208	68	69	71		115,040
	松田 高明	208	75	65	68		115,040
	ハリー・ベイトマン	208	72	69	67		115,040
	新木 豊	208	70	71	67		115,040
40	岩男 健一	209	68	70	71		96,960
	森本 雄	209	70	70	69		96,960
	尾崎 慶輔	209	72	69	68		96,960
43	新田あきひろ	210	73	66	71		89,120
	河合 亮汰	210	70	70	70		89,120
	古田 幸希	210	70	71	69		89,120
	福永 安伸	210	72	69	69		89,120
47	森井 晶紀	211	72	67	72		79,232
	友次 啓晴	211	66	73	72		79,232
	尾方 友彦	211	71	67	73		79,232
	わたり哲也	211	72	68	71		79,232
	佐藤 太地	211	73	68	70		79,232
52	斉藤 しん	212	71	68	73		70,948
	榎本 剛志	212	72	67	73		70,948
	岡部 大将	212	72	70	70		70,948
	平塚 哲二	212	70	70	72		70,948
	小林伸太郎	212	72	68	72		70,948
	北村 晃一	212	71	70	71		70,948
	小泉 正樹	212	71	70	71		70,948
59	武内 伸悟	213	72	68	73		67,840
	唐下 明徒	213	68	72	73		アマチュア
61	亀井 美博	215	73	67	75		67,040
	藤井 伸一	215	71	70	74		67,040
63	竹内 廉	217	70	71	76		66,560

141（−1）までの63名が予選通過

氏名	トータルスコア	1R	2R	氏名	トータルスコア	1R	2R	氏名	トータルスコア	1R	2R	氏名	トータルスコア	1R	2R
島野 璃央	142	71	71	ディネッシュ・チャンド	143	73	70	ニコラス・ファン	145	74	71	豊見里友作	149	78	71
勝亦 悠斗	142	68	74	徳永 圭太	143	71	72	金井 泰司	145	74	71	スコット・アニソルド	150	82	68
西岡 宏晃	142	71	71	山田 裕一	143	71	72	サタヤ・スブラマィ	145	71	74	弘井 太郎	150	77	73
岩元 洋祐	142	73	69	猪川 頌生	143	73	70	勝又 崇之	145	75	70	ジョルヒ・カルロス	150	74	76
川満 歩	142	71	71	坂牧 優太	143	75	68	岡村 了	146	75	71	山形 陵馬	151	76	75
ベラドル・バンヤタナセド	142	73	69	ⓐ大嶋 宝	143	68	75	小島 亮太	146	74	72	丸山 聖	151	76	75
岡島 功史	142	72	70	樫原 大貴	143	72	71	中村 匡志	146	77	69	K・T・ゴン	152	79	73
坂本 聡	142	74	68	村山 駿	143	72	71	白倉 渉平	146	76	70	屋比久 隆貴	152	79	73
半田 匠佳	142	72	70	沖野 克文	144	75	69	永澤 翔	146	73	73	ⓐ米原海斗	152	77	75
仲村 譲二	142	71	71	安富 慎	144	75	69	滝 雅志	146	73	73	ⓐ桐谷龍平	153	77	76
河瀬 賢史	142	77	65	津曲 泰弦	144	74	70	兼本 貴司	146	77	69	櫻井 省吾	156	82	74
松原 裕人	142	74	68	中村 拓	144	73	71	ティティプン・チュアヤプラコン	146	71	75	ⓐ永田泰三	156	81	75
副田 裕斗	142	71	71	井上 敬太	144	70	74	佐藤 えいち	147	76	71	片岡 英史	157	82	75
諸藤 将次	142	70	72	高田 聖斗	144	72	72	芳賀 洋平	147	77	70	大塚 大樹	157	79	78
ⓐ笠原 瑛	142	72	70	久志岡俊海	145	75	70	松村 道央	147	73	74	スワンバナン・ウォラソン	166	94	72
今野 大喜	142	72	70	吉永 智一	145	73	72	木村 佳昭	147	76	71	ⓐ山本才浩	178	92	86
ⓐ本 大志	142	70	72	曾 子軒	145	76	69	狩俣 安志	148	78	70	加門 大典		75	棄
羽藤 勇司	142	70	72	玉城 海伍	145	71	74	川上 幸輝	148	79	69	ⓐ藤井和利		74	棄
木下 康平	142	66	76	石川 裕貴	145	70	75	ⓐ垣 優菜	148	76	72	丸山 大輔	棄		
山本 隆允	142	68	74	山浦 太希	145	74	71	姜 兌泳	148	73	75	成松 亮介	棄		
高橋 佳祐	142	69	73	白石 大和	145	74	71	ヤンネ・カスケ	148	75	73	ⓐはアマチュア			
高花 翔太	142	70	72	福山 朝也	145	75	70	古庄 紀彦	149	75	74				
石田 鈴千代	142	75	67	江尻 壮	145	73	72	森本 雄也	149	75	74				

【歴代優勝者】						
年	優勝者	スコア	2位	差	コース	パー/ヤード
2019	杉本エリック	200—65・69・66	S・ストレンジ	1	グリーンパーク大山GC	71／6744Y

AbemaTVツアー

TIチャレンジ in 東条の森

開催期日	2019年8月1日～3日
競技会場	東条の森CC東条C
トータル	7,438Y：パー72(36,36)

賞金総額	15,000,000円
出場人数	152名
天　候	晴・晴・晴

1日目 小斉平優和が7バーディ、ノーボギーの65で回り、7アンダーで単独首位。2打差2位には藤島征次、中西直人、井上信、荒井雅彦、吉村明恭、副田裕斗が並んだ。**2日目** 5打差32位から出た塩見好輝が7バーディ、ノーボギーの65で回り、通算9アンダー首位へ浮上。井上信と吉村明恭も首位タイにつけた。**最終日** 初日54位スタート、2日目13位だったハムジョンウが8バーディ、ノーボギーの64をマークして通算14アンダーで大逆転。日本初優勝を手にした。

【優勝】 ハム　ジョンウ　202　71・67・64　2,700,000円

順位	氏　　名	トータルスコア	1R	2R	3R	4R	賞金額(円)
2	今野　大喜	203	69	68	66		1,350,000
3	杉本エリック	204	71	67	66		797,500
	北川　祐生	204	68	68	68		797,500
	吉村　明恭	204	67	68	69		797,500
6	K・T・ゴン	205	68	71	66		487,500
	小斉平優和	205	65	72	68		487,500
8	海老根文博	206	70	70	66		303,000
	金　成玹	206	72	67	67		303,000
	荒井　雅彦	206	67	71	68		303,000
	小木曽　喬	206	68	68	70		303,000
	上村　竜太	206	69	67	70		303,000
13	野仲　茂	207	69	71	67		211,875
	貞方　章男	207	70	69	68		211,875
	副田　裕斗	207	67	69	71		211,875
	井上　信	207	67	68	72		211,875
17	西村　匡史	208	68	72	68		162,656
	ハン・リー	208	72	69	67		162,656
	植竹　勇太	208	71	70	67		162,656
	朴ジュンウォン	208	72	67	69		162,656
	中島　徹	208	69	69	70		162,656
	遠藤　健太	208	70	71	67		162,656
	ティティブン・チュアヤプラコン	208	70	66	72		162,656
25	趙　炳旻	209	70	70	69		126,018
	ジェイ・チョイ	209	69	70	70		126,018
	久志岡俊海	209	75	66	68		126,018
	中西　直人	209	67	74	68		126,018
	ダンタイ・ブーマ	209	68	70	71		126,018
	朴　一丸	209	69	68	72		126,018
	阿久津未来也	209	68	68	73		126,018
	塩見　好輝	209	70	65	74		126,018
33	皆本　祐介	210	71	69	70		106,500
	滝　雅志	210	73	67	70		106,500
	河瀬　賢史	210	72	69	69		106,500
	鍋谷　太一	210	69	72	69		106,500
	矢野　東	210	71	70	69		106,500
38	エリック・チャン	211	69	71	71		86,863
	ニコラス・ファン	211	72	68	71		86,863
	小山内　護	211	74	67	70		86,863
	永野竜太郎	211	68	71	72		86,863
	ジェフリー・カン	211	70	69	72		86,863
	松村　道央	211	72	69	70		86,863

順位	氏　　名	トータルスコア	1R	2R	3R	4R	賞金額(円)
	小林　正則	211	69	72	70		86,863
	河野　祐輝	211	69	72	70		86,863
	平本　穏	211	70	68	73		86,863
	李　東珉	211	71	67	73		86,863
	白　佳和	211	71	70	70		86,863
49	薗田　峻輔	212	72	68	72		69,728
	金　永雄	212	69	71	72		69,728
	I・H・ホ	212	68	71	73		69,728
	朴　銀信	212	72	69	71		69,728
	幡地　隆寛	212	73	68	71		69,728
	飯島　宏明	212	71	70	71		69,728
	山下　和宏	212	74	67	71		69,728
56	石川　裕貴	213	71	69	73		64,500
	藤島　征次	213	67	73	73		64,500
	新留　徹	213	69	70	74		64,500
	小袋　秀人	213	70	71	72		64,500
60	小池　一平	215	70	71	74		63,000

141(－3)までの60名が予選通過

氏名	トータルスコア	1R	2R	氏名	トータルスコア	1R	2R	氏名	トータルスコア	1R	2R	氏名	トータルスコア	1R	2R
光吉 佑樹	142	71	71	永橋 宏明	143	72	71	村山 駿	146	72	74	中井 学	149	74	75
すし 石垣	142	70	72	上平 栄道	143	71	72	細川 和彦	146	76	70	中村 匡志	149	75	74
伊藤 誠道	142	70	72	和田章太郎	143	71	72	吉田 隼人	146	76	70	松原 大輔	149	73	76
原田 凌	142	71	71	尾崎 慶輔	143	73	70	中里光之介	146	73	73	日高 将史	150	74	76
福永 安伸	142	72	70	尾方 友彦	143	73	70	三浦 春輝	147	72	75	酒匂 雅崇	150	74	76
白石 大和	142	70	72	前川 太治	143	74	69	山本 隆允	147	73	74	阿部 裕樹	151	74	77
ブレーク・スナイダー	142	70	72	増田 伸洋	144	71	73	澤﨑 安雄	147	75	72	酒井 和貴	151	78	73
スコット・ストレンジ	142	69	73	河合 庄司	144	77	67	山形 陵馬	147	73	74	深沢 尚人	151	75	76
高野 碧輝	142	71	71	岩本 高志	144	74	70	仲村 譲二	147	73	74	伴 翔太郎	152	76	76
ジャスティン・デロスサントス	142	72	70	蛭川 隆	144	73	71	高花 翔太	147	79	68	柴田 将弥	152	76	76
野村 京平	142	73	69	ⓐ河本 力	144	72	72	大内 智文	147	74	73	松原 裕人	152	74	78
梶村 夕貴	142	77	65	梅山 知宏	144	73	71	岡部 大将	147	74	73	光田 智輝	153	80	73
坂本 雄介	142	72	70	高柳 直人	144	70	74	曾 子軒	147	74	73	ガブリエレ・デバルバ	153	78	75
秋本 久成	142	70	72	遠藤 彰	145	71	74	中武 力	147	73	74	木下 康平		73	棄
半田 匠佳	142	70	72	弓削 淳詩	145	76	69	三木 龍馬	147	70	77	金 禹玄		79	棄
金 燦祐	142	69	73	富村 真治	145	72	73	森本 雄	148	73	75	古庄 紀彦		79	棄
松上 和弘	142	71	71	島野 璃央	145	70	75	白倉 渉平	148	73	75	小西 健太		88	棄
内藤寛太郎	142	75	67	安本 大祐	145	73	72	長澤 奨	148	72	76	香妻陣一朗			棄
玉城 海伍	142	70	72	遠藤 真	145	76	69	ⓐ木村太一	148	75	73	河井 博大			棄
近藤 啓介	143	71	72	大岩 龍一	145	74	71	今野 康晴	148	76	72	大場 崇浩			失
ハリー・ベイトマン	143	70	73	竹内 廉	145	71	74	上村 将司	148	69	79	ⓐはアマチュア			
勝亦 悠斗	143	71	72	永松 宏之	145	74	71	谷口 拓也	149	77	72				
新木 豊	143	74	69	杉山 知靖	145	71	74	井上 敬太	149	75	74				
和田健太郎	143	71	72	竹内 優騎	145	70	75	平塚 哲二	149	73	76				

【歴代優勝者】

年	優勝者	スコア	2位	差	コース	パー／ヤード
2019	ハムジョンウ	202—71・67・64	今野大喜	1	東条の森CC東条	72／7438Y

AbemaTVツアー

ディライトワークスASPチャレンジ

開催期日 2019年9月11日～13日	賞金総額 15,000,000円
競技会場 太平洋C益子PGAC	出場人数 144名
トータル 6,984Y：パー71(36,35)	天候 曇・曇・雨

1日目 午後2時44分に雷雲接近のため競技が中断され、4時20分にサスペンデッドが決定。2日目 第1Rを終えて8アンダーの63で回った玉城海伍とドンファンが首位に並んだ。続く第2Rは通算11アンダーでドンファンとハムジョンウが首位、1打差で杉山知靖がつけた。最終日 4連続バーディを奪うなどして杉山知靖が首位に立ったが、17番のボギーでハムジョンウと通算15アンダーで並びプレーオフへ。1ホール目でパーパットを沈めたハムが2試合連続優勝を果たした。

【優勝】 ハム ジョンウ 198 66・65・67 2,700,000円

(プレーオフ1ホール目、ハムがパーで優勝)

順位	氏 名	トータルスコア	1R	2R	3R	4R	賞金額(円)	順位	氏 名	トータルスコア	1R	2R	3R	4R	賞金額(円)
2	杉山 知靖	198	65	67	66		1,350,000	44	大宜見賢人	208	70	67	71		78,300
3	上村 竜太	199	64	69	66		975,000		小池 一平	208	71	66	71		78,300
4	海老根文博	202	66	70	66		647,500		河合 庄司	208	68	69	71		78,300
	伊藤 有志	202	65	71	66		647,500		芳賀 洋平	208	72	65	71		78,300
	井上 信	202	66	67	69		647,500		吉田 隼人	208	68	70	70		78,300
7	松本 将汰	203	68	68	67		416,250		新木 豊	208	70	66	72		78,300
	澤﨑 安雄	203	68	65	70		416,250		仲村 譲二	208	70	69	69		78,300
9	菊池 純	204	70	68	66		263,750	51	副田 裕斗	209	71	67	71		67,050
	小林伸太郎	204	66	71	67		263,750		伊藤 誠道	209	70	68	71		67,050
	日高 将史	204	68	68	68		263,750		福永 安伸	209	69	68	72		67,050
	スコット・ストレンジ	204	68	67	69		263,750		山形 陵馬	209	71	67	71		67,050
	平塚 哲二	204	67	68	69		263,750		安本 大祐	209	72	67	70		67,050
	白 佳和	204	66	68	70		263,750		I・H・ホ	209	69	70	70		67,050
15	小山内 護	205	68	70	67		157,000		山本 隆大	209	68	71	70		67,050
	植竹 勇太	205	69	69	68		157,000		朴 銀信	209	72	67	70		67,050
	野仲 茂	205	66	71	68		157,000	59	森本 雄	210	68	70	72		62,760
	小林 正則	205	69	68	68		157,000		ティティブン・チュアヤプラゴン	210	67	71	72		62,760
	島野 璃央	205	69	68	68		157,000		皆本 祐介	210	66	73	71		62,760
	成冨 晃広	205	66	72	67		157,000		高野 碧輝	210	71	68	71		62,760
	羽藤 勇司	205	68	69	68		157,000		今野 大喜	210	71	68	71		62,760
	北川 祐生	205	70	66	69		157,000	64	三木 龍馬	211	71	67	73		61,200
	坂本 雄介	205	68	68	69		157,000		小袋 秀人	211	70	69	72		61,200
	矢野 東	205	72	64	69		157,000		阿部 裕樹	211	68	71	72		61,200
	大岩 龍一	205	68	67	70		157,000		坂本 聡	211	68	71	72		61,200
	高田 聖斗	205	70	66	69		157,000		岸本 翔太	211	72	67	72		61,200
	金 禹玄	205	68	66	71		157,000	69	松田 一将	212	69	68	75		60,150
	徳永 圭太	205	66	68	71		157,000		光田 智輝	212	74	64	74		60,150
	ドンファン	205	63	68	74		157,000	71	竹内 廉	213	69	69	75		60,000
30	北村 晃一	206	72	70	64		111,900		亀井 美博	213	68	71	74		60,000
	朴ジュンウォン	206	68	70	68		111,900	73	吉村 明恭	214	70	69	75		60,000
	中島 徹	206	69	69	68		111,900		小浦 和也	214	69	70	75		60,000
	玉城 海伍	206	63	73	70		111,900	75	佐藤 宇紘	215	70	69	76		60,000
	古庄 紀彦	206	67	72	67		111,900	76	佐藤えいち	216	71	67	78		60,000
	飯島 宏明	206	68	67	71		111,900								
	榎本 剛志	206	70	69	67		111,900								
37	長澤 奨	207	70	68	69		93,514								
	ハリソン・ベイトマン	207	66	71	70		93,514								
	大谷 俊介	207	71	66	70		93,514								
	諸藤 将次	207	69	68	70		93,514								
	遠藤 彰	207	71	66	70		93,514								
	徳元 中	207	69	70	68		93,514								
	小西 貴紀	207	69	67	71		93,514								

139(-3)までの76名が予選通過

氏　名	トータルスコア	1R	2R	氏　名	トータルスコア	1R	2R	氏　名	トータルスコア	1R	2R	氏　名	トータルスコア	1R	2R
山本　隆允	140	69	71	石川　裕貴	142	71	71	大塚　大樹	144	71	73	深沢　尚人	148	74	74
光吉　佑樹	140	72	68	竹内　優騎	142	73	69	大関　翔	145	68	77	ⓐ吉沢己咲	149	75	74
岩元　洋祐	140	72	68	木下　康平	143	71	72	秋本　久成	145	73	72	竹内　大	149	73	76
木村　佳昭	140	69	71	岡部　大将	143	72	71	蛭川　隆	145	73	72	南崎　次郎	150	78	72
丸山　大輔	140	66	74	大内　智文	143	73	70	荒井　雅彦	145	71	74	小西　健太	151	72	79
内藤寛太郎	140	71	69	狩俣　昇平	143	74	69	弘井　太郎	145	72	73	井上　敬太	151	75	76
K・T・ゴン	140	69	71	趙　炳旻	143	72	71	尾方　友彦	145	71	74	池村　晃稀	151	74	77
スコット・アーノルド	141	69	72	佐戸　理人	143	69	74	山名　英統	146	77	69	デーブ大久保	152	74	78
村山　駿	141	69	72	高花　翔太	143	74	69	ブレーク・スナイダー	146	73	73	安富　慎	154	81	73
ダッジ・ケマー	141	71	70	久志岡俊海	143	70	73	白倉　渉平	146	75	71	勝亦　悠斗		74	棄
河瀬　賢史	141	70	71	半田　匠佳	144	75	69	猿田　勝大	146	71	75	水上　龍樹		74	棄
ジャスティン・デロスサントス	141	72	69	中道　洋平	144	69	75	松村　道央	147	74	73	山浦　太希		81	棄
白石　大和	141	69	72	藤島　征次	144	70	74	永井　哲平	147	75	72	新留　徹			棄
河野　祐輝	141	69	72	山本　太郎	144	75	69	杉本エリック	147	74	73	薗田　峻輔			棄
小川　厚	141	69	72	わたり哲也	144	74	70	岡村　了	147	74	73	ⓐはアマチュア			
吉永　智一	141	70	71	前川　太治	144	71	73	パクベジョン	147	76	71				
永澤　翔	142	71	71	近藤　啓介	144	69	75	根本　伊織	148	76	72				
中村　匡志	142	70	72	朴　一丸	144	68	76	和田健太郎	148	76	72				

【歴代優勝者】

年　　優勝者	スコア	2位	差	コース	パー／ヤード
2019＊ハムジョンウ	198—66・65・67	杉山知靖	0	太平洋C益子PGA	71／6984Y

＊はプレーオフ

HEIWA・PGM Challenge Ⅱ～Road to CHAMPIONSHIP

開催期日	2019年9月18日～20日
競技会場	若木GC
トータル	6,724Y：パー71(35,36)

賞金総額	15,000,000円
出場人数	144名
天　候	晴・晴・曇時々雨

1日目 8バーディ、1ボギーの64をマークしたI・H・ホが7アンダーの首位発進。2打差2位に塩見好輝、T・ベク、西村匡史。2日目 T・ベクが66で回り、通算10アンダーで単独首位へ。1打差2位にI・H・ホと西村匡史。最終日 6打差13位から追い上げた岩本高志と、T・ベク、I・H・ホが通算12アンダーで首位に並んだ。プレーオフは2日目にホが脱落。5ホール目で3オン2パットのパーとしたベクが勝ち抜け、AbemaTVツアー初出場で日本初優勝を飾った。

【優勝】 トッド・ベク　201　66・66・69　2,700,000円

（プレーオフ5ホール目、ベクがパーで優勝）

順位	氏名	トータルスコア	1R	2R	3R	4R	賞金額(円)		順位	氏名	トータルスコア	1R	2R	3R	4R	賞金額(円)
2	岩本　高志	201	69	69	63		1,162,500		44	白　佳和	212	73	68	71		82,500
	I・H・ホ	201	64	69	68		1,162,500			ピーター・カーミス	212	70	72	70		82,500
4	ティティブン・チュアヤプラコン	202	68	67	67		780,000			ドンファン	212	71	71	70		82,500
5	小池　一平	203	67	70	66		581,250		47	井上　信	213	69	71	73		76,200
	小野田享也	203	68	66	69		581,250			岩元　洋祐	213	73	69	71		76,200
7	海老根文博	204	70	67	67		387,500			甲斐慎太郎	213	73	69	71		76,200
	近藤　啓介	204	67	69	68		387,500		50	副田　裕斗	215	74	68	73		70,800
	西村　匡史	204	66	67	71		387,500			成冨　晃広	215	69	73	73		70,800
10	小林伸太郎	205	69	72	64		292,500			安本　大祐	215	69	73	73		70,800
11	植竹　勇太	206	68	73	65		255,000		53	矢野　東	216	70	71	75		66,750
	梅山　知宏	206	72	68	66		255,000			高橋　慧	216	72	69	75		66,750
13	伊藤　有志	207	69	71	67		198,214			日高　将史	216	71	71	74		66,750
	澤﨑　安雄	207	68	72	67		198,214			ブレーク・スナイダー	216	69	73	74		66,750
	内藤寛太郎	207	69	70	68		198,214		57	沖野　克文	217	70	72	75		64,200
	山下　和宏	207	71	68	68		198,214			半田　匠佳	217	73	69	75		64,200
	森本　雄	207	68	70	69		198,214			大岩　龍一	217	70	72	75		64,200
	ハン・リー	207	70	67	70		198,214		60	永井　哲平	218	72	70	76		63,000
	朴ジュンウォン	207	69	67	71		198,214		61	竹内　廉	220	71	71	78		62,700
20	杉本エリック	208	70	70	68		145,781									
	藤島　征次	208	71	69	68		145,781									
	今野　大喜	208	68	71	69		145,781									
	遠藤　彰	208	71	71	66		145,781									
	杉山　知靖	208	68	70	70		145,781									
	中村　匡志	208	67	75	66		145,781									
	小山内　護	208	67	70	71		145,781									
	松本　将汰	208	69	65	74		145,781									
28	中島　徹	209	69	71	69		123,750									
	藤島　豊和	209	72	69	68		123,750									
	伊藤　誠道	209	71	68	70		123,750									
31	阿久津未来也	210	70	71	69		109,200									
	河瀬　賢史	210	71	70	69		109,200									
	小浦　和也	210	70	70	70		109,200									
	久志岡俊海	210	69	70	71		109,200									
	河野　祐輝	210	73	69	68		109,200									
	吉村　明恭	210	71	68	71		109,200									
	勝亦　悠斗	210	70	72	68		109,200									
38	大谷　俊介	211	71	69	71		92,250									
	坂本　雄介	211	68	73	70		92,250									
	すし　石垣	211	71	70	70		92,250									
	長澤　奨	211	69	71	71		92,250									
	塩見　好輝	211	66	74	71		92,250									
	村山　駿	211	72	70	69		92,250									

142ストローク（±0）までの61名が予選通過

氏　名	トータルスコア	1R	2R	氏　名	トータルスコア	1R	2R	氏　名	トータルスコア	1R	2R	氏　名	トータルスコア	1R	2R
吉田　隼人	143	74	69	幡地　隆寛	144	72	72	蛭川　隆	147	74	73	白倉　渉平	151	76	75
和田章太郎	143	71	72	岩井　亮磨	145	71	74	趙　炳旻	147	76	71	ジャスティン・デロスサントス	152	78	74
川満　歩	143	72	71	三重野　里斗	145	70	75	井上　敬太	147	75	72	加門　大典	152	78	74
尾方　友彦	143	74	69	K・T・ゴン	145	72	73	北川　祐生	147	76	71	高花　翔太	152	73	79
パクベジョン	143	73	70	大内　智文	145	74	71	松原　大輔	147	75	72	ⓐ井上達希	152	74	78
富村　真治	143	71	72	滝　雅志	145	76	69	皆本　祐介	147	72	75	岡部　大将	152	74	78
小木曽　喬	143	72	71	小川　厚	145	71	74	髙橋　竜彦	147	77	70	福永　安伸	153	79	74
光田　智輝	143	74	69	和田健太郎	145	73	72	狩俣　昇平	148	78	70	笠　哲郎	153	80	73
小林　正則	143	71	72	河合　庄司	145	73	72	前川　太治	148	73	75	薗田　峻輔	153	80	73
S・J・パク	143	71	72	松村　道央	145	72	73	野上　貴夫	148	72	76	宮里　聖志	153	74	79
山本　隆允	143	74	69	高柳　直人	146	73	73	羽藤　勇司	148	73	75	島野　璃央	154	80	74
吉永　智一	144	73	71	古庄　紀彦	146	72	74	神農　洋平	148	72	76	吉本　侑平	154	78	76
徳永　圭太	144	76	68	木下　康平	146	70	76	紀平　大樹	148	73	75	坂牧　優太	156	77	79
野仲　茂	144	77	67	永野竜太郎	146	76	70	ハリソン・ベイトマン	148	77	71	徳永　弘樹	158	81	77
宮瀬　博文	144	71	73	荒井　雅彦	146	73	73	平塚　哲二	149	74	75	秀島　寛臣	160	78	82
上村　竜太	144	70	74	三木　龍馬	146	72	74	高野　碧輝	149	75	74	小西　健太	161	82	79
玉城　海伍	144	72	72	阿部　裕樹	146	76	70	スコット・デニンルド	149	73	76	中里光之介		71	棄
高橋　賢	144	71	73	仲村　譲二	146	74	72	竹内　優騎	149	78	71	石川　裕貴		76	棄
大宜見賢人	144	71	73	山形　陵馬	146	73	73	中島マサオ	150	71	79	鍋谷　太一		78	棄
スコット・ストレンジ	144	72	72	中道　洋平	146	71	75	ジェイ・チョイ	150	74	76	丸山　大輔			棄
金　成珉	144	74	70	津曲　泰弦	146	75	71	ⓐ新井龍紀	150	76	74	ⓐはアマチュア			

【歴代優勝者】

年	優勝者	スコア	2位	差	コース	パー／ヤード
HEIWA・PGM ChallengeⅡ ～Road to CHAMPIONSHIP						
2013　簗瀬元気	133—66・67	小池一平、R・テイト	1	若木GC	71／6724Y
2014　宮里聖志	132—67・65	岸本翔太、市原弘大	3	中峰GC	72／7023Y
HEIWA・PGM ChallengeⅡ in 霞ヶ浦～Road to CHAMPIONSHIP						
2015＊金子敬一	65—65	原口鉄也	0	美浦GC	71／6951Y
HEIWA・PGM ChallengeⅡ ～Road to CHAMPIONSHIP						
2016　中里光之介	136—68・68	梅山知宏	1	桂GC	72／7116Y
2017　姜　志満	129—66・63	日高将史、伊藤誠道	1	大山アークCC	71／7075Y
2018　ダッジ・ケマー	198—68・68・62	キムジェホ、西村匡史	1	かさぎGC	70／6894Y
2019＊トッド・ペク	201—66・66・69	岩本高志、I・H・ホ	0	若木GC	71／6724Y
＊はプレーオフ						

elite grips challenge

開催期日	2019年9月25日～27日
競技会場	ゴールデンバレーGC
トータル	7,233Y：パー72(36,36)

賞金総額	15,000,000円
出場人数	136名
天　候	晴・晴・曇

1日目 阿久津未来也とタイのA・ウォンワニが4アンダーの68で首位。1打差3位に白佳和、杉山知靖、H・ベイトマン、吉永智一、小池一平、日高将史が並んだ。2日目 2打差9位タイから北村晃一が8バーディ、4ボギーの68で回り、阿久津未来也、金成玹と通算6アンダーの首位に並んだ。最終日 5打差31位から出たP・カーミスが4番からの6連続バーディを含む10バーディ、ノーボギーのコースレコード62をマーク。通算11アンダーで大逆転の日本初優勝を手にした。

【優勝】 ピーター・カーミス 205 75・68・62 2,700,000円

順位	氏　　　名	トータルスコア	1R	2R	3R	4R	賞金額(円)
2	アーノンド・ウォンワニ	206	68	71	67		1,162,500
	阿久津未来也	206	68	70	68		1,162,500
4	岩本 高志	207	71	71	65		780,000
5	金 成玹	208	70	68	70		637,500
6	杉山 知靖	209	69	72	68		487,500
	飯島 宏明	209	74	66	69		487,500
8	半田 匠佳	210	71	68	71		356,250
	北村 晃一	210	70	68	72		356,250
10	小木曽 喬	211	73	68	70		250,500
	大内 智文	211	71	69	71		250,500
	ジャスティン・デロスサントス	211	70	70	71		250,500
	竹内 優騎	211	73	67	71		250,500
	日高 将史	211	69	71	71		250,500
15	北川 祐生	212	72	71	69		191,250
	小浦 和也	212	74	70	68		191,250
	白 佳和	212	69	73	70		191,250
	森本 雄	212	73	69	70		191,250
19	芳賀 洋平	213	74	69	70		148,750
	成冨 晃広	213	76	68	69		148,750
	荒井 雅彦	213	70	72	71		148,750
	朴ジュンウォン	213	76	68	69		148,750
	小池 一平	213	69	73	71		148,750
	西村 匡史	213	73	69	71		148,750
	トッド・ベク	213	72	69	72		148,750
	ハリー・ベイトマン	213	69	71	73		148,750
	植竹 勇太	213	70	69	74		148,750
28	滝 雅志	214	72	71	71		119,175
	ジェイ・チョイ	214	73	69	72		119,175
	小斉平優和	214	75	67	72		119,175
	高橋 賢	214	70	74	70		119,175
	和田章太郎	214	73	68	73		119,175
	小野田享也	214	74	67	73		119,175
34	河瀬 賢史	215	73	70	72		101,100
	小袋 秀人	215	76	67	72		101,100
	ブレーク・スナイダー	215	77	66	72		101,100
	中島 徹	215	77	67	71		101,100
	K・T・ゴン	215	72	72	71		101,100
	富田 雅哉	215	72	73	70		101,100
	長澤 奨	215	74	67	74		101,100
41	木下 康平	216	73	70	73		86,700
	阪本 烈	216	77	66	73		86,700
	藤島 晴雄	216	73	69	74		86,700
	今野 大喜	216	71	74	71		86,700
	和田健太郎	216	73	72	71		86,700
46	藤島 征次	217	71	74	72		75,300
	丸山 大輔	217	73	68	76		75,300
	阿部 裕樹	217	75	70	72		75,300
	石田鈴千代	217	73	73	71		75,300
	梅山 知宏	217	76	70	71		75,300
	ドンファン	217	73	67	77		75,300
52	岡村 了	218	72	71	75		69,000
	村山 駿	218	73	72	73		69,000
54	竹内 寿樹	219	72	74	73		66,200
	前川 太治	219	72	73	74		66,200
	安本 大祐	219	74	72	73		66,200
57	すし 石垣	220	74	68	78		64,800
58	古庄 紀彦	221	72	71	78		64,200
59	伊藤 誠道	222	73	72	77		63,600
60	島野 璃央	223	73	73	77		62,850
	細川 和彦	223	74	72	77		62,850
62	宮里 聖志	225	73	73	79		62,400
63	玉城 海伍	227	74	71	82		62,100

146(＋2)までの63名が予選通過

氏　名	トータルスコア	1R	2R	氏　名	トータルスコア	1R	2R	氏　名	トータルスコア	1R	2R	氏　名	トータルスコア	1R	2R
海老根文博	147	74	73	薗田　峻輔	149	77	72	小川　厚	152	76	76	大谷　俊介	157	81	76
福永　安伸	147	74	73	青木　龍一	149	76	73	上村　竜太	152	78	74	深沢　尚人	158	80	78
高野　碧輝	147	76	71	スコット・ドアニオルド	149	75	74	小山内　護	152	80	72	河合　良仁	158	78	80
吉永　智一	147	69	78	石川　裕貴	150	74	76	吉田　隼人	152	77	75	山浦　太希	158	77	81
高花　翔太	147	78	69	松村　道央	150	73	77	河野　祐輝	152	80	72	三重野里斗	159	78	81
吉村　明恭	147	71	76	仲村　譲二	150	79	71	副田　裕斗	153	76	77	秋本　久成	159	85	74
山本　隆允	147	77	70	蛭川　隆	150	78	72	内藤寛太郎	153	82	71	久志岡俊海	159	75	84
スコットレンジ	147	76	71	新田あきひろ	150	75	75	ティティプン・チュアヤプラコン	153	75	78	高山　準平	160	76	84
鍋谷　太一	147	71	76	尾方　友彦	150	76	74	佐藤えいち	153	79	74	池村　晃稀	161	75	86
岡部　大将	147	73	74	矢野　東	150	72	78	栗城　凌太	153	77	76	具志　武治	162	77	85
河合　庄司	147	73	74	平塚　哲二	151	78	73	高柳　直人	153	76	77	成松　亮介	167	82	85
澤崎　安雄	148	72	76	中村　匡志	151	77	74	白石　大和	154	77	77	中西　直人		72	棄
坂本　雄介	148	80	68	伊藤　有志	151	74	77	上村　将司	154	81	73	光田　智輝		78	棄
森　雄貴	148	78	70	中道　洋平	151	76	75	井上　敬太	154	79	75	山形　陵馬		77	失
小林伸太郎	148	77	71	皆本　祐介	151	74	77	竹内　廉	155	75	80	永松　宏之		棄	
勝亦　悠斗	148	77	71	蛯名　大和	151	78	73	小田　新	155	77	78	田中　秀道		棄	
ダッジ ケマー	148	73	75	白倉　渉平	151	75	76	野上　貴夫	155	75	80				
遠藤　彰	149	77	72	徳永　圭太	152	80	72	三木　龍馬	155	81	74				
宮瀬　博文	149	76	73	小西　奨太	152	76	76	岩元　洋祐	156	78	78				

【歴代優勝者】

年　優勝者	スコア	2位	差	コース	パー／ヤード
麻倉JGTOチャレンジⅢ					
2009＊貴田和宏	136—68・68	白　佳和	0	麻倉GC	72／7103Y
elite grips・JGTOチャレンジⅢ					
2011＊前田雄大	137—66・71	森田　徹、杉山佐智雄、村上克佳	0	有馬ロイヤルGC	72／7148Y
大山GC・JGTOチャレンジⅢ					
2012＊西村匡史	134—64・70	櫻井匡樹	0	大山GC	72／7056Y
elite grips・JGTOチャレンジⅢ					
2013　内藤寛太郎	133—67・66	小西貴紀,福永安伸,佐藤えいち	2	COCOPA RESORT C 白山ヴィレッジGCクイーンC	72／6931Y
elite grips challenge					
2014＊西裕一郎	133—67・66	桑原克典,正岡竜二,佐藤信人	0	COCOPA RESORT C 白山ヴィレッジGCクイーンC	71／6898Y
2015＊池村寛世	133—69・64	西　裕一郎	0	初穂CC	72／7200Y
2016　香妻陣一朗	131—66・65	出水田大二郎,永松宏之	1	初穂CC	72／7196Y
2017　野仲　茂	134—66・68	大田和桂介,小野田享也	1	ジャパンクラシックCCキング	72／7093Y
2018　佐藤大平	203—66・70・67	小野田享也	4	ゴールデンバレーGC	72／7233Y
2019　ピーター・カーミス	205—75・68・62	A・ウォンワニ,阿久津未来也	1	ゴールデンバレーGC	72／7233Y

＊はプレーオフ

TOSHIN CHALLENGE IN 名神八日市CC

開催期日	2019年10月2日～4日	賞金総額	15,000,000円
競技会場	名神八日市CC	出場人数	136名
トータル	6,808Y：パー70（34,36）	天　候	曇・曇時々晴・曇時々晴

1日目 杉本エリック、岡部大将、高野碧輝、T・ペク、TOSHIN所属でホストプロの比嘉拓也が6アンダーの64で首位に並んだ。1打差6位に河合庄司と今野大喜。2日目台風18号の影響で朝からの強風に各選手ともスコアメイクに苦しむ中、T・ペクが通算8アンダーとスコアを伸ばし単独首位に躍り出た。4打差2位に岩本高志、T・チュアヤプラコン、杉本エリック、岡部大将。**最終日** T・ペクは5バーディ、3ボギーの68で回り、通算10アンダーでAbemaTVツアー2勝目を挙げた。

【優勝】 トッド・ペク 200 64・68・68 2,700,000円

順位	氏 名	トータルスコア	1R	2R	3R	4R	賞金額（円）
2	杉山 知靖	204	68	70	66		1,162,500
	中島 徹	204	67	70	67		1,162,500
4	長谷川祥平	205	70	70	65		598,125
	今野 大喜	205	65	73	67		598,125
	岡部 大将	205	64	72	69		598,125
	ティティプン・チュアヤプラコン	205	69	67	69		598,125
8	小林伸太郎	206	67	73	66		262,500
	小西 貴紀	206	69	70	67		262,500
	坂本 雄介	206	70	71	65		262,500
	鍋谷 太一	206	68	69	69		262,500
	遠藤 彰	206	67	70	69		262,500
	小浦 和也	206	70	72	64		262,500
	比嘉 拓也	206	64	73	69		262,500
	長澤 奨	206	67	70	69		262,500
	岩本 高志	206	68	68	70		262,500
17	白 佳和	207	67	73	67		162,656
	安本 大祐	207	70	71	66		162,656
	小池 一平	207	71	70	66		162,656
	野仲 茂	207	69	70	68		162,656
	石川 裕貴	207	68	70	69		162,656
	竹内 優騎	207	66	73	68		162,656
	植竹 勇太	207	68	69	70		162,656
	杉本エリック	207	64	72	71		162,656
25	海老根文博	208	69	71	68		127,650
	阿部 裕樹	208	67	72	69		127,650
	副田 裕斗	208	72	69	67		127,650
	スコット・ストレンジ	208	73	68	67		127,650
	日高 将史	208	69	72	67		127,650
	アーノンド・ウォンワニ	208	68	70	70		127,650
	スコット・アーノルド	208	68	69	71		127,650
32	藤田 翼	209	70	70	69		102,510
	ハリー・ベイトマン	209	70	70	69		102,510
	古庄 紀彦	209	72	68	69		102,510
	玉城 海伍	209	69	72	68		102,510
	高柳 直人	209	66	73	70		102,510
	河野 祐輝	209	71	70	68		102,510
	弘井 太郎	209	70	72	67		102,510
	河合 庄司	209	65	77	67		102,510
	照喜名佑唯智	209	68	69	72		102,510
	西村 匡史	209	67	70	72		102,510
42	藤島 征次	210	68	71	71		86,700
	岩元 洋祐	210	72	69	69		86,700

順位	氏 名	トータルスコア	1R	2R	3R	4R	賞金額（円）
	成冨 晃広	210	70	72	68		86,700
45	河瀬 賢史	211	69	71	71		76,328
	伊藤 元気	211	66	74	71		76,328
	伊藤 慎吾	211	69	70	72		76,328
	高野 碧輝	211	64	75	72		76,328
	増田 伸洋	211	68	73	70		76,328
	伊藤 誠道	211	70	67	74		76,328
	三重野里斗	211	70	72	69		76,328
52	飯島 宏明	212	72	69	71		69,000
	白石 大和	212	71	69	72		69,000
54	大内 智文	213	66	74	73		65,850
	上田 諭尉	213	66	75	72		65,850
	富村 真治	213	72	69	72		65,850
	北村 晃一	213	69	73	71		65,850
58	福永 安伸	214	68	72	74		63,600
	大谷 俊介	214	68	73	73		63,600
	丸山 大輔	214	70	71	73		63,600
61	竹内 廉	215	68	69	78		62,700
62	松村 道央	216	70	71	75		62,400

142（+2）までの62名が予選通過

氏名	トータルスコア	1R	2R	氏名	トータルスコア	1R	2R	氏名	トータルスコア	1R	2R	氏名	トータルスコア	1R	2R
中道 洋平	143	71	72	高田 聖斗	144	70	74	広田 悟	148	72	76	小川 厚	151	74	77
蛭川 隆	143	69	74	吉永 智一	145	73	72	木下 康平	148	75	73	竹村 知也	151	76	75
森本 雄	143	70	73	川満 歩	145	70	75	徳永 圭太	148	77	71	中村 匡志	152	70	82
ブレーク・スナイダー	143	71	72	村山 駿	146	69	77	尾方 友彦	148	72	76	皆本 祐介	152	73	79
ジャスティン・デロスサントス	143	69	74	近藤 啓介	146	69	77	内藤寛太郎	148	73	75	浅井 勇志	152	74	78
高山 準平	143	71	72	安富 慎	146	74	72	芳賀 洋平	148	71	77	井上 敬太	154	74	80
新木 豊	143	69	74	樫原 大貴	146	71	75	野上 貴夫	148	82	66	中井 学	154	75	79
徳元 中	143	72	71	古田 幸希	146	69	77	岡村 了	149	74	75	平塚 哲二	155	78	77
矢野 東	143	71	72	仲村 譲二	146	75	71	半田 匠佳	149	74	75	宮原 雅人	156	71	85
吉村 明恭	143	69	74	山本 隆允	146	71	75	上村 竜太	150	71	79	@大嶋 炎	156	78	78
吉田 隼人	143	66	77	小袋 秀人	146	70	76	ダッジ・マー	150	74	76	深沢 尚人	158	74	84
高花 翔太	143	71	72	わたり哲也	146	71	75	北川 祐生	150	73	77	山形 陵馬	158	78	80
山下 和宏	143	70	73	和田健太郎	147	73	74	羽藤 勇司	150	74	76	前川 太治	158	77	81
勝亦 悠斗	144	69	75	狩俣 昇平	147	72	75	齊藤 潤	150	72	78	光田 智輝	162	78	84
K・T・ゴン	144	67	77	小山内 護	147	70	77	鈴木 之人	150	77	73	@谷繁元信	164	80	84
荒井 雅彦	144	70	74	佐藤えいち	147	74	73	塚田 好宣	150	73	77	松本 宗矢	175	87	88
ガブリエレ・デバルバ	144	69	75	薗田 峻輔	147	73	74	上村 将司	150	69	81	ディネッシュ・チャンド		73	棄
滝 雅志	144	69	75	島野 璃央	147	74	73	小西 健太	151	76	75	@はアマチュア			
永澤 翔	144	70	74	久志岡俊海	147	72	75	榎本 剛志	151	73	78				

【歴代優勝者】						
年	優勝者	スコア	2位	差	コース	パー／ヤード
トーシンチャレンジ						
2008	青山浩嗣	136—72・64	池田勇太	2	トーシンレイクウッドGC	72／7062Y
2009	木下裕太	134—67・67	秋葉真一	1	トーシンレイクウッドGC	72／7062Y
2010＊	遠藤 彰	134—68・66	近藤孝宣	0	トーシンGCセントラル	71／7000Y
TOSHIN CHALLENGE IN 名神八日市CC						
2019	トッド・ペク	200—64・68・68	杉山知靖、中島 徹	4	名神八日市CC	70／6808Y

＊はプレーオフ

AbemaTVツアー

石川遼 everyone PROJECT Challenge Golf Tournament

開催期日　2019年10月9日〜11日	賞金総額　15,000,000円
競技会場　ロイヤルメドウGC	出場人数　120名
トータル　7,161Y：パー72(36,36)	天　候　晴・晴・曇

1日目 伊藤誠道と小林伸太郎が9アンダーの63で首位スタート。3打差3位に吉田隼人とE・チャンが並んだ。**2日目** 小林伸太郎が通算12アンダーで単独首位に立ち、2打差2位に伊藤誠道とT・ペク。日大2年のアマ植木祥多が4打差4位の好位置につけた。**最終日** 5打差7位からスタートした東北福大2年のアマ杉原大河が8バーディ、ノーボギーの64をマーク。通算15アンダーで小林伸太郎とのプレーオフも制し、AbemaTVツアー史上3人目のアマチュア優勝を果たした。

【優勝】 杉原 大河　201　72・65・64　アマチュア

(プレーオフ1ホール目、杉原がパーで優勝)

順位	氏名	トータルスコア	1R	2R	3R	4R	賞金額（円）
2	小林伸太郎	201	63	69	69		2,700,000
3	伊藤 誠道	202	63	71	68		1,350,000
4	小山内 護	204	70	71	63		877,500
	副田 裕斗	204	71	70	63		877,500
6	小池 一平	205	70	69	66		465,000
	岩本 高志	205	70	68	67		465,000
	金 成玹	205	70	67	68		465,000
	小西 貴紀	205	68	68	69		465,000
	トッド・ペク	205	67	67	71		465,000
11	ドンファン	206	72	65	69		258,750
	日高 将史	206	67	70	69		258,750
	河野 祐輝	206	68	69	69		258,750
	長谷川祥平	206	69	67	70		258,750
15	植竹 勇太	207	69	71	67		200,625
	今野 大喜	207	70	70	67		200,625
	吉村 明恭	207	70	69	68		200,625
	小浦 和也	207	67	71	69		200,625
	植木 祥多	207	67	69	71		アマチュア
20	河本 力	208	69	71	68		アマチュア
	中村 匡志	208	70	71	67		165,000
	吉田 隼人	208	66	72	70		165,000
	平塚 哲二	208	68	67	70		165,000
	野仲 茂	208	69	68	71		165,000
	藤島 征次	208	68	69	71		165,000
26	ジャスティン・デロスサントス	209	70	71	68		138,750
	岡部 大将	209	72	68	69		138,750
	高橋 賢	209	70	69	70		138,750
	高柳 直人	209	70	69	70		138,750
	島野 璃央	209	69	70	70		138,750
31	北川 祐生	210	72	68	70		116,343
	海老根文博	210	70	71	69		116,343
	すし 石垣	210	69	71	70		116,343
	木下 康平	210	69	70	71		116,343
	山下 和宏	210	71	68	71		116,343
	比嘉 拓也	210	73	69	68		116,343
	ダンタイ・ブーマ	210	75	67	68		116,343
	成冨 晃広	210	74	69	67		116,343
39	諸藤 将次	211	70	70	71		99,750
	中島 徹	211	72	70	69		99,750
	幡地 隆寛	211	69	70	72		99,750
	村山 駿	211	70	73	68		99,750
43	河瀬 賢史	212	71	69	72		89,850
	蛭川 隆	212	67	73	72		89,850
	山形 陵馬	212	70	69	73		89,850
	小木曽 喬	212	69	73	70		89,850
47	井上 敬太	213	70	71	72		77,362
	久志岡俊海	213	71	71	71		77,362
	ハリー・ベイトマン	213	74	68	71		77,362
	前川 太治	213	73	69	71		77,362
	勝亦 悠斗	213	71	72	70		77,362
	エリック・チャン	213	66	72	75		77,362
	鍋谷 太一	213	69	74	70		77,362
	小野田享也	213	70	73	70		77,362
55	西村 匡史	214	70	71	73		67,320
	阿部 裕樹	214	73	69	72		67,320
	竹内 優騎	214	68	74	72		67,320
	清水蔵之介	214	71	72	71		アマチュア
	スコット・ストレンジ	214	76	67	71		67,320
	アーノンド・ウォンウニ	214	72	71	71		67,320
61	吉永 智一	215	71	71	73		64,500
	杉山 知靖	215	72	71	72		64,500
63	森本 雄	216	71	70	75		62,925
	杉本エリック	216	69	71	76		62,925
	滝 雅志	216	71	72	73		62,925
	光田 智輝	216	71	72	73		62,925
67	白倉 渉平	217	73	69	75		62,100
68	蛯名 大和	218	76	66	76		61,800
69	ティティプン・チュアヤプラゴン	219	70	72	77		61,500

143（−1）までの69名が予選通過

氏名	トータルスコア	1R	2R	氏名	トータルスコア	1R	2R	氏名	トータルスコア	1R	2R	氏名	トータルスコア	1R	2R
ブレーク・スナイダー	144	69	75	内藤寛太郎	145	74	71	飯島 宏明	147	74	73	根本 伊織	149	74	75
玉城 海伍	144	73	71	半田 匠佳	145	73	72	河合 庄司	147	74	73	@池田悠太	150	73	77
福永 安伸	144	73	71	秋本 久成	145	75	70	浅井 勇志	147	74	73	@豊田龍生	150	80	70
古庄 紀彦	144	71	73	石川 裕貴	145	71	74	菊池 純	148	76	72	和田健太郎	152	75	77
三重野里斗	144	75	69	和田章太郎	145	73	72	近藤 啓介	148	73	75	薗田 峻輔	153	76	77
大内 智文	144	70	74	伊藤 有志	145	71	74	長澤 奨	148	74	74	永澤 翔	153	75	78
皆本 祐介	144	74	70	小袋 秀人	146	71	75	丸山 大輔	148	75	73	鈴木 之人	153	78	75
上村 竜太	144	70	74	@石川 航	146	70	76	高野 碧輝	148	74	74	@高橋幸生	153	78	75
富村 真治	144	71	73	竹内 廉	146	71	75	山本 隆允	148	77	71	ディネッシュ・チャンド		76	棄
前川藏俊太	144	70	74	遠藤 彰	146	68	78	小野田英史	149	77	72	ニコラス・ファン		74	棄
安本 大祐	144	73	71	矢野 東	146	76	70	荒井 雅彦	149	70	79	K・T・ゴン		71	棄
細川 和彦	144	70	74	@吉沢己咲	146	75	71	尾方 友彦	149	71	78	仲村 譲二		81	棄
三木 龍馬	145	72	73	佐藤 宇紘	146	75	71					@はアマチュア			

【歴代優勝者】

年	優勝者	スコア	2位	差	コース	パー/ヤード
everyone PROJECT Challenge Golf Tournament 〜石川遼プロデュース〜						
2013	富村真治	203—69・66・68	河村雅之、小島亮太	1	ロイヤルメドウGスタジアム	71／7089Y
石川遼 everyone PROJECT Challenge Golf Tournament						
2014	沖野克文	194—68・62・64	前粟藏俊太	1	ロイヤルメドウGスタジアム	71／7089Y
2015	秋吉翔太	137—69・68	福永安伸	1	ロイヤルメドウGスタジアム	71／7202Y
2016	塚田好宣	139—68・71	近藤啓介、丸山大輔、井上　信、高田聖斗、狩俣昇平、J・チョイ	1	ロイヤルメドウGC	72／7202Y
2017	中里光之介	134—67・67	小木曽喬	2	ロイヤルメドウGC	72／7162Y
2018	前川太治	197—67・66・64	嘉数光倫	3	ロイヤルメドウGC	72／7162Y
2019＊	@杉原大河	201—72・65・64	小林伸太郎	0	ロイヤルメドウGC	72／7161Y

＊はプレーオフ。@はアマチュア

JGTO Novil FINAL

開催期日	2019年10月23日～25日
競技会場	取手国際GC東C
トータル	6,811Y：パー70(35,35)

賞金総額	15,000,000円
出場人数	120名
天　候	晴・曇・雨（中止）

1日目 中里光之介と阿久津未来也が8アンダーの62で首位に並んだ。1打差3位にプロ1年目の上村竜太、白佳和、小斉平優和。**2日目** 白佳和が5バーディ、1ボギーの66で回り、通算11アンダーで単独首位。上村竜太が1打差2位、さらに1打差3位にT・ベク、小西貴紀、大岩龍一、塩見好輝。**最終日** 朝7時に競技はスタートしたが、降雨によるコンディション悪化で9時30分に中止が決定。白佳和が優勝し、AbemaTVツアー賞金王と2020年レギュラーツアー出場資格を獲得した。

【優勝】 白　佳和　129　63・66　2,025,000円

順位	氏　名	トータルスコア	1R	2R	3R	4R	賞金額(円)
2	上村　竜太	130	63	67			1,012,500
3	小西　貴紀	131	67	64			547,031
	トッド・ベク	131	66	65			547,031
	大岩　龍一	131	67	64			547,031
	塩見　好輝	131	64	67			547,031
7	小野田享也	132	66	66			257,625
	長谷川祥平	132	64	68			257,625
	小山内　護	132	66	66			257,625
	小斉平優和	132	63	69			257,625
	中里光之介	132	62	70			257,625
12	すし　石垣	133	65	68			156,696
	I・H・ホ	133	67	66			156,696
	北川　祐生	133	68	65			156,696
	杉本エリック	133	66	67			156,696
	安本　大祐	133	68	65			156,696
	日高　将史	133	66	67			156,696
	ジャスティン・デロスサントス	133	66	67			156,696
19	鍋谷　太一	134	65	69			109,968
	小木曽　喬	134	68	66			109,968
	ダンタイ・ブーマ	134	67	67			109,968
	ハリー・ベイトマン	134	68	66			109,968
	松村　道央	134	66	68			109,968
	伊藤　有志	134	68	66			109,968
	蛭川　隆	134	66	68			109,968
	関藤　直熙	134	66	68			109,968
	徐　曜燮	134	64	67			109,968
	金　禹玄	134	66	68			109,968
29	阿久津未来也	135	62	73			87,093
	梅山　知宏	135	66	69			87,093
	スコット・ストレンジ	135	68	67			87,093
	小池　一平	135	66	69			87,093
	古庄　紀彦	135	69	66			87,093
	パクベジョン	135	66	69			87,093
35	S・J・パク	136	71	65			69,525
	遠藤　彰	136	68	68			69,525
	荒井　雅彦	136	67	69			69,525
	金　成玹	136	68	68			69,525
	井上　敬太	136	71	65			69,525
	伊藤　誠道	136	71	65			69,525
	西村　匡史	136	67	69			69,525
	高橋　賢	136	70	66			69,525
	木下　康平	136	68	68			69,525
	竹内　優騎	136	69	67			69,525
	長澤　奨	136	67	69			69,525
	中西　直人	136	67	69			69,525
47	岩本　高志	137	71	66			55,710
	薗田　峻輔	137	71	66			55,710
	中島　徹	137	66	71			55,710
	久志岡俊海	137	70	67			55,710
	山下　和宏	137	70	67			55,710
52	矢野　東	138	69	69			49,612
	竹内　廉	138	69	69			49,612
	近藤　啓介	138	67	71			49,612
	細川　和彦	138	69	69			49,612
	小浦　和也	138	66	72			49,612
	村山　駿	138	68	70			49,612
	ジェイ・チョイ	138	68	70			49,612
	ピーター・カーミス	138	69	69			49,612
60	前川　太治	139	69	70			45,883
	光田　智輝	139	70	69			45,883
	成冨　晃広	139	68	71			45,883
	今野　大喜	139	69	70			45,883
	小林伸太郎	139	68	71			45,883
	福永　安伸	139	67	72			45,883
	高野　碧輝	139	70	69			45,883
	河野　祐輝	139	69	70			45,883
	副田　裕斗	139	68	71			45,883
	アーノンド・ウォンワニ	139	70	69			45,883
	朴　銀信	139	71	68			45,883
	阿部　裕樹	139	69	70			45,883
	ブレーデンシナイダー	139	73	66			45,883
	幡地　隆寛	139	67	72			45,883

139(－1)までの73名が予選通過

※3日目、降雨によるコースコンディション不良のため中止。競技は36ホールに短縮され、賞金総額15,000,000円は11,250,000円に変更（但し、支給率は100%）。

氏名	トータルスコア	1R	2R	氏名	トータルスコア	1R	2R	氏名	トータルスコア	1R	2R	氏名	トータルスコア	1R	2R
吉田 隼人	140	71	69	杉山 知靖	141	71	70	松原 大輔	142	68	74	植竹 勇太	144	72	72
ダニー・チア	140	69	71	植本 健介	141	71	70	富村 真治	142	69	73	和田健太郎	145	67	78
飯島 宏明	140	69	71	秋本 久成	141	67	74	仲村 譲二	142	70	72	尾方 友彦	145	73	72
河瀬 賢史	140	69	71	朴ジュンウォン	141	69	72	井上 信	142	69	73	中村 匡志	145	68	77
尾崎 慶輔	140	68	72	大内 智文	141	72	69	平塚 哲二	142	70	72	藤島 征次	145	71	74
三重野里斗	140	69	71	ジャスティン・シン	141	68	73	丸山 大輔	143	74	69	高花 翔太	145	72	73
皆本 祐介	141	67	74	勝亦 悠斗	141	69	72	山岡 成稔	143	70	73	高柳 直人	146	71	75
森本 雄	141	70	71	吉永 智一	141	70	71	平塚とも幸	143	72	71	小西 健太	148	73	75
海老根文博	141	70	71	玉城 海伍	141	73	68	ダッジ・ケマー	143	72	71	島野 璃央	148	73	75
内藤寛太郎	141	72	69	和田章太郎	141	71	70	河合 庄司	143	73	70	ティティプン・チュアヤプラコン	149	69	80
吉村 明恭	141	72	69	金 燦祐	141	71	70	ハン・リー	143	71	72	@小塩和義	164	81	83
白倉 渉平	141	71	70	坂本 雄介	141	69	72	岡部 大将	144	71	73	@はアマチュア			

【歴代優勝者】					
年	優勝者	スコア	2位	差	コース パー／ヤード
2010	朴 星俊	203—68・69・66	白潟英純、三橋達也	3	ザ・CC・ジャパン 72／7007Y
2011	額賀辰徳	212—72・69・71	清田太一郎、岩井亮磨	1	ザ・CC・ジャパン 72／7207Y
2012	ホ・インヘ	205—67・70・68	尾方友彦	3	ザ・CC・ジャパン 72／7211Y
2013	竹谷佳孝	206—69・66・71	谷 昭範	1	ザ・CC・ジャパン 72／7211Y
2014	今平周吾	137—68・69	村上 貢	1	ザ・CC・ジャパン 72／7211Y
2015	上平栄道	135—68・67	前粟藏俊太	1	ザ・CC・ジャパン 72／7211Y
2016	小木曽喬	135—65・70	杦本晃一	1	ザ・CC・ジャパン 72／7247Y
2017	岩元洋祐	65—65	姜 志満	1	ザ・CC・ジャパン 72／7247Y
2018＊	河野祐輝	197—65・68・64	D・チア、内藤寛太郎	0	取手国際GC東 70／6811Y
2019	白 佳和	129—63・66	上村竜太	1	取手国際GC東 70／6811Y

＊はプレーオフ

2019年度AbemaTVツアー賞金ランキング

賞金ランキング1位者が2020年度のツアー出場資格、2位から上位19名が第1回リランキングまでの出場資格を獲得。※印はツアー賞金ランキングによる出場資格を獲得しているため、23位まで繰り下げとなる

順位	氏名	獲得賞金(円)	順位	氏名	獲得賞金(円)
1	白 佳和	6,797,444	52	長澤 奨	1,241,774
2 ※	T・ベク	6,560,781	53	皆本 祐介	1,233,110
3	杉本エリック	6,462,858	54	長谷川祥平	1,229,540
4	朴ジュンウォン	6,280,270	55	趙 炳旻	1,221,018
5	ハムジョンウ	5,400,000	56	小浦 和也	1,218,872
6	杉山 知靖	5,257,657	57	坂本 雄介	1,200,408
7	小林伸太郎	4,658,326	58	河野 祐輝	1,194,634
8 ※	金 成玹	4,396,241	59	鍋谷 太一	1,185,036
9	阿久津未来也	4,336,202	60	松原 大輔	1,184,266
10	J・デロスサントス	3,673,960	61	平塚 哲二	1,156,285
11	D・ブーマ	3,668,266	62	矢野 東	1,137,662
12	中島 徹	3,332,901	63	山下 和宏	1,136,605
13	P・カーミス	3,279,262	64	J・チョイ	1,126,630
14 ※	S・ビンセント	3,087,500	65	三木 龍馬	1,120,125
15	岩本 高志	2,939,985	66	岡部 大将	1,113,508
16	植竹 勇太	2,713,687	67	阿部 裕樹	1,108,204
17	副田 裕斗	2,695,445	68	金 禹玄	1,063,468
18	今野 大喜	2,685,774	69	塩見 好輝	1,051,374
19	S・ストレンジ	2,492,190	70	香妻陣一朗	1,012,500
20	大岩 龍一	2,464,064	71	玉城 海伍	1,007,258
21	北川 祐生	2,414,314	72	仲村 譲二	1,003,560
22	小池 一平	2,363,631	73	竹内 廉	993,950
23	伊藤 有志	2,362,532	74	内藤寛太郎	990,989
24	上村 竜太	2,350,500	75	K・T・ゴン	980,972
25	海老根文博	2,283,468	76	野仲 茂	977,864
26	H・リー	2,063,520	77	遠藤 彰	969,570
27	永野竜太郎	2,063,425	78	河野晃一郎	936,000
28	伊藤 誠道	2,026,928	79	小斉平優和	933,900
29	日高 将史	1,991,235	80	薗田 峻輔	883,913
30	北村 晃一	1,976,464	81	荒井 雅彦	876,989
31	小山内 護	1,888,425	82	成富 晃広	861,844
32	T・チュアヤプラコン	1,803,696	83	木下 康平	835,796
33	竹内 優騎	1,775,517	84	澤﨑 安雄	830,864
34	大内 智文	1,755,633	85	高柳 直人	822,510
35	H・ベイトマン	1,721,969	86	福永 安伸	816,789
36	中西 直人	1,679,203	87	飯島 宏明	814,496
37	藤島 征次	1,597,051	88	森本 雄	808,309
38	西村 匡史	1,597,011	89	久志岡俊海	787,570
39	小木曽 喬	1,571,332	90	白倉 渉平	758,348
40	吉村 明恭	1,519,650	91	石川 裕貴	751,481
41	A・ウォンワニ	1,463,953	92	G・チャルングン	729,375
42	I・H・ホ	1,455,974	93	安本 大祐	729,147
43	N・ファン	1,411,238	94	梅山 知宏	720,436
44	中里光之介	1,400,130	95	松本 将汰	711,170
45	小西 貴紀	1,368,045	96	勝亦 悠斗	702,590
46	朴 銀信	1,315,161	97	すし 石垣	664,709
47	小野田享也	1,313,812	98	蛭川 隆	664,003
48	井上 信	1,292,939	99	中道 洋平	662,993
49	高橋 賢	1,258,853	100	半田 匠佳	662,700
50	高野 碧輝	1,258,751	101	富村 真治	656,550
51	河瀬 賢史	1,249,149	102	和田章太郎	652,855

順位	氏　名	獲得賞金(円)	順位	氏　名	獲得賞金(円)
103	岩井　亮磨	651,446	160	髙橋　竜彦	243,835
104	原田　凌	641,200	161	河合　庄司	240,810
105	小林　正則	636,403	162	芦沢　宗臣	240,450
106	S・アーノルド	610,747	163	尾崎　慶輔	230,085
107	滝　雅志	573,600	164	芳賀　洋平	227,050
108	ドンファン	573,550	165	高橋　佳祐	223,518
109	石徳　俊樹	568,350	166	関藤　直熙	221,984
110	村山　駿	547,574	167	河井　博大	220,300
111	近藤　啓介	546,312	168	徳永　圭太	217,000
112	S・J・パク	540,814	169	李　東珉	215,927
113	E・チャン	527,225	170	成松　亮介	214,485
114	中村　匡志	519,791	171	朴　一丸	213,768
115	吉田　隼人	499,500	172	徳元　中	208,554
116	大谷　俊介	485,732	173	大貫渉太朗	206,603
117	島野　璃央	481,787	174	金　永雄	202,853
118	諸藤　将次	476,389	175	細川　和彦	202,537
119	羽藤　勇司	475,550	176	伴　翔太郎	201,325
120	古庄　紀彦	474,903	177	吉永　智一	190,050
121	狩俣　昇平	468,102	178	山本　隆大	176,250
122	小袋　秀人	462,200	179	甲斐慎太郎	169,560
123	和田健太郎	460,950	180	弘井　太郎	169,024
124	藤島　豊和	458,200	181	岡村　了	167,485
125	幡地　隆寛	457,686	182	三浦　春輝	167,000
126	古田　幸希	452,870	183	太田　直己	160,000
127	増田　伸洋	445,403	184	パクベジョン	151,593
128	P・パンヤタナセド	435,450	185	三重野里斗	141,128
129	山本　隆允	431,401	186	丸山　大輔	138,900
130	井上　敬太	418,987	187	D・ケマー	136,875
131	尾方　友彦	411,616	188	白石　大和	135,514
132	松村　道央	409,381	189	宮瀬　博文	135,058
133	高田　聖斗	402,587	190	森　正尚	133,125
134	山形　陵馬	384,210	191	松田　一将	129,878
135	比嘉　拓也	378,843	192	上田　諭尉	128,700
136	遠藤　健太	370,656	193	塚田　好宣	122,760
137	平本　穏	349,363	194	P・ミーサワット	119,175
138	岩元　洋祐	345,825	195	松田　高明	115,040
139	菊池　純	326,037		南崎　次郎	115,040
140	貞方　章男	321,075	197	星野　英正	114,600
141	榎本　剛志	319,723	198	李　泰熙	109,200
142	新木　豊	316,265		横田　真一	109,200
143	高花　翔太	310,837	200	金　燦祐	103,800
144	新留　徹	305,003	201	照屋佑唯智	102,510
145	徐　曜燮	304,030		藤田　翼	102,510
146	石田鈴千代	294,300	203	大田和桂介	102,450
147	岩男　健一	287,928	204	富田　雅哉	101,100
148	梶村　夕貴	281,333	205	大澤　和也	97,050
	G・デバルバ	281,333		原　敏之	97,050
150	前川　太治	279,520	207	A・タウンゼント	93,360
151	B・スナイダー	276,493	208	河合　亮汰	89,120
152	岸本　翔太	271,971		新田あきひろ	89,120
153	中井　賢人	258,750	210	Je・カン	86,863
154	J・カスケ	255,074	211	阪本　烈	86,700
155	亀井　美博	253,840		藤島　晴雄	86,700
156	小西　健太	253,745	213	小西　奨太	82,500
157	永松　宏之	251,915	214	佐藤　太地	79,232
158	佐藤えいち	245,887		友次　啓晴	79,232
159	光田　智輝	244,258		森井　晶紀	79,232

AbemaTVツアー

順位	氏 名	獲得賞金（円）	順位	氏 名	獲得賞金（円）
	わたり哲也	79,232		竹内 寿樹	66,200
218	池田 浩二	78,300	239	川満 歩	65,100
	大宜見賢人	78,300	240	沖野 克文	64,200
220	勝俣 陵	76,368	241	猪川 頌生	63,660
	川根 隆史	76,368		佐藤 佑樹	63,660
	邱 瀚霆	76,368		永澤 翔	63,660
223	伊藤 慎吾	76,328	244	永井 哲平	63,000
	伊藤 元気	76,328	245	中西 雅樹	62,760
225	A・エバンス	75,300	246	佐藤 圭介	62,550
226	兼本 貴司	72,771		松本 成太	62,550
	姜 兌泳	72,771	248	宮里 聖志	62,400
	並河 利隆	72,771	249	櫻井 將大	62,287
	山田 大晟	72,771	250	佐藤 和紀	62,250
230	小泉 正樹	70,948	251	蛯名 大和	61,800
	斉藤 しん	70,948	252	木村 佳昭	61,650
232	崔 ミン哲	69,728	253	坂本 聡	61,200
233	武内 伸悟	67,840	254	鈴木 之人	60,900
234	藤井 伸一	67,040	255	今野 康晴	60,000
235	高橋 慧	66,750		加治屋舜介	60,000
236	石毛 巧	66,514		佐藤 宇紘	60,000
237	黒木 紀至	66,200			

【9ホール最少ストローク】

28（−8）	新井　真一	'99後楽園カップ第4回	1R IN	TPC馬頭後楽園GC
28（−8）	塩見　好輝	'14ISPS・CHARITYチャレンジ	2R IN	静岡C浜岡C＆ホテル
28（−7）	前粟藏俊太	'10静ヒルズトミーカップ	1R IN	静ヒルズCC
28（−7）	岩本　高志	'18南秋田CCみちのくチャレンジ	2R IN	南秋田CC
28（−7）	キム・ジェホ	'18HEIWA・PGM Challenge Ⅱ	2R OUT	かさぎGC

【18ホール最少ストローク】

61（−11）	鈴木　亨	'13ドラゴンカップ	2R	千葉夷隅GC
61（−11）	永松　宏之	'16elite grips challenge	2R	初穂CC
61（−10）	塩見　好輝	'14ISPS・CHARITYチャレンジ	2R	静岡C浜岡C＆ホテル
61（−9）	キム・ジェホ	'18HEIWA・PGM Challenge Ⅱ	2R	かさぎGC

【36ホール最少ストローク】

・36ホール競技のみ

128（−16）	松本　成太	'06PGMシリーズ・サンパーク札幌チャレンジ	65・63	サンパーク札幌GC

・54ホール競技以上

2R～3R

126（−16）	沖野　克文	'14石川遼 everyone PROJECT Challenge	62・64	ロイヤルメドウGスタジアム
126（−16）	丸山　大輔	'16セブン・ドリーマーズ・チャレンジ in 米原GC	62・64	米原GC

【54ホール最少ストローク】

・54ホール競技のみ

192（−21）	丸山　大輔	'16セブン・ドリーマーズ・チャレンジ in 米原GC	66・62・64	米原GC

・72ホール競技

2R～4R

197（−19）	呂　偉智	'09PRGR Novil CUP FINAL	68・66・63	サニーフィールドGC

【72ホール最少ストローク】

264（−24）	呂　偉智	'09PRGR Novil CUP FINAL	67・68・66・63	サニーフィールドGC

【最多アンダーパー】

・36ホール競技

−16（128）	松本　成太	'06PGMシリーズ・サンパーク札幌チャレンジ	65・63	サンパーク札幌GC

・54ホール競技

−21（192）	丸山　大輔	'16セブン・ドリーマーズ・チャレンジ in 米原GC	66・62・64	米原GC

・72ホール競技

−24（264）	呂　偉智	'09PRGR Novil CUP FINAL	67・68・66・63	サニーフィールドGC

【1ホール最多ストローク】

16（パー5）	市川　雄三	'15ISPSハンダグローバルチャレンジカップ	2R16H	オークビレッヂGC

【18ホール最多バーディ（バーディ以上）】

11	永松　宏之	'13ISPS・CHARITYチャレンジ	1R	ジャパンPGAGC
	鈴木　亨	'13ドラゴンカップ	2R	千葉夷隅GC
	菊地　秀明	'14ISPS・CHARITYチャレンジ	1R	静岡C浜岡C＆ホテル
	塩見　好輝	'14ISPS・CHARITYチャレンジ	2R	静岡C浜岡C＆ホテル
	永松　宏之	'16elite grips challenge	2R	初穂CC
	佐藤　大平	'18LANDIC CHALLENGE 6	1R	芥屋GC

AbemaTVツアー

【18ホール最多イーグル（イーグル以上）】

3	森田　徹	'02後楽園カップ第2回	1R	TPC市原後楽園G＆スポーツ
	大堀裕次郎	'15富士ホームサービスチャレンジカップ	2R	富士スタジアムGC南C

【連続バーディ記録】同一ラウンドでの記録に限る

7連続	T・フセイン	'05PGMシリーズ・ワールドチャレンジ	2R 3〜9H	ワールドCC
	前粟藏俊太	'10静ヒルズトミーカップ	1R 12〜18H	静ヒルズCC
	塩見　好輝	'14ISPS・CHARITYチャレンジ	2R 12〜18H	静岡C浜岡C＆ホテル
	阿久津未来也	'19ジャパンクリエイトチャレンジ in 福岡雷山	3R 13〜1H	福岡雷山GC
	伊藤　有志	'19南秋田CCみちのくチャレンジ	2R 14〜2H	南秋田CC

【アルバトロス】

入野　太	'00iiyamaチャレンジⅱ	1R 15H	三田C27
堀　貴麿	'01PGAカップチャレンジ	1R 7H	リージャスクレストGCロイヤル
佐々木卓哉	'06PGMシリーズ・サンパーク札幌チャレンジ	1R 9H	サンパーク札幌GC
佐藤　達也	'08Novilカップ	2R 16H	JクラシックGC
江尻　壮	'11きみさらずGL・GMAチャレンジ	1R 7H	きみさらずGL
髙橋　朋載	'11きみさらずGL・GMAチャレンジ	1R 14H	きみさらずGL
川﨑　政志	'12きみさらずGL・GMAチャレンジ	2R 7H	きみさらずGL
田中　秀道	'13Novil Cup	1R 7H	JクラシックGC
永松　宏之	'13everyone PROJECT Challenge 石川遼	1R 16H	ロイヤルメドウGスタジアム
朴　玄	'16Novil Cup	3R 16H	JクラシックGC
松田　高明	'18Novil Cup	2R 1H	JクラシックGC
A・ウィルキン	'18JGTO Novil FINAL	2R 9H	取手国際GC東C
小木曽　喬	'19LANDIC CHALLENGE 7	3R 18H	芥屋GC
石川　裕貴	'19elite grips challenge	2R 1H	ゴールデンバレーGC

【最多優勝スコア】

・36ホール競技

＋2(146)	山添　昌良	'02PRGR CUP（関東）	73・73	ワイルドダックCC

・54ホール競技

±0(216)	張　棟圭	'13Novil Cup	65・74・77	JクラシックGC

・72ホール競技

−10(278)	飯島　宏明	'08PRGR CUP FINAL	68・71・69・70	GC成田ハイツリー

【最少予選カットスコア】

・18ホール

−3(69)	'06PGMシリーズ・サンパーク札幌チャレンジ	サンパーク札幌GC
−3(69)	'13ドラゴンカップ	千葉夷隅GC

・36ホール

−4(138)	'14ISPS・CHARITYチャレンジ	静岡C浜岡C＆ホテル
−4(140)	'15PGA・JGTOチャレンジカップ in 房総	房総CC房総G場東C

【最多予選カットスコア】

・18ホール

＋5(77)	'02PRGR CUP（関東）	ワイルドダックCC

・36ホール

＋9(153)	'12Novil Cup	JクラシックGC

【年間最多優勝回数】

3勝	S・K・ホ	2001年

【最多優勝回数】

5勝	上平　栄道

【連続優勝記録】
2試合連続　　溝渕　洋介　　'06カニトップ杯チャレンジⅠ、セガサミーチャレンジ
　　　　　　　中田慶史郎　　'06PGMシリーズ大日向チャレンジby GMA、PGMシリーズかさぎチャレンジ
　　　　　　　松村　道央　　'07PAR 72 チャレンジカップ、PRGR CUP FINAL
　　　　　　　C・キャンベル　'09猿島JGTOチャレンジⅠ、静ヒルズトミーカップ
　　　　　　　D・チャンド　　'10富士カントリー可児クラブチャレンジカップ、東北やくらいカップ
　　　　　　　河野　祐輝　　'12秋田テレビ・南秋田CC・JGTOチャレンジⅠ、東急那須リゾートJGTOチャレンジⅡ
　　　　　　　秋吉　翔太　　'15セブン・ドリーマーズ・チャレンジ in 米原GC、石川遼 everyone PROJECT Challenge
　　　　　　　ハムジョンウ　'19TIチャレンジ in 東条の森、ディライトワークスASPチャレンジ

【逆転優勝の最多スコア差】
7打差　　　　北島　泰介　　'00iiyamaチャレンジ i　　　　　　　　　　　　　GCツインフィールズ
　　　　　　　市原　建彦　　'02アイフルチャレンジカップ・オータム　　　　　鯵ヶ沢高原G場高原C

【優勝と2位の最多スコア差】
8打差　　　　浅地　洋佑　　'12ISPS・CHARITYチャレンジ(54H)　　　　　　鶴舞CC

【予選最下位からの優勝】
　　　　　　　北島　泰介　　'00iiyamaチャレンジ i　　　　　　　　　　　　　GCツインフィールズ
　　　　　　　高橋　朋載　　'05セガサミーチャレンジ　　　　　　　　　　　　霞ヶ浦CC
　　　　　　　上平　栄道　　'08有田東急JGTOチャレンジⅠ　　　　　　　　　有田東急GC
　　　　　　　鈴木　亨　　　'13ドラゴンカップ　　　　　　　　　　　　　　　千葉夷隅GC

【最年長優勝者】
48歳362日　　佐藤　剛平　　'04東京ドームカップ　　　　　　　　　　　　　馬頭後楽園GC＆ホテル

【最年少優勝者】
18歳29日　　　伊藤　誠道　　'13PGA・JGTOチャレンジカップ in 房総　　　　房総CC房総G場東C

【アマチュア優勝者】
※片山　晋呉　　　　　　　　'93水戸グリーンオープン　　　　　　　　　　　水戸グリーンCC
　小平　智　　　　　　　　　'10鳩山カントリークラブ・GMAチャレンジ　　　鳩山CC
　杉原　大河　　　　　　　　'19石川遼 everyone PROJECT Challenge　　　　　ロイヤルメドウGC
※片山の優勝時はグローイングツアー

【最長プレーオフ】
6ホール　　　貴田　和宏　　'09麻倉JGTOチャレンジⅢ
　　　　　　　河野　祐輝　　'18JGTO Novil FINAL

【最多人数によるプレーオフ】
5人　　　　　山添　昌良　　'03PRGR CUP関西(土山陽源／海老根文博／三橋達也／舘野成毅)
　　　　　　　牛山　正則　　'04PRGR CUP関西(原田三夫／尾崎智勇／山下和宏／神野浩)
　　　　　　　森田　徹　　　'12elite grips・JGTOチャレンジⅣ(神山隆志／塚田陽亮／貴田和宏／川岸良兼)

【アマチュア最年少出場者】
11歳72日　　　清水蔵之介　　'16セブン・ドリーマーズ・チャレンジ in 米原GC　　米原GC

【アマチュア最年少予選通過者】
13歳82日　　　森杉　大地　　'06GDOチャレンジカップ　　　　　　　　　　　静ヒルズCC

【年間最多獲得賞金額】
7,710,069円　小野　貴樹　　2006年

【AbemaTVツアー最長コース】
8,024ヤード　ザ・ロイヤルGC　'17ザ・ロイヤルゴルフクラブチャレンジ（パー72）

【女子のAbemaTVツアー参戦】
　小川　あい　'05カニトップ杯チャレンジ
ⓐ山村　彩恵　'06エバーライフカップチャレンジ
ⓐ石山　千晶　'09サンロイヤルGCカップ
　横峯さくら　'18Novil Cup
　宮里　美香　'18 i Golf Shaper Challenge in 筑紫ヶ丘、南秋田CCみちのくチャレンジ
　工藤　遥加　'19 i Golf Shaper Challenge in 筑紫ヶ丘、ジャパンクリエイトチャレンジ in福岡雷山
　川﨑　志穂　'19 i Golf Shaper Challenge in 筑紫ヶ丘
　服部　真夕　'19南秋田CCみちのくチャレンジ
ⓐ垣　　優菜　'19大山どりカップ
ⓐはアマチュア

AbemaTVツアー歴代賞金王と年間最多勝利選手

1999 〜 2019年

年度	賞金ランキング第1位	獲得賞金額（円）	年間勝利数	年間最多勝利選手（タイ含む）
1999年	牧坂　考作	3,461,294	1勝	複数優勝者ナシ
2000年	小林　正則	3,851,250	2勝	2勝＝小林正則
2001年	S・K・ホ	5,150,264	3勝	3勝＝S・K・ホ
2002年	市原　建彦	4,124,935	2勝	2勝＝市原建彦
2003年	上平　栄道	3,082,833	1勝	複数優勝者ナシ
2004年	木村　佳昭	4,199,650	1勝	複数優勝者ナシ
2005年	井手口正一	5,070,263	2勝	2勝＝井手口正一、梶川武志、谷昭範
2006年	小野　貴樹	7,710,069	2勝	2勝＝小野貴樹、溝渕洋介、中田慶史郎
2007年	松村　道央	6,685,183	2勝	2勝＝松村道央、横田真一
2008年	上平　栄道	6,329,033	2勝	2勝＝上平栄道、野仲茂
2009年	C・キャンベル	6,136,154	2勝	2勝＝C・キャンベル、佐藤えいち、貴田和宏
2010年	D・チャンド	4,780,625	2勝	2勝＝D・チャンド
2011年	額賀　辰徳	5,846,275	2勝	2勝＝額賀辰徳
2012年	河野　祐輝	4,607,237	2勝	2勝＝河野祐輝
2013年	K・T・ゴン	5,326,885	2勝	2勝＝K・T・ゴン
2014年	今平　周吾	7,444,288	2勝	2勝＝今平周吾、鈴木亨、P・ウィルソン
2015年	森本　雄	4,479,531	2勝	2勝＝森本雄、秋吉翔太、池村寛世、金子敬一
2016年	塚田　好宣	5,509,115	2勝	2勝＝塚田好宣、丸山大輔、中里光之介
2017年	大槻　智春	3,787,591	1勝	複数優勝者ナシ
2018年	佐藤　大平	7,256,163	2勝	2勝＝佐藤大平
2019年	白　佳和	6,797,444	2勝	2勝＝白佳和、朴ジュンウォン、ハムジョンウ、T・ペク

過去のデータ

年度別AbemaTVツアー賞金総額・トーナメント数　推移表

年度	試合数	賞金総額（円）
1985年	2	24,000,000
1986年	2	24,000,000
1987年	3	38,000,000
1988年	3	42,000,000
1989年	6	87,000,000
1990年	8	120,000,000
1991年	10	150,000,000
1992年	10	150,000,000
1993年	10	150,000,000
1994年	9	90,000,000
1995年	11	110,000,000
1996年	12	120,000,000
1997年	14	140,000,000
1998年	14	140,000,000
1999年	11	110,000,000
2000年	12	120,000,000
2001年	13	130,000,000
2002年	11	110,000,000
2003年	11	110,000,000
2004年	10	110,000,000
2005年	13	140,000,000
2006年	16	180,000,000
2007年	11	156,000,000
2008年	10	131,000,000
2009年	11	128,000,000
2010年	11	120,000,000
2011年	10	110,000,000
2012年	13	145,000,000
2013年	15	168,000,000
2014年	16	178,000,000
2015年	17	181,000,000
2016年	15	161,000,000
2017年	12	131,000,000
2018年	12	185,000,000
2019年	15	226,000,000

チャレンジトーナメント

年度	氏名	記録	開催コース

●ISPS HANDA 燃える闘魂!! チャレンジカップ
ISPS CHARITYチャレンジトーナメント

2012	浅地 洋佑	199-65・69・65	鶴舞・西
2013	永松 宏之	197-63・70・64	ジャパンPGA
2014	秋吉 翔太	194-64・66・64	静岡・浜岡

ISPSハンダグローバルチャレンジカップ

2015	野仲 茂	205-76・65・64	オークビレッヂ
2016	中里光之介	202-69・64・69	鶴舞・東
2017	松原 大輔	135-66・69	裾野

ISPS HANDA 燃える闘魂!! チャレンジカップ

| 2018 | 木下 稜介 | 202-67・63・72 | 鶴舞・東 |

●アイフルチャレンジカップ

1998	(春)植田浩史	138-73・65	小野グランド
	(秋)北島泰介	137-70・67	ジャパンPGA
1999	(春)新関善美	137-71・66	小野グランド
	(秋)大井手哲	135-66・69	ジャパンPGA
2000	(春)森田幸春	136-66・70	小野グランド
	(秋)福澤義光	135-65・70	ザ・グリーンブライヤー ウェストヴィレッジ
2001	(春)井上 信	134-67・67	小野グランド
	(秋)飯島博明	138-67・71	ザ・グリーンブライヤー ウェストヴィレッジ
2002	(春)広田 悟	132-66・66	小野グランド
	(秋)市原建彦	138-71・67	鰺ヶ沢高原
2003	(春)谷口拓也	131-66・65	小野グランド
	(秋)上平栄道	136-68・68	鰺ヶ沢高原

●麻倉JGTOチャレンジⅢ

| 2009 | 貴田 和宏 | 136-68・68 | 麻倉 |

●アンダーセンコンサルティング

| 1998 | 乗竹 正和 | 67 | TPC水戸後楽園 |

●インペリアルグローイングオープン

| 1989 | 坂下 定夫 | 137-65・72 | 大厚木 |

●エバーライフカップチャレンジ

2006	小野 貴樹	136-69・67	玄海
2007	横田 真一	133-64・69	ザ・クィーンズヒル
2008	池田 勇太	133-65・68	ザ・クィーンズヒル
2009	貴田 和宏	134-69・65	夜須高原

●elite grips・JGTOチャレンジⅣ

| 2012 | 森田 徹 | 135-66・69 | COCOPA白山ヴィレッジ・クイーン |

●カニトップ杯チャレンジ

2003	Ⅰ市原弘大	135-70・65	杜の都
	Ⅱ小川卓哉	137-70・67	杜の都
2004	木村 佳昭	205-67・67・71	杜の都
2005	清田太一郎	212-69・71・72	杜の都
2006	Ⅰ溝渕洋介	215-73・72・70	杜の都
	Ⅱ大前和也	209-71・67・71	杜の都
2007	中島 雅生	211-72・68・71	杜の都

●カバヤオハヨーカップ
関東PGAフィランスロピー

1991	河野 和重	135-68・67	静岡よみうり
1992	植田 浩史	136-69・67	南摩城
1993	小嶋 光康	139-71・68	南摩城
1994	北島 泰介	138-69・69	南摩城
1995	福永 和宏	140-68・72	南摩城

関西PGAフィランスロピー

1991	寺田 寿	139-69・70	センチュリー吉川
1992	杉山 直也	136-69・67	白竜湖
1993	大山 雄三	144-74・70	松山シーサイド
1994	白潟 英純	136-68・68	武生
1995	牧坂 考作	135-65・70	武生

カバヤオハヨーカップ

1996	加藤 仁	134-68・66	カバヤ
	佐藤 信人	138-67・71	伊勢中川
1997	川原 実	145-75・70	富嶽

●きみさらずGL・GMAチャレンジ
鳩山カントリークラブ・GMAチャレンジ

| 2010 | ※小平 智 | 131-64・67 | 鳩山 |

きみさらずGL・GMAチャレンジ

| 2011 | 近藤 孝宣 | 140-73・67 | きみさらず |
| 2012 | 出水田大二郎 | 135-68・67 | きみさらず |

※はアマチュア

●キャスコカップ

2001	大山 健	136-70・66	森永高滝
2002	原口日出樹	138-66・72	森永高滝
2003	サマヌーン・スリロット	133-67・66	森永高滝

●グッジョブチャレンジ supported by 丸山茂樹ジュニアファンデーション

| 2015 | 森本 雄 | 133-65・68 | イーグルポイント |

●小松カントリーカップ

| 1997 | リチャード・バックウェル | 135-68・67 | 小松 |

●ザ・ロイヤルゴルフクラブチャレンジ

| 2017 | 大槻 智春 | 210-70・71・69 | ザ・ロイヤル |

●サンコー72オープン

1995	手嶋 多一	136-72・64	サンコー72
1996	岡野 雅之	136-69・67	サンコー72
1997	冨永 浩	136-68・68	サンコー72

●サンロイヤルGCカップ

| 2008 | 上平 栄道 | 130-65・65 | サンロイヤル |
| 2009 | 佐藤えいち | 133-66・67 | サンロイヤル |

●GDOチャレンジカップ

| 2005 | 谷 昭範 | 133-65・68 | 宍戸ヒルズ |
| 2006 | 上田 成人 | 133-68・65 | 静ヒルズ |

●JGTO iiyamaチャレンジ
iiyamaチャレンジ

| 2000 | Ⅰ北島 泰介 | 137-73・64 | GCツインフィールズ |
| | Ⅱ大山 健 | 136-70・66 | 三田C27 |

JGTO iiyamaチャレンジ

AbemaTVツアー

2001　ⅠS・K・ホ　135-68・67　……ワイルドダック
　　　ⅡS・K・ホ　134-66・68　……GCツインフィールズ
2002　Ⅰ池内　信治　135-66・69　………サンヒルズ
　　　Ⅱ増田　伸洋　133-67・66　………………六石

●静ヒルズトミーカップ
BMWチャレンジカップ
2007　鈴木　一徳　203-67・67・69………静ヒルズ
静ヒルズトミーカップ
2008　内藤寛太郎　199-66・68・65………静ヒルズ
2009　クリス・キャンベル　205-71・70・64………静ヒルズ
2010　すし　石垣　203-67・69・67………静ヒルズ
2011　秋本　晃一　201-66・66・69………静ヒルズ
2012　秋本　晃一　202-73・64・65………静ヒルズ

●信和ゴルフクラシック
1999　高橋　竜彦　138-69・69……ゴールデンバレー
2000　高崎　龍雄　138-70・68　………信楽・杉山
2001　飯島　博明　137-68・69………………瑞陵

●スポーツ振興オープン
1987　甲斐　俊光　142-74・68………泉佐野
1988　礒崎　功　140-72・68………泉佐野
1989　津田　徹哉　142-71・71………泉佐野
1990　中川　敏明　141-75・66………泉佐野
1991　初見　充宣　142-68・74………泉佐野
1992　合田　洋　137-71・66………播磨
1993　ウェイン・スミス　137-67・70………スポーツ振興津山

●SRIXON／Cleveland Golf チャレンジ
SRIXONチャレンジ
2006　小野　貴樹　138-69・69…太平洋アソシエイツ益子
2007　杉原　敏一　133-69・64………南山
2008　野仲　茂　137-70・67…有馬ロイヤル・ロイヤル
2009　森田　徹　133-68・65………九州・八幡
2010　前粟蔵俊太　131-65・66………東蔵王
SRIXON／Cleveland Golfチャレンジ
2011　萩森　英道　139-69・70………オークウッド

●セガサミーチャレンジ
2005　髙橋　朋載　133-70・63………霞ヶ浦
2006　溝渕　洋介　132-65・67………霞ヶ浦
2007　水巻　善典　131-68・63…セゴビアGCイン・チヨダ

●セブン・ドリーマーズ・チャレンジ in 米原GC
Seven dreamers challenge in Yonehara GC
2014　稲森　佑貴　132-66・66………米原
2015　秋吉　翔太　68-68………米原
セブン・ドリーマーズ・チャレンジ in 米原GC
2016　丸山　大輔　192-66・62・64………米原

●大山GC・JGTOチャレンジⅡ
PGA・JGTOチャレンジⅡ
2005　崔　正圭　135-68・67　………千成GC
2006　ドンファン　132-63・69　………千成GC
猿島JGTOチャレンジⅡ
2007　冨山　聡　136-70・66　………猿島CC
望月東急JGTOチャレンジⅡ
2008　野仲　茂　133-67・66　………望月東急GC
2009　高山　準平　131-67・64　………望月東急GC
五浦庭園JGTOチャレンジⅡ
2010　小泉　洋人　64-64　………五浦庭園CC
東松苑GC・JGTOチャレンジⅡ
2011　弘井　太郎　129-63・66　………東松苑GC
東急那須リゾートJGTOチャレンジⅡ

2012　河野　祐輝　130-65・65　………那須国際CC
大山GC・JGTOチャレンジⅡ
2013　河村　雅之　133-66・67　………………大山GC

●ダイワカップ秋田オープン
1998　堤　隆志　65…………ノースハンプトン

●ダイワカップ高知オープン
1997　桧垣　豪　136-66・70………土佐
1998　杉山　直也　137-71・66……グリーンフィール

●ダイワカップ山梨オープン
1996　稲垣　太成　140-70・70…ダイワヴィンテージ
1997　佐野　修一　142-71・71…ダイワヴィンテージ
1998　新関　善美　138-70・68…ダイワヴィンテージ

●ツインフィールズカップ
1996　佐々木　133-67・66…ツインフィールズ
1997　藤田　寛之　137-72・65…ツインフィールズ
1998　堺谷　和将　133-68・65…ツインフィールズ

●デサントチャレンジカップ
1999　牧坂　考作　137-68・69……ツインフィールズ

●東京ドームカップ
後楽園カップ
1989　①中川　敏明　137-70・67　…TPC馬頭後楽園
　　　②エドアルド・エレラ　135-67・68　…TPC馬頭後楽園
1990　①佐藤　英之　139-70・69　…TPC馬頭後楽園
　　　②西川　哲　138-70・68　…札幌後楽園CC
　　　③新井　真一　139-69・70　…TPC馬頭後楽園
　　　④福沢　孝秋　140-68・72　…TPC馬頭後楽園
　　　⑤並木　弘道　139-66・73　…TPC馬頭後楽園
1991　①松川　武司　133-69・64　…TPC馬頭後楽園
　　　②古山　聡　140-68・72　…札幌後楽園
　　　③初見　充宣　136-68・68　…TPC馬頭後楽園
　　　④小林富士夫　135-66・69　…TPC馬頭後楽園
　　　⑤町野　治　137-69・68　…TPC馬頭後楽園
1992　①合田　洋　135-70・65　…TPC馬頭後楽園
　　　②佐々木久行　144-68・76　…札幌後楽園
　　　③野口裕樹夫　132-70・62　…TPC馬頭後楽園
　　　④桑原　克典　135-68・67　…TPC馬頭後楽園
　　　⑤野口裕樹夫　136-67・69　…TPC馬頭後楽園
1993　①磯村　芳幸　138-72・66　…TPC馬頭後楽園
　　　②服部　純　141-70・71　…札幌後楽園
　　　③福永　和宏　138-69・69　…TPC馬頭後楽園
　　　④林　陳漢　141-70・71　…城島後楽園
　　　⑤深堀圭一郎　136-68・68　…TPC馬頭後楽園
1994　①細川　和彦　135-72・63　…TPC馬頭後楽園
　　　②中山　徹　136-69・67　…札幌後楽園
　　　③坂本　義一　138-72・65　…TPC馬頭後楽園
　　　④中山　徹　138-71・67　…城島後楽園
　　　⑤文山　義夫　138-68・70　…TPC馬頭後楽園
1995　①佐藤　剛平　138-66・72　…TPC馬頭後楽園
　　　②田中　秀道　67-67　…札幌後楽園
　　　③齋藤　義勝　138-67・66　…TPC馬頭後楽園
　　　④手嶋　多一　133-67・66　…城島後楽園
　　　⑤片山　晋呉　137-73・64　…TPC馬頭後楽園
1996　①佐藤　英之　132-64・68　…TPC馬頭後楽園
　　　②宝力　寿教　139-69・70　…札幌後楽園
　　　③小川　聡　132-67・65　…TPC馬頭後楽園
　　　④加藤　仁　143-73・70　…TPC水戸後楽園
1997　①山本　昭一　139-69・70　…TPC水戸後楽園
　　　②齋藤　義勝　137-70・67　…札幌後楽園
　　　③野口裕樹夫　138-69・69　…札幌後楽園

④羽野　隆則　132-64・68　…TPC馬頭後楽園
1998 ①柳沢　伸祐　67-67　………TPC水戸後楽園
②原口　鉄也　136-69・67　……札幌後楽園
③冨田　正行　68-68　………城島後楽園
④佐藤　剛平　134-69・65　…TPC馬頭後楽園
1999 ①井上　雅之　137-69・68　…TPC水戸後楽園
②菅谷　拓　139-70・69　……札幌後楽園
③清水　洋一　132-68・64　……城島後楽園
④赤澤　全彦　134-66・68　…TPC馬頭後楽園
2000 ①立山　光広　138-69・69　……城島後楽園
②田中　一　135-67・68　…TPC馬頭後楽園
③上田　諭尉　138-70・68　…TPC市原後楽園
2001 ①真野　佳晃　132-65・67　……城島後楽園
②S・K・ホ　67-67　………札幌後楽園
③グレゴリー・マイヤー　132-64・68　…TPC市原後楽園
2002 ①市原　建彦　138-72・66　……城島後楽園
②ポール・シーハン　132-66・66　…TPC市原後楽園
③立山　光広　133-70・63　…TPC馬頭後楽園
東京ドームカップ
2003 ①福永　和宏　134-66・68　…TPC馬頭後楽園
②前田　雄大　135-66・69　…TPC市原後楽園
③髙橋　朋載　130-63・67　…TPC馬頭後楽園
2004 佐藤　剛平　65-65　………馬頭後楽園
2005 谷　昭範　132-64・68　………馬頭後楽園
2006 上平　栄道　131-64・67　………馬頭後楽園

●東北やくらいカップ
2010 ディネッシュ・チャンド　133-68・65　……やくらい

●西野カップオープン
関東国際オープン
1985 杉田　勇　134-68・66　………関東国際
1986 野村　浄　137-67・70　………関東国際
1987 川上　実　137-66・71　………関東国際
1988 金子　柱憲　139-72・67　………関東国際
1989 佐藤　剛平　137-70・69　………関東国際
1990 西川　哲　134-65・69　………関東国際
1991 佐々木久行　138-68・70　………関東国際
1992 佐々木久行　137-67・70　………関東国際
1993 林　陳漢　133-66・67　………関東国際
1994 三嶽　公治　136-67・69　………関東国際
1995 倉本　泰信　140-69・71　………関東国際
西野カップインセントラル
1996 渡部　光洋　138-69・69　……セントラル・西
1997 小達　敏昭　137-67・70………セントラル・東
西野カップオープン
1998 乗竹　正和　141-74・67………セントラル・西
1999 石垣　聡志　142-69・73………セントラル・東
2000 野上　浩壱　137-68・69………セントラル・東

●PAR72チャンレジカップ
2006 佐藤えいち　66-66　………西那須野
2007 松村　道央　202-65・68・69…ファイブエイト

●PGA・JGTOチャレンジカップ in 房総
PGA・JGTOチャレンジカップ I in 小野東洋
2012 佐藤えいち　134-66・68　………小野東洋
PGA・JGTOチャレンジカップ in 房総
2013 伊藤　誠道　201-68・68・65…房総・房総・東
2014 津曲　泰弦　200-66・68・66…房総・房総・東
2015 金子　敬一　198-65・68・65…房総・房総・東

●PGA・JGTOチャレンジカップⅡin 房総
2012 小平　智　131-64・67…房総・房総・東

●PGMシリーズ
2004①若木チャレンジ
堀之内　豊　136-65・71　………若木
②ライオンズチャレンジ by JGTO
相澤　敏弘　131-64・67　………ライオンズ
③セゴビアチャレンジ
尾崎　智勇　134-67・67…セゴビアGCインチヨダ
④松島チサンチャレンジ by JGTO
清田太一郎　130-68・62　……松島チサン
⑤大日向チャレンジ
梶川　武志　134-70・64　………大日向
2005①ワールドチャレンジ
梶川　武志　130-68・62　………ワールド
②かさぎチャレンジ by JGTO
井手口正一　130-64・66　………かさぎ
③大宝塚チャレンジ
ヤング・ナン　135-69・66　………大宝塚
④阿見チャレンジ by JGTO
清水一浩　134-69・65　………阿見
⑤松島チサンチャレンジ
梶川　武志　134-67・67　………松島チサン
2006①CCザ・レイクスチャレンジ
山崎　慎一　134-68・66　…CCザ・レイクス
②若木チャレンジ by GMA
菅谷　拓　135-67・68　………若木
③サンパーク札幌チャレンジ
松本　成太　128-65・63　…サンパーク札幌
④大日向チャレンジby GMA
中田慶史郎　132-67・65　………大日向
⑤かさぎチャレンジ
中田慶史郎　135-68・67　………かさぎ

●久光製薬KBCチャレンジ
2000 小林　正則　139-71・68　……ミッションバレー

●ひまわりドラゴンCUP
ドラゴンカップ
2013 鈴木　亨　130-69・61　………千葉夷隅
ひまわりドラゴンCUP
2014 鈴木　亨　131-63・68　………千葉夷隅
2015 枛本　晃一　66-66　………千葉夷隅
2016 川上　優大　132-68・64　………千葉夷隅

●FIDRA Classic
2016 上井　邦裕　133-68・65　………嵐山

●富士カントリー可児クラブチャレンジカップ
2010 ディネッシュ・チャンド　136-68・68…富士・可児・可児・志野
2011 白潟　英純　136-68・68…富士・可児・可児・志野
2012 太田　直己　136-67・69…富士・可児・可児・志野
2013 近藤　龍一　137-68・69…富士・可児・可児・志野
2014 鈴木　亨　135-70・65…富士・可児・可児・志野

●富士ホームサービスチャレンジカップ
2015 大堀裕次郎　129-65・64…富士スタジアム・南
2016 塚田　好宣　138-66・72…富士スタジアム・南

●PRGR CUP
1998 佐藤　剛平　134-68・66　……ロイヤルメドウ
1999 (東)リチャード・テイト　138-71・67　……ロイヤルメドウ
(西)小林　正明　138-69・69　………三田C27
2000 (東)服部直樹　134-66・68　……ロイヤルメドウ
(西)小林正則　135-71・64　………日野
2001 (中)矢野　東　67-67　………六石
(西)中村直俊　135-68・67………太平洋・六甲

	（東）矢野　東	136-68・68	……………西那須野
2002	（東）山添昌良	146-73・73	…ワイルドダック
	（西）谷原秀人	133-67・66	……旭国際東條
2003	（東）金　亨泰	136-64・72	…ワイルドダック
	（西）山添昌良	135-68・67	……北六甲・東
2004	（東）鳴川伊三男	136-68・68	…ワイルドダック
	（西）牛山正則	140-69・71	……北六甲・東
2005	（東）富田雅哉	135-65・70	…ワイルドダック
	（西）井手口正一	131-68・63	……北六甲・東
2006	重原　啓利	208-69・70・69	…ザ・CCグレンモア
2007	太田　直己	208-72・68・68	…オークビレッヂ
2008	額賀　辰徳	209-70・72・67	…オークビレッヂ

●PRGR Novil CUP FINAL
PRGR CUP FINAL

| 2007 | 松村　道央 | 274-69・70・68・67 | …GC成田ハイツリー |
| 2008 | 飯島　博明 | 278-68・71・69・70 | …GC成田ハイツリー |

PRGR Novil CUP FINAL

| 2009 | 呂　　偉智 | 264-67・68・66・63 | …サニーフィールド |

●HEIWA・PGM Challenge Ⅲ
| 2013 | 桑原　克典 | 137-71・66 | …スプリングフィルズ |

●房総カントリーカップ
2009	久保　勝美	138-69・69	……房総CC房総・東
2010	中山　正芳	139-69・70	……房総CC房総・東
2011	小泉　洋人	132-67・65	……房総CC房総・東

●マダムシンコチャレンジ
| 2014 | ピーター・ウィルソン | 138-71・67 | ……………小野東洋 |

●松ヶ峯オープン
1995	倉本　泰信	137-69・68	……………松ヶ峯
1996	佐藤　信人	136-66・70	……………松ヶ峯
1997	山本　昭一	141-68・73	……………松ヶ峯
1998	北島　泰介	139-69・70	……………松ヶ峯

●水戸グリーンオープン
1985	丸山　智弘	66	……………水戸グリーン
1986	友利　勝良	134-68・66	………水戸グリーン
1987	合田　　洋	133-64・69	………水戸グリーン
1988	青木　基正	131-67・64	………水戸グリーン
1989	太田　慶治	135-69・66	………水戸グリーン
1990	時任　宏治	135-66・69	………水戸グリーン
1991	松永　一成	134-68・66	………水戸グリーン
1992	中村　　基	139-68・71	………水戸グリーン
1993※	片山　晋呉	137-68・69	………水戸グリーン
1994	伊藤　正己	139-69・70	………水戸グリーン
1995	田中　秀道	136-66・70	………水戸グリーン
1996	芹沢　大介	140-70・70	………水戸グリーン
1997	藤田　寛之	141-70・71	………水戸グリーン

※はアマチュア

●ミュゼプラチナムチャレンジ
| 2015 | 浅地　洋佑 | 133-66・67 | ………………矢吹 |

●紫CCすみれ・GMAチャレンジ
| 2012 | 貞方　章男 | 136-68・68 | …………紫・すみれ |

●ワールドウッドゴルフクラブカップ
| 1997 | 増田　都彦 | 129-66・63 | ……鳳来イーストヒル |

2019ファイナルクォリファイングトーナメント　Supported by SMBCモビット

開催期日　2019年12月5日〜10日
競技会場　セントラルGC東C・西C
東C：7,096Y　パー72
西C：7,165Y　パー72

出場人数　198名
賞金総額　5,000,000円
特別賞金総額 5,200,000円
天　　候　晴・曇・雨・晴・曇・曇

　8月のファーストQT、9月〜10月のセカンドQT、10月〜11月のサードQTを経て、12月5日より6日間でファイナルQTが行われた。
　予選ラウンド4日間は198人が出場。茨城県のセントラルGCの東コースと西コースを毎日交互にプレーし、趙珉珪が通算28アンダーの260で、2位の朴銀信に9打の大差をつけてトップ通過。西コースを使用した2日間36ホールの決勝ラウンドには、通算3アンダーの90位タイまでの106人が進出した。

　趙珉珪、朴銀信とも第5Rを65で回り、9打差は変わらず。最終Rで、趙珉珪が前半2つのボギーなどでテンポを崩し、16番で朴銀信が1打差まで詰め寄る展開。しかし最終18番のバーディで趙珉珪が朴をふり切り、通算35アンダー397ストロークでファイナルQT最少スコアの記録を更新して優勝。2020年ツアーの1年間の出場権を獲得した。SMBCモビットより、1位〜20位の選手に総額520万円の特別賞金が贈られた。

【優勝】 趙　珉珪　397　65・67・66・62・65・72　2,000,000円（特別賞金1,000,000円含む）

順位	氏　名	トータルスコア	1R	2R	3R	4R	5R	6R	賞金額（円）	
2	朴　　銀信	400	65	66	72	66	65	66	1,100,000	（特別賞金500,000円含む）
3	パヌポール・ピッタヤラット	408	69	66	70	71	65	67	700,000	（特別賞金300,001円含む）
4	小西　貴紀	409	71	66	71	67	66	68	500,000	（特別賞金200,000円含む）
5	ジェイ・チョイ	411	63	72	72	70	66	68	310,000	（特別賞金200,000円含む）
6	I・H・ホ	411	69	72	69	66	71	64	310,000	（特別賞金200,000円含む）
7	植竹　勇太	411	72	66	69	68	67	69	310,000	（特別賞金200,000円含む）
8	坂本　雄介	411	65	68	71	66	71	70	310,000	（特別賞金200,000円含む）
9	ブロム・ミーサワット	412	69	68	71	65	68	71	250,000	（特別賞金200,000円含む）
10	安本　大祐	413	69	71	72	67	62	69	233,333	（特別賞金200,000円含む）
11	関藤　直熙	413	66	69	70	72	67	69	233,333	（特別賞金200,000円含む）
12	森本　雄	413	67	71	69	69	69	68	233,333	（特別賞金200,000円含む）
13	高柳　直人	414	69	70	71	71	67	66	230,000	（特別賞金200,000円含む）
14	ティティブン・チュアヤプラコン	414	68	73	71	68	67	67	230,000	（特別賞金200,000円含む）
15	和田章太郎	414	74	69	66	69	68	68	230,000	（特別賞金200,000円含む）
16	文　道燁	414	67	64	72	73	70	68	230,000	（特別賞金200,000円含む）
17	河野　祐輝	414	70	66	69	70	69	70	230,000	（特別賞金200,000円含む）
18	小斉平優和	415	71	67	73	69	67	68	230,000	（特別賞金200,000円含む）
19	上井　邦裕	416	69	70	71	72	66	68	226,666	（特別賞金200,000円含む）
20	大岩　龍一	416	70	66	71	72	68	69	226,666	（特別賞金200,000円含む）
21	内藤寛太郎	416	68	70	71	69	70	68	26,666	
22	福永　安伸	416	75	68	68	67	68	70	26,666	
23	竹安　俊也	416	71	66	73	68	71	67	26,666	
24	竹内　廉	416	69	69	68	71	68	71	26,666	
25	石坂　友宏	417	70	71	70	72	69	65	25,000	
26	ブレーク・スナイダー	417	70	67	69	72	70	69	25,000	
27	池上憲士郎	417	67	68	70	71	72	69	25,000	
28	すし　石垣	417	70	65	70	71	71	70	25,000	
29	海老根文博	418	72	72	72	65	67	70	25,000	
30	アンドルー・エバンス	418	72	68	70	70	69	69	25,000	
31	エリック・チャン	418	65	70	70	74	72	67	25,000	
32	マシ・ミラーニ	418	67	74	69	68	72	68	25,000	
33	カライ・リー	419	69	71	73	71	69	66	25,000	
34	ガブリエレ・デバルバ	419	72	68	73	68	71	67	25,000	
35	洪　健堯	419	67	71	69	72	70	70	25,000	

順位	氏名	トータルスコア	1R	2R	3R	4R	5R	6R	賞金額(円)
36	長谷川祥平	420	70	72	73	70	66	69	25,000
37	幡地 隆寛	420	73	69	72	67	71	68	25,000
38	權 五相	420	68	71	70	71	70	70	25,000
39	金 飛鳥	420	71	68	72	69	67	73	25,000
40	金 燦祐	420	66	72	71	70	72	69	25,000
41	北村 晃一	420	68	71	70	69	71	71	25,000
42	松本 将汰	420	68	66	72	72	71	71	25,000
43	蛭川 隆	420	68	68	72	70	69	73	25,000
44	飯島 宏明	420	70	71	67	69	72	71	25,000
45	岩井 亮磨	421	68	70	71	75	68	69	25,000
46	片岡 尚之	421	65	71	77	71	67	70	25,000
47	S・J・パク	421	72	69	71	71	69	69	25,000
48	ブライアン・ジョン	421	70	73	71	68	72	67	25,000
49	片岡 大育	421	71	72	71	67	73	67	25,000
50	金 永雄	421	73	66	73	69	73	67	25,000
51	ミゲル・カルバリョ	421	69	70	71	71	71	69	25,000
52	アダム・バーデット	421	70	67	74	70	70	70	25,000
53	村山 駿	421	71	67	70	71	69	73	25,000
54	西山 大広	421	67	72	75	64	73	70	25,000
55	永松 宏之	421	68	72	70	68	70	73	25,000
56	小野田享也	422	71	70	76	67	68	70	25,000
57	太田 直己	422	69	72	67	73	74	67	25,000
58	大田和桂介	422	72	69	70	70	72	69	25,000
59	古川 雄大	422	65	69	73	73	68	74	25,000
60	三重野里斗	422	65	71	75	68	71	72	25,000
61	石田鈴千代	423	75	70	70	70	68	70	25,000
62	成冨 晃広	423	66	77	72	70	67	71	25,000
63	新木 豊	423	70	69	74	72	66	72	25,000
64	尾方 友彦	423	69	73	70	71	73	67	25,000
65	スティーブン・ジェフレス	423	71	70	74	68	71	69	25,000
66	長澤 奨	423	69	73	72	69	70	70	25,000
67	蛯名 大和	423	72	74	71	66	69	71	25,000
68	イティパット・ブラナタンヤラット	423	72	68	72	71	69	71	25,000
69	高橋 賢	423	72	70	73	67	73	68	25,000
70	石崎 真央	423	72	75	65	69	73	69	25,000
71	藤井 伸一	423	70	73	68	69	71	72	25,000
72	ジーワン・チュー	423	70	71	71	67	73	71	25,000
73	比嘉 拓也	423	70	71	68	70	73	71	25,000
74	パチャラ・コンワットマイ	423	73	67	69	64	77	73	25,000
75	竹内 優騎	424	72	72	71	70	72	67	25,000
76	詹 世昌	424	70	72	72	71	68	71	25,000
77	久保田皓也	424	68	71	76	68	71	70	25,000
78	アジーテシュ・サンドゥ	424	73	68	75	67	70	71	25,000
79	趙 炳旻	425	69	71	71	73	72	69	25,000
80	尹 晟豪	425	68	70	70	75	73	69	25,000
81	芳賀 洋平	425	69	72	70	72	72	70	25,000
82	永澤 翔	425	70	72	72	69	71	71	25,000
83	山下 和宏	425	70	69	71	73	70	72	25,000
84	黒﨑 蓮	426	71	72	73	69	71	70	25,000
85	藤島 征次	426	70	73	69	73	70	71	25,000
86	黄 載民	426	68	76	75	65	70	72	25,000
87	ハン・リー	426	71	68	75	68	71	73	25,000
88	アーノンド・ウォンワニ	426	70	66	76	70	71	73	25,000
89	松村 大輝	426	71	69	72	68	74	72	25,000
90	岡島 功史	427	71	73	69	72	71	71	25,000
91	山田 大晟	427	68	71	75	71	71	71	25,000
92	ダッジ・ケマー	427	73	70	73	69	69	73	25,000
93	小木曽 喬	427	67	72	74	71	75	68	25,000

その他成績

順位	氏 名	トータルスコア	1R	2R	3R	4R	5R	6R	賞金額（円）
94	黒木 紀至	428	70	72	72	71	75	68	25,000
95	阿部 裕樹	428	72	74	72	67	71	72	25,000
96	小袋 秀人	428	70	70	69	70	73	76	25,000
97	吉村 明恭	429	72	72	68	73	71	73	25,000
98	近藤 啓介	429	74	69	67	75	71	73	25,000
99	大塚 智之	429	70	70	71	72	74	72	25,000
100	李 有鎬	429	71	71	70	71	73	73	25,000
101	I・J・ジャン	430	70	70	71	73	74	72	25,000
102	半田 匠佳	430	69	71	74	69	71	76	25,000
103	荒井 雅彦	430	74	71	69	66	74	76	25,000
104	李 圭玟	432	75	72	69	69	73	74	25,000
105	伊藤 慎吾	434	73	71	69	72	72	77	25,000
106	小池 一平	434	72	70	75	65	74	78	25,000

【同スコアの場合の順位決定方法】
・第5R、第6Rの合計スコア→第6R→第5R→第4Rと第3Rの合計→第2Rと第1Rの合計→第6Rの18番からのカウントバックにより順位を決定する。

順位	氏 名	トータルスコア	1R	2R	3R	4R	5R
107	中道 洋平	286	69	73	71	73	
	鈴木 豪	286	68	75	71	72	
	松村 道央	286	69	70	73	74	
	上平 栄道	286	70	72	73	71	
	李 韓求	286	77	70	69	70	
	勝俣 陵	286	71	71	75	69	
	金 亨成	286	76	68	72	70	
	中里光之介	286	75	70	68	73	
	村上 由眞	286	75	68	70	73	
	山路 幹	286	70	76	70	70	
	杉浦 斎	286	74	68	67	77	
	久保谷健一	286	72	73	72	69	
	平塚 哲二	286	72	71	75	68	
120	テリー・ビルカダリス	287	71	70	74	72	
	小林 伸太郎	287	74	71	69	73	
	尾崎 慶輔	287	74	70	72	71	
	河井 博大	287	71	70	74	72	
	杉下 圭史	287	69	73	74	71	
	サドム・ケーオカンジャナ	287	71	72	74	70	
	パクペジョン	287	71	70	69	77	
	ダニー・チア	287	72	73	72	70	
	松本 晃一	287	72	71	75	69	
	鍋谷 太一	287	73	71	74	69	
	大谷 俊介	287	72	73	75	67	
131	洪 淳祥	288	76	68	71	73	
	櫛山 勝弘	288	73	70	71	74	
	@出利葉太一郎	288	70	75	70	73	
	ケビン・フィーラン	288	72	72	73	71	
	ナティポン・スリトン	288	74	72	70	72	
	河 尊永	288	70	74	74	70	
	勝亦 悠斗	288	72	70	78	68	
	須藤 啓太	288	70	79	71	68	
139	福岡 大河	289	65	71	77	76	
	@細野 勇策	289	70	75	71	73	
	ラタノン・ワナスリチャン	289	71	74	73	71	
	ピーター・ウィルソン	289	69	78	70	72	
	滝 雅志	289	70	72	77	70	

順位	氏 名	トータルスコア	1R	2R	3R	4R	5R
	チンナラト・ファダンシル	289	72	73	75	69	
145	ルーク・ブラウン	290	71	75	70	74	
	吉田 隼人	290	72	71	71	76	
	マーカス・フレーザー	290	76	70	71	73	
	西村 匡史	290	71	68	79	72	
	吉永 智一	290	70	71	78	71	
	河瀬 賢史	290	73	74	72	71	
	平井 俊光	290	74	71	73	72	
152	佐藤 太地	291	70	73	74	74	
	内藤 裕之	291	75	71	71	74	
	嘉数 光倫	291	72	71	75	73	
	長谷川大晃	291	70	73	74	74	
	石原 航輝	291	72	74	73	72	
	ニティトン・ティボン	291	74	71	75	71	
	太田 祐一	291	71	68	82	70	
	亀代 順哉	291	74	72	75	70	
	松田 一将	291	70	73	78	70	
161	伊藤 元気	292	71	70	74	77	
	堺谷 和将	292	71	71	76	74	
	新田あきひろ	292	76	73	71	72	
	中井 賢人	292	73	71	75	73	
	鈴木 敬太	292	73	72	76	71	
	竹内 大	292	73	72	78	69	
167	姜 兌泳	293	73	72	76	72	
	デービッド・スメイル	293	75	73	74	71	
	ブラヤセン・マークセン	293	73	71	79	70	
	谷 昭範	293	72	72	80	69	
	肖 博文	293	70	77	76	70	
	岡田 絃希	293	74	76	74	69	
173	杉山佐智雄	294	76	70	72	76	
	内田 勝也	294	68	76	75	75	
	西原 健太	294	73	75	75	71	
	金 兵俊	294	76	74	75	69	
	中込 憲	294	74	72	77	71	
178	増田 将光	295	77	71	71	76	
	渡邊 賢人	295	78	70	74	73	
	西村 一輝	295	76	74	73	72	

順位	氏　　　名	トータルスコア	1R	2R	3R	4R	5R
	三木　龍馬	295	78	71	74	72	
	前田　聖人	295	73	76	74	72	
183	朴　一丸	296	75	71	76	74	
	星野　英正	296	75	75	73	73	
	猿田　勝大	296	71	76	76	73	
	前川　太治	296	76	69	79	72	
	友次　啓晴	296	79	71	76	70	
188	菊田　奨	297	73	70	76	78	
	高松　瑠偉	297	75	74	74	74	
	川満　歩	297	73	81	75	68	

順位	氏　　　名	トータルスコア	1R	2R	3R	4R	5R
191	曽　子軒	300	74	75	77	74	
	カシディット・レブグルテ	300	75	74	78	73	
193	松原　裕人	301	78	73	75	75	
	大堀裕次郎	301	74	75	80	72	
195	橋本健太ユージーン	302	76	76	77	73	
	近藤　智弘		72	72	73	棄	
	大城　康孝		71	73	80	棄	
	マイカ・ローレン・シン		75	76	棄		

ⓐはアマチュア

【歴代1位通過者】						
年	1位通過者	スコア	ファイナルQT出場人数	ファイナルQT通過人数	QT出場人数	コース
1999	水巻善典	416	240	103	1,422	UMK CC
2000	近藤智弘	412	204	94	1,899	UMK CC・青島GC
2001	国吉博一	412	204	93	2,131	UMK CC・青島GC
2002	谷原秀人	424	214	92	2,127	Kochi黒潮CC
2003	Y・E・ヤン	423	216	91	2,104	Kochi黒潮CC
2004	前田雄大	419	208	100	2,054	Kochi黒潮CC
2005	F・ミノザ	416	210	112	2,164	グランドチャンピオンGCくまもと中央CC
2006	岩崎幸司	411	201	103	2,643	セントラルGC
2007	D・チャンド	414	196	94	2,617	セントラルGC
2008	秋葉真一	410	194	91	1,785	セントラルGC
2009	K・バーンズ	416	191	96	1,662	セントラルGC
2010	桑原克典	408	184	105	1,574	セントラルGC
2011	李　京勲	417	208	99	1,568	COCOPA RESORT CLUB白山ヴィレッジGC
2012	李　尚熹	411	222	105	1,632	COCOPA RESORT CLUB白山ヴィレッジGC
2013	重永亜斗夢	415	202	94	1,658	COCOPA RESORT CLUB白山ヴィレッジGC
2014	C・キム	410	196	97	1,558	COCOPA RESORT CLUB白山ヴィレッジGC
2015	S・ハン	408	178	98	1,470	COCOPA RESORT CLUB白山ヴィレッジGC
2016	星野陸也	401	198	97	1,467	COCOPA RESORT CLUB白山ヴィレッジGC
2017	Y・E・ヤン	409	202	90	1,412	セントラルGC
2018	R・ジョン	403	191	93	1,307	セントラルGC
2019	趙　珉珪	397	198	106	1,299	セントラルGC

※2008年以降、QT出場人数は同一通過者を除く

その他成績

Hitachi 3Tours Championship 2019

開催期日　2019年12月15日　　　出場人数　各チーム6名
競技会場　グリッサンドGC　　　天候　曇
賞金総額　57,000,000円

【優勝】 LPGAチーム　12ポイント

★ファーストステージ　ベストボール方式のダブルス戦

チーム	第1組	スコア	ポイント	第2組	スコア	ポイント	第3組	スコア	ポイント	合計
JGTO	石川　遼 C・キム	−5	1	黄　　重坤 朴　　相賢	−7	2	今平　周吾 堀川未来夢	−4	0	3
PGA	P・マークセン T・ウィラチャン	−5	1	秋葉　真一 倉本　昌弘	−5	0	G・マイヤー 谷口　徹	−6	1.5	2.5
LPGA	申　　ジエ 穴井　詩	−5	1	上田　桃子 小祝さくら	−6	1	鈴木　愛 渋野日向子	−6	1.5	3.5

★セカンドステージ　オルタネート方式のダブルス戦

チーム	第1組	スコア	ポイント	第2組	スコア	ポイント	第3組	スコア	ポイント	合計
JGTO	黄　　重坤 朴　　相賢	−1	1	C・キム 堀川未来夢	−2	2	今平　周吾 石川　遼	−3	1	4
PGA	P・マークセン T・ウィラチャン	−2	2	秋葉　真一 G・マイヤー	＋1	1	谷口　徹 倉本　昌弘	−4	2.5	5.5
LPGA	申　　ジエ 穴井　詩	−3	3	上田　桃子 小祝さくら	−4	3	鈴木　愛 渋野日向子	−4	2.5	8.5

1stステージは各組合計3ポイント（1位2ポイント、2位1ポイント、3位0ポイント）、2ndステージは各組合計6ポイント（1位3ポイント、2位2ポイント、3位1ポイント）を各チーム3組に分かれ争います（同スコアの場合はポイントが配分されます）。

各組ステージ終了時のスコアによってポイントが加算され、1stステージ、2nd ステージで各チームの獲得した合計ポイントにより最終順位が決定します。

賞金総額は5,700万円（優勝チーム3,000万円　2位1,500万円　3位1,200万円）。

1位 LPGA 12ポイント　2位 PGAチーム 8ポイント　3位 JGTOチーム 7ポイント

海外の記録

マスターズ歴代優勝者

年	氏　名	ストローク	年	氏　名	ストローク
1934	Horton Smith	284 – 70 – 72 – 70 – 72	1978	Gary Player	277 – 72 – 72 – 69 – 64
1935	Gene Sarazen	282 – 68 – 71 – 73 – 70	1979	Fuzzy Zoeller	280 – 70 – 71 – 69 – 70
1936	Horton Smith	285 – 74 – 71 – 68 – 72	1980	Seve Ballesteros	275 – 66 – 69 – 68 – 72
1937	Byron Nelson	283 – 66 – 72 – 75 – 70	1981	Tom Watson	280 – 71 – 68 – 70 – 71
1938	Henry Picard	285 – 71 – 72 – 72 – 70	1982	Craig Stadler	284 – 75 – 69 – 67 – 73
1939	Ralph Guldahl	279 – 72 – 68 – 70 – 69	1983	Seve Ballesteros	280 – 68 – 70 – 73 – 69
1940	Jimmy Demaret	280 – 67 – 72 – 70 – 71	1984	Ben Crenshaw	277 – 67 – 72 – 70 – 68
1941	Craig Wood	280 – 66 – 71 – 71 – 72	1985	Bernhard Langer	282 – 72 – 74 – 68 – 68
1942	Byron Nelson	280 – 68 – 67 – 72 – 73	1986	Jack Nicklaus	279 – 74 – 71 – 69 – 65
1943–1945	第二次大戦で中止		1987	Larry Mize	285 – 70 – 72 – 72 – 71
1946	Herman Keiser	282 – 69 – 68 – 71 – 74	1988	Sandy Lyle	281 – 71 – 67 – 72 – 71
1947	Jimmy Demaret	281 – 69 – 71 – 70 – 71	1989	Nick Faldo	283 – 68 – 73 – 77 – 65
1948	Claude Harmon	279 – 70 – 70 – 69 – 70	1990	Nick Faldo	278 – 71 – 72 – 66 – 69
1949	Sam Snead	282 – 73 – 75 – 67 – 67	1991	Ian Woosnam	277 – 72 – 66 – 67 – 72
1950	Jimmy Demaret	283 – 70 – 72 – 72 – 69	1992	Fred Couples	275 – 69 – 67 – 69 – 70
1951	Ben Hogan	280 – 70 – 72 – 70 – 68	1993	Bernhard Langer	277 – 68 – 70 – 69 – 70
1952	Sam Snead	286 – 70 – 67 – 77 – 72	1994	Jose Maria Olazabal	279 – 74 – 67 – 69 – 69
1953	Ben Hogan	274 – 70 – 69 – 66 – 69	1995	Ben Crenshaw	274 – 70 – 67 – 69 – 68
1954	Sam Snead	289 – 74 – 73 – 70 – 72	1996	Nick Faldo	276 – 69 – 67 – 73 – 67
1955	Cary Middlecoff	279 – 72 – 65 – 72 – 70	1997	Tiger Woods	270 – 70 – 66 – 65 – 69
1956	Jack Burke, Jr.	289 – 72 – 71 – 75 – 71	1998	Mark O'Meara	279 – 74 – 70 – 68 – 67
1957	Doug Ford	283 – 72 – 73 – 72 – 66	1999	Jose Maria Olazabal	280 – 70 – 66 – 73 – 71
1958	Arnold Palmer	284 – 70 – 73 – 68 – 73	2000	Vijay Singh	278 – 72 – 67 – 70 – 69
1959	Art Wall, Jr.	284 – 73 – 74 – 71 – 66	2001	Tiger Woods	272 – 70 – 66 – 68 – 68
1960	Arnold Palmer	282 – 67 – 73 – 72 – 70	2002	Tiger Woods	276 – 70 – 69 – 66 – 71
1961	Gary Player	280 – 69 – 68 – 69 – 74	2003	Mike Weir	281 – 70 – 68 – 75 – 68
1962	Arnold Palmer	280 – 70 – 66 – 69 – 75	2004	Phil Mickelson	279 – 72 – 69 – 69 – 69
1963	Jack Nicklaus	286 – 74 – 66 – 74 – 72	2005	Tiger Woods	276 – 74 – 66 – 65 – 71
1964	Arnold Palmer	276 – 69 – 68 – 69 – 70	2006	Phil Mickelson	281 – 70 – 72 – 70 – 69
1965	Jack Nicklaus	271 – 67 – 71 – 64 – 69	2007	Zach Johnson	289 – 71 – 73 – 76 – 69
1966	Jack Nicklaus	288 – 68 – 76 – 72 – 72	2008	Trevor Immelman	280 – 68 – 68 – 69 – 75
1967	Gay Brewer, Jr.	280 – 73 – 68 – 72 – 67	2009	Angel Cabrera	276 – 68 – 68 – 69 – 71
1968	Bob Goalby	277 – 70 – 70 – 71 – 66	2010	Phil Mickelson	272 – 67 – 71 – 67 – 67
1969	George Archer	281 – 67 – 73 – 69 – 72	2011	Charl Schwartzel	274 – 69 – 71 – 68 – 66
1970	Billy Casper	279 – 72 – 68 – 68 – 71	2012	Bubba Watson	278 – 69 – 71 – 70 – 68
1971	Charles Coody	279 – 66 – 73 – 70 – 70	2013	Adam Scott	279 – 69 – 72 – 69 – 69
1972	Jack Nicklaus	286 – 68 – 71 – 73 – 74	2014	Bubba Watson	280 – 69 – 68 – 74 – 69
1973	Tommy Aaron	283 – 68 – 73 – 74 – 68	2015	Jordan Spieth	270 – 64 – 66 – 70 – 70
1974	Gary Player	278 – 71 – 71 – 66 – 70	2016	Danny Willett	283 – 70 – 74 – 72 – 67
1975	Jack Nicklaus	276 – 68 – 67 – 73 – 68	2017	Sergio Garcia	279 – 71 – 69 – 70 – 69
1976	Ray Floyd	271 – 65 – 66 – 70 – 70	2018	Patrick Reed	273 – 69 – 66 – 67 – 71
1977	Tom Watson	276 – 70 – 69 – 70 – 67	2019	Tiger Woods	275 – 70 – 68 – 67 – 70

年	氏 名	ストローク	年	氏 名	ストローク
1895	Horace Rawlins	173 – 91 – 82	1960	Arnold Palmer	280 – 72 – 71 – 72 – 65
1896	James Foulis	152 – 78 – 74	1961	Gene Littler	281 – 73 – 68 – 72 – 68
1897	Joe Lloyd	162 – 83 – 79	1962	Jack Nicklaus	283 – 72 – 70 – 72 – 69
1898	Fred Herd	328 – 84 – 85 – 75 – 84	1963	Julius Boros	293 – 71 – 74 – 76 – 72
1899	Willie Smith	315 – 77 – 82 – 79 – 77	1964	Ken Venturi	278 – 72 – 70 – 66 – 70
1900	Harry Vardon	313 – 79 – 78 – 76 – 80	1965	Gary Player	282 – 70 – 70 – 71 – 71
1901	Willie Anderson	331 – 84 – 83 – 83 – 81	1966	Billy Casper	278 – 69 – 68 – 73 – 68
1902	Laurie Auchterlonie	307 – 78 – 78 – 74 – 77	1967	Jack Nicklaus	275 – 71 – 67 – 72 – 65
1903	Willie Anderson	307 – 149 – 76 – 82	1968	Lee Trevino	275 – 69 – 68 – 69 – 69
1904	Willie Anderson	303 – 75 – 78 – 78 – 72	1969	Orville Moody	281 – 71 – 70 – 68 – 72
1905	Willie Anderson	314 – 81 – 80 – 76 – 77	1970	Tony Jacklin	281 – 71 – 70 – 70 – 70
1906	Alex Smith	295 – 73 – 74 – 73 – 75	1971	Lee Trevino	280 – 70 – 72 – 69 – 69
1907	Alex Ross	302 – 76 – 74 – 76 – 76	1972	Jack Nicklaus	290 – 71 – 73 – 72 – 74
1908	Fred McLeod	322 – 82 – 82 – 81 – 77	1973	Johnny Miller	279 – 71 – 69 – 76 – 63
1909	George Sargent	290 – 75 – 72 – 72 – 71	1974	Hale Irwin	287 – 73 – 70 – 71 – 73
1910	Alex Smith	298 – 73 – 73 – 79 – 73	1975	Lou Graham	287 – 74 – 72 – 68 – 73
1911	John McDermott	307 – 81 – 72 – 75 – 79	1976	Jerry Pate	277 – 71 – 69 – 69 – 68
1912	John McDermott	294 – 74 – 75 – 74 – 71	1977	Hubert Green	278 – 69 – 67 – 72 – 70
1913	※Francis Ouimet	304 – 77 – 74 – 74 – 79	1978	Andy North	285 – 70 – 70 – 71 – 74
1914	Walter Hagen	290 – 68 – 74 – 75 – 73	1979	Hale Irwin	284 – 74 – 68 – 67 – 75
1915	※Jerome Travers	297 – 76 – 72 – 73 – 76	1980	Jack Nicklaus	272 – 63 – 71 – 70 – 68
1916	※Charles Evans, Jr.	286 – 70 – 69 – 74 – 73		（2位青木功）	(274 – 68 – 68 – 68 – 70)
1917–1918	第一次大戦で中止		1981	David Graham	273 – 68 – 68 – 70 – 67
1919	Walter Hagen	301 – 78 – 73 – 75 – 75	1982	Tom Watson	282 – 72 – 72 – 68 – 70
1920	Edward Ray	295 – 74 – 73 – 73 – 75	1983	Larry Nelson	280 – 75 – 73 – 65 – 67
1921	James M. Barnes	289 – 69 – 75 – 73 – 72	1984	Fuzzy Zoeller	276 – 71 – 66 – 69 – 70
1922	Gene Sarazen	288 – 72 – 73 – 75 – 68	1985	Andy North	279 – 70 – 65 – 70 – 74
1923	※Robert T. Jones, Jr.	296 – 71 – 73 – 76 – 76	1986	Raymond Floyd	279 – 75 – 68 – 70 – 66
1924	Cyril Walker	297 – 74 – 74 – 74 – 75	1987	Scott Simpson	277 – 71 – 68 – 70 – 68
1925	Willie MacFarlane	291 – 74 – 67 – 72 – 78	1988	Curtis Strange	278 – 70 – 67 – 69 – 72
1926	※Robert T. Jones, Jr.	293 – 70 – 79 – 71 – 73	1989	Curtis Strange	278 – 71 – 64 – 73 – 70
1927	Tommy Armour	301 – 78 – 71 – 76 – 76	1990	Hale Irwin	280 – 69 – 70 – 74 – 67
1928	Johnny Farrell	294 – 77 – 74 – 71 – 72	1991	Payne Stewart	282 – 67 – 70 – 73 – 72
1929	※Robert T. Jones, Jr.	294 – 69 – 75 – 71 – 79	1992	Tom Kite	285 – 71 – 72 – 70 – 72
1930	※Robert T. Jones, Jr.	287 – 71 – 73 – 68 – 75	1993	Lee Janzen	272 – 67 – 67 – 69 – 69
1931	Billy Burke	292 – 73 – 72 – 74 – 73	1994	Ernie Els	279 – 69 – 71 – 66 – 73
1932	Gene Sarazen	286 – 74 – 76 – 70 – 66	1995	Corey Pavin	280 – 72 – 69 – 71 – 68
1933	※Johnny Goodman	287 – 75 – 66 – 70 – 76	1996	Steve Jones	278 – 74 – 66 – 69 – 69
1934	Olin Dutra	293 – 76 – 74 – 71 – 72	1997	Ernie Els	276 – 71 – 67 – 69 – 69
1935	Sam Parks, Jr.	299 – 77 – 73 – 73 – 76	1998	Lee Janzen	280 – 73 – 66 – 73 – 68
1936	Tony Manero	282 – 73 – 69 – 73 – 67	1999	Payne Stewart	279 – 68 – 69 – 72 – 70
1937	Ralph Guldahl	281 – 71 – 69 – 72 – 69	2000	Tiger Woods	272 – 65 – 69 – 71 – 67
1938	Ralph Guldahl	284 – 74 – 70 – 71 – 69	2001	Retief Goosen	276 – 66 – 70 – 69 – 71
1939	Byron Nelson	284 – 72 – 73 – 71 – 68	2002	Tiger Woods	277 – 67 – 68 – 70 – 72
1940	Lawson Little	287 – 72 – 69 – 73 – 73	2003	Jim Furyk	272 – 67 – 66 – 67 – 72
1941	Craig Wood	284 – 73 – 71 – 70 – 70	2004	Retief Goosen	276 – 70 – 66 – 69 – 71
1942–1945	第二次大戦で中止		2005	Michael Campbell	280 – 71 – 69 – 71 – 69
1946	Lloyd Mangrum	284 – 74 – 70 – 68 – 72	2006	Geoff Ogilvy	285 – 71 – 70 – 72 – 72
1947	Lew Worsham	282 – 70 – 70 – 71 – 71	2007	Angel Cabrera	285 – 69 – 71 – 76 – 69
1948	Ben Hogan	276 – 67 – 72 – 68 – 69	2008	Tiger Woods	283 – 72 – 68 – 70 – 73
1949	Cary Middlecoff	286 – 75 – 67 – 69 – 75	2009	Lucas Glover	276 – 69 – 64 – 70 – 73
1950	Ben Hogan	287 – 72 – 69 – 72 – 74	2010	Graeme McDowell	284 – 71 – 68 – 71 – 74
1951	Ben Hogan	287 – 76 – 73 – 71 – 67	2011	Rory McIlroy	268 – 65 – 66 – 68 – 69
1952	Julius Boros	281 – 71 – 71 – 68 – 71	2012	Webb Simpson	281 – 72 – 73 – 68 – 68
1953	Ben Hogan	283 – 67 – 72 – 73 – 71	2013	Justin Rose	281 – 71 – 69 – 71 – 70
1954	Ed Furgol	284 – 71 – 70 – 71 – 72	2014	Martin Kaymer	271 – 65 – 65 – 72 – 69
1955	Jack Fleck	287 – 76 – 69 – 75 – 67	2015	Jordan Spieth	275 – 68 – 67 – 71 – 69
1956	Cary Middlecoff	281 – 71 – 70 – 70 – 70	2016	Dustin Johnson	276 – 67 – 69 – 71 – 69
1957	Dick Mayer	282 – 70 – 68 – 74 – 70	2017	Brooks Koepka	272 – 67 – 70 – 68 – 67
1958	Tommy Bolt	283 – 71 – 71 – 69 – 72	2018	Brooks Koepka	281 – 75 – 66 – 72 – 68
1959	Billy Casper	282 – 71 – 68 – 69 – 74	2019	Gary Woodland	271 – 68 – 65 – 69 – 69

※はアマチュア

全英オープン歴代優勝者

年	氏　名	ストローク	年	氏　名	ストローク
1860	Willie Park	174	1930	※Robert T. Jones, Jr.	291 – 70 – 72 – 74 – 75
1861	Tom Morris, Sr.	163	1931	Tommy D. Armour	296 – 73 – 75 – 77 – 71
1862	Tom Morris, Sr.	163	1932	Gene Sarazen	283 – 70 – 69 – 70 – 74
1863	Willie Park	168	1933	Denny Shute	292 – 73 – 73 – 73 – 73
1864	Tom Morris, Sr.	160	1934	Henry Cotton	283 – 67 – 65 – 72 – 79
1865	Andrew Strath	162	1935	Alfred Perry	283 – 69 – 75 – 67 – 72
1866	Willie Park	169	1936	Alfred Padgham	287 – 73 – 72 – 71 – 71
1867	Tom Morris, Sr.	170	1937	Henry Cotton	290 – 74 – 72 – 73 – 71
1868	Tom Morris, Jr.	157	1938	R. A. Whitcombe	295 – 71 – 71 – 75 – 78
1869	Tom Morris, Jr.	154	1939	Richard Burton	290 – 70 – 72 – 77 – 71
1870	Tom Morris, Jr.	149	1940–1945		第二次大戦で中止
1871		中止	1946	Sam Snead	290 – 71 – 70 – 74 – 75
1872	Tom Morris, Jr.	166	1947	Fred Daly	293 – 73 – 70 – 78 – 72
1873	Tom Kidd	179	1948	Henry Cotton	284 – 71 – 66 – 75 – 72
1874	Mungo Park	159	1949	Bobby Locke	283 – 69 – 76 – 68 – 70
1875	Willie Park	166	1950	Bobby Locke	279 – 69 – 72 – 70 – 68
1876	Robert Martin	176	1951	Max Faulkner	285 – 71 – 70 – 70 – 74
1877	Jamie Anderson	160	1952	Bobby Locke	287 – 69 – 71 – 74 – 73
1878	Jamie Anderson	157	1953	Ben Hogan	282 – 73 – 71 – 70 – 68
1879	Jamie Anderson	169	1954	Peter Thomson	283 – 72 – 71 – 69 – 71
1880	Robert Ferguson	162	1955	Peter Thomson	281 – 71 – 68 – 70 – 72
1881	Robert Ferguson	170	1956	Peter Thomson	286 – 70 – 70 – 72 – 74
1882	Robert Ferguson	171	1957	Bobby Locke	279 – 69 – 72 – 68 – 70
1883	Willie Fernie	159	1958	Peter Thomson	278 – 66 – 72 – 67 – 73
1884	Jack Simpson	160	1959	Gary Player	284 – 75 – 71 – 70 – 68
1885	Bod Martin	171	1960	Kel Nagle	278 – 69 – 67 – 71 – 71
1886	David Brown	157	1961	Arnold Palmer	284 – 70 – 73 – 69 – 72
1887	Willie Park, Jr.	161	1962	Arnold Palmer	276 – 71 – 69 – 67 – 69
1888	Jack Burns	171 – 86 – 85	1963	Bod Charles	277 – 68 – 72 – 66 – 71
1889	Willie Park, Jr.	155 – 78 – 77	1964	Tony Lema	279 – 73 – 68 – 68 – 70
1890	※John Ball	164 – 82 – 82	1965	Peter Thomson	285 – 74 – 68 – 72 – 71
1891	Hugh Kirkaldy	166 – 83 – 83	1966	Jack Nicklaus	282 – 70 – 67 – 75 – 70
1892	※Harold H. Hilton	305 – 78 – 81 – 72 – 74	1967	Robert De Vicenzo	278 – 70 – 71 – 67 – 70
1893	William Auchterlonie	322 – 78 – 81 – 81 – 82	1968	Gary Player	289 – 74 – 71 – 71 – 73
1894	John H. Taylor	326 – 84 – 80 – 81 – 81	1969	Tony Jacklin	280 – 68 – 70 – 70 – 72
1895	John H. Taylor	322 – 86 – 78 – 80 – 78	1970	Jack Nicklaus	283 – 68 – 69 – 73 – 73
1896	Harry Vardon	316 – 83 – 78 – 78 – 77	1971	Lee Trevino	278 – 69 – 70 – 69 – 70
1897	※Harold H. Hilton	314 – 80 – 75 – 84 – 75	1972	Lee Trevino	278 – 71 – 70 – 66 – 71
1898	Harry Vardon	307 – 79 – 75 – 77 – 76	1973	Tom Weiskopf	276 – 68 – 67 – 71 – 70
1899	Harry Vardon	310 – 76 – 76 – 81 – 77	1974	Gary Player	282 – 69 – 68 – 75 – 70
1900	John H. Taylor	309 – 79 – 77 – 78 – 75	1975	Tom Watson	279 – 71 – 67 – 69 – 72
1901	James Braid	309 – 79 – 76 – 74 – 80	1976	Johnny Miller	279 – 72 – 68 – 73 – 66
1902	Alexander Herd	307 – 77 – 76 – 73 – 81	1977	Tom Watson	268 – 68 – 70 – 65 – 65
1903	Harry Vardon	300 – 73 – 77 – 72 – 78	1978	Jack Nicklaus	281 – 71 – 72 – 69 – 69
1904	Jack White	296 – 80 – 75 – 72 – 69	1979	Seve Ballesteros	283 – 73 – 65 – 75 – 70
1905	James Braid	318 – 81 – 78 – 78 – 81	1980	Tom Watson	271 – 68 – 70 – 64 – 69
1906	James Braid	300 – 77 – 76 – 74 – 73	1981	Bill Rogers	276 – 72 – 66 – 67 – 71
1907	Arnaud Massy	312 – 76 – 81 – 78 – 77	1982	Tom Watson	284 – 69 – 71 – 74 – 70
1908	James Braid	291 – 70 – 72 – 77 – 72	1983	Tom Watson	275 – 67 – 68 – 70 – 70
1909	John H. Taylor	295 – 74 – 73 – 74 – 74	1984	Seve Ballesteros	276 – 69 – 68 – 70 – 69
1910	James Braid	299 – 76 – 73 – 73 – 77	1985	Sandy Lyle	282 – 68 – 71 – 73 – 70
1911	Harry Vardon	303 – 74 – 74 – 75 – 80	1986	Greg Norman	280 – 74 – 63 – 74 – 69
1912	Edward (Ted) Ray	295 – 71 – 73 – 76 – 75	1987	Nick Faldo	279 – 68 – 69 – 71 – 71
1913	John H. Taylor	304 – 73 – 75 – 77 – 79	1988	Seve Ballesteros	273 – 67 – 71 – 70 – 65
1914	Harry Vardon	306 – 73 – 77 – 78 – 78	1989	Mark Calcavecchia	275 – 71 – 68 – 68 – 68
1915–1919		第一次大戦で中止	1990	Nick Faldo	270 – 67 – 65 – 67 – 71
1920	George Duncan	303 – 80 – 80 – 71 – 72	1991	Ian Baker-Finch	272 – 71 – 71 – 64 – 66
1921	Jock Hutchison	296 – 72 – 75 – 79 – 70	1992	Nick Faldo	272 – 66 – 64 – 69 – 73
1922	Walter Hagen	300 – 76 – 73 – 79 – 72	1993	Greg Norman	267 – 66 – 68 – 69 – 64
1923	Arthur G. Havers	295 – 73 – 73 – 73 – 76	1994	Nick Price	268 – 69 – 66 – 67 – 66
1924	Walter Hagen	301 – 77 – 73 – 74 – 77	1995	John Daly	282 – 67 – 71 – 73 – 71
1925	James M. Barnes	300 – 70 – 77 – 79 – 74	1996	Tom Lehman	271 – 67 – 67 – 64 – 73
1926	※Robert T. Jones, Jr.	291 – 72 – 72 – 73 – 74	1997	Justin Leonard	272 – 69 – 66 – 72 – 65
1927	※Robert T. Jones, Jr.	285 – 68 – 72 – 73 – 72	1998	Mark O'Meara	280 – 72 – 68 – 72 – 68
1928	Walter Hagen	292 – 75 – 73 – 72 – 72	1999	Paul Lawrie	290 – 73 – 74 – 76 – 67
1929	Walter Hagen	292 – 75 – 67 – 75 – 75			

年	氏　　名	ストローク
2000	Tiger Woods	269 – 67 – 66 – 67 – 69
2001	David Duval	274 – 69 – 73 – 65 – 67
2002	Ernie Els	278 – 70 – 66 – 72 – 70
2003	Ben Curtis	283 – 72 – 72 – 70 – 69
2004	Todd Hamilton	274 – 71 – 67 – 67 – 69
2005	Tiger Woods	274 – 66 – 67 – 71 – 70
2006	Tiger Woods	270 – 67 – 65 – 71 – 67
2007	Padraig Harrington	277 – 69 – 73 – 68 – 67
2008	Padraig Harrington	283 – 74 – 68 – 72 – 69
2009	Stewart Cink	278 – 66 – 72 – 71 – 69
2010	Louis Oosthuizen	272 – 65 – 67 – 69 – 71
2011	Darren Clarke	275 – 68 – 68 – 69 – 70
2012	Ernie Els	273 – 67 – 70 – 68 – 68
2013	Phil Mickelson	281 – 69 – 74 – 72 – 66
2014	Rory McIlroy	271 – 66 – 66 – 68 – 71
2015	Zach Johnson	273 – 66 – 71 – 70 – 66
2016	Henrik Stenson	264 – 68 – 65 – 68 – 63
2017	Jordan Spieth	268 – 65 – 69 – 65 – 69
2018	Francesco Molinari	276 – 70 – 72 – 65 – 69
2019	Shane Lowry	269 – 67 – 67 – 63 – 72

※はアマチュア

全米プロ歴代優勝者

年	氏　名	ストローク	年	氏　名	ストローク
1916	James M. Barnes	1 up	1969	Raymond Floyd	276 - 69 - 66 - 67 - 74
1917-1918		第一次大戦で中止	1970	Dave Stockton	279 - 70 - 70 - 66 - 73
1919	James M. Barnes	6 - 5	1971	Jack Nicklaus	281 - 69 - 69 - 70 - 73
1920	Jock Hutchison	1 up	1972	Gary Player	281 - 71 - 71 - 67 - 72
1921	Walter Hagen	3 - 2	1973	Jack Nicklaus	277 - 72 - 68 - 68 - 69
1922	Gene Sarazen	4 - 3	1974	Lee Trevino	276 - 73 - 66 - 68 - 69
1923	Gene Sarazen	1 up（38H）	1975	Jack Nicklaus	276 - 70 - 68 - 67 - 71
1924	Walter Hagen	2 up	1976	Dave Stockton	281 - 70 - 72 - 69 - 70
1925	Walter Hagen	6 - 5	1977	Lanny Wadkins	282 - 69 - 71 - 72 - 70
1926	Walter Hagen	5 - 3	1978	John Mahaffey	276 - 75 - 67 - 68 - 66
1927	Walter Hagen	1 up	1979	David Graham	272 - 69 - 68 - 70 - 65
1928	Leo Diegel	6 - 5	1980	Jack Nicklaus	274 - 70 - 69 - 66 - 69
1929	Leo Diegel	6 - 4	1981	Larry Nelson	273 - 70 - 66 - 66 - 71
1930	Tommy Armour	1 up	1982	Raymond Floyd	272 - 63 - 69 - 68 - 72
1931	Tom Creavy	2 - 1	1983	Hal Sutton	274 - 65 - 66 - 72 - 71
1932	Olin Dutra	4 - 3	1984	Lee Trevino	273 - 69 - 68 - 67 - 69
1933	Gene Sarazen	5 - 4	1985	Hubert Green	278 - 67 - 69 - 70 - 72
1934	Paul Runyan	1 up（38H）	1986	Bob Tway	276 - 72 - 70 - 64 - 70
1935	Johnny Revolta	5 - 4	1987	Larry Nelson	287 - 70 - 72 - 73 - 72
1936	Denny Shute	3 - 2	1988	Jeff Sluman	272 - 69 - 70 - 68 - 65
1937	Denny Shute	1 up（37H）	1989	Payne Stewart	276 - 74 - 66 - 69 - 67
1938	Paul Runyan	8 - 7	1990	Wayne Grady	282 - 72 - 67 - 72 - 71
1939	Henry Picard	1 up（37H）	1991	John Daly	276 - 69 - 67 - 69 - 71
1940	Byron Nelson	1 up	1992	Nick Price	278 - 70 - 70 - 68 - 70
1941	Vic Ghezzi	1 up（38H）	1993	Paul Azinger	272 - 69 - 66 - 69 - 68
1942	Sam Snead	2 - 1	1994	Nick Price	269 - 67 - 65 - 70 - 67
1943		第二次大戦で中止	1995	Steve Elkington	267 - 68 - 67 - 68 - 64
1944	Bob Hamilton	1 up	1996	Mark Brooks	277 - 68 - 70 - 69 - 70
1945	Byron Nelson	4 - 3	1997	Davis Love Ⅲ	269 - 66 - 71 - 66 - 66
1946	Ben Hogan	6 - 4	1998	Vijay Singh	271 - 70 - 66 - 67 - 68
1947	Jim Ferrier	2 - 1	1999	Tiger Woods	277 - 70 - 67 - 68 - 72
1948	Ben Hogan	7 - 6	2000	Tiger Woods	270 - 66 - 67 - 70 - 67
1949	Sam Snead	3 - 2	2001	David Toms	265 - 66 - 65 - 65 - 69
1950	Chandler Harper	4 - 3	2002	Rich Beem	278 - 72 - 66 - 72 - 68
1951	Sam Snead	7 - 6	2003	Shaun Micheel	276 - 69 - 68 - 69 - 70
1952	Jim Turnesa	1 up	2004	Vijay Singh	280 - 67 - 68 - 69 - 76
1953	Walter Burkemo	2 - 1	2005	Phil Mickelson	276 - 67 - 65 - 72 - 72
1954	Chick Harbert	4 - 3	2006	Tiger Woods	270 - 69 - 68 - 65 - 68
1955	Doug Ford	4 - 3	2007	Tiger Woods	272 - 71 - 63 - 69 - 69
1956	Jack Burke	3 - 2	2008	Padraig Harrington	277 - 71 - 74 - 66 - 66
1957	Lionel Hebert	2 - 1	2009	Y.E.Yang	280 - 73 - 70 - 67 - 70
1958	Dow Finsterwald	276 - 67 - 72 - 70 - 67	2010	Martin Kaymer	277 - 72 - 68 - 67 - 70
1959	Bob Rosburg	277 - 71 - 72 - 68 - 66	2011	Keegan Bradley	272 - 71 - 64 - 69 - 68
1960	Jay Hebert	281 - 72 - 67 - 72 - 70	2012	Rory McIlroy	275 - 67 - 75 - 67 - 66
1961	Jerry Barber	277 - 69 - 67 - 71 - 70	2013	Jason Dufner	270 - 68 - 63 - 71 - 68
1962	Gary Player	278 - 72 - 67 - 69 - 70	2014	Rory McIlroy	268 - 66 - 67 - 67 - 68
1963	Jack Nicklaus	279 - 69 - 73 - 69 - 68	2015	Jason Day	268 - 68 - 67 - 66 - 67
1964	Bobby Nichols	271 - 64 - 71 - 69 - 67	2016	Jimmy Walker	266 - 65 - 66 - 68 - 67
1965	Dave Marr	280 - 70 - 69 - 70 - 71	2017	Justin Thomas	276 - 73 - 66 - 69 - 68
1966	Al Geiberger	280 - 68 - 72 - 68 - 72	2018	Brooks Koepka	264 - 69 - 63 - 66 - 66
1967	Don January	281 - 71 - 72 - 70 - 68	2019	Brooks Koepka	272 - 63 - 65 - 70 - 74
1968	Julius Boros	281 - 71 - 71 - 70 - 69			

マスターズ日本人選手全成績

年	氏　名	順位	年	氏　名	順位	年	氏　名	順位
1936	陳　清水	20T	1983	羽川　豊	36T	2003	片山　晋呉	37T
	戸田藤一郎	29T	1984	青木　功	25T		丸山　茂樹	予落
1958	中村　寅吉	41		中島　常幸	33T		伊沢　利光	予落
	小野　光一	予落	1985	青木　功	16T		谷口　徹	予落
1963	陳　清波	15T		中島　常幸	47T	2004	丸山　茂樹	予落
	小野　光一	予落	1986	中島　常幸	8T		伊沢　利光	予落
1964	石井　朝夫	40T		青木　功	予落	2005	片山　晋呉	33T
	陳　清波	44T	1987	中島　常幸	予落		丸山　茂樹	予落
1965	石井　朝夫	26T		尾崎　将司	予落	2006	片山　晋呉	27T
	陳　清波	39T		青木　功	予落		丸山　茂樹	予落
1966	陳　清波	22T	1988	青木　功	25T	2007	片山　晋呉	44T
	石井　朝夫	予落		中島　常幸	33T		谷原　秀人	予落
1967	陳　清波	46T	1989	尾崎　将司	18T	2008	谷口　徹	予落
	杉本　英世	予落		中島　常幸	予落		片山　晋呉	予落
1968	杉本　英世	35T	1990	尾崎　将司	23	2009	片山　晋呉	4
	陳　清波	35T		尾崎　直道	33T		今田　竜二	20T
1969	河野　高明	13T	1991	中島　常幸	10T		石川　遼	予落
1970	河野　高明	12T		尾崎　将司	35T	2010	池田　勇太	29
1971	河野　高明	予落	1992	中島　常幸	予落		石川　遼	予落
1972	河野　高明	19T		尾崎　直道	予落		片山　晋呉	予落
	尾崎　将司	予落	1993	尾崎　将司	45T	2011	石川　遼	20T
1973	尾崎　将司	8T		尾崎　直道	45T		ⓐ松山英樹	27T
	河野　高明	51T	1994	飯合　肇	41T		池田　勇太	予落
1974	尾崎　将司	予落		尾崎　将司	予落		藤田　寛之	予落
	青木　功	予落	1995	尾崎　将司	29T	2012	ⓐ松山英樹	54T
1975	尾崎　将司	43T		中島　常幸	予落		石川　遼	予落
	青木　功	予落	1996	尾崎　将司	予落	2013	石川　遼	38T
1976	尾崎　将司	33T		東　聡	予落		藤田　寛之	予落
	村上　隆	37T	1997	尾崎　将司	42	2014	松山　英樹	予落
1977	青木　功	28T		金子　柱憲	予落	2015	松山　英樹	5
	村上　隆	予落	1998	尾崎　将司	予落	2016	松山　英樹	7T
1978	尾崎　将司	予落		丸山　茂樹	予落	2017	松山　英樹	11T
	青木　功	予落	1999	丸山　茂樹	31T		池田　勇太	予落
	中島　常幸	予落		尾崎　将司	予落		谷原　秀人	予落
1979	青木　功	34T	2000	尾崎　将司	28T	2018	松山　英樹	19
	尾崎　将司	予落		丸山　茂樹	46T		小平　智	28T
1980	中村　通	予落		尾崎　直道	予落		池田　勇太	予落
	青木　功	予落	2001	伊沢　利光	4T		宮里　優作	予落
1981	青木　功	45T		片山　晋呉	40T	2019	松山　英樹	32T
	鈴木　規夫	45T		丸山　茂樹	予落		ⓐ金谷拓実	58T
1982	羽川　豊	15T	2002	丸山　茂樹	14T		小平　智	61
	青木　功	予落		伊沢　利光	予落		今平　周吾	予落
1983	中島　常幸	16T	2002	片山　晋呉	予落		ⓐアマチュア	
	青木　功	19		谷口　徹	予落			

★日本人選手最高順位：4位（片山　晋呉　2009年）
　　　　　　　　　　4位タイ（伊沢　利光　2001年）
★日本人選手18ホール最少ストローク：66（伊沢　利光　2001年2R）
　　　　　　　　　　　　　　　66（松山　英樹　2015年4R）
★日本人選手72ホール最少ストローク：277（松山　英樹　2015年）

全米オープン日本人選手全成績

年	氏 名	順位	年	氏 名	順位	年	氏 名	順位
1932	宮本 留吉	予落	1999	尾崎 将司	予落	2010	矢野 東	予落
1935	中村 兼吉	58T	2000	丸山 茂樹	予楽		横尾 要	予落
	陳 清水	予落		今田 竜二	予落	2011	石川 遼	30T
	宮本 留吉	予落	2001	伊沢 利光	44T		久保谷健一	68T
	戸田藤一郎	予落		片山 晋呉	予落		藤田 寛之	予落
	浅見 緑蔵	予落		谷口 徹	予落	2012	藤田 寛之	51T
	安田 幸吉	予落	2002	丸山 茂樹	16T		石川 遼	予落
1936	陳 清水	45T		片山 晋呉	35T		谷口 徹	予落
	戸田藤一郎	予落		田中 秀道	37T		高山 忠洋	予落
1968	杉本 英世	予落		横尾 要	予落	2013	松山 英樹	10T
1979	青木 功	36T		ⓐ清田太一郎	予落		藤田 寛之	予落
1980	青木 功	2		伊沢 利光	棄権		塚田 好宣	予落
1981	青木 功	11T	2003	田中 秀道	15T		上田 諭尉	予落
1982	青木 功	30T		丸山 茂樹	予落	2014	松山 英樹	35T
1983	中島 常幸	26T		谷口 徹	予落		谷口 徹	67
1984	青木 功	16T	2004	丸山 茂樹	4T		矢野 東	予落
	中島 常幸	予落		田中 秀道	36T		宮里 聖志	予落
1985	前田 新作	予落		伊沢 利光	予落	2015	松山 英樹	18T
	ⓐ冨永 浩	予落	2005	今田 竜二	15T		藤田 寛之	予落
1986	中島 常幸	53T		丸山 茂樹	33T		川村 昌弘	予落
1987	中島 常幸	9T		深堀圭一郎	57T		石川 遼	予落
	青木 功	14T		片山 晋呉	予落		薗田 峻輔	予落
	尾崎 将司	17T		谷口 徹	予落	2016	宮里 優作	23T
1988	中島 常幸	32T	2006	今田 竜二	12T		谷原 秀人	51T
	青木 功	50T		片山 晋呉	予落		池田 勇太	予落
	尾崎 将司	予落		深堀圭一郎	予落		松山 英樹	予落
1989	尾崎 将司	6T		谷口 徹	予落		谷口 徹	予落
	青木 功	33T		高山 忠洋	予落	2017	松山 英樹	2T
1990	尾崎 将司	24T	2007	片山 晋呉	36T		小平 智	46T
	青木 功	33T		今田 竜二	予落		宮里 優作	60T
1991	尾崎 将司	予落		増田 伸洋	予落		池田 勇太	予落
1992	尾崎 将司	23T		谷口 徹	予落		谷原 秀人	予落
1993	尾崎 直道	25T		横尾 要	予落		今平 周吾	予落
	尾崎 将司	33T	2008	今田 竜二	18T	2018	松山 英樹	16T
	倉本 昌弘	予落		谷口 徹	予落		小平 智	予落
1994	尾崎 将司	28T		片山 晋呉	予落		星野 陸也	予落
	飯合 肇	予落	2009	矢野 東	27T		秋吉 翔太	予落
	倉本 昌弘	予落	2009	今田 竜二	予落	2019	松山 英樹	21T
1995	尾崎 将司	28T		横尾 要	予落		堀川未来夢	予落
1996	尾崎 将司	67T		甲斐慎太郎	予落		今平 周吾	予落
1997	加瀬 秀樹	28T	2010	石川 遼	33T		市原 弘大	予落
	尾崎 将司	予落		藤田 寛之	58T		ⓐはアマチュア	
1998	尾崎 将司	予落		池田 勇太	58T			
1999	横尾 要	57T		谷口 徹	63T			

★日本人選手最高順位：2位（青木 功 1980年）
 2位タイ（松山英樹 2017年）
★日本人選手18ホール最少ストローク：65（矢野 東 2009年2R）
 65（松山英樹 2017年2R）
★日本人選手72ホール最少ストローク：274（青木 功 1980年）

全英オープン日本人選手全成績

年	氏名	順位	年	氏名	順位	年	氏名	順位
1932	宮本　留吉	予落	1987	中島　常幸	59T	1998	細川　和彦	77
1956	陳　清波	33T		尾崎　健夫	66T		深堀圭一郎	予落
	石井　迪夫	36T		倉本　昌弘	予落		谷口　徹	予落
	林　由郎	予落	1988	青木　功	7T		水巻　善典	予落
1960	島村　祐正	予落		飯合　肇	予落		鈴木　亨	予落
1970	橘田　規	3R落	1989	尾崎　将司	30T	1999	米山　剛	15T
1971	橘田　規	3R落		尾崎　直道	46T		尾崎　直道	45T
1976	鈴木　規夫	10T		尾崎　健夫	52T		友利　勝良	49T
1977	鈴木　規夫	26T		芹沢　信雄	予落		片山　晋呉	71
	青木　功	3R落	1990	尾崎　直道	39T		田中　秀道	予落
1978	青木　功	7T		尾崎　将司	予落		丸山　茂樹	予落
	尾崎　将司	14T		羽川　豊	予落		細川　和彦	予落
	中島　常幸	17T		ⓐ倉本泰信	予落	2000	米山　剛	41T
	杉原　輝雄	予落		青木　功	予落		丸山　茂樹	55T
	ⓐ倉本昌弘	予落	1991	倉本　昌弘	予落		細川　和彦	70T
1979	青木　功	7T		川岸　良兼	予落		佐藤　信人	予落
	尾崎　将司	10T	1992	中島　常幸	予落		友利　勝良	予落
	中村　通	24T		尾崎　直道	予落		宮瀬　博文	予落
	島田　幸作	54T		尾崎　将司	予落		今野　康晴	予落
	山本　善隆	57T	1993	水巻　善典	27T		片山　晋呉	予落
	中島　常幸	予落		福沢　孝秋	予落		水巻　善典	予落
	波多野　修	予落		川岸　良兼	予落		尾崎　直道	予落
	横井　浄治	予落		友利　勝良	予落	2001	谷口　徹	37T
1980	青木　功	12T		須貝　昇	予落		手嶋　多一	予落
	鈴木　規夫	19T		尾崎　直道	予落		丸山　茂樹	予落
	中村　通	38T	1994	尾崎　将司	38T		佐藤　信人	予落
	尾崎　将司	60T		渡辺　司	51T		片山　晋呉	予落
	高井　吉春	3R落		友利　勝良	51T		尾崎　直道	予落
	船渡川育宏	予落		中島　常幸	55T		田中　秀道	予落
1981	青木　功	11T		飯合　肇	60T		小達　敏昭	予落
	尾崎　将司	35T		合田　洋	予落	2002	丸山　茂樹	5T
	安田　春雄	予落	1995	友利　勝良	24T		伊沢　利光	22T
1982	倉本　昌弘	4T		佐々木久行	31T		片山　晋呉	50T
	中村　通	20T		中島　常幸	49T		久保谷健一	59T
	青木　功	20T		川岸　良兼	79T		谷口　徹	69T
1983	中村　通	29T		鈴木　亨	予落		手嶋　多一	予落
	新井規矩雄	39T		髙見　和宏	予落		中嶋　常幸	予落
	倉本　昌弘	45T		尾崎　将司	予落		鈴木　亨	予落
1984	中島　常幸	36T	1996	丸山　茂樹	14T		宮里　聖志	予落
	青木　功	47T		田中　秀道	33T	2003	片山　晋呉	34T
	藤木　三郎	59		金子　柱憲	予落		友利　勝良	69
	尾崎　直道	62T		飯合　肇	予落		宮瀬　博文	予落
	倉本　昌弘	3R落		東　聡	予落		佐藤　信人	予落
	新井規矩雄	予落		福永　和宏	予落		丸山　茂樹	予落
1985	新井規矩雄	3R落	1997	丸山　茂樹	10T		谷原　秀人	予落
	前田　新作	予落		宮瀬　博文	予落		須貝　昇	予落
	尾崎　健夫	予落		佐藤　信人	予落		谷口　徹	予落
	尾崎　直道	予落		森　茂則	予落	2004	神山　隆志	27T
	中村　通	予落		金子　柱憲	棄権		丸山　茂樹	30T
1986	中島　常幸	8T		尾崎　直道	棄権		深堀圭一郎	30T
	倉本　昌弘	30T	1998	丸山　茂樹	29T		平塚　哲二	36T
	金井　清一	予落		尾崎　直道	38T		星野　英正	予落
1987	尾崎　将司	11T		友利　勝良	44T		塚田　好宣	予落

397

年	氏　名	順位	年	氏　名	順位	年	氏　名	順位
2005	高山　忠洋	23T	2010	池田　勇太	予落	2015	高山　忠洋	予落
	藤田　寛之	41T		薗田　峻輔	予落		池田　勇太	予落
	丸山　茂樹	予落		宮本　勝昌	予落		岩田　寛	予落
	谷口　徹	予落	2011	池田　勇太	38T		小田　孔明	予落
2006	谷原　秀人	5T		高山　忠洋	予落		手嶋　多一	予落
	深堀圭一郎	56T		平塚　哲二	予落	2016	池田　勇太	72T
	片山　晋呉	予落		藤田　寛之	予落		市原　弘大	79T
	武藤　俊憲	予落		石川　遼	予落		今平　周吾	予落
	今野　康晴	予落		河井　博大	予落		宮里　優作	予落
	市原　建彦	予落	2012	藤本　佳則	54T		松山　英樹	予落
2007	谷口　徹	60T		武藤　俊憲	72T		谷原　秀人	予落
	谷原　秀人	予落		小田　孔明	予落		塚田　陽亮	予落
	伊澤　利光	予落		石川　遼	予落		小平　智	予落
	近藤　智弘	予落		谷口　徹	予落	2017	松山　英樹	14T
	武藤　俊憲	予落		藤田　寛之	予落		池田　勇太	予落
	佐藤えいち	予落		高山　忠洋	予落		谷原　秀人	予落
2008	塚田　好宣	予落		市原　弘大	予落		宮里　優作	予落
	矢野　東	予落	2013	松山　英樹	6T	2018	小平　智	35T
	今田　竜二	予落		片山　晋呉	44T		川村　昌弘	39T
	谷原　秀人	予落		藤田　寛之	予落		宮里　優作	47T
	岩田　寛	予落		谷口　徹	予落		池田　勇太	51T
	松村　道央	予落		久保谷健一	予落		松山　英樹	予落
	甲斐慎太郎	予落		丸山　大輔	予落		時松　隆光	予落
2009	久保谷健一	27T	2013	井上　信	予落		谷原　秀人	予落
	今田　竜二	64		小平　智	予落		市原　弘大	予落
	石川　遼	予落	2014	松山　英樹	39T		秋吉　翔太	予落
	池田　勇太	予落		小田　孔明	39T		小林　正則	予落
	矢野　東	予落		岩田　寛	予落	2019	浅地　洋佑	67T
	近藤　共弘	予落		塚田　好宣	予落		稲森　佑貴	72T
	小田　孔明	予落		石川　遼	予落		ⓐ金谷拓実	予落
2010	石川　遼	27T		宮里　優作	予落		松山　英樹	予落
	谷口　徹	60T		小林　正則	予落		藤本　佳則	予落
	宮瀬　博文	68T	2014	近藤　共弘	予落		堀川未来夢	予落
	小田　龍一	予落	2015	松山　英樹	18T		池田　勇太	予落
2010	小田　孔明	予落		藤田　寛之	予落		今平　周吾	予落
	藤田　寛之	予落		富村　真治	予落			

ⓐアマチュア

★日本人選手最高順位：4位タイ（倉本　昌弘　1982年）
★日本人選手18ホール最少ストローク：63（青木　功　1980年3R）
★日本人選手72ホール最少ストローク：277（谷原　秀人　2006年）

全米プロ日本人選手全成績

年	氏　名	順位	年	氏　名	順位	年	氏　名	順位
1979	青木　功	予落	1998	尾崎　直道	44T	2009	石川　遼	56T
1980	中村　通	59T		丸山　茂樹	65T		今田　竜二	予落
1981	青木　功	4T		尾崎　将司	予落		片山　晋呉	予落
	尾崎　将司	予落	1999	尾崎　直道	70T	2010	池田　勇太	予落
1982	倉本　昌弘	42T		丸山　茂樹	予落		藤田　寛之	予落
	青木　功	49T		伊沢　利光	予落		石川　遼	予落
1983	青木　功	予落		田中　秀道	予落		平塚　哲二	予落
	中島　常幸	予落	2000	伊沢　利光	39T		小田　孔明	予落
1984	中島　常幸	10T		丸山　茂樹	46T	2011	池田　勇太	45T
	青木　功	予落		尾崎　将司	78		平塚　哲二	予落
1985	中島　常幸	予落		田中　秀道	79		藤田　寛之	予落
1986	青木　功	36T		片山　晋呉	予落		今田　竜二	予落
	中島　常幸	47T		尾崎　直道	予落		石川　遼	予落
	倉本　昌弘	予落	2001	片山　晋呉	4T	2012	石川　遼	59T
1987	青木　功	予落		丸山　茂樹	22T		谷口　徹	68T
	中島　常幸	予落		尾崎　直道	予落		藤田　寛之	予落
1988	中島　常幸	3		田中　秀道	予落	2013	松山　英樹	19T
	青木　功	38T		谷口　徹	予落		石川　遼	29T
1989	青木　功	17T	2002	丸山　茂樹	43T		藤田　寛之	予落
	尾崎　直道	予落		伊沢　利光	53T		井戸木鴻樹	予落
1990	青木　功	40T		片山　晋呉	予落	2014	松山　英樹	36T
	尾崎　将司	69T		谷口　徹	予落		小田　孔明	41T
	尾崎　直道	予落		手嶋　多一	予落		石川　遼	予落
1991	中島　常幸	予落	2003	伊沢　利光	18T		谷原　秀人	予落
	川岸　良兼	予落		丸山　茂樹	48T	2015	岩田　寛	21T
1992	中島　常幸	21T		片山　晋呉	予落		松山　英樹	37T
	尾崎　直道	28T		谷口　徹	予落		小田　孔明	72T
1993	尾崎　直道	44T	2004	田中　秀道	55T	2016	松山　英樹	4T
	中島　常幸	予落		片山　晋呉	62T		谷原　秀人	33T
1994	尾崎　将司	47T		丸山　茂樹	予落		池田　勇太	33T
	中島　常幸	61T		平塚　哲二	予落	2017	松山　英樹	5T
	飯合　肇	75T	2005	片山　晋呉	23T		小平　智	48T
1995	尾崎　直道	31T		丸山　茂樹	予落		谷原　秀人	67T
	尾崎　将司	49T		谷口　徹	予落		池田　勇太	予落
	倉本　昌弘	予落	2006	谷原　秀人	55T	2018	松山　英樹	35T
	中島　常幸	予落		丸山　茂樹	予落		小平　智	59T
1996	中島　常幸	52T	2007	片山　晋呉	50T		池田　勇太	65T
	東　聡	78T		谷口　徹	予落		今平　周吾	予落
	尾崎　将司	予落		今田　竜二	予落		時松　隆光	予落
	尾崎　直道	予落	2008	藤田　寛之	68T		宮里　優作	予落
1997	丸山　茂樹	23T		谷口　徹	予落	2019	松山　英樹	16T
	金子　柱憲	71T		今田　竜二	予落		今平　周吾	予落
	尾崎　直道	予落	2009	藤田　寛之	56T		小平　智	予落

★日本人選手最高順位：3位（中島　常幸　1988年）
★日本人選手18ホール最少ストローク：63（岩田　寛　2015年2R）
★日本人選手72ホール最少ストローク：270（片山　晋呉　2001年）

★ マスターズトーナメント

(1) 歴代優勝者
(2) 過去5年間(2015～2019年)の「全米オープン」優勝者
(3) 過去5年間(2015～2019年)の「全英オープン」優勝者
(4) 過去5年間(2015～2019年)の「全米プロ」優勝者
(5) 過去3年間(2017～2019年)の「ザ・プレーヤーズ選手権」優勝者
(6) 2019年「全米アマ選手権」優勝者と次位者(現在もアマチュアであること)
(7) 2019年「全英アマチュア選手権」優勝者(現在もアマチュアであること)
(8) 2019年「アジア・パシフィックアマチュア選手権」優勝者(現在もアマチュアであること)
(9) 2019年「ラテンアメリカアマチュア選手権」優勝者(現在もアマチュアであること)
(10) 2019年「全米ミッドアマチュア選手権」優勝者(現在もアマチュアであること)
(11) 2019年大会の12位(タイを含む)まで
(12) 2019年「全米オープン」の4位(タイを含む)まで
(13) 2019年「全英オープン」の4位(タイを含む)まで
(14) 2019年「全米プロ」の4位(タイを含む)まで
(15) 前大会以降、PGAツアー(シーズン最終戦のツアー選手権に出場できるFedEx CUPポイント対象試合)の個人優勝者
(16) 2019年ツアー最終戦「ツアー選手権」出場有資格者
(17) 2019年「最終オフィシャル・ワールドゴルフランキング」上位50名
(18) 2020年「マスターズ」前週に発表される「オフィシャル・ワールドゴルフランキング」上位50名
(20) マスターズ委員会による国際的プレーヤーの特別推薦

★ 全米オープン

(1) 過去10年間(2010～2019年)の歴代優勝者
(2) 過去5年間(2016～2020年)の「マスターズ」優勝者
(3) 過去5年間(2015～2019年)の「全英オープン」優勝者
(4) 過去6年間(2015～2020年)の「全米プロ」優勝者
(5) 過去3年間(2018～2020年)の「ザ・プレーヤーズ選手権」優勝者
(6) 2019年欧州ツアー「BMW PGA選手権」優勝者
(7) 前年大会以降、PGAツアー(シーズン最終戦のツアー選手権に出場できるFedEx CUPポイント対象試合)での複数回優勝者
(8) 2019年「全米シニアオープン選手権」優勝者
(9) 2019年大会上位10名(タイを含む)
(10) 2019年PGAツアー最終戦「ツアー選手権」の出場有資格者
(11) 2019年「全米アマチュア選手権」優勝者と次位者(現在もアマチュアであること)
(12) 2019年「全米ジュニア・アマチュア選手権」優勝者(現在もアマチュアであること)
(13) 2019年「全米ミッドアマチュア選手権」優勝者(現在もアマチュアであること)
(14) 2019年「全英アマチュア選手権」優勝者(現在もアマチュアであること)
(15) 2019年「マーク・H・マコーマック・メダル」(男子世界アマチュアゴルフランキング第1位)受賞者(現在もアマチュアであること)
(16) 2020年5月18日の「オフィシャル・ワールドゴルフランキング」上位60名
(17) 2020年6月15日の「オフィシャル・ワールドゴルフランキング」上位60名
(18) 全米ゴルフ協会(USGA)による特別推薦

★ 全英オープン

(1) 2020年7月19日時点で60歳以下の歴代優勝者
(2) 2010～2019年の歴代優勝者
(3) 2019年大会上位10位(タイを含む)まで
(4) 2019年ヨーロピアンツアー賞金ランキング「Race to Dubai」上位30名
(5) 2017～2019年の「BMW PGA選手権」優勝者
(6) 2016～2020年の「マスターズ」優勝者
(7) 2016～2020年の「全米プロ」優勝者
(8) 2016～2020年の「全米オープン」優勝者
(9) 2018～2020年の「ザ・プレーヤーズ選手権」優勝者
(10) 2019年PGAツアー最終戦「ツアー選手権」出場者
(11) 2019年「プレジデンツカップ」出場者
(12) 2019年「Open de Argentina」優勝者
(13) 2019年アジアンツアー賞金ランキング第1位者
(14) 2019年豪州ツアー賞金ランキング第1位者
(15) 2019－20年南アフリカPGAサンシャインツアー賞金ランキング第1位者
(16) 2019年「日本オープン」優勝者
(17) 2020年「アジアパシフィックダイヤモンドカップ」優勝者
(18) 2019年ジャパンゴルフツアー賞金ランキング上位2名
(19) 2020年ジャパンゴルフツアー「ツアー選手権」終了時(6月7日)の賞金ランキング第1位者
(20) 2019年「全英シニアオープン」優勝者
(21) 2020年「全英アマチュア選手権」優勝者(本大会までアマチュアであること)
(22) 2019年「全米アマチュア選手権」優勝者(本大会までアマチュアであること)
(23) 2020年「ヨーロピアンアマチュア選手権」優勝者(本大会までアマチュアであること)
(24) 2019年「マーク・H・マコーマック・メダル」(男子世界アマチュアゴルフランキング第1位)受賞者(本大会までアマチュアであること)
(25) 2019年「アジア・パシフィックアマチュア選手権」優勝者(本大会までアマチュアであること)
(26) 2020年第21週時点(5月25日)の「オフィシャル・ワールドゴルフランキング」上位50名
(27) 2020年「BMWインターナショナルオープン」終了時点(6月28日)で、ヨーロピアンツアー賞金ランキング上位20名の中から、他に出場資格を有しないヨーロピアンツアーメンバー上位5名(タイを含む)
(28) 2020年PGAツアー「Travelers Championship」終了時点(6月28日)のPGAツアー・フェデックスカップポイント上位20名の中から、他の出場資

格を有しないPGAツアーメンバー上位5名(タイを含む)
(29) 2020年「ラテンアメリカアマチュア選手権」優勝者(本大会までアマチュアであること)
☆「オープン・クォリファイング・シリーズ」(OQS)
・ 豪州―「Emirates Australian Open」上位10位(タイを含む)の中から、他の出場資格を有しない上位3名(2019年12月8日終了)
・ 南アフリカ―「South African Open」上位10位(タイを含む)の中から、他の出場資格を有しない上位3名(2020年1月12日終了)
・ シンガポール―「SMBC Singapore Open」上位12位(タイを含む)の中から、他の出場資格を有しない上位4名(2020年1月19日終了)
・ アメリカ―「Arnold Palmer Invitational」上位10位(タイを含む)の中から、他の出場資格を有しない上位3名(2020年3月8日終了)
・ 日本―「ミズノオープン」上位12位(タイを含む)の中から、他の出場資格を有しない上位4名(2020年5月31日終了)
・ アイルランド―「Dubai Duty Free Irish Open」上位12位(タイを含む)の中から、他の出場資格を有しない上位4名(2020年5月31日終了)
・ モロッコ―「Trophée Hassan II」上位5位(タイを含む)の中から、他の出場資格を有しない上位1名(2020年6月7日終了)
・ カナダ―「RBCカナディアンオープン」上位10位(タイを含む)の中から、他の出場資格を有しない上位3名(2020年6月14日終了)
・ 韓国―「KOLON韓国オープン」上位8位(タイを含む)の中から、他の出場資格を有しない上位2名(2020年6月28日終了)
・ アメリカ―「Travelers Championship」上位8位(タイを含む)の中から、他の出場資格を有しない上位2名(2020年6月28日終了)
・ スコットランド―「Aberdeen Standard Investments Scottish Open」上位12位(タイを含む)の中から、他の出場資格を有しない上位4名(2020年7月12日終了)
・ アメリカ―「John Deere Classic」上位5位(タイを含む)の中から、他の出場資格を有しない上位1名(2020年7月12日終了)
☆「ファイナル・クォリファイング」(FQ)「Fairmont St Andrews」「Notts(Hollinwell)」「Prince's」「St Annes Old Links」でFQを実施。各コース上位3名

★ 全米プロ

(1) 歴代優勝者
(2) 過去5年間(2016～2020年)の「マスターズ」優勝者
(3) 過去5年間(2015～2019年)の「全米オープン」優勝者
(4) 過去5年間(2015～2019年)の「全英オープン」優勝者
(5) 過去3年間(2018～2020年)の「ザ・プレーヤーズ選手権」優勝者
(6) 2019年「KitchenAidシニアPGA選手権」の優勝者
(7) 2019年「全米プロ」上位15位以内者(タイを含む)
(8) 2020年「PGAプロフェッショナル・ナショナル

選手権」上位20名
(9) 2019年「AT&Tバイロン・ネルソン」から2020年「ウェルズ・ファーゴ選手権」までの獲得賞金ランキング上位70名
(10) 2018年「ライダーカップ」出場者
(11) 2019年「全米プロ」以降のPGAツアー公認試合の優勝者
(12) PGAオブ・アメリカによる特別推薦
(13) 出場総人数に満たない場合は、獲得賞金ランキング70位以降からランキング順に選出

★Mexico Championship

年	優 勝 者	スコア		2 位	開 催 国
American Express Championship					
1999	Tiger Woods	278	71・69・70・68	M.A.Jimenez	スペイン
2000	Mike Weir	277	68・75・65・69	L.Westwood	スペイン
2001	（開催中止）				米国
2002	Tiger Woods	263	65・65・67・66	R.Goosen	アイルランド
2003	Tiger Woods	274	67・66・69・72	S.Appleby、T.Herron	米国
2004	Ernie Els	270	69・64・68・69	T.Bjorn	アイルランド
2005	Tiger Woods	270	67・68・68・67	J.Daly	米国
2006	Tiger Woods	261	63・64・67・67	I.Poulter、A.Scott	イングランド
CA Championship					
2007	Tiger Woods	278	71・66・68・73	B.Wetterich	米国
2008	Geoff Ogilvy	271	65・67・68・71	J.Furyk、R.Goosen、V.Singh	米国
2009	Phil Mickelson	269	65・66・69・69	N.Watney	米国
2010	Ernie Els	270	68・66・70・66	C.Schwartzel	米国
Cadillac Championship					
2011	Nick Watney	272	67・70・68・67	D.Johnson	米国
2012	Justin Rose	272	69・64・69・70	B.Watson	米国
2013	Tiger Woods	269	66・65・67・71	S.Stricker	米国
2014	Patrick Reed	284	68・75・69・72	B.Watson、J.Donaldson	米国
2015	Dustin Johnson	279	68・73・69・69	J.B.Holmes	米国
2016	Adam Scott	276	68・66・73・69	B.Watson	米国
Mexico Championship					
2017	Dustin Johnson	270	70・66・66・68	T.Fleetwood	メキシコ
2018	Phil Mickelson	268	69・68・65・66	J.Thomas	メキシコ
2019	Dustin Johnson	263	64・67・66・66	R.McIlroy	メキシコ
2020	Patrick Reed	266	69・63・67・67	B.Dechambeau	メキシコ

★Dell Technologies Match Play

年	優 勝 者	スコア	2 位	開 催 国
Andersen Consulting Match Play Championship				
1999	Jeff Maggert	38Holes	A.Magee	米国
2000	Darren Clarke	4－3	T.Woods	米国
Accenture Match Play Championship				
2001	Steve Stricker	2－1	P.Fulke	豪州
2002	Kevin Sutherland	1 up	S.McCarron	米国
2003	Tiger Woods	2－1	D.Toms	米国
2004	Tiger Woods	3－2	D.Love Ⅲ	米国
2005	David Toms	6－5	C.DiMarco	米国
2006	Geoff Ogilvy	3－2	D.Love Ⅲ	米国
2007	Henrik Stenson	2－1	G.Ogilvy	米国
2008	Tiger Woods	8－7	S.Cink	米国
2009	Geoff Ogilvy	4－3	P.Casey	米国
2010	Ian Poulter	4－2	P.Casey	米国
2011	Luke Donald	3－2	M.Kaymer	米国
2012	Hunter Mahan	2－1	R.McIlroy	米国
2013	Matt Kuchar	2－1	H.Mahan	米国
2014	Jason Day	23Holes	V.Dubuisson	米国
Cadillac Match play				
2015	Rory Mcilroy	4－2	G.Woodland	米国
Dell Technologies Match Play				
2016	Jason Day	5－4	L.Oosthuizen	米国
2017	Dustin Johnson	1 up	J.Rahm	米国
2018	Bubba Watson	7 & 6	K.Kisner	米国
2019	Kevin Kisner	3－2	M.Kuchar	米国

★FedEx St. Jude Invitational

年	優 勝 者		ス コ ア	2 位	開 催 国
NEC Invitational					
1999	Tiger Woods	270	66・71・62・71	P.Mickelson	米国
2000	Tiger Woods	259	64・61・67・67	J.Leonard、P.Price	米国
2001	Tiger Woods	268	66・67・66・69	J.Furyk	米国
2002	Craig Parry	268	72・65・66・65	R.Allenby、F.funk	米国
2003	Darren Clarke	268	65・70・66・67	J.Kaye	米国
2004	Stewart Cink	269	63・68・68・70	T.Woods、R.Sabbatini	米国
2005	Tiger Woods	274	66・70・67・71	C.DiMarco	米国
Bridgestone Invitational					
2006	Tiger Woods	270	67・64・71・68	S.Cink	米国
2007	Tiger Woods	272	68・70・69・65	R.Sabbatini、J.Rose	米国
2008	Vijay Singh	270	67・66・69・68	S.Appleby、L.Westwood	米国
2009	Tiger Woods	268	68・70・65・65	R.Allenby、P.Harrington	米国
2010	Hunter Mahan	268	71・67・66・64	R.Palmer	米国
2011	Adam Scott	263	62・70・66・65	R.Fowler、L.Donald	米国
2012	Keegan Bradley	267	67・69・67・64	J.Furyk、S.Stricker	米国
2013	Tiger Woods	265	66・61・68・70	K.Bradley、H.Stenson	米国
2014	Rory Mcilroy	265	69・64・66・66	S.Garcia	米国
2015	Shane Lowry	269	70・66・67・66	B.Watson	米国
2016	Dustin Johnson	274	69・73・66・66	S.Piercy	米国
2017	松山英樹	264	69・67・67・61	Z.Johnson	米国
2018	Justin Thomas	265	65・64・67・69	K.Stanley	米国
FedEx St. Jude Invitational					
2019	Brooks Koepka	264	68・67・64・65	W.Simpson	米国

★HSBC Champions

年	優 勝 者		ス コ ア	2 位	開 催 国
HSBC Champions					
2009	Phil Mickelson	271	69・66・67・69	E.Els	中国
2010	Francesco Molinari	269	65・70・67・67	L.Westwood	中国
2011	Martin Kaymer	268	69・68・68・63	F.Jacobson	中国
2012	Ian Poulter	267	69・68・65・65	J.Dufner,E.Els,P.Mickelson,S.Piercy	中国
2013	Dustin Johnson	264	69・63・66・66	I. Poulter	中国
2014	Bubba Watson	277	71・67・69・70	T.Clark	中国
2015	Russell Knox	268	67・65・68・68	K.Kisner	中国
2016	松山英樹	265	66・65・68・66	H.Stenson、D.Berger	中国
2017	Justin Rose	274	67・68・72・67	H.Stenson,B.Koepka,D.Johnson	中国
2018	Xander Schauffele	274	66・71・69・68	T.Finau	中国
2019	Rory Mcllroy	269	67・67・67・68	X.Schauffele	中国

ワールドカップ歴代優勝者

年	優勝 チーム	優勝 個人	日本 チーム	日本 個人	開催国
カナダカップ					
1953	アルゼンチン	Antonio Cerda（ARG）	不参加		カナダ
1954	オーストラリア	Stan Leonard（CAN）	14	14T 中村寅吉、39T 石井迪夫	カナダ
1955	アメリカ	Ed Furgol（USA）	13T	25T 小野光一、31T 栗原甲子男	アメリカ
1956	アメリカ	Ben Hogan（USA）	4T	7 石井迪夫、17T 林 由郎	イングランド
1957	日 本	中村寅吉	優勝	1 中村寅吉、5T 小野光一	日本・霞ヶ関CC
1958	アイルランド	Angel Miguel（ESP）	16T	24T 中村寅吉、33T 小野光一	メキシコ
1959	オーストラリア	Stan Leonard（CAN）	13	16T 中村寅吉、30 小針春芳	オーストラリア
1960	アメリカ	Flory Von Donck（BEL）	17	30T 小野光一、36T 島村祐正	アイルランド
1961	アメリカ	Sam Snead（USA）	12T	18T 中村寅吉、26T 橘田 規	プエルトリコ
1962	アメリカ	Roberto De Vicenzo（ARG）	10T	21T 中村寅吉、25T 橘田 規	アルゼンチン
1963	アメリカ	Jack Nicklaus（USA）	9T	9T 石井朝夫、38T 橘田 規	フランス
1964	アメリカ	Jack Nicklaus（USA）	8	15T 橘田 規、21T 石井朝夫	アメリカ
1965	南アフリカ	Gary Player（RSA）	14	19T 杉本英世、39T 橘田 規	スペイン
1966	アメリカ	George Knudson（CAN）	5	2 杉本英世、23T 河野光隆	日本・読売CC
ワールドカップ					
1967	アメリカ	Arnold Palmer（USA）	12	17T 河野光隆、29T 杉本英世	メキシコ
1968	カ ナ ダ	Al Balding（CAN）	10T	16T 河野高明、23T 細石憲二	イタリア
1969	アメリカ	Lee Trevino（USA）	2	7 河野高明、8 安田春雄	シンガポール
1970	オーストラリア	Roberto De Vicenzo（ARG）	10T	8T 安田春雄、32 河野高明	アルゼンチン
1971	アメリカ	Jack Nicklaus（USA）	11T	10T 河野高明、29T 安田春雄	アメリカ
1972	台 湾	謝 敏男（台湾）	2	2 河野高明、4T 村上 隆	オーストラリア
1973	アメリカ	Johnny Miller（USA）	6	8T 青木 功、24T 中村 通	スペイン
1974	南アフリカ	Bobby Cole（RSA）	2	2 尾崎将司、4T 青木 功	ベネズエラ
1975	アメリカ	Johnny Miller（USA）	3	6 村上 隆、13T 島田幸作	タイ
1976	スペイン	Ernesto Acosta（MEX）	5T	8 村上 隆、21T 山本善隆	フィリピン
1977	スペイン	Gary Player（RSA）	4T	4 金井清一、23T 島田幸作	フィリピン
1978	アメリカ	John Mahaffey（USA）	9T	16T 内田 繁、36T 鈴木規夫	アメリカ
1979	アメリカ	Hale Irwin（USA）	7T	8T 吉川一雄、29T 井上幸一	ギリシャ
1980	カ ナ ダ	Sandy Lyle（SCO）	12	7T 鈴木規夫、37 安田春雄	コロンビア
1981	中 止				
1982	スペイン	Manuel Pinero（ESP）	12	23T 泉川ピート、23T 鷹巣南雄	メキシコ
1983	アメリカ	Dave Barr（CAN）	5T	12T 新井規矩雄、17T 藤木三郎	インドネシア
1984	スペイン	Jose Maria Canizares（ESP）	9	13 出口栄太郎、21T 鷹巣南雄	イタリア
1985	カ ナ ダ	Howard Clark（ENG）	5	5T 尾崎健夫、18 尾崎直道	アメリカ
1986	中 止				
1987	ウェールズ	Ian Woosnam（WAL）	11T	3 鈴木弘一、40T 高橋勝成	アメリカ
1988	アメリカ	Ben Crenshaw（USA）	2	2 尾崎健夫、12T 尾崎将司	オーストラリア
1989	オーストラリア	Peter Fowler（AUS）	16	29 新関善美、30T 磯村芳幸	スペイン
1990	ド イ ツ	Payne Stewart（USA）	22	25T 上野忠美、47 友利勝良	アメリカ
1991	スウェーデン	Ian Woosnam（WAL）	8T	8T 東 聡、25T 芹沢信雄	イタリア
1992	アメリカ	Brett Ogle（AUS）	10	11T 宮瀬博文、41T 室田 淳	スペイン
1993	アメリカ	Bernhard Langer（GER）	18	31T 友利勝良、34T 重信秀人	アメリカ
1994	アメリカ	Fred Couples（USA）	5T	10T 河村雅之、21T 鈴木 亨	プエルトリコ
1995	アメリカ	Davis Love III（USA）	3T	2 佐々木久行、40T 合田 洋	中国
1996	南アフリカ	Ernie Els（RSA）	20T	28T 桑原克典、30T 中島常幸	南アフリカ
1997	アイルランド	Colin Montgomerie（SCO）	16T	24T 藤田寛之、33T 手嶋多一	アメリカ
1998	イングランド	Scott Verplank（USA）	11T	4 今野康晴、43T 日下部光隆	ニュージーランド
1999	アメリカ	Tiger Woods（USA）	7T	3T 小山内護、38T 原田三夫	マレーシア

年	優勝チーム	日本チーム	開催国
WGC-EMC ワールドカップ			
2000	アメリカ（Tiger Woods、David Duval）	4（丸山茂樹、田中秀道）	アルゼンチン
2001	南アフリカ（Ernie Els、Retief Goosen）	11T（伊沢利光、丸山茂樹）	日本・太平洋C御殿場
2002	日本（丸山茂樹、伊沢利光）	優勝	メキシコ
WGC-ワールドカップ			
2003	南アフリカ（Trevor Immelman、Rory Sabbatini）	7T（丸山茂樹、田中秀道）	アメリカ
2004	イングランド（Paul Casey、Luke Donald）	10T（丸山茂樹、田中秀道）	スペイン
2005	ウェールズ（Stephen Dodd、Bradley Dredge）	15T（今野康晴、谷口拓也）	ポルトガル
2006	ドイツ（Bernhard Langer、Marcel Siem）	23T（平塚哲二、谷原秀人）	バルバドス
Omega Mission Hills ワールドカップ			
2007	スコットランド（Colin Montgomerie、Marc Warren）	25（谷原秀人、平塚哲二）	中国
2008	スウェーデン（Robert Karlsson、Henrik Stenson）	3T（谷口　徹、今田竜二）	中国
2009	イタリア（Edoardo Morinari、Francesco Morinari）	5（今田竜二、藤田寛之）	中国
2010	中　止		
2011	アメリカ（Matt Kuchar、Gary Woodland）	20T（池田勇太、平塚哲二）	中国
ISPS HANDA World Cup of Golf			
2013	オーストラリア（Jason Day、Adam Scott） 個人優勝　Jason Day	3T（石川　遼、谷原秀人） 個人成績 5T 石川　遼、7 谷原秀人	オーストラリア
2016	デンマーク（S.Kjeldsen、T.Olesen）	6T（松山英樹、石川　遼）	オーストラリア
2018	ベルギー（T.Pieters、T.Detry）	23（小平　智、谷原秀人）	オーストラリア

オリンピック歴代優勝者

年	優　勝	日　本	開催都市
1900	(個人) Charles Sands (USA)		パリ
1904	(個人) George Lyon (CAN)		セントルイス
	(団体) アメリカ		
2016	(個人) Justin Rose (ENG)	21T 池田勇太、54 片山晋呉	リオデジャネイロ

世界に挑んだ日本人選手の足あと（1929年〜1980年）

★1929年（昭和4年）ハワイアンオープンで日本人プロ初の海外遠征
安田幸吉と宮本留吉がハワイアンオープンに参加。宮本が13位、安田が17位に入った

★1931年（昭和6年）宮本留吉が全英オープンで日本人初のメジャー挑戦
宮本留吉が予選会を突破して全英オープンに出場（予選落ち）

★1935年（昭和10年）全米オープンで中村兼吉が日本人初のメジャー予選通過
米国遠征中の6選手が全米オープンに参加。中村が日本人選手初の予選通過を果たした

★1952年（昭和27年）日本人プロ戦後初の海外遠征
中村寅吉、林由郎、島村祐正、石井迪夫が戦後初の海外遠征で米国のトーナメントに参加

★1957年（昭和32年）カナダカップ（現ワールドカップ）優勝
霞ヶ関CCで開催された第5回カナダカップで中村寅吉と小野光一の日本ペアが団体優勝。
中村は個人戦も優勝

★1968年（昭和43年）杉本英世が日本人選手として初めて米国ツアーライセンスを取得
杉本は66年に読売CCで行われた第14回カナダカップで個人戦プレーオフの末に敗退

★1969年（昭和44年）河野高明がマスターズ13位
初出場の河野が13位と健闘。身長160cmと小柄ながらダイナミックなプレーでパトロンから
「リトルコーノ」と愛される。翌70年には12位に入る

★1973年（昭和48年）尾崎将司がマスターズ8位
尾崎がマスターズ2回目の挑戦で4日間通算1オーバーで8位。日本人選手初のメジャートップ10入り

★1976年（昭和51年）鈴木規夫が全英オープン10位
全英オープン最終予選から出場した鈴木。初日に日本人選手初のメジャー首位に立ち4日間通
算1オーバーで10位

★1977年（昭和52年）村上隆がハワイアンオープン2位。当時米国ツアーでの日本人最
高位をマーク
村上は75年に「日本タイトル」4冠を制し、76年には米国ツアー「ワールドシリーズ・オブ・
ゴルフ」で9位

★1978年（昭和53年）青木功が欧州ツアーのワールドマッチプレー選手権で優勝
「コルゲートワールドマッチプレー選手権」で青木が3＆2でS・オーエンを下し、日本人選手
として初めて欧州ツアーを制する

★1979年（昭和54年）青木功が日本人選手として初めて1年間で4大メジャーに出場
「マスターズ」34位、「全米オープン」36位、「全英オープン」7位、「全米プロ」予選落ち

★1980年（昭和55年）全米オープン「バルタスロールの死闘」。青木功が2打差の2位
J・ニクラウスと4日間戦い、通算「274」の6アンダーで2打差2位。J・ニクラウスの「272」は
当時の全米オープン最少優勝スコア

★1980年（昭和55年）全英オープンで青木功がメジャー
最少ストロークタイの「63」をマーク（写真）
ミュアフィールドで開催され、青木は3日目に全英オープン最
少ストロークタイの「63」をマーク。最終的に12位に入る

世界に挑んだ日本人選手の足あと（1982年〜2001年）

★1982年（昭和57年）全英オープンで倉本昌弘が歴代日本人選手最高位の4位

ロイヤル・トゥルーンで開催され、倉本が優勝したT・ワトソンと2打差の「286」（2アンダー）で4位。この成績は現在も全英オープン日本人選手の最高位

★1983年（昭和58年）青木功がハワイアンオープンで日本人選手として米国ツアー初優勝（写真）

J・レナーに1打リードを許して迎えた72ホール目のパー5。青木はラフからの残り128ヤードの3打目を直接カップに沈める逆転イーグルで米国ツアー初制覇

★1983年（昭和58年）青木功が欧州オープン優勝。欧州ツアー2勝目を飾る

サニングデールGCでの「パナソニック欧州オープン」で、青木は6アンダー「274」でS・バレステロス、N・ファルドらを2打抑えて欧州ツアー2勝目

★1986年（昭和61年）マスターズで中嶋常幸が日本人選手初の4日間通算アンダーパー

優勝したJ・ニクラウスとは5打差の「284」（4アンダー）で8位

★1986年（昭和61年）全英オープンで中嶋常幸が最終日最終組をプレー

最終日を1打差2位で迎え、首位のG・ノーマンと最終組をプレー。「77」で8位に終わる

★1988年（昭和63年）全米プロで中嶋常幸が日本人選手最高位の3位

オークツリーGCで開催され、中嶋が4日間通算「278」（6アンダー）で3位。この成績は現在も全米プロ日本人選手の最高位。前年の87年全米オープンで9位の中嶋は、これによって4大メジャーすべてにベスト10入りを達成

★1989年（平成元年）青木功が豪州ツアーで初優勝。日米欧豪の4ツアー制覇を達成

ロイヤル・メルボルンGCで行われたコカ・コーラクラシックで青木功が「279」（9アンダー）で優勝。日本人選手で初めて日米欧豪4ツアーでの優勝を果たした

★2001年（平成13年）マスターズで伊澤利光が日本人最高位の4位に入る

伊澤は2日目に日本人選手最少ストロークの「66」をマーク。4日間通算でも当時最少の「278」（10アンダー）で4位

★2001年（平成13年）丸山茂樹がプレーオフの末に米国ツアー初優勝

グレーター・ミルウォーキー・オープンでC・ハウエルⅢをプレーオフで退けて米国ツアー初優勝

★2001年（平成13年）片山晋呉が全米プロで日本人選手最少ストローク「270」（10アンダー）をマークして4位

アトランタ・アスレチック・クラブで67−64−69−70にまとめる。2日目の「64」は当時日本人選手18ホールの最少スコア

世界に挑んだ日本人選手の足あと（2002年～2015年）

★2002年（平成14年）丸山茂樹がT・ウッズらを抑えて米国ツアー 2勝目
　ベライゾン・バイロン ネルソン クラシック2日目の「63」で首位に立った丸山が4日間通算「266」
（14アンダー）で逃げ切り米国ツアー 2勝目を挙げる

★2002年（平成14年）全英オープンで丸山茂樹が1打差
でプレーオフに加われず5位
　ミュアフィールドで開催され、丸山は最終日「68」と追い
上げたものの4人によるプレーオフに1打及ばす5位

★2002年（平成14年）ワールドカップで丸山茂樹＆伊
澤利光の日本チームが優勝（写真）
　メキシコで開催されたWGC－EMCワールドカップで丸山＆伊
澤の日本チームが米国チームに2打差の通算36アンダーで優勝

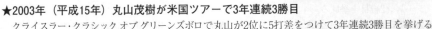

★2003年（平成15年）丸山茂樹が米国ツアーで3年連続3勝目
　クライスラー・クラシック オブ グリーンズボロで丸山が2位に5打差をつけて3年連続3勝目を挙げる

★2006年（平成18年）全英オープンで谷原秀人が日本人選
手最少ストロークの「277」で5位（写真）
　ロイヤル・リバプールで開催され、谷原秀人は72－68－66－71
の「277」（11アンダー）で5位。11アンダーも日本人選手最多
アンダーパー

★2008年（平成20年）今田竜二がプレーオフの末米国ツアー
初優勝
　AT＆Tクラシックで2年続けてプレーオフを戦った今田竜二
がK・ペリーを下して米国ツアー初優勝

★2009年（平成21年）マスターズで片山晋呉が首位と2打差
の単独4位
　01年の伊澤利光と並んで日本人選手最高位。4日通算「278」（10
アンダー）も伊澤と並ぶ当時最少ストローク

★2009年（平成21年）全米オープンで矢野東が日本人選手の18ホール最少ストローク「65」
　ベスページ・ステートパーク・ブラックコースで開催された全米オープン2日目、矢野東が日
本人選手の18ホール最少スコア「65」をマーク

★2011年（平成23年）マスターズで東北福祉大3年の松山英樹がシルバーカップを獲得
　マスターズ初出場の松山英樹が4日間通算「287」（1アンダー）でシルバーカップ（ローアマチュ
ア）を獲得。19歳43日でのメジャー予選突破は日本人選手最年少記録

★2014年（平成26年）松山英樹がプレーオフを制して米国ツアー初優勝
　ザ・メモリアル トーナメントで松山英樹がK・ナをプレーオフで退けて米国ツアー初優勝

★2015年（平成27年）松山英樹がマスターズで4日間アンダーパーの「277」（11アンダー）で5位
　「277」は日本人選手の最少ストローク。最終日の「66」は01年伊澤と並ぶ18ホール最少ストロー
クタイ

★2015年（平成27年）全米プロで岩田寛が日本人選手最少ストローク「63」をマーク
　ウィスリングストレイツで行われた全米プロ2日目、岩田が当時メジャー最少ストロークタイ
の「63」をマーク

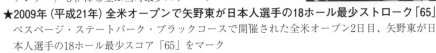

世界に挑んだ日本人選手の足あと（2016年～2020年）

★**2016年（平成28年）松山英樹がR・ファウラーとの4ホールに及ぶプレーオフを制して米国ツアー2勝目**

ウェイストマネジメント・フェニックスオープンで松山がR・ファウラーをプレーオフ4ホール目に下して米国ツアー2勝目

★**2016年（平成28年）松山英樹が日本人選手として初めて世界ゴルフ選手権（WGC）を制覇**

中国で開催されたWGC－HSBCチャンピオンズで松山が2位に7打差をつける圧勝。日本人選手としてWGC初制覇、米国ツアー3勝目

★**2017年（平成29年）松山英樹がウェイストマネジメント・フェニックスオープン連覇でシーズン2勝目**

4ホールに及ぶプレーオフでW・シンプソンを下し、大会連覇を達成。米国ツアー4勝目、シーズン2勝目を挙げる

★**2017年（平成29年）全米オープンで松山英樹が日本人選手最高位に並ぶ2位**

2位は80年の青木に並ぶとともに、2日目にマークした「65」も09年の矢野に並ぶ日本人選手18ホールの最少ストローク

★**2017年（平成29年）松山英樹が日本人選手最高位の世界ランキング2位**

全米オープン2位で自身が5月に記録した日本人選手最高位の3位を更新

★**2017年（平成29年）WGC－ブリヂストン招待で松山英樹がシーズン3勝目**

最終日2打差4位から出た松山が「61」をマークして2位に5打差の圧勝。シーズン3勝目、米国ツアー5勝目を挙げる

★**2018年（平成30年）小平智がRBCヘリテージでプレーオフ3ホール目にキム・シウを退けて米国ツアー初優勝**

日本人選手5人目の米国ツアー優勝者となった小平。出場15試合目での優勝は日本人選手最速

★**2019年（令和元年）東北福祉大3年の金谷拓実がオーストラリアンオープン3位タイで2020年「全英オープン」の出場権を獲得**

初日「65」で首位スタートを切った金谷拓実。4日間通算「275」（9アンダー）で3位タイに入り、上位3名に与えられる2020年「全英オープン」の出場権を獲得

★協賛各社及び協賛トーナメント★

株式会社AbemaTV	150-0044 東京都渋谷区円山町19-1
	渋谷プライムプラザ12F
株式会社エール・クリエート	262-0033 千葉県千葉市花見川区幕張本郷1-3-5　大岩ビル
株式会社エリートグリップ	577-0067 大阪府東大阪市高井田西6-3-32
カシオ計算機株式会社	151-8543 東京都渋谷区本町1-6-2
くまもと中央カントリークラブ	869-1205 熊本県菊池市旭志川辺1217
COCOPA RESORT CLUB	515-2603 三重県津市白山町川口6262
白山ヴィレッジゴルフコース	
セントラルスポーツ株式会社	104-8255 東京都中央区新川1-21-2　茅場町タワー
株式会社大宣	591-8041 大阪府堺市北区東雲東町4-4-10
株式会社ダンロップスポーツマーケティング	108-0075 東京都港区港南1-6-41　品川クリスタルスクエア7F
ダンロップフェニックストーナメント	
中日クラウンズ	
テーラーメイド ゴルフ株式会社	135-0064 東京都江東区青海2-4-24　青海フロンティアビル
デサントジャパン株式会社	171-8580 東京都豊島区目白1-4-8
株式会社電通	105-7001 東京都港区東新橋1-8-1
株式会社ニックジャパン	111-0054 東京都台東区鳥越2-12-8
株式会社博報堂DYメディアパートナーズ	107-6321 東京都港区赤坂5-3-1　赤坂Bizタワー
メルセデス・ベンツ日本株式会社	140-0002 東京都品川区東品川4-12-4
	品川シーサイドパークタワー
森ビル株式会社	106-6155 東京都港区六本木6-10-1

〈五十音順〉

ジャパンゴルフツアー オフィシャルガイド**2020**

2020年4月1日　第1刷
定価　1,400円（本体1,273円＋税）
発行　一般社団法人　日本ゴルフツアー機構
　　　東京都港区赤坂1－3－5　赤坂アビタシオンビル5F　〒107-0052
　　　電話　03(3585)7381　FAX　03(3585)7383
　　　http://www.jgto.org/
発売　一季出版株式会社
　　　東京都中央区日本橋馬喰町2－2－12　〒103-0002
　　　電話　03(5847)3366　FAX　03(5847)3367
　　　http://www.ikki-web.com
印刷　㈱上野印刷所

落丁、乱丁本はお取り替えいたします。
本書の記事および写真を無断転載・複写することを禁じます。

ISBN978-4-87265-205-5　C0075

CATERING SERVICE

CATERING
SERVICE
DEVELOPMENT

ケータリングのプロフェッショナル
ギャラリープラザのパイオニア

永年の経験と実績に裏付けられた信頼

ゴルフトーナメントの発展と共に

- ゴルフトーナメント ギャラリー売店
- プロアマ大会 スナックサービス
- 大小イベント キッチンカー出店
- 各種 出張パーティ 飲食サービス
- お弁当・オードブル 製造販売
- 花王（株）特約店契約〜販売

株式会社 ニックジャパン
TEL：03-5822-7419　FAX：03-5822-7495
〒111-0054　東京都台東区鳥越 2-12-8 アイデスビル

WORLD STANDARD

世界へ翔く。

JAPAN GOLF TOUR

TOUR CHAMPIONS CLUB

そのすべてに、世界が求める資質を込めて。

ゴルフの真価を知る20の提携コース。

世界で戦うゴルファーの資質は、世界基準のコースでこそ磨かれる。

「TOUR CHAMPIONS CLUB」は、

この理念のもと世界に羽ばたくゴルファーを育てるべく1999年に誕生しました。

現在、日本ゴルフツアー機構が認証している提携コースは全国に20箇所。いずれもワールドクラスの

戦略性と技術力が試される奥深いコースです。

その素晴らしきゴルフの真価を、ぜひご自身でお確かめください。

TOUR CHAMPIONS CLUB

Japan Golf Tour Organization
Official-Recognition Golf Course

JFE瀬戸内海ゴルフ倶楽部
岡山県笠岡市鋼管町19-2

ホウライカントリー倶楽部
栃木県那須塩原市千本松793

くまもと中央カントリークラブ
熊本県菊池市旭志川辺1217

富岡倶楽部
群馬県富岡市藤木621-1

Kochi黒潮カントリークラブ
高知県安芸郡芸西村西分甲5207

東建多度カントリークラブ・名古屋
三重県桑名市多度町古野2692

太平洋クラブ益子PGAコース
栃木県芳賀郡益子町大字七井3302-1

宍戸ヒルズ カントリークラブ
茨城県笠間市南小泉1340

山陽ゴルフ倶楽部
岡山県赤磐市平山428

サンヒルズカントリークラブ
栃木県宇都宮市上横倉町1000

房総カントリークラブ 房総ゴルフ場・大上ゴルフ場
千葉県長生郡睦沢町妙楽寺2300

琉球ゴルフ倶楽部
沖縄県南城市玉城字親慶原1

ゴルフ5カントリーオークビレッヂ
千葉県市原市国本767

ザ・ノースカントリーゴルフクラブ
北海道千歳市蘭越26

富士カントリー可児クラブ
岐阜県可児市久々利向平221-2

TOSHIN Golf Club Central Course
岐阜県加茂郡富加町大平賀950

太平洋クラブ佐野ヒルクレストコース
栃木県佐野市船越町2854

小野東洋ゴルフ倶楽部
兵庫県小野市日吉町570-1

ザ・ロイヤル ゴルフクラブ
茨城県鉾田市大蔵200

成田ヒルズカントリークラブ
千葉県印旛郡栄町龍角寺1236-3

一般社団法人 **日本ゴルフツアー機構**
〒107-0052 東京都港区赤坂1-3-5赤坂アビタシオンビル5F

お問い合わせ　TEL.03-3585-7041　FAX.03-3585-7383

JGTO Official Sponsor

★オフィシャルパートナー★

 Mercedes-Benz　　　メルセデス・ベンツ日本株式会社

THE WALL STREET JOURNAL.
Read ambitiously

 LaKeel　　　株式会社ラキール

★オフィシャルサプライヤー★

ANA　　　全日本空輸株式会社

★コーポレートサポーター★

DESCENTE　　　デサントジャパン株式会社

CENTRAL SPORTS　　　セントラルスポーツ株式会社

★QTタイトルスポンサー★

 SMBC SMBCモビット